Schmarsow, August

Castiglione D´Olona mit den Malereien des Masolino

Schmarsow, August

Castiglione D´Olona mit den Malereien des Masolino

Inktank publishing, 2018

www.inktank-publishing.com

ISBN/EAN: 9783747774298

MASACCIO

STUDIEN

VON

AUGUST SCHMARSOW

I

CASTIGLIONE D'OLONA

MIT DEN

MALEREIEN DES MASOLINO

KASSEL

TH. G. FISHER & CO.

1895

Nach jahrelanger Verzögerung komme ich endlich dazu, mein Versprechen einzulösen, indem ich die Studien über Masaccio und Masolino, die ich schon oft für meine Schüler zum Gegenstande kritischer Uebungen gemacht, nun zusammenfasse und herausgebe. Schwierigkeiten aller Art haben das Erscheinen seither unmöglich gemacht, bis diese alten „Italienischen Forschungen" — fürcht ich — fast zu spät kommen.

Jemehr die Ergebnisse wiederholter Prüfung, die ich selbst vor fünfzehn Jahren schon gewonnen hatte, von Anfang bis zu Ende die selben geblieben sind, wie ich sie damals vorgetragen, desto weniger hat die stete Erneuerung des Verfahrens unter dem Wechsel der örtlichen und persönlichen Mittel geduldet, das Urteil dogmatisch zu formulieren und an die Stelle lebendiger Untersuchung, die ihre Fehler bessern kann, Beweise vorgefasster Thesen zu setzen, die keine andre Lösung mehr vertragen. Die Genossen des Florentinischen Wintersemesters von 1888 auf 1889 hatte ich zunächst im Auge, als dieser Inhalt zum ersten Mal Gestalt gewann um ans Licht zu treten; denn sie allein waren in der Lage, sich jeder an seinem Teil bei dieser Arbeit zu versuchen. Auch jetzt aber erschien es ratsam, den Charakter, der sich daraus von selbst ergab, durchweg zu bewahren. Die Kennzeichen dieser Herkunft werden gerade ihnen willkommen sein, denen dies Buch zu persönlicher Erinnerung gewidmet ist. Und wer sonst seit dem ersten Mal in Göttingen bis zum letzten Mal in Leipzig an diesen Auseinandersetzungen teilgenommen hat, wird eben darin vielleicht den besten Wert erkennen.

Es ist eine Reihe von Einzeluntersuchungen, die ich biete, Masaccio-Studien, keine Biographie des grossen Malers, die allseits abgeschlossen, sich vermäße in jeder Frage das letzte Wort zu sprechen.

Wir alle, die daran beteiligt waren, sind nicht die selben mehr wie damals, als dieses Buch für Sinn und Wesen unsrer Studien in Florenz ein Zeugniss hatte werden sollen. Die kleine Schaar ist nicht mehr vollzählig beisammen. Die Ueberlebenden haben sich zu Fachgenossen entwickelt, die auf eigenen Füssen stehen. Mich selbst entzieht die unerwartete Wendung des Schicksals, die mich nach Leipzig geführt, durch andre Pflichten der liebgewordenen Zufluchtstätte unsres gemeinsamen Bestrebens und versagt mir allzu oft die Mufse, rechtzeitig meine Ernte einzuheimsen, ihre geniefsbaren Früchte auszulesen, und Andern darzubringen, ehe sie den Duft verlieren. Denn die Wirksamkeit des Lehrers drängt an dieser Stelle zum Fortschritt im grösseren Zusammenhang, und theoretische Durchdringung des ganzen Gebietes oder spezielle Vertiefung in die Kunst eines einzelnen Volkes entfremden ihm ehe ers denkt die Errungenschaften des früheren Arbeitsfelds. Nur fortdauernder Verkehr mit jüngerem Nachwuchs belebt auch das alte Besitztum wieder, so dass es Macht behält immer neue Herzen zu erwärmen.

Ein Freund und Gönner der Kunstgeschichte, der die unmotivierten Hemmnisse meiner Lehrtätigkeit in Breslau mit angesehen, hat die hilfreiche Hand geboten, die schon damals die Herausgabe der „Meisterwerke deutscher Bildnerei des Mittelalters" ermöglichte. Sonst wäre ich auch heute kaum im Stande, diese Studien bildlich zu erläutern wie es hier geschieht, und damit die einzige Absicht zu verwirklichen, die ich mit ihrem Druck erreichen will. Stück für Stück nur können sie erscheinen; aber der innere Zusammenhang ihres Inhalts und die Einheit ihres Charakters bürgen wol zugleich für die Zuversicht, das Band, das ihnen fehlt solange sie nicht alle bei einander sind, werde sich von selbst hinzufinden sobald das Ganze vorliegt.

Als Erinnerung für die einstigen Genossen italienischer Forschung lege ich dann in die Wiege des kunsthistorischen Institutes zu Florenz, das wir uns wünschen, dies Angebinde für alle künftigen Genossen.

Schmarsow

Inhalt

Seite

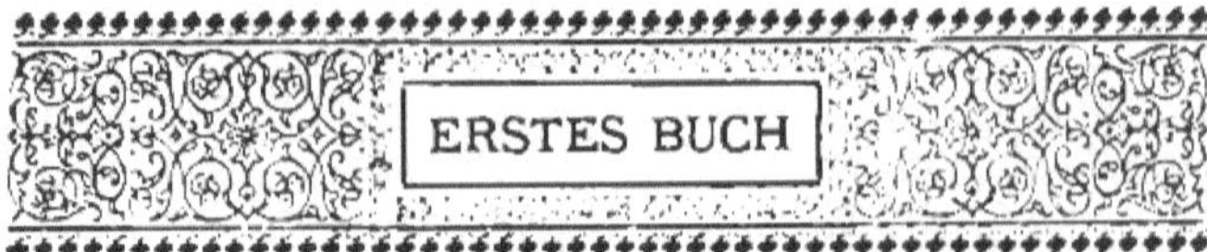

ERSTES BUCH

CASTIGLIONE D'OLONA

Wer die Anfänge toskanischer Malerei im fünfzehnten Jahrhundert an ihrer Heimstätte Florenz zu ergründen denkt, wird über den Umkreis der Kuppel Brunelleschis gar bald hinaus gewiesen. Suchend pflegen die Blicke der Forscher sich zunächst nach Pisa und nach Siena zu richten, weil der ererbte Name einer toskanischen Schule diese Nachbarinnen mit umschliesst. Aber schon die umbrischen Berge scheinen hoch genug, um als natürliche Gränze den Verkehr zu sperren und, wo die Wasserscheide nicht ausreicht, stellt sich wenigstens das Vorurteil entgegen: was kann aus Umbrien Grofses kommen? Noch entlegener allerdings ist der Ort in Oberitalien, dessen Name heute an die Spitze gestellt wird. Das ist schon ein günstiger Zwang, wenn es gilt, über Hergebrachtes hinweg einen neuen Anlauf zu versuchen; denn von diesem Punkt in der Lombardei führen auch andere Wege nach Rom, und einmal als Ausgangspunkt gegeben gewährt er die Möglichkeit, den Kunstwerken Toskanas von verschiedenen Seiten beizukommen. Vielleicht gelingt es so, den festgewordenen Bestand gleichsam wieder in Fluss zu bringen und im Erfassen der geschichtlichen Entstehung erst recht lebendiges Verständnis zu erschliessen. Die Erweiterung der Umschau, die freiere unbefangene Prüfung des gleichzeitig oder gar früher Vorhandenen hat einen unschätzbaren Wert für jede Erklärung des historischen Zusammenhangs, indem die Betrachtung durch mancherlei Ausblicke bereichert wird und dann zur Hauptsache zurückkehrend sich eindringlicher und vielseitiger zugleich in ihren Wert vertieft.

In diesem Sinne darf die Kenntnis der Sachlage im ersten Drittel des fünfzehnten Jahrhunderts im Allgemeinen vorausgesetzt werden und der Besuch von Castiglione d'Olona als wichtigste Ergänzung vorangehen. Dort liegt in nächster Nähe der Alpenseen eine Pflanzstätte toskanischer Kunst. Versprengte und deshalb lang vergessene Denkmäler florentinischer Frührenaissance versprechen Aufschlüsse, die am Arno selbst, nach dem Untergang so vieler Mittelglieder kaum noch erwartet werden. Die erhaltenen Reste in Castiglione sind jedenfalls für die Geschichte der toskanischen Anfänge des Quattrocento bedeutsamer als alle Spuren gleichzeitiger Sendlinge in Verona, Venedig und anderen Orten Oberitaliens, und schon deshalb verlohnt es sich, sie dem ursprünglichen Zusammenhang einzuordnen, in den sie gehören.

CASTIGLIONE D'OLONA ist ein kleiner Burgflecken zwischen Varese und Tradate, also mitten zwischen dem südlichen Teil des Luganer Sees und der Hauptstadt Mailand gelegen, der das Flüsschen, das diesen Ort von so vielen anderen gleiches Namens unterscheidet, gerades Wegs entgegen eilt. Die alte Bezeichnung Castellionum erzählt, wenn auch nicht von einem römischen Standlager, dessen Aufspürung wir Andern überlassen, doch jedenfalls von einer mächtigen Burgveste, die sich am Eingang der fruchtbaren lombardischen Ebene den fremden Eindringlingen von jenseits der Alpen entgegenstellte. Diese Lage, dem Norden zugekehrt, musste sich empfindlich fühlbar machen, sobald es darauf ankam, den Gewaltherrschern drunten in Mailand die Stirn zu bieten oder nur eine Zufluchtstätte vor ihren Übergriffen zu gewähren. Schon früh im Mittelalter sass hier ein ritterliches Geschlecht, das mit den Herrn von Pusterla auf der Burg von Tradate, dem höchsten Adel vielfach verwandt war. Es hatte sich den Namen aus Spätlatein noch vulgärer als »Löwenburg« gedeutet und sich darnach ein redendes Wappen gebildet: einen steigenden Löwen mit dem zweitürmigen Kastell in erhobener Pranke. Im fünfzehnten Jahrhundert war dies silberne Wahrzeichen im roten Felde so ehrwürdig, dass ein Renaissancepoet nicht anstand die Volksetymologie zur Verherrlichung seines Gönners, des Cardinals Branda Castiglione, in lateinischem Vers zu verwerten:

Castilion dixere Patres, dixere Nepotes
Nomine quippe Leonis et arcis

singt Antonio Plantanida und wiederholt dieses Spiel wie einen geistreichen Einfall so oft es geht:

Castilion teneat formam Castri atque Leonis.

Das zinnengekrönte Schloss freilich überragte nicht mehr den wolgeborgenen Häuserzug, der den beherrschenden Hügel umlagert. Seine Mauern waren unter den tyrannischen Händen der Visconti bereits gefallen, als der Ort den baulichen Charakter erhielt, den wir noch jetzt nach langem Verfall erkennen. Noch im Anfang des sechszehnten Jahrhunderts aber blühte das Haus der Castiglione in so zahlreichen Zweigen, dass Giangiacomo Trivulzi dem König Ludwig XII. von Frankreich nicht weniger als sechzig waffenfähige Stammhalter zugleich, unter Führung ihres Kriegshelden Fioramonte vorzustellen vermochte, allesamt bereit dem Bezwinger des Sforza zu folgen. Dieser Übergang zum Franzosenkönig hatte allerdings die Rache des Massimiliano Sforza zur Folge und gab den Stammsitz 1513 einer verderblichen Belagerung preis, deren Spuren auch erneuernde Gönnerhand nur verschlimmern konnte. Über den Ruinen der Denkmäler und den verödeten Wohnungen der letzten Träger dieses Namens ragt indess noch immer das freundliche Gotteshaus mit schlankem Glockenturm empor, das einst den Mittelpunkt eines edleren Daseins gebildet hat und noch heute die verblichenen Schatten beherbergt.

BAUTEN UND BILDWERKE

Es war die Pflege eines einzigen ausgezeichneten Mannes, der seine Angehörigen mit bestimmend, dem heimatlichen Nest an der Olona im vollen Sinne des Wortes neue Gestalt verlieh. Er allein hat das alte Kastell zu einer Oase toskanischer Kunst auf lombardischem Boden umgeschaffen, die wir noch heute zwischen dem kunstreichen Mailand und den naturschönen Alpenseen freudig begrüssen; denn noch heute träumt das lombardische Kirchlein von Florenz und Rom, und auch uns will es scheinen, als müsse drunten aus der schimmernden Ebene, sobald ein Windhauch den Schleier auseinanderreisst, statt des Mailänder Domes vielmehr die Kuppel Brunelleschis emportauchen.

Am 4. Februar 1350 gebar dem Maffeo Castiglione seine Gattin Lucrezia di Stefano Porro, Gräfin von Polenza, den ersten Sohn, der den drohenden in der Familie hochgehaltenen Namen Branda empfieng, gewiss nicht um friedliche Hoffnungen des Vaters zu bedeuten. Aber Demütigungen des Hauses zwangen auch diesen Erstgeborenen

1*

in andere Bahn [1]). Um seinen Weg zu angemessenen Ämtern zu finden, ward er zum Studium der Rechte bestimmt und erlangte schon 1374 seine Aufnahme ins Kollegium der Juris consulti zu Pavia. Die Bestallung zum Lector des kanonischen Rechts durch Giangaleazzo Visconti und zum Rat des Herzogs belehrt über seine ursprünglichen Absichten. Als aber die Universität Pavia ihn 1389 nach Rom schickte, die päpstliche Bestätigung für einige Privilegien zu erwirken, da liess sich Branda von Bonifaz XI. bestimmen, zum Klerus überzutreten und bei der Kurie in Rom zu bleiben. Zuerst Kaplan des Papstes, dann Auditor der Rota, wurde er bald zu wichtigeren Aufgaben verwendet und erhielt als Anerkennung das Bistum Piacenza. Unter Gregor XII. war sein Ansehen schon so befestigt, dass er dem eidbrüchigen Papst wie die meisten Prälaten den Gehorsam weigerte, und als dieser ihn seines Bistums verlustig erklärte, den Namen und die Insignien des Episcopus Placentinus beibehielt, selbst als er zeitweilig von seinem Sitze weichen musste. Als das Concil zu Pisa 1409 den Papst Gregor XII. selbst enttronte und Alexander V. zum Nachfolger wählte, da stieg auch der Einfluss des klugen Rechtsgelehrten schnell zur Höhe. Schon 1410 war er als Gesandter Johanns XXIII. in Polen und Ungarn [2]), erhielt im folgenden Jahre noch grössere Vollmachten in allen Ländern Sigismunds und zum Dank für die eifrige Tätigkeit schon bei der ersten Kreation von Kardinälen am 5. Juni 1411 den roten Hut, und zwar mit dem Titel von S. Clemente, der freilich von Gregor XII. seinem Neffen Gabriel Condulmer verliehen war, doch bei allen Anhängern des Pisaner Concils wegen der Unrechtmässigkeit dieser Ernennung für erledigt galt. Abermalige Aufträge von der Kurie,

[1]) Die folgende Darstellung stützt sich auf handschriftliche Akten im Archiv der Casa Castiglione, deren Benutzung mir Herr Avv. Conte Francesco Castiglione bereitwilligst gestattet hat. Die Hauptsachen sind bei Matteo Castiglione abgedruckt: »De Origine Rebus Gestis ac Privilegiis Gentis Castillioneae Matthaei Castilionei I. C. Commentaria. Mediolani. Ex officina Typographica quon. Pacifici Pontij. 1595; — auch Venetiis 1596. Vgl. besonders Annales Ecclesiastici auct. Odorico Raynaldo. Tom. VIII. IX. voll. XXVII. XXVIII. (1738—1759). Poggiali, Cristoforo, Memorie storiche di Piacenza. tom. VII. Piacenza 1759. Die Lebensbeschreibungen des Cardinals bei Ciacconius, Litta, Tiraboschi u. A. sind mehr oder weniger ungenau, nur ein Erinnerungsblatt giebt Vespasiano de' Bisticci in den Vite di Uomini illustri del secolo XV. Monographieen über Castiglione d'Olona: Longoni, Giac. Abb. mit Lithogr. von Locarno, unvollendet geblieben. — Peluso, Franc: La Chiesa di Castiglione e le opere d'arte che contiene. Milano 1874. 4°. und ganz neuerdings mit willkommenen Abbildungen: Il Borgo di Castiglione Olona presso Varese, illustrazione artistica con 50 tavole in eliotipia. Testo: Dr. Diego Sant' Ambrogio, Milano 1893. Calzolari e Ferrario (nicht im Buchhandel).

[2]) Theiner, Monum. Hungar. II, 184. Ann. Eccl. XXVII. p. 325. Reichstags-Akten VII. p. 186 f. Caro, Gesch. Polens. III, 330 ff.

Vermittlungen zwischen dem Herzog von Mailand und Sigismund hielten ihn Jahre lang fern, in denen er sich das unbedingte Vertrauen des deutschen Königs gewann [1]. So erscheint er erst am 2. Mai 1415 auf dem Concil von Konstanz, um dann bei keiner Sitzung mehr zu fehlen. Hier war es, wo Sigismund ihm 1417 zwei ausgezeichnete Privilegien verlieh, indem er alle Mitglieder der Familie Castiglione zu Pfalzgrafen erhob und ihr das Recht gab, aus ihrer Mitte einen Richter zu bestellen, der in allen ihren eigenen Streitigkeiten im Namen des Kaisers selbst entscheiden sollte, — Privilegien, die erst 1786 und 1812 aufgehoben wurden.

Als Johann XXIII. vom Konstanzer Concil gestürzt war und Gregor XII. seine Unterwerfung erklärt hatte, beteiligen sich bei der Wahl des neuen Papstes zwei Kardinäle von S. Clemente friedlich neben einander: Gabriel Condulmer als Episcopus Senensis und Branda Castiglione als Placentinus. Mit Martin V., der das Concil geschlossen, zog Branda durch die Schweiz über Freiburg und Genf nach Mailand, Mantua, Ferrara und Ravenna, um 1419-1420 mit der Kurie in Florenz zu verweilen, solange in Rom der Aufenthalt noch unmöglich schien. Erst am 27. September 1420 sah die Tiberstadt den Sohn eines ihrer mächtigsten Häuser, Odo Colonna, als Haupt der Christenheit in ihren Mauern, wenn auch Papst Martin so wenig wie seine Kardinäle in den verwüsteten Palästen eine bleibende Stätte fand.

Für Branda Castiglione begann schon im Frühjahr 1421 wieder das unstäte Leben, da er als Legat jenseits der Alpen unentbehrlich schien. Am 13. April wird er als Nachfolger des inzwischen gestorbenen Johannes Dominici [2] mit unumschränkter Vollmacht für Böhmen, Mähren, Meissen und das übrige Deutschland versehen, gegen die Ketzer gesandt. Am 31. Mai ist er schon auf einem Tage der Fürsten und Städte zu Wesel [3], am 6. Juni in Köln und hält am 21. Juni seinen feierlichen Einzug in Lüttich, wo der gesamte Klerus ihm entgegen kam [4]. Am 1. August bricht er mit einem doppelten Kreuzheer von hier zur Bekämpfung der Hussiten auf. Aber schon Ende Oktober desselben Jahres ist er wieder an der Kurie in Rom [5], wenn auch nur während des Winters zu bleiben und

[1]) Zusammentreffen Johanns und Sigismunds in Piacenza, dem Bischofsitze Brandas. 2. Aug. 1413 reist Branda nach Venedig und Ungarn ab. In den ersten Sitzungen des Concils wird er nicht genannt, 16. Nov. 1414—17. April 1415.

[2]) Ord. Praed. tit. S. Sixti Card. Er war VI. Jd. Jul. 1418 als Legat nach Böhmen und Ungarn geschickt.

[3]) R.T.A. VIII, 62—66. 77. vgl. p. 543 »Rom« zu VIII, 4. al. 6.

[4]) Magn. chron. Belg. in Ann. Eccl. XXVII. p. 533.

[5]) Commissioni di Rinaldo degli Albizi (ed. Guasti) Firenze 1869. I. 328. 365.

im Frühjahr 1422 abermals über die Alpen nach Deutschland [1]) und Ungarn zurückzukehren. Und diesmal wuchsen die Schwierigkeiten seiner Aufgabe von allen Seiten immer aufs Neue, so dass ihn Italien Jahre lang nicht wiedersah.

Erst am 25. März 1425 finden wir ihn auf der Heimkehr in Castiglione und zwar bei der Einweihung der Kirche auf dem Schlosshügel an der Olona. Nur in Rücksicht auf die persönliche Anwesenheit des Stifters, dessen Ausbleiben sich wider Erwarten verzögerte, scheint der Vollzug dieser feierlichen Handlung solange hinausgeschoben zu sein, nachdem Papst Martin schon im Herbst 1423 die Ermächtigung dazu erteilt hatte. Zur Ausstattung des neuen Gotteshauses als Kollegiatkirche setzte der Kardinal die Vereinigung mehrerer Kirchenpfarreien und Kaplanstellen in Castiglione durch, gewiss eine schwierige Ermöglichung des Baues daheim, die bereits am 7. Januar 1422, als Branda selbst noch in Rom war, die päpstliche Bestätigung erhielt. Damals hiess es in der Bulle ausdrücklich: nach dem Bericht des Kardinals von S. Clemente sei die Pfarrkirche von S. Lorenzo zu Castiglione durch Kriegsläufte und andres Unheil, die jene Gegend lange Zeit heimgesucht, in ihrem Bau selbst und ihren Häusern so verfallen, dass kein Pfarrer mehr den Gottesdienst darin abhalten und dort wohnen könne; deshalb habe der Kardinal beschlossen, sie neu aufbauen zu lassen. Genauer bezeichnet die päpstliche Erlaubnis zur Weihe, um die von der Ortsgemeinde nachgesucht war, den Zustand dieser Pfarrkirche als »olim dirupta, totaliter reparata, seu de novo facta«, die nun mit ihren Altären, ihrem Friedhof, mit ihrer Ausstattung an Kelchen, Patenen, Gewändern, Gefässen und sonstigem Schmuck dem Kultus übergeben werden soll [2]). — Statt im Herbst 1423 ward die Feier jedoch erst am Sonntag, den 25. März 1425 abgehalten, nachdem der Kardinallegat glücklich aus Ungarn und Deutschland zurückgekommen war; der Bischof Alexius von Piacenza, ein Minorit aus Seregno, dem Branda sein Bistum abgetreten hatte, vollzog die Weihe, unter Beihülfe des Bischofs Johannes von Nervi und des Berteto Trivulzi, Abts von S. Faustina e Giovita in Brescia, sowie des Piétro Castiglione, der bis dahin Erzpriester des Mailänder Domes soeben zum ersten Prior der heimischen Kollegiatkirche bestellt war [3]).

[1]) R.T.A. VIII. 129. 137. 154. 186. 291.

[2]) Schon aus dem Wortlaut dieser (bei Matteo Castiglione S. 65 ff. gedruckten) Bullen ergiebt sich die Irrtümlichkeit der Meinung des Dr. Diego Sant' Ambrogio, der in seinem Text zur Mailänder Publikation »Castiglione Olona« 1893, S. 29, ausspricht, auf dem alten Schlosshügel habe vorher keine Kirche gestanden, sondern das jetzige Baptisterium sei der älteste Bestandteil, die ehemalige Schlosskapelle. Es bestand die Parochialkirche S. Lorenz.

[3]) Archivio Castiglione Fasc. I. vol. II. §. 2. N. 32. Vgl. Fasc. 102. Culto Chiese Beneficii, cose varie.

Dass in der kurzen Zeit kein vollständiger Neubau errichtet worden, darüber lässt die altertümliche Einfachkeit der Anlage wie die Beibehaltung älterer Teile im Innern des Langhauses keinen Zweifel. Die Grundform der Kirche ist ein ziemlich breites Rechteck, das seiner ganzen Länge nach in drei Schiffe geteilt wird, sodass keine Kreuzflügel heraus treten. Im letzten Drittel ist durch eingezogene Mauern der Hauptchor von den beiden gradlinig geschlossenen Seitenkapellen getrennt, in welche die Nebenschiffe ausgehen. Die um einige Stufen erhöhte Chorkapelle ragt mit drei Seiten aus dem Achteck über die Schlusswand hinaus und hat eine gleichgeformte Krypta unter sich, da an dieser Stelle der Hügel abfällt und für solche Verlängerung des Chorhauptes besondere Substruktion erforderte. Hier haben wir es, wie in dem anstoſsenden Glockenturm, der an der freien Seite des Hügels über dem Nebenchor, am Ende des linken Seitenschiffes in schlichtem Viereck aufsteigt, mit Bestandteilen des Neubaues zu tun, dessen Backsteinmauerwerk auch ringsum im Aeussern des ganzen Kirchenkörpers gleichmäſsig durchgeführt ist. Hier steigt auch über dem Nebenchor rechts vom Hochaltar die einzige Strebemauer zum Gewölbe des Hauptchors hinan, als Widerhalt, dem Turm auf der andern Seite gegenüber. Sonst gliedern und verstärken nur vortretende Wandpfeiler die Umfassungsmauern des Langhauses, wie an den Ecken des Turmes und des Chorhaupts. Vier solche schlicht aufgemauerte Pfosten teilen nach lombardischer Art auch die glatte Schlusswand der Fassade bis an den Rand des breiten Giebels, der alle drei Schiffe zusammenfasst, obwol das mittlere die Abseiten an Höhe überragt, also über seinem Lichtgaden auch seine Kreuzgewölbe unter eigenem Satteldache trägt.

Um die vortretenden, hier Pfeilern dort Halbsäulen ähnlichen Verstärkungen läuft rings am obern Rand der Umfassungsmauern ein Kranzgesims, aus vorragenden Backsteinen gebildet, mit Spitzbogenfries herum, folgt auch den schräg ansteigenden Giebelseiten der Front und gliedert die Geschosse des Glockenturms durch den Gegensatz der weiss getünchten kleeblattartig gezackten Zwischenräume zwischen den ziegelroten Zwickeln, die so wie Konsolen wirken. Zu diesen unverkennbaren Merkmalen lombardischer Backsteinbauten der Uebergangszeit ins fünfzehnte Jahrhundert, in deren zahlreiche Masse sich dies Kirchlein von Castiglione unzweifelhaft einordnet, kommt an der Stirnseite dann noch die grosse Fensterrose vor dem Mittelschiff mit einem rundbogigen Portal darunter und je einem spitzbogigen Fenster vor den Abseiten. Schon der Gegensatz in der Wahl der Bogenform für Portal und Fenster, deren spitzbogige Form sonst auch an Langschiff und Chor bewahrt ist, wie der ausserordentlich geringe Abstand zwischen dem Scheitel des Torbogens und der grossen Rose müssen befremden. Im Innern sehen wir vier Paare von stämmigen Rundpfeilern als Träger der Obermauern, zwischen denen die fünf Kreuzgewölbe eingespannt sind, gewiss auch hier den Gegensatz zwischen älteren Bestandteilen, die den Grundriss bestimmen, und dem Gewölbesystem, das durchweg zum Neubau gehört, deutlich bezeichnend. Der einheitliche Charakter dieses schlichten, aber freundlich anmutenden Backsteinwerkes bezeugt die Tätigkeit eines lombardischen Baumeisters, — anspruchslose aber regelmässige und schnell fortschreitende Arbeit, derentwegen die lombardischen Maurer während des ganzen Jahrhunderts überall in Italien begehrt waren. Nur S. Cristoforo vor Porta Ticinese in Mailand und die Badia von Mirasole mögen als verwandte Beispiele dieser Art genannt werden.

Die grosse Fensterrose dagegen und das Portal weichen merkwürdig genug davon ab. Bei dem Relief des Tympanons vollends und dem der kleinen Seitentür, die neben der anstossenden Häuserreihe ins Querschiff führt, kann es wol keinem kundigen Auge entgehen, dass sie toskanischen Ursprungs sind [1]). Weiter und höher als das Portal einer etwa vorhandenen romanischen Kirche in dieser Gegend gewesen sein würde, fällt an ihm vor allen Dingen ein Missverständnis auf: die Archivolte, die das Tympanon auch mit einem gedrehten Wulst umschliesst, zieht sich ohne Absatz und entsprechende Gebälkstücke zu den Seiten des Türsturzes hinunter bis auf die Pfostenkapitelle, und die Einteilung des ganzen Bogenfeldes in einen Querstreifen unten und eine kleinere Lünette darüber macht den Eindruck der Willkür oder der Anpassung, während die hufeisenförmige Erweiterung des Halbkreisbogens, die sich auch am Dom von Arezzo findet, wol den Ausgleich einer optischen Täuschung bezweckt, — also von perspektivischer Rücksicht auf den Standpunkt des Beschauers zeugt. Das Ganze besteht aus grauem Sandstein [2]).

Der Steinbalken, der auf den innersten Türpfosten aufruht, ist der Gliederung der beiden Türflügel entsprechend in vier kassettenähnliche Rahmen geteilt, aus denen vier Halbfiguren in mäſsiger Rundung hervorschauen. Durch die Köpfe eines Engels, eines

---

[1]) Ich freue mich diese Ueberzeugung, die bei mir seit Jahren feststeht, wie ich sie oben niedergeschrieben hatte, neuerdings auch bei Diego Sant Ambrogio (a. a. O. 30) ausgesprochen zu finden. Wo wir im Folgenden, von verschiedenen Seiten kommend, sonst übereinstimmen, wird das Urteil wol gesichert erscheinen; wo ich zu abweichenden Ansichten gelangt war, muss ich mein Ergebnis nachträglich auch gegen ihn begründen.

[2]) Phot. Brogi No 4642.

Adlers, eines Löwen und eines Ochsen auf ihren Schultern und die offenen Bücher in ihren Händen sind sie als apokalyptische Darstellungen der vier Evangelisten kenntlich, während die Flügelpaare mit dem Kopf in der Mitte sich wie Teile eines inneren Fensterbogens in die rechteckigen Rahmen spannen. Auf dem obern und dem untern Rande dieses Sturzes steht in gotischen Lettern die Inschrift:

† Noſtri millenus quadringenteſimus atq
Uigen octavus dni devolvitur annus
Cum gradibus numin pater in xpo reverendus
Ac dnu Branda dominus de caſtileono †

Cardinea ſede reſidet qui preſbiter ipſe
Perficit ad laudem hoc templum virginis alme
Cum qua primatem laurentius et prothomartir
Stat. ſ ei digna ſuperi impetrate ſalute.

Im Bogenfelde ist rechts neben der Gestaltengruppe ebenfalls die Jahreszahl eingegraben MCCCCXXVIII.

Das Relief selbst zeigt in der Mitte, auf gotischem Tronstul sitzend, Maria mit hoher Zinkenkrone auf dem Haupt als Himmelskönigin. Sie fasst mit der Rechten den Leib, mit der Linken das rückwärts gestreckte Füsschen des nackten Knaben, der mit dem andern Bein auf ihrem Knie steht und sich segnend herüberwendet zu dem Stifter, der auf dieser linken Seite betend kniet. Zwischen dem Christkind und dem Kardinal, der seinen Hut auf den Boden gelegt hat, steht als Vermittler der heilige Papst Gregor mit dreifacher Tiara auf dem Haupt, während hinter dem Knieenden links S. Laurentius, mit dem Rost zur Seite, die Hand empfehlend auf die Hand seines Schützlings legt, soeben im Begriff sich auch auf die Knie niederzulassen. Auf der andern Seite, dem Trone zunächst steht S. Ambrosius als Patron der Diözese von Mailand, mit Geissel und Buch; neben ihm kniet wieder S. Stephanus, der erste Märtyrer im Diakonengewand, den Stein auf der Schulter. Hinter ihm rechts bleibt eben die Lücke, wo die Jahreszahl steht.

Bei der Betrachtung des Portals allein empfindet man die Verschiebung des Gleichgewichts der Massen, die durch die Anzahl der vorgeschriebenen Personen und deren Beziehung veranlasst worden; aber an Ort und Stelle gewinnt dieser Eingang fürs Auge des Beschauers, der durch das alte Burgtor kommend auf den Kirchplatz tritt, seinen guten Sinn, der wiederum in toskanischen Arbeiten dieser Zeit Seinesgleichen findet.

Der Bildhauer, der im Jahre 1428 diese Reliefgruppe geschaffen hat, offenbart auch sonst seine künstlerische Herkunft in allen Stücken. Er muss in Florenz, wo die entscheidende Entwickelung aus der gotischen Tradition in die Frührenaissance sich gerade damals vollzog, geschult sein, und im nächsten Umkreis dieses Mittelpunktes wäre seine Wirksamkeit sonst zu suchen. Eine Umschau in seiner Heimat genügt, die Stellung des Meisters, den Kardinal Branda 1425 auf seiner Reise über Florenz nach Rom für diese Arbeit gewonnen haben wird, mit wünschenswerter Genauigkeit zu bestimmen. Er gehört nicht der Richtung auf entschlossene Wirklichkeitstreue an, der sich Donatello damals von Jahr zu Jahr entschiedener ergab, sondern zu den idealeren Verehrern einer feierlichen Schönheit, die durch kirchliche Aufgaben geheiligt war, wie Lorenzo Ghiberti und Niccolò d'Arezzo in seinen früheren Arbeiten. Besonders mit Ghibertis Reliefs an der Bronzetür des Baptisteriums, die soeben errichtet war, seiner Statue des hl. Stephanus an Orsanmichele die 1426 in ihrer Nische aufgestellt ward, und dem Relief mit Johannes dem Täufer vor Herodes für den Taufbrunnen in Siena von 1427, steht die Gestaltenbildung und die Gewandbehandlung des Tympanons von Castiglione in so nahem Zusammenhang, dass die Abzweigung dieses Bildhauers von dem grossen Meister der Bronzebildnerei gerade in jenem Stadium seiner Entwicklung nicht zweifelhaft sein kann. Seine Figuren sind schlank und zartknochig, aber wol proportioniert und plastisch klar in der Bewegung der Gliedmafsen, obschon sie ganz im Geschmack Ghibertis mit dem fliessenden Faltengehänge umgeben sind, das zwischen allen Vorsprüngen und Höhenpunkten seine Bogenlinien ausspannt und als wallende Draperie auf den Boden gleitend den Körper malerisch mit seiner Umgebung verbindet. Seine Köpfe zeigen ein sanftes Oval oder jugendliche Rundung mit feingeschnittenen Zügen von mildem Ausdruck, sein nacktes Christkind ist wolgebildet, verrät am ehesten die Neigung zu realistischer Wiedergabe und belebt durch sein munteres Benehmen erfrischend genug die Harmonie der Gruppe, die symmetrisch aufgebaut, doch nicht architektonische Strenge bewahrt, sondern durch leichte Verschiebung nach der Seite der Handlung auch so einen Anflug malerischen Wesens erhält.

Dies Hochrelief am Portal der Kollegiatkirche bezeichnet genau die Vorstufe, fast möchte man sagen schon die Schwelle zur Einführung der Perspektive, die auf Anregung Brunelleschis unmittelbar daneben versucht wird. Wer genau mit den Daten rechnet, könnte im Jahre 1428 unsern Toskaner in Castiglione deshalb schon zu den Zurückbleibenden rechnen. Mit grösserem Rechte als bei dieser ceremoniellen Gruppe geschähe dies vielleicht bei dem kleinen Spitzbogenfeld der Seitentür, wo Christus im Grabe erscheint, ohne dass im Relief eine Anwandlung zu schwieriger Untensicht und Verkürzung bemerkt würde.

Die feine Arbeit der neuerdings stark gereinigten und geglätteten Portallünette erinnert durch das Material nicht minder an eine bestimmte Gruppe toskanischer Skulpturen in dem beliebten Macigno, der an Weichheit und Milde mit der Terracotta, an Bestimmtheit und Schärfe mit dem Marmor wetteifert. In der Tat gehört dieser Meister auch zweifellos jenen Bildnern an, deren Eigenart sich wesentlich durch die Eigenschaften dieses Materials, durch seine bequeme, fast empfindliche Bildsamkeit, durch seine matte lichtsaugende, nirgends durch unangenehme Reflexe unterbrochene Oberfläche bedingt.

Nach beiden Richtungen finden wir den Bildhauer in Castiglione tätig, und zwar überall in so enger Verbindung mit der Architektur selbst, dass wir in ihm auch den Erbauer der Werke vermuten, die er mit Bildwerk in Pietra di molera oder Terracotta, in seltenen Fällen einmal in Marmor geschmückt hat. Darin stellt er sich ganz den Dombaumeistern in Florenz, besonders Niccolò d'Arezzo an die Seite.

Den nackten Buben des nämlichen Meisters begegnen wir in Terracotta an der zierlichen Einfassung der Fenster eines Palastes, der nach dem Wappen am Torbogen den Castiglione gehört hat. Hier herrscht an den Fenstern noch der gotische Spitzbogen, auf dessen Rücken sich an Stelle der Krabben üppiges Blattwerk gegen die Mauerfläche auslegt, während an der innern Leibung noch reichgezackte Nasen die Ansätze von Maſswerk im Bogenfeld erheischen. Zwischen dem innern und dem äussern Rahmenprofil zieht sich ein flacher Fries mit aufsteigendem Rankenwerk hin, in dessen Windungen sich nackte Genien tummeln — und zwar in zwei Formen wiederkehrend, einmal ganz von vorn gesehen mit einem gesenkten und einem erhobenen Arm, und das andre Mal in Profilbewegung seitwärts wie das Christkind auf dem Schoſs der Madonna im Tympanon der Hauptkirche. Der Geschmack dieses Rankenwerks, das auch an andern gleichzeitigen Bauten des Ortes in ähnlichen Fensterrahmen wiederkehrt, besonders die breitblätterige Sternblume, aus deren Mitte hier und da ein langer Staubwedel hervorwächst, und andere Einzelheiten stimmen völlig mit dem Schmuck des nördlichen Domportals in Florenz überein, das um 1402 bis 1408 unter Leitung des Niccolò d'Arezzo mit Antonio di Banco und dessen Sohn Nanni gearbeitet war.

[1]) Vgl. unsere phot. Aufnahme. Bei St. Ambrogio Taf. XXI, etwas zu klein.

Zu beiden Seiten der Einfassung sind aber die Fenster an diesem Palazzo Castiglione bis zum Bogenansatz von flachen Pfosten flankirt, die sich aus je fünf Reliefplatten übereinander, mit Einzelfiguren darin, ebenfalls aus Terracotta, zusammensetzen. Hier wechseln in gotischer Nischenrahmung zwei allegorische Gestalten mit einander ab: ein bärtiger Mann in voller Rüstung mit Streitkolben in der Rechten, ganz wie Ghibertis Krieger, nach antikem Vorbild doch im Geschmack der eignen Zeit, und eine fast nackte Jungfrau, die mit der Linken den Zipfel des leichten, um die Hüften geschlagenen Gewandstückes hebt, und im rechten Arm einen Olivenzweig hält, — also Personifikationen des Krieges und des Friedens. Auch diese Art von Anordnung erinnert wieder deutlich an Niccolo d'Arezzo, und zwar an das seitliche Domportal seiner Vaterstadt, dessen vergängliches Sandsteinmaterial nur allzu zerstört ist, um genauere Vergleiche zu lohnen, und das soeben genannte Nordportal des Florentiner Domes, wo zwischen den Halbfiguren der Engel in sechseckigem Rahmen aus dem Blattwerk Einzelfiguren nach klassischem Muster heraustreten, sogar in klassischer Nacktheit. Ganz nahe stehen unserm Bildner die Arbeiten des Herkules, die aus dem Rankengewinde hervorwachsen.

Minder reiche Fenster dieser Art finden sich dann auch in Mailand und dessen Nachbargebiet, besonders am Ospedale Maggiore wieder, und zeugen für die Bedeutsamkeit dieses toskanischen Mannes für die lombardische Renaissance. Die nämliche Beachtung darf in Castiglione auch das Portal des nämlichen Palastes beanspruchen, das in marmorähnlichem Haustein ausgeführt, sogleich die Erinnerung an eine ganze Reihe solcher Arbeiten in dieser Gegend wachruft. Auf niedrigen mit gotischem Rahmenwerk gegliederten Pfosten wölbt sich ein breiter Rundbogen mit dem Wappenschild am Scheitel. Er ist dem Keilschnitt der Werkstücke entsprechend in trapezähnliche Felder geteilt, in deren Rahmen Profilköpfe von römischen Kaisern, wie (Trajan und Vespasian), mit Sinnbildern der Familie Castiglione nebst erklärenden Schriftbändern abwechseln. Der äusserste Bogenrand biegt aber beim Zusammenstoss mit dem Pfosten horizontal nach den Seiten ab und trägt auf diesen Ohren als Abschluss der gotischen Blätterfassung, die sich zum Scheitel hinanzieht, stehende Kriegerfiguren in Hochrelief. Heute ist allerdings nur eine noch leidlich erkennbar, sie genügt aber, um auch von hier aus auf nah verwandte Erscheinungen hinzuweisen, wie in Mailand, so auf Isolabella an einem Monument der Borromei und gar in Ravenna in der kleinen Seitenhalle von S. Vitale, wo ein ähnlicher Krieger natürlich als Antike angesprochen wird.

Wenn der Reichtum des Schmuckes und die Auswahl der Abzeichen hier das weltliche Oberhaupt der Familie als Erbauer des Hauses verkünden, dessen reizende Konsolen und Kapitelle aus den Loggien drinnen bis nach Varedo verstreut [1]), alle derselben Meisterhand ihr Dasein danken, sind am gegenüberliegenden Eckhaus die Fenster mit ihren neuerdings wieder freigelegten Terracottarahmen, und das Portal am Eingang vom Hauptplatze des Ortes in die Strasse (Vittorio Emanuele) viel einfacher gehalten. Die Fenster haben im Ornament noch mehr spätgotisches Laubwerk, gehören also sicher einer früheren Phase desselben Bildners an, als die reicheren mit mythologischen Figuren. Dies Haus aber ist die Wohnung des Kardinals Branda, sicher das erste dieser profanen Bauwerke in Castiglione und das Vorbild für die Häuser seiner Verwandten.

Gerade hier haben spätere Veränderungen den ursprünglichen Charakter des Äussern wie des Innern sehr entstellt, und der erklärliche Wunsch der Nachkommen diese geräumigste der vorhandenen Wohnungen den eigenen Bedürfnissen anzupassen, hat fast allen Zusammenhang der künstlerischen Dekoration vernichtet. Dagegen gestattet eine poetische Schilderung, mit der Antonio Plantanida dem Kardinal Branda unter die Augen getreten [2]), wenigstens der Phantasie eine Ergänzung der Überreste:

Stat tua Castilio in medio domus ampla piorum
    Sceptra tenens, regina domorum,
Corque loci; chorus omnis adest hominum Deorumque.
    Amphion muros et Apollo
Condidit ad numeros: dum tu sanctissime Christum
    Omneis ad terras celebrares . . . [3])
Vestibulum ingens portas aperit, mox porticus aurea
    A dextra Christi aediculum offert
Inferius; super Heroes picti in spicula alta
    Vestrum Castilii speculum sit,
Quin et vita hominum inconstans hic cernitur et sors
    At locus inferior sapientia.
Unde domus oculus sculpto saxo, ampla fenestra,
    Secretum ver aspicit horto,
Aspicit et trivium, plateam et nobile Fanum,
    Nobile structura atque colossis . . . —

— — — — — — — — — — — — — — — — — —

[1]) Bei St. Ambrogio Taf. XX. Vgl. auch die Madonna Taf. XXII, aus Castiglione.

[2]) Mscr. in der Ambrosiana. Vgl. Argelati, Bibliotheca scriptorum Mediolanensium Tom. I. Mediolani 1725. No. CCCCXC. p. 349. B. Negrini, Elogi Hist. Mantua 1606. S. 245.

[3]) Wäre dieser Angabe zu vertrauen, so wäre die Zeit seiner langen Legation, bis 1425 schon für den Beginn des Baues anzusetzen.

Quid referam Triclinia et Aulas?
Quid penetralia et aurata atria longa per hortos
Musarum, Dryadumque virenteis?
Aurea tecta cavo monte extolluntur ad auras
Scanditur unde nemusculum ad hortos . . .

Das Portal ist am Bogen nur mit den fruchtbehangenen Palmzweigen dem beliebten Sinnbild und mit dem Wappen des Kardinals geschmückt. Jenseits öffnet sich im geräumigen Vestibül der Säulengang, die porticus aurea, deren Deckengebälk wol einst vergoldet war, wie die bemalte Terracottabüste am Fuss der Treppe, in deren zerstörtem Antlitz der Eigentümer das Ideal verehrte, das mit der Aufschrift Diva Faustina für uns doch namenlos bleibt.

Zur Rechten winkte dagegen die Hauskapelle, von der noch Spuren der Heiligtümer erhalten sind, während die luftige Loggia, zu der man darüber hinaufstieg, und die gemalten Helden, die Vorbilder des Geschlechts, schon lange verschwanden. Nur an der Aussenseite des Palastes rechts verrät noch ein Wehrgang, der auf Konsolen und flachen Bogen entlang läuft, durch seinen burgmässigen Charakter, dass man zugleich auf Verteidigung bedacht war, während eine vermauerte Loggia an der Ecke gegen die Piazza die Stelle friedlichen Ausblicks sogar mit verzierten Kapitellen die Art des Meisters in Pietra serena erkennen lässt [1]. Eine Ahnung wenigstens von dem Geschmack, mit dem der Kardinal drinnen sein friedliches Dasein in diesen Mauern umgab, gewährt im Erdgeschoss ein Kamin mit flachem Reliefschmuck und im oberen Stockwerk zwei grössere Säle [2]. In dem einen Raum (der durch ein vermeintlich gotisches Fenster entstellt worden) ist ausser dem Kamin in der Wand noch die dekorative Bemalung der Wände und der alten Balkendecke erhalten [3]. Unten zieht sich eine Reihe gewirkter Teppiche hin mit Rosetten aus Bandwerk und flatternden Inschriften, auf denen in gotischer Schrift allerlei Sinnsprüche und Mahnungsworte der Lebensweisheit gemalt sind, oben unter der Decke läuft eine breite Zierleiste hin, von Vierpassfeldern mit Wappen darin unterbrochen. Zwischen dieser obern und jener untern Einfassung erblickt man, ebenso tapetenartig gemalt, auf dunklem Grunde gradgewachsene Obstbäume mit nackten Kindern, die auf Leitern hinanklettern, und Schriftbändern, die um die Stämme geschlungen oder in die Zweige gehängt sind. Bei dem heutigen, mehrfach aufgefrischten Zustand dieser Gobelinimitation ist über den ursprünglichen Charakter der

[1]) Castiglione Olona Mailand 1893. Taf. IX—XI.

[2]) Daselbst Taf. XIV—XVIII.

[3]) Vgl. Schricker, Eine Fahrt nach Castiglione d'Olona, Repert. f. Kwschft. 1885.

Malerei nur zu sagen, dass sie lediglich dekorativen Wertes, jedenfalls den Tagen Brandas selber entstammt, und in manchem alten Familenpalast Mailands und der Umgebung Ihresgleichen findet. Ebenso wenig bedeutet auch an der Schmalwand des andern Saales der Überrest eines landschaftlichen Prospektes auf hügelige Gegend mit einer Ortschaft im Grunde, die wol für den Eigentümer wenigstens und die Genossen seiner Tafelrunde fassbare Ähnlichkeit besass. Uns erschien der schattenhafte Überrest zu leer und unbestimmt für eine italienische Stadtansicht, so dass wir an die Grafschaft Vesprim denken möchten, die König Sigismund dem Kardinal in Ungarn verliehen; doch damit wäre auch an einen Maler gedacht, der allein vielleicht diese Gegend gesehen hatte. Wol eher einem mailändischen Künstler als einem Toskaner gehört dagegen das völlig verblasste Fresko mit S. Martin, der dem Bettler ein Stück seines Mantels schenkt, drunten an der einspringenden Ecke des Palastes gegen den Platz, wo drei Strassen sich kreuzen und vielleicht ein Vorgärtchen lag. Dort mahnte den Rittersmann, der des Weges zog, dies Bild S. Martins zur Barmherzigkeit gegen den Armen, der barfufs und frierend ihm begegnete. Aus den Eckfenstern blickt man noch heute überrascht auf das freundliche Bild des Platzes mit seinem Kirchlein und glaubt im Herzen Toskanas eher zu sein als droben an den Ausläufern der Alpen: nobile fanum, sagt der Poet bezeichnend, nobile structura atque colossis.

Es ist ein kleiner Centralbau von quadratischem Grundriss mit angelegtem Altarhaus, mit Kuppel über dem Gemeinderaum, ganz ähnlich wie die Sakristei von S. Lorenzo und die Cappella Pazzi in Florenz, mit denen sich der Name Brunelleschis selber unlöslich verbindet.

Die Stirnseite der Kirche, die sich gegen einen Vorplatz kehrt, ist durch kannellierte Pilaster aus grauem Sandstein in drei Abteilungen gegliedert, während die Langseite gegen die Strasse zu nur deren zwei aufweist. Ueber klassischen Blätterkapitellen zieht sich ein gemalter Fries mit guirlandentragenden Putten hin, vom vorspringenden Ziegeldach kräftig beschattet. Der zurücktretende Kuppeltambour wird von einem Kranz kleiner Säulen umstanden, die das Zeltdach über der Kalotte tragen. Im Tambour sind vier kreisrunde Öffnungen, im unteren Kirchenkörper rechtwinklige Fenster mit Dreieckgiebel angebracht. Diese sitzen an der Strassenseite in der Mitte der Teilfläche zwichen den Pilastern, an der Fassade dagegen sind sie in Rücksicht auf eine andre Gruppierung verchoben. Hier öffnet sich in der Mitte das Hauptportal mit dreieckigem Giebel und ursprünglich, wie noch erkennbar, ein Rundfenster darüber; in den seitlichen Abteilungen sind aber die Fenster ganz nahe an die mittleren Pilaster gerückt, weil links und rechts neben den Eckpilastern noch zwei Kolossalfiguren unter vorspringendem Pultdach, in Hochrelief aus dem grauen Sandstein gehauen, bis zu gleicher Höhe mit der Eingangstür emporragen [1]). Sie heben sich von gemaltem Untergrunde ab, der mit einer gemusterten Kante umzogen ist, und stellen den Riesen Christophorus dar, wie er auf mächtigem Baumstamm sich stützend das Christkind durch das Wasser trägt, und S. Antonius Abbas mit seinem Schwein, dem eine Glocke um den Hals hängt. Der übermenschliche Mafsstab lässt doch deutlich und unzweifelhaft die Formgebung des nämlichen Bildhauers erkennen, der 1428 das Portal der Kollegiatkirche geschmückt hatte, und wenn die Gewandfigur des alten Einsiedlers die Beihilfe einer konventioneller arbeitenden Schülerhand gestattete, so war der Meister in der Durchbildung des nackten Körpers beim Riesen, der nur mit einem kurzen Kittel bekleidet ist, auf sich selber angewiesen, besonders zu einer Zeit, wo kein Bildner Oberitaliens diese Herrschaft über naturwahre Formen besass, die plump freilich und ungeschlacht, doch über gotische Schultradition weit hinausliegen und einen unverkennbaren Fortschritt über die Idealfiguren jenes Tympanonreliefs bezeugen. Die Gesichtszüge sind kräftiger und voller geworden, der feste Knochenbau mehr betont; aber der Typus ist der gleiche geblieben und ebenso die Vorliebe für Regelmässigkeit der Haare, der Bartlocken und der Gewandfalten.

Für die technische Behandlung ist sehr bezeichnend der Übergang von flachstem Relief in der Andeutung des strömenden Wassers bis zu voller Rundung in den Köpfen, Vorderarmen und im grössten Teil des Christkindes. Ganz wie bei Agostino d'Antonio di Duccio waltet die malerische Reliefanschauung vor und geht nur hier und da bis an die Gränze statuarischer Selbständigkeit. Volle Bestätigung für das Eigentumsrecht des gleichen Bildhauers, der die Fenster und Türen der Paläste von Castiglione geschmückt hat, gewährt das Portal der Kirche, in der Mitte zwischen den beiden Kolossen. Diese Türeinfassung ist ein ausserordentlich vornehmes Beispiel echt toskanischer Frührenaissance, deren beliebte Pietra

[1]) Diese zusammenhängende Gruppierung, wie die Erwähnung der Kolosse bei Ant. Plantanida beweisen, dass Diego Sant' Ambrogio irrt, wenn er S. 16 meint »le due statue colossali« . . . »di carattere tutt' affatto locale e postuma aggiunzione« seien fremdartige Zutaten späterer Zeit, bei denen an die Werkstatt oder Schule des Jacopino da Tradate zu denken wäre. Die arg verletzte Kolossalfigur eines Heiligen auf einem Torpfeiler links neben der Kirche, — etwa S. Ambrosius — soll ursprünglich die Spitze des Zeltdaches bekrönt haben, also etwa wie noch heute der Tempietto degli Orsini in Vicovaro unweit Tivoli zeigt.

serena hier zur reiner Wirkung kommt. Sie ist in dem gewohnten kleinen Mafsstabe verziert, offenbart aber in der Anordnung dieses Schmuckes wie im Aufbau des Ganzen ebenso entschiedenen Fortschritt zu klassischem Stil, wie das Bauwerk selber. Wie die Gliederung der Wand durch kannellierte unten ausgestabte Pilaster mit ihren geschmackvollen Kapitellen giebt auch die rechtwinklige Türfassung mit feiner Gliederung des Simses, der Fries mit guirlandentragenden Putten darüber und der dreieckige Giebel mit ebensolcher architektonischer Rahmung, an der die Traufrinne fehlt, und mit der Halbfigur Gottvaters zwischen zwei schwebenden Engeln, — leider nicht unverletzt, — ebenso viel Beweise engster Verwandtschaft mit den gleichzeitigen Bestrebungen eines Brunelleschi und Michelozzo, wie unmittelbarer Herkunft aus der Dekorationsweise des Niccolo d'Arezzo und Antonio di Banco.

An der eigentlichen Türfassung zieht sich das wolbekannte, Rankenwerk mit Blumen und Knospen hin, das wir in Florenz bis an das nördliche Domportal und die Tabernakel von Orsanmichele verfolgen können. Dazwischen schauen in abwechselnder Reihe Halbfiguren hervor, an den Seiten je drei Propheten, am Querbalken die vier Kirchenväter: Gregor, Hieronymus, Ambrosius und Augustin, unter denen der Patron der mailändischen Dioecese wie der heilige Papst durchaus dem Relief der Kollegiatkirche entsprechen, während Hieronymus mit dem Kardinalshut offenbar nur deshalb ein Kirchenmodell in der Hand trägt, weil der Kardinal Branda der Stifter dieses Kirchleins gewesen. Langbärtig und würdevoll, dem Christophorus verwandt, erscheint Gottvater, — leider an Stirn und linkem Arm beschädigt —, wolgebildet, in klarer plastischer Durchführung schon im Sinne Luca della Robbias über Ghiberti hinausgehend, das Paar anbetender Engel. An Michelozzos Kinderfries am Aragazzigrabe zu Montepulciano streift schon die Reihe von fünf nackten Buben, die in anmutiger Frische die herabhängenden Festons mit flatternden Bändern tragen. Die vier erhaltenen Bürschchen sind muntere Gespielen des Christkindes auf dem Schofs der Madonna am Portal der Collegiata, nur sicherer und freier durchgeführt, den plumpen, allzu rundlichen Gnomen des Jacopo della Quercia am Grabe der Ilaria del Carretto entschieden überlegen.

An der kleineren Seitentür gegen die Strafse zu finden wir die nämlichen Grundformen, selbst den Mangel des Traufsimses wieder, und im dreieckigen Giebelfelde ein Paar knieender Engel mit der Monstranz in der Mitte. Es ist das Symbol der Congregation del SS. Corpo di Cristo, die im vierzehnten Jahrhundert in Gualdo Tadino bei Nocera in Umbrien gegründet, sich allmählich im römischen

Gebiet verbreitet hatte. Diesem römischen, in Oberitalien noch fremden Kultus, hatte Kardinal Branda das Kirchlein seines Heimatortes geweiht, das sonst als Chiesa della Villa bezeichnet wird. Eine päpstliche Urkunde, die vom November 1437 aus Bologna datiert ist, wo der Kardinal Branda sich damals mit der Kurie befand, giebt über diese Stiftung vollständig genügenden Aufschluſs. Sie richtet sich an den Stifter selbst und bezeichnet dies Heiligtum als „aliam (capellam), quam in praefato loco sub sacratissimi corporis D. N. Jesu Christi et Assumptionis et quattuor doctorum Ambrosii, Hieronymi, Augustini, Gregorii titulis fundari et construi facis", — d. h. deutlich genug als noch im Bau befindlich, wenn auch der Vollendung so nahe, dass für die Ausstattung des Geistlichen daran gesorgt wird.

Das Innere des Gotteshauses war einfach gehalten, Gliederung und Schmuck fast ganz der Malerei und Plastik überlassen, deren gemeinsame Dekoration nur durch Tünche zerstört ist. So wirken die Reste in ihrer farbigen Erscheinung nicht mehr wie sie sollten. Besonders gilt dies von den bemalten Statuen der vier Kirchenväter und einer Verkündigungsgruppe in Terracotta, die auf Konsolen mit wulstigem Blattwerk einander gegenüber stehen. Sie alle gehören unzweifelhaft dem selben Bildner an, den wir bei dem engen Zusammenhang mit den Proportionen und Profilirungen des Baues selbst auch für den leitenden Bauführer dieses durchaus toskanischen Ganzen erklären möchten. Nur der tote Christus, eine liegende Marmorfigur unter dem freistehenden Altar, an dem der Geistliche noch mit dem Antlitz gegen die Gemeinde zu fungieren sollte, ist eine spätere Zutat, wie das Grabmal des Guido Castiglione († 1485) an der Seitenwand. Die Erstere darf am ehesten als Werk des Samuele di Jacopino da Tradate angesehen werden, der 1440 nach Mantua berufen ward und 1463 mit Mantegna Vermessungen antiker Reste am Gardasee unternahm, das Letztere gehört dagegen unzweifelhaft dem Giov. Ant. Omodeo, der 1495 auch das Grab eines andern Castiglione in S. M. delle Grazie zu Mailand gefertigt hat[2]).

Die farbigen Terracottafiguren führen uns wie die nackten Buben am Portal zurück auf den Schlosshügel zu einer andern Schöpfung des Kardinals. Die selben drallen Knäblein, die hier am Fries ihre Guirlanden tragen, stützen den achteckigen Fuſs und das Taufbecken darauf im Baptisterium, droben am äuſsersten Rande des

---

[1]) Vgl. Diego St. Ambrogio S. 19 ff., der die Christusfigur irrtümlicher Weise für toskanisch nimmt. (Tav. XXVIII.)

[2]) Vgl. a. a. O. p. 25. Tav. XXXI.

einst befestigten Vorsprunges. Die Wangen des achteckigen ziemlich roh gearbeiteten Beckens sind mit Rankenwerk ausgefüllt, nur die Vorderseite zeigt das Wappen des Kardinals; der Baluster ist mit grossen wulstigen Blättern, die vom untern Rande emporsteigen belegt, und von kräftigen kleinen Kerlen, in mannichfaltiger Haltung des Tragens und Stützens umstanden. Sie erreichen trotz einzelner Schwächen, wie z. B. der unzulänglichen Durchbildung der Hände und Füsse, doch den höchsten Grad realistischer Wiedergabe des Kinderkörpers, die diesem Zeitgenossen des Jacopo della Quercia und Lorenzo Ghiberti noch möglich scheint, und erinnern sehr bestimmt an die nackten Kinder der Aragazzi am Tron der Madonna in Montepulciano und an die musicierenden Engel am Hochaltar des Santo zu Padua, d. h. an Schulwerke des Michelozzo und des Donatello, die wir als Anhänger der Naturwahrheit zu feiern pflegen.

Wie hier das Wasserbecken selbst nur das Erzeugnis einer handwerksmäfsigen Schülerhand sein kann, so trifft ein ähnliches Verhältnis wol zu bei dem Grabmal des Kardinals Branda, das jetzt unter einem Bogen der Seitenwand im Chor der Collegiata verborgener steht als es ursprünglich beabsichtigt war. Als Tumba des Stifters sollte es gewiss frei, von allen Seiten sichtbar, unter der Vierung vor den Stufen des Hochaltars seine Stelle finden. Es ist eine flüchtige unbedeutende Gehilfenarbeit, doch aber unzweifelhaft der selben toskanischen Schulung angehörig, und aller Wahrscheinlichkeit nach von demselben Meister abhängig, dem wir die übrigen Bildwerke zugewiesen haben, freilich der Ausführung nach vielleicht von der Hand eines lombardischen Steinmetzen [1]), also das rechte Mittelglied zwischen dem Florentiner und den Comasken, das nur die Unfähigkeit der heimischen Kräfte beweist von dem fremden Beispiel schon damals zu lernen. Ihm reiht sich das Wandtabernakel im Chor der Kirche unmittelbar an, während der Altar der Apostel in der Seitenkapelle unter dem Glockenturm [2]) schon eher als charakteristische Leistung lombardischer Schule bezeichnet werden darf, wie sie der Dom von Mailand mehrfach bietet. Mit dem Tode des Kardinals im Februar 1443 giengen ohne Zweifel auch die fremden Künstler von dannen, und die Beziehung zu Toskana war abgebrochen.

Den Irrtum zu berichtigen, der in dem Namen unter der Grabschrift »Leonardus Gryphus composuit« die Bezeichnung des Bildhauers zu besitzen wähnte, während der Wortlaut nur den Dichter

[1]) Diego Sant' Ambrogio S. 31 f. hält es für lombardische Meisterarbeit.

[2]) Vgl. a. a. O. Tav. XLIV.

2*

des langen Panegyricus darin zu finden erlaubt, ist kaum mehr nötig. »L'Epitaffio composto da Leonardo Griffio nobile spirito di quei tempi« sagt schon Beffa Negrini, der die Verse in seine Elogi Historici della famiglia Castiglione (Mantua 1606) aufgenommen. Der Mann gehörte einem guten Hause in Varese an, ward später Bischof von Gubbio und starb als Erzbischof von Benevent!

Ob aber die Kunstgeschichte im Stande wäre, den Namen des Künstlers zu nennen, der von 1428 bis gegen 1443 in Castiglione d'Olona nachweisbar eine so reiche und mannichfaltige Tätigkeit entwickelt hat, ist eine andre Frage. Seine künstlerische Herkunft aus Toskana, aus unmittelbarer Nachbarschaft des Niccolò d'Arezzo und Lorenzo Ghiberti ist bestimmt genug aufgezeigt. Die Fortschritte zum Realismus, die seit 1435 ungefähr hervortreten, die genauere Bekanntschaft mit dem reinen Stil der Renaissancearchitektur, den wir damals nur bei Brunelleschi selbst und seinen nächsten Mitarbeitern voraussetzen können, verlangen wol den Rückschluss auf eine abermalige Anwesenheit in Florenz. Sie gäben Veranlassung genug, nach einem Aufenthalt des grofsen Architekten selbst in Mailand um 1432 auszuschauen[1], wenn nicht die Abwesenheit des Kardinals Branda auf dem Conzil zu Basel in die nämliche Zwischenzeit fiele. Sie verbieten vollends an Masolino, den Maler zu denken, den Vasari eine Zeit lang als Ciseleur bei Lorenzo Ghiberti an den Bronzetüren des Baptisteriums mitarbeiten läfst[2]. Vielleicht ist es bei dem heutigen Stande der Forschung überhaupt noch zu gewagt, einen bestimmten Namen zu fordern und auszusprechen. Eine Reihe verwandter Erscheinungen in Oberitalien, von Mailand bis Venedig, müfste erst als toskanischen Ursprungs mit vorurteilsfreiem Urteil von den Erzeugnissen heimischer Lokalkunst gesondert werden, bevor eine Sichtung florentinischer Ableger im engern Kreise versucht werden könnte, und diese Auseinandersetzung kann sich nur allmählich vollziehen nicht bei Gelegenheit abgetan werden wie hier.

Die Tatsache, dass in Oberitalien zahlreiche Denkmäler verwandter Art sich auf Schulgenossen aus Florenz zurückführen lassen, ist bekannt genug, aber die Bedeutung der florentinischen Enklave

[1]) Diego Sant' Ambrogio behauptet S. 33 einen zwiefachen Aufenthalt Brunelleschis in Mailand, 1427 und 1435. Vgl. dazu Corn. de Fabriczy, Filippo Brunelleschi S. 374, der nur einmaligen Besuch zwischen 1427 und 1432 zulässt.

[2]) Ihn schlägt Diego St. Ambrogio, a. a. O. S. 32 vor, indem er ihn zugleich als Baumeister denkt.

in Castiglione d'Olona für diesen Zusammenhang noch kaum erwogen [1]).

---

[1]) Da wäre an erster Stelle allerdings in Arezzo selbst das Grabmal des Rechtsgelehrten Antonio de Royzellis, ein ganzer Aufbau aus Terracotta in S. Francesco zu nennen, dessen Sarkophag mit den Brustbildern dreier Berühmtheiten der Jurisprudenz dem Fries mit den Kirchenvätern am Portal von Castiglione sehr nahe kommt (schwerlich erst 1467 wie das im Santo zu Padua). Damit aber wäre wol noch der Hinweis auf die zahlreichen Werke des sogenannten Meisters der Pellegrinikapelle in St. Anastasia zu Verona gegeben, wo die Wände mit Reliefs aus dem Leben Christi von flüchtiger Arbeit bedeckt sind, mit Einzelfiguren von Heiligen dazwischen und der knieenden Porträtgestalt des Stifters. Im Dom zu Modena ist von derselben Hand in der zweiten Kapelle links ein Altarwerk erhalten, allerdings weiss angestrichen und vergoldet mit blauem Grunde; es enthält unten die Madonna, stehend zwischen vier Heiligen, darüber den Gekreuzigten mit Johannes und Maria, sowie die sitzenden Figuren der vier Evangelisten, in den Giebeln Engel, in den dreieckigen Eckpfeilern, die zwei Seiten herauskehren, je vier Nischen mit Statuetten übereinander, und an der Predella Reliefs mit Darstellungen aus der Heiligenlegende. Ihm gehören in Florenz die Halbfigur der Madonna mit Kind in der Kapelle des Bargello und das hochverehrte Gnadenbild, die Madonna del Popolo in der Brancaccikapelle des Carmine. Im Berliner Museum haben wir jedenfalls die sitzende Freifigur der Madonna mit dem Kinde (No. 107) und das Relief (108), im South Kensington Museum zu London die Einzelfigur einer Annunziata (No. 4623) und die Reliefs (7366 und 7594) die von Alters her dort dem Quercia zugeteilt werden.

Dagegen teilen wir vorerst die Bedenken, wenn dem selben Meister auch das Grabmal des Beato Carissimo da Chioggia in S. M. de Frari zu Venedig beigemessen wird. Das Blattwerk des spitzbogigen Baldachins, aus dem Halbfiguren von Heiligen, Propheten, Sibyllen und musicierenden Engeln hervorwachsen, erscheint allerdings diesem Tonbildner völlig entsprechend. Aber das grosse Relief der Taufe Christi unter dem Bogen erreicht beinah die Schönheit und Innigkeit Ghibertis selber und die Reliefs am Sarkophag, die Auferstehung und die Höllenfahrt Christi, zeichnen sich durch meisterhafte Klarheit der Komposition, durch die freie Wiedergabe nackter Körper in mannichfaltiger Bewegung und Verkürzung, durch die klassisch einfache Gewandung so vorteilhaft vor dem Meister der Pellegrinikapelle aus, dass wir nur auf ein verwandtes Beispiel in Florenz zurückweisen möchten, auf das Relief mit der Enthauptung des Jakobus am Tabernakel dieses Heiligen an Orsanmichele, die im unverkennbaren Anschluss an die Auferweckung des Lazarus von Ghiberti komponiert, von einem seiner älteren Genossen herrühren muss, deren viele ihn ja 1424 aus Furcht vor der Pest verlassen hatten, die ihn selbst nach Venedig trieb (Okt.—Decbr. vgl. Milanesi Doc. Sen. II. 119).

Die Auferstehung am Grabmal des Beato Carissimo (1437) zu Venedig hat allerdings Verwandtschaft mit dem Grabmal Brenzoni († 1420) in St. Fermo zu Verona, auf dem sich Giovanni di Bartolo il Rosso als Urheber bezeichnet, und mit dem Reitermonument des Cortesia da Serego (1429) in St. Anastasia, das auf denselben Namen Anspruch hat, während das Denkmal des Fulgoso († 1427) im Santo zu Padua wol sicher von einem andern Florentiner, Piero di Niccolò, herrührt, der mit Giovanni di Martino da Fiesole das Grab des Dogen Mocenigo in Venedig († 1423) und vorher in Florenz das Grab des Noferi Strozzi († 1417) in der Sakristei der Trinità gefertigt hatte.

DIE DECKENMALEREI IM CHOR DER COLLEGIATA

Nicht die Bauwerke und Bildwerke sind es, die den Namen Castiglione d'Olona in der Kunstgeschichte berühmt gemacht haben, obgleich sie es ebenso verdienten, sondern die schattenhaften Ueberreste der Malereien im Chor der Kollegiatkirche und ein Cyklus aus dem Leben Johannes des Täufers im kleinen Baptisterium, unverkennbare Arbeiten florentinischer Meister aus den Tagen des Kardinals Branda Castiglione [1]).

Die Fresken im Chor der Kirche sind überweisst gewesen und erst im Jahre 1843 wieder aufgedeckt, leider nicht mit der Sorgfalt und Geduld, die der Rettung eines so wichtigen Denkmals gebührt hätte. Hier und da ist die Malfläche selber mit abgefallen, Gesichter und Körperteile zerkratzt, an anderen Stellen durch Feuchtigkeit auch die Zeichnung verschwunden, an der Wölbung gar mit dem einen Bilde der Versuch gewagt, die schadhaften Teile durch Uebermalung wieder wirksam zu machen. Dennoch muss bei dem geschichtlichen Wert dieser Urkunden Alles aufgeboten werden, die verblichene Erscheinung zu bannen, und in der Tat kommt uns die Photographie ausserordentlich zu Hülfe, den Eindruck an Ort und Stelle zu ergänzen. Sie stellt mit mechanischer Sicherheit noch Einheit und Zusammenhang fest, wo das Auge, durch Farbenflecke beirrt, nur mühsam arbeitend die auseinander gerissenen Fetzen zu verbinden lernt. Nur gestatten die Enge des Raumes, der Einbau eines Hochaltars mit weitem Baldachin und die Ungunst der Beleuchtung den photographischen Aufnahmen nicht genügende Freiheit, alle Teile gleichmässig zu behandeln.

Der Grundriss des Chors besteht aus einem Quadrat mit angelegtem Trapez, d. h. er ist mit drei Seiten aus dem Achteck geschlossen, deren zwei schrägstehende Wände mit schmalen Spitzbogenfenstern durchbrochen sind, während in der rechtwinklig zur Hauptaxe stehenden Schlusswand ein höheres Rundfenster gesessen hat, das später

---

[1]) Vgl. Vasari, Vite (Lemonnier) III, 139 ff., Opere (Sansoni) II, 269 ff. — Crowe u. Cavalcaselle, Gesch. d. ital. Mal. II (1869) S. 77 ff., Ital. Ausg. 1883, S. 244 ff. A. v. Zahn, Jahrb. f. Kunstwissenschaft II (1869) S. 155 ff. — Lübke, daselbst III, 280 ff. u. Gesch. d. ital. Mal. I (1878) S. 285 f. — Woltmann, Gesch. d. Mal. II, 145. — Burckhardt-Bode, Cicerone, 3. Aufl. (1874) S. 873 bis 6. Aufl. (1893) S. 553. — Weiteres im Verfolg an seiner Stelle.

erweitert wurde. Das spitzbogige Gewölbe besteht demgemäss aus drei schmalen langgestreckten Kappen über dem Chorhaupt, zwei breiteren über den Seitenwänden, und einer sechsten, sehr in die Breite gezogenen, über dem Eingangsbogen gegen das Langhaus zu. Zwischen den spitzen Schildbögen und den stark vortretenden Rippen eingespannt, bieten diese sechs sphärischen Flächen aber keineswegs günstige Verhältnisse für die Malerei. Der Schlufsstein des Gewölbes zeigt eine runde Scheibe mit der gemeisselten und bemalten Halbfigur Gottvaters, der die Weltkugel in der Linken haltend, die Rechte segnend ausstreckt, und so von vornherein zu den Deckenbildern selbst in Beziehung steht.

Er wendet sich mit dieser Gebärde der himmelfahrenden Maria zu, die von Engeln getragen zwischen Eingangsbogen und Gewölbscheitel emporsteigt, und erscheint zugleich mitwirkend bei der Krönung der Himmelskönigin im schmalen Mittelfelde des Chorhauptes. Und wie diese beiden in der Hauptaxe gelegenen Darstellungen gehören auch die übrigen paarweis zusammen: über den beiden andern Polygonseiten links vom Beschauer die Verkündigung, rechts das Sposalizio, und über den beiden Quadratseiten links die Geburt Christi, rechts die Anbetung der Könige.

Ganz links in der Ecke unter der Geburt Christi liest man auf einem Schriftbande am Felsgestein, mit dem die Zwickel ausgemalt sind, die Bezeichnung

MASOLINUS DE
FLORENTIA[1] · PINSIT

die sich natürlich auf die Ausmalung der ganzen sechsteiligen Chordecke bezieht, aber auch nur auf diese, nicht mehr auf die unteren Wandmalereien beziehen kann, die in der einen Hälfte die Geschichte des hl. Laurentius, in der andern die Geschichte des hl. Stephanus enthalten.

Die Wandmalereien des Chores sind späteren Ursprungs und von andrer Hand, bleiben hier also vorerst ausser Betracht. Die Deckengemälde dagegen lassen sich aus der Geschichte des Kirchenbaues, wie aus der ihres Stifters und ihres Urhebers genauer datieren. Im Januar 1422 wurde, wie wir gehört haben, die erste päpstliche Genehmigung zur Errichtung der Kollegiatkirche gegeben, bereits im November 1423 die Erlaubniss zur Weihe, also zum Beginn des regelmässigen Gottesdienstes erteilt, wenn damals vielleicht auch die Chorpartie allein, der wichtigste Teil des Neubaues, vollständig

[1]) E und N sind zusammengezogen.

ausgeführt sein mochte[1]). Am 25. März 1425 erst fand die Weihe wirklich statt, die wegen der Abwesenheit des Stifters als Kardinallegat jenseits der Alpen solange hinausgeschoben war. Der Hauptaltar wurde der Jungfrau Maria und den beiden Märtyrern Laurentius, dem Titular der ursprünglichen Kirche, und Stephanus geweiht, der Seitenaltar in dem einen Nebenchor dem Petrus und Paulus nebst den übrigen Aposteln, offenbar in Rücksicht auf die Würde des apostolischen Legaten und Kardinals der römischen Kirche, der Seitenaltar im andern Nebenchor dagegen dem heiligen Papste Clemens, dessen Basilika in Rom Branda Castiglione als Kardinalstitel inne hatte, so dass er Reliquien dorther mitbringen konnte, ferner dem heiligen Ambrosius, dem Schutzpatron der Mailänder Diözese, zu der Castiglione d'Olona gehört, und anderen Bekennern, wie Konrad, Kaiser Heinrich, Leodegar, Corbinian und Oswald, von denen der Legat sich auf seinen amtlichen Reisen im Norden Reliquien verschafft hatte. In der Unterkirche erscheint als erste Titelheilige des Altars unter der Chorkapelle St[a] Katharina von Alexandrien, gefolgt von Margaretha, Hedwig, Afra, Walpurgis und Ursula mit ihren eilftausend Jungfrauen. Wenn für den Altar der Assunta droben sogar Prato ein Partikelchen seines gefeierten Heiligtums, des Gürtels der Madonna, herausgegeben hatte, so ergeben die Namen der andern Reliquien Winke genug für die frommen Streifzüge des Stifters in fernen Landen. Mit der Verteilung dieser Reliquien auf die vier Altäre und der Einweihung in Gegenwart des Kardinals war auch das Thema für etwaige Malerei oder bildnerischen Schmuck vorgeschrieben. Also vor dem März 1425, der Rückkehr des Kardinallegaten aus Ungarn und Deutschland, kann die Verherrlichung der Maria am Chorgewölbe durch die Hand des Florentiners Masolino keinesfalls entstanden sein.

Und die Daten aus dem eigenen Leben des Malers, die wir besitzen, bestätigen diesen Gränztermin, über den wir nicht zurückgehen können, durchaus. Dieser »Masolinus de Florentia« ist identisch mit dem »kleinen« Thomas, eigentlich »Tommaso di Cristoforo Fini, pictor populi sancte Felicitatis de Florentia«, der am 18. Januar 1424 bei der Zunft, der die Maler damals angehörten, Arte de' Medici e Speziali, in Florenz immatrikuliert ward, um als selbstständiger Meister Aufträge übernehmen zu können. Ein Rechnungsvermerk der Compagnia di S. Agnese delle laudi presso il Carmine ergiebt, dass er

[1]) Darauf hat mit Recht schon Lübke, Jahrb. f. Kwschft. III. 281 u. 284, aufmerksam gemacht.

noch am 8. Juli 1425 eine kleine Zahlung entgegen nahm.[1]) Im Jahre 1427 aber besagt der Katasterbericht seines Vaters Cristoforo di Fino, imbiancatore: Tommaso suo figlio, d'anni 43. sta in Ungheria; dicesi dover avere certa quantita di danari da l'erede di messer Filippo Scholari; non è chiarito il chè«, — und am Rande dazu die weitere Notiz: »Sono fiorini 360 di Monte Comune ch'erano iscritti in Simone Milanesi e Simone e Tommaso Corsi.«[2])

Filippo de' Scolari, der berühmte Feldherr in Ungarn, war selbst Florentiner, aus dem alten Hause der Buondelmonti zu Tizzano 1369 geboren, in seiner Heimat unter dem Namen Pippo Spano, d. h. der Obergespan (von Temesvar) bekannt. Als Schatzmeister König Sigismunds, wurde er durch seine Gemalin Graf von Ozora und trat damit als Hospodar in die Reihe der ungarischen Magnaten ein. Er liess sich von toskanischen Künstlern, zu denen auch Manetto Ammanatini »il grasso legnajuolo« gehörte, ein prachtvolles Kastell und Kirchen in Ozora bauen, ein Hospital in Lippa und eine Familienkapelle in Stulweissenburg neben der Grabkapelle der ungarischen Könige. Dort wurde er selbst bestattet, als er am 27. December 1426 zu Lippa gestorben war. Sein Grabmal, gewiss bei Lebzeiten vorgesehen, — aber schon 1536 zerstört, wie alle seine Bauten, — trug die Inschrift:[3])

SEPULCHRUM EGREGII ET MAGNIFICI
DOMINI PHILIPPI DE SCOLARIBUS DE
FLORENTIA COMITIS THEMESWARIENSIS
ET OZORAE · QUI OBIIT ANNO DOMINI
MCCCCXXVI · DIE XXVII. MENSIS
DECEMBRIS

Diese Kapelle war jedenfalls im Mai 1426 sehr weit gediehen, wahrscheinlich sogar in ihrer malerischen Ausschmückung vollendet; denn damals ruhte er nicht, bis der Gesandte von Florenz Rinaldo degli Albizi nach Stulweissenburg gekommen war und sie

[1]) Vgl. Knutzon, Masaccio og den florentinske Malerkonst paa hans Tid, Kopenhagen 1875. S. 160. »A Masolino di . . . dipintore a di VIII di luglio lire due soldi quatro, sono per dipigniere la nughola e metere d'azuro e oro fino.« (Arch. Centrale Libro d'Entrata e Uscita dal 1425 al 1441, Compagn. di S. Agnese delle Laudi, segn. B. No. 98 p. 81 tergo.)

[2]) Vgl. Milanesi, Giornale storico degli Archivi Toscani 1860, Juli bis Sept. S. 192 ff., ferner die folgende Notiz: Milanesi, Scritti varj 1873 p. 287: »E più rimane a detti Milanesi fior. 450 di Monte Chomune che sono nel quartiere s. Spirito, in somma di fior. 810 sol 6 den. 8 a oro in oro: dichono in Simone Milanesi e Simone e Tommaso Chorsi . . . si permutò in maestro Tomaso di Xpofano dipintore.

[3]) Manni, Dom. Maria, Osservazioni istoriche sopra i sigilli antichi de'secoli bassi. Tom VIII. (Firenze 1742.) p. 63.

besichtigt hatte. Am 14. Mai 1426 verzeichnet dieser in seinem Berichte an die Signoria: »vedemo la capella sua, fatta di nuovo, per sua sepultura, adorna di molto e bene dotata e di ricchi paramenti ec.«[1])

Pippo Spano, seit seinem dreizehnten Jahre im Ausland, war nur einmal wieder nach Florenz gekommen, am 23. Juni 1410. Dagegen wollte er im Mai 1425 den König Sigismund zu seiner Krönung nach Italien begleiten; aber die Romfahrt verzögerte sich bekanntlich bis 1433, so dass Filippo sie nicht mehr erlebte[2]).

Bei einem der letzten Einfälle der Türken in Ungarn gegen König Sigismund war Branda Castiglione, Graf von Vesprim und Kardinallegat unter den Würdenträgern des Reiches, die mit dem König zusammen den gichtkranken Spano bestimmten, den Oberbefehl der Truppen zu übernehmen um die Feinde aus dem Lande zu jagen. Die Durchreise des Legaten durch Florenz, bei seiner Heimkehr nach Rom, als er seine Kirche an der Olona geweiht und beim Visconti in Mailand seine Mission erledigt hatte, mag also auch für Masolino den letzten Anstoſs gegeben haben, im Hochsommer 1425 nach Ungarn aufzubrechen.

Wenn Masolino aber für Filippo degli Scolari die Ausmalung jener Kapelle ausgeführt hatte, für die beim Tode des Auftraggebers, Ende December 1426, noch 360 Gulden zu zahlen waren, so bleibt das Wahrscheinlichste die Annahme, dass Kardinal Branda ihn bei der selben Gelegenheit auf der Durchreise durch Florenz, zwischen Mai und Juli 1425, bestimmt hatte, auf dem Wege nach Ungarn in Castiglione d'Olona einzukehren und die Ausmalung des Chores in der neugeweihten Kirche zu beginnen. Dass Masolino dort nur die Gewölbefelder vollendet hat und sich im Zwickel oben,

---

[1]) Commissioni di Rinaldo degli Albizi, II. 588. »lo Spano voleva noi facessimo la via da Albareale per vedere la sua cappella e ornamenti, e alloggiassimo in casa il Proposto, e l'altro di andassimo a Osora sua casa principale, per vedere la Contessa e l'altre sue cose.« — »A di 14 (Mai 1426) partimo da Tata, co' detti famigli del Conte di Cilia con parecchi cavagli per uno, e con quello dello Spano con tre cavagli, e co' detti carretti ec . . . venimo ad Albareale, citta senza vescovado, dove si coronano i Re d'Ungheria, e molte loro sepulture vi sono. Smontamo in casa il Proposto, che molto vi fumo onorati per amore dello Spano. . (s. oben). — 15. Mai Besuch bei der Contessa in Ozora: »e fecemi mostrare il castello bellissimo e più chiese fatte di nuovo con molti ricchi paramenti e molte altre magnificenzie ad honorem Dei.« Vgl. Dom. Mellini, Vita di Filippo Scolari, Firenze 1570.

[2]) Vgl. Gio. Canestrini, Arch. stor. ital. 1843 Anhang zu den beiden gleichzeitigen Lebensbeschreibungen des Fil. degli Scolari. (Tom. IV p. 117 ff.) Handschriftliches Material im Arch. stor. centrale (Arch. della Badia Fiorentina No. 326, Familiarum tom. XV.) Canestrini, Discorso sulle relazioni di Firenze coll' Ungheria, Arch. stor. ital. IV. p. 200 ff.

unter dem letzten Bilde links bezeichnet, spricht ebenfalls für vorübergehenden Aufenthalt, bei dem es vor allen Dingen darauf ankam, dem Kardinal wenigstens guten Willen zu zeigen, den Auftrag wenn auch nur teilweise zu erfüllen, vielleicht dankbar Verpflichtungen nachzukommen, über denen doch die günstige Jahreszeit zur Reise nach Ungarn nicht versäumt werden durfte. Der vorläufige Abschluss mit der Deckenmalerei allein würde sich kaum erklären, wenn wir den Künstler erst 1427, auf der Rückkehr von Stulweissenburg nach Florenz hier in Oberitalien gegenwärtig dächten.

Dazu kommt ausserdem die Entwicklungsstufe der Kunst, die diese Malereien selber vor Augen stellen.

Ueberblicken wir die Bilder in der herkömmlichen Reihenfolge des Marienlebens, aus dem hier drei correspondierende Paare gewählt worden, so zeigen sich sofort die Richtung der Zeit wie die persönlichen Eigenschaften des Meisters. Die Form der schmalen langgezogenen Gewölbekappen hätte darauf hinweisen sollen, die Vorgänge in möglichst idealer Behandlung zu geben, das heisst die Figuren silhouettenhaft nach den Grundsätzen der Flächendekoration auf das fest umrahmte Deckenfeld zu bringen, dagegen die räumliche Entwicklung eines bestimmten Schauplatzes zu vermeiden. So wenigstens würde ein Abkömmling der älteren Schule, auch am Uebergang des vierzehnten ins fünfzehnte Jahrhundert noch verfahren sein. Unter den Bedingungen des gotischen Gewölbebaues herangebildet, würden Don Lorenzo Monaco oder gar Fra Angelico da Fiesole nicht minder als Spinello Aretino sich bemüht haben, auch die Vorgänge aus dem Marienleben, die hier an der Decke verlangt wurden, möglichst raumlos, in gleichsam transcendentaler Allgemeinheit zu halten. Sie hätten bei der Enge der gegebenen Bildflächen gewiss rituelle Feierlichkeit der Auffassung und Abstreifung alles nebensächlichen Beiwerks als dringendes Gebot erkannt, selbst wenn ihnen die Bestimmtheit der Gebärde und die Macht des Ausdrucks in den Gestalten selbst nicht mehr zu Gebote stand wie den grofsen Meistern des Trecento selber.

Masolino dagegen sucht, wie ein Blick auf seine Deckenbilder lehrt, den Fortschritt über jene Schultradition gerade in der Wiedergabe irdischer Bestimmtheit des Ortes jeder Handlung. Es ist ihm mehr darum zu tun, die Bühne recht leibhaftig aufzubauen als die Gestalten selber, die dort auftreten. Er hängt mit dem Gange der Entwicklung, die sich von Taddeo Gaddi und Giovanni da Milano zu Angelo Gaddi und Antonio Veneziano vollzogen hatte, noch eng zusammen, indem auch er noch vom Zuwachs des Beiwerks, von der mannichfaltigen Umgebung ausgeht, selbst auf Kosten der Hauptsache, auf die ein Giotto seine ganze Kraft gerichtet. Darin bleibt auch er ein Ausläufer des Trecento, dem die grundlegenden Jahre seiner Jugend angehören. Aber seine Schilderung des Schauplatzes verfügt bereits über neue Mittel: er kennt die Forderung perspektivischer Illusion für das Auge und will den Schauplatz der Handlung auch da realistisch hinstellen, wo die Bildfläche sich hoch über dem Betrachter befindet. Dadurch aber gerät er am Chorgewölbe zu Castiglione mit den starkvortretenden Rippen in Widerstreit, jemehr der eigene Aufbau einer Scheinarchitektur versucht wird. Seine Darstellungen sind in Florenz vorbereitet, unter den Auspicien Brunelleschis sogar und dem Eindruck der neuerstehenden Architektur; aber an so schmale Gewölbkappen eines lombardischen Chorhauptes war der Maler nicht gewöhnt.

Nur wo die vorgeschriebenen Scenen selbst den irdischen Schauplatz ausschliessen, gelingt auch ihm ein harmonischer Eindruck im festen Rahmen.

Durch die Reliquie vom Gürtel der Maria, den sie — der Legende nach — dem ungläubigen Thomas zugeworfen, als sie gen Himmel entrückt ward, ist die Darstellung über dem Hochaltar bestimmt. Von fliegenden Engeln in symmetrischen Reihen links und rechts umgeben, sehen wir die Mutter Gottes emporgetragen. Leider ist die Hauptfigur fast gar nicht mehr zu erkennen, zumal seitdem nach der Übertünchung gerade in ihrem Leibe ein Haken für den Baldachin befestigt worden, der über dem Altar hängend dem Auge kaum gestattet hier und da ein Stück des Bildes zu erhaschen.

Desto wichtiger ist das Gegenstück im Mittelfelde des Chorhauptes: die Krönung Maria's durch Christus, die den Cyklus abschliesst. Auf prächtigem Tron mit hohen, fialenbekrönten Lehnen und apsisähnlicher Nische in der Rückwand, über der eine durchbrochene gotische Turmspitze von reicher Schmuckarbeit aufsteigt, sitzen vor einem köstlichen im Halbrund ausgespannten Teppiche die beiden Hauptpersonen. Christus rechts, etwas höher tronend, ist soeben im Begriff der Mutter, die bescheiden etwas niedriger an der linken Ecke des Sitzes Platz genommen hat, mit beiden Händen eine Krone auf den Scheitel zu drücken. Demütig neigt sie ihr Angesicht vor dem Sohn in seiner Herrlichkeit. Zahlreiche Engel schauen dabei von beiden Seiten durch die Fenster des Trongestüls, während ganz vorn zwei mädchenhafte Wächter an den Stufen stehen. Es sind ausserordentlich gestreckte Figuren, mit schmalen Schultern, kurzem Oberkörper aber langem Rumpf und doppelt so langen Beinen. Sie bestehen fast nur den Hauptlinien ihrer Gliedmafsen nach, ohne jede Rundung der Form, d. h. aus Kopf und Händen, die aus der Draperie eines Gestells hervorsehen; selbst am Rande der Sitzbank hockt oder lehnt diese Gliederpuppe nur seitwärts, so dass alle Verkürzungen, die sonst bei festem Niedersitzen entstehen, vermieden sind. »Es ist wesentlich das Gewand in welchem sich die Bewegung ausdrückt«, sagt Albert von Zahn, »und zwar in schlanken, ziemlich allgemeinen Zügen«. Und Cavalcaselle hebt mit Recht »eine gewisse müde, aber nicht ungraziöse Ruhe« hervor, »in Verbindung mit zartem Ausdruck und schlicht anmutigen Zügen.«

Wie Bewegung und Gebärde dieser schemenhaften Ideale haben auch ihre Köpfe eine weiche Unbestimmtheit der Form und molluskenartige Haltung, als fehle ihnen jede Festigkeit des Knochengerüstes und jede Straffheit der Muskelbänder. Nur die Haarfarbe und der Bart unterscheidet Christus von der jungfräulichen, ganz hellblonden Mutter, deren Köpfchen so kindlich rein wie eines unerwachsenen Mägdleins, duftig und durchsichtig wie eine Rosenknospe auf ihrem Stengel schwankt.

Wenn schon hier im Trontabernakel das schnelle Zusammenfliehen der Linien nach der Höhe das Auge beirrt, so merkt es empfindlicher den Zusammenstofs mit der vorgefundenen Rippenteilung bei der Verkündigung. Der Scheitel des Schildbogens, d. h. der Höhepunkt der wirklichen Kapellenwand wird vom Maler als emporragend über den Boden der gemalten Bühne gedacht, die er im darüber befindlichen Gewölbfelde entfaltet. In Halbkreislinien nach links und rechts weicht hinter dieser Bogenspitze der Rand des gemalten Fussbodens zurück und scheidet so die beiden unteren Zwickel der Gewölbkappe, die mit abgestuftem Felsgestein gefüllt sind, aus der Darstellung aus. Wie der Souffleurkasten einer Bühne verdeckt der einspringende Scheitel des Schildbogens auch den Fuss einer schlanken Säule, die nicht ganz in der Mittelaxe, doch unmittelbar dahinter aufsteigt. Ihr einfaches Volutenkapitell trägt die Ecken eines graden Gebälks das zu den Anten zweier Vollmauern hinüberreicht, die im rechten Winkel aneinanderstofsend die beiden Rückwände der turmartigen auf quadratischem Grundriss aufsteigenden Loggia bilden. Über dieser Gebälklage erheben sich noch zwei luftige Geschosse mit Rundbogenfenstern, die im oberen mit Mittelsäulchen ausgesetzt sind, darüber ein schräges Zeltdach, dessen Mitte in einer Laterne gipfelt. Schon die lotrechte Säule, die zwei Drittel der Bildhöhe teilt, und die Horizontalbalken des Aufbaues vertragen sich nicht recht mit der konkaven Fläche, auf der sie gemalt worden. Das Ganze gleicht einem Altarciborium, dessen hintere Seiten, durch Vorhänge geschlossen, den Durchblick versagen. An der einen

Wand ist aber ein Schränkchen angebracht, auf dessen offenen Borten die Andachtsbücher und kleinen Gerätschaften der Jungfrau gesehen werden. Zwischen Säule und Wandschränkchen steht auf dem Fussboden eine Vase mit Blumen darin. Ganz rechts an den Rand des Bildes gedrängt, erscheint Maria, aufgeschreckt aus ihrem Gebet. Scheu zurückweichend, neigt sie doch ergeben das Haupt und kreuzt beide Arme über der Brust. Es ist eine schlanke feinknochige Gestalt mit kurzem Oberkörper, und von den Schultern ab so vollständig eingehüllt in die weichen fliessenden Massen ihres Mantels, dass nur die sanfte Biegung vom Kopf bis zu den Füssen sichtbar wird, in dem vorwärtsfallenden Faltengeschlängel am Boden sich noch die Bogenlinie fortsetzt und das Zurückfliehen aus der früheren Stellung verrät, wie beim schwanken Rohr, das vom Winde bewegt wird. Links beugt sich der Engel schwebenden Ganges zu ihr herein. Kaum die Zehen berühren den Boden, auf dem das weite Gewand nachschleppt; fast scheint es, als wolle er niederknieen, indem die Flügel sich senken, der Arm sich hebt und vorstreckt, seine Botschaft begleitend. Die Linke mit dem Lilienstengel bleibt abwärts gerichtet, während das Antlitz, ganz in Profil, feingeschnitten und zart wie das Mariens, zu der demütigen Gottesmagd hinüberschaut. Auch hier ist der Körper unter dem doppelt geschürzten Kleide kaum fassbar, die Bewegung der Beine nur zaghaft und unsicher gegeben. Nur Arme und Köpfchen müssen, wie bei Maria, zum Ausdruck eigenen Lebens genügen. Der poetische Vorgang selbst ist nur in lyrischer Empfindung aufgenommen, weicher und unwirklicher noch als bei Fra Angelico da Fiesole, und völlig unberührt von dem Drang realistischer Ausgestaltung, den der Schauplatz erwarten lässt. An der aufdringlichen Säule vorn stösst sich immer wieder der Schwung der idealen Wesen, von denen keines der Wirklichkeit angehört.

Ganz das nämliche Verhältnis zwischen Figuren und Architektur waltet im Sposalizio, das rituell und feierlich behandelt ist, doch mit der selben Unwirklichkeit, wie die Schlufsscene eines Elfenreigens in die Erscheinung tritt. Vorn an der Schwelle des Heiligtums steht der Hohepriester, der das Paar zusammengiebt. Links Maria überschlank, sylphidenhaft, von der alten Anna begleitet, die wenigstens scharfen Blickes der Beringung der Tochterhand zuschaut, während eine Schaar jugendlicher Begleiterinnen ihre Köpfe emporreckt. Auf der unteren Stufe steht, Maria zunächst, eine elegische Jungfrau, und eine anmutige junge Mutter mit einem Kinde an der Hand steigt, fast wie eine Leidtragende zur Schwelle des Grabes, hinan. Joseph ist ebenso zart wie seine Verlobte, nur ideale Gewandfigur mit ausgesprochen gotischer Draperie. — Gross und weihevoll dagegen steht sein Nebenmann auf der nächsten Stufe, in seinem langen weissen Bart wie ein Moses anzusehen, in ernster Ruhe, gesenkten Blickes vor dem Walten des Schicksals, wie der ehrwürdige Alte hinter ihm auch. Nur Einer von diesen Freiern mit dürr gebliebenen Stäben lässt seinen Unmut aus, indem er den Gegenstand seines Zornes über dem Knie zerbricht; aber es geschieht gleichsam verstohlen und zaghaft, ohne dass die anderen es bemerken und ohne jede Energie der Bewegung, so dass das Motiv als solches ebenso wenig Interesse erweckt wie es beim Künstler die Beobachtung des Lebens herausgefordert hatte[1].

Es ist also im Gegensatz zu den burlesken Anwandlungen, in denen sonst der Sinn für wirklichkeitstreue Schilderung auch in biblischen Scenen am ehesten Befriedigung suchte, hier eine Reinheit des religiösen Gefühls bewahrt, die in Erstaunen setzt. Und wenn man in der ernsten Gesinnung des Kardinals Branda, dem Wunsch des Auftraggebers, die nächste Erklärung sucht, so macht sich die weiche Stimmung des Ganzen fast rührend als positiver Inhalt fühlbar, dass sie wie ein Hymnus aus tiefstem Gemüt des Künstlers herüber klingt, den selbst die Mönche wie Fra Angelico und Don Lorenzo nicht aufzuweisen haben. Es ist eine schwermütige Weise, aber so schlicht und kindlich in ihren Mitteln wie Lieder des Landvolks, und erscheint wie eine Zwischenstufe zwischen der sentimentalen Gefühlsmalerei der Meister von Perugia und der preciösen Innigkeit der Sienesen. Die Kleinheit der Köpfe, das schwebende Neigen der Gestalten, die gleichmäfsig abwärts fliefsenden Falten aus geschmeidigem Gewebe und das melodische Geschlängel der Säume über den Stufen hin, — Alles trägt dazu bei das rein seelische Gebahren der Versammelten zu vermitteln. Und in all diesen nur halb verkörperten Wesen sehnt sich etwas wie Heimweh nach einem besseren Jenseits.

War es die Absicht des Malers, dies gehorsame Über-sich-ergehenlassen eines vorbestimmten Erdenloses, das wir aus seinen unpersönlichen Figuren heraus zu lesen vermögen, nun etwa durch den Hintergrund einer idealen Architektur zu sanctionieren? Sollte das gesetzmäfsige Gefüge des Bundes noch gefestigt und verklärt erscheinen durch diesen Tempel, den er darüber aufbaut? Jedenfalls ist das gemalte Bauwerk die Veranschaulichung eines Phantasiegebildes, in dem sich die luftige unwirkliche Natur der Trecentokoulissen mit Elementen des neuen Stiles, den er in Florenz entstehen sah, und mit Kunststücken

[1]) Leider ist hier an den Gewändern teilweise der Versuch gemacht, die Farben zu erneuern, deren Einheit dadurch zerstört wird; aber die Köpfe sind fast alle unberührt geblieben.

perspektivischer Konsequenz verbinden, die beide im Jahre 1425 alle Beachtung verdienen. Die Kenntnis der neuen klassisch gereinigten Bauformen ist nicht mit dem Verständnis eines Architekten aufgenommen, sondern mit der Anschauung eines Malers oder höchstens der Übung eines Goldschmieds; aber die Kenntnis der Linearperspective, die Brunelleschi gelehrt, kommt dabei wesentlich zu Hülfe, und der störende Einfluss der konkaven Bildfläche, ihrer gestreckten Dreieckform mit spitzem Scheitelwinkel, der fühlbar genug auch den Zeichner beirrt hat, darf bei dem Urteil über seine Unsicherheit nicht unterschätzt werden. Ein sechseckiger Tempel auf schlanken Pfeilersäulen mit schlichten Bogenstellungen dazwischen baut sich in zwei Geschossen auf, darüber ein schräg ansteigendes Zeltdach mit Fialen auf den Ecken und hoher Laterne in der Mitte, deren Helm immer deutlicher in die Dekoration italienischer Spätgotik übergeht. An diese turmartige Vorhalle stöfst in der Mittelaxe ein ebenso zweigeschossiges Langhaus, in dessen kreuzgewölbte Decke mit eingespannten Quergurten wir unten wie oben bis an den Vierpass der Fensterrose in der Schlusswand hineinblicken. Diese Untensicht des Kirchengewölbes in zwei Stockwerken ist, wie der allseitig offene Vorbau ein perspectivisches Bravourstück, das auch Vasari gebührend hervorgehoben hätte, wären ihm diese Deckenbilder Masolinos bekannt geworden. Die einwärts weichende Rundung des Horizontalgebälkes und der Schein einer konischen Verjüngung aller senkrechten Glieder von unten bis oben vereitelt allerdings das Bemühen des Malers, seinen Wunderbau fürs Auge täuschend wiederzugeben, und schiebt den ganzen Versuch zurück auf die Stufe des unselbständigen Uebergangs, dem die figürliche Darstellung durchaus angehört.

Günstiger für die räumliche Anordnung der Scenen sind die breiten Gewölbkappen über den beiden Wänden des Chorquadrates, die durch Aussonderung der abwärtsreichenden Zwickel fast gleichseitige Dreieckfelder darbieten. Sie werden der Geburt Christi und der Anbetung der Könige zugewiesen, die beide im Freien dargestellt zu werden pflegen, also beliebige Erweiterung der Raumtiefe gestatten. Die bescheidene Hütte von Bethlehem, mit dem Stall für Oechslein und Esel daneben, ist allerdings auch hier nicht überzeugend lotrecht in die selbsterfundene Landschaft hineingestellt und muss von dem perspektivischen Ungeschick des Meisters überzeugen. Sie hat etwas von einer kindlichen Arche Noahs und wird wie hier auch drüben, an der Innenseite des Rahmens hervorschauend, genau wiederholt. Beide Scenen sind als Anbetungen ruhig gehaltene Situationsbilder, in ritueller Andacht weit entfernt von dramatischer Belebtheit.

Bei der Anbetung des neugebornen Kindes kniet Maria vor der Tür der Hütte, gerade über dem Scheitel des einspringenden Schildbogens. Sie wendet sich mit gefalteten Händen nach rechts, wo das nackte Knäblein von einer länglichen Aureola umgeben auf dem Boden liegt, während über dem Dach die Engelchöre mit langen Schriftbändern das Gloria in excelsis singen. Zur Linken kniet in ehrfürchtigem Abstand der alte Joseph, der ebenfalls mit gefalteten Händen inbrünstig betet. Sein ernster Kopf steht im Profil, von flachem Heiligenschein umrahmt, gegen die Landschaft; sein weiter gelber Mantel umhüllt mit weichen Falten den Körper und legt sich in wolgeordneten Zipfeln zur Seite aus, genau in dem Geschmack des Lorenzo Ghiberti und seiner Genossen an der Bronzetür des Baptisteriums, die damals soeben vollendet war. Der vereinzelte Beter hält so einer anderen Erscheinung drüben das Gleichgewicht, wo zu den herkömmlichen Figuren noch zwei andere Zeugen hinzugefügt sind. Wie sonst wol S. Franciscus oder Maria Aegyptiaca und andere Heilige gelegentlich in die Darstellungen des Presepe eingeführt werden, um gleichsam das Wunder der heiligen Nacht persönlich mit zu erleben, so sehen wir an dieser Stelle die Gestalt eines Kirchenfürsten, der verehrend auf den Knieen liegt, und hinter ihm sich vorbeugend eine zweite Person mit Heiligenschein, die ihn belehrend hinweist auf den Zusammenhang zwischen der Jungfrau und dem Kinde. Nach der Kopftracht würden wir das bartlose, wenn auch nicht eben jugendliche Antlitz auf eine weibliche Schutzheilige des knieenden Verehrers deuten, der nach seinem eigenen Kostüm, mit Purpurmantel und weissem Kopftuch, Niemand anders sein kann als Branda Castiglione, der Stifter dieser Malereien selbst, dessen Grabmal unter dem Bogen der nämlichen Chorwand seine Stätte gefunden. In dem bartlosen Antlitz wird mit erkennbarer Porträtabsicht versucht, die strengen, etwas asketischen Züge festzuhalten; es ist aber kaum unmittelbar nach dem Leben gemalt, geht infolgedessen an individueller Durchführung nur wenig über die Idealköpfe der heiligen Geschichte hinaus und steht auf gleicher Stufe mit dem Kopf der Heiligen neben ihm. Wir würden an Stelle dieser Schutzpatronin, die dem Kardinal die hohe Gunst verschafft, des Einblicks in ein solches Mysterium gewürdigt zu werden, am ehesten den heiligen Laurentius erwarten, den ursprünglichen Titular der Kirche, der den Stifter auch in dem Relief des Portals von 1428 empfiehlt; aber es fehlt jede Andeutung des Diakonenornates, und es widerspricht geradezu die schleierähnliche Binde, die wie ein Turban über dem Haare liegt und damals bei weiblichen Personen vorkommt. Darnach können wir auf die Braut des Christkindchens als die Nächste zu solchem Amt verfallen, auf die hl. Katharina, der an erster Stelle der Altar der Krypta unter diesem Chore geweiht ward. Wegen der ältlichen Porträtzüge, die sie trägt, drängt sich unwillkürlich die Vermutung auf, dass hier an den persönlichen Einfluss einer Frau auf die religiöse Ueberzeugung des Stifters erinnert werden sollte, wenn nicht an die Züge seiner Mutter, Gräfin Lucrezia del Porro.

Lassen wir das vorläufig dahin gestellt, so ist nur noch der Verkündigung an die Hirten zu gedenken, die im Hintergrunde links über Joseph durch einen kühn herabfahrenden Engel vollzogen wird. Leider ist diese Ueberraschung inmitten der weidenden Lämmer fast verloren; aber sie ergänzt sich drüben in der Anbetung der Könige durch eine ähnliche Genrescene, wo auf der Bergwiese abermals die Hirten und ihre Herde gezeigt werden. Ein Schäfer in leichtem Fellkittel steht auf der Halde nach rechts gewendet, auf seinen langen schräg unter den Arm gestellten Stecken gestützt. Er lauscht dem Gefährten der vor ihm am Boden lagert, während am Rande der Schäferhund sitzend über die Herde wacht, die daneben weidet. Dieses ländliche Idyll gleicht sehr auffallend den Darstellungen Ghibertis an der späteren Porta del Paradiso, wo Abel als Hirtenbub auf der Alm sitzt mit seinem Spitz zur Seite, oder wo die Knechte Abrahams, während des Opfers auf dem Berge, drunten an der Quelle rasten. Aber der stehende Jüngling mit seinem Stecken ist eine Lieblingsfigur der ganzen Zeit, die wir von den Tagen Masolinos und Ghibertis bis zu denen Signorellis und Rafaels verfolgen können. Im Skizzenbuch zu Venedig reiht sie sich einem Hirten mit Dudelsackpfeife und einem Doppelflötenbläser an, den wir in antiken Bronzen wie in mehreren Wiederholungen der Renaissance noch heute besitzen. Sie hat auch Aehnlichkeit genug mit einer Zeichnung in den Uffizien, die früher den Namen Masolino's trug und einen jungen Burschen in enganliegendem Kostüm mit langem Stab in der einen Hand und einen schlafenden Hund am Boden darstellt [1]. Sie stimmt auch mit der Haltung der jüngern Könige überein, die vorn im Hauptbilde als ruhige Zuschauer zur Rechten stehen, wo ihre Dienerschaft und ihre Rosse mit richtigen Trecento-Physiognomieen neugierig ihre Hälse recken. In prächtigem Kostüm, mit Strumpfhosen und kurzen faltenreichen Röcken, deren Saum rund absteht, halten sie ihre Gaben in den Händen. Besonders der Jüngste ist eine von jenen reizvollen Schmuckfiguren, die wir aus dem Meisterwerk kennen, das die Vorliebe für solche Kleinmalerei nach Florenz

[1]) Catalogo delle stampe e disegni 1881, Cornice 95 No. 393. Vgl. 394 und Corn. 50, 222.

verpflanzte, eben aus der Anbetung der Könige von Gentile da Fabriano, die 1423 vollendet war. Es ist also ein andres für die Geschichte der toskanischen Malerei bedeutsames Ereignis, das sich in dieser Darstellung von Masolino wiederspiegelt, wenn auch in einem leider fast völlig verloschenen Fresko natürlich nur in bleichem Abglanz: ich meine die Ansiedelung des Gentile da Fabriano in Florenz, der aus Venedig kommend seinen Gehilfen Jacopo Bellini mit dorthin brachte, und vom Frühjahr 1422 bis zum Spätsommer 1425 dort beschäftigt war, um dann über Siena und Orvieto nach Rom weiter zu ziehen, wo ihm ein ehrenvoller Auftrag in der Lateransbasilika zu Teil ward.

Ausser dem Königstross zur Rechten bleibt im Bilde Masolino's die Komposition locker und einfach wie in der Geburt gegenüber. Nur ein kleiner Page guckt noch neugierig um die Ecke des Krippendachs, unter dem selbst Ochs und Esel eine Ahnung seelischen Anteils verraten, da der älteste der Magier sich in Andacht niederwirft. Während die Hände sich auf der Brust kreuzen, streckt sich der hochbetagte Greis auf den Boden hin, berühren die Lippen des graubärtigen Kahlkopfs in brünstiger Verehrung das Füsschen des Kindes. Diese vollendete Proskynese eines Mächtigen der Erde wirkt um so mehr, je einfacher und ärmlicher die Hütte und je anspruchsloser die heilige Familie selber gehalten sind. Auch sie ist wahrscheinlich eine Anregung aus dem Bilde des Gentile, wenigstens ein Zug, den wir bei Don Lorenzo Monaco vergebens suchen [1]. Ganz zuäusserst links am Rande des Bildes steht Joseph mit der Gabe des greisen Königs in den Händen, befangen und ratlos, als wage er nicht aufzublicken zu der unerhörten Ehre, dass gekrönte Häupter seinem Pflegling huldigen. Sorgfältig drapiert mit den dekorativen Gewandzipfeln, ist er auch trefflich erhalten wie drüben.

Ihm ähnlich hätten wir uns die Einzelfiguren von Heiligen an der Laibung des Eingangsbogens zu ergänzen, wenn aus den spärlichen Resten überhaupt noch zu entnehmen wäre, wie weit mit Masolino zu rechnen ist. Näher jedenfalls gehörte zu dem Cyklus des Marienlebens auch der Tod der Jungfrau, den man an der Stirnwand der Kapelle über dem sogenannten Triumphbogen hat erkennen wollen. Drinnen im Chorhaupt ist jedoch sicher schon die Dreieinigkeit über dem Rundfenster nicht mehr von Masolino, und

[1]) Vgl. das Altarbild in den Uffizien No. 20 (Phot. Alinari II, 796) dessen Füllstück zwischen den Giebeln, zwei Propheten und eine Verkündigung von Cosimo Rosselli hinzu gemalt wurde.

3*

unsere Betrachtung hat dort abzuschliessen, wo er sich bezeichnet hat, als er seines Weges weiter zog [1]).

In diesen wieder aufgedeckten Gewölbefeldern besitzen wir die einzigen, durch eigene Namensunterschrift beglaubigten Werke seiner Hand. Als Leistung eines Künstlers, der das Schwabenalter schon erreicht hatte, für einen Auftraggeber, der zu den einflussreichsten und kunstverständigsten Personen gehörte, die je in das Leben dieses Meisters eingreifen konnten, darf die Deckenmalerei in Castiglione als maſsgebendes Beispiel seines Könnens angesehen werden, selbst wenn die gelegentliche Entstehung zu etwas schnellfertigem Verfahren nötigte; vielleicht desto unmittelbarer zeugt sie für den Besitzstand, den er aus Florenz mitbrachte und nach Ungarn mitnahm. Trotz dem entfärbten und zerkratzten Zustand, in dem die Fresken auf uns gekommen, stehen sie immer noch greifbar genug vor Augen, um dem kritischen Beschauer ein Urteil über alles Wesentliche zu gestatten.

Ein Kenner der Technik wie Cavalcaselle sieht sogar die Malweise heraus: »eine Untermalung von graulichem Grün, auf der die Fleischtöne in lichtem rosigem Gelb aufgetragen, die Schatten mit dünnen warmen Lasuren, die Lichtmassen mit leichten, breiten Pinselstrichen aufgesetzt sind,« — also kein ausschliessliches Verfahren »a buon fresco«, sondern eine Mischtechnik, die der Temperamalerei und Miniatur des Trecento ähnelt. Das Ganze ist von lichter heiterer Durchsichtigkeit wie bei Antonio Veneziano, und was über diesen hinausgeht, fände seine natürliche Erklärung durch den Hinweis Vasaris auf Gherardo Starnina, bei dem Masolino die Malerei gelernt und der seinerseits ein Schüler des Antonio Veneziano gewesen.

Wenn aber der selbe Biograph von Starnina berichtet, er habe in seinen Malereien der Cappella di S. Girolamo im Carmine zu Florenz mit besonderer Vorliebe spanische Kostüme abgebildet, die er nach seiner Rückkehr aus der Fremde den Florentinern als neuen Reiz und überzeugenden Faktor wirklichkeitsgetreuer Schilderung auftischte, so muss angesichts der Deckenbilder seines Schülers Masolino bemerkt werden, dass in der Kollegiatkirche von Castiglione d'Olona noch nichts von Nachahmungen ausländischer Kostüme auffällt, die der Maler etwa aus Ungarn mitgebracht haben könnte, — eine negative Tatsache, die um so mehr berechtigt, die Arbeit an

[1]) Neuerdings nimmt irrtümlicher Weise wieder Dr. Diego Sant' Ambrogio a. a. O. S. 41 diese Dieieinigkeit wie die Wandgemälde aus der Legende des Stephanus und Laurentius für Masolino in Anspruch.

der Chorwölbung vor die Reise nach Ungarn zu setzen, wie es schon aus anderen Erwägungen geboten schien.

Um so mehr fällt auch die Wiedergabe prunkvoller Garderobe italienischer Fürsten ins Gewicht, die nach dem Vorbild des Gentile da Fabriano in der Anbetung der Könige, sogar al fresco versucht wird. Sie bezeichnet neben der Anbringung idealer Renaissancebauten, selbst in den schmalen Kappen eines Rippengewölbes, mit deren konkaver Dreieckfläche in starker Rahmung sie sich schlecht vertragen, gewiss das wichtigste Element, das Masolino aus dem gärenden, zu schnellem Fortschritt drängenden Kunstleben seiner Heimat soeben erst aufgenommen hatte. Rechnen wir zu dem Neuen noch die frischeren Genremotive, die er in landschaftlicher Umgebung der biblischen Vorgänge einflicht, so haben wir von echten Florentinern zu dem Namen Brunelleschis auch den Ghibertis gesellt. Daneben bleibt aber in allem Figürlichen der Hauptscenen selber eine ausserordentliche Verschwommenheit, oder doch lyrische Weichheit und Unbestimmtheit übrig, die von der Strenge und Klarheit des alten gotischen Stiles ebenso weit entfernt ist wie von der Plastik und Lebensfülle des neuen Realismus. Im Gegensatz zu architektonischen und landschaftlichen Koulissen sind die Personen, die darin auftreten, fast raumlose Erscheinungen, jedenfalls ohne festes Knochengerüst und ohne Rundung der Glieder. In der Mehrzahl dieser Bilder bleiben sie vage, unwirkliche Schemen, erreichen nur in der Geburt und Anbetung die schärferen Umrisse und inneren Linienzüge einer Goldschmiedsarbeit, gehen indess auch hier nicht weiter in die dritte Dimension als jene halb flächenhaften Gebilde aus getriebenem Silberblech, in denen die Höhenausdehnung als Stellvertreterin der Tiefe dient, sobald die Darstellung hinter den Vordergrund hinausstrebt. Nur vereinzelte Figuren stehen, wie die jungen Könige, leidlich sicher auf ihren Beinen, wenn auch immer auf abschüssigem Terrain mit abwärts gerichteten Füssen; sonst waltet wie bei Lorenzo Monaco die Neigung, den unteren Teil der Gestalten in dekorativer Absicht, fast wie kalligraphische Schnörkel, auszuschweifen, schwebend in die Fläche zu breiten und mit Draperie zu verhängen.

Dem gemäss wechseln auch die Proportionen seiner Figuren, je nach dem Bedürfnis ornamentaler Flächenfüllung zwischen lang gestreckten, zu äusserster Schlankheit ausgereckten Wesen, wie Parri Spinelli sie damals bis zur Karrikatur treibt, und zwischen kurzen, gedrungenen Puppen, die von Goldschmieden in den Reliefs ihrer Truhen und Kästchen bevorzugt werden. Fliegende Engel haben überhaupt nur bis unter den Gürtel eine Andeutung körperlicher Formen, das nackte Christkind ist nur mit dürftigstem Leibe geboren wie im ungünstigen Klima des Nordens, die Hände — selbst erwachsener Männer gelangen nirgend über die allgemeine Miniatorenschablone hinaus. Und damit ist vielleicht das Wort ausgesprochen, das eine Erklärung für dies schwankende, unausgeglichene Gemisch von schattenhafter Idealität und perspektivischer Konsequenz zu geben vermöchte. Wenn man bedenkt, dass Masolino damals, 1425, sein vierzigstes Lebensjahr überschritten hatte, so reicht auch das Schicksal, einer Übergangszeit anzugehören, wol kaum aus, um diese Halbheit des Wesens und diese Unsicherheit im Zusammenwirken heterogener Bestandteile seines Wollens und Könnens zu begreifen. Man fühlt sich versucht anzunehmen, dass ihm ausser der Übung in dekorativer Stubenmalerei vom Vater her, dem imbiancatore, der vielleicht unter dem bescheidenen Namen eines Anstreichers und Tünchers die zugehörige Kleinarbeit schablonenhafter Auszierung mit besorgte, doch während der eigentlichen Lehrjahre nur die Schulung eines Briefmalers oder Miniators zu Teil geworden sein könne, und dass er schon in verhältnismässig späten Jahren durch die Verbindung mit Starnina zu dem höheren Beruf übergegangen sei, in dem wir ihn jenseits der Dreissiger erst nachweisen können. So würde sich von selbst erklären, weshalb er in seiner Heimat Florenz noch so spät, im Jahre 1423—24 nach dortiger Rechnung, als selbständiger Meister immatriculiert werden muss. Dagegen geraten wir mit dieser Annahme auf Grund seiner Leistungen in Castiglione, selbst wenn wir sie auf 1425 zurückdatieren, vielleicht in Widerspruch zu Vasaris Nachricht, dass Masolino der Lehrer Masaccios gewesen, der seinerseits schon 1421—22 als Meister in Florenz vereidigt war. Oder hätten wir Masolino wirklich, wie Vasari erzählt, daneben als Goldschmied zu denken, der sich als Gehilfe Ghibertis bei der Überarbeitung der Bronzereliefs für die erste Tür des Baptisteriums beschäftigen liess, also kurz vor ihrer Aufstellung 1424, unmittelbar vor seiner Eintragung als Maler noch in einem anderen Berufszweige tätig gewesen war? Dann verschöbe sich das Verhältnis der beiden Maler chronologisch erst recht.

DIE AUSMALUNG DES BAPTISTERIUMS

I.

Die zweite Arbeit zu Castiglione d'Olona, die für Masolino in Anspruch genommen wird, ist der Freskenschmuck der Taufkapelle, die durch ein langes Wohngebäude von der Kollegiatkirche getrennt, den Komplex von Bauten auf der alten Burghöhe abschliesst. Sie ist ein ziemlich niedriger, äusserlich unansehnlicher Bau, so dass man sie für den ältesten Rest des ursprünglichen Kastelles, nämlich die Schlosskapelle ansprechen konnte, während sie zweifellos für ihren besonderen Zweck erbaut ward, von vornherein mit dem Hinblick auf einheitliche Ausmalung des ganzen Innenraumes. Sie besteht aus dem rechteckigen, mit einem Kreuzgewölbe gedeckten Gemeindehaus und einem kleinen ebenfalls rechteckigen Presbyterium, das mit seiner Langseite an die Schlusswand dem Eingang gegenüber sich anlehnt und durch einen starken, etwas einspringenden Spitzbogen mit dem Vorraum verbunden ist. Unter dem Bogen führen zwei Stufen in diese nischenähnliche Erweiterung, die mit einem kurzen Tonnengewölbe gedeckt ist, und ursprünglich nur das Taufbecken und die Geistlichen aufzunehmen bestimmt war. Oben im Scheitel der Bogenlaibung sitzt noch der eiserne Ring zum Aufhängen des Deckels über dem Taufbecken, das jetzt drunten vor den Stufen steht. Und an derselben Stelle vor dem Ringe liest man die Jahreszahl

· MCCCCXXXV,

die zwar mit rohem Pinsel erneuert ist, aber doch hinreichende Eigentümlichkeiten der ursprünglichen Ziffernform jener Zeit bewahrt, um bis auf die letzte Stelle jeden Zweifel auszuschliessen. Es ist das alte zugehörige Datum zu der langen aufgemalten Inschrift an der Stirnseite über dem Bogen, die von fliegenden Engeln getragen bis auf wenig Ueberreste lateinischer Verse verloren ist. Diese Jahreszahl also, wie Crowe und Cavalcaselle tun, für einen Irrtum zu halten, sind wir nicht berechtigt, wie schon A. v. Zahn erklärt hat und neuerdings auch Dr. Sant'Ambrogio bestätigt [1]). Im Gegenteil, wir können hinzufügen: die urkundlichen Nachrichten, die uns über die Tätigkeit des Kardinals Branda für seinen Geburtsort, über seine persönliche Anwesenheit und die Reihenfolge seiner frommen

[1]) Bei ihm findet sich Tav. L ein Einblick in das Innere. Vgl. Cavalcaselle, Storia della Pittura in Italia II p. 252 Anm. u. Zahn, Jahrb. f. Kwschft. II. S. 161.

Stiftungen in Castiglione erhalten sind, führen mit wünschenswerter Bestimmtheit auf das nämliche Datum der Vollendung hin. Unmittelbar darauf folgt der Centralbau des Kirchleins Corpus Domini drunten im Orte, und im Jahre 1439 das Schulgebäude mit seinem Zubehör.

Am Dienstag den 11. Oktober 1435 wurde in Gegenwart des Kardinals, der im Frühjahr dieses Jahres erst nach mehrjähriger Abwesenheit auf dem Konzil zu Basel nach Italien zurückgekehrt war, der am 5. September neu gewählte Erzpriester Giovanni Bianchi aus Velate in sein Amt eingeführt und am selben Tage über die Verteilung der Wohnungen zwischen ihm und den beiden Cappellani Maggiori, dem Schulmeister und den acht »Corali« verhandelt, und zwar im Hause des »Kardinalbischofs von Porto«, wie Branda jetzt heifst, und im Beisein des Bischofs Alexius von Piacenza, der Herrn Guglielmo und Gabriele Castiglione und Ambrogio de' Conti[1]). Am 7. Juni 1436 erneuert der Herzog Filippo Maria Visconti die Erlaubnis zur Wiederbebauung des Burghügels, mit seinen seit Odone Visconti zerstörten Türmen und seiner daselbst vorhandenen Kirche, gleichwie diese Herstellung schon früher dem Kardinal Branda gewährt war, als er noch den Titel Presbyter von S. Clemente trug: »tunc facientis functionem Sancti Clementis presbyteri cardinalis nunc vero portuensis Episcopi«[2]). Jetzt handelte es sich also um die Umfassungsmauern des Hügels und das getürmte Burgtor, durch das man zur Kollegiatkirche gelangt, und so erklärt sich die Schiefsscharte in einem nischenartigen Ausbau vor dem Baptisterium am entgegengesetzten Hügelrand, wie die nämliche Fensterform in der Taufkapelle selber und deren massive Struktur. In einem Diplom Papst Eugens IV. endlich, wodurch zwei neue Kaplanstellen in Castiglione bestätigt werden, heisst es 1437 III. Kal. Novembris Pont. N. anno VII aus Bologna mit genauester Gegenüberstellung des bereits vollendeten Baptisteriums und des noch im Bau begriffenen Kirchleins della Villa: »unam, quam in Castro Loci de Castilliono Mediol. Diocoesis sub vocabulo sancti Johannis Baptiste fundasti et construi fecisti pro uno perpetuo capellano, . . . aliam quam in praefato loco sub Sacratissimi Corporis D. N. J. Christi . . . . Doctorum . . fundari et construi facis.« . . .

Dazu kommt auch hier als Bestätigung die Entwickelungsstufe der Malereien selbst. Der Unterschied zwischen den Gewölbfresken im Chor der Collegiata und den Wandgemälden im Baptisterium ist, wie A. v. Zahn mit Recht hervorgehoben hat, so stark, dass

[1]) Handschriftl. Akten im Archivio Castiglione, Fasc. 102: Culto Chiese Beneficii. etc.

[2]) Abgedruckt bei Matteo Castiglione p. 73 ff.

wir einen längeren Zwischenraum zwischen beiden Werken annehmen müssen. Dies ist um so mehr der Fall, wenn man beide dem selben Meister beimisst, — allerdings »eine Annahme, welche keine urkundlichen Nachweise für sich hat.«

Für die Zuschreibung des Freskenschmuckes in der Taufkapelle an den selben Masolinus de Florentia, der sich am Chorgewölbe der Kirche bezeichnet hat, kann in der Tat weder eine Inschrift an Ort und Stelle, noch urkundliche Beläge, noch litterarische Ueberlieferung verantwortlich gemacht werden. Wenn jedoch A. v. Zahn behauptet: »dass Beides von einem Meister herrührt, ergiebt sich nur aus dem Bilde, welches wir uns von Masolino aus den älteren Gemälden der Cappella Brancacci gestalten,« — so geht er damit zu weit.

Wir wenigstens haben hier noch keine Vorstellung von diesen Malereien zu Florenz ins Feld geführt, weder absichtlich herangezogen noch unbewusst eingemischt. Für uns mögen noch die Fresken der Cappella Brancacci gehören wem sie wollen. Selbst »die älteren Gemälde« dort giengen uns bis jetzt garnichts an, oder kämen erst in zweiter Linie in Betracht, da der Anteil Masolinos an der Ausmalung der Brancaccikapelle, von dem die Überlieferung berichtet, der Reise nach Ungarn vorausliegen müsste, also auch vor den Gewölbefresken im Chor der Collegiata von Castiglione anzusetzen wäre, während diese, nach unserer Rechnung im Spätsommer 1425 entstanden, sich weit bequemer zur Vergleichung bieten. Freilich haben wir auch hier mit einem Zwischenraum von zehn Jahren zu rechnen, nachdem für die Taufkapelle das Datum 1435 gesichert worden.

Die Zusammengehörigkeit der Deckenbilder im Chor der Collegiata und des Freskenschmuckes im Baptisterium daneben ergiebt sich vielmehr aus stilistischen Eigentümlichkeiten, die selbst bei einem zehnjährigen Abstand so überzeugend übereinstimmen, dass an der Tätigkeit des selben Künstlers hier wie dort garnicht gezweifelt werden kann. Selbst die mancherlei Abweichungen, die daneben hervortreten, können in der späteren Arbeit nur befriedigend und vollständig aus biographischen Umständen erklärt werden, die wir eben für den Maler des ersten angefangenen Cyklus besitzen, nämlich aus seinem Aufenthalt in Ungarn, der für einen florentinischen Meister zwischen 1425 und 1435 doch immerhin ein seltenes und einschneidendes Erlebnis war, das den Mann kennzeichnet unter Seinesgleichen.

Die Übereinstimmung muss schon einleuchten beim Anblick der Verkündigung, die an der Aussenseite der Taufkapelle gemalt, zum Vergleich mit dem Schmalbilde im Chor der Kirche herausfordert. Während in dem engen Rahmen der Gewölbkappe die beiden Gestalten nahe zusammengerückt sind, stehen sie hier durch das Eingangstor getrennt, weit ab von einander, unter einem gemalten Portikus von schlanken Säulen. Der Engel eilt von links her ganz im Profil und segnet mit erhobener Rechten die Jungfrau, die ihrerseits überrascht die rechte Hand bewegt, während zwischen ihnen Gottvater hereinschaut. Von dieser Halbfigur in der Lünette der Tür ist leider wenig erhalten, die ganze untere Hälfte der Maria verloren, und die Farbe überall verblichen oder ganz mit dem Bewurf abgeblättert. Aber Kopf und Oberkörper des Erzengels genügen, um die Identität des Malers zu erweisen, der in Technik und Ausdruck nur noch vollere Herrschaft über sein schnelles Verfahren offenbart, mit dem er die Erscheinungen des frommen Bilderkreises, die ihm geläufig waren, aus freier Hand auf die schlichte Putzfläche gezaubert hat. Den Gefahren der Wetterseite vermochte es freilich nicht zu trotzen; aber noch heute überrascht gerade hier die Verwandtschaft mit Fra Angelico da Fiesole. Ein Hauch der Begeisterung und beschwingter Boteneile malt sich in dem rückwärtswehenden Lockenhaar und atmet aus dem vorgedrängten Antlitz des Engels, dessen freundliches Auge die Auserwählte trifft, als glitte ein feines Lächeln um die kaum geöffneten Lippen. Die lange spitze Nase und das vorspringende Kinn vollenden mit dem scharfgeschnittenen Munde das florentinische Profil, das durch weiten Abstand zwischen Nase und Ohr, durch den flachen Bogen der Kinnlade und durch die Breite des Halses noch auffallender wirkt. Die nackten Teile des Kopfes und die Hände sind wie immer bei Masolino mit besonderer Sorgfalt gearbeitet und haben so der Zerstörung länger widerstanden als Gewand und Beiwerk, das flüchtiger hinzugemalt, sich heute dem Urteil völlig entzieht.

Der persönliche Zusammenhang mit den Deckenmalereien im Chor der Kirche wird vollends im Innern der Taufkapelle durch die Teile des Freskenschmuckes bestätigt, die ganz ähnlichen Bedingungen unterlagen, also auch am ehesten die nämliche Behandlungsweise und den gleichen Stil aufweisen müssen, wie zehn Jahre früher: die Einzelfiguren an der Wölbung. Im Hauptraum sind es die vier Evangelisten, um das Gotteslamm in der Mitte, auf Wolkenstreifen tronend. S. Matthäus schreibt, indem er mit der Linken das Tintenfass hält, und lauscht dem anmutigen Engel; S. Marcus spitzt seinen Gänsekiel, während das Buch noch geschlossen auf dem Knie ruht; S. Lucas ist in Nachdenken versunken bei seiner Arbeit, indem er die Feder erhoben hält; Johannes schaut horchend, indem er die Arme mit Buch und Feder sinken lässt, zu dem Adler, der seitwärts neben ihm ein offenes Buch in den Krallen hält [1].

[1] Johannes und Marcus sind von Brogi photographiert. No 6321 und 6322.

Dieser langbärtige Greis nimmt im Kreuzgewölbe gerade die Kappe vor dem Allerheiligsten ein und hat soeben ein Zeugnis über den letzten Propheten, Johannes den Täufer niedergeschrieben, von dem noch die Buchstaben (IOHA)NNES (BA)PTISTA . .E . .IMO lesbar sind. Die Gestalten sind auffallend altertümlich, unsicher auf ihrem Wolkensitz hockend, mit schlaffen Gliedmafsen und energieloser Bewegung, mit dünnem vielfach gerilltem und geschlängeltem Gefält umhangen; nur die Köpfe haben eine herbe Bestimmtheit und würdevollen Charakter, wenn sie auch hinter den sitzenden Bildwerken, die Niccolo d'Arezzo und Donatello, Nanni d'Antonio di Banco und Bernardo Ciuffagni (1408—1415) am Dome von Florenz geschaffen hatten, empfindlich genug zurückbleiben. Der Maler wiederholt nur die erlernten Typen, ohne sich durch die Nähe der Bildflächen für den Beschauer und den Mafsstab der Wölbung irgendwie zu ernsterem Bemühen veranlasst zu fühlen. Er steht hier noch durchaus auf der nämlichen Stufe, wie bei der Darstellung Josephs und seiner Genossen im Chor der Collegiata. Nur der dekorative Sinn für die Bedürfnisse des weiteren Spielraums hat dazu geführt, die gotische Silhouette zu malerischer Breite auszudehnen, hat aber nicht ausgereicht, die gelockerte Strenge der Form mit Kraft und Leben zu erfüllen.

Nicht viel besser steht es mit den beiden Propheten und vier Kirchenvätern, die in je drei rundbogigen Nischen über einander an der Innenseite des Bogens zwischen Vorraum und Altarhaus gemalt sind. Der Meister versucht es, die gegebene Fläche mit seiner perspektivischen Kunst wenigstens scheinbar architektonisch auszugestalten, nimmt aber keinen Anstoss an dem Widerspruch zwischen seinen Nischen mit Sitzbänken darin und der Kurvatur der wirklichen Mauer, deren Hälften sich im Bogen gegen einander neigen. Besonders auffallend ist der Mangel einheitlicher Verarbeitung in dem untersten Paar: Jesajas mit dem Spruchband »Vox Clamantis In Deserto. Parate Viam Domini Rectam«, das er mit beiden Händen auseinander rollt, ist möglichst breit hingesetzt. Die Beine von den Knieen ab nach rechts, darüber nach links richtend, beschreibt der Körper mit dem weit hängenden Gewande die gotische Schlangenlinie nicht unwirksam, ist aber flüchtig hingemalt bis auf den Kopf, der schon durch seine Grösse auffallend, ein Stück Freskomalerei für sich bildet. Unter kahlem Scheitel wölbt sich eine mächtige Stirn gerade absteigend zur langen Nase, die unten etwas klumpig über den eingezogenen Mund hängt, und ein breiter weisser Vollbart, in der Mitte gescheitelt, umrahmt die langen eingefallenen Wangen. Die Augen blicken unter schweren Lidern seitwärts, während die Brauen sich über der Nase zusammenziehen, und drücken zugleich mit den gekniffenen Lippen wol die trübe Verstimmung und Bitterkeit des Leides aus, die seine Gedankenwelt erfüllen. Dieser Kopf mit dem schweren Schädel und morosen Charakter offenbart einen entschiedenen und grossen Fortschritt in der Kunst des Malers. Leider ist sein Genosse drüben und die Mehrzahl der Kirchenväter fast völlig zerstört, in der Gewandung erneuert, um diesen Unterschied durchverfolgen zu können. S. Ambrosius, der Schutzpatron der Mailänder Dioecese, sitzt in bischöflichem Ornat, ganz von vorn gesehen, in seiner Nische hinter dem einfach gezimmerten Schreibtisch, der vorn offen die Knie des Sitzenden sehen lässt. Am Rande des Pultes hängen Tintenfass und Scheere, rechts die Geifsel, deren herabfallende Knoten ihren Schatten gegen die Innenseite des Kastens werfen. Eifrig lesend richten sich die Blicke des zusammengezogenen Gesichtes in das aufgerichtete Buch, das von beiden Händen gehalten wird. Der Kardinal SCS. HIERONIM', noch am besten erhalten, sitzt dem Presbyterium zugekehrt und schreibt an seiner Uebersetzung der Bibel, deren Originaltext aufgeschlagen über der entstehenden Vulgata an der Wand lehnt. Die Nische der Wand enthält unter dem halbrunden Bogen eine Borte, mit anderen Büchern und Pergamentrollen darauf. Der Profilkopf mit langem weifsem Bart und kahlem Schädel hat aufserordentlich energische Züge und hebt sich von dem flachen Heiligenschein sehr wirksam ab. Der scharfe Blick des Auges, die runzlige Haut an Stirn und Hals, die geschwollenen Adern an der Schläfe charakterisieren das Alter des an geistige Arbeit gewöhnten Mannes glücklich genug, während die Hände breit und kurz, doch nur konventionell behandelt, der Tätigkeit nicht entsprechen und, wie der Körper mit abfallenden Schultern, nur lahm erscheinen [1]).

Nehmen wir dazu noch, an der Stirnseite dieses das Taufbecken uberwölbenden Bogens, die schwebenden Engel mit dem grossen Schriftband hinzu, dessen lateinische Verse bis auf wenige Reste verloren sind, beachten auch hier den wolbekannten Kopftypus, die langgestreckte Gestalt, die vom Oberschenkel in Gewandfalten ausläuft, und den schematisch gefältelten Saum ihrer vom Wolkenstreif begränzten Röcke, so haben wir das Nebenwerk beisammen, in dem vielleicht nur die bedeutsameren Teile, die eigene Sorgfalt des Meisters forderten, während alle andern schnellfertiges, nur etwas allzu summarisches Verfahren beweisen. Wenn hier noch altertümliche Gewohnheiten

[1]) S. Hieronymus, Phot. Brogi No 6323 zeigt oben die Jahreszahl MCCCCXXXV. S. Ambrosius No 6324, Jesajas No 6325. Auf der linken Seite der Bogenlaibung ist zuoberst S. Gregor kenntlich darunter folgt S. Augustin, dann ein Prophet. Über den Zustand vgl. Cr. u. Cav.

und willkürliche Behandlung der Gewandhülle wie des darunter gedachten Körpers vorwalten, so sind doch die Köpfe ernst und würdig; sie rufen die Durchgeistigung der Züge, die Fra Angelico gelang, ins Gedächtnis und streifen anderseits an die etwas rauhe Grösse des Luca della Robbia in seinen Medaillons mit den vier Evangelisten der Cappella Pazzi. In mancher Beziehung erklärt sich die ungleiche Durchführung mit der Rücksicht auf technische Bedingungen, und grade die flottesten, wenn auch etwas oberflächlichen Partieen schlichter Freskomalerei sind hier am besten erhalten.

II.

Die Hauptsache für die Beurteilung des Künstlers selbst bleibt der Cyklus der Wandgemälde, die dem Leben Johannes des Täufers gewidmet sind. Hier konnte dem Künstler, wenn ihm daran lag, ein Jahrhundert heimischer Kunstübung zur Seite stehen, die diesen Gegenstand, dem Stadtheiligen von Florenz zu Ehren, mit immer neuem Eifer bearbeitet hatte.

Im Baptisterium zu Castiglione beginnt die Reihe der Darstellungen an der Eingangswand rechts von der Tür und zieht sich links herum durch die ganze Kapelle mitsamt dem tonnengewölbten Recess. Die ersten Bilder haben aber, besonders an der Wetterseite des frei liegenden Hügels, zur Linken des Eintretenden, so arg von der Feuchtigkeit gelitten, dass nur wenige Spuren noch erraten lassen, welche Scenen sie enthielten. Deutlicher erkennt man den Zusammenhang der Reste mit Hülfe der Photographie, während an Ort und Stelle nur bei hellstem Tageslicht nach vorangegangener Nässe die Schatten sich wieder beleben, falls ihnen die Geduld des Beschauers und genügende Vorbereitung zum Hineinsehen in Farbenflecken und Umrissfetzen entgegen kommt.

In der vordern Ecke rechts stofsen das erste und das letzte Gemälde zusammen. Das erste neben dem Eingang zeigt uns Zacharias, wie ihm die Geburt eines Sohnes verkündigt wird. Ein kleiner sechseckiger Tempel öffnet seine drei vorderen Seiten, — die äusserste links soweit sie nicht durch den herabsteigenden Gewölbzwickel beschnitten wird. Zwei schlanke sechseckige Pfeilersäulen tragen das gerade Gebälk, das von gleichartigen Eckpilastern der geschlossenen Wände aufgenommen, sich über den letzteren hinzieht. Obgleich der hohe Fries aussen mit farbiger Marmorinkrustation bemalt ist, die hier und da den Eindruck einer Ausbauchung hervorbringt, geht die Gliederung doch nicht über Schreinerarbeit hinaus: die dünne Deckplatte mit Rundstab darüber, wo wir einen kräftigen Architrav erwarten, darauf die hohe Planke, die nur durch den aufgemalten Mittelstreifen über die Schlichtheit des hölzernen Parapets täuschen mag, das schmale mit einer Schmiege zwischen zwei Platten profilierte Sims, — alles Zimmermannsgeschmack Darüber oder gar dahinter steht eine Reihe von je acht, auf jeder Seite frei aufgerichteten Stützen, abwechselnd viereckige Pfosten und schlanke Säulchen, die durch Querbalken und Sims verbunden, als Zwerggalerie ein Zeltdach zu tragen scheinen und die Kuppelwölbung verdecken, die ohne Tambour in sechs Kappen aufsteigt. Am schlichten Altar drinnen stehen, von den Vorderpfeilern eingerahmt, zwei Personen sich gegenüber. Zur Rechten in priesterlichem Ornat ein bärtiger Greis mit Heiligenschein um das Haupt, ohne Zweifel Zacharias, dessen zerstörte Hand wol das Rauchfass schwenkte. Ganz klein über dem Altar schwebend wird die ganze Figur eines Engelchens sichtbar, der die Hand des vorgestreckten Armes gegen das Antlitz des Alten erhebt, dass er verstummt. Ebenso nah an der andern Ecke des Altars steht ein Zeuge dieses Vorgangs im Zeitkostüm, eine weisse Kappe mit Ohrenklappen auf dem Kopf, die Hände in einem Muff verbergend, wie vom Spaziergang draussen in rauher Witterung oder gar von der Reise kommend hier zufällig eingetreten. Die bevorzugte Stelle und die Purpurfarbe des aermellosen Kaftans erlauben wol nur ein Bildnis des Kardinals Branda darin zu sehen, wenn auch das Antlitz in seinem zerstörten Zustand keine nähere Feststellung der Züge mehr gestattet. Desto unverkennbarer sind die Porträtköpfe seiner nächsten Angehörigen, die in ihrer vornehmen Laientracht mit Capuccio hinter dem Würdenträger der Kirche hereintreten. Guglielmo und Gabriele Castiglione wären die Namen, die uns die Akten von 1435 bestätigen, als im Herbst der Kardinalbischof von Porto selber zugegen war. Rechts hinter Zacharias drängen sich andre Zuschauer ebenfalls im Zeitkostüm, in Jagdmütze oder hohem in einander geschobenen Filzhut, vielleicht ein Geistlicher in ihrer Mitte, -- allesamt von Feuchtigkeit und ruchloser Hand sehr entstellt [1]).

Die Darstellung des biblischen Vorgangs beschränkt sich also auf die Person des Zacharias und das elfenhafte Engelchen; alle Uebrigen sind Zuschauer, und zwar nichts als das, nur Schaulust keine innere Teilname verratend, der Kirchenfürst vollends an solche Eingriffe überirdischer Mächte gewöhnt. Die erste Scene des Cyklus ist nur willkommene Gelegenheit, Bildnisfiguren aus der Umgebung des Künstlers auf die Bühne zu bringen, den ehrwürdigen Stifter, die Schlossherren und sonstigen Autoritäten, deren leibhaftiges Auftreten

[1]) Vgl. unsere photographische Aufnahme.

allein schon die frommen Gemüter im Parterre zu erbauen pflegt. Doch ist auch hier eine Gleichwertigkeit der Köpfe, der idealen wie der wirklichen, zu bemerken und noch kein vorwaltendes Interesse für die Tracht. Der Charakterkopf des alten Zacharias erreichte, soviel sich erkennen lässt, den selben Grad der Belebung und mehr Ausdruck als die Bildnisse der Lebenden, und der prächtige Chormantel des Hohepriesters hat die Aufmerksamkeit des Malers in dem selben Maſse in Anspruch genommen wie der moderne Anzug der Statisten, und zwar überwiegt noch keineswegs das Bemühen die Kleidungsstücke und das Gebaren darin mit emsigster Kleinmalerei abzukonterfeien. So erinnert die Durchführung der Figuren gerade hier noch überzeugend genug an die Gewölbemalerei im Chor der Collegiata, besonders an die jungen Könige bei der Anbetung und das Bildnis des Kardinals gegenüber. Aber diese Gestalten fühlen eben den festen Boden unter ihren Füssen, weil sie nach dem Leben beobachtet sind, und der Tempel, der sie aufnimmt, ist freilich nur ein hölzernes Modell, aber kein luftiges Phantasiegebilde mehr wie beim Sposalizio dort. Kaum höher wölbt sich über uns das breite Kreuzgewölbe des Baptisteriums oder gar der Eingangsbogen des erhöhten Heiligtums über dem taufenden Priester; also bezeugt das Verhältnis der dargestellten Personen zur umgebenden Räumlichkeit in diesem Bilde schon einen unläugbaren Fortschritt. Seitdem Andrea Pisano an der Bronzetür in Florenz die Scene so ganz auf Zacharias und den Engel beschränkte, dass selbst die Oertlichkeit nur als Andeutung gegeben ward, verkündet sich die Zwischenzeit eines Jahrhunderts, die Wandlung der Intentionen in keinem andern Zuge so stark, als in dem Auftreten von Porträtfiguren umschlossen von dem ebenso getreuen Abbild des Schauplatzes selber.

Auf der andern Seite der Eingangstür folgte die Begegnung Marias mit Elisabeth, die nur in den allgemeinsten Zügen noch entziffert werden kann. Vor dem gotischen Palast des Zacharias erscheint von linksher kommend der Besuch, die Jungfrau mit zwei Begleiterinnen; rechtsher tritt Elisabeth auf sie zu. Die Umrisse der beiden Hauptgestalten lassen erkennen, dass die beiden Frauen sich innig umarmten.

Die Seitenwand links ist durch ein Fenster geteilt, das, erst neuerdings wieder geöffnet, dem Licht und der Luft bessern Zutritt gestattet. Sie enthielt dem gemäss zwei Scenen, von denen wir die erste nur aus der notwendigen Reihenfolge als Geburt des Johannes, oder Wochenstube der Elisabeth bestimmen können, da rechts davon die Namengebung durch Zacharias wenigstens in den Hauptsachen noch sichtbar blieb.

Hier lernen wir den Meister von einer Seite kennen, die Crowe und Cavalcaselle, wie schon A. v. Zahn hervorgehoben hat, zu ungünstig beurteilt haben und zwar auf Grund ihrer nicht ganz korrekten Abzeichnung des letzten, dieser Wand gegenüberliegenden Bildes mit Salome. Der Maler verlegt nämlich die Namengebung in einen langen Säulengang, wie er im Erdgeschoss eines Palastes oder im Klosterhof eines bevorzugten florentinischen Stiftes damals gefunden werden mochte, ganz im Stil Brunelleschis, dessen neu erfundene Bauweise hier mit überraschendem perspektivischen Durchblick in einem Beispiel verherrlicht wird, das sich seither der Gunst aller Kunstverständigen ganz besonders erfreute. Wir blicken durch eine Arkade, deren Stirnseite — scheint es — noch den rohen Backsteinbau zeigt, während der Bogen sich über einem Paare glatter Brunelleschischer Säulen spannt; deren attische Basen entziehen sich — hinter einem spätern Altarvorsatz — unserm Blick, sind aber nach Analogie der übrigen Doppelreihe sicher vorhanden, wie ihr Kapitell in voller Frührenaissance.

Der Standpunkt des Beschauers ist so gewählt, dass wir die Säulenreihe rechts voll überblicken, bis an die Schmalwand hinten, die glatt abschliessend doch durch eine rundbogige Tür den Ausblick in den anstofsenden Baumgarten eröffnet, während die Säulenreihe links, weil senkrechter gesehen sich stärker verschiebt, wol noch gestattet die einzelnen Rundstämme zu zählen, doch nicht über die Zwischenräume zu urteilen wie zur Rechten. Hier dagegen ist deutlich, dass die Säulen dicht an die Längsmauer anstofsen, dass ihre Kapitelle konsolenähnlich aus der Wand vortreten und so die Grate des Klostergewölbes aufnehmen, dessen Stichkappen an der Wand rundbogige Lunetten zu bilden scheinen. Diese Bogenfelder sind (jetzt) mit rotbrauner Farbe getüncht, das Gewölbe dagegen weiss, gleich den Basen der Säulen, deren Schäfte samt dem Kapitell das Lieblingsgrau der Pietra serena behalten.

Der Maler, der durch seine biblische Geschichte keineswegs veranlasst war, über die bisherige Stubendarstellung hinauszugreifen, stellt sich also ganz aus freien Stücken eine Aufgabe, deren Lösung im Jahre 1435 nur einem Florentiner möglich war, der die Kunstentwicklung seiner Vaterstadt im letzten Jahrzehnt nach zwei entscheidenden Seiten hin genau kennen gelernt hatte: die Ausbildung der Architekturformen zum Stil der Renaissance und die Herrschaft über die perspektivische Darstellung solcher Säulenhallen, d. h. die volle Aneignung zweier Hauptstücke aus dem Kunstvermögen des Quattrocento, deren Erfindung dem grossen Architekten Brunelleschi verdankt ward. — Die Figuren allerdings stehen durchaus nicht auf der Höhe dieser Zeit, verzichten vielmehr gerade hier auf die Wirklichkeitstreue und die eingehende Durchbildung des eigenen Lebens, die so leibhaftige Raumentfaltung uns schon erwarten lässt. Zur Linken sitzt vorn der alte Zacharias allein an seinem Pult, um den Namen des Kindes, den er auszusprechen nach jener Erscheinung im Tempel nicht mehr vermag, auf seine Tafel zu schreiben, damit die Andern ihn läsen. Vor ihm steht eine anmutige Frau, in der man fast die befreundete Maria vermuten möchte, mit dem Kind auf dem Arm. Dazwischen beugt sich ein Neugieriger herüber, um die Buchstaben zu lesen, die der alte Herr bedächtig niederschreibt, und auf der andern Seite der jungen Frau noch eine Gevatterin, die beim Kinde nicht fehlen darf. Ganz rechts aber tritt feierlichen Ganges in langem weichfliessendem Gewande mit weiten Ärmeln und fein gerillter senkrecht verlaufender Fältelung ein Jünger des geistlichen Amtes mit offenem Buch in der Hand herein. Die Höhe dieser vordersten Gestalt, die ausserordentlich schlank erscheint, erreicht doch nicht den Rand des Säulenschaftes, d. h. ein Verhältnis, das bei den sichersten Vertretern der perspektivischen Raumdarstellung zur Zeit der Frührenaissance üblich ist. Der einzige Kopf, der ausser dem Kinde leidlich erhalten blieb, ist der des Zacharias: ein Graubart mit kahlem Schädel, der dem Propheten Jesaias ähnlich sieht; die Haltung seines Körpers aber kann nur noch der flüchtigen Vorzeichnung entnommen werden, die jetzt zu Tage tritt [1]. Die ganze figürliche Komposition gehört der nämlichen Entwicklungsstufe an, wie das Sposalizio im Chor der Collegiata, d. h. sie entstammt einem letzten Ausläufer des Trecento, der zu plastischer Durchbildung der Körper, zu schwierigern Verkürzungen der Gliedmafsen oder der Köpfe, zu mannichfaltiger Charakteristik der mitwirkenden Personen nirgends einen Anlauf nimmt. Es ist die selbe weiche Gefühligkeit, die selbe getragene Stimmung, die zum Elegischen neigt, wie in jenem Deckengemälde, nirgends ein Anflug jener Unmittelbarkeit und Frische, die in so reizender Räumlichkeit toskanischer Klöster und Paläste auch das wirkliche Leben darin beobachtet hat und deshalb auch in seiner wirksamen Farbigkeit, seiner zufälligen Beleuchtung an Ort und Stelle malen will.

Zwischen dieser Namengebung und dem Bogen, der zum erhöhten Recess hinanführt, ist eine Wandnische gemalt und davor ein Taufbrunnen, der mehr die Bestimmung des ganzen Raumes kennzeichnet als zu einer Scene der dargestellten Geschichten in Beziehung steht, wol aber darauf hindeutet, dass das gemeisselte Becken von der Hand des Bildhauers, der auch den Portalschmuck des Kirchleins

[1] Vgl. unsere phot. Aufnahme.

Corpus Domini gearbeitet, noch bei der Ausführung dieses Freskencyklus nicht vorhanden war.

Die Geschichte des Täufers setzt sich im Presbyterium an der linken Schmalwand fort. Ganz oben im felsigen Gebirge steigt der Knabe in Wüsteneinsamkeit umher, bis er drunten den Weltkindern, die seines Weges kamen, zum ersten Male als Bufsprediger entgegentritt. Bärtig und ernst erscheint er in härenem Gewande und drübergeschlagenem Mantel, wie ihn die vorangegangene Kunst vorbereitet hatte, ja genau so wie bei Andrea Pisano, nicht heftig erregt, nicht pathetisch ausgreifend, nicht schreckhaft entstellt, noch immer in der würdigen Haltung eines römischen Redners, wenn auch ohne Eleganz. Aber er steht sicher auf seinen nackten Füfsen und nimmt sich zusammen in geschlossener Gebärde. Allerdings der Maler versucht es auf der andern Seite auch nicht, die zündende Macht seiner Rede, ihr Einschlagen im Kreise der Hörer zu zeigen. Die Beziehung der bekannten Mahnworte auf die lebende Gemeinde giebt ihm vielmehr Veranlassung, eine Reihe von Bildnisfiguren aus Castiglione d'Olona hier vorzuführen, die in gemessener Entfernung von dem Wüstenmenschen sich aufgestellt haben. Bei aller Aufmerksamkeit bewahren sie im Zuhören den ruhigen Anstand ihres herrschaftlichen Betragens. Sie falten ihre Hände über den Bauch oder stecken sie behaglich in den Gürtel ihres Rockes; sie richten ihr Auge auf den sonderbaren Heiligen, dessen fremdartige Erscheinung durch den Gegensatz der modischen Kostüme für uns gewifs mehr als für die Zeitgenossen gesteigert wird. Die letzten besterhaltenen Zuschauer scheint nur der Anblick herzulocken, während unsre Neugier sich unwillkürlich diesen Porträtfiguren und ihrer Kleidung zuwendet. Voran steht — vielleicht in der Rolle des Herodes selbst — ein stattlicher, wolbeleibter Herr in dunkelrotem Rock, mit einem hohen Filzhut, der sich aus einem halben Dutzend in einander geschobener Stockwerke auftürmt, als habe ihn die übermütigste Faschingslaune erfunden. Aber das gemächliche Benehmen des vornehmen Trägers läfst keinen Zweifel, dass dies Konterfei ernstlich gemeint sei, und die Ähnlichkeit mit den Gesichtern bei der Verkündigung an Zacharias im Tempel belehrt uns, dass es dem Meister wie seinen Gönnern aus der Familie der Castiglione vielmehr auf Bildnistreue und ehrliche Porträtkunst ankam. Hier ist die Predigt gegen Weltlichkeit und Herrenprunk nur Vorwand, das leibhaftige Dastehen der Personen mit wolbekannten Zügen, Grofs und Klein, Dick und Dünn, weltlichen und geistlichen Standes, von vornherein die Hauptsache gewesen. Leider ist die Mehrzahl völlig verloren, das Spiel der

Hände wie ihre Form noch so konventionell, dass es müfsig wäre, zu fragen, wie weit sich mit dem gaffenden Zuhören Zerknirschung und Reue vertrugen oder nicht [1]).

Dass wir nicht ungerecht ein Zurückbleiben der Durchgeistigung im Sinne der idealen Aufgabe hinter dem Zuwachs des Könnens im Sinne realer Nachahmung vermuten, das beweist die Behandlung der benachbarten Scene an der Hauptwand, wo der Prophet seine Hörer auf Christus als Erlöser hinweist [2]). Hier sind alle Köpfe in dem Ausdruck erhalten, den der Maler ihnen gegeben hat, und ein entscheidendes Urteil kann gesprochen werden. Wieder steht Johannes links, in der selben Haltung und Gebärde, nur nicht so fest wie im vorigen Bilde; sein lang herabwallendes Schriftband in der Linken, die Rechte in eckiger ungelenker Bewegung vor der Brust erhebend, das Antlitz in Dreiviertelsicht nach rechts gekehrt. Es ist genau der selbe langbärtige Kopf, den wir als vordersten Freier neben Joseph im Sposalizio gesehen, nur dem Mafsstab und der Nähe hier entsprechend ausgebildet und im Einzelnen sogar auffallend realistisch durchgeführt, besonders auch die Hände.

Ein schräg von links nach rechts verlaufender Felsblock trennt den Propheten von Christus, der mit dreien seiner Jünger in halber Figur an der oberen Ecke des Bildes sichtbar wird. Auch er ist nur die weiter entwickelte Wiederholung des Gottessohnes, der am Chorgewölbe der Collegiata die Mutter krönt; nur hat der Kopf durch festeren Knochenbau mehr Halt bekommen. Der Gesichtstypus selbst, mit den hochgeschwungenen Brauen über schmalgeschnittenen Augen, der zugespitzt vorgeschobene Mund, der dadurch einen kleinlichen Zug bekommt, und der dünne Flaum des ebenso zugespitzten Backenbartes, ist nicht verändert. Er blickt in schläfriger Teilnahme auf Johannes und erhebt die Rechte zum Segen. Nicht minder leicht vermögen wir, die Köpfe seiner Jünger unter den Freiern im Sposalizio wie unter den Evangelisten der Decke hier wieder zu finden. Der Graubart zur Rechten des Herrn ist eine Wiederholung des ältesten Freiers, der hinter dem Vordersten hervorsieht, er ähnelt dem anbetenden Könige zu Füfsen des Christkindes, und erscheint in diesen Variationen wol nicht anders als eine Übertragung des Christuskopfes ins Greisenalter. Der Jünger zur Linken des Meisters bekundet die nächste Verwandtschaft mit dem stabbrechenden Freier, bemüht sich hier als scharfer Beobachter

[1]) Vgl. unsere photographische Aufnahme.

[2]) Phot. v. Brogi Nr. 6318. Auf dem Schriftband: ECCE AGNVS DEI · ECCE QVI TOLLIT PECCATA MVNDI · HIC EST DE QVO DIXI · POST ME VENT.

des Wüstenpredigers, halb verdeckt herüberlugend, neben dem erstaunten Knabenantlitz des Lieblingsjüngers, der die Rolle des Pagen bei den Königen aus Morgenland weiter spielt. Die linke Hand des Erlösers ruht eigentlich auf der Felsenkoulisse; aber sie ist mitsamt dem Arm und der ganzen linken Brust bis zur Schulter hinan durch einen aufgemalten Hut nachträglich zugedeckt. Diese abenteuerliche Kopfbedeckung gehört dem ersten Zuhörer des Johannes, d. h. zu einer Figur, die erst hinzugefügt wurde, als die übrige Freskomalerei bereits fertig war. Nur das Antlitz mit dem Halse ist auf einem neu eingestrichenen Stücke des nassen Bewurfes al fresco ausgeführt, das Übrige al secco hinzugepinselt. So blieb von dem aufdringlichen Herrn Castiglione nur die sorgfältige Arbeit des Porträtkopfes wol erhalten, während das Gewand, so prächtig es war, samt den zweifarbigen Strumpfhosen, — silberweiss und scharlachrot wie das Wappen der Familie — und dem künstlichen Filzturm auf dem Scheitel wieder verschwanden. Fast ebenso steht es mit dem geistlichen Herrn daneben, der unter der Soutane ein Paar von Beinen verbarg, die ihm nicht gehören; jetzt kommen die weltlichen Strümpfe wieder zum Vorschein, während auf den Schultern mit dem Chorhemd das eingesetzte Freskostück mit dem Bildniskopf die Züge des Arciprete in überraschender Unverletzlichkeit bewahrt. Es bleibt kaum ein Zweifel, dass es der neugewählte Giovanni Bianchi da Velate sein mufs, der am 11. Oktober 1435 in sein Amt eingesetzt wurde.

Hinter dem pelzverbrämten Rockzipfel der ursprünglichen Figur, der gleich Hut und Mantel des letzten Zuhörers im vorigen Bilde ganz ruhig um die Ecke herumgemalt worden, stehen in der Schräge des Fensters noch drei andere Figuren [1]: ein weltliches Mitglied der Stifterfamilie mit üppigem, aber etwas struppigem Haar, das rund zurechtgeschnitten fast ebenso perrückenhaft erscheint wie das des Geistlichen, der es wahrscheinlich aus seiner Stelle vorn verdrängte. Sein kurzer pelzbesetzter Rock mit abstehenden Falten und die dunkelrote Strumpfhose des sichtbaren Beines entsprechen der Tracht, in der noch bei Benozzo Gozzoli die Vornehmen jener Tage sich verherrlichen liefsen. Der junge Mensch im langen Kittel mit einer Pelzmütze auf den Ohren, der nur einem alten Schulmeisterantlitz noch gestattet hervorzulugen, tritt überall, soweit sich erkennen läfst, als williges Modell des Malers in die letzte Stelle. Hier hat er in dem langen Rock mit geschlossenen Ärmeln wol seine Amtstracht als Schreiber bewahrt, und dies sorgfältig ge-

[1] Vgl. unsere phot. Aufnahme.

arbeitete Gesicht hat so wenig italienischen, sondern germanischen Schnitt, dass wir versucht sind auf einen Sekretär des Kardinals zu raten, wie Leiffrad Cleipel aus Münster oder Mattheus de Belze aus Lüttich, die der Legat aus dem Norden mitgebracht hatte.

Das Fenster, in dessen Gewände diese Zuschauer des »Ecce Agnus« gemalt sind, durchbricht die Mitte der graden Schlufsmauer und ist so Veranlassung geworden, die ganze Wandfläche, die sich dem Auge des Eintretenden als Einheit darbietet, für die Darstellungen des Cyklus zu verwerten[1]. Das Bogenfeld über dem Fenster ist in seiner vollen Breite der Taufe Christi eingeräumt. YĤC BAPTISATVR · A · IOĤE INIORDANE · lautet die Unterschrift über dem flachen Fensterbogen. Aus der Tiefe des Bildes, dh. aus der Höhe herabfliessend, durchzieht der Fluss ein felsiges Tal, das links und rechts von Bergen eingeschlossen nur einen kleinen Teil unter dem Scheitel des Rundbogens für das Blau des Himmels übrig lässt, wo die Taube des heiligen Geistes hereinflattert. Dieser Versuch der Raumentfaltung in freier Natur ist so kindlich ausgefallen, die Höhenausdehnung muss darin die Tiefe in solchem Umfang vertreten, dass man den Maler nach diesem Beispiel allein für einen Spätling des Trecento erklären müsste, der von der Anforderung des Quattrocento an Darstellung der Raumtiefe, von der Erfindung Brunelleschis, durch perspektivische Konstruktion auf der Fläche den Schein der dritten Dimension zu erzielen, gar keine Kenntnis besitzt. Die Wiedergabe der landschaftlichen Umgebung bleibt hier, wo er nur durchs Fenster auf Hügel und Flusstal hernieder zu schauen braucht, im Bilde auf der Stufe genügsamer Unwirklichkeit stehen, bei der Fra Angelico einsetzt. Ja der helle Widerspruch mit dem Augenschein draussen scheint garnicht zu stören. Statt der Berge sehen wir nur Pappfelsen, wie aus Spielzeugschachteln hier aufgebaut, das kahle abgestufte Erdreich der Trecentomaler ist mit ein paar Grasbüscheln oder Blumen im Vordergrund besät, am Rande der Hügelketten eine Reihe vereinzelter Tannenbäumchen hingepflanzt. Das Flussufer fällt steil gegen den Wasserstrudel ab, soweit es überhaupt durchgeführt wird, genau so wie es ein Goldschmied damals in dünnem Silberblech von der Rückseite herausgearbeitet hätte. — Nicht weniger auffallend beweist die Einordnung der Figuren in dies abfallende Hochplateau des »steinichten Syriens« die mangelhafte Tiefenanschauung des Malers. Gerade das Streben nach Verteilung der verschiedenen Kompositionsglieder fördert die Unfähigkeit zu Tage, eine bestimmte Richtungsaxe fest-

[1] Vgl. die Gesamtaufnahme bei Sant Ambrogio, Castiglione Olona, Mailand 1893, Taf. 50.

zuhalten. Oder ist dies Fresko von links nach rechts fortschreitend so unbedachtsam in mehreren Absätzen zusammen gepinselt, dass der Meister die Gesamtheit des Bildes selbst erst überblickte, als er das Gerüst abbrach, um darunter fortzufahren? Die Abwesenheit jeder architektonischen Absonderung der Lünette von den beiden unteren Wandfeldern lässt noch jetzt, wie auf der voranliegenden Schmalwand, die Nähte der Freskoflächen wie den Zusammenhang der flächenartigen Gesamtvorstellung der ganzen Wand erkennen [1].

Am Uferrande links stehen dicht aneinander aufgereiht, — auch in ihrem Gesamtumriss die schnellfertige Bequemlichkeit des Meisters kennzeichnend — drei jugendliche Engel mit langen Gewändern. Sie halten die Kleider des Gottessohnes, die ihre Hände wie ein Stück des Flussufers verbergen. Von ihren Köpfen ist der mittlere in Dreiviertelsicht, die beiden äussern in Profil genommen, das Flügelpaar — nur beim vordersten vorhanden — al secco aufgemalt und wieder abgeblättert, wie alle anderen derartigen Zutaten. Sie kommen den lieblichen Engeln Fra Angelicos sehr nahe, nur das gotische Faltengehänge der Kleidungsstücke beweist ihren eigenen Zusammenhang mit der ältern Kunst, dem gemeinsamen Boden, auf dem der fromme Dominikaner wie Masolino beide erwachsen sind Im strömenden Wasser vor ihnen steht Christus, bis über die Kniee bespült, mit einem leichten Tuch um die Lenden, sonst nackt von vorn gesehen. Die Arme sind halb erhoben, indem die rechte Hand die Finger zum Segnen stellt, der Kopf leise nach der andern Seite geneigt, um den Guss des Täufers zu empfangen. So bietet er dem Auge einen dürftigen Körper, in dem sich allerdings das Streben offenbart, sorgfältigere Naturbeobachtung zu geben als den Vorgängern möglich war, von einer künstlerischen Auffassung und getreuen Darstellung des nackten Leibes aber noch nicht die Rede sein kann. Weder im plastischen Sinne vermag das Ganze für sich zu wirken, noch malerisch im Zusammenhange mit der Naturumgebung. Dies ist schon durch den gänzlichen Mangel an Luft und Licht im Gemälde selber vollständig ausgeschlossen. Das Antlitz hat zu dem kleinlichen auch einen herben Zug und bestätigt nur die Befangenheit in dem überlieferten Typus, die in solcher biblischen Scene ohne modernes Publikum nur am reinsten hervortritt. Davon zeugt auch Johannes, der dicht am Ufer rechts ein Knie gebeugt hat, mit der Linken seinen Mantel an der Hüfte zusammen hält und die Rechte mit der Schale über das Haupt des Täuflings ausstreckt. Der ganze Körper erfüllt keineswegs in wahrheits-

[1]) Phot. Brogi 6316 und, alles Figürliche umfassend, Nr. 6317, nach der unsre Tafel.

gemässer Durchbildung was mit der Wahl dieser Bewegung und Gliederhaltung gefordert war. Das Knie des einen Beines berührt den Boden in gerader Linie hinter der Ferse des aufgesetzten andern Fusses, aber das Faltengehänge, über das vordere Bein bis zur andern Hüfte sich ausspannend, gestattet dem Auge nicht, sich über den Oberschenkel des knieenden, über den drunter befindlichen Schofs des Fellkleides und die Breite des Rumpfes beim Schenkelansatz auch nur annähernde Rechenschaft zu geben. Und ebenso gleitet der Oberkörper mit den beiden magern Armen vermittelst der Hüllen, wie durch eigene Schmalheit zwischen den Schultern, aus der Körperlichkeit in die Fläche über. In der wirksamen Silhouette ist auch die schmächtigste Gestalt noch ungenügend durchgeführt; sie steht noch völlig auf der Stufe des Bronzereliefs, das Ghiberti um 1417 für den Taufbrunnen in Siena, nur allzusehr als Nebenarbeit behandelt hatte. So macht die Hauptgruppe, auf die es an so hervorragender Stelle im Freskencyklus der Kapelle vornehmlich ankam, um den Höhepunkt im Leben des Vorläufers gleichsam als Altarbild vors Auge der Gläubigen zu bringen, -- das Vorbild der Taufhandlung selber, einen altertümlichen ja nebensächlich unbedeutenden Eindruck, der durch die Genrescene daneben nur noch mehr zurückgedrängt wird.

Die Gruppe der Täuflinge rechts, die sich von Johannes bis an die vorderste Ecke des Bogenfeldes ausbreitet, während die gegenüberliegende Seite hinter den Engeln leer geblieben, stört vor allen Dingen empfindlich das architektonische Gleichgewicht der Komposition. Obgleich der Christuskörper im Jordan die Mittellinie klar markirt und ursprünglich als Dominante gedacht war, wird der Täufer doch zu sehr in den Linienzug dieses Anhanges rechts hineingezogen, so dass er selbst an Gewicht allzuviel einbüsst und dass der Vollzug der Taufhandlung an dem Gottessohn nur wie ein zufälliges Moment im Verlauf einer Massentaufe an gleichgiltigen Individuen erscheinen muss.

Dagegen erfreut sich diese Nebengruppe einer allgemeinen Berühmtheit; sie entschädigt einigermafsen für die unfreie Wiederholung der herkömmlichen Scene und ihren ceremoniellen Zuschnitt; wer die Voraussetzung eines sehnsüchtigen Dranges nach Lebenswahrheit und Naturbeobachtung mitbringt, sucht gern auch das Hauptinteresse, ein Aufatmen des gelangweilten Künstlers auf dieser Seite. Legt man sich aber die Frage vor, weshalb nicht auch das reizende Motiv der drei Engel mit den Gewändern zu einer reicheren Entwicklung eigenen Lebens im Sinne einer gleichwertigen Gruppe ausgestaltet worden sei, — und erinnert man sich andrerseits, dass wir uns im Jahre 1435, doch geraume Zeit nach dem Tode Masaccios, in der Blüte Fra Angelicos und Donatellos, in den Anfängen des Luca della Robbia und des Domenico Veneziano befinden, — so regt sich wol der Zweifel, wie weit diese Täuflinge das Lob, das ihnen gespendet worden, verdienen.

Zunächst hinter Johannes lugt ein Frierender, in seinen Mantel eingehüllt, zu Christus hinüber, als überfiele ihn das Vorgefühl des kalten Bergwassers. Er ist dem Platze gemäfs noch im kleineren Mafsstab gehalten, erreicht nur die Gröfse des knieenden Täufers, macht also den Eindruck eines Knaben, besonders im Vergleich zu den drei Andern vorn, die sich zu engerer Gruppe zusammenschliefsen. Ein Sitzender rechts zieht seine Beinkleider an; ein Zweiter, schon entkleidet, etwas höher sitzend, streift die Strumpfhosen soeben noch vom rechten Fufs ab: ein Stehender, diesem zur Seite und zu Häupten des Vorderen, vom Rücken gesehen, zieht sich gerade das Hemd über den Kopf. Dieser letzte, in verhältnifsmäfsig einfacher Haltung, ist am besten gelungen: er giebt, wenn auch immer noch summarisch und unsicher die ruhig symmetrische Gliederung der Rückseite nach einem Modell wieder, das leidlich gebaut war. Die Körper der beiden Anderen, von vorn gesehen, sind hager und unerfreulich, nicht so gleichmäfsig durchgeführt. Der Mittlere hockt in unbequemer Haltung auf dem Rand des Felsblockes, das linke bereits entblöfste Bein hängt herunter ohne den Fufs zu fester Stützung auf den Boden zu setzen, indem es durch die Hebung des rechten Beines, das von der einen Hand über den Knöcheln gehalten, von der andern im Abziehen des Strumpfes am Fufs gezerrt, unwillkürlich gedreht wird. So ist der Oberkörper ziemlich gut hingebracht, wenn auch der rechte Arm zu kurz und muskelschwach, die Beine dagegen in ihrer Verkürzung nur recht mangelhaft geraten. Durchaus häfslich, oberflächlich zurecht geschmiert und verfehlt ist der Vorderste, der sein Wams schon wieder angetan hat und sich abmüht, die Beinkleider auf die feuchten Glieder zu ziehen. Nur dies Bewegungsmotiv ist erhascht, aber weder kräftig noch überzeugend als unliebsame Anstrengung durchgeführt, sondern in sich lahm, energielos, die Haltung des andern Beines vollends unwahrscheinlich hinzugefügt, und dazwischen aufgehängtes dünnes Gewebe, das die Scham verdeckt, ebenso konventionell, wie der Rumpf verschwommen zwischen Armen und Beinen hinzugetuscht. Eigentlich ist also dem Künstler nicht sowol an der Bewältigung des menschlichen Körpers in mannichfaltiger Haltung der Gliedmafsen gelegen, als vielmehr an dem Genremotiv um der Bewegtheit willen, und das Urteil kann nur lauten: Ut desint vires, tamen est laudanda voluntas. Wir können wol seine Lust verstehen, eine Gruppe von Badenden zu schaffen, die er am Wiesengrund der Olona oder am Arno gesehen, wir mögen ihm nachempfinden, dass er sich aus Freude daran verleiten liefs, sie hier anzubringen, so gut wie wir Michelangelo begreifen, wenn er aus der Schlacht bei Cascina ein Genrebild von badenden Soldaten gemacht, die vom Alarmsignal überrascht noch mit feuchter Haut in die Kleider fahren. Aber es klingt wie Blasphemie, angesichts eines solchen Erstlingsversuches wie hier an solche Grofstaten vollendeter Herrschaft über die plastische Form auch nur zu erinnern, weil die Motive daran anklingen. Selbst die Täuflinge Masaccios, die dem Maler hier vor Augen gestanden hatten, als er 1435 diesen ähnlichen Anlauf nahm, können nicht ernstlich als vergleichbare Erscheinung genannt werden. Legt man sie wirklich daneben, wird dies dilettantische Unterfangen — im Verdacht des Wetteifers auch von dem schattenhaften Überrest der Cappella Brancacci in Grund und Boden gespottet, gleich dem Urteil aller begeisterten Kunstfreunde, die sich in Castiglione an dieser frischen Episode gefreut, ohne Masaccios Leistung mehr als ungenau im Gedächtnis mitzuführen. Das Einzige, was aus Florenz herbeigezogen werden kann, wäre ein Paar von ebenso dilettantischen Zeichnungen, auf bläulichgrauem Papier mit Weiss gepinselten Modellstudien [1]: ein nackter Mann auf hohem Stul sitzend, mit Stecken in der vorgestreckten Linken, eine Frau gegen den Stul mehr lehnend als sitzend; darunter eine Gewandfigur mit Stecken auf niedrigem Stul, eine Frau auf dem Boden hockend, die Hände übers Knie gefaltet; auf der Rückseite ein Mann auf hölzernem Schemel, die Frau am Boden hockend, gegen einen Stul gelehnt und nochmals aufrecht sitzend in lehrhafter Gebärde. Mit diesen und ähnlichen Überresten der Uffizien verdienen diese Täuflinge in eine Reihe gestellt zu werden, wie andrerseits aufserhalb der Hauptstadt des Quattrocento, in Prato mit der Steinigung Stephans, in der man ein Werk des Gherardo Starnina oder des Antonio Vite da Pistoja gemutmafst hat [2].

Wenn es schon dem Feingefühl des Künstlers für seine ideale Aufgabe, die Taufe Christi als Andachtsbild des Baptisteriums darzustellen, ein etwas bedenkliches Zeugnis ausstellt, darin eine Genrescene anzubringen, die sich schon im bürgerlichen Dasein dem Auge gern entzieht, so konnte das malerisch glückliche und an sich dank-

---

[1] Phot. Philpot 544. 546.

[2] Alinari Phot. Nr. 11524. Über diese, zeitweilig im Cicerone (1874, S. 873. Beitr. S. 34) auch mit Masolino in Verbindung gebrachten Malereien vgl. Schmarsow, Die Capella dell' Assunta im Dom zu Prato, Repertor. f. Kwschft. 1893.

bare Motiv doch neben der herkömmlichen Komposition der biblischen Scene schon garnicht bis zu einem Grade von Wahrheit und Frische durchgeführt werden, der ihm selber zu seinem guten Recht verhülfe. So ist der Zweck beider Bestandteile nur beeinträchtigt, und die Wiedergabe der Naturscene so nebenher erscheint künstlerisch nicht minder frivol als die oberflächliche Wiederholung des kirchlichen Gegenstandes, mit dem sie willkürlich verbunden wird.

Zu dieser Darstellung der Taufe Christi gehört auch die Erscheinung Gottvaters an der halbcylindrischen Wölbung des Chörleins. Neun Vertreter der Engelschaaren, vier auf der einen, fünf auf der andern Seite schweben anbetend empor zu dem Bilde des Höchsten, der in halber Figur aus einem runden Rahmen herabschaut auf die Scene im Jordantal. Die Engel sind durchaus die nämlichen Gebilde, die wir aus der Himmelfahrt Marias im Chor der Collegiata bereits kennen. Kindliche, mädchenhafte Köpfe mit krausgelocktem oder schlichtem Flachshaar, mit andächtig gefalteten oder verehrend über die Brust gekreuzten Händen, mit einem wehenden Gewandende, das von Wolken getragen, unbestimmt läfst, wo sich die Andeutung des Körpers in dem luftigen Schemen der Phantasie verliert. Auch Gottvater besteht aus einem langbärtigen Greisenkopf und einem Paar abwärts gestreckter Arme, einem Mantel und einem Rock ohne rechten Körper darunter. Freilich fliefsen die Falten des Zeuges über die Schultern nieder, werden am Rock von einem Gürtel zusammengehalten; aber die Gestalt bleibt flächenhaft. Desto auffallender ist Schnitt und Besatz dieser Kleidung und der Typus des Kopfes. Beide weichen von dem toskanischen Charakter, ja vom italienischen dieser Periode überhaupt ab. Man sucht zuerst in Venedig, dann noch weiter ostwärts unter slavischen, bulgarischen Christen nach einem Vorbild, verfällt bei den breiten Besatzstreifen, die über dem Leibe sich kreuzen und mit Reihen rautenförmiger Goldplatten benäht sind, auf russische Gnadenbilder, und erinnert sich bei dem weifsbärtigen Greise mit langem gescheiteltem Haupthaar, das in gewellten Strähnen sich symmetrisch über die Schultern legt, an ungarische Patriarchen oder doch an die Erzväter und Heiligen der griechischen Kirche. Jedenfalls stammt der Anflug fremden Wesens, das hier in der höchsten Person des italienischen Bilderkreises fühlbar genug zum Vorschein kommt, aus jenen östlichen Ländern, in denen der Kardinal Branda so häufig und lange als Legat gewirkt hatte, in denen auch spätbyzantinische Freskencyklen in Kirchen und Klöstern der römisch-katholischen Gemeinden verbreitet sein mochten und selbst einen toskanischen Meister, der zeitweilig dort beschäftigt war, nicht ohne nachhaltigen Eindruck entliefsen.

III.

Einen entschiedenen Fortschritt realistischen Strebens zeigen im Gegensatz zum hieratischen Wesen der Taufe Christi und der oberflächlichen Einmischung von Genremotiven die Wandgemälde darunter zu beiden Seiten des Fensters. Es ist die leibhaftige Wiedergabe wirklicher Personen aus seiner eigenen Umgebung, die den Maler zum Bewufstsein bringt, wie viel Wertvolleres er eigentlich mit den Mitteln seiner Technik erreichen kann, als jene verblasenen Wiederholungen traditioneller Bibelillustration. Die beiden Predigten des Täufers zeigen dies Schritt für Schritt in den Zuhörern, die sich vor dem Propheten aufgestellt. Ja die Erscheinung des Propheten wird von dieser Freude am Einzelnen, eben am leibhaftigen Augenschein bis in die Runzeln der Haut hinein, mit ergriffen, wie Antlitz und Hände Gottvaters selbst in der Höhe. Immer wirksamer drängt sich die Genauigkeit der wolerhaltenen Teile dem Auge des Betrachters entgegen und leitet es an, auch in zersetzten und entfärbten Stücken noch die emsige Kleinarbeit zu bestaunen, die bei dem heutigen Zustande freilich den Eindruck eines seltsamen Flickwerks aus lauter Lappen, hier kostbaren Brokats und schweren Wollentuches, dort zerschlissenen Zeuges und leichter Spinngewebe, hervorbringt. Ganz einheitlich war wol dies Abkonterfeien wirklicher Bestandteile schon in der zweiten Scene der Altarwand, wo Johannes vor Herodes auftritt und ergriffen wird. Vor der Mauer ist aus rotem Backstein eine kleine Loggia herausgebaut, in der die Scene spielt. Sie öffnet sich unter dem flachen Dach mit schmalem Simsstreifen in einer Doppelarkade nach vorn, zwischen deren schlanken Pfeilern jedoch zwei Mittelsäulchen weggelassen sind, um den Einblick nicht zu durchschneiden. Ebenso ist die Schmalseite links offen, während zur Rechten, wo der luftige Vorbau an weitere Gebäude stöfst, eine Tür hinausführt. Drinnen ist die Vollmauer mit einem grofsgemusterten Teppich aus Damast oder gar Brokatstoff behängt; denn links an der Schmalseite tronen dicht bei einander Herodes und die Gattin seines Bruders; vor ihnen steht Johannes, den ein Kriegsknecht, durchs Tor schreitend, soeben ergreift [1]).

Wenn schon die Abfindung mit der Haltbarkeit des kleinen Backsteinbaues bedenklich erscheint, und die Konsolen unter den Arkaden vielmehr auf die Hinterwand gemalt sind, als in gehörigem Abstand vor ihr, so bezeugt auch die Durchführung der Figuren

[1]) Phot. Brogi 6319.

wieder den Mangel an Konsequenz trotz allem Fortschritt im Einzelnen. Der Vierfürst mit dem Scepter in der Linken, wie seine unrechtmäfsige Genossin tragen das modische Kostüm der oberitalienischen Stadtherren und kleinen Tyrannen des Quattrocento, ja die ganze Kleiderpracht mailändischer Adelsgeschlechter, die auf Darstellungen aus dem Leben dieser Jahre, z. B. in Casa Borromeo zu Mailand begegnen; der Scherge tritt in Helm und Stahlrüstung damaliger Soldaten auf. Johannes, in langem hemdartigem Kittel und barfufs, hält aber eine ganz unwahrscheinliche Pergamentrolle mit den Worten seines Vorwurfs in der linken Hand: NON LICET TIBI HABERE VXORĒ FRATRIS TVI ADVLTERAM. Mit der Rechten weist er auf Herodias hin, während er den Machthaber unerschrocken ins Auge fafst. Sein Kopf, hier besonders würdevoll und ernst mit seinem dunkeln Haar und Vollbart, ist ganz in Profil genommen, grofs geschnitten, aber mit Falten auf Stirn und Wange in eindringlicher Strenge gezeichnet, mit einem breiten Heiligenschein aus gerilltem und punktiertem Gold umzogen. Fest und sicher stehen auch die nackten Füfse auf dem Boden; ihre anatomische Durchführung ist noch ungenau, aber ihre malerische Wiedergabe mit dem Boden umher und der Beleuchtung des Raumteiles schon überraschend gelungen, so dass Domenico Veneziano und Piero dei Franceschi als unmittelbare Fortsetzer dieses Könnens zu nennen sind. Dagegen ist die Haltung der ganzen Gestalt durchaus lahm und hölzern, ohne Pathos, ohne dramatische Kraft.

Schläfrigen Auges blinzelt die betroffene, des Ehebruchs geziehene Fürstin zu dem Bufsprediger hinüber. Ihre linke Hand erhebt sich, wie unwillkürlich abwehrend gegen den lästigen Vorwurf, während die andere lässig auf dem Schofse ruht. Die stummen kaum berührten Züge des Gesichts verraten in stolzer Kälte fast Nichts von dem Aufruhr drinnen. In dem feisten, glattrasierten Profilkopf des Herrschers verkündigt höchstens die emporgezogene Braue und der stechende Blick den Unwillen, während um die Lippen des kleinen zusammengepressten Mundes ein Kampf mit der bittern Wahrheit, die er kosten mufs, zu zucken scheint. Fast mechanisch hebt sich der Arm, mit dem ausgestreckten Zeigefinger auf Johannes deutend, als einzige Äufserung des Befehls, den kühnen Ankläger zu entfernen. Dem Häscher genügt der Wink; er wenigstens greift kräftig zu. Sein Eisenarm legt sich auf die Linke des Propheten, die rechte Hand krallt sich — schematisch ungeschickt in der Zeichnung, — in sein Gewand auf der Brust. Sein Gesicht stiert auf die Gebieter.

Die Genauigkeit und Sorgfalt, mit der die Kleidung des tronenden Paares gemalt ist, besonders die hohe Fürstenmütze und die wulstige Haube, die an burgundische Hoftracht erinnernd, sich mit goldener Krönung vom dunkeln Grunde des Wandteppichs abheben, verleiten den Beschauer auch in den Köpfen die Züge bestimmter Individuen zu sehen, die mit Herodes und seines Bruders Weib nichts zu schaffen haben. Doch kann die Bildnistreue wol nur bei Herodes selber zugegeben werden; denn die Genossin seines Trones hat bei aller Durchführung doch nur das typische Gesicht, das der Meister auch sonst bei schönen Frauen und jugendlichen Engeln zu zeigen pflegt. Freilich gewähren die zerstörten Bilder der Namengebung, der Wochenstube, der Begegnung Marias mit Elisabeth keinen Anhalt mehr; aber schon die Engel bei der Taufe leiten uns zurück zu den Deckenbildern im Chor der Collegiata, besonders zur Maria in der Krönung, und nicht umsonst hat eine fromme Hand der Folgezeit in das Prachtgewand der Herodias den Grufs des Engels eingeritzt „Aue maria gracia plena, dominus" . . : denn in der Tat ist dieses stolze Antlitz mit den ebenmäfsigen Zügen, der rundgewölbten Stirn und dem kleinen spitzen Mündchen nur aus dem zarten Antlitz der Jungfrau entwickelt, das im Marienleben des Masolino vorherrscht. Die demütige Königin des Himmels ist freilich in eine hochfahrende Königin dieser Erde verwandelt, die um so sicherer dem Rachegedanken für die Kränkung dieses Augenblickes nachhängt, je weniger das Auge seinen Schleier lüftet. Wer hätte sich auch dazu hergegeben, mit Bildniszügen hier als Ehebrecherin zu sitzen, die das Schriftband des Täufers für jeden Lateinleser brandmarkt? So kann von diesem Kopfe nur gesagt werden, dafs es dem Meister gelungen ist, ihn mit soviel Kennzeichen persönlichen Daseins auszustatten, dafs wir die kalte Schönheit als Charakterbild hinnehmen, das er gewollt hat. So erscheint zum ersten Mal die biblische Figur des Johannes mit dem Gegenspiel im Zeitkostüm einheitlich verarbeitet zu einem Ganzen, das nicht mehr in sich durch die Kontraste auseinanderfällt. Leider ist die Farbe seines Gewandes bis auf die Vorzeichnung verschwunden und ebenso der sorgfältig vorbereitete Glanz der Rüstung bei dem Kriegsknecht, der im Rahmen der Tür aus dem dunkeln Vorplatz überraschend genug hereinbricht.

Die Sinnesart des Malers, die Vorzüge und die Gränzen seines Könnens und Wollens, kommen erst recht zum Bewufstsein, wenn wir den selben biblischen Gegenstand von einem Zeitgenossen behandelt zum Vergleich herbeiziehen. Ein Bildner, der dieser Schwesterkunst so nahe steht wie der persönlichen Bildungsstufe Masolinos,

Lorenzo Ghiberti, hat in einem Bronzerelief für den Taufbrunnen in Siena um 1427 die nämliche Scene komponiert, in der Johannes, aus dem Angeklagten zum Ankläger geworden, unter dem Ansturm der Häscher und dem Machtwort des Gebieters noch, die mahnende Stimme der Warnung erhebt, deren Nachhall ihm selber das Ende bereitet. Auch da eine Mischung biblischer, klassischer und italienischer Tracht, aus denen die Künstler jener Tage das Gewand jeder glänzenden Vergangenheit zusammenwoben; aber wie einheitlich alle Figuren, in Erscheinung und Gebaren eine homogene Gesellschaft, die nur als Kinder dieser einen Phantasie hervorgehen, aber auch ihre volle Berechtigung in sich selber tragen. Denn es ist eine Handlung, die sie alle vollziehen, ein lebendiger Flufs unmittelbaren Geschehens, der sie alle bewegt, klar in den Gegensätzen durch jede Form, jede Gebärde, aufs Höchste dramatisch in dem Widerstreit zwischen der äufseren Macht, die den Mahner bewältigt, und der inneren Seelenkraft, die den Gefangenen noch über alle hinaushebt. Gegen diesen Reichtum und Adel ist Masolino arm an Erfindung und roh in seinen Mitteln. Der einzige Ersatz, den er solchem Meisterstück Ghibertis gegenüber zu stellen hat, ist die farbige Wiedergabe des Augenscheins im Einzelnen, eine Einfachheit der malerischen Kontraste, die trotz aller Beschränktheit und Ungeschicklichkeit im starren Nebeneinander den Eindruck der Gröfse, ja der Wucht erzeugt.

Dieser Vorzug eignet auch den folgenden Stücken, die in allen bisherigen Besprechungen dieses Cyklus in Castiglione zu kurz gekommen sind, weil die Aufmerksamkeit schnell zu dem letzten grofsen Wandbild mit dem Triumph der Herodias übergieng. Es sind fast nur Einzelfiguren die dazwischen liegen; aber sie tragen wesentlich zum Gesamturteil über den Maler bei und werden willkommenste Belegstücke für den historischen Zusammenhang wie für die Vergleichung mit den Cyklen in Rom und in Florenz, die uns ferner beschäftigen müssen. Denn diese Bilder geben die Gestalten in ähnlichen Situationen wie sie dort vorkommen, oder bezeugen, wie dieser Künstler zu Castiglione im Jahre 1435 sich mit ähnlichen Anforderungen des Stoffes abfand, die auch dort zur Aufgabe gehören.

Neben jener Tür, durch die der Kriegsknecht eintrat, um Johannes zu greifen, öffnet sich auf der anstofsenden Schmalwand der Hof des Palastes, dessen Fensterreihe im oberen Geschofs noch gotische Wimperge und Fialen mit mancherlei Skulpturenschmuck aufweist, und aus Marmorinkrustation der unteren Teile zu nacktem Backsteinmauerwerk oben hinanreicht.

Ganz links tritt durch das offene Bogentor der gewappnete Kriegsknecht an die Kerkerpforte daneben und beugt sich vornüber, um den starken Riegel vorzuschieben oder den Schlüssel abzuziehen [1]. Es ist die volle Gestalt eines jungen Söldners im Eisenkleid, dessen Darstellung mit den Mitteln der Freskomalerei den Meister unwillkürlich zum Wetteifer mit den plastischen Werken eines Donatello und seiner Gesinnungsgenossen drängt. Oder kam der Anreiz von Bravourstücken andrer Maler selbst, und mit der wachsenden Übung die Lust, etwas Ähnliches zu wagen? Jedenfalls ist die Wahl des nebensächlichen Motives für ein eigenes Wandbild an sich schon beachtenswert. Die eigentümliche Beschaffenheit der Mauerfläche, die an dieser Schmalseite abermals durch ein einspringendes Fenster zerteilt wird, wie drüben die Predigt Johannes durch die Wandnische für Gerät, mag allerdings dabei mitgesprochen haben.

Wir kennen Masolinos Vorliebe für Genremotive aus gelegentlicher Erweiterung seiner Bilder, aus den Hirten in der Anbetung der Könige im Chor der Collegiata, aus den Täuflingen am Jordanufer hier; aber der Versuch perspektivischer Illusion mit Hülfe zweier Türen in der Ecke und anstofsender Rundbogenfenster, die er zum wirklichen hinzumalt, und die Wahl gerade dieses Bewegungsmotives beim Schliefsen der Kerkerpforte fordert die Erinnerung an einen Präcedenzfall in der Kunst seiner Heimat heraus. Vasari erzählt im Leben des Masaccio, dieser habe im Klosterhof des Carmine die ganze Procession zur Einweihung der Kirche vom 19. April 1422 abgemalt: „e vi ritrasse ... anco la porta del convento ed il portinajo con le chiavi in mano." Es ist allerdings aus diesen Worten allein nicht zu entnehmen, in welcher Aktion der Fra Guardiano dargestellt war, ob in der Ausübung seines Pförtneramtes beim Auf- oder Zuschliefsen selber, oder als ruhiger Zuschauer neben dem Tore nur mit den Schlüsseln in der Hand, und das Wandgemälde selbst vermögen wir, da es verloren ist, nicht mehr zu Rat zu ziehen. Aber die Idee der perspectivischen Täuschung ist sicher aus der Schilderung nachweisbar, und die Bekanntschaft mit jenem vielbewunderten Werke Masaccios mufs angesichts dieses verwandten Versuches in Castiglione bei Masolino im Jahre 1435 vorausgesetzt werden, gleich gut vorerst, in welchem Jahre zwischen 1422 und 1428 jenes Fresko im Carmine entstanden sein mag.

Ebenso absichtlich, für den Anblick der Gemeinde berechnet, ist die Wahl der Fensterschräge zur Darstellung Johannes des

[1]) Vgl. unsre photographische Aufnahme.

Täufers im Kerker. Kurzsichtige freilich werden die Hauptperson als Gefangenen im Burgverliefs erst suchen müssen. Auf dem dunkeln Grunde der Kerkerfinsternifs hebt sich in vollem Licht die Halbfigur des Gottesmannes heraus, der betend durch das Eisengitter schaut, und wirkt ergreifend. Besonders der Kopf, vom goldenen Heiligenschein umrahmt, gehört zu den glücklichsten Improvisationen Masolinos, die hier in Castiglione übrig sind. Bei dem verblichenen Zustande kommt die Photographie zur Herstellung des ursprünglichen Eindrucks, wenn auch mit Abzug der Farbe sehr zu Statten [1]). Johannes wendet das lange schmale Antlitz wie verklärt von Gottvertrauen nach oben, die helle Beleuchtung glättet alle Furchen, und die grade griechische Nase, die eng gestellten Augen, das schlichte in der Mitte gescheitelte Haar und der spitze Vollbart geben dem Ganzen eine Ähnlichkeit mit dem byzantinischen Ideal, die ihn edler erscheinen läfst als Christus selbst und Gottvater droben am Gewölbe.

Jenseits des Fensters hat wol die Ungunst der Wandfläche dazu veranlafst, von der sonst beliebten Scene des Besuches der Jünger abzusehen, die Andrea Pisano an der Tür des Baptisteriums in Florenz so ergreifend geschildert hat, ohne Johannes selbst dabei zu zeigen. Wollen wir dem historischen Zusammenhang Schritt für Schritt folgen, so müssen wir aus dem Chörlein zurück in den Hauptraum tretend die Seitenwand, die dort noch übrig bleibt, und das schmale Stück neben dem Durchgangsbogen, dem Anfangsbilde des Cyklus gegenüber, zusammen betrachten; denn hier verteilt der Maler die einzelnen Momente des letzten Aktes ohne Rücksicht auf ihre örtliche und zeitliche Folge nach Mafsgabe der Bildflächen, die noch zur Verfügung standen. Obgleich die Hauptwand, rechts vom Eingang, nicht durch ein Fenster unterbrochen ist, wie drüben zur Linken, und somit ein einheitliches Gemälde zu schaffen erlaubte, werden hier noch zwei selbständige Scenen, — wie Wochenstube und Namengebung dort, — herausgegriffen und nebeneinander zur Darstellung gebracht: das Gastmal des Herodes mit Salome und die Darbringung des Hauptes an Herodias. Die Hauptsache dagegen, die eigentlich mitten hineingehört, wird an den schmalen Wandstreifen zur Seite des Gastmals verlegt: die Enthauptung selbst, die sich nun dem Eintretenden sofort zur Rechten des Allerheiligsten darstellt.

Künstlerisch gehört dieses Martyrium, wie Masolino es vorführt, vielmehr in eine Kategorie mit der Einkerkerung; denn wie

[1]) Vgl. die Gesamtaufnahme Taf. 50 bei Sant Ambrogio und unsre Einzelaufnahme des Johannes.

dort drinnen ist auch hier der Scherge die Hauptperson für den Maler und der Moment, den er wählt, nicht die Handlung selbst, sondern die Situation darnach, oder richtiger eine Genrefigur im Nachspiel. Während dort, in der Fensterschräge wenigstens, Johannes noch zu seinem Rechte kommt, ist hier die Gestalt des Opfers ein gänzlich mifsglücktes Nebending, in dem weder die Würde der heiligen Person bewahrt wird, noch die Wahrheitsliebe damaligen Kunstgeschmackes ihr Genüge findet. Johannes liegt mit beiden Armen auf der Schwelle der Kerkerpforte, deren schweres Eisengitter sich nur zum Tode wieder geöffnet hat. Der Streich ist gefallen, das Haupt wird aber, noch am Rumpfe hängend, zwischen den Armen gehalten; nur ein Blutstral entspringt dem getroffenen Genik und bildet eine Lache vor der Tür. Die gänzliche Unfähigkeit Masolinos einen Menschenkörper in starker Verkürzung zeichnerisch zu bewältigen, mufs bei dieser Schaustellung um so peinlicher auffallen [1]).

Zur Seite vor der hellen Mauer steht der Kriegsknecht, der den Befehl vollstreckt hat, in voller Rüstung und streift von der Spitze des langen Schwertes, das vom Rückschlag noch über den Nacken hängt, das Blut ab. Diese überraschende Stellung des strammen Burschen festzuhalten und dem Eintretenden unerwartet in möglichster Leibhaftigkeit vor Augen zu stellen, das ist das Absehen des Malers, und diesem Bravourstück hat er die andern Rücksichten geopfert. Die Wiedergabe der Haltung ist auch trefflich genug gelungen, — allerdings auf Kosten wirklich überzeugender Bewegung und ihres weiteren Zusammenhangs. Wie der Türschliefser dort ist der »Schwertfeger« hier eine völlig plastische Erscheinung nach dem Herzen dieser Zeit, gemalt ohne dabei in die harte Körperkonstruktion eines Paolo Uccello zu verfallen, die der äufsersten Rundung der Formen zuliebe so leicht die malerischen Reize vernichtet und den perspektivischen Kunststücken eingelegter Holzarbeit zu ähnlich wird. Mit erhobener Rechten, in deren Faust das lange Schwert, der eigenen Schwere folgend, über den Rücken hängt, doch so dass die Linke das letzte Ende noch erreichen kann, steht der junge Krieger leicht ausschreitend da und blickt zugleich aufmerksam auf die heikle Manipulation der blofsen Hand an der scharfen Schneide hin, die bis auf die letzte Spur gereinigt werden soll, damit sie nicht leide. — Die Malerei selbst hat natürlich zu viel gelitten, um ein vollständiges Urteil zu gestatten, besonders da die Rüstung mit ihrem Metallglanz nur unter Zuhilfenahme eines komplicierten

[1]) Vgl. unsere phot. Aufnahme.

Verfahrens auch al secco hergestellt worden ist. Doch erkennt man gerade in dem jetzigen Zustand, dass sich der Maler auch in der Ausführung noch genauere Rechenschaft über den jugendlichen Körper gegeben hat, als man sonst bei ihm erwartet, und kommt in genauerer Betrachtung auf den Gedanken, er habe die Gestalt zuerst im Umrifs nach dem unbekleideten Modell auf die Wand gebracht, dann erst die Rüstung hinzugetan. Trotzdem oder deswegen ist die Rundung mangelhaft, der Eindruck zu flächenhaft geworden oder der Silhouette zu ähnlich geblieben.

Etwas allzu nahe rückt dem ausgreifenden Henker auch die Mauer auf den Leib, die links oben durch ein trefflich gemaltes Gitterfenster durchbrochen, mit einem gezackten Streifen aus vortretenden Backsteinen unter dem Sims, — wie noch heute das Haus mit Schwibbogen am Burgwege, der zur Kirche führt, — und mit Zinnenkranz geschmückt ist. Hinter diesem niedrigen Gefängnis sieht man weiterhin den hohen Turm des Palastes aufragen, und die feine Beleuchtung, mit wirksamen Schattenkontrasten dazu, erhöht den Eindruck der freien Umlichtung dieser Bildfläche, die freilich mit der Nischenarchitektur des grofsen Spitzbogens darin nicht glücklich zusammenstöfst.

Das grofse Wandgemälde, das den Schluss des Cyklus enthält, ist durch die Abbildung bei Crowe und Cavalcaselle bekannt, wie durch Brogis Photographie [1]; aber die erstere enthält eine Ungenauigkeit in der perspektivischen Konstruktion der Bühne, die dem Original einen anderen Fehler unterschiebt, als den es wirklich hat, und dann das ungünstige Urteil über den Charakter der Architektur und das Verhältnis der Figuren zu diesen Baulichkeiten mitbestimmt.

Wir blicken in einen Schlofshof, dessen Umfassungsmauern an der Innenseite rechts und im Grunde von Säulengängen umzogen sind. Deren Rundbogen ruhen auf bescheidenen Säulen toskanischer Frührenaissance; über ihren Klostergewölben, die an der Wand auf Konsolen sitzen, legt sich an den Zinnenkranz der Mauern ein Pultdach, das über den Arkaden vorn von einer Brustwehr mit kleineren Blendarkaden zwischen den Simsen verdeckt wird. Nur ganz rechts erhebt sich auf einer Terrasse noch eine Loggia, deren schlanke Säulchen mit Backsteinarkaden unter schlichter Obermauer verbunden sind. Dieser Teil reiht sich so dem Tempel mit der Verkündigung an Zacharias und der Loggia mit der Gefangennahme des Johannes als verwandte Erscheinung an. Links dagegen springt, aus dem Hauptzug

[1]) Brogi No. 6312, in drei Teilen No. 6313—15; eine Gesamtansicht auch bei Sant Ambrogio Taf. 49.

des Palastes etwa, ein zweigeschossiger Vorbau heraus; unten öffnet sich gegen den Hof eine Ecklaube, deren drei sichtbare Säulen die beiden offenen Vorderseiten des quadratischen Grundrisses begränzen, während die beiden innern Seiten mit Vollmauern geschlossen sind. Wie die vortretende Stirnseite der Wandelbahn rechts, so bietet sich auch hier die offene Säulenstellung von vorn gesehen, mit ihrem geraden Gebälk, das aus Architrav und reichgegliedertem Sims besteht, und läfst uns die flache Decke dieses luftigen Gemaches überblicken. Darüber erhebt sich wie drüben ein Parapet, hier aber wie Säulen und Gebälk aus grauem Sandstein gemeifselt und mit einem Reigen guirlandentragender Kinder geschmückt, wie der Fries am Hauptportal der Kirche Corpus Domini. Auf diese geschlossene Balustrade, die sonach die Stelle eines Frieses bekommt, setzt als Obergeschoss des Pavillons eine zweite Loggia mit eigener Brustwehr auf. Sie ist allem Anscheine nach aus Holz gezimmert. Dem Abstand der gemeisselten Putten entsprechend tritt über jedem dieser Kranzträger das Postament eines Pfeilers heraus, um das sich das feine Gesims der Brüstung verkröpft, im Einklang mit dem Profil der Kämpfer unter den kleinen Rundbögen und mit dem bescheidenen Dachrand darüber. Wie in der Pergola rechts war auch hier ursprünglich die getäfelte Holzdecke zu sehen, ist aber hier wie dort bei früherer Ausbesserung mit dunkler Farbe übertüncht. Von den fünf schmalen Arkaden der Vorderseite entzieht uns der Rundbogen, der das Gemälde einfasst, ein Stück wie auch drüben. Zwischen beiden Baulichkeiten hindurch blicken wir über die Umfassungsmauer des Palasthofes auf das Gebüsch des Gartens oder Lustwäldchens und drüber hinaus in die kahl ansteigenden Berge, wo auf einer Halde in kleinen Figuren die Bestattung des Johannes durch seine Jünger gezeigt wird: DISCIPVLI SEPELIERVNT IOVANEM BAPTISTAM, wie die ergänzte Unterschrift lautet. Nur fehlt es für solche Fernsicht dem Gemälde allzusehr an Luft und Abtönung gegen die Tiefe zu, um die Intention des Künstlers in rechte Wirkung zu setzen.

Vorn unter der Ecklaube des Palastes sitzt Herodes mit seinen Gästen beim Male. Auf einem hölzernen Podium stehen schmale Bänke vor den teppichbehängten Wänden und der gedeckte Tisch mit sauberem Leintuch. Links an der Spitze der Tafel sitzt der Vierfürst selber, in dem nämlichen Kostüm und den selben Porträtzügen wie vorher beim Vorwurf des Bufspredigers. Er hebt die rechte Hand leicht über den Tisch, wie in peinlicher Ueberraschung, mit dem selben bittersüfsen Zug um den kleinlichen Mund, wie dort vor dem Mahnwort des Gottesmannes. Neben ihm an der Langseite des Tisches sitzt, als| ausgezeichnetster Gast oder würdigster

5*

Ratgeber gedacht, ein geistlicher Herr in silberweissem Haar. Seine Tracht ist die eines römischen Kardinals mit dem purpurnen Ueberwurf und der pelzgefütterten Cappa, die heruntergelassen mit weichen Falten des weissen Hermelin den Hals umrahmt. Dieses Amtskleid und das Alter der dargestellten Person lassen keinen Zweifel, dafs hier ein Bildnis des Branda Castiglione gegeben sei, und zwar in seinem Alter von 85 Jahren. Aber auch dieser Kopf ist etwas durch den Versuch entstellt, der Scene enstprechend, einen misbilligenden Ausdruck, vielleicht des bedenklichsten Widerwillens darin auszuprägen. So erklärt sich auch die Wendung des Kopfes, der rechtshin hörend sich nach der andern Seite abkehrt, so die Erhebung der Hand vom Tische, mit der selben unwillkürlichen Gebärde halb entsetzten Erstaunens wie bei Herodes, während die Linke noch beim Male beschäftigt ruht. Sein Nachbar lässt beide Arme sinken, dass die Fäuste mit dem Messer in der einen, dem Becher in der andern, gewifs nicht geräuschlos auf den Tisch fallen, und blickt vorwurfsvoll oder tief bekümmert nach der nämlichen Seite, von der das schlimme Wort gekommen. Unverkennbar ist auch hier die Porträtdarstellung, die durch ein fremdartiges Aeufsere noch mehr auffällt als der Kardinal und der Herzog, die wenigstens nach Italien gehören. Während alle Uebrigen entblössten Hauptes an der Tafel des Fürsten sitzen, bleibt er gleich diesem selber bedeckt, und zwar mit einer hohen Bärenmütze, die auch am südlichen Fufs der Alpen kaum Ihresgleichen fand. Hals und Schultern bedeckt ein zugehöriger Pelzkragen. Aus dem geschlitzten Ueberwurf kommen enganliegende seidene Aermel hervor, während der schwere Stoff des Rockes unter dem Tisch bis auf die Fufsspitzen reicht. Es ist die Tracht eines ungarischen Magnaten jener Zeit, die der Maler konterfeit, — ohne Zweifel sein Träger Pippo Spano selber, der Gönner des Meisters Masolino und Freund des Kardinallegaten in Ungarn am Hofe König Sigismunds. Die Beschreibung seines Aeufsern, die uns erhalten, stimmt in allen Zügen wol mit diesem Bild überein, das Masolino aus Stulweifsenburg mitgebracht haben muss, als er dort die Kapelle des Obergespans von Temesvar und Grafen von Ozora zu malen hatte. »Dicesi, heisst es im Leben des Filippo Scolari, lui essere stato di mediocre forma, d'occhi neri, di pelo bianco, di faccia allegra e quasi simile a uno che ride, di corpo magro, di buona valetudine . . . Usò barba lunga e' capelli insino in sulle spalle lunghi secondo il costume di quella gente: le vesti insino in terra lunghe e sempre di seta.« Hier erscheint er allerdings in hohem Alter, mit verwetterten Zügen, die durch gichtische Schmerzen, an denen er jahrelang eiden mufste, das Lächeln der Jugend, das man in Florenz erinnerte, verlernt, aber immer noch gutmütig, — ein Charakterkopf, dem die Herzenswärme aus den Augen leuchtet, so heldenhaft und würdevoll zugleich seine ganze Erscheinung wirkt. Und ist es nicht das selbe Iedeal, das dem Maler hier noch bewufst oder unbewufst bei seinem Johannes und seinem Gottvatter vorschwebt? — Jedenfalls versetzt uns der Anblick des jungen Herrn zur Seite des Hospodars in die selbe Umgebung. Seine durchsichtige Hautfabe mit rosigen Wangen dazu, seine blonden in die Stirne gekämmten Locken, sein rötlicher Schnurbart vollends können nur einem Prinzen jener östlichen Reiche gehören. Er blickt als Höfling erwartungsvoll nach dem Fürsten an der Spitze des Tisches, wie einer Antwort aus dem Munde des Monarchen gewärtig.[1])

Draufsen vor der Loggia, zwischen den Säulen zunächst, erscheint die junge Tochter der Herodias, in langem schleppendem Gewande, -- als Bitterin; denn sie senkt fast demütig die Augenlider und kreuzt die Arme über die Brust, als erwarte sie in orientalischer Unterwürfigkeit die Antwort. Der verführerische Tanz mit dem sie das Gelage verherrlicht und die Sinne des Fürsten betört hatte, muss also vorüber sein. Die Bitte aber, deren Erfüllung ihr als Lohn versprochen war, lautet nun ganz anders als diese sanftmütige Maid vermuten läfst. Das grause Verlangen, das die Mutter ihr aufgetragen, ist den Lippen entflohn. Daher der Ausdruck des Mifsbehagens, des Widerwillens, des Vorwurfs und der Spannung in allen Gesichtern der Tafelrunde; daher die schwüle Stimmung bei den Begleitern, die der Tänzerin gefolgt sind. Hinter ihr steht ein junger Page mit hellblondem Lockenhaar, der die schmausenden Herrschaften bediente, und blickt mit etwas schläfrigen Augen doch fragend genug auf die Würdenträger des Hofes. Verlegen wartet der Jüngling, verstimmt blickt der Zweite zu Boden, in reicherem Kostüm mit kurz gehaltenem Bart über Lippen und Kinn, nicht unähnlich dem überlieferten Bildnis des Malers Masolino, ganz vorn runzelt der Aelteste die Stirn und presst die glattrasierten Lippen mit kritischer Bedenklichkeit aufeinander, nicht ohne Sarkasmus über die Pause der Verlegenheit. Sogar die Warzen auf seiner Wange sind nicht vertuscht, — ein meisterhaftes Porträt im Sinne des Quattrocento, das an dieser bevorzugten Stelle wol nur einem Castiglione gewidmet sein kann. Die Farbe des pelzverbrämten Rockes mit dem weiten runden Aermel, aus dessen kleiner Oeffnung die Hand hervorkommt, ist völlig ver-

[1]) Ursprünglich war in der Wand über diesem Polenkopf eine ,Oeffnung gemalt, die dann durch Erhöhung des Teppichs verdeckt und durch Abblättern der Farbe wieder sichtbar geworden ist.

schwunden; aber die Hand stützt sich auf einen kurzen Stab, der aufs Knie des ausschreitenden Beines gestellt, sicher die Würde des Majordomus bezeichnet, die er im Palast des Herodes übernehmen muss, um hier aufzutreten. Aber die Sicherheit dieses Dastehens charakterisiert ebenso das geschlossene Wesen der Persönlichkeit, wie die höchste Vollendung der Kunst, die dem Meister erreichbar blieb.

Die Person der Salome verbindet diese Scene links mit der anderen gegenüber. Ihre Erscheinung bestätigt wieder, wenn irgend eine, den Zusammenhang dieses Cyklus im Baptisterium mit den Deckenbildern im Chor der Collegiata, dh. die Tatsache, dafs niemand anders als Masolinus de Florentia, der dazwischen in Ungarn gewesen, sie beide gemalt hat. Seine Tochter der Herodias entspricht nämlich gerade in ihrer demütigen Gebärde und ihrem sanftmütigen Antlitz dem Bilde der Maria in der Verkündigung und der Krönung am Chorgewölbe, an dem der Name steht, und die Fortschritte der Durchführung im Einzelnen zeugen nur für fortgesetzte Uebung der nämlichen Kraft in einem Jahrzehnt, das dazwischen liegt. Bei allem Zuwachs in der Wiedergabe der farbigen Aufsenseite sind doch die alten Fehler noch kenntlich, die dem Vierzigjährigen schon 1425 anhafteten und begreiflicher Weise unverbesserlich blieben. Die Länge des aufrechten Leibes, die an sitzenden und knieenden Figuren im Kirchenchor gerügt werden mufste, entstellt auch hier die letzte Gruppe, wo Salome niederkniet, um der tronenden Mutter das Haupt des Johannes zu überreichen. Triumphierend hat sich die junge Tänzerin einen Kranz von vollen Rosen aufgesetzt, wo sie unter der Hofhalle rechts bei Herodias erscheint. Die königliche Frau sitzt auf erhöhtem Stul unter der vordersten Arkade, umgeben von zwei mädchenhaften Dienerinnen oder Gespielinnen des Töchterleins, und empfängt auf ihren Knieen die silberne Schale mit der blutigen Gabe. Sie beugt den Kopf, den die turbanartige Haube mit der Krone darauf beschwert, der Last des hochgetürmten Wulstes gehorchend vornüber, wie ein Pfau, und der lange Hals, bis in den Nacken entblöfst durch den Ausschnitt des prachtvollen Brokatkleides, das die Brust umschliefst, sieht fast aus wie gebrochen. Beide Gestalten, die sitzende wie die knieende sind viel zu gestreckt, und die beiden Mägde neben ihnen erscheinen wie zierliche Blumenelfen, denen zum Engelsantlitz nur die Flügel fehlen. Sie fahren entsetzt zur Seite bei dem grausen Anblik des abgeschlagenen Kopfes, und werfen die Arme in die Luft, während in den ähnlichen Zügen der Salome nicht das leiseste Zeichen des Schauders auftaucht und Herodias selbst keine Miene verzieht, indem ihr Auge die todesbleiche Stirn und die verstummten Lippen des Mahners betrachtet, vor deren Vorwurf sie einst erbleicht war-

In sich ungleichmäfsig und ungenügend verarbeitet, setzt sich die Scene nur aus oberflächlicher Wiederholung fertiger Bestandteile zusammen, die der idealeren Vergangenheit des Malers ebenso angehören wie seiner letzten realistischen Entwicklung. Die geläufigen Figuren der Engel und Jungfrauen neben den neusten Errungenschaften in getreuer Imitation der Modetracht beweisen durchweg den Zusammenhang, der nur durch die Identität der Person jenes Masolino und seinen besondern Lebensweg befriedigende Erklärung findet. Die ganze Gruppe ist aber, mit den Gröfsenverhältnissen der Hauptgestalten im Widerspruch, in die erste Säulenarkade der Wandelbahn hinein gesetzt, wie in einen eigenen Bildrahmen, unbekümmert um die Zugehörigkeit der übrigen Architektur, die denn doch mit perspektivischer Konstruktion durchgeführt, grade an dieser Seite sich schnell nach hinten zu verjüngt, und mit ihrer zusammenschwindenden Säulenreihe, mit der winzigen Arkadenfront am Ende des Hofes allzu fühlbar gegen die grofsen Porträtfiguren des Vordergrundes protestiert.

IV.

Wie Crowe und Cavalcaselle über dieses Mifsverhältnis zwischen den dargestellten Personen und dem umgebenden Schauplatz geurteilt haben, so spricht sich auch neuerdings Cornel von Fabriczy gelegentlich über dies letzte Wandgemälde aus: »dessen architektonische Staffage wol den entschiedenen Willen zu perspektivischer Belebung, aber auch die Unfähigkeit kundgiebt, damit über das von der Schule Giottos erreichte Niveau hinauszukommen«[1], während andrerseits Diego Sant Ambrogio, in Anerkennung dieser architektonischen Abbildungen, Masolino auch für den leitenden Architekten der Renaissancebauten in Castiglione anzusehen geneigt ist[2]. Ich vermag keinem dieser Urteile beizutreten. Cavalcaselles Ansicht ist schon, wie gesagt, von A. v. Zahn mit Recht beanstandet worden, trifft aber, in der Modifikation durch Nachprüfung des Originals oder der Photographie statt des Holzschnittes, noch immer die Sache am besten. Die Architekturperspektive, für sich betrachtet, ist auch im Jahre 1435 noch eine höchst anerkennenswerte Leistung, ebenso wie die Säulenhalle im Hause des Zacharias drüben, in der die Namengebung stattfindet. Beide gehen weit über das Können der letzten Ausläufer des Trecento hinaus und würden einem Paolo Uccello Ehre machen. Sie können von Masolino, wenn man die ersten An-

[1]) Filippo Brunelleschi, Stuttgart 1892. S. 50.

[2]) Text zu Castiglione Olona. Mailand 1893. S. 32 f.

läufe zu architektonischer Staffage an den Gewölbefeldern der Collegiata von 1425 vergleicht, nur auf Grund erneuter eifriger Studien in Florenz, während der Zwischenzeit zwischen seiner Rückkehr aus Ungarn und seinem Wiederauftreten in Castiglione d'Olona zu Stande gebracht sein, wie auch der Stil der dargestellten Architekturen beweist. Der wunde Punkt ist das Verhältnis der hineingesetzten Personen, die ungenügende Verarbeitung beider Faktoren zu einer einheitlichen Gesamtanschauung, der Mangel an ausgeglichener Bildwirkung, an dem auf der andern Seite auch die ungleichmässige Behandlung der Gestalten unter sich schuld ist. Wäre diese Schwäche Masolinos nicht auch im Figürlichen allein zu beobachten, so würden wir zu der Vermutung gedrängt, dass alle diese perspektivischen Darstellungen von Renaissancearchitektur nicht Masolinos eigene Errungenschaft wären, sondern Beiträge eines im Stil Brunelleschis und seiner Mitstrebenden genau bewanderten Genossen, womöglich eines Baumeisters selbst, dessen Aufrisse er nur al fresco ausgeführt hätte. Dann würden sich Ungenauigkeiten und Missgriffe, würden sich die innern Widersprüche des Raumgefühls erklären, die zwischen Figurenkomposition und Bühnenkonstruktion vorhanden sind. Damit kämen wir zur Umkehrung der Idee Sant Ambrogios, indem wir nicht dem Maler Masolino Anteil an den Bauten von Castiglione, sondern dem Renaissance-Baumeister des Kardinals Branda den perspektivischen Anteil an der Architekturmalerei in den Fresken von Castiglione beimäfsen.

Wir hätten also von diesem Architekten ungefähr das selbe zu sagen, was man von der Beihülfe Bramantes in Rafaels Schule von Athen behauptet hat, und haben in der Frühzeit des Quattrocento, wo weder die Formen des Renaissancestiles noch die perspektivische Zeichnung von Bauwerk im Aufriss so sehr Gemeingut waren, wie beim Beginn der Hochrenaissance, gewifs mehr Anrecht zu einer derartigen Unterscheidung. Aber das Beweismaterial, das zu weiterer Begründung und Nachprüfung solcher Ansicht notwendig wäre, ist zu lückenhaft auf uns gekommen. Die Uebereinstimmung des Frieses mit guirlandentragenden Putten am gemalten Palast des Herodes und an der gleichzeitig erbauten Kirche Corpus Domini reicht nicht aus; aber das reizende Skulpturwerk des Portales wird vom Maler nur skizzenhaft gegeben, in seinem plastischen Wert nicht erfasst und ausgeführt. Sein Bild kann sogar entstanden sein, bevor das Portal der Kirche gemeifselt ward; dann aber hatte er wol sicher einen Architekturprospekt des befreundeten Baumeisters oder Bildners als Vorlage für sein Fresko in Händen. Als wichtigstes Mittelglied fehlt uns die Palastarchitektur im Stil der Frührenaissance, die z. B. an der Wohnung des Kardinals entwickelt war. Die Fafsade hat noch die spitzbogigen Terrakottafenster des Uebergangs, gegen den Platz zu war im ersten Stock eine offene Laube mit kurzen Pfeilern und Säulen unter gradem Gebälk vorhanden, die jetzt geschlossen ist; aber die poetische Beschreibung des Plantanida redet von einer »spicula alta« mit gemalten Heldengestalten, und geht aus in »aurata atria longa per hortos« und ähnliche Vermittelungen zwischen der festen Wohnung und den Lustgärten, ja dem Hain, der freien Natur. Wie weit war also in Castiglione selbst auch dem Maler ein Vorbild gegeben, oder wie weit müssen wir den Anreiz zu solchen Prospekten in den Schöpfungen anderer Künstler suchen, die er bei seiner Rückkehr in Florenz vorfand? — etwa jenes Bild mit der Verkündigung in einer Säulenhalle, das Vasari dem Masaccio zuschreibt in S. Niccolò oltr' Arno, oder eine Kapelle in S. M. Maggiore, die Paolo Uccello perspektivisch umgedichtet hatte, dem auch ein Teil des Altarwerks, das Masaccio sonst geliefert, gehören sollte[1], — beides verlorene Stücke aus der fortschreitenden Entwicklung dieser Zeit.

Also lassen wir solche These vorläufig dahingestellt und fragen das Vorhandene im Baptisterium zu Castiglione, was es uns lehren kann. Schon der Turm hinter dem Kerker in der Enthauptung des Täufers ist ein erstaunlicher Anblick bei einem Maler, an dessen Raumgefühl zu zweifeln wir sonst alle Ursache haben. Mit der nachlässigen Routine, die hier bei Verwendung aller gewohnten Requisiten religiöser Wandmalerei bemerkt wird, während die Genremotive und die Porträtfiguren mit entschiedenem Realismus behandelt sind, hängt ein andres Verhalten des Künstlers zusammen, das sonst ein unerklärter Widerspruch bliebe. Das ist die Sorglosigkeit gegenüber dem Aufbau des gegebenen Innenraumes, den er mit einem Cyklus von Wandmalereien zu schmücken hat. Masolino zieht lustig forterzählend seine Geschichten ringsum auf den vorhandenen Flächen hin, ohne sich um die einheitliche Gliederung seiner Innendekoration und die klar gesonderte Einrahmung der einzelnen Bilder irgendwie zu kümmern. Eine Fensteröffnung veranlasst ihn allerdings das Wandfeld zu teilen; aber er scheut keinen Augenblick davor zurück, die Reihe der Personen um die Fensterschräge herum fortzusetzen. Er trennt die oberen Scenen einer Wandfläche nicht durch ein gemaltes Gesims, wie alle ernsten Meister des Quattrocento, oder wenigstens durch flache Ornamentstreifen wie die Vertreter der Trecentokunst. Wie so häufig in den Anfängen einer

[1]) Vgl. Vasari Opere II, im Leben des Masaccio und Paolo Uccello, sowie Fr. Albertini Memorie.

auf Wahrheit erpichten Neubelebung, verwechselt er sie mit der Wirklichkeit des Alltags und wähnt, die Natur der Dinge um so unmittelbarer zu fassen, je regelloser er die erhaschten Bruchstücke wieder auftischt. Und gerade dieser, architektonisch so dürftig gegliederte Innenraum des Baptisteriums in Castiglione forderte die Hülfe einer gemalten Architektur fühlbar genug heraus. Aber Masolino ist gegen derartige Wahrnehmung offenbar ebenso stumpf wie Fra Filippo im Chor des Domes zu Prato. Johannes als Knabe in der Wüste, seine Predigt und sein Hinweis auf Christus gehen alle auf einem und demselben felsigen Grunde vor sich, wie zwischen den zufälligen Vorsprüngen eines Steinbruches. Und die Taufe im Jordan geschieht ebenso über der Loggia des Herodes, als ob der Strom sich ohne Gefahr für das angränzende, an sich schon haltlose Bauwerk herunter ergöfse von dem schrägansteigenden Hochplateau, welches seinerseits die Tiefenanschauung des Malers auf einem so unentwickelten Standpunkt zeigte, dass wir die Architekturprospekte hüben und drüben in der nämlichen Kapelle ohne fremde Hülfe kaum begreiflich fanden.

In dem letzten grossen Wandgemälde mit der Rache der Herodias stiefsen wir bei aller Anerkennung für die Vorzüge doch auf die selbe Schwäche des Raumgefühls. Die Konstruktion des dargestellten Schauplatzes ist einheitlich aus einem Augenpunkt entworfen, wenn auch nicht überall genau ohne Verschiebung während des Malens bewahrt. Das Centrum liegt — nicht ungeschickt für den Prospekt allein — in ein Drittel der Gesamthöhe des Mittellotes, in dem ersten Kapitell der querlaufenden Arkaden, das hinter dem Hut des vordersten Zuschauers hervorsieht. Da dieser Prospekt aber die volle Höhe der zweigeschofsigen Baulichkeiten und die ganze Länge des Palasthofes in der Mittelaxe zu umfassen trachtet, entsteht aus der regelrechten Konstruktion eine Bühne, die für Figuren von zweidrittel Lebensgröfse im Vordergrund zu empfindlichen Widersprüchen führen mufs, sowol mit den schnell zusammenfliehenden Horizontallinien wie mit den vertikalen Höhenmafsen in der Architektur. Dieser Kontrast des Figürlichen mit dem Architektonischen wird besonders anstöfsig aufgedeckt, da zwei Gruppen links und rechts in die Gebäude gebracht werden, deren eine jedoch ihre Statistenreihe bis an die Mitte des vorderen Planes hineinstreckt, so dass das volle Normalmafs der Gestalten unmittelbar mit der stärksten Verjüngung der Architektur zusammentrifft, ohne dass die Luftperspektive den räumlichen Abstand zwischen vorn und hinten mildernd ausfüllt. Je lebendiger diese Zuschauer hinter Salome sich geltend machen, je überzeugender ihre bildnismäfsige Wirklichkeit erreicht ist, desto empfindlicher klafft die Lücke daneben, fällt die andere Gruppe, in niedriger Arkade eingeschlossen, aus dem Zusammenhang der Raumanschauung heraus. So fühlt der Beschauer die Aneinanderschiebung zweier Bilder, deren mittlere Gränzscheide nur willkürlich unterdrückt oder misverständlich abhanden gekommen scheint, und dieser Zwittereindruck behält die Oberhand, so oft das Auge von Einzeldarstellungen solcher Art ringsum zu dem Schlufsbilde zurückkehrt, in dem sich Masolino zu einer höchsten Leistung zusammenfasst.

Neben solchen Auftritten in mehr oder weniger geschlossenem Innenraum nehmen sich diejenigen in landschaftlicher Freiheit schon im Verhältnis der Figuren abweichend aus, und noch stärker ist der Gegensatz bei den Einzelfiguren, bei denen die Umgebung nur teilweise mitgegeben ist oder ziemlich neutral der Gestalt nur als Folie dient, wie beim Türschliefser und Schwertfeger. Vergleicht man diese plastisch selbständigen Genrefiguren am Ende des Cyklus mit der Anfangsscene der Verkündigung an Zacharias im Tempel, die der Enthauptung grade gegenübersteht, so mufs der ganze Abstand klar werden, der sich mit allmählicher Abstumpfung gegen die gegebene Raumgröfse und fühlbarem Zuwachs an Freiheit des Malers herausstellt. Dazwischen fällt überall das Schwanken zwischen diesen beiden Polen ins Auge und giebt auch eine Erklärung für die Hauptschwäche des Salomebildes, das uns bei einem Vergleich der beiden Breitbilder der Cappella Brancacci, der Heilung des Lahmen mit der Erweckung Tabithas auf der einen und der Geschichte vom Stater auf der andern Seite noch einmal beschäftigen wird.

So erweist sich Masolino in der Taufkapelle zu Castiglione d'Olona vom Jahre 1435, wo er mittlerweile sein fünfzigstes Lebensjahr überschritten hat, doch als einen Meister des Übergangs, in dessen Kunstweise die Elemente des Neuen, die er sich in wiederholten Anläufen zu erwerben strebt, mit den verschwimmenden Resten des Erbgutes nicht zu voller Ausgleichung gekommen, geschweige denn ganz fertig geworden sind. Die mannichfaltigen Anregungen, die ihn ergreifen und bestimmen, vermag er nicht zu haltbarer Abklärung zu bringen. Auch ihn dürstet nach Wahrheit, er berauscht sich an dem Most des neuen Jahrhunderts; aber er füllt den jungen Wein auf den schal gewordenen alten, füllt sogar mit rührendem Eifer von Jahr zu Jahr den Ertrag seiner kleinen Kelter nach und bringt so den Vorrat immer wieder in Gärung. Sein ganzes Benehmen in dem Rahmenwerk des Chorgewölbes bekundet ja schon 1425, dass der architektonische Sinn ihm eigentlich fehlt, obgleich er in architektonischer Staffage dilettiert. So bewährt er auch in der Taufkapelle zehn Jahre später nirgends eine einheitliche Raumvorstellung innerhalb eines gegebenen oder fest gewählten Mafsstabes und macht bei dem Überblick über den ganzen Cyklus den Eindruck des Unordentlichen, Zerfahrenen, Unklaren wie Fra Filippo, der in dieser Beziehung mehr Verwandtschaft mit Masolino besitzt als mit irgend einem andern seiner Vorgänger und Zeitgenossen. Indefsen fehlt Masolino aufser dem Rückgrat der Raumkunst auch sonst Folgerichtigkeit des Denkens und Gleichmäfsigkeit der Verarbeitung. Der Aufbau seiner Gruppen entbehrt des gesetzmäfsigen Gefüges, die Ausbreitung seiner Bilder des organischen Zusammenhangs. Wie die Scenen werden auch die Figuren beliebig aneinandergereiht, besonders da, wo die Lust am Bildnis bestimmter Personen aus seiner Umgebung den überkommenen Bilderschatz überwuchert. Die Wirklichkeit des Lebens zu erhaschen greift er seiner leichten, aber oberflächlichen Begabung gemäfs, nach auffallenden Einzelheiten statt an den Kern des Wesens. Mit solcher Hingabe an den Augenschein verliert er aber den Halt, den die Schulung am Ende des Trecento überhaupt noch hinterlafsen, und besitzt doch nicht die Kraft und die Tiefe der Auffassung, um sich selber zu voller Herrschaft durchzuringen. Hier reiht er also Porträtfiguren an die biblischen Typen, dort Genremotive an die heiligen Mysterien und verlockt das Auge des Beschauers von der Andacht im kirchlichen Anschauungskreise zu der profanen Wirklichkeitsfreude, die auch ihn verführte, stört die Erscheinung der Gottheit selbst in ihrem Tempel durch burleske Aktfiguren, verliert die Hauptperson der Erzählung darüber aus dem Sinn und unterhält uns mit stämmigen Kriegsknechten statt mit dem Märtyrer. Gewifs folgt er als Kind seiner Zeit darin dem stärker und stärker werdenden Strome, aber eben mit fortgerissen von dem schnellen Fortschritt Anderer und deshalb nicht Herr dieser Fortschritte selber als eigner Errungenschaften. So hinterläfst sein Freskenschmuck im Baptisterium von Castiglione, wie viel des Anziehenden, Überraschenden, Wertvollen im Einzelnen er auch enthalte, doch keinen harmonischen Eindruck, weder eine künstlerisch mächtige Vorstellung der biblischen Geschichte oder der Persönlichkeiten seiner Tage, noch eine lebendige Empfindung von dem selbständigen Wesen des Künstlers.

Gewifs trägt auch der heutige Zustand der Malereien seinen Teil der Schuld an solchem Ergebnis. Indefs entgeht dem kritischen Betrachter keineswegs, dass an der gegenwärtigen Entstellung nicht örtliche Einflüsse und willkürliche Eingriffe im Lauf der Zeit allein gearbeitet haben, sondern dass die Ursache wesentlich mit in der ursprünglichen Ungleichmäfsigkeit, im Verfahren des Malers selbst gesucht werden mufs. Genauere Prüfung entdeckt einen solchen Wechsel zwischen flüchtiger Schnellfertigkeit und sorgsamer Einzelarbeit, dass diese technischen Metamorphosen den Urheber schon sehr bezeichnend charakterisieren, bevor noch die künstlerische Auffassung der vorgeschriebenen Gegenstände seiner Darstellung im Sinne poetischer oder malerischer Phantasie mitzusprechen beginnt. Es sind die Dinge, in denen man Nachweise der Schulung und Beweise der Selbsterziehung zunächst zu suchen hat. Oft kommt dem Forscher die jetzige Zerstörung der Oberfläche, die Blofslegung der untern Schichten dabei zu Statten, indem sie Vorgänge zu verfolgen erlaubt, die von deckenden Farbhüllen dem Auge sonst entzogen werden.

Nach den besterhaltenen Überresten heben Crowe und Cavalcaselle hervor, dass ein lichter rosiger Ton durchweg überwogen hat. »Die für Köpfe bestimmten Stellen sind zuvor glatt poliert gewesen, die Schatten mit einem dünnen grünlichen Grau aufgetragen, mit flüfsigen Lasuren übergangen und dann durch sorgfältiges Auftupfen, wobei die Bewegung der Bogenlinie angestrebt wird, mit den rosig gelben Lichtpartieen verbunden. Für die höchsten Lichter sind pastose Retouchen zu Hilfe genommen. Das ganze

Verfahren ähnelt der Kolorierung von Miniaturen auf Pergament, wobei die Fläche des Stoffes selbst für die belichteten Teile dient und die plastische Wirkung nur dadurch hervorgebracht ist, dass die transparenten Schatten durch den weifsen Untergrund Brillanz bekommen.«

Es ist also von keiner reinen Freskotechnik die Rede Einige erhalten gebliebene grüne und rote Stücke sind offenbar in Wasserfarbe aufgetragen, wie z. B. der grüne Mantel des Propheten Jesajas erkennen läfst, in dem aus dem weifsen Grund die Lichter ausgespart sind und das Grün auch in den Schatten nur dünn bleibt; ähnlich sind an andern Figuren die gelben Stoffe behandelt und schillernde Gewebe mit roten Schatten und grünen Lichtern. Dieses Verfahren, das mit dem Fra Angelicos genau übereinstimmt und die grofse Zahl seiner Malereien erklärt, in denen er darüber nicht hinausgeht, gewährt den Vorteil der Geschwindigkeit, läfst aber durch den Mangel wirksamer Farbenkontraste und raumschaffenden Helldunkels alle Sorgfalt der Zeichnung, alles Studium der Form nicht voll zur Geltung kommen. In dieser Gesamthaltung sehen die Reste der Deckenmalereien im Chor der Collegiata durchaus denen des Baptisteriums gleich. Dagegen kommt in den Geschichten des Täufers besonders ein anderes Bemühen hinzu, das unmittelbar neben den schnellfertigen Teilen emsigste Sorgfalt in der Durchführung von Einzelheiten zur Schau stellt. Gewifse für die Freskotechnik schwer oder garnicht verwertbare Farben sind durch dunkle Grundierung vorbereitet, so das Gold der Heiligenscheine, der Purpur oder Scharlach fürstlicher Kleider, sogar das Grün der Pflanzen. Dadurch entsteht abermals Ähnlichkeit mit impastierten Teilen kostbarer Miniaturen. Dazu kommt dann noch die umständlichere Nachahmung mehrfarbiger Gewebe, des Goldbrokates der Stickerei oberitalienischer Ricamatoren, wie im Anzug der Herodias, des Obergespans oder am Wandteppich, der in der Loggia beim Gastmal auf gelbem Grunde aufgesetzt ist. Hier spielt der Wetteifer mit Gentile da Fabriano hinein, der auf seiner Anbetung der Könige von 1423 in Florenz die Prachtgewänder der morgenländischen Fürsten auf Goldgrund gemalt und mit Freilegung des Metallglanzes den erstaunlichen Schimmer erreicht hatte, den alle Kleinarbeiter als Ziel ihres Wetteifers beneideten. Solche Bravourstücke im Goldschmiedegeschmack kontrastieren dann seltsam mit der nachlässigen Aufmalung al secco, die nicht allein bei nachträglichen Zutaten vorkommt, sondern z. B. bei ganzen Gewändern oder bei Abgränzung und Ausfchmückung der landschaftlichen Gründe. So treten auch die Deckfarben der Kleider, die schwerfällige Ausstaffirung mit

Futter und Pelzbesatz neben den zart behandelten Fleischpartieen zu stark hervor und beeinträchtigen die fein ausgeführten Köpfe, ohne bei all ihrer Fülle grofsartig zu erscheinen. Genug, das verschiedenartige technische Verfahren bringt schon an sich oft den Eindruck hervor, dass hier ein Kopf zu seinem Rumpfe nicht stimmen will, oder dass individuelle Persönlichkeiten mit aller Erdenschwere neben luftigen leichten Gestalten wohnen, die wir als Gäste überirdischer Regionen begrüfsen oder nur unter sich als Erscheinungen poetischer Phantasie vertragen. Die Vereinigung so widerstrebender Bestandteile lässt weder den Glauben an das Märchen noch den an die Wirklichkeit aufkommen, und aller Fleifs der Einzelnachahmung ist für die Wirkung des Ganzen umsonst und fällt heute vollends als Stückwerk wieder auseinander.

Und dürfen wir dem Maler bei seinen technischen Künsten auf die Finger sehen, so verraten diese wechselnden Manipulationen, durch die Stelle wo sie auftreten, dass der Meister bei seiner idealen Aufgabe selber nicht warm geworden, bis auf einzelne Stücke. Deshalb stehen seine Zuhörer dem Gottesmann bei der Bufspredigt ziemlich teilnamlos gegenüber, und die Wirkung des Propheten wird nirgends überzeugend. Deshalb meidet Masolino die Wahl des entscheidenden Momentes, wo es galt die Handlung dramatisch zuzuspitzen. Kein tragischer Widerspruch ergreift uns in der Mahnung des Asketen vor dem sündigen Fürstenpaar; keine Leidenschaft stöfst den Unerschrockenen in die Nacht des Kerkers; kein Besuch der Jünger führt uns das Loos des Dulders eindringlicher zu Gemüte. Statt des Hauptmomentes wird der nächste daneben gegriffen und statt des Ereignifses oder der Tat die ruhige Situation oder ein Genremotiv der Gelegenheit gegeben. Es schneidet in das Innerste dieser Künstlerpersönlichkeit, wenn gesagt werden mufs: er sucht den äufseren Sinnenschein der Dinge, aber nicht ihr Wesen zu packen, er zeigt den Henker nicht im Zuschlagen oder auch nur im Ausholen, sondern nach geschehenem Hieb beim Putzen der Klinge. Welcher drastischen Wirkung wären in andrer Hand die beiden Scenen fähig gewesen, die das letzte Wandbild vereinigt: sei es der berückende Tanz der Schönen, sei es das Entsetzen über den grausigen Preis. Masolino schildert das Zuständliche mit Liebe, den mannichfaltigen Reflex. Das schüchterne Mägdlein bleibt hier das unschuldige Werkzeug der rachedurstigen Mutter, das ahnungslos seine Bitte sagt; aber was geht in diesem Kopf unter dem Rosenkranz vor, da sie das abgeschlagene Haupt in den Händen hält? Die erschrockenen Ehrenfräulein erscheinen wie zimperliche Gänschen neben der dämonischen Gauklerin, die mit lächelnder Virtuosität den Schlufseffekt ihrer Rolle zu halten weifs.

Weder in seelischer Tiefe noch in dramatischer Aktion jedoch darf die Begabung dieses Meisters gesucht werden, das merkt sich bald auch ohne solche Erwägung. Durchgehends fehlt der elektrische Strom, der aus dem lebenden Bild, das er zu stellen versucht, erst ein Bild des Lebens macht, das uns gefangen nimmt. Und trotzdem hat er in dem rosigen Schimmer des Tons, in der liebenswürdigen Hingabe an Dinge, die sein Auge entzücken, selbst in der Oberflächlichkeit seiner Natur manchen erfreulichen Zug zu bieten, dass wir auf Augenblicke die innere Unhaltbarkeit seines bunten Gewebes aus Wirklichkeitskonterfei und Legendendichtung vergessen.

Anders freilich mufs das Urteil ausfallen, wenn nach seiner historischen Stellung im Gange der toskanischen Kunst gefragt wird. Dies Urteil kann sich erst im Vergleich mit seinen tonangebenden Zeitgenossen ergeben.

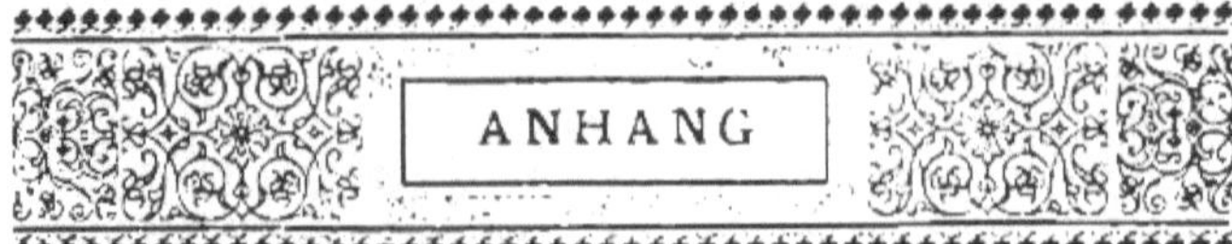

ANHANG

DIE WANDGEMÄLDE IM CHOR DER KOLLEGIATKIRCHE

Unser Urteil über Masolinos Leistungen im Baptisterium, die wir nach dem vorhandenen Datum um 1435 entstanden glauben, erhält eine Ergänzung und Bestätigung durch den Vergleich mit den Wandgemälden im Chor der Collegiata, die den Gewölbebildern Masolinos von fremder Hand hinzugefügt wurden.

Wie die Kirche, laut Inschrift am Hauptportal, der Madonna und den beiden Märtyrern Laurentius und Stephanus geweiht war, so schliessen sich im Chor an die Deckengemälde mit der Verherrlichung Marias nun die Geschichten der beiden Titelheiligen auf den Wänden an. Aus dieser engen Zusammengehörigkeit zu einem einheitlichen Plane, der um so mehr seit Anbeginn des Neubaues beabsichtigt sein mochte, als die Kollegiatkirche aus der Vereinigung mehrerer Heiligtümer mit der alten Pfarrkirche San Lorenzo zu Stande kam, hat man das Recht hergeleitet, die Entstehung der Wandgemälde mit den Legenden des ursprünglichen Patrons und des Protomartyrs möglichst unmittelbar nach jenen Deckenbildern anzusetzen, die wir um 1425 datieren. Den chronologischen Anhaltspunkten, die wir besitzen, gemäss ergäben sich zwei verschiedene Termine. Der Erste würde, wenn man von Masolinos Abreise nach Ungarn ausgeht, den Tod Pippo Spanos im December 1426 und den Katasterbericht von Masolinos Vater z. J. 1427 berücksichtigt, in die Zeit seiner sichern Abwesenheit fallen, also noch vor dem Abschlussdatum 1428 am Portalrelief der Kirche. Dafür spräche der Umstand, dass Masolino, nochmals in Castiglione d'Olona beschäftigt, im Jahre 1435 das Baptisterium ausmalt und nicht erst die Fortsetzung des begonnenen Cyklus im Chor der Kirche übernimmt. Man meint nämlich, dass doch diese Fortsetzung zunächst wichtiger gewesen sei, und dass der Beginn einer anderen Arbeit deshalb als Zeugnis für die frühere Vollendung dieses Cyklus angesehen werden dürfe. Indes weder die Voraussetzung noch der Schluss daraus sind zwingend und sicher. Schon in Rücksicht auf den regelmässigen Chordienst, der schon 1423 dringend ersehnt ward, mochte man sich Jahre lang mit dem Schmuck der Wölbung begnügen, und dem Kardinallegaten, der so viel mit dem Marienkultus jenseits der Alpen in seiner Innigkeit und Tiefe verkehrt hatte, mochte als Stifter ganz besonders um die Erhöhung dieses Ideales zu tun sein, selbst auf Kosten der älteren Patrone des Ortes. Und das Baptisterium andrerseits ward, wie gesagt, in so einfachen architektonischen Formen, eigentlich nur als Bedürfnisbau aufgeführt, dass es viel notwendiger den Schmuck der Schwesterkunst forderte. War einmal, nicht ohne Anhänglichkeit an die alte kirchliche Gewohnheit, die Selbständigkeit der Taufkapelle beschlossen, so musste um ihre vollständige Fertigstellung für den Bedarf der Gemeinde am ehesten gesorgt werden. Die Wahl eines schlichten Ziegelbaues und die Hilfe der Malerei gehen Hand in Hand.

Es ergäbe sich also aus diesen Erwägungen allein kein hinreichender Grund, die Ausführung der Wandmalereien im Chor der Kirche vor 1428 anzusetzen, — oder auch dem Freskenschmuck des Baptisteriums von 1435 voraufgehen zu lassen. Aber der Spielraum für diesen ersten der möglichen Termine bleibt immer von 1426 bis 1434 offen, — freilich soweit nicht andrerseits die Daten aus dem Leben des Auftraggebers sich dagegen stellen. Wir dürfen nicht vergessen, dass er besonders durch das Koncil zu Basel, von 1431 bis 1434 dauernd seiner Heimat entrückt war, dass er vor dieser Zeit, besonders bis zum Tode Martins V. vor allen Dingen der Kurie in Rom gehörte, während unter dem Nachfolger Eugen IV. ein unruhiges Leben begann, das während der Koncile zu Ferrara und Florenz dem Vielerfahrenen wenig Mufse liess.

So drängen diese Schicksale des Kardinals Branda viel mehr zu dem zweiten Termin, der von Masolinos zweiter Anwesenheit in Castiglione, also frühestens von 1435 ab, bis spätestens zum Tode des Kardinals im Frühjahr 1443 reichen würde, es sei denn, dass die Vollendung des Freskencyklus im Chor seiner Kirche, wie es häufiger vorkam, erst im Auftrag seines Testaments geschehen wäre. Für die Datierung nach 1435 fällt dann entscheidend ins Gewicht, dass eben nicht Masolino den Cyklus fortgesetzt hat. Und wenn wir nicht annehmen, dass der Maler damals gestorben sei, so wird auch die Wahrscheinlichkeit eines Zwischenraumes zwischen der Vollendung des Baptisteriums durch seine und der Wiederaufnahme des Chorschmuckes durch andre Hand grösser.. Die Annahme einer solchen Zwischenzeit ergiebt sich ebenso im Verfolg der Urkunden über die Bautätigkeit des Kardinals und seine Stiftungen in Castiglione d'Olona. Er hat, wie früher berichtet ward, nach der Taufkapelle zunächst das Kirchlein Corpus Domini, im Angesicht seiner Wohnung erbaut und ausgestattet, dann für das Schulhaus Sorge getragen. Zu Anfang December 1442 errichtete er, nachdem er sich im Oktober in Rücksicht auf sein Alter vollständig nach Castiglione zurückgezogen, das Amt eines Praefekten für die Erhaltung seiner Schöpfungen. Das war also ein Schritt abschliessender Sicherung für sein Lebenswerk; über das Grab hinausblickend mochte er sich sagen, dass die Erben entweder nicht gesinnt oder nicht bemittelt seien, die frommen Stiftungen und nützlichen Anstalten zu pflegen, wie er aus den Zuflüssen kirchlicher Pfründen und Legationen sie gegründet.

An dem kleinen, abseits vom grossen Verkehr gelegenen Orte am Fuss der Alpen, war ausserdem gewiss immer die Villegiatur, die der Kardinal sich hier am Stammsitz seiner Väter im Kreise der Angehörigen gönnte, die willkommenste, vielleicht die einzig passende Gelegenheit, auch Künstler herzuführen und in seinem Haushalt mit zu verpflegen. Je mehr persönliche Liebhaberei des Kirchenfürsten im Spiele war, desto mehr wird er verlangt haben, gerade die Ausführung von Malereien selber mit zu erleben, und ein gut Teil der Schnellfertigkeit mag sich aus dieser kurz bemessenen Frist erklären, wenn nicht auch Ungeduld im Temperament dieses Mäcens lag wie bei Julius II. Jemehr die Schwäche des Alters dem vielgereisten Herrn das Waidwerk und sonstige Kurzweil junkerlichen Landlebens versagte, desto mehr mussten Gespräche im Lustgärtchen seines Palastes oder literarische Beschäftigung drinnen Ersatz schaffen. So liess er malen und meisseln, um die Arbeit im Entstehen zu geniessen wie ihren Fortschritt zu überwachen, mit lebhaftem Anteil Alles durchzusprechen und seine Tage mit Inhalt zu füllen. Kurz vor seinem Ende kam sogar Cyriacus von Ancona zu ihm nach Castiglione und fand ihn schwach und kränkelnd, nicht mehr aufgelegt wie sonst zu geistiger Unterhaltung.

Die Entscheidung, welcher von beiden Terminen für die Wandgemälde im Chor der Collegiata festzuhalten sei, muss wieder dem kunstgeschichtlichen Dokumente selber anheim gestellt werden, d. h. der stilkritischen Untersuchung der vorhandenen Malereien. Eine solche Prüfung ist allerdings bei dem arg zerstörten Zustand schwer.

Die Fresken waren lange schon wegen Schadhaftigkeit übertüncht, als sie in unseren Tagen, zu Anfang der vierziger Jahre, durch unvorsichtigtiges Abkratzen wol oder übel wieder zum Vorschein kamen. Bei der Enge des Raumes, die durch einen unförmlichen Hochalter mit breitem Baldachin noch verschlimmert wird, kann auch die Photographie nur unter ungünstigen Bedingungen zu Hilfe kommen; wo immer sie regelrecht arbeiten konnte, verdanken wir der Camera eine so klare Zusammenfassung der Reste, wie das Auge sie nicht erreicht [1]).

Schon über dem (vergrösserten) Rundfenster in der Schlusswand des Chorhauptes ist die Darstellung der Dreieinigkeit in Halbfiguren ein Zeugnis für den durchgreifenden Unterschied der Kunstweise, die hier mit der Fortsetzung des von Masolino begonnenen Freskenschmuckes betraut ward. Obgleich Gottvater und der gekreuzigte Gottessohn noch dem älteren gotischen Typus verwandt sind, ist doch die realistische Sinnesart ihres Malers unverkennbar, und die Cherubim, die sie umgeben, erscheinen gar derb wie Bauernjungen, besonders die in der Fensterschräge trotz ihren z. T. grünen Flügeln auf rotem Grunde. Unterhalb dieses Fensters standen vielleicht zu beiden Seiten die Einzelfiguren der Titelheiligen Stephanus und Laurentius, deren Legende auf den anstossenden Wänden erzählt wird. Nur in der Leibung des Eingangbogens, also an der äussersten Gränze der Chorkapelle, haben noch andere Heilige, von denen Antonius Abbas und ein Bischof (Ambrosius?) erkennbar geblieben, bescheidener Platz gefunden.

Der Nachfolger Masolinos, der diese Dreieinigkeit gemalt hat, beweist gerade hier, in der Behandlung des Hochheiligen, wie wenig er mit dem Urheber der Krönung Marias am Gewölbefeld darüber gemein hat [2]). Er unterscheidet sich von ihm wie Fra Filippo von Fra Angelico, oder wie Donatello von Ghiberti; eine entscheidende Wandlung der Kunst scheint sie zu trennen.

Das Erste, was Masolinos Nachfolger im Chor unternimmt, ist sodann die architektonische Einteilung des gegebenen gotischen Raumes, ja bis zur Umdichtung im Sinne der Renaissance. Wo die Rippenwulste des Gewölbes aus der Mauer hervortreten, setzt er gemalte Pfeiler-

[1]) Die bewährte Sorgfalt des Photographen C. Baemeister hat wenigstens eine Reihe von dankenswerten Aufnahmen zu Stande gebracht, die gleichzeitig im Verlage von Th. G. Fisher in Cassel erscheinen.

[2]) Bei der Konfusion der Notizen von Crowe und Cavalcaselle bedarf es keines Hinweises auf die falsche Gränzscheidung.

kapitelle darunter, mit Voluten an den Ecken und klassischem Blattwerk; als Träger giebt er ihnen, statt der schlanken Dienste, breite kannellierte Pilaster, so dass je ein Paar mit dem Schildbogen darüber die ganze Wand umrahmt. Von einem Kapitellansatz zum andern zieht er einen Simsstreifen, der das rechteckige Feld unten von dem Bogenfeld darüber trennt. Nur die beiden schmalen Fenster der schrägstehenden Chorwände springen mit ihren Spitzbogen störend in diese Horizontalgliederung ein.

Die Neigung, dem neuen Architekturstil in der Malerei dieses Innenraumes Geltung zu verschaffen, ist bei dem neuen Meister so gross, dass in den ersten Bogenfeldern gleichsam im Gegensatz zum gotischen Gewölbe überall klassische Bauformen vorgeführt werden, seien es wie in der Hauptteilung kanellierte Pfeiler mit Rundbogen oder Säulen, oder gar eine romanische Kirchenfassade.

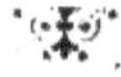

I.

Die erste Scene aus der Stephanslegende geht in einer Tempelhalle vor sich, die durch vier kanellierte Pfeiler mit Rundbogen darüber in drei Schiffen sich öffnet, als befänden wir uns etwa — wie auf Rafaels Teppichbild mit der Heilung des Lahmen, — an »der Pforte, die da heisst die schöne«, unter dem offenen Vorbau einer Basilika, wie ein Gesinnungsgenosse des Michelozzo sie wünschen mochte. Sie ist in etwas trockener Sauberkeit mit wenig ausladenden Basen und Köpfen in rosa-grauem Sandstein gebaut und gewährt links zwei sitzenden Weibern freien Einblick in den Vorgang, der sich drinnen vollzieht, während rechts hinter einem Rautengitter der Anblick in die Landschaft frei wird.

Im Kreise der Apostel, die ihn dicht gedrängt umstehen, erscheint unter dem Mittelbogen knieend der junge Stephanus, wie er das Diakonengewand empfangen soll, und wendet sich nun mit gefalteten Händen ganz im Profil nach links, der majestätischen Gestalt des Apostelfürsten zu, der hoch aufgerichtet, neben dem ersten Pfeiler, links, mit ernster Mahnung zu ihm redet, während der andre, im bischöflichen Chormantel (also wol Petrus), ihm das Abzeichen seines Amtes anlegt. Die ganze Versammlung ist bis auf die Umrisse der Köpfe mit ihren Heiligenscheinen und Ueberresten der biblischen Gewandung verloschen, aber noch die Schatten lassen eine gewisse feierliche Grossartigkeit erraten, die von Donatellos

Auffassung der Gottesmänner bestimmt scheint, in Einzelheiten an Nanni d'Antonio di Banco, besonders die vier Heiligen in einer Nische an Orsanmichele erinnert.

Wol erkennbar bis auf das Antlitz ist der Redner, der schon zweifellos Masaccios mächtigste Gestalt in der Cappella Brancacci voraussetzt, wenn er in der fliessenden Faltengebung auch nicht die Breite und Einfachheit dieses grossen Malers erreicht. Hier hindert überhaupt die seltsame Verstellung mit Architektur. — Verwertbar für ein Urteil über die Zeichnung der Gesichter sind fast nur die beiden Frauen, die, mit weichen Linnentüchern über dem Kopf, andächtig lauschen. Die Vordere hat den Ellbogen auf das Knie gestützt und lehnt die Wange gegen die Innenfläche der Hand, während die Linke lässig auf dem andern Knie ruht. Sie bezeugen in Blick und Haltung eine ganz andre Koncentration als sie Masolino auch 1435 noch gelungen war, ohne aus ihrer Nebenrolle herauszutreten.

Den nämlichen Blick, etwas seitwärts gewendet, richtet der junge Diakon auf seine Hörer, wie er als begeisterter Bekenner seines Glaubens in der Synagoge lehrt. Er steht in einer perspektivisch korrekten, wenn auch etwas niedrigen Tempelhalle, die uns in Untensicht gezeigt wird, auf einer Kanzel — gerade über dem einspringenden Spitzbogen des Fensters im nächsten Bogenfeld — inmitten einer links und rechts sitzenden Versammlung. Und das Zusammenwirken des Ausdrucks ist auch hier, dem naiven Ton der Legende gemäss, wol getroffen.

Darauf folgt, in der untern Reihe dieser Hälfte, der weitere Verlauf. Merkwürdiger Weise ist jedoch die Verteilung der Scenen nicht mehr im Anschluss an die architektonische Gliederung erfolgt, sondern, weil die Hauptscene, das Martyrium des Heiligen, sonst durch das Fenster allzusehr beeinträchtigt wäre, ein Drittel der ersten Wandfläche der Schilderung dieses Vorganges eingeräumt, der sogar auf der andern Seite noch die Fensterschräge in Anspruch nimmt, also unbekümmert um die Mauerecken und über den gemalten Pfeiler sich hinzieht.

Das erste Bild, rechts vom Eintretenden, zeigt die Disputation des Diakons mit den Hohepriestern und Schriftgelehrten, doch ist der Auftritt hier zur Verdeutlichung der verhängnisvollen Situation mehr als Verhör vor dem Richter oder Ueberantwortung an die fanatischen Juden aufgefasst. Links tronen auf dem Hochsitz, unter einer Aedicola zu zweit oder dritt neben einander, die Richter, zu denen sich noch ein Ratgeber gesellt. Vor ihnen steht Stephanus im Ornat seines Kirchenamtes und erhebt bescheiden — doch entschieden genug — die Rechte zum Bekenntnis seines dreieinigen Gottes während ein Ankläger auf ihn hinzeigend über Lästerung schreit, und ein Scherge schon Hand anlegt, auf einen Wink der Richter zuzugreifen. Hinter ihm drängt noch ein Kirchgänger oder Geistlicher herein, der sein Gebetbuch im Säckchen trägt, wie es zur Zeit des Malers üblich war. So tragen auch alle übrigen Personen, sogar der Heilige selbst, das Kostüm des Quattrocento; einen fremdartigen Eindruck macht nur der Bewaffnete, der im langen Rock, einen krummen Türkensäbel an der Seite, an Ghibertis Darstellung des Pfingstfestes auf seiner ersten Tür erinnert, vielleicht aber auf Erscheinungen des Florentiner Koncils und der Gefolgschaft des Griechenkaisers zurückgeht. Zur Hauptsache wird diesem Maler das Kostüm nirgends, so dass wir auch in diesem Punkt den Abstand von Masolinos Stoffimitation gewahren. Die Einheit des Vorganges und die Klarheit der Anordnung behaupten unverkennbar ihr gutes Vorrecht. Sehr geschickt ist die Bank der Richter mit dem Baldachin darüber schräg gestellt, und die Hauptperson an die Spitze einer Figurenmasse gebracht, die sich keilförmig in die Mitte vorschiebt. Besonders bemerkenswert ist auch das Spiel der Hände und der Augen, beim gegenseitigen Aufmerksammachen, Zurückhalten, Befragen.

Der Eckpfeiler der Gerichtslaube links trennt diese Scene von der Steinigung, die sich links im Freien vollzieht. Ein Drittel, das noch zur selben Wandfläche gehört wie das erste Bild, ist dem Auflauf des wütenden Pöbels eingeräumt. Am Rand eines Hügels, der mit einzelnen Bäumchen besetzt ist, drängt die Schaar der Angreifer in schräger Linie vor. Drei lebhaft bewegte Jünglingsgestalten bilden die Spitze, drei ruhigere Männer die Basis des Dreiecks. Der Mittlere der Burschen bückt sich, Steine vom Boden aufzuraffen, während die andern beiden in voller Wurfbewegung ausholen. Der Eine, mehr im Profil, erhebt nur den rechten Arm und blickt vorwärts, sein Geschoss zu verfolgen. Der Andre vorn hat mehr Platz und wird in ebenso wahrer wie eleganter Aktion ganz vom Rücken gesehen, indem er, den Vorwärtsstrebenden entgegengewendet, doch den Kopf dem gemeinsamen Ziele zukehrt. Auf dem rechten Fuss stehend hebt er das linke Bein, nur mit den Zehen noch den Boden berührend, und dreht den Oberkörper, der mit ausgestrecktem rechtem Arm vom Aufheben des Steines noch halb gebeugt ist, soeben in der Richtung des Blickes herum. Ganz abgesehen vom Grade des Gelingens, verdient schon die Absicht des Künstlers, diese mannichfaltige Augenblicksbewegung eines schlanken Jünglingskörpers mit zwei andern völlig verschiedenen in überraschender Gruppe zu vereinigen, unsre volle Beachtung; denn sie bekundet in der lebendigen Wiedergabe zugleich den Wunsch und die Fähigkeit über das hinauszugehen, was z. B. Masaccio in der Figur des Torwächters auf dem Hauptbilde der Cappella Brancacci erreicht hatte. — Zwischen den beiden Schleuderern erscheint der Kopf des wütenden Anklägers als der psychisch zunächst Beteiligte, und, ausserordentlich wirksam gegen diesen Aufruhr vorn, kommen sodann die beiden letzten der Gruppe, deren Einer noch mit leidenschaftlicher Erregung seinem Begleiter ins Auge schaut, während dieser, ein bärtiger Alter in turbanartigem Hut und langem Rock, sich äusserlich ruhig verhält, aber beide Arme auf den Leib zusammenlegend, doch in den scharfen Zügen den fanatischen Hass nicht birgt noch den grausamen Genuss am Untergang des Christen.

Wenn der Wert dieser ausdrucksvollen Köpfe und lebensvollen Gestalten nur noch mühsam entziffert werden kann, da die Farben fast völlig verblichen sind, so fällt die Schönheit der Hauptfigur wenigstens unmittelbarer in die Augen. Zwischen dem gemalten Pilaster und dem Fenster erblicken wir den knieenden Stephanus und seinen nächsten Angreifer, der mit einer Hand den Rockschofs voll Steine haltend, mit der andern das Haupt des Märtyrers trifft. Je brutaler die Gewalt dieses rohen Knechtes gegeben ist, zu dem ein Bauernrüpel Modell gestanden, desto ergreifender wirkt die herrliche Gestalt des Heiligen, der sich betend auf ein Knie niedergelassen hat und mit kindlicher Zuversicht aufblickend sein furchtbares Ende hinnimmt — wie ein unschuldiges Opferlamm. Jugendliche Frische und Kraft gewinnen unsre volle Teilname; denn hier offenbart der Künstler, der seiner Wahrheitsliebe sonst, solange sie nicht abstossend wirkt, entschieden nachgeht, eine Wärme der Empfindung, die so in der Richtung der neuen Kunst ohne Einbusse einen bewundernswerten Fortschritt erreicht. Die beiden Figuren allein, vor dem Felshang mit ein paar Bäumchen darauf, kommen in voller plastischer Grösse zur Geltung.

Welchen Rang diese Steinigung Stephans in der Malerei jener Tage verdient, das wird erst recht klar, wenn man sie mit zwei Wandgemälden desselben Gegenstandes vergleicht. Ich meine die zeitlich frühere eines unbekannten Uebergangsmeisters in der Cappella dell'Assunta des Domes zu Prato, und die späte Leistung des Fra Angelico in der Privatkapelle Papst Nicolaus V. im Vatikan. In beiden Versuchen geht über dem Streben nach Bewegung und Hast in den Tätern die Bedeutung des Dulders fast verloren; hier behauptet bei aller Energie des Ansturms das Bild des Opfers den Sieg.

In der Fensterschräge stehen als Zeugen dessen zwei weitere Personen, wie gebannt. Der Eine von ihnen, ganz im Profil, ist ein Jude mit Spitzbart und gepflegten Locken vor und hinter dem Ohr;

der Andre, ein junger bartloser Bursch mit breiten Schultern, eine Filzkappe mit abwärts stehendem Rande auf dem Kopf, — könnten sie, dieser als Paulus, jener als dessen Lehrer gemeint sein, die beim Ende des Protomartyrs eine Rolle spielten.

Der letzte Vorgang, an der Fensterschräge gegenüber, stellt wol nicht die Bestattung des Toten, sondern die Wiederauffindung des Leichnams, der die Kirche ein besonderes Fest gewidmet hat, oder die Bergung der Reliquien dar. Wir sehen vom Fussende einen Marmorsarkophag, in den die sterbliche Hülle gesenkt oder aus dem sie gehoben wird, — also ein perspektivisches Kunststück, bei dem schon die ceremonielle Feierlichkeit des Vorgangs in etwas die Deutlichkeit der Handlung beeinträchtigt, bei dem aber auch sonst die überraschende Vertiefung des Raumes und die schwierige Verkürzung einiger Köpfe das Hauptabsehen des Künstlers gewesen. Zu ruhiger Betrachtung und religiöser Erbauung eignet sich das Bild allerdings auch seiner Stelle nach wenig; es fällt immer nur plötzlich und vorübergehend ins Auge, es sei denn, dass wir den unbequemen Zugang erzwingen.

Ueber dem Kopf des Heiligen, der etwas erhoben, vom Kinn aus gesehen wird, guckt nur noch ein Teil vom Antlitz des Trägers in die Bildfläche herein. Daneben erscheinen zwei wunderlich verkürzte Köpfe, bestimmt verschiedene Stimmung der Beteiligten auszudrücken, doch nach dem selben Modell. Der vordere, mit rund geschorenem Haar, beugt sich vornüber, als gucke er sinnend oder forschend in den Steinsarg, so dass wir von der Höhe des Scheitels über den Nasenrücken auf die gesenkten Augenlider und die breiten Backen sehen; der andre hinter ihm blickt gen Himmel, lobpreisend oder verzückt, und wirft dabei den Kopf in den Nacken, sodass wir unter seine Kinnladen, die Oberlippen, die Nasenlöcher und die Augenbrauen schauen. Ein Dritter wendet sich in scharfem Profil nach rechts, während eine Nachbarin, ein junges Weib in Dreiviertelsicht die Lippen öffnet wie beim Singen. Das Antlitz des Hauptträgers links, der sich über den Rand des Sarkophages beugt, ist leider völlig zerstört. Den Hintergrund bildet ein antiker Rundtempel mit schlanken Säulen und geradem Gebälk, durch dessen offene Halle wir in der Ferne noch sitzende Hirten und weidendes Vieh auf einer Bergwiese entdecken.

II.

Wenden wir uns auf der anderen Seite den Bildern der Laurentiuslegende zu, so beginnen sie links vom Eintretenden, ganz ähnlich wie die Geschichte des Stephanus. Die Bogenfelder bewahren auch den nämlichen Ton der Erzählung wie dort. Nur sind schon in der ersten Lünette zwei Vorgänge in einen Rahmen gebracht. Links im ersten Drittel giebt Laurentius Almosen an eine Gruppe vor ihm sitzender und stehender Bettler; rechts verteidigt er sich vor dem Tron des Herrschers, und diesem beliebten Auftritt sind die andern zwei Drittel der Bildfläche eingeräumt.

Die erste Scene ist noch der früheren Kunstweise sehr verwandt, oder steht wenigstens solchen Darstellungen bei Fra Angelico, oder aus der Frühzeit des Benozzo Gozzoli sehr nahe. Aus der Tür der Kirche, vor der die Armen und Kranken sich wartend niedergelassen, ist der junge Diakon hervorgetreten, dem Papst Sixtus II. den Kirchenschatz anvertraut hatte, und trägt wie der Geistliche, der ihn begleitet, einen Geldsack in der Hand, um den Inhalt zu verteilen. Rechts tront auf einem Podium, mit einem Pagen hinter sich, der Kaiser Decius. In langem Gewand, eine Zinkenkrone auf dem Haupt, sitzt er auf kurulischem Stule und wendet sich in Profil zu der Gruppe vor ihm. Sein bartloses Antlitz hat eingefallene Wangen, stechende Augen und eine lange scharfe Adlernase, die bei der gebieterischen Gebärde mitzuwirken scheint, mit der er die Hand gegen den Angeklagten ausstreckt. Diesem Arm der Gerechtigkeit oder Gewalt zunächst steht der Ankläger, ein Pontifex mit kurzem dunkelm Vollbart und hoher Mütze. Mit grimmigem Blick streckt er die Rechte abwärts gegen den Christen aus, als gälte es den milden, auf der Tat ergriffenen Gottesmann noch seines Tuns zu überführen, oder durch jähen Vorwurf von jedem Versuch zur Rechtfertigung abzuschrecken. Drei Lictoren, elegant in höfische Tracht des Quattrocento gekleidete Jünglinge, umringen den angeblichen Volksverführer, dessen beide Arme mit rückwärts gebogenen Händen nur ruhig abwehrend solchem Vorwurf begegnen. Mit dramatischer Zuspitzung sind die widersprechenden Charaktere zusammengebracht, und mit dem Gipfelpunkt in der Mitte baut sich die Komposition als wol abgewogene und klar gegliederte Gruppe vor uns auf.

In der folgenden Lünette, in die das Fenster einschneidet, ist oben ein offenes Baptisterium mit dem Taufbrunnen vorn in der Mitte sichtbar, perspektivisch korrekt für den Standpunkt des Beschauers von unten, so dass wir den Heiligen, der einen Jüngling tauft, nur in Halbfigur sehen. Auf dem Immersionsbecken steht die Inschrift S: ECCL. ESIE. Zu den Seiten des Fensters harren links zwei Jünglinge als Zuschauer, während rechts der Heilige zu einem Manne redet, der vor ihm ein Knie beugt.[1])

In der unteren Reihe haben wir auf dem grossen Wandfelde das Hauptbild: das Martyrium des hl. Laurentius. Die Malerei, die von vorn herein sehr hell und dünn von Körper gewesen war, ist fast völlig abgeblättert und verlöscht. Die Scene spielt auf einem Platz, der von mehreren Gebäuden umstanden scheint; besonders breit dehnt sich die Fassade eines reichen Palastes, mit offenen Arkaden unten und rechtwinkligen Fenstern über dem kräftigen Kafgesims; zu ihm scheint auch eine vortretende Säulenhalle links zu gehören, die mit einem Fries von klassischen Guirlanden zwischen Stierschädeln geschmückt ist. Ganz vorn in der Mitte, gerade über dem Bogen, unter dem das Grabmal des Kardinals Branda steht, befand sich der Rost, auf dem der Heilige nackt ausgestreckt den Feuertod erleidet, — soviel wenigstens lässt sich noch erkennen. Zu Häupten und zu Füssen schüren zwei hagere Gesellen, in leichtem Kittel, mit Stangen die brennenden Scheite, während eine Schaar von Zuschauern in zwei Reihen die ganze Breite des Platzes besetzt. Links treten ein Krieger im Helm, ein heidnischer Priester, oder Juden in langen Gewändern und Jünglinge in Stutzertracht hervor, Einer sogar mit dem Falken auf der Hand; weiter vorn in der Mitte, in prächtiger Rüstung, der Befehlshaber selbst, breit dastehend, mit dem Kommandostab auf die Hüfte gestützt, — ein bärtiger Wüterich, und neben ihm gepanzerte Begleiter, darunter Einer auf seine Hellebarde gelehnt. Ganz rechts erscheinen drei Reiter: zwei von ihnen, auf Fuchs und Braunem, ruhig haltend, der Eine emporschauend mit der Hand über den Augen, als blende ihn ein Licht von oben; der Dritte sprengt auf einem Schimmel heran, oder vielmehr bäumt sich das Tier und hebt den Kopf schaudernd vor den auflodernden Flammen zurück, sodass der Hals von unten gesehen wird, das Maul sich wiehernd öffnet und die Zähne bleckt. — Es ist die unverkennbare Wiedergabe des einen Dioskurenrosses von Monte Cavallo in Rom; aber der Maler hat die Kühnheit, einen Reiter darauf zu setzen, der sich kaum zu halten vermag.

Noch jenseits vom einrahmenden Pilaster scheinen hier die Zuschauerreihen sich fortzusetzen und sogar die eine Fensterschräge zu füllen; aber es lässt sich wenig mehr entziffern.

[1]) Crowe und Cavalcaselle (II, 77 Anm. 3) behaupten irrtümlich, an dieser Stelle sei „ausser einigen Soldaten und einem lahmen Bettler nichts erhalten."

Auf der anderen Hälfte der Fensterschräge ist dagegen die Bestattung des Märtyrers erkennbar geblieben. Auch hier wird der Sarkophag mit dem nackten Körper, den man hinein senkt, vom Fufsende aus gezeigt. Die Verkürzung des herkulischen Leibes, dessen Kopf, vom Kinn her sichtbar, etwas erhoben ist, verrät die Flüchtigkeit der Mache auch im heutigen Zustand noch. Drei Träger sind mit aller Anstrengung beschäftigt, das Bahrtuch herabsulassen, zwei rechts zur Seite, einer von vorn gesehen zu Häupten, — ohne doch den Vorgang wahrscheinlich zu machen, während in der Mitte der Bischof mit Buch und Weihwedel, mit singenden Geistlichen hinter sich, ebenso gewaltsam und weihelos die kirchlichen Bräuche vollzieht. Der Maler schwelgt in roher Kraft, korpulenten Bauern und brutalen Bonzen, deren Dickköpfe in mancherlei Verkürzung hart und rücksichtslos hingehauen werden, mehr um das Auge des Beschauers vorübergehend zu erschrecken, als dauernd zu erfreuen. Zeichnung und Farbe zeigen in diesen allerdings überraschenden, wenn auch derben Bravourstücken mehr Gewöhnung an Intarsiatechnik als an wirckliche Malerei

III.

Schon aus dieser Betrachtung der verloschenen Freskenreihe, soweit bei ihrem heutigen Zustande irgend noch Rechenschaft über die Einzelheiten möglich ist, muss sich ergeben, dass sie nicht allesamt von der Hand eines und desselben Künstlers herrühren können. Deutlicher werden die Gegensätze, wenn wir die Bilder in der Reihenfolge durchmustern, wie sie aus praktischen Gründen wahrscheinlich entstanden sind, d. h. wenn wir nicht der gegenständlichen Einteilung gemäss wie oben die Legende des hl. Stephanus auf der einen und die des hl. Laurentius auf der anderen Seite gegenüberstellen, sondern die Bedingungen des Raumes und der Arbeit der Freskomalerei entscheiden lassen. Hier wurde zur Fortsetzung der Deckenbilder, wo sich Masolinus de Florentia bezeichnet hat, zunächst jedenfalls die ganze Reihe der Bogenfelder darunter in Angriff genommen, für die ein Gerüst im Chor angebracht werden musste, und zwar bei der Enge dieses Altarhauses wahrscheinlich eine durchgehende Bretterbühne, unter der wenigstens der Chordienst noch möglich blieb. Darnach wäre etwa Stephans Weihe zum Diakon das erste Stück gewesen, das hier oben zur Ausführung kam, — dafür spricht auch die Verwendung der nämlichen kannellierten Pfeiler wie bei der Gesamteinteilung der Wandmalerei —, und Stephanus in der Synagoge hätte sich angeschlossen. Die Dreieinigkeit über dem Rundfenster liegt in der Mitte, blieb vielleicht vorerst aus dem Spiel. Auf der andern Seite jedoch folgte Laurentius taufend, indem die besondere Beschaffenheit der vorhandenen Bildfläche sie natürlich mit dem gegenüberliegenden näher zusammenstellt, und zuletzt die Almosenspende und die Verantwortung vor dem Kaiser, in der vordersten Lünette links, wo der Gegensatz zur gegenüberliegenden hervorbricht.

Darauf erst käme die untere Reihe in Betracht. Und wenn hier sich schon die Frage einstellt, ob damit auch die zweite Hand beginne, so erhalten wir aus dem Vergleich der letztgenannten Lünette mit dem ersten Wandfelde der Stephanslegende unten sofort die entscheidende Antwort, dass vor der äusserlichen und innern Uebereinstimmung dieser beiden Gemälde die Frage nach dem zweiten Maler noch zurücktreten muss. Wie nämlich in der Lünette droben zwei Scenen, Almosenspende und Verhör, in einen Rahmen zusammengefasst sind, so dass ein Drittel für jene, zwei Drittel für dieses verwertet worden, — die räumliche Abgränzung zwischen beiden aber nur durch die Koulisse der dargestellten Bühne bewirkt wird, genau so benimmt sich der Maler bei der Geschichte des Stephanus unten gegenüber, wo das Verhör vor dem hohen Rat von Jerusalem und die Steinigung vor den Stadtmauern dargestellt werden sollte, und doch nur e i n ungebrochenes Wandfeld vorhanden war. Die Verlegenheit, die an dieser Stelle zum Austrag kommen musste, wurde drüben an der Laurentiusseite dadurch vermieden, dass man sich mit der Disposition der ausgewählten Scenen rechtzeitig vorsah, z. B. die Diakonenweihe und die Aushändigung des Kirchenschatzes durch Papst Sixtus II. kurzweg bei Seite liess, obgleich sie als Voraussetzung erwünscht waren und auch bei Fra Angelico im Oratorium des Vatikans nicht fehlen.

So ist, wie erwähnt, dem Verhör S. Stephans der grössere Teil der Wandfläche eingeräumt, wo der rechts in den Chor eingetretene Beschauer beginnen soll, und ein Drittel entfällt für die Schleuderer bei der Steinigung, indem nur die Rückwand des Tribunals mit ihrem Eckpfosten die Stätte des hohen Rates von der bergigen Landschaft trennt.

Vergleichen wir dagegen das Martyrium des hl. Laurentius auf dem gleichen Wandfelde gerade gegenüber mit diesem hier oder mit seiner zugehörigen Lünette droben, so tritt der Gegensatz der beiden Hände, die wir im Verfolg des Einzelnen vermutet, voll zu

Tage. Wir haben nicht nur die einheitliche Verwertung der ganzen Bildfläche, — ein Vorzug, der durch die bedenklichen Erfahrungen in der Arbeit vorher gewonnen war, — sondern auch eine andersartige technische Behandlung.

Die Wandmalerei dieses andern Meisters ist viel schlechter erhalten, obgleich die Mauer nicht mehr als drüben gefährdet war. Die Wiedergabe des Fleisches zeigt den vorherrschenden Gebrauch grelleren Rotes und einen erhitzten Ton, der allerdings zu dem Feuertode des Heiligen passt, aber keineswegs als Widerschein der Flammen gemeint ist, und ebenso in den anstofsenden Feldern wiederkehrt. Nach dieser flüchtigern unsolidern Malweise, wie nach der wenig durchdachten Komposition und nach dem „überperspektivischen Wesen", das ihnen unter sich gemeinsam ist, hätten wir dem selben Meister auch die Bestattung des Laurentius und die Auffindung der Reste S. Stephans beizumessen. Und diese Abgränzung des Anteils bestätigt sich auch durchweg in dem Unterschied der Typen und der sonstigen Grundlagen künstlerischer Durchbildung, deren genauere Prüfung die Frage nach Herkommen und Person der beiden als Nachfolger Masolinos hier auftretenden Maler einschliesst.

Das Verhältniss der Beiden wäre so zu denken, dass der Eine, der die architektonische Gesamtgliederung gemalt, die Stephanslegende rechts oben begonnen und alle Lünetten ausgeführt hat, erst bei Vollendung der untern Wandfelder den Genossen bekam, sei es weil der Abschluss der Arbeit bis zu einem gewissen Termin erreicht werden sollte, sei es weil dieser Geschäftsfreund, gleichzeitig beauftragt, erst später eintreffen konnte, oder zuerst mit anderen Arbeiten für den Kardinal, in den Seitenkapellen der Kirche, in Corpus Domini oder im Palast beschäftigt war, oder weil er aus irgend welcher Veranlassung als Ersatzmann für den Ersten eintreten musste. Dergleichen Vorkommnisse waren damals ja häufig genug.

Alle bisherigen Versuche, das Verhältniss der Wandmalereien zu charakterisieren, gehen von der Voraussetzung aus, dass sie unmittelbar nach der Gewölbemalerei entstanden sein müssen, und möchten deshalb über den etwaigen Schülerkreis des Masolino nicht hinausgreifen. Crowe und Cavalcaselle, die auch 1883 in der italienischen Ausgabe die Zusammenwürfelung mit Masolino wiederholen, ohne sich um die Bemerkungen A. v. Zahns und W. Lübkes in den Jahrbüchern für Kunstwissenschaft (1869—1870) zu kümmern, sprechen sich für die Urheberschaft „einer minder geschickten und minder erfahrenen Hand" aus, der die Fertigstellung des Freskencyklus übertragen worden. (II, p. 249.)

A. v. Zahn lässt sich in seinem berechtigten Bemühen, die Beteiligung des Masolino selbst an diesen Wandgemälden zu verneinen, allzusehr durch die auffallende Erscheinung des Gegensatzes in den letzten Bildern bestimmen. Angesichts der Malereien Masolinos im Baptisterium jedoch bemerkt er durchaus zutreffend, schon aus der Gruppe der Täuflinge am Jordan sei ersichtlich, wie weit Masolino das Studium des Nackten sich angelegen sein liess, — „ohne dabei in jenes harte überperspektivische Wesen des Uccello, das aus den Wandbildern der Kirche spricht, zu verfallen". Das heisst doch anerkennen, dass Masolino unten im Chor der Collegiata nicht als leitender Meister betrachtet werden darf, wie Crowe und Cavalcaselle anzunehmen versuchten; das heisst doch ebenso anerkennen, dass in den letzten Bildern der Stephanus- und Laurentiuslegende Bestrebungen hervortreten, die über Masolinos Kunstweise und Geschmacksrichtung hinausgehen. Und trotzdem bringt A. v. Zahn für diese Teile den Schüler Masolinos, Paolo Schiavo, in Vorschlag, indem er die Stelle Vasaris, die von diesem Maler handelt, etwas allzu stark in seinem Sinne interpretiert.

Vasaris Worte: „Paolo Schiavo, che in Fiorenza, in sul canto de'Gori fece la Nostra Donna con le figure che scortano i piedi in su la cornice, s'ingegnò molto di seguir la maniera di Masolino" . . . berechtigen kaum, von besonders „täuschenden Verkürzungen" zu reden, geschweige denn grade diese zum entscheidenden Charakteristicum zu erheben. Ebensowenig sind solche Dinge bei erhaltenen Arbeiten dieses Paolo Schiavo vorhanden. Er hiess, wie Milanesi berichtet, eigentlich Paolo di Stefano Badaloni und hat 1426 ein bezeichnetes Fresko in S. Miniato bei Florenz gemalt, das besser erhalten ist als das restaurierte Tabernakel am Canto de'Gori, jetzt „le Cantonelle" genannt. Von dem selben Maler rührt meines Erachtens auch das Tabernakel in Lippi a Rifredi vor Florenz her, über das W. v. Seidlitz in der Zeitschrift für bildende Kunst bei Besprechung des Buches von Knutzon berichtet hat (1879), nur dass die Inschrift aus späterer Zeit, bei Gelegenheit der Restauration, den Namen Paolo di Stefano mit dem bekannten Paolo Uccello vertauschte.[1])

Wenn Lübke in voller Anerkennung des Guten in diesen Wandgemälden von Castiglione d'Olona, sich zu dem Ausruf versteigt: „Welcher Maler hätte — um 1426 — solche Gestalten hinzusetzen vermocht, wenn nicht Masaccio?" — so ist er wol später

[1]) Ich hoffe dies demnächst mit Hülfe photogr. Aufnahme der betreffenden Werke und eines unbekannten Bildchens von Paolo Uccello, zum Beleg seiner frühern Entwicklung, genauer erweisen zu können.

selbst von diesem Vorschlag zurückgekommen, der neben der Blasphemie auch einen Anachronismus einschliesst. Aber seine Charakteristik: „gewisse starke Verkürzungen der auf und nieder blickenden Köpfe, besonders in der Beerdigung des Stephanus, sind noch nicht ganz gelungen, beweisen aber deutlich genug die Tendenzen dieser neuen Kunstrichtung" — ist vollkommen zutreffend, freilich wiederum, wie die A. v. Zahns, nur für die letzten Bestandteile. Und für die Entstehungszeit bleibt uns ja der Spielraum nicht allein von 1426 bis 1428, sondern ein volles Jahrzehnt später, von 1436 bis 1442 offen.

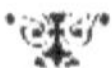

IV.

Fragt man sich vorurteilsfrei, was denn diese Wandgemälde im Chor der Collegiata überhaupt mit Masolinos Art gemein haben, so bleibt kaum etwas Greifbares übrig, um ein persönliches Schulverhältnis festzustellen. Wol aber zeigt sich die Verwandtschaft, wenn etwa mailändische Lokalpatrioten die Frage stellten, ob diese Fresken wirklich florentinischen Ursprungs seien. Die allgemeinen Eigenschaften, die im Charakter der florentinischen Kunst dieser Zeit überhaupt liegen, sind allerdings unverkennbar drunten wie droben.

Oder will man die Lehre Masolinos in der Untugend des unreifen Realismus suchen, dass die untern Bilder rücksichtslos um die Wandecken gebogen, in die Leibungen der Fenster mit hineingemalt sind? Wir haben erklärt, wie man im Gedränge zwischen den darzustellenden Scenen und den vorhandenen Wandflächen dazu gekommen sei, und durften dies nur so erklären, da das Uebergreifen in der obern Reihe nicht vorkommt, und die gemalte Gliederung des Innenraumes ausserdem bezeugt, wie wenig solche Unart ursprünglich in der Absicht gelegen. Und da wir die Annahme, dass auf Masolinos Deckenbilder unmittelbar der Cyklus der Wände gefolgt sei, nicht für bindend erkennen, so bliebe ja sogar die Möglichkeit offen, dass die Priorität dieses Verfahrens, das übrigens noch Fra Filippo in den sechziger Jahren zu Prato sich erlaubt, hier in Castiglione zwischen Kirchenchor und Baptisterium strittig werde.

Jedenfalls aber kommen wir mit einem Gehilfen oder Schüler Masolinos nicht aus. Und gemäss unsrer obigen Unterscheidung zweier verschiedener Meister sind jene »überaus wunderlich verkürzten Köpfe« nur auf die Rechnung des Zweiten zu setzen, — sodass auch seine Dazwischenkunft erst den Ausschlag gegeben haben könnte, mit der architektonischen Disposition, die sein Vorgänger festgestellt, kurzen Prozess zu machen, und für den Bruch mit der klaren Gliederung des Cyklus durch verblüffende Kunststücke der Tiefenillusion und Verkürzung zu entschädigen, wie denn die beiden Fensterschrägen nur dem Ergötzen der Chorherrn dienten. Nur hier in den letzten Stücken des Cyklus bricht das »harte überperspektivische Wesen des Uccello« durch, von dem A. v. Zahn gesprochen, nur hier ist die »rohere Ausführung« zu bemerken, die Cavalcaselle hervorhebt. Damit ist unser zweiter Maler bezeichnet.

Sieht man sich im Kreise der bekannten Zeitgenossen um, so ist der Name, der angesichts dieser überraschenden Kunststücke zuerst genannt werden muss, jedenfalls Paolo Uccello. Nicht ein Nacheiferer Masolinos war es, der »seine Gestalten so täuschend verkürzte«, sondern Paolo di Dono, genannt Uccello, der in die Schwierigkeiten der perspectivischen Probleme so vernarrt war, dass er die Farbenpalette darob vergass, und den Tadel Donatellos wie den Mismut seiner Frau zu dulden hatte.

In der Tat glauben wir als den zweiten Maler, der hier im Chor der Collegiata mitgewirkt hat, niemand anders mit solchem Recht in Anspruch nehmen zu können als Paolo Uccello selber. Der Nachweis genügender Uebereinstimmung mit beglaubigten Werken seiner Hand, die wir besitzen, knüpft sich am besten nicht an die letzten Stücke zunächst, wo die brutale Verkürzung allen Forschern aufgefallen ist, sondern an die erste Darstellung, die wir der nämlichen Hand beimessen, an das Martyrium des heiligen Laurentius. Sie giebt, auf breitem Wandfelde unter den gewöhnlichen Bedingungen der Freskomalerei, auch am besten eine Vorstellung von der persönlichen Art ihres Urhebers und von dem Durchschnitt seines Kunstvermögens.

Zwei ganz individuelle Eigentümlichkeiten springen als besonders bezeichnend sofort ins Auge: die stattlich gerüsteten Krieger, die mit sichtlicher Vorliebe aufgestellt sind, und die derben Streitgäule, zu deren Einführung in der Legende selbst kein Anlass vorlag. Beide Bestandteile tragen mit ihrem besondern Gebaren, zumal die Rosse mit ihrer Unruhe, unläugbar dazu bei, den Vorgang mannichfaltiger zu beleben: aber sie sind auch gewagte Zutaten, aus eigenem Vergnügen des Malers, ohne viel Rücksicht auf Andacht oder Rührung der Beschauer hinzugenommen. Nur das Bedürfnis des Realisten, die unmalbare Feuersglut, in der Laurentius leidet, durch solche Mittel wenigstens vor die Phantasie zu rufen, erklärt zum Teil ihre Wahl, die in dieser Zeit doch für den Mann entscheidend charakteristisch bleibt. Beide Bestandteile erklären sich als willkommene

Requisiten bisheriger Praxis bei keinem andern Florentiner so selbstverständlich wie bei Paolo Uccello, der durch eine Reihe von Schlachtenbildern aus dem Garten der Bartolini in Gualfonda allgemeiner bekannt geworden ist als durch sonstige Leistungen. Eins nur befindet sich heute noch zu Florenz, in den Uffizien, ein anderes zu Paris im Louvre, und ein drittes in der National Gallery zu London. Wer diese Stücke nicht im Gedächtnis hat oder im Original vergleichen kann, wird wenigstens Photographieen neben unsre Aufnahme des schattenhaften Ueberrestes aus Castiglione legen. Selbst die ausführliche Beschreibung, die Crowe und Cavalcaselle von jenen drei Schlachtbildern gegeben haben, führt der Einbildungskraft genug bestimmte Züge zu, die sich im Chor der Collegiata wiederfinden. Wenn diese energisch auftretenden Krieger mit ihrem Befehlshaber in der Mitte schon in ihrem Dastehen den Einfluss Donatellos verraten, so erzählen die sorgfältig gezeichneten Panzer, Beinschienen und Helme vom Interesse des Malers an der künstlerischen Durchführung der Waffenschmiede im klassischen Geschmack der Renaissance, von seinen Studien antiker Ornamentstücke, die er mit Lorenzo Ghiberti teilt, und seinem Hangen an Einzelheiten, die der Bildhauer besser bei Seite liess. Die turbanähnliche Kopfbedeckung oder der hochgetürmte, vielfach ineinandergeschobene Filzhut kommen auch hier vor, wie bei den Fürsten und Condottieren in jenen Schlachtgemälden und in einem kleinen Turnierstück, das sich früher in der Sammlung Castracane zu Urbino befand, wo im Istituto di Belle Arti wenigstens noch drei Predellenstücke ziemlich armseliges Zeugnis von seiner Tätigkeit ablegen.[1]) Hier in Castiglione haben die Kriegsgäule die nämlichen schweren Hufe und derben Köpfe, die selbst das Reiterstandbild John Hawkwoods im Dom zu Florenz, das Uccello in sichtlichem Streben nach antiker Schönheit gemalt hat, mit allen vorgenannten Beispielen teilt. Der Schimmel, der sich rechts vor dem Feuer bäumt, ist wie gesagt die Nachahmung eines Dioskurenrosses von Montecavallo, ein weiterer Beleg für die Studien in Rom, und selbst der Palast mit seinen Arkaden und seinem Fries von Guirlanden mit Stierschädeln nach römischem Muster offenbart ein gleiches Streben auf dem Gebiet der architektonischen Staffage und Dekoration.

Technik und Farbenwahl bestätigen die Uebereinstimmung mit Uccellos Malerei, soweit dies bei dem Zustand dieses und der sonstigen Beispiele nur möglich bleibt. Besonders charackteristisch

[1]) Vgl. Schmarsow, Giovanni Santi, Berlin 1887 S. 41 u. Melozzo da Forli, Stuttgart 1886 p. 350 f.

ist die Vorliebe für kalte graue Töne neben roten Tinten, die sowol in der Karnation, wie in den Gewändern, ja im Steinmaterial der Architektur neben einander stehen. Seine Gestalten sind fast immer schlank, in den Proportionen den Jugendwerken Donatellos verwandt, etwas dünnbeinig, aber elastisch und stramm genug; in der Wiedergabe der Extremitäten nicht selten nachlässig behandelt; im Rumpf ohne die Beweglichkeit lebender Körper, aber von plastischer Bestimmtheit der Form, die überall vom Eindruck statuarischer Bildung zeugt. Seine Köpfe zeigen besonders zwei verschiedene Typen. Der Eine hat ein längliches Oval als Grundform, erscheint bei verkürzter Ansicht oft etwas gestreckt und im Zusammenhang der Teile verschoben; der Andre ist ein breiter, in den Umrissen plumper Rundkopf, dessen innere Gesichtsteile nicht selten klein und gedrückt, eckig wie stereometrische Zeichnungen ausfallen.

Beide Typen finden wir auch hier in unserm Fresko, bei ferner stehenden Figuren sogar den Mangel an Schädel unter dem platten Hut oder die gequetschte Verkümmerung der Kinnladen, die ihm beim Ringen mit schwierigen Ansichten und perspektivischer Illusion auch sonst begegnet. Darin hat dies Wandgemälde in Castiglione sogar einige Aehnlichkeit mit den flüchtigen Produkten der Uebergangsmeister wie z. B. in Prato, mit der Auffindung der Reste S. Stephans oder dem Sposalizio gegenüber, in der Cappella dell' Assunta.

Sehr entscheidend spricht für Paolo Uccello endlich die Komposition, die er mit diesen Bestandteilen hier anordnet. Sie ist durchaus reliefmässig und setzt nicht sowol die eigene Gewohnheit in jenen Schlachtenbildern, als vielmehr Masaccios breite Wandgemälde in der Cappella Brancacci voraus, besonders das Meisterwerk mit der Geschichte vom Stater und die (von Masaccio unvollendet gelassene) Auferweckung des Königssohnes. Wie dort eine isokephale Reihe von Figuren als Zeugen des Hauptvorganges in der Mitte steht, und zwar auf verhältnismässig schmalem Vordergrund, so auch hier vor der Palastfront als Skene, und wie dort zu den Seiten die Koulissen schräg vorgeschoben oder Durchblicke eröffnet sind, so auch hier mit dem loggienartigen Vorbau links und der Vertiefung des Prospektes rechts, wo die Reiter halten. — Dass grade Paolo Uccello bemüht gewesen, die Gesetze der Reliefkunst auf die Malerei anzuwenden, ist immer zur Charakteristik seiner Eigenart hervorgehoben, und hängt aufs Innigste mit seiner sonstigen plastischen Auffassung der Einzelformen wie seiner Anordnung der Gruppen, seiner Dreiteilung der gegebenen Bildfläche zusammen.[1]

[1] Vgl. Crowe und Cavalcaselle besonders bei Gelegenheit der Sintflut im Chiostro verde von S. M. Novella.

7*

Die beiden letzten Darstellungen in den Fensterschrägen sind vollends nichts Anderes als Experimente schwierigster Verkürzung, die in ihrer Häufung von Kunststücken uns knabenhaft und schülermässig vorkommen müssten, wenn wir uns nicht hineindächten in jene Zeit einer völlig neuen Disciplin, der es bitter ernst war mit der Bewältigung aller Aufgaben solcher Art, sodass sie die erlernte Lösung der Probleme auch in regelrechter Folge auftischt wie in einem Lehrbuch der Geometrie. Hier ein nackter, dort ein bekleideter Körper von den Füssen aus gesehen; hier der Kopf der liegenden Gestalt vom Kinn her, dort von der Nasenspitze aus, oder hier mit aufwärts dort mit abwärts stehendem Kinn verjüngt. Dort ein Aufblickender und ein Niederblickender unmittelbar neben einander; hier breite Schädel und Fetthälse wolgenährter Bonzen, dort hagere, asketische, aber ebenso hochfahrende Pfaffen. Bei der Bestattung des Laurentius im Hintergrunde die Stadt Rom, bei der Auffindung des Stephanus ein klassischer Rundtempel in nächster Nähe mit dem Durchblick auf die Bergweide zwischen den Säulen hin. Hier sind auch die verwandten Züge der Einzelheiten schon unverkennbare Zeugen des Zusammenhangs mit Uccellos letzten Fresken in Sta. Maria Novella. Die Gesichtsbildung des Stephanus und die Gewandbehandlung erinnert an die stehende Figur in der Sintflut, die Sarkophagschräge an die Wand der Arche Noahs. Und die Weinlaube, wo der trunkene Erzvater beim Fasse eingeschlafen, wie die Halbfigur Gottvaters über dem Altar — mit dem Kopf nach der Tiefe des Bildes zu — geben nur Umkehrungen der hier in Castiglione versuchten Konstrucktionsprobleme, die kaum geschmackvoller ausgefallen sind, aber die Zugehörigkeit zu Uccellos systematischem Arbeitsprogramm beweisen.

Unserer Ueberzeugung nach kann die Tatsache, dass auch hier in Castiglione d'Olona Wandmalereien des Paolo Uccello dem völligen Untergange nahe sind, kaum noch bezweifelt werden.[1] Es fragt sich nur, wann wir etwa seine Anwesenheit und damit den Abschluss dieses Cyklus im Chor der Kirche ansetzen dürften.

Paolo di Dono ist nachweislich zu wiederholten Malen in Oberitalien gewesen. Schon am 5. August 1425 machte er in Florenz sein Testament vor der Abreise nach Venedig, wo sich die Florentiner Dombehörde noch 1432 beim Geschäftsträger der Signorie nach seinen Leistungen in der Mosaikmalerei erkundigt. Im Jahre 1433 kehrt er dann in seine Heimat zurück, wo er mannichfaltig von der

[1] Ich erinnere auch an die „Heroes picti in spicula alta" der Kardinalswohnung. Vgl. oben S. 13 f.

Opera des Doms beschäftigt wird bis 1437. Dann fehlen die Nachrichten über ihn bis 1443, also gerade bis zum Todesjahr des Kardinals Branda. Nach Vasaris Erzählung wäre er noch bei Donatellos Uebersiedelung nach Padua in dieser Stadt Oberitaliens gewesen, wo perspektivisches Schulwesen seitdem so vorherrschend den Charakter der Malerei bestimmt. Wir hätten also, was die Anwesenheit Uccellos in Castiglione betrifft zwei Termine zur Wahl: zwischen 1420 und 1431, wo er nicht ausschliesslich in Venedig geblieben zu sein brauchte, und zwischen 1437 und 1442. Da die Komposition des Martyriums aber die letzten Kompositionen Masaccios in der Brancaccikapelle voraussetzt, andrerseits die perspektivischen Bravourstücke soviel Verwandtschaft mit den letzten Fresken Paolo Uccellos selbst in S. M. Novella aufweisen, entscheiden wir uns unbedenklich für den zweiten Termin, der sowol mit der Chronologie der sonstigen Unternehmungen des Kardinal Branda wie mit dem Entwicklungsgang der toskanischen Malerei übereinstimmt.

V.

Ganz anders geartet ist der Meister, der, unseres Erachtens vor Paolo Uccello, die Ausmaluug der Chorwände mit Bildern aus der Legende des Stephanus und Laurentius begonnen, also dort unmittelbar fortgefahren hat, wo Masolino's Gewölbekappen aufhören. Gewisse Eigentümlichkeiten sprechen für einen ausgebildeten architektonischen Sinn, ja für eine Neigung, seine Gestalten mit umgebender Architektur zusammen zu denken, die sogar die Freiheit ihrer Bewegung einengt. Er malt nicht allein einen Renaissance-Aufbau aus kannellierten Pilastern und gradem Gebälk in diesen gotischen Chorraum hinein, wenigstens seinem Bedürfnis nach klarer Disposition und fester Einrahmung der Bilder zu genügen, sondern benutzt auch die Spitzbogen der beiden Fenster in den Lünetten, wo sie von unten einspringen, wie einen gewölbten Unterbau für feste Bestandteile seiner Darstellung, das Taufbecken hier, die Kanzel dort, im Mittelpunkt des Baptisteriums, der Synagoge, die er dem Blick des Beschauers öffnet. Bedenklicher wird diese architektonische Konsequenz in den beiden vorderen Lünetten, wo die Arkadenreihe mit ihren Pfeilern vorn die Figuren der Handlung durchschneidet oder doch den Linienfluss der Gruppen beeinträchtigt, die der Künstler sonst wiederum so klar und gesetzmässig aufzubauen, so sicher zusammenzuhalten und in einander zu schieben weiss. Je mehr er mit dem Raum für die Geschichte seiner frommen Helden Haus halten muss, desto mehr giebt er die Zerteilung der Bildfläche durch vortretende Bauglieder auf, schiebt sie als Skene in den Hintergrund, oder benutzt sie, wie das Tribunal des hohen Rats, zur Sonderung der Schauplätze. Von der nämlichen Durchbildung seines Geschmackes zeugt auch die Verwertung des Hügelrandes beim Martyrium des Stephanus, sowol für die rührende Hauptfigur als Folie, wie als Halt und Richtungsaxe der Raumentfaltung im Freien. Und ebenso die räumliche Ausnutzung der Bildfläche nach ihrer Form und ihrer Stelle für den Betrachter.

Bei der Einkleidung des Stephanus inmitten der Apostel giebt die dreifache Arkade des Atriums auch die Hauptgliederung der fast symmetrisch verteilten Versammlung mit dem Apostelfürsten und dem knieenden Diakon in der Mitte, während die dreieckigen Segmente des Bogenfeldes links und rechts für Beiwerk entfallen, das mit feinem Gefühl für das Auge des Eintretenden gewählt ist: gegen den Eingang vom Langhaus zu öffnet sich der Raum möglichst leicht und neutral, auf der andern Seite wird er mit sitzenden Frauengestalten im Vordergrund geschlossen, in denen die Bedeutung des Auftrittes wiederscheint.

»Zwei schöne Kompositionen« nennt auch Cavalcaselle die beiden Scenen, die in der Lünette gegenüber vereinigt sind, die Almosenspende und die Verantwortung des Laurentius. Sie sind es im Aufbau jede für sich, aber auch als Teile des ganzen vom Spitzbogen umrahmten Bildes; denn das Uebergewicht der zweiten Gruppe, die zwei Drittel der Fläche beansprucht, wird für das Auge durch die Architektonik des Schauplatzes aufgewogen, so dass hier die Hauptperson, der Heilige, umgeben von den Häschern, genau in dem Höhenlot des Bogenfeldes, von zwei Eckpfeilern der gemalten Baulichkeiten eingerahmt erscheint, zwischen denen sich ein Bogentor öffnet, — und zu Häupten dieses schmalen Mittelstückes wiederholt ein dreiteiliges romanisches Fenster oder drei Bogenstellungen einer Zwerggalerie über dem Portal die Gliederung des Ganzen.

Andere Gesetze walten in dem unteren Wandstreifen mit dem Verhör des Stephanus und seiner Steinigung. Den Reliefkompositionen eines Ghiberti verwandt entwickelt sich die Reihe der sitzenden und stehenden Figuren fast in gleicher Kopfhöhe. Wo Stephanus vor den hohen Rat geführt wird, ist zwischen den beiden Gruppen ein Ausschnitt frei, wie der Zwickel zwischen einem Bogenpaar; die Mittellinie trennt unsichtbar und doch wirksam genug den Märtyrer von seinen Richtern, obwol seine Feinde hinter ihm drein drängen.

Noch immer wirkt die Gewohnheit nach, in nahezu quadratischen Bildern, oder doch mit wenig überwiegender Breite zu denken, wie an den Türen des Andrea Pisano und Lorenzo Ghiberti, oder in den Freskocyklen des Trecento. Sogar die bekannte Vierpassumrahmung, die Ghiberti festhalten musste, wirkt hier noch fühlbar weiter: besonders in den beiden Anklagescenen, die auf das Vorbild „Christus vor Pilatus" oder „Johannes vor Herodes" zurückgehen. Um so bezeichnender ist die Tatsache, dass die Komposition eines breiteren Verlaufes, wie die Steinigung, welche als fortlaufender Streifen eines ungebrochenen Wandfeldes behandelt werden konnte, sofort in Bruchteile auseinandergeht. In der Steinigung hier schiebt sich die Rotte der Angreifer wie ein Keil aus der Tiefe in schräger Linie gegen den gemalten Pfeiler vor, als mache der Weg, hinter diesem Träger an der Mauerecke, eine Biegung, und so ist allerdings wieder das wirkliche Verhältnis der beiden Wandstücke zu seinem Recht gekommen; wer aber von diesen zufälligen Absätzen in der Malfläche absieht, bemerkt die Gewohnheit des Meisters, in schmaleren Raumausschnitten zu denken, deren Zusammenschiebung und Verarbeitung hier freilich durch das örtliche Hindernis unmöglich wurde.

Genug, in Allem, was die Disposition der Bilder und die Komposition der Gruppen betrifft, gehört dieser Mann der strengeren Schulung an, der die besten Errungenschaften des monumentalen Stiles aus dem Trecento noch nicht abhanden gekommen sind über den Aeusserlichkeiten des Realismus. Er steht dem Brunellesco näher als dem Donatello, er weiss sich Eins mit Masaccio und mit Ghiberti, die in diesem Punkte zusammengehören. Er ringt hier darnach, das wertvolle Erbteil der giottesken Tradition, soviel es angeht, mit dem neuen Verlangen nach wahrheitsgemässer Darstellung des Raumes und der Körper darin zu vereinigen. Die Konsequenz der räumlichen Anschauung steht ihm voran, die plastische erst in zweiter Linie; auf Wirklichkeitstreue und Ausführlichkeit des Einzelnen ist er am wenigsten erpicht. Auf jener Seite liegt seine unläugbare Begabung, alle Vorzüge seiner ernsten Gesinnung und geistigen Kraft. Nur scheint ihm auf der einen Seite die Gelegenheit gefehlt zu haben, sich zu monumentaler Breite auszuwachsen, und auf der andern Seite die malerische Technik oder die Gabe vollen malerischen Sehens in farbiger Anschauung, die damals — vielleicht vielfach unverstanden von den Zeitgenossen — nur Masaccio offenbart.

Ausserdem ist es die leidige Vielheit der Scenen, die auf engem Raum von ihm verlangt ward, ein verhängnisvolles Erbteil der Trecentokunst im Dienst der kirchlichen Lehre, aber auch ein verbreitetes Verlangen der Lust am Fabulieren, an der die Malerei und noch mehr die Plastik im ganzen Quattrocento krankt. Damit hängen bei diesem Maler aus dem ersten Drittel des neuen Jahrhunderts natürlich die sonstigen Eigenschaften seiner Weise zusammen.

Seine Gestalten sind länglich und schlank, haben also auch in den Proportionen noch Verwandtschaft mit denen des ausgehenden Trecento; aber sie bewegen sich freier und natürlicher, und haben in dem harmonischen Fluss ihres Benehmens viel von dem Geschmack des Ghiberti, sind aber lebhafter von Temperament und dramatischer in ihrem Gebaren, das hier und da selbst vor drastischer Derbheit nicht zurückschreckt, wenn es z. B. gilt, dem ergebenen Märtyrer einen rohen Gesellen entgegenzustellen. Seine Gewandung ist gross und feierlich in der Versammlung der Apostel, soweit die Architektur nicht hindert, nimmt in den Anklagescenen reizvolle Kostüme der eigenen Zeit neben dem faltenreichen Ornat der Diakonen oder des Kaisers auf und weiss neben den Langröcken die kurzgeschürzten Pagen oder Fantini mit ihren Mäntelchen und die aller lästigen Überwürfe entledigten Schleuderer in ihren enganliegenden Strumpfhosen und leichten Kitteln zu schildern; er weiss wirksam zu wählen, wo diese oder jene Faktoren am Platze sind, ohne sich bei der biblischen Draperie in die konventionelle Allgemeinheit der Trecentomaler oder beim modischen Kostüm in die Stoffnachahmung und Kleinkrämerei des Masolino zu verlieren. Er behält bei allem Realismus der Auffassung doch die ideale Aufgabe im Bewusstsein und wägt nach diesem höheren Zweck die Bestandteile der Wirklichkeit ab, denen er Zutritt gestattet. Wenn Crowe und Cavalcaselle meinen, die Güte der Ausführung entspreche nicht der Schönheit der Aktion, so bestimmen dies Urteil wol wesentlich die untern Stücke der Laurentiuslegende mit, die wir Uccello zugewiesen; denn über die malerische Vollendung der Lünetten ist bei dem schattenhaften Zustand der abgekratzten Flächen wol kein Urteil mehr möglich. Fast überall ist, besonders bei den Gewändern, die obere Farbenschicht mit der Kalktünche abgeblättert, die sie zu einer Zeit zugedeckt hatte, als gewiss das Aussehen schon zu viel zu wünschen übrig liess. Einzelne Stellen dagegen, in den untern Wandstreifen besonders, wo die Malerei besser erhalten blieb, berechtigen noch heute zu Lübkes Aussage: „durchweg herrscht in der Farbe ein kräftigerer Ton“ — „eine vollere plastische Modellierung der Form, eine schärfere und mächtigere Auffassung des Individuellen“ (als in den Deckenbildern des Masolino). — „Das feierlich Würdevolle der tronenden Richter“ und der Apostelschaar, die „beiden lebensvollen Porträtköpfe rechts im Fenster, mit der tief bräunlichen Karnation“

hätten auch wir auf die Rechnung unseres Meisters zu setzen, und damit auch hier wol das zeitliche Verhältniss zu Masaccios malerischen Grofstaten in der Brancaccikapelle bezeichnet, an die auch Lübke sich erinnert fand. Freilich wird die Breite und Wucht der Gestalten, die durchgreifende Energie der Charaktere Masaccios hier ebensowenig erreicht, wie von andern Zeitgenossen; aber es ist schon eine hohe Anerkennung, wenn die ernst und sorgfältig durchdachten Kompositionen neben dem Besten aus jenen Tagen florentinischer Kunst bestehen. Wie dieser Maler in Castiglione ungern aus dem architektonischen Rahmen heraustritt, so bleibt auch sein Individualismus fast unbeirrt in einem idealen Medium, das er von der Tradition des Trecento um so lieber festhält, als er fühlen mag, dass beim Aufgeben des getragenen Tones, den auch Ghiberti nicht verlässt, zugleich ein gut Teil seiner wertvollsten Eigenschaften gefährdet würde und sicherlich manche Schönheit verloren gienge.

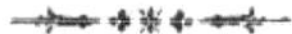

Schwieriger als über diese innern Qualitäten der schlecht erhaltenen Bilder dürfte eine Verständigung über die Person des Künstlers zu erreichen sein, wenn wir es darauf anlegten, bestimmte Namen in Vorschlag zu bringen. Im Augenblick aber scheint mir der Stand der Forschung bei allen Fortschritten, die ihr neuerdings gelungen sind, noch nicht in der Lage, nach einer einzigen, auf diese Weise herausgeschälten Arbeit den Identitätsnachweis mit einer historisch bekannten Persönlichkeit zu versuchen. Sind uns doch gerade aus der ersten Hälfte des Jahrhunderts so viele Cyklen florentinischer Wandmalerei in Kirchen und Klöstern verloren gegangen, dass wir uns von dem Wesen oder gar den Fortschritten gar manches Meisters nur unvollständige Begriffe machen können. Aus biographischen Daten wahrscheinliche Vermutungen zu spinnen wäre Gelegenheit genug; Anklänge an den Stil bestimmter Maler drängen sich ebenfalls auf, jemehr uns der ganze Umkreis vertraut geworden, in dem auch diese achtenswerte Kraft erwachsen sein muss.

Gewisse Eigentümlichkeiten mögen indess hervorgehoben werden. Die Apostel in der Diakonenweihe mit ihren strähnigen Haaren, ihren markanten Zügen und ihren bald fliessenden, bald wulstigen Gewändern erinnern mehrfach an das Abendmal des Andrea del Castagno in Sant' Apollonia zu Florenz, wo auch die weiche Behandlung des Stoffes bei einzelnen Jüngern wiederkehrt wie bei den Richtern des Stephanus hier. Eine der Frauen vor der Tempelhalle stützt ihren Kopf wie der vorletzte der Jünger rechts, während die Intensität des Blickes beim Ankläger des Diakons und dem Beirat am Tribunal, wie in dem vorletzten Kopf bei der Steinigung dem durchbohrenden Seitwärtsstarren der Köpfe Castagnos nahe kommt. Die Gesichtsbildung des Johannes in Sant' Apollonia hat grosse Aehnlichkeit mit dem Stephanus, und der alte Jude, der als letzter der Steinigung beiwohnt, zeigt die selben auffallenden Eigenschaften des verlorenen Profils wie S. Romuald im Fresko von S. Matteo, wo sowol der gekreuzigte Christus wie Johannes die etwas geschwollenen zugespitzt vorgeschobenen Lippen aufweisen, die auch hier in Castiglione bemerkt werden. Eine ganze Auswal solcher Uebereinstimmungen glauben wir in der Doppelscene zu erkennen, mit der die Legende des Laurentius beginnt, ganz besonders in den Köpfen des Kaisers Decius, des nächsten Trabanten und des Pontifex, bis hinein in die Bildung des Ohres, der Nase mit geblähten Flügeln und dem durchbohrenden Blick. Indess die Vergleichung muss ja, sobald es sich nicht mehr um Einzelheiten der Manier handelt, resigniert stehen bleiben, da uns alle Mittelglieder, alle Handhaben für weiteres Eindringen versagt sind. Bis zum Jahre 1444, wo Castagno in Florenz zünftig wird und die Zeichnung der Kreuzabnahme für ein Glasfenster der Domkuppel übernimmt, entzieht sich sein Bildungsgang unsrer Kenntnis. Der Mann, der 1435 den Beinamen Andreino degli Impiccati verdient, zeigt in den erhaltenen Beispielen seiner Malerei vielmehr den Einfluss des Paolo Uccello, wie z. B. im Abendmal, und erfasst als Hauptaufgabe auch des Malers vielmehr das plastische Bestreben, jeden Körper selbständig in möglichster Schärfe und Rundung hinzustellen, d. h. er huldigt der Richtung des Bildners Donatello und verdankt ihr ein gut Teil der Wucht und Grossheit seiner derben Heldengestalten aus Villa Pandolfini wie seines Feldherrn auf plumpem Kärrnergaul im Dome.

Das ist ein völlig andres Wollen als die Charakteristik unseres Unbekannten in Castiglione d'Olona ergab; es scheint mit solchen Anfängen in sorgfältig überlegter Komposition und feiner Erfindung unvereinbar. Und doch bleiben die Anklänge bestehen. Daneben walten noch andre Zusammenhänge mit dem gemeinsamen Besitz der florentinischen Schule. Die feste Umrisszeichnung z. B. in den besterhaltenen Frauenköpfen der vordersten Lünetten, wie des Laurentius im Baptisterium und des Stephanus in der Synagoge, ja noch bei der Steinigung, die nicht wenig zur Markierung des Typus beiträgt, lässt sich bis zu untergeordneten Handwerkern wie Neri di Bicci verfolgen. Sie ist auch einer Gruppe von Madonnenbildern kleinen Formates eigen, die z. B. im Städelschen Institut in Frankfurt a. Main (Nr. 10), im Privatbesitz in England und sonst mehrfach vorkommen. Sie scheinen mir aus Gründen, die ich hier nicht entwickeln kann, vielleicht Anspruch auf einen andern Namen zu haben, wenigstens zunächst als Sammelmarke — statt der jetzigen »Graffione« —, das wäre der des Giuliano d'Arrighi, des alten Pesello, der bisher immer noch zu den unbekannten Grössen gehört, und mindestens mit ebensoviel Recht wie Dello [1]) für diesen Anteil zu Castiglione in Betracht kommen dürfte. Doch genug der Hinweise auf Beziehungen, die ein festes Ergebnis noch nicht gestatten.

Wenn es mir gelungen ist, in der Cappella dell'Assunta zu Prato die Hand des Domenico Veneziano nachzuweisen, und damit zugleich darzutun, wie nah seine Anfänge noch von Masolino berührt scheinen [2]), so gewähren diese Wandgemälde im Chor von Castiglione andrerseits Gelegenheit diejenigen Elemente zu erfassen, die im künstlerischen Werden eines Francesco Pesellino oder Alesso Baldovinetti ihre Rolle gespielt haben. Mit Francesco Pesellino hängt besonders das Verhör der beiden Diakonen und die Steinigung des Stephanus zusammen, deren Gestalten ich hier nur ein Beispiel des genannten Meisters zum Vergleich an die Seite stellen will, das ist eine tronende Madonna mit S. Antonius und S. Hieronymus, S. Ludwig von Toulouse und S. Georg, nebst zwei weiblichen Heiligen im Besitz des Capt. G. L. Holford in London. (Exhibition of Early Italian Art. The New Gallery 1894, Nr. 107) ein Werk, das mit dem bekannten Bildchen in Casa Buonarroti zu Florenz ganz nahe zusammengehört.

Wir mögen uns vorstellen, dass der Meister, der hier den grössten Teil der Wände gemalt, im Verein mit Paolo Uccello, dem das Martyrium des Laurentius, die beiden perspektivischen Kunststücke mit den Toten und die Dreieinigkeit über dem Rundfenster nebst dem weiteren Schmuck dieser letzten Polygonseite zufielen, den Freskenschmuck noch bei Lebzeiten des alten Kardinals Branda zu Ende geführt habe.

---

[1]) Für die Bildnereien im Venezianisch-Veronesischen Gebiet ist neuerdings: Pietro Paoletti, L'Architettura e la scultura del Rinascimento I. Venezia 1893, S. 18 und 78 und weitere Nachweise über Giovanni di Bartolo il Rosso und den Meister der Pellegrinikapelle zu vergleichen. Darnach käme Dello als Nächster auch hier in Betracht.

[2]) Repertorium für Kunstwissenschaft XVI (1893) S. 159 ff.

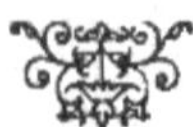

Damit wäre die Reihe der künstlerischen Unternehmungen dieses Kirchenfürsten in seinem Heimatsitz beschlossen und unsre Aufgabe in Castiglione d'Olona erfüllt; doch werden wir dem Kardinal noch ein Mal als Stifter eines wertvollen Denkmals florentinischer Kunst in fremder Umgebung begegnen. Denn auch in Rom, an seiner Titelkirche S. Clemente hat Niemand anders als er die berühmte mit Fresken ausgemalte Kapelle gestiftet, die nach der selben Heiligen S. Katharina von Alexandrien benannt wird, der hier oben in Castiglione der Altar der Unterkirche geweiht ist, wie sie droben am Gewölbe des Chores bei der Geburt Christi das Bildnis des Stifters begleitet, das Masolino vor seinem Weggang nach Ungarn gemalt.

Antonio Beffa Negrini (geb. 1532, gest. 1603) sagt in seinen Elogi Historici di alcuni personaggi della famiglia Castigliona, (gedruckt Mantova MDVI) p. 239 von unserem Kardinal Branda:

> „*Fece fare vna Capella in Roma, in San Clemente suo primo titolo, dipinta et ornata di bellissime figure, doue soleva spesso andare a mirarle il diuin Michel' Angelo Bonarotti; nel frontispizio della quale veggonsi fin' al giorno d'hoggi l'arme di Branda.*"

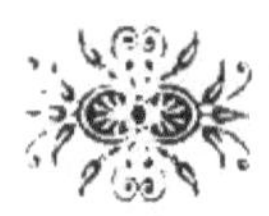

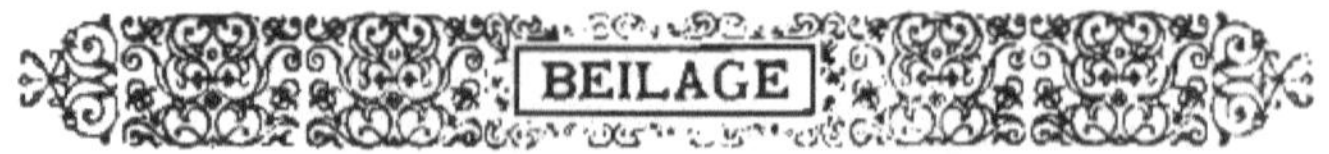

Regesten des Kardinals Branda Castiglione
für die Jahre 1421—1443

1421.

1421 Apr. 13. als Nachfolger des Giovanni Dominici apost. Legat in Ungarn, und durch päpstl. Schreiben vom VI id. Apr. d. J. mit unumschränkter Vollmacht für Böhmen, Mähren, Meissen und Deutschland versehen. Baronius, Annal. eccles. Lucca 1752. VIII. (XXVII).

» Mai 31. auf einem Tage der Fürsten und Städte zu Wesel; ermahnt verschiedene Städte die Unternehmungen der Kurfürsten gegen die Hussiten zu unterstützen. Reichstagsakten VIII, 66 vgl. VIII. p. 62, 30, 38, 50ª u. p. 65, 19.

Juni 6. in Köln. R. T. A. VIII, 67, Z. 42ᵇ u. 77ⁿᵗ¹ Palacky, Gesch. v. Böhmen III, 2, 244 not. 205.

» Juni 21. in Lüttich, von wo er am 1. Aug. nach Böhmen abgeht (Chron. Belg. magn. vgl. Ann. eccl.)

» Okt. 26. Rom. »Monsignore di Piagenza fia oggi qui.« Brief des Bart. de' Bardi an die in Gaeta befindlichen Gesandten von Florenz Mich. de Castellani und Rin. degli Albizi. (Commissioni di Rinaldo degli Albizi, ed. Guasti, I. 328.)

» Dec. 12. A di 12 di dicembre desinamo col cardinale di Piagenza; e poi per parlare della materia, cavalcamo con lui e col cardinale di Pisa [1]) alla caccia: e tutto conferito insieme, ci disseno che noi andassimo l'altra mattina al Papa, che vi sarebbe quel di Piagenza per acconcio del fatto: accio che noi avessimo buona risposta, e sanza indugia (Rinaldo degli Albizi, Commissioni, I. p. 365.)

» Dec. 12. datiert ein päpstliches Schreiben worin Branda aufgetragen wird: »ut Bohemos Moravosque catholicos crucis symbolo insigniret«.

1422.

1422 Januar 7. Bulle Martins V, welche einem Wunsche Brandas gemäss die Vereinigung mehrerer Kirchenpfarreien und Kaplanstellen in Castiglione d'Olona zu einem Archipresbyterat verfugt. Gedruckt in: De Origine Rebus Gestis ac Privilegiis Gentis Castillioneae . . Matthaei Castillionei I. C. Commentaria. Mediolani Ex Officina Typographica quon. Pacifici Pontij. 1595. S. 65.

» April 25. ist Branda am Rhein. R. T. A. VIII. p. 129, No. 118.

» Mai in der Nähe von Regensburg.

» Mai 22. in Nürnberg »zum andern male« R. T. A. VIII, p. 232, 16, ibid 226, 35, vor 10. Juni; Juli 8.—Aug. 5. ibid. 228, 7.

» Sept. 4. Erzbischof Konrad von Mainz berichtet an Herzog Adolf von Berg, dass Card. Branda auf Geheifs des Papstes dem König Sigismund zu St. Sebald in Nürnberg eine geweihte Fahne übergeben habe. ibid. 153 No. 141, 154 al. 5.

---

[1]) Alamanno Adimari, Presb. Card. S. Eusebii, † 17. Sept. 1422.

1422 Okt. 5. Regensburg. Deutscher Brief Brandas an Markgraf Friedrich von Brandenburg. ibid. 186, No. 163. vgl. 245, No. 199.

» Herbst. Dann in Böhmen? ibid No. 291, art. 3.

1423.

1423 Mai 15. Erlass Brandas von Mainz an den Bischof Johann II. von Regensburg. R. T. A. VIII. 291. No. 243.

» Weihnachten soll er nach Brünn kommen.

1424.

1424 Jan. 17. Kurfürstentag zu Bingen in Anwesenheit des Kardinals Branda. Dann Gesandter in Polen, vgl. Caro, Ausg. v. Cioleks liber cancellarius 456. Palacky, Urk. Beitr. I. 309 313.

» März 6. Vertreter des Papstes bei der Krönung der Sophia, Gemalin Jagellos von Polen, in Krakau. (Aschbach, Sigmund III. 184. Engel, Gesch. Ungarns II. 309.)

» April, in der Charwoche ist er bei König Sigmund in Stulweissenburg (Aschb. III. 185. Engel II. 310.)

1425.

1425 Januar. Briefe Martins V. an Wladislaus von Polen und an den Herzog von Litthauen (non. Jan. pontif. anno VIII. Annal. Eccl. Tom. IX. (XXVIII.) nach denen Branda noch in Deutschland ist.

» März 25. in Castiglione d'Olona bei der Einweihung der Kollegiatkirche zugegen.

» Mai 5. Brief von ihm, in einer Rede des Rinaldo degli Albizi zu Florenz erwähnt, wonach er beim Herzog in Mailand anwesend scheint. (Commissioni di Rin. degli Albizi. II. p. 325. Vgl. die Festrede, die Paolo Biumi beim Besuch des Collegio de' Dottori in Mailand an Branda gerichtet, Mscr. d. Ambrosiana. Fr. Peluso, La chiesa di Castiglione p. 15.)

» Juli 24. Die florentinischen Gesandten in Rom besuchen den Kardinal Branda »quel di Piacenzia el quale molto ci strigneva al ragionamento della pace.« (Albizi.)

» Juli 24. Geheimes Konsistorium zum Empfang der florentinischen Gesandten: »Furonvi XI. Cardinales, omnes excepto Aquilegensi.« (R. degli Albizi. Comm. II, 534.) Nach Michele Siminetti, Mescolanze Mscr. Dresd. Ob. 44. Bl. 20 *): »nel qual consistoro furono l'infra scritti cardinali cioè

Cardinale delli orsini [1])
» di conti [2])
» di viuiers uece cancellierj [3])
» di lodi [4])
» di vinegia [5])
» di siena [6])

*) Vgl. über diese Hdschr. in Dresden Gustav Buchholz, Zschr. f. vergl. Litt. Gesch. u. Renaissance Litt. N. F. II.

[1]) Giordano Orsini, Ep. Card. Albanensis.

[2]) Lucido de' Conti, Diac. Card. di S. M. in Cosmedin.

[3]) Giovanni Armet, de Broniac (Brogners près Anecy) † 1426.

[4]) Fr. Angelus de Anna, Episc. Laudensis, Episc. Card. Praenest. † 1428.

[5]) Francesco Lando, Patriarch v. Constantinopel. † 1427.

[6]) Gabr. Condulmer, Presb. Card. S. Clementis nachmals Eugen IV.

Cardinali di tricarico [1])
» di piagenza [2])
» di san marco [3])
» de' brancacci [4])
» di santo eustachi [5])

1425 Sept. 6. in Rom anwesend. (Rin. degli Albizi. II. 387.)
» Okt. 21. (ibid.)

1426.

1426 Mai 24. seine Unterschrift auf einer Urkunde Martins V.: dat. Romae 9 Kal. 1426.
Ebenso: Kal. Julii »quia ex . . dilecti filii Brandae relationibus constitit et constat . . .«
Im Februar 1426 war Kardinal Jordano Orsini als Nachfolger Brandas zum Legaten designirt, er kehrte im November desselben Jahres aus Deutschland heim. (Commiss. di Rinaldo degli Albizi) und sein Nachfolger wird Henricus Beaufort, Episc. Wintoniensis, tit. S. Eusebii presb. Card. 14. März 1427. (Annales Eccl. XXVIII. (IX.)

1429.

1429 März (14 Kal. Aprilis) Bulle Martins V. über die Gründung eines Kollegs in Pavia durch Branda Castiglione.
» Sommer ist Branda zur Herstellung seiner Gesundheit in Montecassino vgl. Ambros. (Traversari) Camald. Lat. Epist. a P. Canneto editae. Florent. 1759. Praefatio IL u. XLVIII.

1431.

1431 März 2. Konklave. Wahl Eugens IV. in Rom.
» März 15. erhält Branda das erledigte Bistum von Porto?
» Juni. Abreise des apostol. Legaten Giuliano Cesarini aus Rom nach Basel (Ankunft 19. Juli).
» Nov. 12. Päpstl. Urkunde ohne Unterschrift Brandas: Romae pridie Id. Nov.

1432.

1432 Sept. 6. sicher in Basel auf dem Koncil »cardinalis Placentinus«.

1434.

1434 März 25. (VIII. Kal. Aprilis) Päpstliche Urkunde noch ohne Unterschrift Brandas.

1435.

1435 Febr. 17. (13 Kal. Martii) Florenz. Päpstl. Urkunde: »Branda . . . Episc. Portuensis« (seit März 1431 Inhaber dieses Titels?)

---

[1]) Tommaso Brancacci, Episc. Tricariensis Presb. Card. S. Joh. et Paul. † 1428.

[2]) Branda Castiglione, Episc. Placentinus, Presb. Card. S. Clementis.

[3]) Guill. Fillastre, Presb. Card. S. Marci. † 1428.

[4]) Raynaldo Brancacci, Diac. Card. S. Viti e Mod. † 1427.

[5]) Jac. Isolani, Diac. Card. di S. Eustachio. † 1431, oder Alfonso Carillo, der diesen Titel durch Benedikt XII. führte, und bis 15. August 1423 Legat in Bologna gewesen war. (R. d. Albizi Commissioni, I. 414).

Darnach fehlten aber ausser Antonio Pancerini, dem Patriarchen v. Aquileja noch andere Kardinäle, z. B. Antonio Corario, der am 9. Nov. 1425 aus seiner Legation in Perugia zurückkehrt. (Commissioni di R. d. Albizi. II.); ferner Pierre de Foix, Presb. Card. S. Steph. in Coelio, der seit Januar 1425 als Legat zur Unterdrückung des Schisma in Spanien war, woher er erst im Januar 1428 zurückkehrt.

1435 Okt. 11. Convenzioni fra l'Arciprete, li due Cappellani Maggiori e lo scolastico della Collegiata di Castiglione »Die Martis XI Mensis Octobris ... in presentia Revmi D. D. Brande de Castilliono Episcopi Portuensis Cardinalis Dignissimi ...« Rogato Gio. Batt. Castiglione, Test. Alexius Dei Gratia Episcopus Placentinus.

1436.

1436 Juni 6. erneuert Filippo Maria Visconti die Erlaubnis zur Bebauung des Schloßhügels in Castiglione.

» Brief an Branda v. Bernabo Carcanens. Mscr. in fol. H. num 48. der Ambrosiana.

1437.

1437 Okt. 30. (III. Kal. Novembris) Errichtung zweier Kaplanstellen in Castiglione an der Taufkapelle und der Kirche Corpus Christi. Päpstl. Urkunde aus Bologna.

» Dec. 4. Statuten des Coll. Castilion. an der Universität Pavia, dat. Bononiae apud S. Jacob.

1439.

1439 Juli 6. Unionsurkunde d. Florentiner Koncils »pridie non. Jul.«

» Sept. 26. (VI. Kal. Octob.) Florenz. Erectio Scholae Castilioni »pro parte venerabilis fratris nostri Brandae Episcopi Portuensis ...«

1440.

1440 (Aug. 6.—Oct. 8.) »Episcopus Sabinensis« Siegel Brandas in Florenz, S. Maria Madd. del Cestello bei Mansi, Dom. M. Osservazioni istoriche sopra i sigilli antichi de' secoli bassi. Tomo IX. Firenze 1742 p. 81.[1]) Vgl. Poggiali. Memorie storiche di Piacenza. VII (1759) p. 224.

1442.

1442 Oct. 30. Ankunft und Empfang in Mailand.[2])

» Dec. 8. De praefecto Fabricae .. Castil. »coram D. D. Branda miseratione Divina Episcopo Sabinensi ... Testes: Angelus, Episcop. Arrianensis; Petrus de Mera decret. Doct. Praepos. Embriacen ...«

1443.

1443 Jan. 20. Cyriacus v. Ancona besucht den Kardinal in Castiglione d'Olona (Kiriaki Anconitani Itinerarium. Nova fragm. cura Pomp. Compagnini. Pisauri 1764.)

» Febr. 3. Tod Brandas.

Grabschrift: »L'Epitaffio composto da Leonardo Griffio, nobile spirito di quei tempi« bei Besta Negrini, Elogio 41, dessen Edition schon von Cesare Campana vorbereitet war. Vgl. Argelati, Bibliotheca Scriptorum Mediolanensium. I. (1725) No. CCCCXC. col. 349—352 (Leonardus Gryphus, Bischof v. Gubbio 1478, Erzbischof von Benevent 1482, gest. 1485).

[1]) Dort wird erwähnt: »Lilio Gregorio Giraldi sagt, im Dialogo IV. de' Poeti, er habe ein Manuscript mit der Aufschrift: Andreae Dominici Flocci Florentini ad Brandam Cardinalem Placentinum de Romanis Magistratibus Liber.«

[2]) Vgl. Collatio pro adventu ... Brandae .. auct. Matt. de Zerchis. Msc. Ambrosian. B. n. 116.

Lieferung I

Verzeichnis der Tafeln.

I.

Castiglione d'Olona. Collegiata, Chordecke.

1) Krönung Marias.
2) Verkündigung.
3) Sposalizio.
4) Geburt Christi.
5) Anbetung der Könige.

II.

Baptisterium.

6) Verkündigungsengel.
7) Johannes der Evangelist.
8) Prophet Jesajas.
9) Zacharias im Tempel.
10) Namengebung.
11) Predigt Johannis.
12) Ecce Agnus.
13) Zuschauer in der Fensterschräge.
14) Taufe Christi.
15) Gottvater in Engelglorie.
16) Johannes mahnt Herodes.
17) Einkerkerung des Johannes.
18) Johannes im Kerker.
19) Enthauptung.
20) Gastmal des Herodes.
21) }
22) } Details daraus.
23) }

III.

Wandgemälde im Chor der Collegiata.

24) Legende des heiligen Stephanus.
25) Martyrium des heiligen Stephanus.
26) Geschichten des S. Laurentius.
27) Bestattung der beiden.

IV.

Masaccio.

28) Zeichnung nach einem Dioskuren vom Quirinal in Rom. (Phot. Braun nach Original im British Museum zu London).

Schmarsow

MASACCIO-STUDIEN

ZWEITES BUCH

MASACCIO

STUDIEN

VON

AUGUST SCHMARSOW

II

MASACCIOS MEISTERWERKE

(MIT 18 LICHTDRUCKEN)

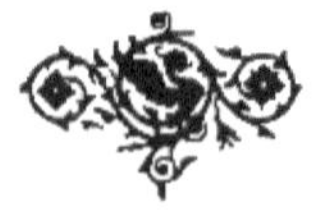

1896

TH. G. FISHER & CO.

KASSEL

MASACCIOS

MEISTERWERKE

STUDIEN

VON

AUGUST SCHMARSOW

Inhalt

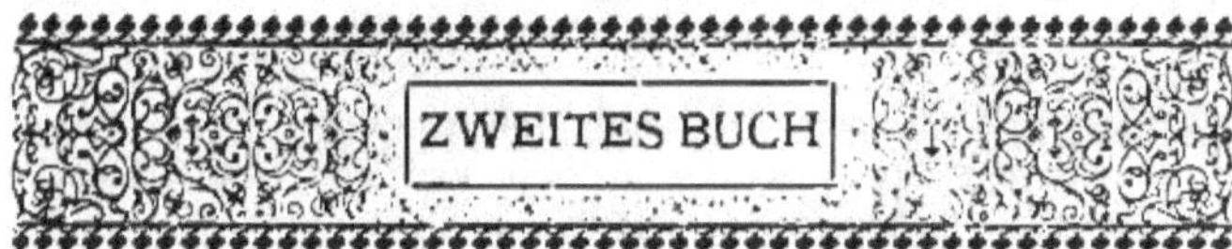

MASACCIO'S MEISTERWERKE

Masaccio hat mitten in Florenz sein Lebenswerk entfaltet, und die nachfolgende Generation steht den Grofstaten seiner kurzen Laufbahn wie Offenbarungen einer Wunderkraft gegenüber. »Uomo maraviglioso — figura maravigliosa — ma lui maraviglioso — storia maravigliosa d'artificio a ogni intendente«, stammelt Antonio Manetti zwischen der schlichten Aufzählung seiner Leistungen, — ein Architekt und Mathematiker, der gewiss zu den Sachverständigen gehörte.[1]) Und welch höhere Anerkennung konnte es geben, als was zeitgenössische Handschriften dieser kurzen Nachricht hinzugefügt: »Filippo di ser Brunellesco, der grosse Architekt, hat ihn sehr geliebt, weil er seinen durchdringenden Geist erkannte, und hat ihn viele Dinge der Kunst gelehrt. Bei der Nachricht von seinem Tode zeigte er, wie tief sie ihn ergriff, und wiederholte unter seinen Leuten: wir haben einen grossen Verlust erlitten.»[2])

Schon im Jahre 1480 ist das Urteil des gebildeten Florenz, mit seinen scharfsinnigen und geschmackvollen Freunden der Kunst, vollständig abgeklärt. Mit bewusster Sicherheit über den Wert des Erreichten, der gewiss in mancherlei Gesprächen erörtert war, drängt Cristoforo Landini im ersten Florentiner Druck der göttlichen Komödie Dantes den Wahrspruch der Zeitgenossen in ein paar Sätze zusammen, die nur zu oft wiederholt sind: »Masaccio war ein

---

[1]) Operette istoriche edite et inedite di Antonio Manetti, racc. da Gaetano Milanesi Firenze 1887.

[2]) Vgl. il Libro di Antonio Billi (Cod. Strozzian.), Cod. Magliabecchian. cl. XVII, 17 und Cod. Petrei bei C. v. Fabriczy, Filippo Brunelleschi, Stuttgart 1892 S. 489.

vortrefflicher Nachahmer der Natur, voll plastischer Durchbildung, ein Meister der Komposition, universell, und rein ohne Zierwerk; denn er ergab sich ganz der Nachahmung des Wahren und der plastischen Erscheinung der Gestalten. Er beherrschte die Perspektive so gut wie irgend ein anderer jener Zeit und besafs eine grosse Leichtigkeit des Schaffens, da er doch noch sehr jung war, indem er mit sechsundzwanzig Jahren starb«.[1])

Schon damals aber scheint der Inbegriff seiner Kunst an eine einzige Stelle der Arnostadt geknüpft. Die kurze Nachricht des Antonio Manetti beschränkt sich wenigstens auf Kirche und Kloster del Carmine, obwol dem Verfasser die sonstige Ausdehnung des Wirkungskreises auf andere Stellen in Florenz, auf Pisa, Rom und anderweit nicht unbekannt war. Ihn leitet das sichere Gefühl, hier im Carmine sei doch die Hauptsache zu suchen.

Und hier wieder bildet die Cappella Brancacci den Mittelpunkt, die noch Giorgio Vasari als unerschöpfliche Quelle der Belehrung gepriesen hat. Man muss sich klar halten, was es für einen Künstler mitten im sechzehnten Jahrhundert bedeutet, wenn er das Bekenntnis ablegt, hier seien »i precetti e le regole del far bene« zu suchen, hier habe Rafael den Ursprung seines schönen Stiles gewonnen, hier Lionardo da Vinci nicht minder, ja selbst »der göttlichste Michelagnolo Buonarroti«, und die berühmtesten Bildner und Maler seither, sie hätten es durch Studien in dieser Kapelle so herrlich weit gebracht. Klingt es doch wie die Vorausnahme eines Lehrsatzes aus akademischen Zeiten, wenn er Masaccio das höchste Lob zuerkennt, »massimamente per aver egli dato ordine nel suo magisterio alla bella maniera dei tempi nostri«.

Wie das Ansehen eines Heiligtums, das die Hand der Vorsehung vor drohendem Untergang bewahrte, gar bald die Ansprüche aller anderen zurückdrängt, so mochte sich diese alte Wallfahrtsstätte der Künstler aufs Neue herausheben, seitdem beim grossen Brand der Kirche von 1771 nur dieser Teil des ganzen Gotteshauses verschont geblieben war. Die Hand der Menschen hatte ohnehin dafür gesorgt, die Zahl der Werke Masaccios zu verringern, selbst in Kirche und Kloster del Carmine sich nicht gescheut, ein Beispiel seiner Meisterschaft nach dem andern preiszugeben.

Im Besitz des Besten blieb man unbekümmert um die Frage wie dieses Wunder erwachsen sei, und erst der historische Sinn der letzten Generation fordert vorwurfsvoll Rechenschaft über solche

[1]) Der Commentar des Landini ist von 1480, der Druck am 30. August 1481 vollendet. Die Worte sind in allen obigen drei Handschriften vor dem Verzeichnis der Werke Masaccio's wiedergegeben.

Einbusse, weil ihm jede Vorstufe, jeder Zwischenakt im Verfolg des Höchsten willkommen wäre, und weil er meint, gerade diese veruntreuten Stücke müssten, in solcher Nachbarschaft zumal, sein Bedürfnis nach genetischer Erklärung befriedigt haben.

Noch immer vermag die Cappella Brancacci an S. M. del Carmine zu Florenz in ihrer Reihe von Wandgemälden so reichen Einblick in das Schaffen des Malers zu gewähren, dass daneben alles Uebrige nur noch Ergänzung oder Erläuterung scheint. Deshalb suchen auch wir heute, ihn an dieser Stelle zunächst zu fassen.

Und dieser sichere Ausgangspunkt verdient um so mehr den Vorzug auch des zielbewussten Forschers, je weniger die spärlichen Daten aus Aktenmaterial für die Kunst selber zu ergeben im Stande sind. Was haben wir denn für das Verständnis des Genius gewonnen, wenn wir wissen, dass Masaccio nach Aussage seines eigenen Bruders am Thomastage, d. h. am 21. Dezember des Jahres 1401 geboren ward, und zwar als Sohn eines Notars in dem kleinen Ort Castello San Giovanni im oberen Arnotal.[1]) Dem Künstler kommen wir näher mit der Angabe, er stehe schon am 7. Januar 1421 in der Matrikel der Aerzte und Spezeristen verzeichnet[2]), — so dass er schon mit zwanzig Jahren sich selbständig gemacht, während im alten Libro dell' Arte di S. Luca sein Name »Maso di ser Giovanni da sangiovanni« mit der Jahreszahl MCCCCXXIV versehen ist. Neuerdings ist als Errungenschaft eifriger Archivstudien die Tatsache hinzugekommen, dass ihm 1426 ein Altarwerk in Pisa zwischen dem 24. Juli und dem 8. Dezember in mehreren Raten bezahlt ward.[3]) Aber die Tafel, die so beglaubigt und datiert wird, ist in Pisa nicht mehr vorhanden, und fast befriedigt mehr der Nebenumstand, dass Donatello ihm dabei als Zeuge zur Seite steht. In kümmerliche Verhältnisse lässt uns seine eigene Angabe zur Einschätzung des Jahres 1427 hinein blicken,[4]) wenn wir nur etwas zwischen den Zeilen lesen. Danach wohnt er mit seiner zum zweiten Mal verwitweten Mutter und seinem zwanzigjährigen Bruder Giovanni zu Florenz in einem gemieteten Quartiere und arbeitet in einer geteilten Werkstatt, die der Badia gehört. Sie haben mehr Schulden als Einkommen, so dass

[1]) »A di 15 di settembre 1472, schreibt Antonio Manetti am Rande seiner Schrift »Huomini singulari in Firenze dal MCCCC innanzi«, mi disse lo Scheggia suo fratello, che nacque nel 1401 el di di Santo Tomaso apostolo, ch' è a di 21 di dicembre.«

[2]) Baldinucci, Notizie dei professori (Ausgabe Firenze 1845, Bd. I, 472) —; derselbe giebt aber das Jahr des Eintritts in die Malergilde S. Luca auf 1423 an, was Milanesi verbessert, ohne die Matrikel der Medici e Speziali zu citieren.

[3]) L. Tanfani Centofanti, Donatello in Pisa. 1887.

[4]) Gaye, Carteggio I, 115 f.

1*

er sogar dem Gehilfen Andrea di Giusto noch seinen Lohn nicht entrichtet hat. Und als Tommaso im folgenden Jahr zu Rom ums Leben gekommen ist, man weiss nicht wie, da weigert sich sein Bruder, die Erbschaft anzutreten, weil er nichts aufbringen kann.[1])

So wichtig solche Anhaltspunkte werden können, sobald man sie richtig verwertet, die volle Bedeutung dieser Namen und Jahreszahlen vermag doch erst einzuleuchten, wenn die Betrachtung der Werke selbst gezeigt hat, wo die Probleme liegen, und begreifen lehrt, welche Tragweite den Fragen nach dem Wie und Wann gebühre.

— I —

DIE HAUPTSTÜCKE DER OBEREN REIHE IN CAPPELLA BRANCACCI

Die Geschichte vom Zollgroschen

Während der letzten Jahre seines Aufenthaltes zu Florenz, der durch Zahlungen in Pisa für 1426 und durch die Einschätzung für 1427 belegt ist, denken wir Masaccio sonst in voller Tätigkeit bei den Freskomalereien der Cappella Brancacci, die er dann unvollendet zurückgelassen, als er nach Rom gieng, so dass sie nach seinem unerwarteten Ende erst lange Jahre später durch Filippino Lippi vollendet wurden.

---

[1]) Dieser Giovanni, genannt lo Scheggia, vegetiert als Maler bis 1486. Der Name ihres Vaters lautet in den Urkunden »ser Giovanni di Mone Guidi«. Im Codex Magliabecch. XVII, 17 findet sich schon der Irrtum »Tommaso Masaccj«, (der bei Francesco Albertini (1510) wiederkehrt), aber wenigstens mit dem Zusatz »detto per cognome Masaccio«. Diesem Spitznamen, der ungefähr unserm Deutschen »der wüste Tom« entspräche, sucht Vasari den Beigeschmack des Spottes oder Tadels zu nehmen, der ein ungünstiges Vorurteil erwecken könnte. Nur sein völliges Aufgehen in der Kunst habe dem Maler für die alltäglichen Dinge des Lebens keine Zeit und Laune übrig gelassen, so dass er auch in Geldangelegenheiten sorglos gewesen, wie mit seiner Kleidung. Die Versicherung, Masaccio sei besonders liebenswürdig und hilfbereit, die natürliche Güte selbst gewesen, ist also hier zu sehr Rückschlag jenes Beinamens, um als glaubhafte Charakteristik gelten zu dürfen. Die einfachste Veranlassung, dass man den grossen Thomas durch die Bezeichnung Masaccio nur vom kleinen Thomas, nämlich »Tommaso di Christofano di Fino« oder Masolino da Panicale unterschieden habe, weil beide in Florenz nebeneinander gelebt und verkehrt, wird nirgends erwähnt, — vielleicht weil sie selbstverständlich schien, bis Vasari darüber moralisierte.

Da erscheint noch heute, wie schon Vasari sich ausdrückt, die Geschichte vom Zollgroschen als wichtigste Leistung vor den übrigen, die Masaccio hier gemalt. »Da sie nun gen Kapernaum kamen«, erzählt das Mathäus-Evangelium im XVII. Kapitel, »giengen zu Petrus, die den Zinsgroschen einnahmen und sprachen: Pflegt euer Meister nicht den Zinsgroschen zu geben? Er sprach: Ja. Und als er heim kam, kam ihm Jesus zuvor und sprach: Was dünket Dich, Simon? — von wem nehmen die Könige auf Erden Zoll oder Zinse? von ihren Kindern oder von den Fremden? — Da sprach zu ihm Petrus: Von den Fremden. Jesus sprach zu ihm: So sind die Kinder frei! Auf dass aber wir sie nicht ärgern, so gehe hin an das Meer und wirf die Angel, und den ersten Fisch, der herauffährt, den nimm, und wenn du seinen Mund auftust, wirst du einen Stater finden: denselben nimm und gieb ihn für mich und dich.« Diese Erzählung wird in dem grossen Breitbilde behandelt, das den ganzen oberen Streifen der einen Seitenwand, zur Linken des Besuchers einnimmt. Sie ist hier in drei Momente zerlegt: oder vielmehr dem letzten Moment der biblischen Erzählung selbst, dem Befehl Christi an Petrus, sind die beiden folgenden der Ausführung hinzugefügt, nämlich die Auffindung der Münze im Fische und die Entrichtung des Zolles an den Einnehmer. So weit konnte die Vorschrift oder Hülfe eines geistlichen Beirats gehen, den wir im Kloster der Karmeliter voraussetzen müssen. Die Anordnung der Scenen, ihr Verhältnis zu einander, und was die Darstellung sonst bietet, ist ganz des Künstlers Eigentum. Zur Verdeutlichung des Hauptmomentes ist schon die Forderung des Beamten unmittelbar hereingezogen, sodass diese Mittelscene den Befehl zugleich mit seiner Veranlassung zeigt. Das Ganze wird vor den Mauern der Stadt Kapernaum gedacht, als handle es sich um Entrichtung des Torschillings.

Auf breiter Strasse, die sich von links her zwischen Hügelketten und dem Gestade des Sees hinzieht, hat sich die Schaar der Jünger, mit ihrem Meister in der Mitte, der Stadt Kapernaum genähert, deren Tor mit dem Wächterhäuschen zur Rechten liegt. Soeben ist der Beamte auf die Ankommenden zugetreten und fordert die Abgabe vor dem Eintritt in die Stadt. Vom Rücken gesehen, steht er in kurzem Kittel fest auf dem linken Bein, während das rechte, nur mit den Zehen den Boden berührend, in schräger Haltung sich seitwärts streckt; die linke Hand hält er geöffnet hin, die Münze zu empfangen, während die rechte zur Erklärung des Ansinnens rückwärts auf das Tor weist, wo von jedem Fremdling ein Eingangszoll erhoben wird. Diese doppelte Bewegung in der bäurischen breitschultrigen, scheinbar sogar etwas buckligen Gestalt, deren Antlitz wir nur in verlorenem Profil zu sehen bekommen, weil es sonst die Wirkung der sprechenden Gebärde beeinträchtigt hätte, ist ein Meisterstück anschaulicher Exposition. Es ist kein Bettler, der Almosen heischt, sondern ein Mann, der auf seinem Rechte steht, ganz objektiv behandelt, nur in Ausübung seiner anerkannten Funktion, — die an sich gleichgiltige Veranlassung zu dem wundervollen Auftritt, der sich nun zwischen Christus und den Seinen abspielt. Ergrimmt über die Forderung an die Kinder der Armut steht Petrus dem Torwärter gegenüber, alle Muskeln seines Gesichts ziehen sich zusammen, während die vorgeschobene Kinnlade den zornigen Blick fast verächtlich herausfordernd begleitet, und die linke Hand, leise vorgestreckt sich hebend, dem lästigen Anlauf allein gegenüber, eine Zurückweisung bedeuten wollte. Aber des Meisters Wink verwandelt den Sinn der Antwort im Vollzuge. Christus selbst tritt in diesem Augenblick zwischen beide Gegensätze und befiehlt dem alten erreglichen Genossen, an den See zurückzugehen und dem ersten Fisch, der an seine Angel beisst, das Geldstück zu entnehmen, dessen sie bedürfen. Unwillkürlich streckt sich die Rechte des gehorsamen Jüngers in derselben Richtung aus, wohin die Weisung geht, und die abwehrende Haltung der anderen Hand wird nun zu einem »Warte, bis ich dich befriedigen kann«. Auch hier wieder ein kritischer Übergang im Ausdruck zweier verschiedener Momente der Handlung. Nur Christus steht ruhig und klar, mit sich selber eins, vornehm im Wesen und harmonisch im Wirken da. Sein Wille löst den Widerspruch, bevor noch die Verlegenheit ein Ärgernis gegeben, und nur in der horchenden Jüngerschaar spiegelt sich Spannung und Staunen ob des seltsamen Befehles wieder.

Von Petrus auf der einen zum Wächter auf der anderen Seite der Hauptperson umgiebt den Meister ein weiter Bogen, der sich beim Wortwechsel sofort gebildet hatte, während hinter Petrus eine enggedrängte Reihe aufschliesst, wie sie des Wegs dahergewandelt kam und nun zurückstaut. So malt sich der unerwartete Zwischenfall noch im friedlichen Zuge Wie das flüssige Element vor dem hineingeschleuderten Stein im Kreis auseinanderweicht und wiederkehrt, so hier nachgiebig oder ratlos die Frommen. Nur Einer macht Miene zum Widerhalt, und Einer gewährt Rückhalt, wenn es nötig wird: das Brüderpaar Petrus und Andreas. Und so hebt sich doppelt das Auftreten des Führers, dessen geistige Ueberlegenheit den Anprall aufhebt und die Welle glättet. Neben Petrus, der zum Stein des Anstosses zu werden drohte, steht der milde Johannes, ganz Hingebung und Vertrauen zum Herrn, und am anderen Ende des Bogens der zweifelnde, ungläubige Thomas, der mit äusserster Skepsis dem Ablauf folgt, während die letzten drüben, mit dem langbärtigen Andreas wie einem Eckpfeiler an der Spitze, sich zur Mauer zusammenschlössen, wenn er das Beispiel gäbe. Drei Charakterköpfe verschiedenen Alters sind gleich gerichtet dem Mittelpunkt zugekehrt, während ein vierter, nach ihnen hingewendet, zu Petrus, ihrem Vordermann, überführt, der nun erst recht als Säule hervortritt. Ihm reiht, in gleichem Werte, sich Johannes an, während der nächste Kopf zwischen ihm und Christus, wie der folgende, zwischen Christus und dem Torwärter, nur wie Trabanten des Meisters in angemessener Entfernung verharren, doch als Folie der Hauptperson zugleich durch energischen Blick nach dieser wie nach jener Seite vermitteln. Ueber der Schulter des Beamten sichtbar, blickt noch ein jugendlicher Kopf nach rechts hin zu der Schlussreihe von abermals drei Gestalten, die denen links entsprechend, nach Innen gerichtet gegenüber stehen. So führt von der mächtigen Gewandfigur, die wir als Thomas anerkannt, die doppelte Bewegung des Zolleinnehmers in seinem Kittel zu Christus nach der Mitte des ganzen Gestaltenringes zurück.

Eines Weges Breite trennt diese in gleicher Kopfhöhe durchgeführte Hauptgruppe des Bildes von dem gemalten Pilaster, der den Wandstreifen links begränzt. Hier sieht man vor einer Reihe junger, noch spärlich belaubter Bäume, die unsre Wanderer im Rücken gelassen, den Rand des Wassers, wo das Wunder mit dem Fisch geschildert wird, soweit es tunlich war. Halb sitzend, halb auf ein Knie gestützt, beugt sich der alte Petrus am Ufer des Sees vornüber, um mit beiden Händen das Maul des Fisches zu öffnen, der ihm die Münze bringt. Die abgeworfenen Oberkleider liegen neben ihm am Boden, sodass die angestrengte Haltung seines Körpers in ihrem zweckmäfsigen Zusammenhang auch in stark gekrümmter Ansicht noch klar heraustritt. Sie macht in ihrer Bestimmtheit und Energie dem Meister umsomehr Ehre, als er sich durch die Schwierigkeit der Leistung nicht hat verleiten lassen, sie aufdringlich in den Vordergrund zu rücken. Er schiebt das Bravourstück vielmehr entschlossen auf den ferneren Plan, im richtigen Gefühl, dass allzugrosse Deutlichkeit des Geschehens dem Wunder schade, und ordnet es so als Nebensache nur dem Ganzen unter, dem gerade diese Erweiterung des Raumes zugleich eine Strecke Weges, den die fromme Schaar zurückgelegt, absehbar einverleibt, und ausserdem, im Gegensatz zur anderen Seite, eine Wirkung sichert, die dem innersten Geheimnis seines Genius angehört.

Während hier das Auge des Beschauers den Abstand der Körper ermisst, ohne sich allzusehr gefesselt abseits zu verlieren, dringt die Scene rechts am Tore nah und deutlich auf volle Beachtung. An der Schwelle des Eingangs zur Stadt, wo ein paar Stufen schräg hinanführen, steht wieder der derbe Gesell mit seinem Stecken unterm Arm, beinahe wie ein Wegelagerer. Zum Bettler fast, dem man Almosen reicht, drückt ihn die vornehme Haltung des Petrus herab. Hoch aufgerichtet ist der Apostel zu ihm herangetreten und legt das Geldstück in die offene Hand. Fast ganz vom Rücken gesehen, den Kopf im Profil herumwendend, würdigt er den Einnehmer kaum eines Blickes. Meisterhaft ist die Gegenüberstellung des römischen Togaträgers, mit dem weissgelockten Jupiterkopf auf breitem Nacken, und des linkischen Rüpels, der mit seinen stämmig gewachsenen Gliedern nicht recht zu bleiben weiss und nur zum Knecht geboren ward. Die groben Züge des Einen, durch ein fehlerhaft tief sitzendes Ohr und eine Hängelippe entstellt, bleiben im Schatten, während den Kopf des Apostelfürsten das volle Tageslicht erhellt. Schon diese stärksten Kontraste der seitlichen Beleuchtung erschweren es, ausser sichtlicher Beschädigung des Kopfes, beim Wächter die echt italienische Schilderung Vasaris im Einzelnen zu kontrollieren. Er sah oder fühlte: »die Gier des Empfängers, der mit grösster Freude das Geld in seiner Hand betrachtet, wie den Affekt des Andern, der zahlen muss.«

Zwischen beiden Figuren steht vorn am Rande der niedrige Gränzpfahl, das wolbekannte Wahrzeichen der drohenden Barriere, noch heute das Ärgernis des Landbewohners, der die Cinta daziaria passieren muss, wenn er in die Stadt will. Und gerade von hier aus beginnt die perspektivische Konstruktion der Seitenkoulisse mit dem Wächterhaus und seiner Laube, deren Arkade so wirksam die Gestalt des Petrus umrahmt. Ihr quadratischer Unterbau, von einfachen Pfeilern getragen, legt sich — nach drei Seiten offen — mit der vierten vor das längliche Rechteck der Wohnung. Ein schmales Pultdach mit roten Ziegeln läuft über den Bogenöffnungen herum und schützt auch die Türen des Hauses zur Seite hüben und drüben. Eine durchgehende Reihe von Fenstern mit halbgeöffneten Holzläden gewährt eine Vorstellung des luftigen Obergeschosses, dessen Abschluss sich schon dem Anblick entzieht, während an der Schmalseite des Gebäudes vorn ein kleines Gitterfenster die glatte Mauer durchbricht, um dem schmalen Hausflur über der Türhöhe Licht zu geben oder von innen die Beobachtung des Stadttores zu erleichtern. Die Fluchtlinien an der Frontseite dieses Bauwerks laufen nach dem Mittelpunkt der perspektivischen Konstruktion, der unmittelbar über dem Scheitel der Hauptperson gelegen ist, also an drei Fünftel des Höhenlotes über der Grundlinie. Geht man in den Abmessungen der Bildfläche von dem Centralpunkte über dem Kopfe des Christus aus, so ergiebt sich, dass rechts ein neutraler Streifen ausserhalb übriggelassen ist, der an Breite ungefähr der Wunderscene mit dem Fisch zur Linken entspricht. So kommt es, dass diese Architektur, so korrekt sie an sich gezeichnet ist, zu den dargestellten Figuren noch nicht in richtigem Verhältnis steht. In ihren Teilen etwas zu klein, und zu schwächlich für die wuchtigen Gestalten, erinnert sie noch deutlich genug an die Gewohnheiten des Trecento und an die allzu schlanken Bauwerke selbst auf Ghibertis Porta del Paradiso.

Unverkennbar bezeichnet die Figurenkomposition wieder für sich einen zweiten Anlauf, und zwar einen unverkennbaren Fortschritt in der Erkenntnis des monumentalen Stiles, in dem die Handlung der Menschen immer die Hauptsache bleiben will. Sie ist fast ausschliesslich schon auf die plastische Selbständigkeit und volle Wirkung der Gestalten berechnet. Sie beschränkt sich deshalb auf einen ziemlich schmalen Vordergrund, und zwar ganz ähnlich wie die Reliefkompositionen Donatellos. Die Bergzüge dahinter geben einen Untergrund von willkommener Neutralität und die Baumkronen vor diesen einen Mafsſtab, wie weit diese innere Reliefſläche zu wirken hat. Die Scenerie giebt nicht mehr und nicht weniger als zum Verständnis des Vorganges erforderlich wird, und bildet auch als solche nur die äussere Umgebung. Nur in unmittelbarer Nähe, an der Aussenseite der Stadt zur Rechten genauer ausgeführt, beginnt hinter dieser Koulisse, die Kapernaum bedeutet, sogleich die Hügelreihe, die das Seetal umkränzt, und die Strasse begleitend in die Ferne flieht, aber von einem Seitental durchbrochen einer höheren Gebirgskette Raum gewährt herüber zu schauen und den Schauplatz beruhigend abzuschliessen. Ohne durch besonderen Charakter, schroffe Felsformen, zerklüftete Wände, üppige Vegetation oder sonstiges Beiwerk die Aufmerksamkeit in Anspruch zu nehmen, rücken diese Bezeichnungen der Oertlichkeit den Figuren nirgends auf den Leib und bieten dem Auge erwünschte Blickbahnen, sich über die Weite zu orientieren. Es ist nur die freie Natur, die wir fühlen, milde anmutige Gegend mit ernsterem Hintergrund, das frische Laub der Bäume, und beinah ein kühler Luftzug über der Wasserfläche — eine ländliche Umgebung, in der die Menschen sich ungestört ergehen, bis die Nähe der Stadt zur abendlichen Einkehr winkt. Auf solchem Grunde kann die Entfaltung der Personen zu vollem Rechte kommen, sei es in Charakter und Handlung des Einzelnen, sei es in Gesamthaltung einer gleichgearteten Sippe. Ja noch mehr. Gerade diese freie Natur des Landes, ein Stück Erde, das Allen gehört, bis die abgränzenden Mauern sich zeigen, — entspricht dem tieferen Sinn der Scene, die hier geschildert wird. Sie ist die Voraussetzung für die Antwort Christi: eigentlich sind wir als Kinder dieses Landes, als Söhne seines Schöpfers und Herrn, von Abgaben frei, und eben sie bringt uns den Gegensatz in dem Auftreten des Zolleinnehmers und der Hebestelle einer Stadt unmittelbar zum Bewusstsein. Dahin wirkt die ganze Disposition des Bildes: rechts am Rande wird die Nähe betont, links am Rande die Ferne eröffnet, und dadurch die Tiefenbewegung diagonal durch die breite Fläche geführt, ohne dass die Mitte sich verengert. Das ist Raumkunst!

Und wieder bildet die Schaar der Jünger den ruhigen Hintergrund für die handelnden Personen, die aus ihr hervortreten, wie für das lebhafte Spiel der Bewegung, das die Vorderreihe durchzieht, und über die Hauptgruppe hinausweisend auch die Nebenmomente links und rechts mit ihr verbindet.

Eine unsichtbare Mittellinie, die das Breitbild mathematisch halbieren würde, geht zwischen Christus und dem Zollbeamten hindurch, der ganz am vordersten Rande stehend in seinem doppelten Motive die Scheidung beider Hälften und ihren inneren Gegensatz bezeichnet. Bis an die Gränze seines Gebietes vorgetreten, hat er den Zug der Wanderer angehalten und löst in anschaulichster Alternative den ganzen Ablauf der Handlung aus. Mit genialem Wurf ist diese volkstümliche Gestalt hier auf die Bühne gebracht, als derber Anstofs zur Entfaltung idealsten Inhalts. Sie offenbart ein Verständnis der Formperspektive, eine Kühnheit der Zeichnung und ein so ausgeprägtes Gefühl für die Wirkung lebendiger Gebärde, des Körpers und der Gliedmafsen auch ohne das Antlitz und sein Mienenspiel, dass schon sie allein das Eindringen des Malers in das Innerste der plastischen Kunst bezeugt. Wie die burleske Figur des Boten in der antiken Tragödie erscheint hier der Wächter vor dem Protagonisten und seinem Chorus würdiger Männer.

Diesem treibenden Agens in seiner physischen Gestaltung treten die Hauptpersonen in ebenso statuarischer Durchbildung entgegen. Statt der länglichen Proportionen, in die Florentinische Künstler damals so leicht verfallen, sind es gedrungene breitschultrige Typen, die Masaccio bevorzugt, Körper von voller Rundung und Breite, die jeden fremden Halt entbehrlich machen, fast allzu untersetzt und wuchtig bis auf den Meister in der Mitte.

Christus allein wird ganz von vorn gesehen und wirkt völlig frei in seiner Sphäre; nun gewinnt es Macht, dass er im Centralpunkt dieses Mittelstückes steht, auf den alle Fluchtlinien der Perspektive zusammenführen. Er ist das männliche und doch in voller Jugendkraft stralende Idealbild des Heilandes, wie es im Zusammenhang noch mit dem wertvollsten Erbteil des Trecento, doch im Sinne der neuen Generation erwachsen konnte. Grofs und feierlich in der breit drapierten Gewandung tritt er hervor; in elastischer Körperbewegung wendet er das Antlitz und die ausgestreckte Rechte zu Petrus hinüber, während die Linke, über die Hüfte herabhangend, den Mantel trägt und diese Seite ruhig und vornehm gegen den Anspruch schliesst. Der Typus des Kopfes, die Hände, die weite flach über die Brust hangende Gewandung verraten noch am deutlichsten die Nähe des Agnolo Gaddi und Don Lorenzo Monaco, und doch gelingt dem wirklichkeitsfreudigen Eifer des Quattrocento schon hier viel überzeugender als jenen die Verkörperung der idealen Persönlichkeit.

Petrus daneben, älter und wettergebräunt, beherrscht auch als Graubart kaum noch seinen Feuerkopf. Als Beleidigung des geliebten Meisters scheint er das Ansinnen des Torwärters zu empfinden, und wie aufbrausend hebt sich sein gedrungener Bau gegenüber dem Frechling in seinen Augen, der Abgaben heischt von freiwillig Armen. In der ganzen Haltung ist das Gegenbild des Zöllners durchgeführt, nur in höherer Tonart und leidenschaftlichem Temperament. Ohne Dazwischenkunft einer höheren Einsicht könnte es dem Unbequemen hier ähnlich wie dem Knechte Malchus gehen, — und nicht umsonst erscheint er, wo Petrus ihm allein begegnet, mit dem Stecken unterm Arm.

Beredt genug, nur durch die Erscheinung wirkend, steht neben ihm der Liebling des Herrn, Johannes, ein herrlicher Jüngling von klassischer Schönheit, dessen blonde Ringellocken leider so regelmässig auch nach antikem Vorbild aufgereiht sind. Die Formen seines Kopfes scheinen sonst wie in Marmor gemeisselt, und der träumerische Blick, der wol Hingebung und Zuversicht, doch weder Entschiedenheit des Wollens noch Klarheit des Denkens bedeutet, hebt ihn kaum aus der Ruhe stiller Gegenwart zu lebendiger Beziehung empor, und die Haltung der Hände, die nur mit dem Mantel beschäftigt sind, dient der malerischen Breite der Draperie allein. So fühlen wir den Unterschied von Christus wie von Petrus gleichermafsen.

Der langbärtige Andreas steht dagegen grade aufgerichtet und unbeugsam wie ein Erzvater des alten Bundes, wie Donatellos Abraham am Campanile des Domes, das Urbild des Moses für die folgenden Künstlergenerationen, dem auch Michelangelo noch seine ganze Kraft gewidmet hat. Und so leuchtet auch hier der Unterschied der neuen Typenbildung ein, zwischen ihm und Johannes, den die Florentiner bisher als Verfasser der Apokalypse in hohem Alter und mit langem Bart zu denken pflegen. Neben Andreas sieht gar Donatello selbst herein, und es gewinnt die Versicherung Vasaris, der Thomas drüben sei das eigene Bildnis des Malers in der Rolle seines Schutzpatrons um so mehr Wahrscheinlichkeit, als auch der ältere Apostel neben ihm die Züge des Paolo Uccello trägt. Doch sei es mit der Porträttreue dieser Charakterköpfe wie es will. Der letzte Apostel rechts, den sein durchbohrender Scharfblick allein zum Thomas macht, ist eine herrliche Gewandfigur, die grandios und einfach den Kreis der Jünger schliesst. Bei aller bildnismäfsigen Bestimmtheit der Köpfe waltet eine einheitliche Behandlung, die alle Besonderheiten ausgleicht, ohne ihr berechtigtes Mafs zu verwischen, und die schlichte Breite der Draperie trägt nicht wenig dazu bei, die würdevolle Getragenheit des Tones durchzuhalten. Auch da ist wieder das wertvolle Erbteil des gotischen Stiles, das Masaccio noch festhält wie Ghiberti, ein ideales Medium für so viel Individualität.

Eine Art Verklärung giebt diesen mannichfaltigen Köpfen die einheitliche Beleuchtung; sie lichtet ihre Reihen und setzt hier und da, die ganzen Figuren umfliessend, sie in plastischer Selbständigkeit auseinander, sodass überall die reliefmäfsige Komposition deutlich gegliedert und zu malerischer Freiheit aufgelockert wird. Und diese Beleuchtung gerade ist doch nichts Anderes, als die resolute Aufnahme der Wirklichkeit, in das Wandgemälde, nach den besondern Bedingungen der Bildfläche an ihrem Ort in dem Kapellenraum selber. Wie das Tageslicht durch das gotische Fenster hereinströmte, so führt es der Maler in voller Schärfe durch den Schauplatz, den er entfaltet, bis hinten gegen die Hügelwand, die sich seitlich vorschiebt, und über die Spiegelfläche des Wassers, die der Wandpfeiler links zum grössten Teil verbirgt. So treten uns auch seine Gestalten erst recht überzeugend entgegen, mit dem Abglanz des lebendigen Lichtes auf der Stirn, und wir glauben dieser Schaar, die da droben zusammensteht, — hinausgehoben über die kleinlichen Bedingungen des Alltags und zu bleibend gültiger Erscheinung mit grossartigem Geist durchdrungen, - wie einer Gemeinschaft auserlesener Männer, und empfinden den Anlauf des Torwärters wie den natürlichen Widerspruch der roheren Aussenwelt.

Durch diesen Gegensatz wird auch das Auge schon energisch in das Innerste des Bildes hineingeführt: denn es gehorcht auch hier dem Willen des Malers, der mit klugem Sinn seine Vorkehrungen getroffen hat. Die nackten Beine dieses bäurischen Gesellen fallen schon auf vor der einheitlichen Masse gleicher Gewandung; sie leiten unsern Blick in die entscheidende Bahn. Die orangerote Farbe seines Kittels kommt hinzu, den Kontrast zu vollenden. In tiefblauem Mantel, der leise in Grün fällt, hält ihm Christus das Gegengewicht, und hebt sich in hellvioletter Tunica, deren Lichter in Hellrot übergehen, mit rotblondem Haar und Bart heraus, und zu Petrus hinüber, der einen gelben Mantel über die grüne Tunica geschlagen hat, vermittelt durch Johannes, der das Hellrot von Christus aufnehmend, über dem bläulich grünen Rock, aus dem sein nackter Fuss hervorsieht, die nämliche milde Farbe in weitem Mantel ausbreitet. Andreas in hellgrünem Mantel und hellkarminrotem Rock auf der einen Seite, und Thomas mit seinem breiten Überwurf in ebenso hellem Karmin auf der andern Seite schliessen auch den Kreis der Farben ab und heben die Gruppe aus dem Grunde. Die tiefblaue Farbe mit ihrem gesättigten Ton zeichnet nur Christus aus, sie wird ringsum weislich vermieden und klingt nur einmal noch deutlich an, wo Petrus am Tore für beide zahlt.

Gemeinsam ist den Farben der Gewandstoffe, besonders den helleren, die auffallende Eigentümlichkeit starker Unterschiede zwischen den Schattentiefen und den beleuchteten Faltenrändern oder breiten Flächen. Sie nähern sich dadurch gradweise der Karnation. Alle nackten Teile sind im kräftigsten Gegensatz zwischen Licht- und Schattenseite herausmodelliert, während die Heiligenscheine am hellen Ende der Gruppe durchsichtig, fast verschwindend, an dem andern wie metallene Scheiben in scharfer perspektivischer Zeichnung gegeben, und vergoldet, wie alle übrigen Mittel dazu beitrugen, die Reihe plastischer Gestalten vom landschaftlichen Grunde abzuheben, der seinerseits ebenso absichtlich in einheitlichem Ton gehalten, die starken Gegensätze vermeidet und so erstrecht den Eindruck räumlicher Tiefe für das Auge hervorbringt.

In dieser Richtung gehört mit dem grossen Breitbilde, das die Geschichte vom Zollgroschen erzählt, das benachbarte Stück am Eingangspfeiler der Kapelle aufs Engste zusammen. Die Rechnung mit Licht und Farbe folgt durchaus den selben Grundsätzen, nach Mafsgabe nur des gegebenen Platzes an der Leibung des Eingangsbogens; die technischen Eigenheiten, die vollendet breite, sichere Pinselführung, die im Grossen arbeitet und sich auf Kleinigkeiten nicht einlässt, sind beiden Fresken gemeinsam, so dass sie als malerische Leistungen sich unmittelbar aneinander schliessen. Und es darf der Umstand nicht irre machen, dass die Wahl des dargestellten Gegenstandes der Erwartung keineswegs entspricht und mit der Geschichte des Apostelfürsten in keinem Zusammenhang steht. Auf dem schmalen Felde, das sich in gleicher Höhe bietet, erblicken wir die Vertreibung Adams und Evas aus dem Paradiese.

Die Vertreibung aus dem Paradiese

Die malerische Uebereinstimmung mit dem anerkannten Hauptwerke Masaccios erweist auch dieses Stück als Eigentum desselben Meisters, das Vasari allerdings gar nicht erwähnt. Wie drüben am andern Ende im Schatten der Altarwand das Stadttor von Kapernaum sich öffnet, zu dem der Zug der Jünger mit ihrem Herrn in der Mitte hinstrebt, so drängt sich hier die schmale Pforte des Paradieses ganz dicht an den Rand des Bildes links, wie ein Stadttor mit Zinnenkranz. Und der Betrachter der Kapelle tritt durch den Eingangsbogen zugleich mit dem ersten Menschenpaar in den Bann der besonderen Beleuchtung dieses Raumes. Rechtshin schreiten die beiden Verbannten, und werden so vom vollen Lichte getroffen, das durchs Fenster in der Mittelaxe des Innengemaches hereinströmt. Den besonderen Bedingungen dieses äussersten Platzes unter dem Eingangsbogen entsprechend, ist der Hintergrund für die beiden Figuren ganz dunkel gehalten, und die Durchführung des hellbraunen Erdbodens, auf den sie hinaustreten, beschränkt sich auf die Andeutung seiner öden unfruchtbaren Kahlheit, des starren Gegensatzes zum irdischen Paradiese, das verschlossen hinter ihnen liegt. Ja der Engel des Zornes, der über ihnen auf einem Wolkenstreifen knieend, hinter den Verbannten dreinfährt, — wie die Stimme des eigenen Gewissens, die sie vorwärts treibt, — ist mitsamt dieser Wolke ganz rot auf den dunkeln Grund gesetzt. Dass in Gewand und Körper, in Antlitz, Haar und Händen bis auf die feuerroten Schwingen kein Unterschied der Farbe waltet, wie im natürlichen Ebenbilde des Menschen, erklärt sich nicht allein aus der Absicht, den Träger des flammenden Schwertes zu kennzeichnen.[1]) Er trägt dieses Schwert ruhig in aufrechter Haltung, mehr im Arme ruhend wie ein Abzeichen der Gerechtigkeit, denn als fürchterliche Waffe, nicht abwärts gekehrt, noch als sprühende Flammenrute ausgemalt. Nur die Linke streckt er befehlend vor sich hin und weist sie aus dem auserwählten Bezirk der Kinder

[1]) Goldene Stralen, die aus dem Tor herausfahren, bedeuten ausserdem den Stoss einer Kraft, die hinter den Sündigen dreinblitzt.

Gottes in die fremde Welt da draussen. Es ist die malerische Erwägung mafsgebend gewesen, dass die gleichartige Behandlung des Himmelsboten mit dem Menschenpaar darunter, die gleiche Stärke plastischer Modellierung und farbiger Wirklichkeit in beiden Faktoren eine falsche Wirkung hervorgebracht hätte, die den Sinn des Vorganges nur verdunkeln, den Wert der Hauptsache nur beeinträchtigen konnte. Deshalb reduciert Masaccio auch hier, wie beim Auffinden des Stater nebenan, ein Bravourstück seiner Verkürzung durch die unwirkliche und gleichmäfsige Färbung zu einem Nebenwerk. Sein Himmelsbote tritt nicht ein in die volle Leibhaftigkeit wie die nackten Menschen vor unsern Augen; mit dem einzigen Mittel, dem Widerspruch zu naturgemäfsen Farben, wird er zum überirdischen Wesen, befreit von der unmittelbaren Berührung, nah und doch unnahbar, — wird er zugleich untergeordnet, als eine Art geistiger Voraussetzung, ein symbolisches Zeichen nur für andere Dinge, die der Maler im Bilde des Menschenpaares selber zu zeigen sich erkühnt. Wir müssen ihm erst nachschauen in seiner Höhe, ihn zurückverfolgen in seiner Bewegung, um seiner Vorzüge recht inne zu werden und die künstlerische Leistung zu ermessen, die der Maler mit dem roten Anstrich wieder zugedeckt, weil er noch Höheres will.

Dieser Jüngling im langen Gewande, mit engen Ärmeln und hohem Gürtel, kniet mit dem rechten Bein auf seiner Unterlage und streckt das linke rückwärts über die Wolke hin, sodass nur die Hälfte des Oberschenkels noch sichtbar bleibt. Er beugt den Oberkörper wie in rascher Fahrt vornüber, indess sein Flügelpaar sich aufwärts spannt. Das Antlitz neigt sich unter der Sonne und hat auf der reinen Stirn keinen Schatten eigner Leidenschaft. — Die Verkürzung des seitwärts niederblickenden Kopfes — das Vorbeugen —, das Überschneiden des rechten Oberschenkels über die nach links zurückweichende Hauptlinie der Gestalt — haben die vollste Anerkennung feinsinniger Beobachter[1]) gefunden, sobald sie hinter die Bildwirkung des Ganzen zurückzugehen trachteten. — Die rhythmische Schönheit der Gliederbewegung — erschien in ihrem malerisch ganz vollendeten Vortrag hier so plötzlich, neu und überzeugend hervorzubrechen, dass man darüber fast der kleinen Schiefheit im Oberkörper und der summarischen Steifheit des rechten Arms vergafs, die gleichsam als chronologische Merkmale dieser Frühzeit gerade den kühnsten Fortschritten Masaccios anhaften. Nicht durch den Wolkenstreifen als Andeutung der Luftregion

[1]) A. v. Zahn, Jahrbücher f. Kwschft. Leipzig 1869. S. 168.

über unsern Häuptern ist hier der Eindruck eilenden Schwebens hervorgebracht, sondern durch die Haltung des Körpers, die Lage seiner Gliedmafsen zu einander und die ungewohnte Ansicht solcher Verschiebung von unten her. Die verkürzte Zeichnung wird jedoch nicht wenig unterstützt und in ihrem Gesamteindruck so annehmbar gemacht, wie überraschend zugleich, durch die Beleuchtung von der Seite her, die das Vorspringen der vorgestreckten Teile noch verstärkt und die unwichtigeren zurückgeschobenen Partieen des Leibes in Schatten legt, oder wo sie anfangen könnten fragwürdig zu werden, vollends der Ergänzung unsrer Phantasie überlassen darf. Nehmen wir nun abermals die unwirkliche Färbung hinzu, die solche Ansprüche fernhält, so dienen die Wolke drunten wie die Flügel droben fast nur als Folie, deren Umrisslinien den Zug der Formverjüngung begleiten und alles Gewicht vermittelnd in die Fläche breiten.

Die Schmalheit der Bildfläche gestattete dem Maler ausserdem in seinem Engel das Abwärts mit dem Vorwärts an einem Wendepunkte der Bahn zu verbinden, sie schnitt von selbst räumliche Umgebung und körperhaftes Beiwerk ab, die uns sonst für das Verhalten der Dinge zu einander den Mafsftab geben. Sie erlaubte ihm mit den beiden unteren Figuren, die hinzukamen, den Schein der niederfahrenden Bewegung beim Himmelsboten durch das Ausschreiten der Flüchtlinge, die er vor sich hin treibt, zu unterstützen, und lehrte ihn bei solchem Wechselverhältnis zugleich, die drei Gestalten so nah miteinander zu verbinden, dass im mannichfaltigen Gebaren der Einzelnen doch der einheitliche Zug der gemeinsamen Bewegung noch vorwaltet. Der Engel, der neben dem Tore vorüberschwebt, und das verbannte Paar, das hindurchgeschritten ist, bilden zusammen eine wundervoll bewegte Gruppe.

Schleppenden Ganges schreitet Adam daher. Das linke Bein setzt er vor, das rechte wird nachgezogen, oder hängt vielmehr in einer Lage, als hafte die Ferse an der Schwelle, oder gleite nur langsam, auf den Zehen verweilend hinüber. Unsicher und zaghaft ist das Auftreten, schwankend und mühsam der Schritt; denn Scham und Reue haben das aufrechte Bewusstsein geknickt und lassen keinem Widerstand Raum. Der Nacken beugt sich dem harten Gebot, dessen Bannstralen hinter ihm dreinfahren, und beide Hände verbergen das Antlitz. Gescheucht und zitternd setzt auch Eva, hastigeren Ganges ihre Füsse voreinander, mit der linken Hand deckt sie den Schofs, mit der rechten den Busen, und wirft den Kopf in den Nacken, schliesst die Augen und öffnet die Lippen, als dränge aus ihrer Kehle ein schriller Klagelaut. Der Scham, mit der sie ins Freie hinausläuft, gesellt sich nichts als die Angst des Augenblicks, als fühlte sie sich gezüchtigt von strafender Hand und schriee unter dem körperlichen Schmerz; denn der ganze Leib erbebt zuckend wie unter plötzlichem Schauder.

Die beiden nackten Gestalten sind nicht aus berechneten Proportionen der gotischen Schultradition oder nach Mafsgabe antiker Statuen aufgebaut, sondern wirklich nach der Natur gebildet, sodass der Unterschied beider Geschlechter zu vollem Recht gelangt und wesentlich mitwirkt zu dem psychologischen Bilde des Augenblicks. Es sind nicht blos Aktfiguren, sondern lebendig bewegte Menschen, keine so und so zurechtgestellten Modelle mehr, sondern von innen heraus beseelte Wesen, die sich benehmen, wie die furchtbare Empfindung sie treibt. Der ganze Leib ist Werkzeug des seelischen Ausdrucks und die Organisation der grundverschiedenen Charaktere von Mann und Weib offenbart sich im Kontrast als gegenseitige Steigerung. Schmerz und Scham äussern sich so einfach und unmittelbar in ergreifender Wahrheit, dass die sachlichste Angabe über Haltung und Gliederlage sofort zur Deutung ihrer Sprache wird.

Solche Durchführung eines einheitlichen Affektes durch den ganzen nackten Körper setzt eine Kenntnis dieser leiblichen Erscheinung und eine Herrschaft über die Ausdrucksfähigkeit aller Teile voraus, die den Zusammenhang des Malers mit plastischen Bestrebungen ausser Zweifel stellt, und als eigene Leistung in so früher Zeit volles Zeugnis seiner Meisterschaft, seiner genialen Überlegenheit bedeutet. Die charakteristische Gebärde beider Gestalten vereinigt sich mit der treibenden Kraft des Engels zu einem mächtigen Zusammenklang, den die plastische Rundung der Formen, die Entfaltung der ganzen Gruppe aus einem Mittelpunkt in perspektivischer Konstruktion, die fühlbare Gesetzmässigkeit nur wirksam unterstützen. Ein feines Spiel der Lichter und Schatten setzt auch die beleuchteten Flächen des Leibes in Relief und malt sein ausdruckvollstes Muskelspiel, während die Hauptgestaltung der Körper aus kräftigsten Gegensätzen zu Stande kommt. Schon Rumohr erkannte hier den steigenden Mut im Bestreben nach Rundung, aber auch einen Rest von Unsicherheit oder wenigstens flüchtigeres Dreinfahren im Dienste der Gesamtwirkung und zum Festhalten des Seelenlebens im sinnlich fassbaren Abbild.

C. F. v. Rumohr beobachtete den — für Masaccio persönlich bezeichnenden — »Fehlgriff, die Höhe der Lichter nicht in die Mitte, sondern an den Rand der Formen zu bringen, was diesen durchhin ein gewisses Ansehn von Schiefheit giebt«, — und wir

2

dürfen in der summarischen Bezeichnung der inneren Gesichtsteile bei Eva, in ihrer physiognomischen Verschiebung, sowie in der etwas derben Oberflächlichkeit ihres auf der Brust liegenden Armes, ihrer Füsse und Gelenkknöchel wol Spuren hastiger Vollendung sehen, während daneben der Leib Adams mit seiner die Beklemmung verratenden Einziehung ausserordentlich geglückt ist, und der Blätterschurz um die Hüften beider, der mit seinem Grün die kühle Karnation erst recht in Wirkung setzt, das untrügliche Gelingen des grossen Malers offenbart.

Den Wert dieser »Vertreibung aus dem Paradiese« darzutun, beruft man sich gewöhnlich auf die Schätzung Rafaels, der noch spät in den Loggien des Vatikans nur eine Wiederholung dieses Vorbildes gegeben habe. Dieser Vergleich ist jedoch nur unzutreffend oder oberflächlich: die Entlehnung beschränkt sich nur auf Adam und höchstens die schon wesentlich veränderte Eva: die Gleichstellung des Engels aber, der in ganzer Figur auf dem Boden neben ihnen wandelt, giebt dem Ganzen einen völlig anderen Charakter. In dieser Beziehung fordert das Breitbild der Loggien vielmehr zum Vergleich mit plastischen Werken auf, und ein solcher ist auch hier lehrreicher für Masaccios Art als ein Sprung ins Cinquecento zu den Werkstattbildchen des römischen Rafael. Wenn wir dort in den Loggien nicht wissen, ob den Engel, der seine Hand auf Adams Schulter legt, während er mit dem Schwert in der Rechten mit den Schuldigen über die Schwelle schreitet, mehr Mitleid bewegt oder Zorn, wenn wir in Evas allzu gefälligem Gehaben die Deutlichkeit des Eindrucks völlig vermissen, so zeigt uns ein Bildner am Anfang des Quattrocento, wo wir im Umkreis unserer historischen Betrachtung bleiben, die ganze Kraft des plastischen Gedankens, der auch den Himmelsboten auf die Erde stellt — in einem Werke, das auch Rafael gekannt wie Michelangelo. In einem Relief der Fonte gaja zu Siena[1]) lässt Jacopo della Quercia (1419) den Schuldigen mit Gewalt hinausstossen ins Elend. Der Himmelsbote, des Menschen schöneres Ebenbild voll Jugendkraft, stemmt beide Arme gegen den Rücken Adams, der seinerseits nicht ohne Zaudern, Verwunderung oder gar Widerstreben den Sitz des Glückes lässt, das er verscherzt, während Eva neugierig mehr und leichtern Sinns sich umschaut, als gäb es noch Erbarmen, oder als sei nicht völlig ernst gemeint, was da geschieht. Und in dem späteren Relief desselben Meisters, am Hauptportal von S. Petronio in Bologna, ist Adams Sträuben mit verzweifeltem Flehen gepaart, die in mächtig

[1]) Alter Gypsabguss in der Libreria des Domes daselbst.

hemmender Gebärde zurückkehren gegen den Vollstrecker des Bannbefehls.

Masaccios Fresko bleibt, durch das Schweben des Engels und seine ungewohnte Farbe, bei aller plastischen Bestimmtheit im Gebiet des Malerischen, und gleicht eben darin mehr der Darstellung eines anderen Reliefbildners, der ihm in Ort und Zeit noch näher stand als Quercia. Das erste Bronzebild der Porta del Paradiso von Lorenzo Ghiberti enthält die selbe Scene neben andern und fordert nicht nur zum Vergleich heraus, sondern zu kunstgeschichtlicher Erwägung ganz aktueller Art. Im Januar 1425 hat Ghiberti den Auftrag für dies Werk empfangen; wie mag Masaccio dazu stehn? Genau so wie hier am Eingang der Brancaccikapelle ist auf dem Bronzerelief die Pforte aufgerichtet, nur die Schwelle höher hinaufgerückt; denn Ghibertis Engel schwebt nicht neben dem Tor des Gartens gleichsam über die Mauer hin, sondern durch den Bogen hindurch, sodass die vordere Hälfte des Körpers mit gespanntem Flügelpaar draussen sichtbar wird, das Ende dagegen, wenigstens ein zweites anliegendes Flügelpaar und der Zipfel des Gewandes drinnen jenseits, wo am Himmel Jehovah selbst im Sphärenkranz, vom Schwarm der himmlischen Heerschaaren begleitet, dem schnellen Fluge des Boten folgt. In heftiger Bewegung sehen wir Adam entfliehen, nur den Blick zurückwendend zu dem Seraph, der zu ihm redet. Aber er wird fast völlig verdeckt und jedenfalls völlig überstralt von Eva, die, einer Venus gleich, in nackter Schönheit dasteht. Staunend wie die Schaumgeborne hebt sie die Rechte und wirft ihr lockiges Haupt herum, als hörte auch sie die Stimme und schaute das Nahen des zürnenden Schöpfers; aber die Reinheit ihrer Formen ist ungetrübt, die harmonische Anmut ihrer Bewegung bleibt die selbe, wie Liebesgötter sie nach Gottes Wink gebildet. Hinreissende Schönheit geht diesem Künstler über Alles; er opfert ihr den furchtbaren Ernst der Aufgabe, die innerliche Bedeutung des Vorganges unbedenklich auf und entschädigt das Auge mit einem seligen Traumbild, wo wir Angst und Reue, Scham und Schuldbewusstsein, Schmerz und Verzweiflung zu sehen erwarten. Er deckt mit milder Hand die verhängnisvolle Vertreibung zu und lässt auf dem verfluchten Boden der Erde die schönste Blüte der Schöpfung weiter blühen, — kraft seiner Kunst, die alles reinigt und verklärt.

Ganz anders Masaccio! — »Sein starkes männliches Gefühl«, hat schon Rumohr anerkannt, »sein hoher Begriff von der Würde der Aufgaben, deren Lösung ihn beschäftigte«, spricht hier auf engem Raum so deutlich, wie auf dem breiten Wunderbild daneben.

2*

Und dieser Ernst des Künstlers, der den Menschen an das Herz greift, verbindet sich mit einer Hoheit der Gesinnung, die uns weit hinaus rückt über die naiven Anschauungen, die kindlichen Märchen seiner Zeitgenossen, wie über so manchen Nachfolger, der diese Auffassung nicht verstanden hat. Vergleichen wir ihn mit dieser Schöpfung Ghibertis, so tritt er historisch auf die Seite des Filippo Brunelleschi. Erinnern wir aber an diesen Freund und Gesinnungsgenossen, dem er so viel verdankt, so ist es billig, auch den Unterschied zu betonen, der zwischen Brunelleschis Engel beim Opfer Abrahams und Masaccios Engel des Zornes sich herausstellt. In jenem kleinen Konkurrenzrelief vom Anfang des Jahrhunderts fährt doch der Gnadenbringer schon handgreiflich drein, weil echte Bildnerkunst leibhaftiges Handeln braucht; — nach mehr als zwanzig Jahren tritt der Maler hier, Masaccio, sicherlich bewusst und frei, mit seinem Engel auf Ghibertis Seite: er schwebt und weist, im Fluge sich neigend, die Verbannten fort, lässt aber das Racheschwert im Arme ruhn.

Ghibertis erstes Relief an der Porta del Paradiso, das die Erschaffung Adams und Evas, den Sündenfall und die Vertreibung in einem Rahmen vereinigt, offenbart auch in der Anordnung dieser vier Bestandteile die Sinnesart des Meisters charakteristisch genug. Die Erschaffung Adams ist in die Ecke links des Vordergrundes gerückt, wie wir erwarten mögen, weil die Erzählung damit beginnt; der letzte Moment, die Vertreibung, füllt den schmalen Streifen zuäusserst rechts, ein letztes Viertel. Die ganze breite Mitte zwischen Anfang und Ende wird allein der Gestaltung des Weibes gewidmet. Der Entstehung dieses Meisterstückes der Natur wendet sich die liebevolle Teilnahme des Bildners so begeistert zu, dass sie im Kranz der Engel wie eine himmlische Verherrlichung hervorgeht. Dagegen ist der Sündenfall in flachstem Relief ganz in den Hintergrund gedrängt. So legt sich, vor dem Auge des soeben zum Bewusstsein erwachenden Mannes links, die übrige Reihe fast wie ein Traumgesicht auseinander, die Erschaffung der lockenden Gefährtin, mit der alles Übels Keim in die Welt gekommen, die Verführung unter dem Baume der Erkenntnis und die Verjagung aus Eden.

Mit dieser Anordnung der Gruppen im Raum und dieser Reihenfolge der Momente in der Zeit hat das benachbarte Wandbild Masaccios eine merkliche Verwandtschaft. Eine breite Hauptscene nimmt auch hier die Mitte des Feldes ein; sie enthält den Kern und Ausgangspunkt des ferneren Verlaufes, ohne zunächst ein Vorrecht für weiteres Ausgreifen vor den übrigen Momenten der Erzählung beanspruchen zu können. Diese entfaltet sich links und rechts in zwei seitlichen Gruppen, und zwar ebenso in einer kleineren im Hintergrund, die zeitlich zunächst folgt, und einer vollwertigen aber schmalen im Vordergrund, die den Abschluss bildet, sodass das Auge des Betrachters von der Mitte nach links und dann um das Hauptstück herum wandern muss, um den Verlauf in seinem Kausalzusammenhang nachzuerleben. Der springende Punkt der Fabel liegt bei Masaccio wie bei Ghiberti in dem versteckten, stiefmütterlich behandelten Ereignis, das beinahe jenseits der eigentlichen Bühne vorgeht. Nur ist der Maler in besserem Recht, weil er den Vordergrund links vor diesem wichtigen Fernbild wenigstens freilässt, die Bahn für unseren Blick fühlbar und einladend offen legt, und weil der wunderbare Fang, an sich kaum darstellbar, für die Geschichte selbst bei Weitem nicht die Bedeutung hat, wie der Sündenfall in seinem Zusammenhang dort. Ghiberti verhüllt die Peripetie, die Schuld, weil seine Bildnerkunst an dieser Stelle des Reliefs dem psychologischen Inhalt doch nicht gerecht werden konnte, es sei denn auf Kosten der willkommensten Gelegenheit, das plastisch Schöne selber ungetrübt zu geben. Masaccios räumlich-zeitliche Disposition dreier Momente eines Verlaufes stimmt vollkommen überein, bis auf den einen Punkt, wo bessere Ueberlegung ihn drüber hinaus hebt. Da nun die übrigen neun Reliefs der Porta del Paradiso oder andere Arbeiten Ghibertis die nämliche Kompositionsweise nirgends darbieten und auch Masaccios Fresko in der Brancaccikapelle in dieser Hinsicht vereinzelt dasteht, so bleibt wol die Übereinstimmung der beiden Arbeiten auf benachbartem Kunstgebiet eine bemerkenswerte Tatsache, die Erklärung heischt. Und das merkwürdige Auftreten der Vertreibung aus dem Paradiese neben der Legende des Apostelfürsten, mit der sie gar nichts zu tun hat, spricht vielleicht mit bei diesem Zusammenhang, dessen geschichtliche Ursache sich unserm Blick entzieht.

Die Breite der Entfaltung für einen verhältnismässig so unwichtigen Gegenstand, wie die Episode mit dem Stater in der Geschichte des Petrus zunächst war, die Möglichkeit, das Ereignis selbst durch Zusammenschiebung der beiden Seitenbilder viel deutlicher im Sinn der Legende zu veranschaulichen, während nun das Mittelstück mit der Exposition, zu vollem Übergewicht hervorgewachsen, als unverkennbare Hauptsache dasteht, das alles verlangt einen Aufschluss, je mehr wir diese Momente als Symptome eines fortschreitenden Prozesses auch in der Auffassung des schaffenden Künstlers erfassen. Wenn die schönheitstrunkene Seele Ghibertis uns unmittelbar verständlich macht, weshalb er mit dem Aufgebot von Engeln und Liebesgöttern zugleich an der Schöpfung Evas hängen bleibt, als gebe es für den Bildner kein wichtigeres Geschehnis in der Weltentstehung nachzuerleben, als diese plastische Gestaltung des fruchtbaren Gefässes, dies Formen und Bilden der Schöpferidee im fühlbaren Stoff, dies Werden und Wachsen des Leibes unter den liebkosenden Händen der Geisterwelt, — was sollen wir da von Masaccio sagen, wenn er das Auftreten eines Torwächters ganz ähnlich in die Breite dehnt? Sein Christus im Kreise der Apostel tritt hier in die Welt, durch äussere Veranlassung nur hervorgerufen, wie auf den Wink des jungen Malers, neu geschaffen, und diese Schöpfung, vollwertig und bleibend zugleich, bedeutet eine Tat, für ihn gleich wichtig wie das künstlerische Tun des Bildners, das Selbstbekenntnis Ghibertis dort. In diesem Christus mit seinen Aposteln liegt eine Hoheit der Gedanken, eine Weihe der Stimmung, dass es sich um mehr handeln sollte, als um die Entrichtung eines Zollgroschens oder um ein Auskommen ohne Ärgernis mit den Beamten des Staates. Der Befehl, einen Fisch zu fangen und ein Geldstück in seinem Munde zu finden, weil der Herr es nicht in der Tasche trägt oder der gemeinsame Beutel leer geworden, das genügt uns nicht als Inhalt der idealen Erscheinung, die vor uns steht. Die packenden Erfolge der Wirklichkeitstreue sind auch hier einer höheren Aufgabe untergeordnet; ein strenger, auf Ernst und Würde gerichteter Sinn durchwaltet diese Schaar von auserwählten Männern mit solcher Freiheit, dass erst die Träger des glücklichsten Aufschwunges diesen Vorzug wieder zu verstehen und anzueignen vermochten. Rafaels Teppichkarton mit dem Auferstandenen, der die Einsetzung des Schlüsselamtes mit dem Aufruf: »Weide meine Lämmer!« verbindet, giebt auch uns die Antwort, was eigentlich in diesem Vorbild von Masaccio geleistet ist. Die Aufgabe, die der malerischeste Genius des Quattrocento in diesem Wandbild zu lösen versucht, geht über den Wortlaut der Legende »Staterem in ore piscis invenit« weit hinaus. Dafür wäre der Aufwand viel zu reich. Erst die folgenden Sätze »Claves regni caelorum a domino accepit«, »pascendas oves a Christo suscepit« gewähren uns volles Genüge und geben den Inhalt, der dem Geist des Künstlers vorgeschwebt, der seine Seele durchleuchtet und seine Gestaltung erhöht hat, sodass die Schaar der Gottesmänner in breitem Bogen auseinander trat um Christus und Petrus in ihrer Mitte.

Auf diese Sätze der Legenda aurea folgt unmittelbar: »tria milia hominum in pentecoste sua predicatione convertit«, wie in der Bilderreihe der Brancaccikapelle die »Predigt Petri« auf der anstossenden Fensterwand zu sehen ist. Folgen wir aber andererseits dieser hymnischen Aneinanderreihung der Ruhmestitel des Apostelfürsten hinter die Geschichte mit dem Zollgroschen zurück, so stossen wir auf seine Bevorzugung durch den Meister in anderen Fällen: »Hic super mare ad dominum ambulavit, in domini transfiguratione et puellae suscitatione a domino electus fuit« . . . d. h. auf seine Gegenwart bei Erweckung »von Jairi Töchterlein« und bei der Verklärung auf Tabor, wie auf die stürmische Fahrt, wo Christus am Meere erschien und Petrus aus dem Schiffe rief, zu ihm über das Wasser zu wandeln. Diese Scene erwähnt Vasari im Leben des Masolino als eins der oberen Bilder: »il tempestoso naufragio degli Apostoli«, und die Transfiguration hätte zu folgen, wo jetzt die Vertreibung aus dem Paradiese gemalt ist.

Um so auffälliger wird die Wahl dieses fernliegenden, für die Petruslegende beziehungslosen Gegenstandes am Eingang der Kapelle. Nur die Vorliebe des Meisters und das Drängen der Zeit nach der Darstellung des Menschen in nackter Schönheit mag auch hier angerufen werden, wie in dem Schöpfungsbilde des Lorenzo Ghiberti. Das Problem, die volle Ausdrucksfähigkeit der ganzen Gestalt für die Kunst des Malers zu verwerten, geht völlig im Sinne Masaccios über das Beispiel des Bronze-Reliefs hinaus. Und gerade hier kam ihm das Verständnis der eigenen Generation wie die Bewunderung der folgenden zuerst entgegen. Das verrät noch der Umstand, dass die alten handschriftlichen Aufzählungen seiner Werke von seinem Anteil in der Brancaccikapelle nur eins herausheben »infra l'altre figure vi è uno che triema«, — »cosa mirabile a vedere«. Es ist nur ein Nachtrag aus diesen Notizen der Quattrocentisten, wenn Vasari am Schluss noch das selbe Stück erwähnt: »Nell istoria dove San Pietro battezza, si stima grandemente un ignudo che triema, fra gli altri battezzati, assiderato di freddo, condotto con bellissimo rilievo e dolce maniera«. So schliesst die »Taufe« schon als künstlerisch willkommener Gegenstand sich unmittelbar an die »Vertreibung aus dem Paradiese« an.

Die Taufe

Die Darstellung, wie Petrus tauft, mit der berühmten Figur des Zitternden darin, die Vasari und seine handschriftlichen Quellen besonders hervorheben, gehört zu den bestbeglaubigten Werken Masaccios, aber leider auch zu den schlechtest erhaltenen Stücken der Cappella Brancacci. Sie befindet sich an der Altarwand zur

Rechten des ursprünglichen Fensters, das lang und schmal, wie in den Bauten jener Zeit, herabreichte, wo jetzt das marmorne Tabernakel sich ausbreitet, und darüber erst im alten Bogenfeld das neue Fenster ausgebrochen ward. Wenn damals auch nur die westwärts rückende Sonne, grade hereinstralend, dem geblendeten Auge diese anstofsenden Teile des Innern entzog, so gehörte doch immer dieser Platz zu den ungünstigsten der ganzen Kapelle. Von der Bildfläche neben dem Fenster oben war nur das untere Stück rechts mit gewöhnlichen Mitteln leidlich verwertbar, das Uebrige um so weniger, je mehr man nach links oder nach oben hinauf rückt. Diese örtlichen Bedingungen mussten die Komposition wesentlich mitbestimmen, wenn die Stelle einmal für die Taufe ausersehen war, mochte nun die Apostelgeschichte oder die Legende für die Wahl des Momentes entscheidend sein.

Die kurz formulierten Epigramme der Legenda aurea enthalten nur ein Beispiel, wo Petrus als Täufer auftritt: »Cornelium baptizavit« d. h. den Uebertritt des Hauptmanns von Caesarea mit seinem Haus, von dem das X. Kapitel der Apostelgeschichte erzählt. Dagegen findet sich hier noch im II. Kapitel, schon im unmittelbaren Anschluss an die Pfingstpredigt, gleichsam als ihr Erfolg die Angabe: »Und die sein Wort gern annahmen, liessen sich taufen, und wurden hinzugetan an dem Tage bei dreitausend Seelen«. So erscheint die unmittelbare Gegenüberstellung beider Scenen, links und rechts vom Fenster, auf diesen Zusammenhang hinzuweisen. Wie in der Predigt nicht sowol die Bekehrung der zahlreichen Hörerschaar, sondern vielmehr das Auftreten des Apostels als Prediger des Evangeliums überhaupt gegeben werden konnte, so mochte auch hier sehr bald die Absicht vorwiegen, die Einsetzung und Austeilung dieses Sakramentes durch den ersten Nachfolger Christi im Allgemeinen zu schildern. Wichtiger freilich erscheint die Behandlung als Gegenstück zur Predigt, wenn zugleich der überraschende Erfolg des Wortes gezeigt werden sollte. Darin lag die Aufforderung, die gleiche Bildfläche hüben und drüben auch zu künstlerischer Kontrastwirkung zu verwerten. Wer immer die Predigt zu malen hatte — wir lassen es vorläufig dahingestellt —, er musste den Nachdruck fast ausschliesslich auf die Person des Redners legen, dessen überzeugende Gebärde die lauschende Versammlung ergreift, aber auch ruhig zusammenhält. Hier dagegen gilt es nur den Eindruck äusserlich zu besiegeln, die Aufnahme in den neuen Bund zu vollziehen und zwar in herkömmlicher Form erkennbar an jedem, der es wünscht, d. h. so oft gleichmässig zu wiederholen, wie es heute noch geschieht. Die Rolle des Apostels ist wesentlich anders:

er bleibt nur der Spender des Sakramentes in vorgeschriebener Tätigkeit, soweit die Wirkung seines Wortes um sich greift und ein Beispiel das andere nach sich zieht. Der Andrang der Täuflinge zu ihm, das begeisterte Verlangen der Menge ist das aktive Prinzip, und dem Prediger bleibt nichts anderes übrig, als diesen Rückschlag des eigenen Pathos auszuhalten und seine Ernte einzuheimsen, wo immer die Ausfaat gesegnet ward.

So ist die Abwechslung zugleich mit dem dankbarsten Motiv des zweiten Bildes gewonnen, das nun erst aus einer Parallele zum Gegenstück gedeiht. So waren wol Predigt und Taufe im Leben des letzten Propheten genugsam vorbereitet, in Florenz zumal, wo Johannes der Täufer als Schutzpatron verherrlicht ward. Aber gerade ein Vergleich mit diesem überlieferten Vorbild offenbart den Charakter des Meisters, dem hier S. Petrus als Täufer zugefallen. Er begnügt sich nicht mit äusserlicher Antithese, so sehr die Stelle seines Wandfeldes dazu einlud die Taufe Christi als Vorbild zu benutzen.

Wie der Wüstenprediger tauft auch S. Petrus am Flusse zwischen den Bergen. Aber der Hauptperson wird nicht die Stelle des Täufers Johannes in jenem überlieferten Schema eingeräumt, obgleich sie mit dem bestbeleuchteten Fleck der Mauer hier zusammenfiele. Der Apostel ist auf die linke Seite gebracht, die Neophyten ihm gegenüber aufs rechte Ufer des Flusses. Möglich, dass dabei die Absicht mitgespielt, den Zusammenhang mit der Pfingstpredigt drüben dadurch erst recht vor Augen zu stellen, die Scene hüben nur als Folge der vorangegangenen zu schildern. Möglich auch, dass die Täuflinge schon den besten Platz im Bilde für sich verlangten. Jedenfalls hat sich sofort die Schwierigkeit eingestellt, die das ererbte Vorbild der Taufe Christi schon vermied. Dort steht Johannes auf der rechten Seite, damit sein rechter Arm mit der Schale über dem Haupte des Messias, sich ins Innere des Bildes erstrecke, nicht nach Aussen vor den Kopf des Gottessohnes her. Hier ragt sofort die Rechte des Apostels aus dem Bilde heraus und erschwert unserm Auge den Einblick in die Tiefe des Schauplatzes. Aber auch dieser Nachteil wird dem Künstler Veranlassung zur Aufnahme eines neuen Problems, das die ganze Wandmalerei als Raumkunst berührt, wenn auch zunächst nur ein kühnes Wagnis glücken mag. Der Platz am Fenster würde nicht allein den Helden der Darstellung in Schatten stellen, sondern auch nur vom Rücken zeigen und, wenn die örtliche Lichtquelle festgehalten wird, von rückwärts beleuchtet. Und diese Fortführung faktischen Seitenlichtes im Bilde selbst giebt der Maler nicht auf, der einmal an diesen Wänden damit gerechnet hatte. Er hilft sich anders und schafft ein erstes Beispiel perspektivischer Illusion. Er stellt seinen Apostel auf einen Vorsprung des Uferrandes, so weit ausserhalb der vorgesehenen Bühne hin, dass er vom einströmenden Lichte mehr empfängt als der Rahmen von gemalter Architektur. Mit hell beleuchtetem Nacken Profil und Arm hebt er sich in mächtigem Umriss vor den übrigen ab. Seiner Rolle als Spender des Sakraments entsprechend, die eine psychologische Vertiefung des Ausdrucks fast verbietet, erscheint dieser Petrus in erster Linie als grossartige Gewandfigur. Ueber dem geschlossenen Zusammenhalt der Draperie wirkt der erhobene Arm mit der Schale, und das würdige Antlitz in Profil gerichtet, doppelt stark als durchgreifende Funktion, die für alle gilt. Und die Wucht dieses Gebarens mit der ernsten Majestät der Person gepaart, verleiht in den Augen des Beschauers dem Guss des Wassers erst die Bedeutung, die er haben soll.

Bei solchem Auftreten des Feuergeistes stellt auch das Ansehen sich ungerufen ein. Zwei vornehme Florentiner aus der Zeit des Meisters, mit breitem Kopfbund kommen hinter der Kurve der Apostelfigur zum Vorschein und schauen andächtig, mit gesenkten Augenlidern, auf die Taufe, die hier vollzogen wird. — Im Wasser drunten kniet mit gefalteten Händen ein junger Mann und beugt sein Haupt vornüber unter den Guss der Schale. Auf Scheitel, Brust und Schultern vom Licht aus der Höhe überströmt, hebt er sich ganz gesammelt der Gnade entgegen, als fasse er allein vor all den Zeugen die Weihe des Augenblickes im Gebet zusammen. Nichts stört den Eindruck, der sie alle bannt. Nun mag der Maler dem nackten Körper des Jünglings mit unverholener Freude seine Sorgfalt widmen. Er trägt die blutwarme Fleischfarbe mit vollem Pinsel auf, und folgt mit seinem Strich dem Zug der Schwellungen und Furchen nach, als runde er plastisch die Formen. So gelingt ihm trefflich die Modellierung der Muskellagen, der Polster zwischen festen Gliederungen des Knochengerüstes, und die weiche Fülle der Jugend, die vor ihm aufblüht, reizt den malerischen Sinn noch mehr. Die durchsichtige Welle des Bergwassers kommt eilenden Laufes daher und umspielt mit ihren Ringen die strammen Schenkel des Beters, der achtlos seine Knie hineingetaucht. Und Licht und Luft gesellen sich dem schimmernden Wasserspiegel, um die Schönheit des nackten Leibes in freier Natur zu offenbaren und, mit all ihrem farbigen Schein umgeben, sie liebkosend in sich aufzunehmen, als wäre sie ein Stück von ihr, das Menschenhand nur töricht ihr entzogen.

In klaren Augenblicken ahnt das Auge des Betrachters auch heute noch die Augenlust des Malers und fühlt ihm nach, was er gewollt, obgleich von seinen Farben nur spärliche Reste noch auf dieser Fläche haften. Das fortschreitende Verschwinden ihrer Glut darf uns nicht verleiten, die malerische Leistung für jene Zeit zu unterschätzen. Wenn Paolo Uccello, der harte Schematiker der Perspektive, im Klosterhof von S. M. Novella selbst unter dem Gewirr der Sintflut nicht versäumt, die Kreise des Wassers um eingetauchte Körper wiederzugeben, so wirkt diese Wiederholung aus den vierziger Jahren um so mehr als Warnung, das Vorbild auf Masaccio's Wandgemälde zu würdigen, wie es ihm gebührt, wenngleich der Nachfolger im Chiostro verde sich auf einfarbige Kälte beschränkt.

Zur Gruppe des Apostels mit seinem frommen Täufling gehört als dritter Faktor noch die helle schlanke Gestalt am rechten Ufer, als Gegenstück der breiten Gewandfigur des Petrus, die völlig nackte des Frierenden. Es ist ein hochgeschossener Geselle, der echte Florentiner im Vergleich zu dem gedrungenen Römersohn, der vor ihm kniet. Er hat die Arme kreuzweis über die Brust geschlagen und wartet auf den Augenblick, wo auch er ins Wasser treten kann. Doch wie es soeben am Rücken des Vordermannes niederrinnt, so überläuft das Vorgefühl des kalten Gusses auch seine Haut, als müssten ihm die Kniee schlottern, die er fröstelnd aneinander drückt. Und unwillkürlich, wie der Rücken sich dehnt, schlingen die Arme sich fester zusammen. — Solche zufällige, der Natur abgelauschte Erscheinungen im Bilde anzubringen lag grade im Geschmack der Zeit. Die Sehnsucht, aus den Schemen der Ueberlieferung ins freie Leben selbst vorzudringen, bezeichnet den Ausgang des Mittelalters und den Uebergang zum Wirklichkeitskultus des Quattrocento. Zahlreiche schwache Anläufe, von Antonio Veneziano mit seinen Fischern im Camposanto zu Pisa bis zu Gherardo Starnina mit seinem Schulbuben unter der Rute, einst im Carmine hier, bezeichnen den Weg. Und jauchzend klingt uns der Jubelruf der Staunenden „uno che trema - cosa mirabile". Aber in Masaccios Bilde guckt dies Bravourstück keineswegs aus dem Ganzen heraus, ebenso wenig wie sein flammender Cherub an der Pforte des Paradieses oder sein gebückter Petrus beim Fischfang daneben. Er stört nicht die ernste Haltung des Vorganges, wie dies von Masolino in seiner Taufe Christi im Baptisterium von Castiglione d'Olona gesagt werden musste, obgleich die Wirklichkeitstreue seiner Genrefiguren noch 1435 so weit hinter diesen Leistungen Masaccios zurückbleibt.

Die willkommene Gelegenheit, in nackten Gestalten zu schwelgen, verleitet den wahren Künstler nicht, die künstlerische Freiheit zu misbrauchen; bei ihm nimmt jede Figur in der Oekonomie des Ganzen nur ihren wolberechneten Anteil, und er opfert Lieblingsgeschöpfe, die ihm gelungen, der Gesamtwirkung auf, wo diese gefährdet wird. Zwei ruhig ernste Gewandfiguren [1]) dienen schon hier als Folie für den charakteristischen Umriss des fröstelnden Burschen, der seinerseits dem Apostel drüben die Wage hält. Ein dritter Täufling steht halb entblösst weiter zurück und lässt sein Hemd über die Hüften nieder, während auch hier ein Büfser in dunkelm Rock mit dem Ausdruck tiefer Zerknirschung den Andrang hemmt, als wäre er ein Begleiter des Petrus, der mit dem Chrisam in der Hand die Ceremonie erst abschliesst. Dann erst schaaren sich die Jünglinge Kopf an Kopf und schauen in mannichfaltiger Haltung schon verlangend oder neugierig noch herüber. Hell beleuchtet, bezeichnen sie zugleich eine Gasse, die rechts her aus der Tiefe kommend, am engen Schauplatz des Flüsschens mündet, und lenken den Blick auf die freiere Gruppe des Vordergrunds. Von Petrus ausgehend erstreckt sich diese Bahn als Richtungsaxe des Raumes diagonal an den Bergen vorüber, die in ähnlichem Zuge Kuppe an Kuppe hintereinander aufrücken.

Als dunkle Massen aufgereiht dienen diese Höhen zunächst dazu, die hellen Figuren drunten energischer herauszuheben und an dieser schlecht sichtbaren Stelle wenigstens die hellen Körper zu Selbstleuchtern zu machen, die dem Betrachter ins Auge fallen. In klaren Augenblicken erkennt man auch hier trotz aller Beschädigung auf dunkelgrauen Felsen noch grünbewachsene Hänge, tiefere Schatten der Einschnitte mit seitlich beleuchteten Spitzen darüber, und das Spiel des Helldunkels setzt auch hier das Leben, das vorn in reicher Fülle drängt, ins Weite fort bis über alle Berge. Eine landschaftliche Ferne mit freierem Ueberblick wäre auf dieser Fläche schon für den gegebenen Standort des Beschauers nicht mehr und nicht weniger als ein Misgriff gewesen, und dergleichen zu verlangen, ist solchem Maler nur eine Torheit, wie dem wahren Philosophen die Spiegelfechterei sophistischer Beweise. Wer immer, soweit der traurige Zustand dieses Wandgemäldes irgend noch gestattet, die feine Abstufung aller Mittel nachzuwägen versucht, der wird an Masaccio gerade hier bewundern, wie sehr der plastische und der malerische Sinn im Raumgefühl zusammengehen.

[1]) Am Hinterkopf des Zitterers ist eine starke Protuberanz, am Gesicht seines Nebenmannes rechts ebenfalls Uebermalung bemerkbar.

In der Ausführung des Einzelnen musste schon bei den hinteren Figuren ein summarisches Verfahren walten, das mehr andeutet und voneinander absetzt, als zeichnerische Präzision erstrebt; desto wirksamer steigert sich im Vordergrunde die Formgebung zu vollgerundeter Bestimmtheit. — Leider hat die Mittellage gerade am meisten durch Feuchtigkeit der Wand oder Verwaschung beim Brande gelitten. Die ungleich verschwommene Weichheit darf doch nicht verführen, hier duftigen Zauber zu suchen, den erst weit spätere Maler Italiens erstrebten. Aber schon Vasari, der sie unbeschädigt sah, lobt an der Figur des fröstelnden Jünglings nicht nur »bellissimo rilievo«, sondern auch »dolce maniera«. So gut wie neben diesem nackten Körper der hellgraue Eckpfeiler mit seinem Rosarot an Basis und Kapitell nicht ohne Einfluss bleibt, so hilft auch die Wärme der Karnation an dem knieenden Täufling nicht wenig mit zur malerischen Einheit, ja die Röte des Fleischtones ist ein unentbehrlicher Faktor, den Masaccio mit bewusster Wahl in seine Rechnung einsetzt.

An dieser schwierigen Stelle des Kapellenraumes mit Licht und Farben Wunder zu tun, war für den jungen Künstler eine technische Aufgabe, die wol alle Kraft in Anspruch nahm. So erscheint es durchaus natürlich, wenn bei dieser Ausführung ein anderer Teil, der zugleich erledigt werden musste, eine gewisse Flüchtigkeit und Schwäche deutlicher als anderswo verrät. Was böse Zungen hernach von Fra Filippo sagten, er habe mehr als billig die Hände versteckt, das könnte man hier erst recht an Masaccio tadeln. Die wenigen Beispiele, die er zeigt, sind mangelhaft geraten, die Füsse nicht viel besser, und in mancher anderen verkürzten Form kehrt jene Schiefheit und Wulstbildung wieder, die wir mit Rumohr schon soeben in der Geschichte vom Zollgroschen und in der Vertreibung aus dem Paradiese bemerkten.

Die Gestalt des knieenden Täuflings, die Adams dort und die nackten Beine des Torwächters von Kapernaum haben so viel charakteristische Merkmale, Vorzüge wie Mängel, miteinander gemein, dass sie als Reihe unbezweifelter Arbeiten Masaccios uns die Bestimmung eines vierten Stückes ermöglichen, dessen Vergleich grade hier ausserordentlich willkommen ist. Denn diesen malerisch wirksamen, in breiter Freskotechnik auf die Wand gebrachten Figuren gegenüber regt sich wol ohnehin der Wunsch, Masaccio als Zeichner kennen zu lernen, womöglich bei dem Absehen, die Formen, die er sieht, in festen Umriss zu fassen, und mit genauer Rechenschaft über alles Einzelne zu eigenem Besitz aufs Papier zu bannen.

Die Mehrzahl freilich der vielen Blätter, die hier und da in unsern Sammlungen als Originale Masaccios ausgegeben werden, dürften sich eher als Studien späterer Künstler nach seinen Vorbildern herausstellen. Schon Vasaris Erzählung von dem eifrigen Bemühen, ihm gleichzukommen, macht solchen Ursprung wahrscheinlich. Die meisten von ihnen sind wieder Gewandfiguren; die Breite seines Wurfes, die schlichte Grösse seines Vortrags sind das Ziel des Strebens, das hier gelingen kann und bis auf Weiteres täuschen, dort seltsam genug sich mit der Eigenart des Nachahmer verquickt und an der Unart eben den wahren Autor kenntlich macht. Ein Beispiel für Viele ist Filippino Lippi, der eine Zeit lang sich redlich einzuarbeiten versucht hat, um die unvollendeten Stücke des Cyklus hier zu Ende zu bringen, und darin alle Anerkennung verdient, freilich nur um desto schneller in Schnörkel und Bausche, in flatternde Bänder und verwickelten Aufputz zurückzufallen und als ausgemachter Manierist zu enden.

Die Zeichnung eines Dioskuren

Hier aber gilt es den nackten Gestalten, die Masaccio selbst gemalt, eine Aktfigur anzureihen, die er selbst gezeichnet. Vielleicht gelingt es in genauer Vergleichung dieser Proben wenigstens einen Neophyten anzuschliessen und diese Taufe sogleich vollgültig zu bescheinigen. Die Zeichnung, die wir meinen, verbirgt sich unter dem Namen Antonio del Pollajuolo, der ihr alle Ehre macht, »il gran disegnatore« sagt Rafaels Vater. Aber sie trägt einen zu frühen Charakter schon an der Stirn geschrieben, entspricht weder in der Technik der Ausführung noch in der Formgebung der wolbekannten Art dieses vom Goldschmiedshandwerk ausgegangenen Meisters. Sie war im Printroom des British Museum, unter dessen reichen Schätzen sie bewahrt wird, auch vor zehn Jahren schon und länger nur mit Fragezeichen unter diesen Namen eingereiht.[1] (Payne Knight Pp. 1 No. 18.) Auf blau grundiertem Papier mit Silberstift gezeichnet und weiss gehöht, erscheint hier einer der Dioskuren von Montecavallo in Rom, in voller Ansicht vor seinem Rosse, das rechtshin in die Höhe steigt. Der linke Arm des Jüng-

[1] Vgl. unsere Tafel (in Lieferung I) nach Phot. Braun No. 65. British Museum unter Pollajuolo. Es ist der als »opus Phidiae« bezeichnete, vom Pal. Quirinale links.

lings hebt sich mit der Faust dicht vor das Gebiss des schnaubenden Tieres, dessen mähnengeschmückter Hals gerade hinter der Schulter des Bändigers endigt. So überragt der Kopf des Pferdes völlig den des Mannes neben ihm, -- lauter bezeichnende Abweichungen des Quattrocentisten von dem Vorbild der Antike, das er studiert. Die gesenkte Faust des rechten Armes, der jeder Draperie entledigt ist, steht in schräger Linie zwischen seiner Schulter und dem Schweif mitten vor dem Hinterbacken des Gaules, der gedrungen und kurz, ganz ohne die energische Muskulatur des Marmorwerkes, doch ebenso ängstlich, fast zitternd vor dem Ruck des Zügels beide Hinterhufe dicht aneinandersetzt. Ross und Mann sind hier zur Einheit verbunden, während sie auf Montecavallo auseinandergehen. Das Tier dient diesem Zeichner nur als Folie für die Menschengestalt, die er in voller Breite entfalten will. Freilich die Auffassung bleibt auch hier weit zurück hinter der gewaltigen Kraft des antiken Heroenleibes. Die prachtvollen schon übermässig hervorgedrängten Muskellagen mit den tiefen Schattenfurchen dazwischen bleiben fast unbemerkt. Die Breite des Brustkastens mit seinem vorgewölbten Bau wird gradezu ins Engbrüstige der unvollkommenen Modelle zurückübersetzt, die der Maler sonst zu sehen bekommen. Und doch ist kein Zweifel, er hat in Rom vor diesen Statuen selber gearbeitet und verfolgt unverkennbar die Absicht, in seinem Abbild wiederzugeben, was er am Vorbild ersehen kann. Und mit welcher Deutlichkeit folgt die gewellte Umrisslinie von der Achselhöhle zur Hüfte hinab den Schwellungen der Muskulatur oder den Rippen, deren Ränder sich bemerkbar machen. Wie ballen sich ähnliche Polster voll fester Spannung am Arm entlang, wol gelungen am rechten, aber fast ins Gegenteil missglückt am erhobenen linken, wo das Licht den Zeichner geblendet. Wie eifrig giebt er im Gesicht des Streiters die Anstrengung der Kraft, die gepressten Lippen und geblähten Nasenflügel: ja das Auge bekommt eine Intensität des Blickes, wie er im Marmor nicht erschien, — und das Ross gar menschliche Züge nach Trecento-Art.

Gemässigt in allen Formen, gekürzt im Vergleich zum bäumenden Tiere, wird die Gestalt des Mannes in der unteren Hälfte vollends ungenau. Mit gespreitzten Beinen tritt er auf, aber der Sinn der Haltung, die Richtung des Widerhalts ist nur obenhin erfasst und schwach betont. Eine auffallende Eigentümlichkeit aber prägt sich aus: die breite Phalanx der Zehen und das Aufpressen beider Füsse auf den Boden grade an dieser Stelle, hier wie da. Nehmen wir dann noch die scharfen Gegensätze in der Modellierung namentlich seines rechten Beines hinzu, oder die mächtigen Fäuste mit dem breiten Metacarpium, dem dicken Wulst unter dem Daumen und den kleinen verkrümmten Fingern, so sind wir bei Masaccio und dem Erträgnis dieses Studiums mit seinen Vorzügen und seinen Fehlern. Beine und Füsse Adams und des Torwärters bezeugen die genaueste Verwandtschaft, in der Bildung der Einzelheiten, die wir hervorgehoben, wie in der Modellierung, deren Misserfolg schon Rumohr so treffend beschrieben hat. »Die Höhe der Lichter nicht in die Mitte, sondern an den Rand der Formen zu bringen, – was diesen durchhin ein gewisses Ansehn von Schiefheit giebt«, – diese Procedur zeigt auch die Zeichnung im British Museum. Die Ueberhöhung der Lichter, die schon ins Kreidige übergehen, die Randbeleuchtung auf der einen und die tiefen Schatten auf der anderen Seite finden sich ebenso auf diesem Blatte wie auf den Fresken der Brancaccikapelle.

Ohne Zweifel hat Masaccio nicht diese weiss gehöhte Ansicht des Marmorwerkes auf seinem blaugetönten Papier allein nach den Kolossen von Montecavallo gefertigt, sondern auch sonst eifrig an ihnen studiert. Denn die Bildung des jugendlichen kraftstrotzenden Leibes, die er hier sich ausersehen, kehrt wieder an dem knieenden Beter in der Taufe. Die Form des Oberarms besonders mit der starken Muskelschwellung, die Fülle der Brust mit der Einsenkung in der Mitte findet sich ebenso, und ebenso zeigt sich an allen nackten Gestalten, am Frierenden wie an Adam und Eva drüben, die nämliche Nabeltiefe mit auslaufender Furche nach oben. Ueberall endlich begegnen uns Köpfe unter den Täuflingen hier, wie in der Apostelschaar um Christus, die ihre Herkunft von den klassischen Vorbildern deutlich offenbaren. Unter ihnen bemerken wir einige, die nach Bedarf der Freskomalerei den grossflächigen Zug der Marmororiginale noch beibehalten, während die Zeichnung des Dioskuren selbst ihn intimer verfeinert. Sie zeichnen sich dadurch aus, dass die Nase in ununterbrochenem Zusammenhang von der Stirn ausgeht, mit scharf beleuchtetem Rücken sich heraushebt und dass die Augen tief beschattet unter den breiten Höhlenrändern liegen; ebenso ist der plastische Vorzug stark vorspringender und voll geschwellter oder leise geöffneter Lippen bewahrt. So Johannes der Evangelist und der jugendliche Apostel hinter dem Steuereinnehmer. Dagegen sticht in anderen bartlosen Köpfen mehr die Aehnlichkeit mit dem Antlitz hervor, das Masaccio unwillkürlich unter den Händen erwuchs, als er die Zeichnung nach dem Dioskuren in vermeintlicher Nachahmung des antiken Typus vollendete. Ihm gleichen besonders die beiden Apostel hinter Petrus, besonders der neben dem Bilde Donatellos hat den Blick und die

Formation der oberen Hälfte seines Gesichts, sein Nachbar die tief eingegrabenen Mundwinkel und die aufgeblähten Nasenflügel wie auf dem Blatt in London. In den übrigen Fresken wie in der Almosenspende wirkt in Johannes der antike Idealkopf fort, von dessen Ursprung nur die Zeichnung zu erzählen weiss, die wir als Masaccios Eigentum in Anspruch nehmen.

Das Blatt im British Museum mit seinem blau getönten Grunde und seinen weiss gehöhten Lichtern hat, als Ganzes betrachtet, noch eine Verwandtschaft aufzuweisen, die wol nur bestätigt, weshalb wir sie früher angesetzt haben als Pollajuolo und in anderem Umkreis suchen als bei der Goldschmiedsgruppe in der zweiten Hälfte des Jahrhunderts. Sie gleicht bis in die starken Kontraste des Weiss und Blau den Majolikaplatten des Luca della Robbia, wie z. B. den Monatsbildern im South Kensington Museum, die aus Palazzo Medici stammen. Wie diese Malerei des befreundeten Tonbildners, der mit Filippo di Ser Brunellesco und Donatello, also auch mit Masaccio zusammengehört, so trägt auch die Zeichnung in der Wiedergabe der Formen, in ihrer Befangenheit und Naivetät, noch Spuren genug an sich, die uns die Nähe eines Fra Giovanni da Fiesole auf der einen Seite und eines Benozzo Gozzoli auf der andern verraten. Als Einziger der späteren Generation gehört nur Piero de Franceschi hierher, dessen Taufe Christi, als willkommenes Beispiel in London, auch die Erbschaft dieser Antikenstudien Masaccios antritt, wie noch so mancher andern Errungenschaft, die nur er mitzunehmen verstand in seine Heimat am oberen Tibertal. Masaccio selbst aber, vor dem antiken Marmorbilde eines jungen Heros dem Studium des nackten Körpers in seiner plastischen Schönheit ergeben, das ist für uns die Hauptsache hier, — noch nicht Masaccio in Rom, den dieses Blatt beglaubigt.

DIE UNTERE REIHE SEINER FRESKEN IN DER BRANCACCIKAPELLE

»Im Verfolg der Geschichten S. Peters, die Masolino begonnen, vollendete er einen Teil«, erzählt Vasari von Masaccio: »d. h. die Geschichte vom Stul Petri, die Heilung der Kranken, die Auferweckung der Toten, die Gesundung der Krüppel durch den Schatten beim Tempelgang mit S. Johannes«. Die ungenaue Ausdrucksweise dieses Berichts, der aus dem Gedächtnis allein schöpft, kann über die Hauptsache, was er meint, keinen Zweifel lassen. Vasari denkt an die untere Reihe der Wandbilder, die seines Wissens Masaccio gehören, das heisst, in chronologischer Folge der Vorgänge genannt, die Almosenspende, die Schattenheilung, die Auferweckung des Fürstensohnes und die Stulfeier „la storia della cattedra." Die beiden ersten, die Erleichterung der Kranken und die Heilung der Krüppel, gehören noch der Erzählung der Apostelgeschichte an; die beiden letzten, das Wunder vor Theophilus von Antiochien und die Einsetzung in der Kathedrale, sind der Legende entnommen.

In die Zeit der ersten Gemeinde zu Jerusalem führt uns die Schilderung brüderlichen Zusammenlebens. „Es war auch keiner unter ihnen der Mangel hatte; denn wie viele ihrer waren, die Äcker oder Häuser besafsen, verkauften sie und brachten das Geld des verkauften Gutes, und legten es zu der Apostel Füfsen; und man gab einem jeglichen, was ihm not war." Im Anschlufs daran erzählt das fünfte Kapitel den Zwischenfall mit Ananias, der einen Teil des Erlöses aus seinem Gut zurückbehielt, und von Petrus durchschaut, vor ihm niederfiel und seinen Geist aufgab. „Ananiae et Saphirae mortem predixit" rühmt das Loblied lakonisch genug. Und unmittelbar auf diese Bestrafung der Unwahren, folgt die Heilung der Krüppel: „also, dafs sie die Kranken auf die Gassen heraustrugen, und legten sie auf Betten und Bahren, auf dass, wenn Petrus käme, dafs sein Schatten ihrer etliche überschattete, ... und wurden alle gesund."

Ohne Zweifel sind diese beiden Vorgänge, schon in der heiligen Schrift so nah verbunden, auch hier in der Brancaccikapelle als Paar von Gegenstücken vorgesehen, wie droben die Predigt am Pfingsttag und ihr Erfolg, die Taufe der Bekehrten. Streng zusammengehalten erscheinen die beiden Darstellungen darunter an der selben Altarwand, nur in umgekehrter Folge, die Almosenspende rechts, die

Schattenheilung links vom Beschauer, und schon beim ersten Einblick in die Kapelle, durch das Gitter hin, wirkten sie zu beiden Seiten der Hauptaxe als symmetrische Hälften einer Bühne. Hier galt es, den normalen Mafsſtab für alle Verhältnisse des Innenraumes zu geben, schon vor dem Eintritt gehörig zu orientieren und den richtigen Standpunkt für die Umschau anzuweisen.

Deshalb ist die perspektivische Vertiefung des Schauplatzes für beide Bilder wenn auch nicht aus einem und dem selben Mittelpunkt im Höhenlot der Wand konstruiert, wie es später Andrea Mantegna in Freskenpaaren aus der Legende des Jakobus und Christophorus zu Padua getan hat, doch mit bewufstem Anschluss an die Bedingungen des wirklichen Raumes, und nicht wie dort bei den Eremitani im Kampf mit Konsequenzen, sondern zum Vorteil des Beschauers. Die schematische Grundlage der Disposition verleitet jedoch den Maler keineswegs, bei genauer und deshalb langweiliger Entsprechung der Hälften stehen zu bleiben, sondern er entfaltet den Schauplatz in jedem Bilde nach den Erfordernissen des Vorwurfs und sucht in ihm um so mehr Abwechslung als er die Hauptperson der Scene beidemal rechts anbringt, während sie im oberen Bilderpaare, bei der Predigt wie bei der Taufe, links steht. Während die beiden oberen Scenen in Gebirgstälern gedacht sind, mit Höhenzug als Hintergrund für die Figuren, geschehen diese beiden darunter in den Strafsen der Stadt Jerusalem. Der scharf begränzte, von Baulichkeiten umgebene Ort der Handlung umschliefst die Gestalten in unmittelbarer Nähe, und ordnet sie zwingender als sonst den Mafsverhältnissen der Häuser und Paläste unter, vor denen sie hier unten in Tischhöhe des Altars erscheinen. Das war kein leichter Entschlufs für den Maler, der seine majestätischen Personen so breit und frei schon ausgelegt hatte, sie auf offenem Plan als feste Körper im Raume hinzustellen und geltend zu machen gewohnt war. Das alles konnte in enger Gasse, unter sichtbarem Einspruch der Architektur wieder zu Schanden werden. Und in der Tat befremden diese beiden perspektivisch wirksamften Stücke der Altarwand durch die strenge Reduktion der Figuren, im Vergleich zu den übrigen Gemälden der Kapelle. Nur sorgfältiges Eindringen in die Oekonomie des Meisters läfst wieder erkennen, wie bewufst er auch hier die Faktoren der Anschauung abgewogen, mit welcher Ueberlegenheit des Gefühls er die Gasse frei macht für diese Gestalten, und das Auftreten der Personen wieder so hindurchführt, dafs sie die Koulissen seines Theaters nicht Lügen strafen. Das eine Mal galt es, den Schatten der Hauptperson im Vorübergehen an einer harrenden Reihe entlang sichtbarlich hinzuwerfen. Hier zeigt er nur die eine

3*

Seite der Strafse mit ihrer Häuserflucht, und sein Apostel kommt in diagonaler Richtung aus dem Hintergrunde um seinen Weg nach der linken Ecke vorn zu nehmen. Das andre Mal schreitet Petrus mit seinem Gefolge im Vordergrund quer über die Bühne und trifft an der Ecke eines Kreuzweges mit der Bettlerschaar zusammen; gerade hier aber, wo die Querstrasse mündet und der Blick ins Freie sich öffnet, wird auch der Fortgang der Handlung durch einen Zwischenfall unterbrochen. So bringt der Künstler Abwechslung in den Anblick der Scenen und Mannichfaltigkeit in den Ablauf des Geschehens, je nach dem Inhalt der Erzählungen selber. Aber beidemal geht eine Bewegung von rechts her aus der Tiefe hervor und begegnet einer Masse, die ihrer wartet; denn beide Vorgänge schildern das Auftreten der Apostel und ihr Walten in der ersten Gemeinde.

Die Almosenspende

Neben dem Marmorpfeiler rechts, der die Bühne begränzt, drängen sich überschauende Köpfe, ein junger nach einwärts, ein alter nach vorwärts, hinter dem Ebenbild der Barmherzigkeit und Milde Johannes, der Petrus begleitet. Und zwischen den Häuptern der Apostel mit ihren Heiligenscheinen hindurch starrt, ganz von vorn gesehen, ein Mann mit dunkelm Vollbart herein, wie versteinert vom Entsetzen. Was geschieht hier mitten im Vollzug des Liebeswerks?

In der Linken den offenen Lederbeutel vor sich haltend lässt Petrus aus den Fingern der Rechten soeben ein Geldstück in die Hand eines jungen Weibes gleiten, das mit einem Kind auf dem Arm herantritt. Ihr Kleid ist grau und armselig ein weifses Tuch um den Kopf gewickelt, und die bleiche Gesichtsfarbe wie der magere Hals verraten, dafs Elend und Leid ihr die Frische geraubt hat. Sie bedarf der Gabe vor Allen. Eine andre junge Mutter eilt hinter ihr herein, ein Mann kniet neben ihr und hält die Hand noch wartend offen, als sei er übergangen. Von links her humpelt ein Krüppel heran, an der Ecke des vorspringenden Hauses; auf Krücken gestützt, hat er die Finger nicht frei, aber desto gieriger dringt der Blick der funkelnden Augen unter buschigen Brauen hervor, und die kahle Platte seines Schädels leuchtet über dem dunkeln Haarschopf im Nacken und dem Spitzbart am Kinn, das ebenso eifrig dem Almosengeber entgegenstrebt. Vergebens versucht das alte Mütterlein mit breitem Kopftuch vornuber gebeugt noch neben ihm vorzukommen; er sperrt mit seinen Stelzen den Zugang. Oder packt auch ihn die Furcht, so dafs er bei Seite lenkt?

Zu den Füfsen der Apostel liegt ein kräftiger Mann auf der Strasse hingestreckt. Der Kopf ist auf den linken Arm gesunken, während die Rechte an das Handgelenk greift und die Finger der Linken sich flach auf den Boden breiten. Die ungeschlachte Form des Körpers in guter bürgerlicher Tracht veranlafst unwillkürlich an die Wucht eines jähen Zusammenbruchs zu denken, wenn auch die Zerstörung der Bildfläche durch den neuen Altar gerade an der Stelle, wo die Beine weitern Aufschlufs geben sollten, uns volle Klarheit versagt. Ist es ein Kranker, der mit gläubiger Inbrunst sich niedergeworfen hat, als erflehe er mehr denn Almosen von den heiligen Männern? Schwerlich; denn wenigstens Johannes würde sich ihm zuwenden, wenn Petrus seiner noch nicht achtet; aber klar und fest verharrt der Lieblingsjünger des Herrn und blickt nur bekümmert vor sich hin, wo sich vollzieht, was ihn nicht überraschen darf. Und Petrus selbst ist garnicht so im Austeilen der Münzen befangen, dafs er abgezogen erschiene von diesem Zwischenfall. Auch er blickt vor sich hin, aber nicht in stiller Wonne des Gebens, wo die Linke nicht sieht was die Rechte tut, sondern ernst und streng, mit dem unverkennbaren Ausdruck des Ingrimms über etwas, das die brüderliche Gemeinschaft stört und dem Geist der Liebe, den er soeben betätigt, zuwiderläuft.

Es würde dem engen Anschlufs an die Apostelgeschichte nicht entsprechen, wenn wir mit Vasari ein „liberare gli infermi", schon eine Krankenheilung erkennen wollten, wo es sich um Verteilung aus gemeinsamer Kasse handelt. Und der Ausdruck unheimlichen Grauens, der plötzlichen Aufregung hüben und drüben wäre unerklärt. Die feste Haltung der Apostel, die finstre Miene des Petrus verträgt sich mit der Almosenspende nur, wenn wir zugleich die Bestrafung des Ananias vor uns sehen. Masaccio steigert den dramatischen Kontrast zu voller Anschaulichkeit, wenn er die verschiedenen Momente der biblischen Erzählung zusammenzieht: die Ueberreichung des Kauferlöses in der Börse des Ananias, die nur soviel enthält wie er preisgeben will, die Verteilung des Inhalts an die Armen und die Erkennung wie die Bestrafung des Betrugs. „Warum hast Du das b[illegible]ngen in Deinem Herzen," murmelt Petrus. „Du hast nicht Menschen sondern Gott belogen." Und der Vorwurf streckt den Mann zur Erde wie ein Blitz.

So denkt Masaccio; aber es kommt ihm nicht bei, den Stral des Zornes in seiner Wirkung an dem Opfer mit gräfslicher Verzerrung durchzuführen. Ananias taumelt nicht willenlos mit Zuckungen aller Glieder zurück, wie auf Rafaels Teppichkarton, Petrus ist nicht der Zauberer, der mit drohendem Wink physische Vernichtung vollzieht. Es ist die Haltung eines Reuigen, eines moralisch Getroffenen, in der hier ein starker Mann am Boden liegt. Das Herz ist ihm gebrochen, der Schlag hat ihn gerührt, sagen die Leute, weil sie nicht wissen, wie es geschah. Ananias fiel nieder und gab den Geist auf. Erst Sapphira hat die Stirn zur Widerrede, ihre freche Lüge macht sie vollauf zur Mitschuldigen, und auch sie wird abgetan. Hier aber sehen wir sie nicht, während sie bei Rafael schon ahnungslos durch die Türe kommt. Ein Fall genügt, um so mehr, da Läugnen sich nicht malen läfst.

Masaccio ist ebenso weit entfernt von der Sanftmut und Weichherzigkeit eines Fra Angelico. Weder seine Apostel sind in so kindlicher Einfalt von der Seligkeit des Gebens durchdrungen, noch seine Armen so harmlos im Begehren, so friedfertig im Nehmen wie beim Klosterbruder von S. Domenico. Dieser Mann hier kennt den Stachel der Armut wie der Herzen Härtigkeit. Aber grade dadurch hat der einfache Vorgang der Almosenspende schon einen Reichtum an psychologischem Ausdruck gewonnen, wie ihn kein Liebeswerk im Klostergarten um sich sieht. Diese Verteilung gemeinsamen Geldes ist eine Volksfcene, die den Keim des Auflaufs in sich trägt. Die Geber wie die Nehmer müssten es fühlen, dafs ein Körnchen Sauerteig das Ganze in Gärung bringt. Nur der unerwartete Zwischenfall, das furchtbare Schicksal des reichen Mannes weift den Vorgang in die Schranken der Armenpflege zurück. So wird das Antlitz des Apostelfürsten, in dem sich diese Wendung spiegelt, zur Hauptsache des Bildes. Er waltet seines Amtes unbeirrt; aber kein Blick begeisterter Freude und warmen Anteils leuchtet unter den gesenkten Lidern hervor; scharfe Furchen laufen abwärts über die Wangen in den Bart, als handle es sich mehr um bittern Ausgleich ungerechter Not oder um die herbe Strenge der strafenden Gerechtigkeit allein.

Die ganze Helligkeit des Sonnenlichts strömt über die Bettlerschaar auf dieses Antlitz und die beiden Gestalten der Apostel. Vor dem karminroten Mantel des Johannes und dem gelben Ueberwurf des Petrus über grünem Rock können wir nicht umhin den Körper am Boden zu beachten, der in feuerrotem Bürgerkleide daliegt. Unter dem peinlichen Eindruck des Falles, unter dem starren Entsetzen und der beweglichen Habgier auf den Gesichtern umher, wird der Ausblick ins Freie zur Woltat. So stellt der Maler einen hohen Turm mit gotischen Fenstern im Rusticabau zur Seite auf, an der Ecke der Querstrafse einen leichten Palast übereck, sodass wir sein Zeltdach überblicken und die schräge Flucht seiner Hauptfassade mit ihrer rundbogigen Fensterreihe im Mittelgeschofs verfolgen. Auf der andern Seite der Gasse, links am Rand des Bildes, lässt er die dunkle Masse eines Bürgerhauses, mit vorgekragtem Ausbau, bis auf das Eckfenster im Schatten liegen, und eröffnet daneben die Landschaft, wo der Fahrweg sich zur sanften Höhe eines Hügels hinanwindet, aus dessen Grün eine weifse schlofsähnliche Villa mit kurzem Turm über dem Zinnenkranz hervorglänzt, während ein Höhenzug dahinter die selbe Richtung in die Ferne dehnt. Je meisterhafter die Führung des Lichtes hinter dem hölzernen Eckbau hervor über die Fläche des neugebauten Hauses am Strafsenanfang gelungen ist, desto williger folgt das Auge dort hinaus, als schimmere ihm lockend die Villa Castello am Fuss des Monte Morello entgegen.

Die Schattenheilung

Auf der gegenüberliegenden Seite der Altarwand blicken wir im entsprechenden Bilde auf die Häuserreihe zur Linken einer schmalen Gasse. Der Augenpunkt liegt ganz ausserhalb, fast um die ganze Breite der Bildfläche nach rechts, so dafs diese Architekturkoulisse mit Vorbauen, Dachrändern und Fenstern eine Anzahl energischer Fluchtlinien und perspektivischer Wahrzeichen aufweist. Nur ein dreieckiges Feld rechts bleibt für die Einstellung der Figuren übrig; aber gerade dadurch wird der Eindruck einer unmittelbar vor uns hingesetzten Scene erreicht. Genauer als sonst wird vorn in der Ecke ein Rusticabau mit hohen gewölbten Fensteröffnungen im Obergeschofs und der vorgelegten Stange zum Aufhängen von Wäsche, mit Steinbänken vor der Tür und dem Einblick ins Innere geschildert. Daran schliefsen sich leichtere Fachwerkhäuser von grauer und rötlicher Farbe, mit schrägen Stützbalken unter dem vorspringenden Oberstock an, und hinten ragt ein schlanker Turm über die Dächer. An dieser Häuserflucht entlang sendet die Sonne ihren Schein, — wie das wirkliche Licht des Kapellenfensters von oben einfällt. Diesen örtlichen Umstand macht der Maler zum Bundesgenossen seiner Kunst, die Darstellung des Wunders möglichst sinnfällig und überzeugend vor die wahrheitsdurstigen Augen seiner Gemeinde zu bringen. „Umbra sui corporis infirmos sanavit" rühmt die Legende vom Apostel Petrus; das konnte der realistisch denkende Künstler in dieser Kapelle nur auf dieser Stelle malen. Hier allein sendet eine aus der Tiefe kommende Person ihren Schatten in seitlicher Richtung voraus, so dafs die Wunderwirkung dieses Schattens im Vorbeigehen wenigstens als unmittelbare Folge neben dem Träger der Heilkraft selber zum Vorschein kommen mochte. Eine solche Nachwirkung hinterrücks vorzuführen, so dafs der Apostel garnicht von Angesicht gezeigt ward, verbot sich für die heilige Geschichte von selbst Deshalb schiebt sich die Häuserreihe zur Linken hin. Hier haben die Gläubigen ihre Kranken auf der Steinbank niedergesetzt, hierher sind Kruppel gekrochen und andre Dulder zusammengedrängt. Von der Sonne beschienen warten sie, dafs Petrus vorüberkomme und erlösend überschatte wen es grade trifft.

Im Vollbewufstsein seines Hoheitsrechtes wandelt der Apostel daher, wie verloren in Gedanken. Sein rechter Arm hängt ruhig herab, der linke wird vom gelben Mantel völlig verhüllt; denn ohne eigenes Zutun, ohne Mitwirkung der Hand oder nur des Blickes geht die Heilkraft von ihm aus, sein Schatten genügt sie überzuleiten. Er selber achtet der Wandlung nicht, die seine Nähe ausübt; aber siehe da, wohin nur ein Streifen seines Schattens gefallen, da erheben sich die Kranken gesundet und loben den Herrn, der sie begnadet.

Ein bärtiger Mann in hemdartigem Kittel unmittelbar zur Seite des vorübergehenden Petrus, steht schon aufgerichtet auf seinen nackten Beinen, als merkte er eben, dafs sie ihn wieder tragen wollen, und faltet die Hände in Anbetung, — scharf beobachtet, wie es scheint, von seinem Nachbar in roter Kapuze, der beide Hände auf einen Stock gestützt hereinschaut — und nach Vasari das Bildnis Masolinos wäre. Neben dem Beter mit verbundenem Bein kniet ein Kahlkopf mit hohlen Augen und schmerzvoller Stirn; seine Arme sind demütig über die Brust gekreuzt, aber sein Blick vermag aus dumpfer Lethargie des langen Leidens kaum noch mit Zuversicht sich aufzuraffen. Ein armer Krüppel dagegen, der sich mühsam auf kleinem Holzschemelchen am Boden hinschleift, lugt wie ein Hund nach einem Knochen auf, auch er noch ein Menschenkind das Erlösung hofft. Eine ergreifende Stufenleiter leiblicher Gebrechen, von halber Tierheit bis zur Wiedergeburt in voller Gesundheit führt zu Petrus hinauf, dem ein schmalwangiger Jüngling mit verblichenem Heiligenschein, — also doch wol Johannes — in karminrotem Mantel, und ein langbärtiger Greis mit Käppchen auf dem Scheitel, in gemessener Entfernung folgen.

Bei dem jetzigen Zustand des Bildes, das gerade an der linken Seite besonders gelitten hat, würde man allerdings, ohne den Inhalt zu wissen, kaum noch den Schlagschatten des Apostels als eigentlichen Wundertäter erkennen. Aber die scharf und klar durchgeführte Beleuchtung belehrt noch immer unzweifelhaft genug über die Absicht des Malers, mit seinen Mitteln wirklich zu zeigen, was keine andre Kunst darzustellen vermochte. Noch immer erregt die wirksame Modellierung der Köpfe bis zum entarteten Geschöpf hinunter, oder die Halbfigur mit nackten Armen und kahlem Schädel vor dem grauen Rock des stehenden Nachbars, Bewunderung, wenn auch die Vollkraft an dieser Stelle nur mit schweren schwarzen Schatten erkauft ist. Mit welchem Gefühl für malerische Gegensätze ist mitten hinein in die dumpfe dämmerige Gasse des Armenviertels die Lichtgestalt des Gnadenspenders eingeführt, nur vorübergehend allerdings, aber desto unberührter als Erscheinung.

Wol mag es auffallen, dafs an dieser Stelle noch die nämlichen Fehler wiederkehren wie an den Händen Evas und den etwas schief in die Breite gehenden Köpfen der Apostelschaar. Die beiden Paare neben Petrus mögen etwas allzu stark im Mafsstab differieren, weil der Meister alle Kunststücke versucht, die Tiefe zu ertäuschen. Alle diese kleinen Schwächen erklären sich wie die unläugbare Tatsache, dafs die ganze Behandlung nicht so kühn und breit ist wie sonst, aus der Befangenheit im engsten Raum. Die strenge Einfügung der Figuren in den brauchbaren Ausschnitt seiner Fläche, die perspektivische Gebundenheit im Interesse der Gesammtwirkung als Wandgemälde und im Zusammenhang eines vielgliedrigen Ganzen haben unwillkürlich die Freiheit seiner Hand beschränkt. Wie sehr wir diese örtlichen Bedingungen in Betracht ziehen müssen, das lehrt besonders ein vergleichender Blick auf die Einzelgestalt des Helden.

Bei der Almosenspende erscheint der alte Apostel wie eine bewufste Weiterbildung des strengen Typus, den wir schon bei Giotto deutlich hervortreten sehen. Das volle Haupthaar legt sich in drei wulstigen Ringen um den Schädel, fast wie eine Perrücke, deren stark unterschnittener Rand mit tiefen Schatten über Stirn und Ohr den Backenbart, der über die Schläfen hinansteigt, wie ein künstliches Anhängsel erscheinen läfst. Die längliche Adlernase und der abwärts gezogene Knebelbart über dem vollen weifsen Haarwuchs am Kinn verstärken den altertümlichen Eindruck dieses

Kopfes, der dem greisen Eiferer wol ansteht.[1]) — Dagegen sehen wir in der andern Wandhälfte, in ganzer Breite von vorn, ein weit milderes Antlitz, unter dem grauen Haar und Bart frischere Farben und minder durchfurchte Flächen. Als ganzes ist es kein so ausgeprägter Charakterkopf, alles malerisch vereinfacht zu woltuender einheitlicher Wirkung. Und infolge dessen wol mit ist der jugendliche Begleiter, den wir als Johannes ansprechen müfsen, zu zarter Schwäche zusammengeschwunden, weit entfernt von dem Dioskurenkopf bei der Almosenspende rechts oder gar von dem herrlichen Antinous des grofsen Hauptbildes an der Längswand. — Der Apostelfürst selbst aber kommt in der malerischenBehandlung schon dem tronenden Petrus nahe, der unmittelbar daneben im untern Wandstreifen zur Seite des Altars links verehrt wird.

Die feierlichste Verherrlichung des Apostels auf Erden steht hier in der Kapelle seinem Martertod am Kreuz gegenüber, sicher schon als entsprechende Glieder im Freskenschmuck voraus bestimmt, unter entgegengesetzter Beleuchtung wie die beiden Bilder der Altarwand. Und im unmittelbaren Anschlufs an die nämlichen Bedingungen des seitlichen Lichtes von oben her, wie das Schattenwunder, ist offenbar auch diese Anbetung des Kirchenhauptes gemalt. In der Legende bezeichnet „Petrus in cathedra" freilich den Abschlufs der Scenenreihe, der dieser ganze untere Streifen der linken Wand gewidmet ist.

„Als nämlich Petrus bei Antiochien predigte, so erzählt die Ueberlieferung, ward er von Theophilus, dem Fürsten dieser Stadt zur Rede gestellt, warum er den Sinn des Volkes verkehre. Da aber Petrus sich des Glaubens an Christus rühmte, liefs er ihn fesseln und ohne Speise und Trank gefangen setzen. Als Paulus von diesem Schicksal des Petrus erfuhr, begab er sich zu Theophilus und stellte ihm vor, der alte Mann, der Kranke heilen und Tote erwecken könne, werde in Freiheit auch dem Fürsten wol zu nützen im Stande sein. Weshalb er sich denn nicht selber aus den Banden befreie, entgegnete Theophilus. Wenn er vermöge ihm seinen Sohn, der seit vierzehn Jahren tot sei, zurückzubringen, so solle er ledig sein und unversehrt bleiben. Als Paulus dem Gefangenen diese Botschaft brachte, meinte Petrus: „Du hast Grofses versprochen;

[1]) Vgl. den Farbendruck der Arundel Society mit den neuesten photographischen Aufnahmen.

dennoch — mit Gottes Hilfe — wird es ein Leichtes sein." Und herausgeführt aus dem Kerker, betete Petrus am geöffneten Grabe des Knaben, und sogleich kehrte dieser ins Leben zurück. Darob ward Theophilus und das ganze Volk Antiochiens mit vielen Andern gläubig, erbauten eine herrliche Kirche und stellten mitten hinein einen hohen Sitz, auf den Petrus erhoben ward, damit er von Allen gesehen und gehört werden könne. Auf diesem Bischofstul von Antiochien safs Petrus sieben Jahre bevor er nach Rom zog." [1])

Petrus in Cathedra

Diese Kirche von Antiochien stellt Masaccio am rechten Ende seiner Bildfläche dar, so dafs wir eine Schmalseite in starker Verkürzung und einen Teil der anstofsenden Langseite vorn parallel zur Grundlinie des Bildes verlaufen sehn. Das untere Stockwerk dieses schlichten Baues ist an Stelle eines Simses mit einem Pultdach umzogen, dessen Sparrenwerk unten mit flacher Felderdecke verschalt, oben mit roten Ziegelsteinen bedeckt ist, ganz ähnlich wie droben am Wächterhaus vor Kapernaum. Zwischen einer rechtwinkligen Türe rechts und der Ecke des Gebäudes ist unter diesem Dache der Tron für Petrus errichtet. Ein grüner Vorhang bekleidet die Wand im Rücken des Tronenden, ein Teppich breitet sich über die Stufen unter seinen Füfsen.

Der Apostel legt in dankbarem Gebet die Hände zusammen und blickt andächtig empor, nicht zum Nachteil der ehrfurchtgebietenden Erscheinung der eigenen Person, deren offenes Gottvertrauen auch dieser Heroenkultus nur zur Ehre des Höchsten wendet. Der Ausdruck aufrichtiger Demut hält die einfache Würde des Greises von allem pomphaften Wesen rein und giebt der schlichten Gestalt eine natürliche Ueberlegenheit über alle Verehrer, die nun, statt den Apostel anzubeten, sich mit ihm im Gebet zum Ewigen vereinen.

Im Halbkreis knieen zu seinen Füfsen drei fromme Männer im Gebet, während rechts und links sich stehende Verehrer anschliefsen, zu je dreien gesellt. Vorn in der Mitte wird die Figur des Fürsten Theophilus nur vom Rücken gesehen. Rechts neben ihm erscheint ein Zeitgenosse des Malers in scharlachrotem Gewand mit kahler Platte zwischen dem kurzgehaltenen Haar, gewifs ein

[1]) Jacobi a Voragine Legenda Aurea (rec. Graesse) Cap. XLIV.

Bildnis des Patronatsherrn der Kapelle, der den ganzen Freskenschmuck zu Ehren des Apostelfürsten bestellte. Und neben ihm stehen wol die andern Angehörigen der Familie Brancacci, zwei Männer vorn und eine Frau, — so scheint es; erkennbar ist an dieser arg mitgenommenen Stelle, (vor der dunkeln Kirchentür ursprünglich gewiss sehr wirksam hervortretend,) nur das Antlitz des einen Neffen,[1]) der aufmerksam aus dem Bilde heraus schaut, während der Kopf einer vierten Person, die ihm nur an die Schulter reicht, wie ein Eindringling am Türpfosten hereinguckt. Zur Linken der Mittelfigur dagegen nehmen die Mönche des Klosters in schwarzweifsem Karmeliterkleid ihre Rechte in Anspruch. Vorn kniet jedenfalls der Prior, begleitet von drei Angehörigen seines Ordens, die an die Ecke des Kirchenkörpers herangetreten, stehend verharren. Sie gehören zu den besterhaltenen Porträtfiguren, die Masaccio hier gelungen sind, und bezeichnen auf solcher Bahn die höchste Staffel seiner Kunst.

Die ganze Komposition dieser Gruppe rundet sich und gipfelt in hoher architektonischer Schönheit. Jeder Körper hebt sich in plastischer Selbständigkeit aus dem Grunde und hangt doch in klarer Beziehung zu seinen Nachbarn mit dem gemeinsamen Mittelpunkt zusammen. Feierlich getragen vollzieht sich jede Gebarde in bleibender Bedeutung, während Blicke, Faltenzug und Beleuchtung sie zur Lebendigkeit einer spontanen Aeufserung steigern. Solch ein Bild vermochte doch nur die Malerei mit dem vollem Umfang ihrer Mittel zu erreichen. Vom einheitlichen Tageslicht übergossen, wie es jeden Gegenstand an dieser Stelle je nach dem Platze den er einnimmt treffen mag, in eigner Farbe, aber vom Widerschein der Nachbarn wie von ihrem Schatten mit verändert, erscheinen alle Bestandteile für das Auge des Beschauers so eng verbunden und verwebt, und der Reiz des farbigen Helldunkels verwandelt die stumme Pantomime in klangvolle Harmonie. Erst diese Einstralung aus der Höhe läutert die Anbetung, die dem Apostel gezollt wird, zur Andacht in Gott, der ihn beseelt. Es ist eine ideale Zusammenfassung im Sinne des ganzen Heiligtums, und so ein Meisterstück monumentaler Wandmalerei. Noch heute, in dem mannichfach beschädigten Zustand, ist die Einheit der farbigen Grundlage so stark, dafs die Gränze, wo Masaccio aufgehört und Filippino Lippi seine Gestalten herangedrängt hat, sofort empfunden wird, trotz allem Bemühen den Gegensatz auszugleichen.

Die Rundung und Auseinandersetzung der Körper im lichtdurchströmten Medium der Luft, die Klarheit der farbigen Er-

---

[1]) Vgl. vorläufig die Angaben im Vasari ed. Milanesi II. p. 296 Anm.

scheinung im gemeinsamen Raum, die volle Freiheit des Gebarens und schlichte Ursprünglichkeit des Ausdrucks, die lebendige Gegenwart der historischen Person unter den lebenden Verehrern, das Alles erweckt die höchste Erwartung, was aus dem Hauptbilde daneben, dem letzten Stück hätte werden können, wenn Masaccio es vollendet. Aber diese letzte Komposition besteht aus Beiträgen zweier Hände, aus Anfängen und Grundlagen von Masaccio und Zutaten von Filippino, die unser historisch geschultes Auge doch immer auseinandersieht. Und fragen wir genau, was Masaccio gemalt und gewollt hat, so stofsen wir gerade hier zuerst auf ein neues Element, das sein glücklichstes Gelingen wieder gefährdet: eine Masse von Bildnisfiguren ist eingeführt, die Zahl der Zuschauer so bedenklich vermehrt, dafs wir zweifeln, ob nicht dadurch die Vorzüge der Huldigungsfcene wieder erdrückt wurden. Unter der Hand Filippinos, der die Macht des Helldunkels und die einfache Entschiedenheit raumschaffender Mittel nicht besafs, ist dieser Chorus jedenfalls erstarrt.

Schälen wir die Zutat Filippinos in der Mitte der Figurenreihe einmal heraus, dh. verfolgen wir vom letzten Karmeliterkopf Masaccios, dessen Gesicht so energisch hinter den beiden Ordensbrüdern hervorsieht, die Laienporträts Filippinos, die mit scharfer Rückenlinie der vordersten Profilgestalt ansetzen, so kommen wir mit dem achten Kopf, der den Vordermännern nur über die Schultern blickt, wieder an die Arbeit Masaccios und erkennen seine Freskotechnik unzweifelhaft in dem vollbärtigen Mann, der in schwarzer Kapuze und grünem Talar grade auf den nackten Knaben herabschaut; diesen letztern hat, wie auch Vasari erzählt, Filippino gemalt nebst dem grünen Gewande des stehenden Zuschauers, der Kleidung des knieenden Petrus und der Hand des Petrus.[1])

In der ganzen Ecke die daran stöfst bewährt Masaccio, bis auf einen von Filippino erneuten Kopf mit stumpfer grauer Gesichtsfarbe, in seiner eigenhändigen Leistung die überlegene Freiheit eines Malers, der vor den kühnsten Problemen der Formenverkürzung und Auseinanderhaltung im Raume nicht mehr zurückschreckt, sondern vielleicht grade durch die Schwierigkeiten zu Wagnissen verlockt ward, die, zu auffallend im Einzelnen, die harmonische Gesamt-

[1]) Die Gränze läuft von unten am Mantel des Petrus empor, schneidet seinen Arm (dessen unterer Teil nebst Hand von Filippino ist), unter dem Bart des Paulus hin, an dem grünen Gewand des Mannes mit schwarzem Vollbart in die Höhe, unter diesem Bart weiter und geht zwischen diesem Kopf und dem nächsten aufwärts. Links vom Tribunal ist sicher noch der zweite Kopf mit weifsem Kragen von Masaccio (der vierte von links gerechnet).

wirkung vorerst erschweren. Als Stückwerk eines unvollendeten Ganzen fordern sie stets den Hinweis auf das Fehlende. Versuchen wir es wenigstens, sie zunächst als Bestandteile der grossen Komposition, im eigenen Umkreis ihres malerischen Zusammenhangs zu würdigen.

Die Erweckung des Knaben

In der richtigen Erkenntnis, dafs in dem unteren, dem Besucher der Kapelle so nahen Streifen der Längswand, eine grössere Entfaltung der Raumtiefe nur die Gröfse der Figuren und ihre selbständige Wirkung beeinträchtigen würde, hat Masaccio den Schauplatz der Handlung durch eine quergezogene Gartenmauer nach hinten zu beschränkt. Damit nähern sich die Bedingungen der Komposition beträchtlich denen eines Reliefs. Vor allen Dingen ist die perspektivische Entwicklung in centraler Konstruktion für die ganze Wandbreite ausgeschlossen, die für den Standpunkt in der Kapelle ein gewaltsamer Zwang, für den Standpunkt an der Schwelle des Heiligtums vollauf ungünstig gewesen wäre. Nun rücken die beiden Scenen an die Enden des Wandstreifens auseinander, und die Mitte wird neutral, sodafs die Trennung der beiden Momente durch einen gemalten Pfeiler möglich erscheint, wenn er wie drüben und oberhalb auch tatsächlich weggeblieben ist, und nun die ganze Länge der antiken Bühne sich einheitlich vom Eintritt in die Kapelle bis an den Altar hin entrollt. Links und rechts treten Gebäude als Abschlufs hervor, dort eine Kathedrale mit dem erhöhten Stul Petri, hier ein Palast mit dem erhöhten Tribunal. Die Gartenmauer mit prachtvoller Marmortäfelung und irdenen Blumentöpfen darauf zieht sich verbindend zwischen beiden Höhepunkten hin, und läfst zugleich über dem vorderen Palasthof den Blick frei, auf die Bäume des jenseits anstofsenden Gartens, auf den blauen Himmel, genug in die Weite draussen. Und diese Illusion wird sogar noch angebahnt durch die Gartenfassade des zugehörigen Palastes links, die in drei Stockwerken herüberragt und auf der schrägen Fläche noch einmal das Sonnenlicht auffängt, das von rechts hereinfällt.

Das Fürstenhaus ist an der Vorderwand durch kannelierte korinthische Pilaster gegliedert, an der Schmalwand rechts mit einer Nische für den Richterstul und Bänken für die Beisitzer versehen. Ueber dem Architrav, den die Pilaster aufnehmen, ragen aus der

Mauer braune Holzbalken hervor, die ein ziegelgedecktes Schutzdach tragen. Ueber diesem rotem Pultrand, der das Licht abfängt, wird ein Obergeschofs mit Parapet und Fensterreihe sichtbar. Jenseits der Gartenmauer zeigt sich in gleicher Höhe ein Doppelgeschofs, mit kleinen rechteckigen Fenstern im untern und Gruppen von je zweien neben einem gröfseren Giebelfenster im obern Stockwerk, über dem dann noch ein Mezzanin oder eine Dachkammerreihe sichtbar wird. Aus den Fluchtlinien dieser Profanbauten wie der Kirche drüben ergiebt sich, dafs beide aus einem gemeinsamen Centrum perspektivisch konstruiert sind, also die Einheit des Schauplatzes, dessen Augenpunkt in die Kopfreihe der stehenden Figuren fällt.

So entsteht für den Auftritt selbst eine Bühne von mäfsiger Tiefe, und Alles drängt darauf hin, die körperhafte Erscheinung der Dinge in möglichster Schärfe zu entwickeln. Auch dazu dient die rückstralende Fläche der marmorgetäfelten Mauer hinter den Figuren; denn im sonnenhellen Tagesfchein wird es möglich auch den letzten Streifen des Raumes formend zu durchdringen. Nur links vor dem Tribunal des Fürsten öffnet sich die Tiefe geräumiger für die Hauptpersonen und ihre nächste Corona.

Auf dem Hochsitz in der Nische tront Theophilus, in hellrotem Rock und dunkelm Pelzbarett, mit Reichsapfel und Scepter in den Händen, ein noch junger Mann mit rundem Kopf und spitzem Kinnbart. Formgebung und Faltenzug erinnern ausserordentlich an den Stil des Luca della Robbia, dessen Klarheit und Harmonie hier auch sonst in mancher Erscheinung vorbereitet wird. Der Herrscher schaut mit grossen runden Augen ruhig drein, fast ohne eine Miene zu verziehen. Erwartet er so wenig das Gelingen des Wunders, dafs er garnicht darauf achtet, wie weit es schon gediehen? Der eine seiner schwarzgekleideten Räte blickt in höchstem Erstaunen zu ihm auf und weist mit den Händen auf den Vorgang unter seinen Augen hin, damit der Vater nur gewahre, dafs sein Sohn schon wieder im Leben ist. Gerade dadurch kommt ein Bild beredtesten Ausdrucks, eindringlichsten Mienenspiels zu Stande. Und neben diesen gespannten Zügen wirkt auf der andern Seite des Fürsten das leise Schmunzeln des alten Rechtsgelehrten vorn, der in kritische Erwägung verloren scheint: er hat die Hände in den Schofs gelegt und trifft mit seiner Skepsis wol den betenden Paulus, der das Antlitz zur Höhe richtend am Boden kniet. Zwischen ihnen beiden steht Petrus in gelbem Mantel über graugrüner Tunica, mit seinem Rücken nach der Palastecke, mit der vorgestreckten Rechten und niederschauendem Blick dem innern Kreise zugekehrt, wo die Gebeine des Knaben auf einem Linnentuch liegen, das aus dem Grabe herausgehoben, hier ausgebreitet ward. Wie Masaccio die Schwierigkeit des Wunders zu überwinden dachte, in wie weit auch bei ihm das Nebeneinander der Knochen und des lebenden Körpers die Lebendigmachung eines vor langen Jahren verstorbenen Knaben veranschaulichen sollte, wissen wir nicht; dafs er glücklicher darin gewesen wäre als Filippino hier, oder Lorenzo Ghiberti an der Arca di S. Zanobi, ist schwer zu denken. Aber sein Apostel wenigstens zeugt in jedem Zoll von der Zuversicht des Gottesmannes, dafs auch diesmal die Hülfe des Himmels und die Wunderkraft seines Glaubens nicht versage. Er allein ist hier der Gewaltige, der über Tod und Leben gebietet, selbst an zerfallenem Gebein die Wiederbringung des Fleisches vollzieht. Jemehr sich in Paulus die Inbrunst des Gebetes von dem Gegenstande weg zum Himmel wendet, desto eifriger sind die andern Zeugen erpicht zu sehen, mit zweifelnden, verwunderten Augen zu folgen, womöglich zu erspähen, wie die Erfüllung des Gebetes, der Vollzug des Machtgebotes vor ihnen geschieht. So der dunkle vollbärtige Mann in grünem Talar, mit goldner Kette und schwarzer Kapuze, der die Mittelaxe der Komposition Masaccios innehält, — er beobachtet, wie der Arzt die Atemzüge eines schwer Erkrankten. Und zwischen ihm und Petrus drängt sich über dem Haupt des Paulus eine Schaar erstaunter Zuschauer Kopf an Kopf heran. Nur der Vorderste hinter dem knieenden Apostel hat Platz, mit beiden Händen den überraschenden Verlauf zu begleiten, während die Uebrigen hinter ihm und seinem jugendlichen Nebenmann, begierig nur einen Blick zu erhaschen, hindurch lugen so gut es gehen will. Ueberzeugend ist dieser Einblick zwischen die Köpfe der hinteren Reihen hier wie zwischen Petrus und dem Richtersitz: — überreich in mannichfaltiger Haltung und charakteristischer Bewegung, fast zu bestimmt in die verschiedensten Einzelheiten verfolgt, die Wirkung des Ereignisses in der Mitte. Die Schärfe der plastischen Durchbildung, die Abwechslung verkürzter Ansichten, die unerbittliche Besonderheit der Individuen, — sie muten dem Auge des Beschauers eine Arbeit zu, die vom Hintergrunde doch wieder zurückgestofsen wird.

Hinter dem aufblickenden Kopf des Beisitzers ist leider eine Veränderung vorgefallen, die sich doppelt fühlbar macht, je lebendiger der letzte Kahlkopf, mit ausgearbeiteten Zügen wie Donatellos Niccolò da Uzzano, hervortritt. Sein Nachbar, zur Linken des Fürsten, erscheint wie ein fremdartiger Zusatz, und zwar durch seine gesenkten Augenlider wie durch seine aschgraue Karnation. Wir würden glauben, dass Filippino Lippi dies Porträt eingeflickt habe; Cavalcaselle versichert, es sei nur durchfirnisst als man eine Durchzeichnung davon nehmen wollte.[1]) Auf der andern Seite des Tribunals, an der Langseite des Palastes, stehen dagegen fünf Zuschauer, deren Mehrzahl die Malweise Filippinos aufs Deutlichste erkennen läfst. Nur der Erste an der Ecke der Steinbank könnte Zweifel erregen, während der Zweite, ein Karmeliter -- scheint es, sicher als ein Ueberrest von Masaccios Hand selber begrüfst werden darf. Filippino malt mit starkem Reflexlicht, geringerm Gegensatz von Licht und Schatten, wie bei gedeckter Beleuchtung. Er ist vorgeschritten im Einzelnen, aber auf Kosten der Hauptwirkung, die bei Masaccio auch in weiterem Abstand noch ihre volle Kraft bewahrt.

Schon hier also verrät sich Filippinos Mangel an Raumgefühl. Er verfällt, gewifs den Wünschen andringender Gönner entsprechend, in Ueberladung mit Bildnisfiguren, und hat in der Mitte der Wand gerade damit ohne Zweifel der Komposition Masaccios empfindlich geschadet. Flach und körperlos stehen diese Statisten aneinander gepfercht, wie ein photographisches Massenbild von heute mit aufgeklebten Einzelköpfen, ohne Luft und Licht um sich herum. Selbst der Knabe hinter dem auferweckten Fürstensohn hebt sich nicht genügend von der Gestalt des Vaters ab, der ihm seine Hand auf die Schulter legt, — gewifs in rührender Teilname bei dem ähnlichen Schicksal. Die Malerei Filippinos hat mehr Farbenkörper, ist aber auch weniger durchsichtig als die Masaccios und befolgt nicht seine wirksame Oekonomie, den hellen Untergrund zur Ausfparung der Lichter zu verwerten. Seine Karnation ist deshalb lange nicht so selbstleuchtend und warm wie die Masaccios, sondern stumpfer, schmutziger, bald zu bräunlich, wie gekocht, bald durch einen Stich ins Olivenfarbige getrübt, und die Vorzüge seiner feineren Modellierung mit weicheren Uebergängen und reiferer Ausgleichung erscheinen in dieser Nachbarschaft wie ebenso viel Abweichungen von der grofsartig monumentalen Freskokunst des Vorgängers.

Wenn aber Filippino aus Gefälligkeit gegen seine Mitbürger die künstlerische Pflicht versäumte, die Reihen so aufzulockern wie der plastische Sinn Masaccios daneben es vermocht, so darf nicht verschwiegen bleiben, dafs diese Neigung, Bildnisse aufzunehmen, schon bei Masaccio vorbereitet war. Schon er „führt das damalige Florenz als mithandelnd oder zuschauend mitten in den Hergang ein,“ — und eben darin liegt ein wesentlicher Unterschied dieses letzten, unvollendet hinterlassenen, Wandgemäldes von den übrigen, besonders von dem gleichgrofsen Breitbilde darüber. Dies leiden-

[1]) Storia della Pittura in Italia II, 309. Wer aber hätte dann den Jesuitenhut des Beisitzers verschuldet?

schaftliche Verlangen nach Individuellem, nach der strotzenden Fülle persönlichster Wirklichkeit, das ist ein neues Moment im Entwicklungsgang des Meisters, im Jahre 1427, und daraus erklärt sich manche andre Eigentümlichkeit dieser letzten Leistung wie von selbst. Der Andrang der Bildnistreue ist auch hier von Masaccio, dem hochbegabten Maler, noch nicht völlig bewältigt, noch nicht rein ins malerische Ganze wieder aufgegangen, und diese letzten Bruchstücke seines Schaffens bezeichnen deshalb mehr den Beginn eines abermaligen Eroberungszuges in die umgebende Welt hinaus als den Abschluſs des ausgereiften Meisters, der zur letzten Klarheit schon hindurchgedrungen wäre.

Je spärlicher die Bildnisse von Zeitgenossen sonst in der Reihe dieser Wandgemälde hervortreten, -- bei der Taufe nur tragen die beiden Zeugen hinter Petrus ungescheut ihr modisches Kostüm — desto stärker erhebt sich für uns die Frage nach dem Ursprung dieses Wandels. Bezeugen die frühern Darstellungen Masaccios, die wir soeben betrachtet, bis auf eine Ausnahme das Reinhalten der heiligen Geschichte von solcher Zutat, der einheitlichen Erscheinung zu Liebe, oder haben wir nur die natürliche, allmählich fortschreitende Erweiterung der Herrschaft des Malers über alles Lebendige, den notwendigen Vollzug realistischen Strebens zu erkennen?

Von künstlerisch freier Verwertung bestimmter Individuen für Charakterköpfe der Apostelschaar, wie die Geschichte vom Zollgroschen sie darbietet, ist es doch ein entschlossener Schritt zur Aufnahme des Zeitkostüms und seiner Träger zugleich, dh. zur vollständigen Abbildung der lebenden Person.

Im Gegensatz zu solchen Heiligenlegenden oder biblischen Erzählungen, die den idealen Schwung des Geistes, die Hoheit der Gesinnung und die Reinheit des Gefühls mehr in Anspruch nahmen als die täuschende Wiedergabe der Welt, hat Masaccio hier im Carmine zu Florenz, aber ausserhalb der Brancaccikapelle, ein andres Meisterstück geschaffen, das eben durch seine volle Porträtwahrheit das Staunen der Zeitgenossen erregte, und das Konterfei eines bestimmten Straſsenprospektes mit den Bildnisfiguren zahlreicher Mitlebenden verband. Hier lag aber die Aufforderung zu solchem Nachahmungswunder im Gegenstande selbst, den Ort und Gelegenheit zunächst an die Hand gegeben. Wir meinen die sogenannte Sagra del Carmine.

La Sagra del Carmine

Am 19 April 1422 war die Kirche vom Erzbischof Amerigo Corsini geweiht worden. „In Erinnerung daran" oder „zum Andenken daran" — so erzählt Vasari — „malte Masaccio in Chiaroscuro mit grüner Erde, und zwar oberhalb der Tür, die zum Konvente führt, drinnen im Klosterhof, die ganze Feierlichkeit wie sie geschehen; er bildete darin eine zahlreiche Menge von Bürgern in Mantel und Kapuze ab, wie sie hinter der Procession hergehen: unter ihnen Filippo di Ser Brunellesco auf Holzpantoffeln, Donatello, Masolino da Panicale, der sein Meister gewesen war, Antonio Brancacci, der ihm die Kapelle aufgetragen hatte, Niccolò da Uzzano, Giovanni di Bicci de'Medici, Bartolommeo Valori, die beide von seiner Hand porträtiert auch im Hause des Simone Corsi, eines florentinischen Edelmannes zu sehen sind. Desgleichen bildete er darin ab den Lorenzo Ridolfi, der in jenen Tagen Gesandter der Republik Florenz in Venedig gewesen, und konterfeite nicht allein die genannten vornehmen Herrn nach der Natur, sondern auch die Tür des Konventes und den Pförtner mit den Schlüfseln in der Hand. Dies Werk weist in der Tat grosse Vollkommenheit auf, da Masaccio es so trefflich verstanden hat, auf die Fläche dieses Platzes, zu fünf und sechs gereiht, den ganzen Zug dieser Leute hinzustellen, die sich in wolberechneter Abstufung verjüngen, wie sie für die Ansicht unsres Auges erscheinen, dafs es wirklich ein Wunder ist,[1]) und umsomehr als man darin, grade als ob sie lebten, seine Rücksichtnahme erkennt, indem er diese Männer nicht alle nach einem Mafsstab entwarf, sondern mit richtiger Beobachtung die Unterschiede zwischen Kleinen und Dicken, Grofsen und Schlanken wiedergab. Und alle setzen ihre Füfse auf die selbe Ebene, in ihrer Reihe sich so gut verkürzend, dafs es in Wirklichkeit sich nicht anders ausnimmt."

Leider ist dies Wandgemälde Masaccios im Klosterhof des Carmine nicht mehr vorhanden oder doch endgiltig wol dem Blick entzogen. Giovanni Cinelli erzählt in seinen Anmerkungen zu Bocchi's Bellezze di Firenze[2]) gelegentlich eines Dantebildnisses, das Giotto in Santa Croce gemalt haben soll, — „che poi è stato scortesemente imbiancato, come fu fatto nel Carmine a' ritratti del Brunellesco, di Donatello, e d'altri uomini insigni di que' tempi, a' quali però

[1]) Antonio Manetti: „una storia maravigliosa d'artificio a ogni intendente, dove si rapresenta la piaza del Carmino con molte fighure."

[2]) Le Bellezze della Città di Firenze, scritte già da M. Francesco Bocchi Ed ora da M. Giovanni Cinelli Ampliate, ed accresciute. In Firenze 1677. p. 336.

4*

è stata fatta minor scortesia, poichè per riquadrare il primo Chiostro gli è stata alzata davanti una parete senza guastarli," dh. es sei ihnen vor der Nase nur eine Wand entlanggezogen, ohne sie zu verderben Aber die Nachforschungen von Seymour Kirkup und Padre Santi Mattei im Jahre 1859 haben wol zur Aufdeckung andrer Ueberreste von farbigen Wandmalereien geführt, nicht aber zur Freilegung jenes „Chiaroscuro di verde terra" von dem Vasari so ausführlich erzählt und schon Antonio Manetti ausdrücklich ebenso hervorhebt, es sei „di verde terra" gemalt. Richa freilich hatte schon 1762 in seinen Notizie istoriche delle Chiese Fiorentine (Tomo Decimo, IV) versichert, daſs dies Fresco bei der Herstellung der Klosterhöfe um 1612 heruntergeschlagen sei. Und eine Zeichnung von drei Personen, die sowol Cavalcaselle wie Santi Mattei gesehen haben, enthält von einer Hand des 17. Jahrhunderts die Bemerkung „di mano d'Annibale Mancini da Masaccio nel chiostro del Carmine, hoggi mandato a terra o coperto dall'intonaco." [2])

Wenn dieses Blatt von der Hand des Annibale Mancini schon einer späteren Zeit angehört, so haben wir eine, wie es scheint, wertvollere Skizze aus dem 15. Jahrhundert selbst noch unter den Zeichnungen des Domenico Ghirlandajo in den Uffizien zu Florenz. In der Führung der Feder durchaus mit den ersten Entwürfen dieses Meisters für seine Fresken in S. M. Novella übereinstimmend, doch mit dem fühlbaren Charakter einer Abzeichnung nach fertigem Vorbild und ebendeshalb mit Hülfe leichter hellbrauner Bisterfarbe durchschattiert, wenn auch ebenso flüchtig, stellt dieses kleine Blatt unzweifelhaft einen Teil aus solchem Festzuge dar. „processione" sagen die handschriftlichen Quellen der selben Zeit geradezu von diesem Wandgemälde „im Klosterhof des Carmine, bei der Tür die zur Kirche führt". Dieser Zug bewegt sich nach rechts, wie wir an der Stelle erwarten müssen, die Richa noch verständlicher als Manetti und Vasari mit ihrem „sopra", angiebt: „nella facciata del

[1]) Ragionamenti intorno all'antica chiesa del Carmine di Firenze per il p. Santi Mattei Carmelitano. Firenze 1869. S. 5. — Cavalcaselle, Storia della Pittura in Italia II, 315 Anm. „In questo disegno, la figura di profilo sulla sinistra di chi guarda, porta gli zoccoli. E come il Vasari ci dice che la figura del Brunelleschi aveva simile calzatura, così potrebbe essere questa figura il suo ritratto," . . Weiter möchten wir jedenfalls nicht gehen, wenn Crowe u Cavalcaselle noch andre Schlüſse aus Vasaris Aufzählung folgern. Leider giebt keiner dieser Gewährsmänner an, wo er die Zeichnung gesehen oder wo sie sich jetzt befinde. — Vgl. auch Lanzi, Storia pittorica della Italia. Pisa 1815. I. p. 59 „la Sacra della chiesa del Carmine, di cui vidi un Disegno in Pavia presso il dotto P. Lettor Fontana Barnabita."

[2]) Vgl. Anhang zu diesem Kapitel. S. 60.

Chiostro, che è lungo la Chiesa". Domenico Ghirlandajo giebt auf seiner Federskizze drei Reihen der Kirchweihprocession hintereinander. Von der vordersten sind noch drei Männer sichtbar, von der zweiten vier, von der dritten fünf. Und hier ist durch die Nebeneinanderstellung eines Grossen, der die andern überragt, und eines Kleinen, der ihm nur an die Schultern reicht, jene Auflockerung bewerkstelligt, die Vasari besonders hervorhebt, und auch uns sofort die ähnlichen Mafsnahmen in Massaccios Fresken der Brancaccikapelle vor die Erinnerung ruft. Ueberhaupt passt die Beschreibung Vasaris von der Sagra del Carmine ganz genau für diese Abzeichnung eines Ausschnittes von Ghirlandajo. Alle Personen sind in Mantel und Capuccio, und die malerisch breite, doch ungesucht einfache Behandlung stimmt so sehr mit Masaccios Eigenart überein, dass wir uns anheischig machen, nach dieser Probe, die Ghirlandajos Hand bewahrt hat, die Zeit der Entstehung des Originals selbst im Leben Masaccios zu bestimmen[1], obwol es dem Nachfolger doch nur darauf ankam, einige Hauptsachen, die ihm wichtig waren, für sich festzuhalten.

Die Skizze eines Ausschnitts aus dem Ganzen, die wir Domenico Ghirlandajo verdanken, reicht freilich nicht aus, den Wert dieses Ganzen zu ermessen und den Eindruck nachzuschaffen, den es auf die Zeitgenossen und die Nachwelt ausgeübt hat. Die künstlerische Leistung als solche war ein Gegenstand der Bewunderung für alle Sachverständigen, von Antonio Manetti bis Giorgio Vasari, die darin die erste siegreiche Lösung eines solchen perspektivischen Problems zu würdigen wufsten. „Maravigliosa d'artificio" sagt der Mathematiker, und setzt hinzu „a ogni intendente;" die Begründung liegt in seiner Beschreibung selbst: „dove si rapresenta la piaza del Carmino con molte figure", das heifst in der Raumdarstellung auf der Fläche und in der richtigen, glücklich gelungenen Hineinstellung der zahlreichen Figuren. Das führt Vasari nur aus nach beiden Seiten, indem er schon mit den Ausdrücken „quest' opera veramente ha in se molta perfezione" — und „è proprio una maraviglia" das überlieferte Lob des Quattrocento auch für seine vorgerückte Zeit noch bestätigt. Die Voraussetzung des Gelingens war erstaunliche Herrschaft über die Gesetze der Linear- und Luftperspektive, und die Wahl mono-

[1]) In Ferri's Katalog von 1881 unter Cornice 19 Nr. 76, richtig als Ghirlandajo. Früher in Philpots Photographieen Nr. 556 schon als Masaccio, und ebenfalls bei Brogi Nr. 1681 in Lichtdruck. Oben links ist eine Balustrade sichtbar, wol an der Ecke eines Hauses der Piazza del Carmine gedacht, aber nicht weiter ausgeführt als zur Schätzung des Mafsstabes für die Figuren erforderlich schien.

chromer Malerei, eines grün in grün gearbeiteten Chiaroscuro, wie wir es im Chiostro verde von S. M. Novella noch heute an Werken seines Zeitgenossen Paolo Uccello und manchen anderen Ueberresten sehen können, bedeutet bei diesem Meister der naturwahren Farbe wol nichts Anderes als eine Reduktion der Schwierigkeiten auf die Hauptsachen, auf die es ihm ankam. Der überraschende Architekturprospekt, die Ansicht des Platzes vor dem Carmine draussen noch einmal an der Wand drinnen für die Insassen der Klausur und ihre Besucher abgebildet, wurde nur frappanter durch den Kontrast der vielfarbigen Wirklichkeit und des einfarbigen Abbilds, der sich dem Auge aufdrängte, als auch durch die Ablehnung eines allzu gedankenlosen Vergleiches zwischen dem wechselnden Farbeneindruck draussen und dem gleichmässig beharrenden, so zu sagen abstrakten Bildeindruck drinnen. Die Abstreifung der Lebensfarbe bestimmte jedoch nicht allein die Leistung der Raummalerei, sondern auch die Wirkung der Gestalten. Sie betonte auch hier gleichsam das Wesentlichste an ihnen, hob die Körpererscheinungen als Ganzes und damit den Charakter der Haltung und Bewegung, die Gesamtphysiognomie der Individuen hervor, das heifst das mimische Element, die Funktion des Einzelnen im Rhythmus des feierlichen Zuges. Das geht aus Vasaris Bemerkungen die bei wulstigem Satzbau doch wertvolle Beobachtung beibringen, noch deutlich hervor, während die Skizze Ghirlandajos gerade hier Manches verschleift, weil er die Reihen als gegliederte Masse studiert und eben die Reihe nicht die Einzelnen Mann für Mann als Körper auffafst, den er malerisch bewältigt.

Aber auch in diesem flüchtigen Abbild eines Ausschnittes erkennen wir die Fülle mannichfaltigen Lebens, im Gebaren der Einzelnen die einen Gegenstand in der Hand tragen, wie im Gespräch der Nachbarn, die in der plötzlichen Wendung des Kopfes, dem scharfen Seitenblick, ja der lächelnden oder bedenklichen Miene nach, das Einschlagen eines Witzwortes bezeugen, das der Dritte vorgebracht ohne eine Miene zu verziehen.

Das sind genau die selben Eigenschaften, die wir in der unteren Reihe der Wandgemälde drinnen in Cappella Brancacci beobachtet haben, während droben in der Apostelschaar um Christus wol schon die sichere Stellung auf dem Boden, die klare Einordnung der Körper in den Raum vorhanden ist, aber noch nicht die ganz persönliche Charakteristik des Benehmens, das übermütig zuckende Spiel florentinischen Geistes in solcher Gesellschaft, eben keine Bildnisreihen im Sinne der lebendigen Gegenwart, des Tagesinteresses selber. Das bedeutet dies Chiaroscuro an der Wand des

Klosterhofes für Masaccio. Ist es doch sicher eine freie selbstgewählte Aufgabe, die zur Erfrischung zwischen ernster Arbeit unternommen ward, auch die Lösung eines Problems, auch eine künstlerische Tat, aber nicht für die Kirche und den religiösen Menschen, sondern für den Menschen im Religiosen d. h. selbst im Mönche, im Kloster und auf der Strasse, - ein Sensationsstück des Realismus, das die Uebung anderer Kräfte gestattet als der Maler gewöhnlich anspannt, also ein Spiel trotz dem wunderbaren Ergebnis, eine Art Benefizvorstellung für den Künstler, „l'art pour l'art" in erster Linie.

Solche spontane Aeufserungen überschüfsiger Kraft, wie die Philister sagen Allotria, haben für den künstlerischen Gang auch ihre merkbare Bedeutung, mag der Genius sie selbst bewufst oder unbewufst vollziehen. Eine Kraftprobe gewährleistet eben den Gebrauch vielleicht ungeahnter Fähigkeiten, und diese melden sich wieder zu ihrer Stunde. Solche Symptome darf der Prophet ex eventu, der sich Historiker nennt, nicht entgehen lassen, also legt er den Finger darauf, wo er sie findet. Dies Nebenwerk, die Sagra del Carmine, enthielt eine Fülle von Bildnissen von solcher Schärfe der Bezeichnung, dass Vasari noch im Stande war, eine ganze Reihe von Namen zu überliefern, die sich fest von Generation zu Generation mit diesen Figuren verbunden, diese trugen also jedenfalls mehr Existenzberechtigung in sich als Kostümfiguren, auch des Quattrocento sonst, wo der Kleiderschnitt die Hauptsache für die Nachwelt wird statt der Person, die darin steckt. Deshalb bietet sich hier eine Möglichkeit dar, die Vorliebe für Bildnisreihen und die Uebung im Hinstellen so ganz individueller Geschöpfe, die auf einmal auch in die Petruslegende eindringen, aus einer äusseren Veranlassung zu erklären. Wie wäre es, wenn Masaccio bei jenen vornehmen Zeugen des Petrus in der Taufe droben zuerst in vollem Mafs die Woltat empfunden, einmal nicht zu dichten, sondern zu leben, wirkliche Personen aus der eignen Umgebung hinzustellen? Dann die Sagra im Klosterhof, die lediglich diesen Drang nach Lebenswahrheit befriedigt, ein Schwelgen im Porträt zu suchen scheint, nun freilich mit dem Einstellen wirklicher Personen auch die Unterlage fordert, den wirklichen Schauplatz, und aus Beidem den historischen Vorgang wieder gebiert: — in memoria di ciò . . . Dann enthielten für uns auch Vasaris Worte „dopo questo, ritornato al lavoro della cappella de' Brancacci" einen Kern von guter Ueberlieferung, - „seguitando le storie di San Piero . . . ne finì una parte, cioè l'istoria della cattedra, il liberare gl'infermi, suscitare i morti, ed il sanare gli attratti con l'ombra etc."

Mehr Gewicht freilich als auf diese Uebereinstimmung mit dem routinierten Erfinder von zeitlichen, örtlichen und ursächlichen Verbindungen zwischen seinen zusammengestoppelten Notizen, und zwar entscheidenden Wert legen wir auf die stilistische Uebereinstimmung der Skizze Ghirlandajos mit der unteren Freskenreihe der Cappella Brancacci. Ghirlandajo ist ein objektiver Interpret, er ist geübt in exakter hingebender Beobachtung und wird durch übersprudelnde Genialität, durch erregliches Temperament oder angelernte Manier nicht gestört. Er hat sich mit viel mehr Erfolg in Masaccio eingewöhnt als Filippino Lippi selbst, der anerkennenswerte Vollender der Kapelle, je vermochte. Deshalb ist sein Blatt zuverlässig, zum Vergleich mit Originalen des nämlichen Meisters in allen Hauptsachen, die er wieder giebt, wol geeignet. Und dieser Vergleich beweist den engsten Zusammenhang der Sagra mit den beiden untern Bildern der Altarwand, der Almosenspende und der Schattenheilung, sowol im Maſsſtab und Zuschnitt der Figuren im Verhältnis zum Raum, wie in der Gewandbehandlung und deren Faltenzug. Da dieser letzte Gesichtspunkt bei der Skizze Ghirlandajos vorwalten muſs, ja fast allein zur Geltung kommen kann, so sei nur darauf hingewiesen, daſs die Geschichte mit dem Zollgroschen gerade darin monumentalere Breite entfaltet, weil sie mit den Gestalten in freiem Raum fast allein wirtschaften muſs, während auf der andern Seite die Erhöhung des Apostels vor der Kirche von Antiochien und die Erweckung des Fürstensohnes aus der beschränkteren Oekonomie der Altarwand wieder herausdrängen; besonders bei Petrus in Cathedra sehen wir die Gewandfiguren in feierlicher Huldigung auch von selbst schon malerisch in die Breite gehen, mehr jedenfalls als die zugespitzte Aktion des Wunders daneben gestattete. Die Raumanschauung und Gesamtdisposition dieses untern Wandstreifens empfängt aber ihre unmittelbare Vorbereitung durch die Sagra, wenn wir die Procession vom Eingang des Klosterhofes bis zur Kirchentür mit dem Pförtner am Ende ausgebreitet denken.

Damit wäre allerdings jene andre Auslegung der Worte „in memoria di ciò . . . dipinse tutta la sagra come ella fù," als handle es sich um sofortige Abbildung durch Masaccio als Augenzeugen, aufs Einfachste beseitigt, und Vasaris Vorbereitung in diesem Sinne: „Accadde, mentre che e' lavorava in quest' opera, che e' fu consagrata la detta chiesa del Carmine" bedeutete Nichts als eine von seinen zahlreichen Kombinationen ähnlicher Art. Die Zeichnung Ghirlandajos, schon als Bruchstück, und die Charakteristik der künstlerischen Probleme, die hier gelöst waren, bei Vasari selbst widersprechen einer so engen Verbindung zwischen dem Datum der Einweihung am 19 April 1422, und dem Abbild im Klosterhof von Masaccios Hand.

Doch lassen wir, da jene Frühzeit des Meisters noch nicht besprochen worden ist, die Frage nach dem Entstehungsjahr jenes Chiaroscuro vorerst dahin gestellt, und geben hier allein noch historischen Erwägungen das Wort, die sich an dargestellte Personen knüpfen, deren Namen Vasari überliefert. Schon die Kommentatoren machen darauf aufmerksam, dafs die Bezeichnung des Lorenzo Ridolfi als Gesandter der Republik Florenz in Venedig sich nur auf sein Verdienst um die Vaterstadt in schwieriger Lage beziehen kann, das heifst auf die Tatsache, dafs er am 11 April 1425 in Venedig angekommen, am 4 December desselben Jahres die berühmte Lega zu Stande brachte.[1]) Die Schlufsfolgerung: „allora la Sagra del Carmine sarebbe stata dipinta qualche anno dopo avvenuta tal cerimonia," — das heifst nach 1425, erscheint freilich noch unsicher, da wir nicht wissen, ob das Bildnis des Lorenzo Ridolfi hier durch seine Tracht oder sonst ein Abzeichen als Gesandter kenntlich gemacht war. Wol aber wurde er, nach Florenz zurückgekehrt, für Juli und August 1424 Gonfaloniere der Stadt, und in dieser Würde könnte ihn Masaccio dargestellt haben, da es ihm sicher auf historische Treue in Wahl und Stellung der Teilnehmer seiner Sagra nicht ankam. Die politische Tätigkeit des Lorenzo d'Antonio Ridolfi beginnt allerdings früher; er war schon im Oktober 1423 im Rat der Zehn, am 12 Oktober 1424 als Gesandter in Rom u. s. w.; aber die ausgezeichnete Stellung, die Popularität seines Namens, die jene Tradition bei Vasari erklärt, verdankt er doch erst jenem Erfolg in Venedig. — Einen letzten Termin, vor dem das Werk Masaccios entstanden sein mufs, ergiebt die Erwähnung des Bartolommeo Valori, dessen Porträt von der Hand Masaccios Vasari noch im Hause Simone Corsi's sah. Er ist am 2 September 1427 gestorben.[2]) Solange Valori im Rat der Zehn sitze, berichten die Gesandten im Oktober 1424 aus Rom, wolle Papst Martin V. mit Florenz kein Abkommen schliefsen; denn er halte sich von ihm beleidigt. Aber Rinaldo degli Albizi selbst hebt hervor: „Papa cupidus est, et utilitates proprias querit ultra alias omnes" (II, 327) und noch im Juli 1425 safs

[1]) Vgl. Commissioni di Rinaldo degli Albizi (ed. Guasti) Firenze 1867–73.

[2]) Das Leben Valoris „Vita di Bartolommeo di Niccolò di Taldo di Valore Rustichelli, scritta in lingua latina da Luca di Simone della Robbia e fatta volgare da Messer Piero della Stufa Canonico fiorentino" in Archivio stor. ital. IV. Firenze 1843. enthält wenig chronologische Daten. Seine Ricordi in Rer. Ital. Scrr. XVIII. 1152. Sein Grab im nördlichen Kreuzarm von Sta. Croce wurde von Ghiberti mit Marmorplatte geschmückt.

Bartolommeo Valori im Rate von Florenz. Mit ihm zusammen nennt Vasari den Giovanni di Bicci de' Medici, der mit diesem Papst wie mit seinem Vorgänger Johann XXIII in bestem Einvernehmen gestanden, der Martin nach Rom begleitete, als er am 9 September 1420 Florenz verliefs. Er war 1421 Gonfalonier, ohne besonders hervorzutreten; erst unter dem Kriege mit Mailand, der das Ansehn des Albizi durch die Niederlage von Zagonara 1424 untergrub, wuchs sein Einflufs als Freund des Volkes. Der erste Kataster von 1427 zeigt ihn näclıst Palla Strozzi als den reichsten Mann, der seinem Gönner „Johannes quondam papa" das königliche Grabmal in S. Giovanni errichten liefs. Er ist am 20 Februar 1429 gestorben. Diesem Medici steht der mächtige Vertreter der Optimatenpartei zur Seite, Niccolò da Uzzano († 1432), dessen Büste von Donatello die wirksamste Charakteristik giebt, die sich denken läfst, — seit 1417 mit Rinaldo degli Albizi an der Spitze des Staates. Warum fehlt dieser letztere, den 1434 die Verbannung und 1440 gar die Infamie ereilte, als die Volkspartei ans Ruder kam. Schweigt Vasari aus diesem Grunde von ihm, oder war sein Bildnis wirklich nicht auf der Sagra, das Wandgemälde Masaccios also während seiner Abwesenheit auf irgend einer Gesandtschaftsreise — entstanden? War er doch 1426 gar fern in Ungarn, als Masolino für Filippo Scolari die Grabkapelle in Stulweifsenburg malte. Das Bildnis dieses „Lehrers" von Masaccios Hand bedurfte der Erklärung der persönlichen Anwesenheit nicht so notwendig wie die Köpfe der vornehmen Herrn, sonst spräche sein Konterfei im Zuge der Künstler neben Brunellesco und Donatello für das Jahr 1427, in dem er aus Ungarn zurück sein mochte, oder für die Zeit vor Hochsommer 1425, wo er Florenz verliefs und über Castiglione d' Olona ins Ausland gieng.

Wie mit dem Bilde dieses seines Meisters, das bei mancherlei Gelegenheit abgenommen sein konnte und auch sonst in Masaccios Fresken vorkommen soll, stand es am ehesten auch mit dem Porträt des Auftraggebers Brancacci. Nur wissen wir nicht, wann Masaccio zuerst zu ihm in persönliche Beziehung getreten, wissen aber wol von mancherlei Abwesenheit dieses Mannes von Florenz. Nicht Antonio, wie Vasari angiebt, ist der Name des Brancacci, der auf der Sagra dargestellt war, denn dieser starb bereits 1391, sondern sein Vetter Felice di Michele di Piuvichese Brancacci kommt allein in Betracht. Dieser Patron der Kapelle im Carmine, um die es sich handelt, war 1418 Gesandter in der Lunigiana beim Marchese Leonardo Malaspina, 1420 Orator der Florentiner in Città di Castello. Im Jahre 1422 wurde er beauftragt, im Interesse der florentinischen Kaufleute zum Sultan nach Babylon zu gehen, und machte deshalb am 26 Juni dieses Jahres ein Testament, in dem er für den Fall seines Todes das Patronatsrecht über die Kapelle an eine Seitenlinie seines Hauses, Gaspare di Silvestro und die Söhne seines verstorbenen Bruders Bartolommeo di Silvestro sowie an Giuliano di Giuliano di Tommaso Brancacci vermacht, — offenbar weil er selbst keine männlichen Nachkommen besafs. Er kehrte jedoch glücklich aus dem fernen Orient heim und erscheint (nach Passerini Anm. z. Vasari II, 296) schon 1425 als Gesandter nach Siena, in den Commissioni des Rinaldo degli Albizi 1426 als Kommissar der Florentiner im Lager bei Brescia, wo er bis zum 6 November verbleibt. Am 26. desselben Monats wird er mit Pietro di Leonardo Beccanugi von Florenz nach Siena geschickt, von wo er am 10 December zurückkehrt. Später finden wir ihn als Kommissar der Republik im Kriege gegen den Herzog von Mailand am 29 December 1430 in Lucca, im December 1431 in Rom, 1432 im Rat der Zehn. Im December dieses Jahres wird er zu Eugen IV. geschickt und wirkt 1433 an der Kurie in Rom, 1434 in Bologna, bis auch ihn das Mistrauen der Medici nach Capo d' Istria in die Verbannung treibt, ja 1458 zum Rebellen erklärt. Auch hier also wäre die Zeit vom 26 Juni 1422 etwa bis 1425 sicher ausgeschlossen, dann nur die erste Hälfte von 1426 wahrscheinlich, sonst schon 1427 in Frage zu stellen. Doch wie gesagt, die Aufnahme seines Porträts konnte Masaccio, solange der Auftrag für die Kapellenmalerei in Kraft war, nicht schwer fallen, wenn wir auch gerade diese persönliche Beziehung zur Zeit der Einweihung des Carmine, etwa April bis Juni 1422 schon annehmen dürfen, und während der Abwesenheit des Gesandten in Babylon bis zur Rückkehr 1425 auch nicht zulassen können, sondern wieder auf Masolinos Weggang von Florenz nach Ungarn im Sommer 1425 verwiesen werden.

Das wichtigste Argument, nach dem die Entstehungszeit jenes grün in grün gemalten Wandbildes im Klosterhof zu bestimmen ist, bleibt immer die künstlerische Leistung als solche, die Losung des perspektivischen Problems und die Fülle von Porträtfiguren in Procession, die Antonio Manetti und Giorgio Vasari als Sachverständige für ein wunderbares Meisterstück erklären. In der Cappella Brancacci zeigt erst das letzte — durch Masaccios Weggang nach Rom und seinen Tod unterbrochene — Stück dies Eindringen der zeitgenössischen Bildnisse unter den Zuschauern, oder als Verehrer und Stifter am Stule des Apostelfürsten. Hier erst am Ende, 1427 auf 1428, droht die leidenschaftliche Freude an realistischer Nachbildung leibhaftiger Individuen den eigentlichen Inhalt der Darstellung zu überwuchern. Welch ein innerer Abstand zwischen diesem Chorus florentinischer

Persönlichkeiten und der homogenen Gesellschaft der Apostel droben um ihren Meister, selbst wenn dem Maler das Antlitz seines Vorbildes und Namensheiligen Thomas zum eigenen Selbstbildnis geworden war und Kunstgenossen wie Donatello zu Gefährten dieses Apostels berufen schienen. Das ist der nämliche Uebergang, den wir vom Marcus an Orsanmichele zum Habakuk und Jeremias am Campanile bei Donatello beobachten können, und niemand anders als sein Zuccone ist der entscheidende Repräsentant dieses Wandels.

Es gilt im Lebenswerk Masaccios den Wendepunkt zwischen jenen beiden Breitbildern der Cappella Brancacci näher zu bestimmen, und dazu bieten zwei Mittel sich an: ein Meisterstück perspektivischer Raumdarstellung in strengster Koncentration, das Fresco in S. M. Novella, und ein festes Datum, der Ablieferungstermin des Altarwerkes in Pisa von 1426.

Die Freskofragmente im Klosterhof des Carmine

Da Antonio di Tuccio Manetti, (Antonio Billi u. s. w.) sowie Giorgio Vasari in der Angabe des Ortes übereinstimmen: „nel chiostro sopra la porta donde si va in chiesa, in detto chiostro" — „sopra la porta che va in convento dentro nel chiostro." — oder „nel chiostro dalla porta, che entra in chiesa" — so kann nur, wie Richa angiebt „la facciata del chiostro, che è lungo la chiesa" gemeint sein, das heifst die Aussenmauer der Kirche zwischen dem Seitenausgang aus dieser und dem jetzigen Tor des ersten Klosterhofes gegen die Piazza del Carmine zu. Bei den Bemühungen die Sagra Masaccios wieder aufzudecken wurden weiterhin Fragmente buntfarbiger Wandmalerei aufgedeckt, die Crowe und Cavalcaselle für Masaccio in Anspruch genommen haben. Vgl. Phot. Brogi Nr. 6364, 6365.

In lebensgrossen Figuren sieht man rechts einen Karmelitermönch mit langem Kreuzstab vor einem Altar im Freien stehen und weiter eine den Rücken wendende Figur in roter Kardinalstracht. In der Mitte kommen zwei knieende Mönche und mehr in der Tiefe ein dritter Karmeliter zum Vorschein und Reste einer Gruppe stehender Personen in geistlicher und weltlicher Tracht. Hier überrascht durch seine Lebendigkeit und Frische die kühn hingeworfene Gestalt eines vornehmen Herrn in gelbem Mantel über rotem Rock, dessen Kopf in rotem Barett sich linkshin wendet, offenbar im Gespräch mit andern Personen, die neben ihm gemalt waren, aber mit dem Bewurf abgefallen sind.

Auf dem andern Stück sind zwischen Hügeln des ansteigenden Terrains einzelne Baulichkeiten verstreut, auf der Höhe ein Haus mit Turm in gewagter Verkürzung und Beleuchtung davor, in der Senkung eine sehr mangelhaft gezeichnete Kapelle, vor deren Tür zwei Mönche stehen, deren vorderer seinen Kopf im Gespräch zum Genossen zurückwendet, während er die Hand ausstreckt um vorn etwas zu zeigen. Sie werden halb durch einen kleinen Hügel mit Bäumchen darauf verdeckt, und hier sitzt vorn auf einer Rasenbank ein feister alter Klosterbruder, der sichtlich schmunzelnd die Beichte eines vor ihm knieenden Franziskaners hört, der auch seinerseits das Grinsen nicht lassen kann. So mangelhaft auch diese Physiognomieen erhalten sind, so scheint doch die übermütige Laune des Malers unverkennbar. Er mischt allerlei verschiedene Dinge; öffentliche Feier, die nur die Stiftung einer Kirche, beim Beginn des Altarhauses, bedeuten kann, mit Teilnahme des hohen Klerus und vornehmer Gönner, neben intimen Genrescenen des Klosterlebens in ländlicher Umgebung, die nach Art der „Einsiedler — i padri del deserto" gedacht wird. In sich haltlos wie diese Raumentfaltung ist auch die Gesinnung, die aus dem Ganzen spricht, und neben überraschend genialer Begabung begegnen doch so viele Fehler, z. B. in der Modellierung der Köpfe, — deren seitlich gesehene Gesichter oft an bedenklicher Breite und Schiefheit leiden, nicht selten auf Kosten des Hinterkopfes, der noch durch riesige Ohren entstellt wird, — oder in der Zeichnung der Hände, dafs wir nicht begreifen, wie sich solch ein Machwerk mit dem künstlerischen Ernst Masaccios vereinigen liefse, selbst in einem flüchtig hingepinselten Fresko, das er ja immerhin „come per saggio dei colori" hätte machen können.

Wenn Cavalcaselle meint, die technischen Eigenschaften und malerischen Vorzüge sprächen für Masaccio selbst: eine solche Masse von Licht und Schatten in so trefflicher Verteilung, ein so warmes und durchsichtiges Kolorit, eine so breite und einfache Gewandbehandlung, verbunden mit soviel Mannichfaltigkeit der Charaktere, so leichten und natürlichen Bewegungen, könne keinem andern zugeschrieben werden, — so bleibt doch beachtenswert, dafs die Technik dieser Freskomalerei am ehesten noch mit den schnellfertigen Erzeugnissen des Masolino in Castiglione verglichen werden kann, nicht aber mit erhaltenen Beispielen von Masaccios Arbeit. Und daneben ist immerhin das Zeugnis Vasaris beherzigenswert, Fra Filippo habe als junger Zögling des Karmeliterordens durch das Studium der Fresken im Carmine doch soviel erreicht, dass schon die Zeitgenossen seine Mache sehr ähnlich fanden: „aveva preso la mano di Masaccio sì che le cose sue in modo simili a quelle faceva, che molti dicevano lo spirito di Masaccio essere entrato nel corpo di Fra Filippo," — und eine Gestalt des S. Marziale, die Filippo an einem Pfeiler der Kirche gemalt, könne den Vergleich wol aushalten. Dafs es Kennern von heute noch so gehen könnte, in dieser genialen Sudelei den Geist Masaccios zu erkennene, bleibt allerdings schwerer begreiflich als das Bonmot der Florentiner, — das Vasari beibringt, ohne es selbst zu unterschreiben.

Die Reste gestatten es freilich nicht, eine bestimmte Arbeit des Fra Filippo zu identifiziren, die Vasari bezeugt: „nel chiostro, vicino alla Sagra di Masaccio, un Papa che conferma la regola dei Carmelitani," — um ein päpstliches Consistorium kann es sich hier nicht handeln, und dieses war, wie Vasari hinzusetzt „lavoro di verde terra" also ein Clairobscur wie Masaccios Sagra und Uccellos Wandbilder im Chiostro verde von S. M. Novella. Aber es folgt auch „ed in molti luoghi, in chiesa in più pareti, in fresco dipinse" — dazwischen kann auch die Gründung der Klosterkirche und die Vorgeschichte des Ordens gewesen sein, deren Richa gedenkt, z. B. die Verherrlichung des Stifters Cione di Tifa di Rinieri Vernacci del Popolo di S. Felicità und seiner Testamentsvollstreckerin Madonna Agnese, oder die Grundsteinlegung durch Bischof Giovanni de' Mangiadori am 30 Juni 1286.

Wir schliefsen uns also der Meinung Otto Mündlers an, der sich schon 1860 angesichts der freigelegten Reste für Fra Filippo ausgesprochen hat (S. Mattei, Ragionamenti etc nennt ihn freilich, Signor Müller addetto alla Galeria nazionale di Londra.")

DIE SONSTIGEN MEISTERSTÜCKE

Das Fresko in S. M. Novella

Zu den bestbeglaubigten Werken Masaccios gehört ein Wandgemälde in der Kirche S. M. Novella zu Florenz, das von seiner ursprünglichen Stelle im Nebenschiff nach der Klosterseite zu weggenommen und an die Eingangsmauer neben dem Hauptportale rechts vom Eintretenden übertragen worden ist. „Costuj dipinse in Santa Maria Novella uno crocifisso, cioè la Trinità et a piede la morte molto bella dietro al pergamo," heifst es im Libro di Antonio Billi, und ähnlich im Codex der Magliabecchiana cl. XVII, 17, im Codex Petrei und in aller Kürze auch bei Francesco Albertini, im Memoriale di molte statue et picture . . . di Florentia," 1510. Ausführlich beschreibt es Vasari: [1])

„In S. M. Novella malte er in Fresko eine Dreieinigkeit mit Maria und Johannes dem Evangelisten, die sie in die Mitte nehmen und den gekreuzigten Christus betrachten. An den Seiten liegen zwei Figuren auf den Knieen, soweit sich urteilen läfst, die Besteller des Werkes. Aufser den Figuren ist aber besonders schön daran eine Halbtonnenwölbung, perspektivisch aufgerissen und in viereckige Felder mit Rosetten darin geteilt, die sich so vortrefflich verjüngen und verkürzen, dafs es scheint als sei die Mauer ausgetieft."

„Mehr als das!" können wir heute noch hinzufügen, sobald wir des arg mitgenommenen Bildes an seiner ungünstigen Stelle nur ansichtig werden. Masaccio hat hier nichts Geringeres versucht, als — die

[1]) Vasari selbst hat diese Malerei „am Altare di S. Ignazio" mit einem grofsen Gemälde seiner Hand zugedeckt, so dafs sie hinter seinem Altare del Rosario verborgen war. Als man diese Leinwand bei der letzten Restauration der Kirche wegnahm, fand sich das Fresco, wurde vollständig ausgebessert und an die jetzige Stelle übertragen. Cavalcaselle, der Gelegenheit hatte während der Arbeiten in der Kirche das Werk in seinem damaligen Zustand zu prüfen, ehe es wieder ausgebessert ward, berichtet uber die Einzelheiten (Storia della Pittura in Italia II, 316): Es fehlte an dem Beiwerk z. B. an dem gemalten Hauptsims die Farbe, hier und da schon der Bewurf. Am Mantel Gottvaters war zum Teil die Farbe verloren, zum Teil dunkel und trübe geworden, wie dies auch beim Kleide Marias geschehen war. Ebenso fehlte an den Armen u. mehr noch an den Händen des Christus stellenweis völlig die Farbe oder war verblichen wie der untre Teil der Kleider an den Stifterbildnissen. — Erst neuerdings ist es meinen wiederholten Bemühungen gelungen, das bedeutsame Denkmal in befriedigender Weise photographieren zu lassen und im ersten Jahrgang der „Kunsthistorischen Gesellschaft für photographische Publikationen" Leipzig 1895, herauszugeben.

Kirchenwand in Altarhöhe scheinbar durchbrechend — für das Auge des Beschauers eine anstofsende Kapelle zu erschliefsen, vielleicht gar mit dem Ausblick ins Freie dahinter. Er umrahmt diese Oeffnung zunächst mit einer Scheinarchitektur im reinsten Geschmack seines Freundes Brunelleschi, nach klassischem Vorbild, doch neu erfunden. Zwei hohe kannellierte Pilaster aus hellgrauem Stein treten aus der Wand hervor, — genau so wie die gemalte Gliederung der Cappella Brancacci! — und tragen auf hellroten korinthischen Kapitellen den mehrfach gegliederten Architrav mit seinem römischen Kranzgesims. Zwischen dieser Hauptordnung hindurch öffnet sich der Eingangsbogen des Heiligtums, dessen halbrund vorspringende Marmorschwelle zugleich den Fufsboden des innern Schauplatzes um eine Stufe höher legt. Links und rechts an die Pfeiler angeschlossen runden sich glatte Säulen mit rötlichen Basen und Volutenkapitellen. In drei Viertel Höhe der Pilaster vorn setzt auf diese Säulen eine schlanke Archivolte auf, und öffnet so auch dieses obere Viertel der Wand bis auf die Zwickel der rechteckigen Umrahmung, in die zwei Rundmedaillons mit muschelartiger Vertiefung, ebenfalls rot auf grauem Grunde, eingelassen sind. An die Leibung des Bogens, die in scharfer Perspektive die Mauerdicke bezeichnet, stöfst das Kassettengewölbe, dessen Halbcylinder hinten wieder von einem gleichen Bogen aufgenommen wird, den auch dort zwei gleiche Säulen tragen wie vorn. Seitlich ruhen sie beide auf dem Mauerwerk der Eckpfeiler, zwischen denen auch die Seitenwände links und rechts durchbrochen sind, so dass nur ein gerades Gebälk auf den gleichen angelehnten Säulen ruht. Auf diesen Architraven aufsteigend entfaltet das Tonnengewölbe perspektivisch für die Untensicht dem Beschauer seine quadratische Gliederung mit vergoldeten Randleisten und Rosetten in den ausgetieften Feldern, sicher und meisterlich aufgerissen, so dafs wir heute, mehr als Vasari damals, die gemalte Beleuchtung bewundern und geniefsen.

In der Mitte dieses Allerheiligsten steht, wie in einem Altarhause, der marmorne Hochsitz Gottvaters: auf Konsolen der Rückwand vorgelegt, dient eine steinere Tischplatte als Schemel, eine Marmorbank darauf als Tron; an den vordern Rand dieses altarartigen Aufbaues ist das Kreuz des Erlösers angelehnt, das aus dem Fufsboden der Kapelle aufsteigt. Jehovah hat sich vom Sitz erhoben und hält hoch aufgerichtet das Kreuz an beiden Armen, während über dem Haupte Christi die Taube des heiligen Geistes ihre Stralen niedersendet. — So erscheint die Doppelgestalt des Vaters und des Sohnes mit dem Zeichen der dritten Person zwischen beiden Gesichtern, — die damalige Darstellungsform der Dreifaltigkeit —, gerade in der Mitte der einrahmenden Arkade. Der Stamm des Kreuzes, an dem das Opfer hängt, verbindet die obere Gruppe mit dem untern Aufbau. Das Holz steckt in einem kleinen Erdhügel, der Andeutung von Golgatha, und an diesem Sockel des Krucifixes war ursprünglich vielleicht der Schädel Adams zu sehen, der nach altem Brauche dazu gehört.[1])

Zu den Seiten des Kreuzes stehen Maria und Johannes noch als Zeugen des Opfertodes auf erhöhter Bühne — möglichst nah an die Säulen gerückt. Die Mutter links als ernste Matrone, kaum gebeugt, erhebt die Rechte wie hinweisend auf den Dulder, der vollbracht hat; Johannes gegenüber, ringt die gefalteten Hände und blickt aus seinem Schmerz zu Maria hin, erstaunt, daſs sie zur Rede den Mut findet. So ist die althergebrachte Gruppe um das Kreuz in ungewohnter Nähe mit der Erscheinung der dreifaltigen Gottheit verbunden, und füllt in leibhaftiger Gegenwart den kleinen Innenraum. Vier plastisch durchgeführte Menschengestalten sind es, gleichwertige Körper zunächst. Nur der symmetrische Aufbau zu pyramidaler Gipfelung, mit Hülfe der Marmorbank auf dem Altartisch hergestellt, erhebt das Ganze in die Region des unwandelbar Bestehenden und sichert dem kühnen Wagnis den Eindruck feierlicher Würde, den der Künstler bei all der realistischen Sinnesart keinen Augenblick als Endziel ausser Acht läſst.

Und wieder verbindet er diese statuarische Kreuzgruppe in ihrem Tempelchen zu unmittelbarer Nähe mit den Lebenden draussen, indem er einfach das Gesetz des inneren Aufbaues jenseits des Rahmens fortsetzt, als gälte es nur die zwingende Macht des Zusammenhangs zu bewähren. Vor der Schwelle knieen die Stifter: rechts die Frau, auch schon eine würdige Matrone, die ihr schwarzes Manteltuch über den Kopf gezogen, links der Mann in scharlachrotem Capuccio und ähnlichem Tuchrock, beide mit zusammengelegten Händen, ganz in Profil gesehen.[2]) Unwillkürlich haben sie

[1]) Vgl. z. B. das Relief des Niccolò Pisano am Dom von Lucca, und die Vorschrift des Malerbuches am Berge Athos. Sonst wäre nicht mehr zu sagen, was die alte Beschreibung in den handschriftlichen Quellen — „a piede la morte" bei Antonio Billi, „che ha a piedi una Morte" im Codex Petrei — bedeuten will. Es sei denn unter dem erhaltenen Wandgemälde noch ein Einblick in die Krypta der Kapelle oder in eine Grabkammer gemalt, sonst etwa ein Sockel hinter dem freistehenden Altar mit dem Todesbild daran geschmückt gewesen. Bei der italienischen Bezeichnung „la Morte" denken wir zunächst an die allegorische Darstellung im Camposanto, das heiſst an ein weibliches Gespenst, nicht an ein Totenskelett. Aber die übliche Zier der Bahren und Sargbehänge mit Totenkopf und Beinkreuz könnte ebenso gemeint sein, also der Schädel am Kreuzesstamm.

[2]) Bei Bocchi, Bellezze di Firenze, ed. Cinelli 1677 p. 253 heiſst die Kapelle „de Capponi."

dem stillen Zug des Eindrucks gehorchend sich angeschlossen, abhängig als Glieder des einen Prinzips, und eben dadurch ihren eigenen festen Halt gewonnen. Die Blicke des frommen Verehrers richten sich auf Johannes, ihm gegenüber, die Augen der Gattin haften an der Gestalt Marias. So durchkreuzt sich in diagonalem Aufstieg der Zusammenhang, von beiden Endpunkten aussen durch die Richtung der Formen, Gebärden, Beziehungen, wie durch den begleitenden Rhythmus der architektonischen Gebilde und der Raumentfaltung überall her auf den Höhepunkt des Menschlichen, den Mittelpunkt des Ganzen, auf das Bild der Gottheit selber geleitet. Nicht minder ist die Wahl der Farben und ihre wechselnde Wiederkehr in diesem Sinne durchgeführt. Die schwarze Kleidung der Stifterin gehört zu der dunklen Gestalt Marias und zu dem tiefblauen Mantel Jehovahs, das rote Kostüm des Florentiners zu dem hellroten Gewande des Lieblingsjüngers, das voller nur im Rock Gottvaters wiederkehrt. Kleinere Stellen der nämlichen Farben in umgekehrter Verteilung an Aermeln, Unterkleidern, Besatz durchschlingen die Hauptreihe dieser Töne. Die lebenswarme Karnation der Bildnisse erblasst allmählich oben bis zum fahlen Aschgrau des Toten am Kreuz; während das Antlitz des Höchsten mehr in Schatten zurückbleibt, stralt die Taube in hellstem Weifs zwischen den goldenen Heiligenscheinen. Selbst die Architektur, von der lichten Marmorschwelle mit rosafarbenem Rand, von hellgrauen Säulen mit roten Kapitellen, bis in die Deckenwölbung mit blauen goldbesetzten Kassetten darin, draussen im Tagesfchein, drinnen im Dämmerlicht und Schattendunkel, bewahrt die selben Grundlagen einer klaren Harmonie.

Verfolgt man das Zusammenwirken der architektonischen Formen und der menschlichen Gestalten auf diesen Blickbahnen weiter, so erkennt man überall wolerwogene Gegenüberstellung und gleichmäfsiges Entsprechen aller Glieder, eine vollständig durchdachte Komposition. Mag man vom Verhältnis der senkrechten und wagerechten Linien ausgehen, oder der Verteilung der Massen, der Körper, der Flächen, mag man die Tonstellen der Beleuchtung mit denen der Bedeutung, die farbigen mit den geistigen Faktoren vergleichen, überall die Bestätigung, dafs wir es trotz allem Realismus mit einem Musterbild monumentalen Stiles zu tun haben und zwar im Sinne der höchsten religiösen Kunst. In innigstem Einvernehmen mit Architektur und Bildnerei sucht hier Masaccio zur konsequentesten Lösung einer Aufgabe vorzudringen, die sich der grossartigen Wirksamkeit der beiden Schwesterkünste unmittelbar anschliefst. Raumkunst ist der gemeinsame Boden auf dem sie alle drei sich begegnen und zum Bunde die Hand reichen, wie Masaccio selbst, der Maler, sich in seiner Gesinnung einig weifs mit dem grössten Baumeister und dem grössten Bildner seiner Tage.

Die perspektivische Ansicht der Kapelle hier, im reinsten Stile der Frührenaissance, ist nicht denkbar ohne den Schöpfer dieses Stiles, Filippo Brunelleschi.[1]) Und wäre dieser Einblick nicht gröfser als das Altarhaus einer Cappella Pazzi, so ist es doch eine künstlerische Tat, deren Bedeutung in so früher Zeit —, wie spät auch im Leben Masaccios das Werk zu datieren sei, — nicht unterschätzt werden darf, dies eine Beispiel berechtigt zu dem Schlufs: Masaccio nimmt hier zu seinem Freunde und Lehrer Brunelleschi in der malerischen Wiedergabe des Raumgefühls und des neuen Raumideales seiner Zeit eine Stellung ein wie Rafael später zu Bramante. Wie wir, an einer ähnlich bedeutsamen Krisis der Architekturgeschichte Italiens angekommen, eigentlich nur auf Rafaels Schule von Athen einen Gesamteindruck des Innenraumes empfangen, wie Bramante ihn zu verwirklichen hoffte, so hat Masaccio hier die bescheidenere Bauphantasie der Frührenaissance zuerst zum Ausdruck gebracht, und mitten im gotischen Gotteshaus der Dominikaner einen Baugedanken im neuen Stil, eine glückliche Erstlingsschöpfung an die Wand gemalt, die nur als reife Frucht römischer Studien des Filippo Brunelleschi begriffen werden kann. Wie von Rafael und Bramante erzählt Vasari auch von Filippo, dem Erfinder der perspektivischen Zeichnung, und eben deshalb mit noch unzweifelhafterm Rechte, er habe sie besonders dem Masaccio, — pittor allor giovane, molto suo amico — vermittelt, und fügt anerkennend hinzu „il quale gli fece onore in quello che gli mostrò, come appare negli edifizj dell' opere sue."

Ganz wie bei Rafael noch die Darstellung der herrlichen Philosophenhalle zunächst eine Gefahr für die Selbständigkeit und Bedeutung der Personen darin einschloss, und wie die Rücksicht auf monumentale Wirkung der Figuren für sich nur durch künstliche Vorkehrungen wieder zu ihrem Rechte kommen konnte, so beobachten wir den nämlichen Vorgang hier, sobald wir Masaccios

[1]) Dies spricht neuerdings auch der Biograph des „Filippo Brunelleschi" Cornel v. Fabriczy auf S. 50 seines trefflichen Buches aus. (Stuttgart 1892). „Die majestätische Renaissancehalle in die er die Scene seiner Dreifaltigkeitsfreske in S. M. Novella verlegt hat, ist wenn auch das einzig übrige (?), doch vollgültige Zeugnis dafür, welches Gewicht der Meister auf die perspektivische Durchbildung des Schauplatzes seiner Komposition legte, wie sehr er die Lehren der jungen Wissenschaft beherrschte, ja selbst wie enge er sich auch im Formalen der Architektur an sein grofses Vorbild schloss." Vgl. d. Anm. daselbst.

Gestaltenbildung, die plastische Seite seiner Aufgabe ins Auge fassen, die mit dem geistigen Inhalt natürlich in unlösbarem Zusammenhange steht.

Das Bindeglied zwischen der architektonischen und der bildnerischen Schöpfung ist das Kruzifix, wo im stärksten Kontrast zwischen dem organischen Leibe des Gekreuzigten und dem tektonischen Gerüst des Marterwerkzeuges doch die Einheit erreicht werden soll. Die umgebende Architektur bindet den Meister an das natürliche Verhältnis menschlicher Figuren zu diesem Raum, den er uns zeigen will, und grade seine Wahrheitstreue fordert den Verzicht auf den Ausweg, den die Idealisten sich immer gestattet, auf den gröfseren Mafsstab überirdischer Wesen. So kommt es, dafs sein Christus am Kreuz nur schmächtig, zart gebaut erscheint, und besonders durch Schmalheit des kleinen Kopfes auffällt. Nichts desto weniger ist der nackte Körper in dem strengen anatomischen Sinne behandelt, den seine Kunstgenossen Brunelleschi und Donatello in der Plastik förderten, und der wirklichkeitsgemäfsen Haltung zu Liebe wird der Wollaut der Umrifslinien, den die gotische Idealität eines Lorenzo Ghiberti treu bewahrt, hier lieber preisgegeben. Nicht der Ausdruck des Göttlichen in menschlichem Bilde, sei es auch nur der äussere Abglanz harmonischer Schönheit noch im Tode, sondern das Menschliche im Bilde der Gottheit ist ihm die Hauptsache. Nur die fühlbaren Merkmale der eigenen Erfahrung, nur die volle Bedingtheit in irdischen Gesetzen vermag diese Generation des Quattrocento auch von Dasein oder Möglichkeit ihrer Ideale zu überzeugen. Nur in menschlichster Erscheinung greift ihnen auch die Religion noch an das Herz. Dieses persönliche Bedürfnis trifft hier aber mit dem Sinne der Aufgabe selber zusammen, so weit es sich um den menschgewordenen Gottessohn handelt, der tot noch, als Sühnopfer am Kreuze hängt, aber in diesem Augenblick wieder aufgenommen wird vom Vater, um in die ewige Herrlichkeit zurückzukehren, ohne die bleibende Bedeutung seines Erlösungswerkes abzutun. Noch zeigt der Allwissende ihn am Kreuzesstamm der sündigen Welt als Wahrzeichen seiner Liebe. Deshalb ist auch die erste Person der Dreifaltigkeit nur das würdevolle Ebenbild der zweiten, des Menschensohnes, der auf Erden gewandelt. Die regelmäfsigen Züge bekommen nur durch einen längeren Vollbart das Ausfehen höhern Alters. Die ganze Gestalt, untersetzt in den Proportionen, stämmig im Auftreten und breit in der vollen Gewandung, die dem nackten Körper am Kreuz die wirksame Folie giebt, sie hat etwas von der wuchtigen Kraft, mit der Donatello seinen Christus behandelt hatte. Selbst der Kummer ist nicht ganz aus dem Antlitz

5*

dieses Urvaters gewichen, der — ganz im Geist der alten Typologie — an den Patriarchen erinnert, dem Jehovah ein ähnliches Opfer zugemutet. In so unmittelbarer Berührung mit der irdischen Hülle des eigenen Kindes überkommt auch ihn in Erdennähe das menschliche Gefühl. Und wieder offenbart uns dies Eindringen in den Kern der künstlerischen Schöpfung zugleich das Geheimnis ihres Zusammenhanges mit andern Äufserungen der Zeit. Sowie wir den Erzvater Abraham nennen, so müsste es der Brunelleschis sein, den wir vergleichen. An die Körperbildung, die Charakteristik des Auftretens und des Ausdrucks, die der ältere Meister in seinem Broncerelief vorgebildet, werden wir deutlich erinnert, selbst die Behandlung des Nackten beim Knaben dort erschliesst uns am besten das Verständnis des Gekreuzigten hier. Masaccio schmiegt sich im Bildnerischen seines Werkes hier noch innig an die Formensprache des ältern Freundes an, als stünde Donatellos Abraham über Isaak noch nicht am Campanile.[1])

Die Berechtigung des Menschlichen wächst, sobald die beiden nächsten Angehörigen Christi, Maria und Johannes hinzutreten. Teilnehmend bei dem Kreuzestod sind sie Mittelspersonen zwischen der Gottheit droben und ihren Kindern auf Erden. Kein verklärter, dem Erdenleid entrückter Heiland hätte ihre Rolle verständlich machen können. Dem Sieger über den Tod, dem Gottesfohn in seiner Herrlichkeit hätte auch die Mutter nur stolz und triumphierend, der Jünger nur begeistert und zuversichtlich zur Seite gestanden. Hier ist gerade Das worauf es ankam, um die kirchliche Zusammenstellung von Personen zu einem begreiflichen Vorgang durchzumotivieren, den herkömmlichen Lehrstoff künstlerisch mit Leben zu erfüllen: das dogmatische Symbol der Dreieinigkeit ist mitten hineingesetzt in den geschichtlichen Zusammenhang, und damit der Weg eröffnet, den auch Dürer gefunden hat und in dem Holzschnitt von 1511 siegreich, fast triumphierend zum gewaltigen Historienbilde durchverfolgt, — auch ohne Maria und Johannes hineinzunehmen.

Bei Masaccio bleibt es ein Andachtsbild. So bewahrt die Muttergottes im Schmerz noch die Hoheit ihres Wesens, hält mit fester Hand das weite violettblaue Gewand zusammen, richtet den Nacken willensftark genug empor und zeigt uns ein Antlitz, das unter herbem Weh den Adel seiner Züge nicht verliert. So mochte die Witwe eines edeln Hauses, die im Kloster eine Zuflucht gefunden, schwergeprüft doch immer ihrem Werte treu einhergehen. Und wie

[1]) Die Gruppe ist eine gemeinsame Arbeit Donatellos und seines Ateliergenossen Nanni di Bartolo il Rosso, die urkundlich zwischen Mai und November 1421 vollendet ward.

anders, der Jugend angemessen, benimmt sich Johannes! Auch er ist ein Zeugnis, wie sehr dem Künstler die notwendige Uebereinstimmung der Körperformen und ihrer Bewegung mit dem Ausdruck des Augenblicks bewufst geworden war. Wie ein schlanker Baum mit gradem Stamme unter dem Sturmwind nur den Wipfel beugt, steht dieser Jünger da: die Hände zusammengepresst gegen die Brust erhoben, das Haupt zu träumerischer Trauer wol geneigt, doch nun mit elastischem Schwung sich reckend, als würde er im Angesicht der mutigen Matrone selber zum lebendigen Zeugen des Meisters, der sein Schicksal erfüllt hat.

Diesen seelischen Inhalt in überzeugender Wahrheit zur Erscheinung zu bringen, trotz aller Schwierigkeiten des vorgewählten Mafsftabes im Innenraum, das ist Masaccios sichtliches Bemühen. Darüber vernachläfsigt er, wie nicht verhehlt werden soll, die Einzelheiten der Form, die ihm offenbar noch weniger geläufig waren. Die Hände besonders sind noch altertümlich befangen, winzig und dünn; sie sehen neben der Breite der Gewänder, der Energie der Bewegung und der durchdachten Tiefe der Gesamtwirkung, wie verkümmert aus. Hier wird man am ehesten geneigt sein, für die Datierung des Werkes im Kreise seiner übrigen Leistungen, den zeitlich frühesten Anhalt zu suchen.

Dagegen sind aber die Bildnisse der Stifter nach Seiten wirklicher Beobachtung und malerischer Behandlung ohne Zweifel das Beste, und zeugen für den vorgerückten Standpunkt der Meisterschaft. Hier war die freie Gestaltung und volle Wiedergabe des Lebendigen nicht mehr durch erdichtete Architektur eingeschränkt. Wenn auch auf schmaler Bühne knieend, giebt ihnen das Pilasterpaar doch nur den Untergrund, und wie diesen erst der wirkliche Kirchenraum von Sta. Maria Novella den Mafsftab. Sie erscheinen in Lebensgröfse, wie alle andern Beter im Gotteshaus. Die Matrone ist eine von jenen robusten Patrizierfrauen, die wir auch sonst in Bildwerken des Quattrocento kennen, wie etwa Donatellos Bronzebüste im Bargello, nur nicht nach der Totenmaske wie dort, sondern nach dem Leben selber gebildet. Nicht eben anmutig, aber freundlich und gutherzig dreinschauend, verrät sie mehr männliche Tüchtigkeit und Geradheit des Sinnes als sanftere Reize des weiblichen Geschlechts. Der Stifter selbst, ein kräftiger Mann in den Sechzigen, gehört mit seinem energischen Profil und seinen ehernen aber sprechenden Zügen in die Reihe der scharfkantigen, eigenwilligen Charaktere, deren Florenz damals so viele gezeitigt. Mit wie persönlichem Gehaben erfafst ihn der Maler bei seinem Gebet, und mit welcher Natürlichkeit entfaltet er die malerische Tracht, mit den weiten runden am Handgelenk wieder geschlossenen Aermeln und den einfachen aber wirkungsvollen Falten des Tuches. Nichts lehrreicher als ein Vergleich dieses florentinischen Paares mit den Stiftern des Genter Altarwerkes der Gebrüder van Eyck, Jodocus Vydt und seine Frau Isabella Burluut, — jenem flandrischen Gegenstück aus der nämlichen Zeit.

Wenn eine ganze Reihe von Stifterbildnissen in Florenz bis ans Ende des Jahrhunderts – nennen wir nur die besten des Domenico Ghirlandajo — sich an dieses Vorbild anschliesst, so wundern wir uns nicht[1]. Wol aber pflegt die bisherige Kunstbetrachtung die geschichtliche Bedeutung mehr als billig aufser Acht zu lassen. Fragen wir einmal nach dem Rechte der Priorität, so kann wol kein Zweifel sein, dafs eine gröfsere freiere Verwertung des hier Erreichten durch Masaccio selbst sich unmittelbar anschliefst: die Verehrer seines Petrus in Cathedra, jener Theophilus im modernen Fürstenkleide vorn, jener Stifter Felice Brancacci zur Rechten und jener Abt der Karmeliter als Hüter des Heiligtums zur Linken. Dort ist das Bildnis in seiner malerischen Breite als knieende Gewandfigur schon vollauf im Innern des Bildes selbst verwertet und weist uns vorwärts weithin auf die Kunst des Fra Bartolommeo und seines urbinatischen Freundes. Durch diesen Eintritt der Bildnisse in den Organismus selbst, giebt jene Huldigungsfcene neben dem Altar der Cappella Brancacci, sowie sie hier zum Vergleich herantritt, einen wertvollen Wink für den zeitlichen Abstand des Werkes in Sta. Maria Novella. Ein natürlicher Entwicklungsprozess hat sich zwischen diesem Stifterpaar vor der Dreifaltigkeit und jenem Halbkreis von Verehrern um Petrus vollzogen. Und doch waltet das nämliche Prinzip der Komposition in beiden Gemälden, — dort wieder in malerischer Breite unter freiem Himmel, draussen vor der Kirche, dem Bericht der Legende zum Trotz, also in bewufster Absicht des Meisters; hier in architektonischer Strenge unter dem Zwang linearer Konstruktion und unter dem plastischen Gesetz des Höhenlotes als unerbittlicher Dominante.

So steht das Hauptbild im Fresko von S. M. Novella in fühlbarem Zusammenhang mit den beiden Historien an der Altarwand im Carmine, der Schattenheilung und der Almosenspende, deren perspektivischen Zusammenhang mit der Raumwirkung des Innern der Kapelle wir oben darzulegen versucht haben, um zugleich die Beschränkung in der Breite ihrer Figuren zu erklären. Nur sind eben

[1]) Hierher gehört aber auch das Terrakottabildnis des betenden Stifters in der Pellegrinikapelle von St. Anastasia zu Verona und eine Büste im Museo civico zu Treviso. Zum Vergleich empfehlen sich die Grabsteine der Trenta von Jacopo della Quercia in S. Frediano zu Lucca, von 1416.

jenes zwei getrennte Scenen, zu den Seiten des Altartisches und der Mittelaxe der Fensterwand, korrespondierenden Flügeln vergleichbar. Hier im Altargemälde von Sta. Maria Novella herrscht die volle Koncentration des Mittelstückes selber. Das tiefgreifende Zusammenwirken der drei Schwesterkünste, Architektur, Plastik und Malerei, die ihren Anteil daran gehabt, obgleich nur der Maler das Ganze hervorbringen konnte, die Strenge des Aufbaues, die Selbständigkeit aller Gestalten im engen Zusammenhalt, die Abgeschlossenheit ringsum sind Eigenschaften, deren Wert nicht jedermann zu würdigen versteht. Was ist damit gesagt, wenn wir seit Giotto zum ersten Mal wieder ein vollendetes Werk monumentaler Wandmalerei darin erkennen, und zwar hinausgehend über Giotto und das ganze Trecento durch die volle Einbeziehung der dritten Dimension, der Tiefe, und die damit zusammenhängende Eintracht des dargestellten Raumes mit seinen Körpern darin. Nach Uccello hat zunächst kein Florentiner den Ernst des Problems wieder erfaſst oder gar den Weiterbau für die Kunst der Malerei wieder aufgenommen. Erst Piero dei Franceschi aus Borgo S. Sepolcro im obern Tibertal, sieht und begreift um was es sich handelt, und wird durch Melozzo da Forli und Pietro Perugino zum Vermittler zwischen Masaccio und Rafael. Die Dreifaltigkeitskapelle in S. M. Novella ist in der Tat das erste Beispiel dieser Raumkunst, der Anfang einer Entwicklungsreihe, an deren Ende Rafaels Disputa und Schule von Athen dastehen, — berühmter freilich, aber für viele Bewunderer selbst ebenso unverstanden, wie diese Schöpfung Masaccios. Erst wer diesen Anfang mit jenem Ende zusammengreift, erfasst auch den pragmatischen Zusammenhang der ganzen Reihe geschichtlicher Erscheinungen, — erst das ist Kunstgeschichte im wahren Sinne des Wortes.

Das Rundbildchen in Berlin

Das Fresko in S. M. Novella bezeichnet natürlicher Weise im künstlerischen Streben Masaccios einen relativen Höhepunkt; es ist das Hauptstück einer Gruppe verwandter Lösungen ähnlicher Probleme, in denen die architektonische und plastische Zusammenfassung nur nicht so konsequent war wie hier, oder ein Mal bei geringerer Figurenzahl, ein ander Mal bei transitorischem Charakter der Darstellung eine so entschiedene Betonung gesetzmäſsigen Aufbaues weder forderte noch vertrug.

Erst wenn wir an solchem Beispiel den vollen Einblick in die Anstrengung und Arbeit gewonnen, mit der die sichere Konstruktion des Innenraumes auf der Bildfläche erobert werden mufste, empfangen für uns auch andre Leistungen die Bedeutung von Ereignissen im historischen Entwicklungsgang der Malerei. Erst dann lernen wir den entscheidenden Wert ermessen, den noch Vasari zu rühmen weifs. Ihm allein verdanken wir die Nachricht von einem verschollenen Altarbild Masaccios in der Kirche S. Niccolò, jenseits des Arno; darin war eine Verkündigung vor einer perspektivisch verkürzten Säulenhalle dargestellt, »un casamento pieno di colonne«, deren Schönheit besonders auffiel. Ausser der linearen Zeichnung, die vollkommen genannt wird, hatte Masaccio auch die Farben dermafsen abzutönen verstanden, dafs die Räumlichkeit täuschend dem Gesicht allmählich zu entschwinden schien. Er gab also darin einen Beweis wie viel er nicht allein von Linearperspektive sondern auch von Luftperspektive verstand.

Nach Verlust dieses Beispieles, das als Vorbild wieder eine ganze Reihe ähnlicher Arbeiten von Zeitgenossen, wie Fra Angelico und Masolino, oder Nachfolgern, wie Fra Filippo und Piero de' Franceschi, erklären hilft, wird jedes andre verwandte Stück des Meisters willkommen sein, wo irgend die perspektivische Durchbildung des Schauplatzes und die malerische Abbildung der Baugedanken im Anschlufs an Filippo di Ser Brunellesco hervortritt. So werden wir, an dieser Stelle am besten sogar ein flüchtigeres Werkchen heranziehen, das ursprünglich nur die Bestimmung eines Präsentiertellers hatte, wie man sie Wöchnerinnen zu übersenden pflegte [1]), und das in diesem Falle sich auch in der Darstellung an diesen Gelegenheitszweck anschliefst. Es ist ein kleines Rundbild von nicht mehr als 56 Centimetern Durchmesser, das im Jahre 1883 für das Berliner Museum erworben ward.[2]) Hier versetzt uns die Kunst des Malers mitten hinein in das Innere eines florentinischen Palastes, wie ihn damals das Haupt einer begüterten Familie für sich erbaute oder erwünschte, oder wie er bis dahin nur einem Baumeister, nämlich Filippo di Ser Brunellesco selbst, klar genug vor Augen stand. Wir schauen in den Hof des Palastes, der von

[1]) Im Palazzo Medici befand sich nach dem Inventar (Müntz, Les collections des Médicis au XV. siècle. Paris 1888 p. 86) „uno desco da parto drentovi una schermagia di mano di Masaccio."

[2]) Katalog Nr. 58 C. Vgl. besonders die Ausgabe von 1883 p. 553 und die Ausgabe von 1891, p. 162 f. Auf der Unterseite des Tellers ist ein nacktes Kind mit einem Hunde spielend (als Sinnbild ehelicher Treue?) mehr dekorativ, flüchtig gemalt und heraldisch stilisiert.

Gängen mit offenen Säulen-Arkaden umzogen ist, so dafs sich in der Mitte des Bildes eine Flucht dieser Wandelbahn in der Axe des Beschauers auftut, während links die andre Seite in rechtem Winkel anstöfst, sich also in der Breitendimension erstreckt. Durch diesen, in der Breite sichtbaren Gang kommt von links ein festlicher Aufzug herein: voran zwei Herolde, der eine in die Trompete stofsend, an der ein Banner mit dem Lilienwappen der Stadt Florenz die offizielle Sendung verkündet, dann zwei vornehme junge Herrn mit Geschenken in der Hand, oder gar auf dem „Desco da parto," den wir beschreiben. In der Mitte aber schreiten aus der Tiefe würdige Frauen nach vorn, und die erste biegt soeben nach rechts in eine Tür ein, die zum Gemach der Wöchnerin führt. Hier ruht die Herrin des Hauses auf ihrem Lager, umgeben von Dienerinnen, deren eine vor dem Bette sitzend das neugeborne Kind auf dem Schofse hält.[1]) Es ist die rücksichtsvolle und die geräuschvolle Gratulation zur Geburt eines Erben, die sowol die Matronen der Verwandtschaft als auch die Gevattern mit dem Stadttrompeter herführt, — hier noch ganz einfach aus der Wirklichkeit des florentinischen Lebens heraus gegriffen, wie die kirchliche Kunst unter dem Namen der Geburt Johannes des Täufers oder der langersehnten Maria die Wochenstube der Elisabeth oder Anna nach dem Brauch der Zeit zu schildern gewohnt war.[2])

Der überraschende Durchschnitt, in dem drei verschiedene Räume eines Palast-Innern erschlossen werden, entrollt zugleich in dreifachem Auftritt ein Sittenbild jener Tage. Es ist ein genialer Wurf glücklichster Art, der uns auf einmal erklärt, wie in dieser Stadt und unter diesem Volke selbst die intimen Ereignisse des Hauses durch den Zusammenhang der Familie und die politische Stellung der Männer sich dem öffentlichen Anteil nicht entziehen. Die trauliche Abgeschlossenheit des bürgerlichen Daseins, die wir auf vlämischen und holländischen Bildern so anziehend finden, und

[1]) Der Querschnitt, der diese Wochenstube wie den Hof offen legt, wird nach oben allerdings mit Inkrustation als Fassade gegeben.

[2]) Als Geburt einer Heiligen gilt auch bei Bocchi-Cinelli, Le Bellezze della Città di Firenze, 1677. p. 366 ein Bildchen solcher Art, das er als Masaccio im Hause des Baccio Valori beschreibt: „Quadretto dipinto a tempera, un parto di una Santa di mano di Masaccio di gran bellezza di vero: dove oltra la donna di parto, che è fatta con somma diligenza, è bellissima una figura, che picchia un uscio, e dentro ad una panceretta che ha in capo porta un cappone; la quale è panneggiata con tanta grazia che del tutto par vera." Die Darstellung weicht also gerade durch diese Gestalt von dem Berliner Bilde ab. Vgl. Domenico Veneziano's Geburt Marias im Dom zu Prato (Repert f. Kwschaft XVI, p. 175) und die Beschreibung der Wochenstube in S. Maria Nuova zu Florenz bei Vasari. (Opere II, 677.)

schon im Gegensatz zur Strasse fühlen, wenn nur die Haustür offen steht oder das Fenster die Reihe der Nachbarhäuser hereinschauen läfst, sie erscheint hier so selbstverständlich dem Anrecht der weitern Kreise preisgegeben, als verleihe diese Mitwirkung erst dem Glück des Einzelnen seinen vollen Wert. Und wie notwendig wohnt diese Auffassung der menschlichen Dinge gerade in solchem Hause, wie es uns hier gezeigt wird, das in seinem Innern unter freiem Himmel einen offenen mit Bogengängen umzogenen Hofraum umschliefst, der den Charakter eines Versammlungsortes annimmt, von allen Seiten zum Zutritt einladend, alle Teile der Wohnung mit einander verbindend, gleichwie der Platz mit dem Kirchlein draussen die Bewohner aller umliegenden Gassen zusammenströmen und sich wieder verteilen sieht.

Die sichere Wiedergabe der Architekturformen im Stil Brunellescos, die meisterhafte Behandlung der kleinen Figuren im Zusammenhang mit dem Renaissancebau, und die malerischen Vorzüge, selbst bei flüchtiger Ausführung bezeugen mit einander, dafs wir es mit der Arbeit eines gewiegten Meisters zu tun haben. Und dieser ist auch unseres Erachtens kein andrer als Masaccio. Wenn ein Kritiker wie Giovanni Morelli meint, dafs alle Kenner des Masaccio den Kopf bedenklich zu der gewagten Taufe schütteln werden, und seine Verbesserung dahin formuliert, der selben Zeit ungefähr möge das Bildchen angehören, allein für Masaccio sei es zu schwach; es rühre wol von der Hand eines untergeordneten Nachahmers her[1], — so läfst er einmal die Bestimmung des Werkchens — als Gebrauchsgegenstand und Gelegenheitsgabe — ausser Acht, und zweitens die architektonischen und perspektivischen Voraussetzungen für so ein kleines Bravourstück, die damals eben weder der Hand noch dem Verstand eines untergeordneten Nachahmers zuzutrauen wären. Wir können also den Erörterungen der Berliner Galeriedirektion nur völlig beistimmen, wenn sie die Eigentümlichkeit der Komposition, die Freiheit der Schilderung hervorhebt, in der „verschiedene Vorgänge sehr sinnvoll und zugleich rein

[1]) Kunstkritische Studien über ital. Malerei. Die Galerie zu Berlin von Jvan Lermolieff. Leipzig 1893. S. 17. „Vielleicht ein Werk jenes Andrea di Giusto, der in den letzten Jahren der Wirksamkeit des Masaccio sein Gehülfe war (siehe Gaye, Carteggio u. s. w. I. 116)." — Da kämen wir doch wol eher noch auf Masaccios Bruder Giovanni lo Scheggia, der ebenfalls Maler war, dh. ins Atelier des Meisters selbst zurück und von der Rückseite des Tellers doch wol zur eignen Person des Meisters selbst. Das Urteil jener Kunstkenner wie Morelli bleibt eben an Aeusserlichkeiten hängen und verrät wie immer wenig Sinn für die innern Qualitäten der Leistung und ihren Wert im geschichtlichen Zusammenhang der Kunst.

künstlerisch vereinigt sind. Das Kostüm der dargestellten Personen führt mit aller Genauigkeit in eine Zeit der Frührenaissance, da die praktische Ausübung der neuen Bauart erst begonnen hatte, und doch wird diese schon in voll entwickelten Formen vorgetragen", wird die Vertiefung des Raumes auf der Bildfläche mit einer Sicherheit erreicht, die das Zusammenwirken verschiedener Richtungsaxen, den malerischen Reiz der Durchblicke, den Kontrast eines traulich engen Gemaches und eines offenen Säulenhofes, zu einem Ganzen verwertet, das als Schauplatz wieder auf das Innigste zur überzeugenden Wiedergabe des Geschehens mitwirkt. Mit der nämlichen Sicherheit sind die Figuren und sonstigen Körper in richtigem Verhältnis als stereometrische Bestandteile in den Raum hineingesetzt, so dafs sie fühlbar hineingehören, dafs diese Umgebung diese Menschen wie ihre eigne Welt umschliefst. Es ist der Einblick in einen Mikrokosmos voll ausgeprägter Formen und voll charakteristischen Lebens, der uns hier geboten wird. Welche Stärke des künstlerischen Vermögens das erforderte lehrt ein Blick auf die Halbheit des Maselino noch zehn Jahre später in den Fresken des Baptisteriums zu Castiglione d'Olona, ein Vergleich, bei dem von einem „untergeordneten Nachahmer" noch nicht gesprochen zu werden pflegt. Dort sieht man in der Namengebung des Zacharias die vollständig ausgebildete Perspektive und die Wiedergabe der neuen Stilformen nach dem Vorbild des Filippo Brunelleschi verbunden mit einer zurückgebliebenen Schwäche alles Figürlichen, welche die Einheit des dargestellten Schauplatzes mit den Personen darin nicht herzustellen vermag. Dort fehlt es an der Leibhaftigkeit des Gesamteindruckes, der das Rundbildchen in Berlin so entschieden auszeichnet. Und dabei haben wir zu Castiglione um 1435 doch mit Wandgemälden in beträchtlichem Mafsftab zu tun, in denen sonst aller mögliche Aufwand der Einzelarbeit versucht wird, um die Wirklichkeitstreue zu erhöhen, während der „desco da parto" nur bestimmt war, nach seinem Gebrauch für die Darbringung der Geschenke an die Wöchnerin, vielleicht in ihrem Wohnzimmer als Dekorationsftück aufgehängt zu werden, also höchstens den Rang von Truhenbildern und handwerklichen Erzeugnissen ähnlicher Art zu behaupten. Gerade so betrachtet, bezeugt auch die Arbeit des Malers in all ihrer Schnellfertigkeit die Genialität der Meisterhand. Die Farben sind stellenweis so dünn aufgetragen, dafs die Zeichnung durchscheint, stellenweis so markig und voll, dafs mit diesen Gegensätzen die selbe körperhafte Wirkung erreicht wird, die Masaccios Fresken vor allen andern voraus haben. So bewahrt gerade dies kleine Beispiel die Unmittelbarkeit einer Farbenskizze, die mit der nachlässigen Sudelei eines großen Koloristen eher verwechselt werden könnte als mit dem ängstlichen Gestammel eines Schwächlings. Nur liegt der Malerei schon die strenge Konstruktion der Körper und der Architektur zu Grunde, die mit malerischer Begabung allein nicht zu erreichen war, sondern als „artificio per ogni intendente" jenen „ingegno perspicace" voraussetzt, der für Brunelleschi Veranlassung ward, dem Maler diese wissenschaftlichen Hülfsmittel der Raumdarstellung zu erschließen. Die Lust der Leute an solcher Spiegelung der Wirklichkeit kam dabei der Kunst sehnsüchtiger, durstiger entgegen als wir heute bei dem aesthetischen Vorgang in Rechnung zu setzen vermögen. Jener Generation, die mit allen Kräften sich aus dem Bann des Mittelalters losrang, war jede Bestätigung der Realität, jede koncentrierte Wiedergabe der gesetzmässigen Grundlagen des Daseins in Raum und Zeit, eine willkommene Stärkung des eigenen Gefühls auf festem Boden im Licht der Sonne zu wohnen, also ein Zuwachs an Leben. Und dies Rundbildchen an der Wand des Zimmers, am Kamin, über dem Bett nahm die selbe Stelle ein und erfüllte die selbe Leistung für den menschlichen Bewohner, wie jener Rundspiegel im Gemach des Arnolfini, den Jan van Eyck um die selbe Zeit zu Brügge gemalt mit dem ganzen Ausblick durch die geöffnete Tür darinnen. So tritt denn dies Familienstück mit der Wochenstube auch seinem aesthetischen Kern nach mit dem Kirchenbild von S. M. Novella in eine Reihe, eng verbunden durch den Wert ihrer architektonischen und plastischen Strenge. Sie verhalten sich zu einander, wie die Altartafeln für die öffentliche Andacht zu den Rundbildern für die häusliche Sammlung im Gebet. So bezeichnen Fra Filippos Madonna mit der Wochenstube S. Annas dahinter im Palazzo Pitti und seine Krönung Marias in der Akademie solch ein Paar, das sich ergänzt.

Das Altarwerk von Pisa

Die ganze Reihe der Meisterwerke Masaccios, die wir bisher betrachtet, verteilt sich auf eine kurze Spanne Zeit, auf wenige Jahre vor seinem letzten Gange nach Rom, wo er 1428 seinen Tod fand. Der Versuch, eine chronologische Folge dieser Leistungen herzustellen, wird im Wesentlichen die Abwägung künstlerischer Qualitäten ins Auge fassen, ein Verständnis der Fortschritte, die jedes einzelne Stück bedeutet, für wichtiger halten und sich gern bei relativen Bestimmungen über den Ablauf der Entwicklung beſcheiden; denn der Wert dieser lehrreichen Beobachtungen wird durch feste Daten in so beschränktem Zeitraum schwerlich gewinnen. Dennoch ist es willkommen, wenigstens einen Anhaltspunkt durch urkundlich überlieferten Termin gesichert zu wissen, und mit dessen Hülfe vielleicht die Periode voller Meisterschaft, die dem plötzlichen Tode des jungen Mannes unmittelbar vorangeht, von einer früheren zu scheiden, die durch Eintragung in die Lukasgilde im Jahre 1424 und die frühere in die Arte de' Medici e Speziali von 1421 bezeichnet wird. Solch ein Datum ist erst neuerdings gefunden.[1])

Zwischen dem 24 Juli und dem 18 December 1426 wurde dem Masaccio ein Altarwerk bezahlt, und zwar in mehreren Raten, im Ganzen mit achtzig Goldgulden. Sein Freund Donatello dient dabei als Zeuge, da er damals bei Arbeiten für das Grabmal des Kardinals Raynaldo Brancacci (in S. Angelo zu Neapel), das dieser noch bei Lebzeiten bestellt haben muſs († 27 März 1427) in Pisa beschäftigt war. Seit Anfang des Jahres 1426 war dort in der Kirche del Carmine eine Marmorkapelle in Arbeit, die Pippo di Giovanni di Gante, der Vater des Isaia di Pisa, und Groſsvater des Giancriſtoforo Romano zu liefern hatte, und für diese Kapelle im Carmine war auch das Altarwerk des Masaccio bestimmt. Der Auftraggeber, ein pisanischer Notar, hieſs Giuliano di Colino da S. Giusto; deshalb erscheinen die Namensheiligen Julianus und Nicolaus, der Schutzpatron des Stifters und der seines Vaters Nicolino unter den Einzelfiguren des Gemäldes, das Vasari an seinem ursprünglichen Standort gesehen und ausführlich beschrieben hat:[2])

„Darin eine Madonna mit dem Söhnchen, und zu ihren Füſsen einige musicierende Engel; einer von ihnen, der die Laute spielt, horcht mit Aufmerksamkeit seinen Tönen. Dies Madonnenbild wird in der Mitte genommen von S. Petrus, S. Johannes dem Täufer, S. Julianus und S. Nicolaus, lauter tüchtigen und lebensvollen Gestalten. Unten auf der Predella sind in kleinen Figuren Geschichten aus dem Leben dieser Heiligen und in der Mitte die drei Magier, die Christus opfern, und in diesem Stück sind einige Pferde so schön nach dem Leben gemalt, daſs man es nicht besser wünschen kann, und die Hofleute der drei Könige sind in verschiedenen Trachten gegeben, die damals Mode waren. Oberhalb der Tafel sind als Abschluss mehrere Bilder mit Heiligenfiguren um einen Crucifixus herum angebracht."

---

[1]) Donatello in Pisa, Documenti publicati da L. Tanfani-Centofanti. Pisa, Mariotti 1887. Vgl. Repert. f. Kwſchft XII. 213. f.

[2]) Opere II. 292. „Nella chiesa del Carmine di Pisa, in una tavola che è dentro a una capella del tramezzo. . . .

Das Altarwerk ist im Laufe der Zeit aus der Kirche der Karmeliter verschwunden, zerstückelt und zerstreut; die Hauptbestandteile scheinen sogar völlig verschollen.[1]) In Pisa selbst ist nur ein Ueberrest erhalten geblieben, der diesem Ganzen angehört haben wird: die Halbfigur des Apostels Paulus auf Goldgrund, deren ursprüngliche Bestimmung zwischen jenen Heiligen des oberen Aufsatzes gesucht werden mufs, die Vasari um den Gekreuzigten — offenbar das Mittelstück dieser obern Reihe — herum geordnet sah. Dies Kniestück, oben abgerundet (jetzt viereckig eingerahmt), befindet sich im Museo Civico an S. Francesco zu Pisa, nachdem es lange Zeit in der Pinacoteca comunale bei der Akademie gewesen.[2]) Es trägt auf der Rückseite eine längere Aufschrift von einer Hand, die zum Ende des siebzehnten Jahrhunderts zurückweist, und das Bild als „Opus Masaccij à Castro S. Joannis Vallis Arni. Pictorum aetatis . . . Pr. . ." beglaubigt.[3]) Der Apostel, in gelbem Rock und hell lila Mantel ist dreiviertel nach rechts gewendet, und hält in der erhobenen Linken ein Buch, in dem herabhängenden rechten Arm das aufrechte Schwert, über dessen Querstange am Griff sich die Finger herüberlegen. Der Kopf mit dunkelm Vollbart fällt auf durch seine starke lange Nase und einen wulstigen Haarschwall im Nacken, während der Schädel vorn sich lichtet. Nur dieser Charakterkopf selbst ist sorgfältiger ausgeführt, wenn auch sichtlich summarisch für die Wirkung aus verhältnismäfsiger Höhe berechnet, dh. in starken Gegensätzen von Hell und Dunkel herausmodelliert. Um so eher stellt sich der Eindruck der Schiefheit ein, als ob von vornherein die verkürzte Seite des Gesichtes nicht ganz gelungen sei. Am linken Auge stört ein Fehler. Der breite Heiligenschein ist aus dem Goldgrund heraus punktiert, hat ein breites Band mit fünfblättrigen Blumen, dreiteiligen Knospen und lancettförmigen Blättern darin, und dreiperlige Zacken am Rande. Die Gewandung ist flüchtig gemalt und in der Farbe sehr blafs, vielleicht in der Sonne ausgeblichen, aber im Wurfe ziemlich grofs, auf der linken Schulter hoch aufgebauscht und verrät eben dadurch, nicht, wie Crowe und Cavalcaselle meinen, eine befangene Schülerhand, sondern die malerische Freiheit des Meisters, der eine breite, locker um den

---

[1]) In der Kirche war das Werk sicher um 1750 nicht mehr an seinem Platze, vgl. A. da Morrona, Pisa, illustrata 1793, III, 290 f. Vgl. d. Berliner Katalog.

[2]) Nr. 199. H. 0,51 Br. 0,30 m. Es ist sehr durch Wurmstich beschädigt, besonders unten, wo ein Stückchen ausgebrochen.

[3]) Die Aufschrift der Rückseite (Nr. 157) beginnt Al Cave Te Cole (Cok?) — Lo. Raimondi. Sie erwähnt das Lob des Michaelangelus Bonarotus und giebt das Epigramm des Annibale Caro.

Leib geschlagene Draperie bevorzugt, genau so wie die Apostelschaar um Christus in der Cappella Brancacci und Petrus bei der Almosenspende sie aufweisen.

Wenn wir dieses nach rechts gewandte Bild des zweiten Apostelfürsten auf der einen Seite des Altarwerkes suchen, wo auch der erste in der Hauptreihe unten stand, so haben wir ein ganz gleiches Gegenstück im Besitz des Grafen Lanckorónski in Wien zu verzeichnen.[1]) Es enthält, ebenso oben abgerundet, auf Goldgrund die Halbfigur des Apostels Andreas, nach links gewendet, mit dem Buch in der Linken vorn und dem gradarmigen Kreuz an der Rechten. Dies lateinische Kreuz ist in perspektivischer Ansicht gegeben, und zwar schräg gegen die Mittelaxe des Bildes gestellt. Hier sowol, wie in dem Kopf des langbärtigen Greises kehrt die energische Behandlung mit starken Gegensätzen von Licht und Schatten wieder, und ähnlich ist in der Gewandung die unverkennbare Gewohnheit der Freskomalerei auf das Temperaverfahren übertragen. Die gleiche Form und Randverzierung des im Goldgrund eingeritzten Heiligenscheines mit seinen dreiperligen Zacken, wenn auch anderm Rankenwerk im breiten Bandstreifen, beweist wie die Maſse der Tafel und der ganze Charakter des Stückes die unzweifelhafte Zugehörigkeit zum nämlichen Ganzen, von dem der Paulus in Pisa stammt. Der Kopf hat unverkennbare Aehnlichkeit mit dem groſsartigen Andreas im Hauptbilde der Cappella Brancacci, zeigt aber einen Grad von Befangenheit, im Vergleich zu diesem, daſs er früher angesetzt werden müſste, wenn nicht solch Bestandteil eines Altarwerkes auf Goldgrund immer hinter der Freiheit der Wandmalerei zurückbliebe . . Bei der Almosenspende sieht ein ganz verwandter Kopf in gleicher Stellung hinter Johannes hervor.

Als Zwischenbildchen in horizontaler Reihe, wie sie jetzt gerahmt sind, oder vielmehr als Pilasterfüllung ursprünglich über einander angebracht, wären vier ganze Figuren in kleinem Maſsſtabe zu denken, deren Behandlung auf Goldgrund, im Verein mit dem Charakter der Köpfe, mit der Manier der Gewandung und gemeinsamen Fehlern in der Zeichnung uns vollauf berechtigt sie der selben Zeit zuzuweisen, während die Ordenstracht der Karmeliter bei zweien von ihnen auch die Zugehörigkeit zu einem Altar „in Carmine" bezeugt. Sie sind nach England verschlagen und befinden sich jetzt im Besitz des Herrn Charles Butler, F. S. A. Auf der Winterausſtellung der New Gallery 1893/94 waren sie in London zu sehen

[1]) Durch die Liberalität des Eigentümers sind wir in der Lage eine Photographie nach dem Original in unsrer Abbildung zu reproducieren.

und trugen den überlieferten Namen „Masaccio" auch im Katalog.[1] Drei von ihnen sind nach rechts, der vierte nach links gewendet. Zwei Kirchenväter, S. Hieronymus und ein Bischof, fordern die beiden andern Lehrer der lateinischen Kirche zur Ergänzung. Die Charakteristik des Bischofs gestattet nicht, uns für S. Augustin oder S. Ambrosius zu entscheiden. Er steht ganz im Profil nach rechts und liest eifrig in seinem Buche, das er mit beiden Händen trägt; ein hellroter Chormantel bedeckt in einfach breiten Falten die ganze Gestalt bis auf die unten hervorsehende Alba; ebenso einfach ist auch die Mitra mit rückwärts herabhangenden Bändern. Das Antlitz des noch jungen Mannes umrahmt ein kurz gehaltener dunkler Vollbart, — sonst würde er Masaccios Johannes gleichen: so aber begegnet er uns bärtig in kriegerischer Tracht als Hauptmann des Herodes demnächt wieder. — S. Hieronymus daneben ist durch Kardinalstracht kenntlich. Er steht barhaupt, gesenkten Blickes vor einem hölzernen Pult, über dem ein Schriftblatt hängt, das seine rechte Hand im Lesen weiterschiebt. Der Typus des ältern kurzbärtigen Kopfes ist fast völlig der des Petrus bei der Schattenheilung in der Brancaccikapelle. — Von den beiden Karmeliterheiligen ist der eine langbärtig und alt, ist den Aposteln Andreas in Wien und Paulus in Pisa nah verwandt, sonst etwa dem geheilten Beter (neben dem Masolinokopf) im Schattenwunder vergleichbar; er hält ein Buch unter dem Arm und fasst mit der Linken die Flügel seines weiten Mantels über der schwarzen Kutte zusammen. — Der andre, nach links gekehrt, schaut doch mit lebhaftem Seitenblick aus dem Bild heraus; er ist jung und bartlos, vollwangig und vollblütig dazu. Die Hände wissen nicht zu bleiben und verraten so erst recht die Ungeschicklichkeiten, die wir schon anderweit kennen: die breite Phalanx der Finger, die Stärke des Daumens und andre Schwächen der Zeichnung, und zwar in einem Grade, dass man immer geneigt ist an Beschädigung und Ueberschmierung zu denken. Besonders dieser letzte, etwas dicknasige und grofsohrige Mönchstypus ist das unmittelbare Vorbild des Fra Filippo geworden, mit seinen Fehlern wie mit seiner Breite und Wucht, während wir beim Ersteren nicht zweifeln können, seine Gewandung mit der des Petrus und Johannes in der Almosenspende zu vergleichen, wenn auch lange noch nicht mit seinen Ordensbrüdern bei Petrus in Cathedra.

[1] H. 0,545 Br. 0,395. Holz. Katalog der „Exhibition of Early Italian Art in the New Gallery (Regent Street) Nr. 27. Vgl. unsere Abbildung.

Drei andre Bruchstücke desselben Altarwerkes sind vor Jahren schon in der Sammlung des Marchese Gino Capponi zu Florenz von deutschen Forschern erkannt worden und seitdem 1880 in das Berliner Museum gewandert.[1]) Die Beschreibung Vasaris wurde zuerst von Adolf Bayersdorfer auf sie angewendet, und Wilhelm Bode hat zur Bestätigung ihrer Echtheit den Vergleich mit den Fresken der Cappella Brancacci angerufen. Die Analogie in den Typen und im Stil der Figuren, in der Art der Beleuchtung und der Komposition ermöglichte schon damals den Nachweis, das Pisaner Altarwerk müsse den letzten Jahren Masaccios angehören. Nun, da wir die Zahlungstermine zwischen Juli und December 1426 kennen, bestätigt sich gerade für die Predellen diese Einordnung durchaus, während die Halbfiguren der Apostel, die wir soeben besprochen, den Zusammenhang mit der früheren Kunstweise des Malers deutlich machen.

Die Beschreibung Vasaris weist den drei Fragmenten genau ihre Stellen an: „sotto, nella predella, sono di figure piccole, storie della vita di quei Santi (Petrus, Johannes Bapt., Julianus und Nicolaus) e nel mezzo i tre Magi che offeriscono a Cristo." Die Bildchen in Berlin enthalten die Anbetung der Könige, das Martyrium des Petrus und die Enthauptung des Täufers.

In beiden Legendenbildchen, die jetzt, nicht ohne erkennbares Zwischenglied, in einem Rahmen aneinander sitzen, ist die Beleuchtung scharf von der linken Seite her durchgeführt, gewifs im Anschluss an ihren ursprünglichen Standort in der Kapelle des Giuliano di Colino da S. Giusto.

Das Ende des Petrus wird „inter duas metas" nach den Angaben dargestellt, die uns in der Mirabilien Roms begegnen[2]); — aber diese beiden antiken Bauwerke sind nicht einmal so genau wie auf einer Predella des Jacopo da Casentino in den Uffizien gegeben, ermangeln der wichtigen Spitze und lassen dem Kerker mit geöffneter Tür die Hauptbreite des Hintergrundes übrig.

Hier wird der Apostel auf seinen eigenen Wunsch kopfüber ans Kreuz gebracht. Einfach und entschlossen beschränkt sich der Vorgang auf die Hauptsache und läfst das Beiwerk um so eher fort, als die Schmalheit des Ausschnittes die gröfste Sparsamkeit gebot. Mit den Füfsen schon am Kreuz befestigt, hängt der alte Mann mit dem Scheitel auf den Boden stofsend am Holz, und zwei Knechte

[1]) Katalog Nr. 58 A u. 58 B. — Holz. H. 0,21 Br. 0,61.

[2]) Vgl. Mirabilia Romae ed Gust. Parthey, Berlin 1869 p. 28. u. über die Ikonographie der Kreuzigung Petri: Strzygowski, Cimabue und Rom, Wien 1888 p. 76 ff.

sind dabei auch beide Hände anzunageln. Befehlshaber und Wachthauptmann stehen im engen Hof, eine Reihe von Soldaten sperrt den Zugang zur Rechten ab, wo unser Blick auf hügelige Gegend hinausfchweift und wieder inne wird, dafs er dem Strom des links her einfallenden Lichtes folgt. [1])

Ebenso kurz und bündig wird daneben die Enthauptung des Täufers vorgeführt, und zwar im entscheidenden Momente selbst. Links zur Seite des übereck gestellten Turmverliefses steht in prächtiger Kleidung mit flachem Hut der Bevollmächtigte des Vierfürsten und streckt die Hand aus zum Befehl. Auf dies Zeichen schwingt der Scharfrichter, den wir neben ihm vom Rücken sehen, weit ausholend sein Schwert gegen Johannes. Dieser kniet auf der Schwelle, während ein Krieger ihn beim Schopfe fasst und mit dem Stiel seiner Streitaxt den Kopf herniederdrückt. Mit beiden Händen das Gesicht bedeckend erwartet er den Streich, während zwei Soldaten zur Seite ihre roten Schilde vorhalten. Auch hier schliessen kahle Felsblöcke den Schauplatz der Richtstätte zur Rechten ab, aber fühlbar näher, zur Sonderung von dem Mittelbild der ganzen Predella.

Ausserordentlich charakteristisch für Masaccios Sinnesart ist die resolute Schlichtheit, mit der die beiden Gewaltakte ohne Umschweif und ohne gerührte Zuschauer dastehen. Der Eindruck auf die Kriegsknechte, die dazu befohlen sind, genügt ihm. Noch ein Jahrzehnt später sehen wir Masolino in seinen Wandgemälden von Castiglione d'Olona die eigentliche Katastrophe umgehen. Statt des Höhepunktes der Entscheidung giebt er einen Moment vorher und einen nachher, und bricht dem Ereignis dadurch die Spitze ab. Masaccios kleine Predellenstücke geben die Hauptsache; sie sind voll Leben und Energie, in der Bewegung des Augenblicks erfasst, selbst die Röte des andringenden Blutes im Kopf des Petrus nicht vergessen, — wie Vasari bei der Auffindung des Stater im gefangenen Fische hervorhebt, — und der scharfe Gegensatz von Licht und Schatten in den Körperformen, die in eng anschliessender Hülle oder gar nackt auftreten, steigert noch die einschneidende Wirkung der sonst sehr hellgehaltenen Malerei.

Das wichtigste Stück bleibt indefs die Anbetung der Könige, die sich in doppelter Breite entwickelt und unter dem Madonnenbilde gesessen hat.

[1]) Es sei auch hier auf die Verwandtschaft des Schlufsbildes in der Brancaccikapelle hingewiesen, das freilich Filippino gemalt, aber wol sicher nach einem Entwurf des Masaccio selber, der dem Besteller oder Ratgeber im Kloster vorgelegt war, in Auftrag bekommen hat.

Links ragt das Strohdach der offenen Hütte herein; darunter steht der Esel angebunden und lagert wiederkäuend das Rind, beide nach innen der Krippe zugewandt, während am Pfosten vorn der Sattel für das Grautier sich am Boden breitmacht. Noch unter der Dachlinie dieses Stalles sitzt auf einem Faltstul im Profil nach rechts Maria, ganz eingehüllt in ihren Mantel und hält den Knaben auf ihrem Schofs. Das grofse Kind ist halb nackt, nur mit einem Tuch um den Leib bedeckt, und wendet sich lebhaft zu den Gästen, während Joseph, ein Weihgeschenk im Arm, gebeugten Hauptes bei Seite steht. — Der älteste König, ein weissbärtiger Greis, hat sich entblöfsten Hauptes auf die Knie geworfen und berührt mit seinen Lippen das nackte Füfschen des Knaben. Der zweite, ein Mann mit dunkelm Haar und Vollbart, erhebt in gleicher Andacht die gefalteten Hände, noch in angemessener Entfernung von dem Verheifsenen, während sein Page hinter ihm die abgenommene Krone in den Händen hält und sinnend betrachtet oder nach Dienerart durch die Finger gleiten läfst; genug sich abkehrt. So schliefst sich fürs Auge sogleich der dritte König dem Zug der Handlung an, auf die es abgesehen ist. Es ist ein bartloser Jüngling, der anbetend hervorschreitet, indem sein Kämmerling schnell den goldnen Reif vom Scheitel hebt. Er hält die Mitte des Bildes und bezeichnet den Höhepunkt der Hauptpersonen, deren dreifach abgestufte Bewegung schräg, wie ein Keil, aus der Schaar der Uebrigen heraustritt. Unmittelbar an seiner Seite stehen - - wie Vasari will, als Höflinge gedacht, — in der Tat als auserwählte Zeugen, sehr bemerkbar im Vordergrund, zwei Männer, in der Tracht vornehmer Bürger aus den Tagen des Malers, ohne Zweifel Ser Giuliano da S. Giusto, der Besteller des Werkes, und sein Vater Niccolino, bei aller Kleinheit doch Gestalten voll persönlichen Gebarens mit ganz individuellen Gesichtern. — Das letzte Viertel dieser Bildfläche ist wieder Nebendingen eingeräumt, die zur Erklärung dienen, wie die Hütte drüben: Hier warten die reichgezäumten Rosse, von Reitknechten gehalten, in mannichfacher Stellung, — zum Staunen Vasaris schon so überraschend lebendig, besonders das äusserste rechts, auf dem noch ein Trossbub sitzt, vornüber gebeugt, im Begriff sich Futter zu raufen oder aus einer Pfütze am Weg die Zunge zu netzen.

In der ganzen Breite des Bildes schliefst eine niedrige Hügelkette am Rand der Strafse den Mittelgrund, nur wenig höher als die Köpfe der stehenden Figuren vorn; aber die Höhen selbst sind bis in weite Ferne mit hellem Schimmer übergossen, als hätten die Reisenden noch gerade beim letzten Gruss der Abendsonne ihr Ziel erreicht. Die Beleuchtung von links her giebt gerade diesem Bild-

6*

chen trotz der hellen Malerei, in der es ausgeführt ist, einen eigentümlichen Reiz. Und wenn wir die Photographie zu Hilfe nehmen, so kommt die ursprüngliche Kraft der Lichtführung erstrecht wieder zum Vorschein. Sie bringt auf dem schmalen Schauplatz der niedrigen Staffel den Schein einer Tiefe und freien Entfaltung hervor, der weit mehr Beachtung fordert als die Wiedergabe des Einzelnen und die Beobachtung des Lebens bei Mensch und Tier. Die Stralen der sinkenden Sonne streifen über den Boden, so dafs im Dunkel der Hütte der Esel durch Reflexe von unten beleuchtet wird, und dafs die stehenden Figuren lange Schlagschatten hinter sich werfen. So bleibt die heilige Familie an ihrer Zufluchtstatt in bescheidenem Dunkel gegenüber den voll und scharf erhellten Verehrern, die in ihrem Glanz sich demütig beugen, wie wirksam auch das Gefolge sich hinter ihnen breitet. Das aufgelöste Spiel der halbgebrochenen Streiflichter über Rosse und Trabanten hin durchdringt alle Hauptsachen des Vorgangs, der so wie aus märchenhaftem Dämmerschein Gestalt gewinnt.

Diese kleine überraschende Epiphanie gehört zu den liebenswürdigsten Gedichten, die unwillkürlich die zarteste Empfindung des grossen Historienmalers offenbaren. Und diesen frischen Predellenbildchen, in denen der junge Meister nicht mehr durch Goldgrund und sonstige kirchliche Rücksichten gebunden war, verdanken wir auch ein unbewufstes Bekenntnis, welche Vorbilder der Tafelmalerei ihm damals noch — dem Schöpfer so grofser Freskowerke selbst — in die Augen stachen. Besäfsen wir das Hauptstück der Altartafel von Pisa, dann würde allerdings auch das Marienbild in der Mitte wol als wichtige Urkunde solcher Anregungen und Eindrücke dastehn. Vasaris Beschreibung schon deutet dies an; denn wer liest wol ohne Verwundern darüber hin: „zu den Füssen der Madonna musicierende Engel, deren Einer aufhorchend dem Klang der eignen Laute prüfend folgt", mitten im Spiel der andern! — Das ist neu im Sinne des Realismus der Florentiner, wie ein gemaltes Präludium zu reizenden Bildwerken eines Luca della Robbia; — aber damals, in der Arnostadt und ihrem Kunstgebiet, wol eigentlich ohne Gleichen.[1]) Wir müssen schon ins umbrische Land hinüberschweifen, um dieser Anordnung jubilierender Engel zu den Füssen Marias zu begegnen. Dort aber in der Heimat des Gentile da Fabriano und Ottaviano Nelli von Gubbio ist gerade diese Erfindung der Ausdruck,

---

[1]) Vgl. aber in der Akademie zu Florenz Nr. 127 (Angelo Gaddi) Mad. del giglio mit musicierenden Engeln und anbetenden unten herum. — Nr. 129 (Nicc. di Pietro Gerini und Comp.) — Nr. 142 (Ignoto) Ch. F. Murrays Meister, v. 25 Jan. 1420, Krönung Marias mit musicierenden Engeln, der den selben Gegenstand 1439 mit „Rosselli Jacopi Franchi" bezeichnet hat.

der das sinnige Gemüt des Volkes allein befriedigt, das natürliche Bild für die lyrische Stimmung ihrer Andacht. Ist es ein Hauch umbrischen Empfindens, der hier hereinweht? — Dann hätten sich die Zeiten sehr geändert. Denn Allegretto Nuzi, den Fabriano etwa als Lehrer des Gentile aufzuweisen hätte, er ist nicht allein zünftig gewesen in Florenz, wo die Malermatrikel im Jahre 1346 seinen Namen trägt, sondern auch ganz Florentiner geworden im Bannkreis eines Taddeo Gaddi und andrer Giottisten. Nun aber kommt Gentile da Fabriano als angesehener Maler, von Venedig und Brescia, vom Norden Italiens herein, wird 1421 in die Lukasgilde aufgenommen, weil er Aufträge ausführen will, im selben Jahre wie der zwanzigjährige Masaccio als Anfänger eintrat. Und die Wirkung seiner Kunst ist zweifellos zu spüren.[1]) Im Jahre 1425 haben wir Masolino schon droben in Castiglione d'Olona zur Verherrlichung Marias so schlanke duftige Gebilde malen sehen, als seien die Gestalten nichts als schemenhafte Träger lyrischer Stimmung, als tauchten sie in biegsamer Gebärde nur auf, um schwungvoll und feierlich zu den Klängen der Orgel ihre rhythmische Bewegung zu vollführen. In der Geburt des Christkindes, in der Anbetung der Könige sahen wir unabweislich Reminiscenzen an das Altarwerk des Gentile da Fabriano in Florenz.[2])

Und nun die Predella mit der Anbetung der Könige von Masaccios Altar in Pisa. Sie lässt vollends keinen Zweifel, wie sehr die nämliche Darstellung des umbrischen Meisters, den Papst Martin von Brescia kommen liess, auch die Phantasie dieses Malers in Florenz ergriffen, wie wenig auch Masaccio selbst den poetischen Reizen, der intimen Beobachtung des Tierlebens, den Versuchen märchenhafter Kontraste zwischen Dämmerschein und Lichtglanz sich verschloſs. Das Altarwerk des fremden, von Oberitalien zugewanderten Malers trägt als Vollendungsdatum die Jahreszahl 1423. Ein Vergleich seiner Epiphanie mit der Christnacht, der Flucht nach Aegypten und der Darbringung im Tempel an der Predella, mit Halbfiguren der Verkündigung und dem Antlitz des Welterlösers in Runden droben, mit zarten Blütenzweigen im Rahmenwerk, ist ebenso lehrreich für die fruchtbaren Beziehungen, wie für die Unterschiede persönlicher Eigenart und örtlicher Schultradition.

---

[1]) Er vollendet im Mai 1425 das Altarwerk für die Quaratesi in S. Niccolò oltr' Arno, von dem vier Einzelfiguren in die Uffizien gerettet sind, das Mittelstück verloren scheint. Es war ein Madonnenbild — gewiſs nach umbrischer Art, vielleicht der Anreiz für die Bestellung des Giuliano di Colino bei Masaccio zu Anfang 1426, oder noch unmittelbarer nach Aufstellung des Bildes von Gentile.

[2]) Vgl. Erstes Buch S. 35.

Bei Masaccio, dessen Denken und Schaffen ums Jahr 1426 mit soviel ernsten Aufgaben erfüllt war, tritt die Zartheit des Sinnes gelegentlich nur einmal so glücklich hervor. Wenn aber der Zauber des Lichtes in diesen Bildchen von Pisa irgendwo vorbereitet war, so stehen die Schöpfungen Gentiles zunächst da. Dort freilich in der Sakristei von S. Trinità, die der reiche Palla Strozzi ausgestattet, war das Schimmern von innen her, der durchsichtige Schatten der Nacht mit Hülfe des Goldgrundes erreicht worden. Masaccio rechnet mit dem seitlich einfallenden Licht des Fensters in der Kapelle, für die er malt, selbst in Pisa draussen, und führt die Stralen der tiefstehenden Sonne von links her über die Landstrasse vorn und über die Hügelkette im Hintergrund. Das Gedränge der Rosse, Stallknechte und zahlreichen Jagdgenossen zu Pferd und zu Fufse, mit dem Gentile die Hälfte seines Bildes füllt, die Allotria vollends mit kleinen Jagdleoparden und Affen im Sattel, mit Falken in der Luft und grossen Hofhunden am Boden, diese Ueberfülle ohne Platz und Sinn im Ganzen, schmilzt bei Masaccio von selbst zu einer Nebengruppe zusammen, deren Bedeutung nicht über die Haupthandlung hinauswächst. Klarheit, Einfachheit und Entschiedenheit zeichnen den Toskaner überall aus, in der Einzelgestalt ebenso, wie in der Handlung oder feierlichen Ceremonie. Gentile da Fabriano wird gewufst haben, was er tat, als er den Wirkungskreis am Arno wieder aufgab und im selben Jahre, wo er die Tafel der Quaratesi für S. Niccolò vollendet, nach Siena weiterzog, und über Orvieto dann nach Rom zum Papste, der seiner begehrte. S. Giovanni in Laterano, mit seiner Fieberluft und seinem Modergeruch, bereitete diesem Triumphzug ein schnelles Ende. Und als er noch im Jahre 1427 gestorben war, rief man Masaccio nach Rom, die begonnene Arbeit weiter zu führen; aber auch ihn noch raffte der Tod von S. Giovanni in Laterano hinweg.

Betrachten wir endlich das ganze Altarwerk, soweit wir uns noch heute — sei es durch den Augenschein, sei es aus Vasaris Beschreibung oder aus historischen Erwägungen — eine Ansicht darüber zu bilden vermögen, mit dem festen Datum der Ablieferungstermine zwischen 24. Juli und 18. December 1426 in der Hand, so ist vor allen Dingen darauf hinzuweisen, dafs unter den erhaltenen Stücken die Halbfiguren von Aposteln auf Goldgrund, vom oberen Teil des Aufbaues, ganz beträchtlich von den Predellenbildchen abweichen, die vom Goldgrunde frei geworden, ohne Zweifel die letzte

Arbeit an dem Ganzen ausmachen. So bieten gerade sie, wenn auch in kleinem Maſsstab, die Möglichkeit, den Stil des Malers in der zweiten Hälfte des Jahres 1426 zu charakterisieren und den Zusammenhang mit den Wandgemälden der Cappella Brancacci vielleicht an einer bestimmten Stelle nachzuweisen.

Schon Bode hat bei einer Besprechung der Bildchen im Berliner Museum darauf hingewiesen, daſs im Fresko mit der Auffindung des Stater im Maul des Fisches „die Gestalt des Fischers fast ganz dieselbe Person sei, die sich auf dem Martyrium des Johannes findet". [1]) Er meint den Torwächter von Kapernaum, der die Abgabe verlangt, und den Henker, der vom Rücken gesehen den Schwertstreich führt.

Wir würden jedoch dem Maler Unrecht tun, wollten wir nicht hervorheben, daſs er jede der beiden Gestalten genau für den Vorgang berechnet hat wie er sie brauchen will. Der Henker im Predellenbildchen ist ganz in einheitlicher Tätigkeit, die beide Arme zugleich in Anspruch nimmt und den Kittel, dessen Saum zur Seite weht, beim Heben des Schwertes in die Höhe zog. Der Zolleinnehmer im Fresko der Brancaccikapelle hat jene sprechende Doppelbewegung, bei der die Rechte begründet was die Linke fordert. Aber in den Beinen ist, trotz zweckentsprechender Verschiedenheit, die Verwandtschaft auffallend genug, und ganz besonders in den Füſsen, deren Rechter fest auftritt, während der Linke nur mit den Zehen den Boden berührt. Das Heben der Ferse, im Zug des Schwunges dort, als Nachklang des Schreitens hier, ist beiden gemein, in beiden Fällen ein wirksames Mittel der Belebung, — eins von jenen begleitenden Merkzeichen des Verlaufes, die den zwingenden Anreiz für die Phantasie zur Weiterdichtung des Augenblicks nach vorwärts oder rückwärts enthalten. Die Erfindung zweier so überzeugender Gestalten ist allerdings ein schlagender Beweis für die Urheberschaft desselben Meisters sobald man die Zeit, in der sie entstanden, mit zu Rate zieht.

Der Kopf des Petrus auf dem Predellenstück hat bei aller Kleinheit des Maſsſtabes doch unverkennbare Aehnlichkeit mit dem Petrus des Masaccio in den Fresken des Carmine, und zwar am meisten wol mit dem Apostelfürsten in Cathedra; dh. in einer Scene, bei deren Komposition für die Nähe des Altars zugleich die Rücksicht auf das Gegenstück gewaltet hat, nämlich die Kreuzigung gegenüber. Der freundliche Kopf des Petrus bei der wunderbaren Heilung durch den Schatten, im Fresko der Altarwand daneben,

[1]) Gazette des Beaux-Arts 1888. I. p. 474.

kehrt dagegen in der Anbetung der Könige wieder: der gutmütige Pflegevater Joseph stimmt mit dem Apostel hier soweit überein wie die Haltung vornüber und die Beleuchtung von der Linken her es irgend erlaubten. Der geheilte Kranke mit dunkelm Haar und vollem Bart, der dankbar wieder aufrecht auf seinen Beinen steht, nachdem ihn Petrus soeben beschattet hat, er ist mit samt den gefalteten Händen für den knieenden König verwertet, dessen fürstliche Tracht sonst der des Theophilus im letzten Fresko gleicht. Und die beiden andern Könige kehren hinter Petrus wieder, der langbärtige Greis wie der bartlose Jüngling, nur sind die beiden Typen als Magier ganz in Profil gestellt. Die allgemeiner gehaltenen Köpfe der Dienerschaft hier wie der Soldaten beim Martyrium des Apostels und der Enthauptung des Täufers entsprechen natürlich am meisten den Nebenfiguren gleicher Art, wie den Jünglingen bei der Taufe oder den Jüngern bei Christus in der Brancaccikapelle. Ueberall, auch bei dem Bildnisse des Stifters Giuliano di Colino, fällt die gleiche Bildung der unteren Gesichtshälfte mit dem scharfen Kinn und den zugespitzten Lippen auf, die wir bei Johannes in der Almosenspende, wie in der Apostelschaar sonst hervorgehoben. Die beiden Stifterporträts aus Pisa erinnern ebenso in ihrer Behandlung an das knieende Paar in S. M. Novella, wo die biblischen wie die göttlichen Personen des Hauptbildes wieder mancherlei Uebereinstimmung mit den Predellen des Altarwerkes erkennen lassen.

Wenn hier in strenger architektonischer Umrahmung an Maria und Johannes unter dem Kreuz die minder grosse Breite der Draperie auffiel, und im Vergleich zu den Betern draufsen der feiner geschlängelte Faltenzug, dann dürfen wir uns nicht wundern, an den winzigen Figuren des Epiphanienbildes von 1426 diese kleinere Behandlung und verwickeltere Durchführung an einzelnen Beispielen erstrecht zu beobachten. Der Mantel Marias in S. M. Novella und der des Petrus in der Schattenheilung gehören so eng zusammen, wie der Ueberwurf des Johannes unter dem Kreuz mit dem Josephs bei der Anbetung der Könige. Hier aber hat die Gewandung der jungen Mutter mit dem Christuskind auf dem Schofs ebenso wie der greise König zu ihren Füfsen unzweifelhaft die Vorliebe des Gentile da Fabriano für schwungvolle Bogenlinien angenommen, die allerdings einem Gotiker wie Lorenzo Ghiberti auch in Florenz nicht fremd geworden war.

Ganz besonders endlich wird der Einfluss des kleinen Mafsstabes der Pisaner Predellen bemerkbar, wenn wir unter der Kleidung die Gliedmafsen der Figuren betrachten. Da sind dann allerdings der oben erwähnte Henker, der Johannes enthauptet, wie die beiden kühn verkürzten Burschen, die Petrus kreuzigen, in ihrem drallen Kostüm ebenso vollgültige Zeugnisse sicherer Kraft, wie der nackte Petrus selber. Aber durch diese Ausnahmen wird der Durchschnitt sonst noch fühlbarer. Die dünnen Beine mit eckigen Knieen, die schmalen Füfse mit langen Spitzen befremden vielleicht am meisten, wenn man die Freskomalerei im Carmine dagegen hält. Dafs die Arme etwas kurz geraten, etwas eckig gebogen oder steif gestreckt sind, daran sind wir mittlerweile gewöhnt, wie an die kleinen summarisch behandelten Hände. Die Zeichnung der Beine jedoch, ohne Andeutung der Kniescheiben und der Knöchel beharrt, auch als Nebensache genommen, gar seltsam in der Gewohnheit der Trecentisten. Bei Fra Giovanni da Fiesole und Don Lorenzo Monaco erwarten wir sie nicht anders, bei Masaccio wol, und es bedarf der schlagenden Beispiele seiner Bravour in dem nackten Petrus und der sehnigen Henker der zugehörigen Bildchen, um auch in diesem Unterschied nur die Kennzeichen einer und derselben schnell fortschreitenden Entwicklung zu erkennen. Das Auftreten freilich ist bei allen schon mit Sicherheit gegeben, aber die übermässige Schlankheit und die feinknochige Magerkeit auf dem Mittelstück der Predella hat höchstens im gekreuzigten Christus von S. M. Novella ihres Gleichen. Wie stark jedoch ist das Erbteil der Giottistenschulung in den Figuren der Wochenstube auf dem Rundbilde zu Berlin! Selbst in der Brancaccikapelle fehlt indes nicht ein belehrendes Stück: die zusammengekauerte, kühn verkürzte Gestalt des Petrus beim Fischfang, links im Mittelgrunde des grofsen Breitbildes. Hier stimmt, unter ähnlichen Bedingungen, alles überein, bis zu der hölzernen Form und Stellung der Extremitäten, — begreiflich genug weshalb.

Die Heilung des besessenen Knaben

(bei Mr. Léon Somzée, Brüssel)

So mannichfach also die Beziehungen der Pisaner Predellenstücke zu den Fresken im Carmine sein mögen, so weist doch die ähnliche Verbindung mit dem Dreifaltigkeitsbilde von S. M. Novella schon über den Umkreis der Cappella Brancacci hinaus. Und gerade die Gegensätze zwischen schlanker Zierlichkeit und wuchtiger Breite, welche die Bildchen in Berlin noch bewahren gleichwie der Wandgemälde der grofsen Klosterkirche zu Florenz, sie verlangen nach einer verständlichen Erklärung, die den Meisterwerken jenes Hauptcyklus, dem unbezweifelten Eigentum Masaccios, nicht vollständig scheint es, entnommen werden kann.

Diese befremdende Eigenschaft haben nun die Pisaner Bildchen von 1426 noch mit einem andern Probestück der Kunst Masaccios gemein, das bei Vasari ausführlich beschrieben wird, bei seinen Biographen aber für verschollen gilt. „Er war ausserordentlich eifrig in der Ausarbeitung der Perspektive, erzählt Vasari, und in der Bewältigung ihrer Schwierigkeiten kunstreich und wunderbar. Das sieht man an einer von seinen historischen Darstellungen in kleinen Figuren, die sich heute im Hause des Ridolfo del Ghirlandajo befindet. Darin sind ausser Christus der den Besessenen heilt, sehr schöne Baulichkeiten in Perspektive aufgerissen, und zwar so, dass sie zugleich das Innere wie das Aeufsere zeigen, weil er ihre Ansicht nicht von vorn, sondern der grösseren Schwierigkeit wegen übereck genommen hatte."

Durch Vermittlung unsres unvergefslichen Nestors, Karl Eduard von Liphart, sah ich zu Anfang der achtziger Jahre [1]) beim Cav. Dufour-Berte ein dem Sammler William Spence in Fiesole gehöriges Bild, das mit diesen Angaben Vasaris der Hauptsache nach so überraschend zusammenstimmt, dafs kleine Abweichungen dagegen nicht entscheidend ins Gewicht fallen und ebensowenig einen Zweifel an der Identität des Stückes aus Casa Ridolfo Ghirlandajo begründen können wie ähnliche Ungenauigkeiten in der Beschreibung der Wandgemälde, die Vasari aus dem Gedächtnis hinwirft. Ganz neuerdings ist dieses Bild aus Florenz nach Brüssel gewandert, wo ich es im Besitz des Herrn Léon Somzée wieder gesehen habe.

Man blickt in eine nach allen Seiten offene, dreischiffige Halle, die wie ein Ausschnitt aus einer Basilika erscheint, und zwar von der vorderen Aufsenecke des linken Seitenschiffes aus, so dass die diagonal gegenüber liegende innere Ecke des rechtwinkligen Bauwerks in die Mitte der Bildfläche fällt.

Die Verschwindungspunkte der zusammenfliehenden Linien für beide Aufsenseiten der Basilika liegen links und rechts etwa um die halbe Breite der Bildfläche ausserhalb derselben. Durch die hohen Pfeilerarkaden sieht man in das Innere, bis unter die Sparren des Dachstules, und zwar öffnet sich, an der Frontseite rechts, der

[1]) Seitdem spielt es in meinen Seminarübungen schon in Göttingen die Rolle, die ihm gebührt. K. v. Liphart besafs eine Photographie, nach der eine Durchzeichnung und Vergrösserung für unsre Reproduktion von Dr. A. Winkler gefertigt wurde. Ihm verdankt jedenfalls auch Bode die Kenntnis des Bildes, der in der Gaz. d. Beaux-Arts 1888, a. a. O. kurz darauf hindeutet, ohne über die Echtheit entscheiden zu wollen. Das Stück ist, wie die Heiligenscheine mit dem Zeichen S. Bernardins beweisen, schon im 15. Jahrhundert übermalt. Mr. Somzée hat mir eine neue Aufnahme für die Publikation dieser Studien zugesagt.

Schlufsbogen des linken Seitenschiffes, der breite Triumphbogen des Mittelschiffes, und die Hälfte des entsprechenden Abschlusses vom rechten Seitenschiff, in dessen Dachschräge eine Fensterrose einschneidet. Das Mittelschiff hat einige Aehnlichkeit mit dem Innern der alten Peterskirche in Rom. An den Langseiten zeigt sich zwischen gegliederten Eckpfeilern je zwei starke Säulen, darüber ein hohes gerades Gebälk durch dreifache Simsstreifen geteilt, darauf die Obermauer, den Trägern unten entsprechend durch vortretende Pilaster unterbrochen, mit je einer rechteckig eingerahmten Fensteröffnung, breiter als hoch, in solchem Abteil, und oben mit verkröpftem Hauptgesims umzogen, auf dem die Querbalken des offenen Dachstules ruhen. — Die Seitenschiffe haben an den Langseiten je drei Arkaden von schlanken Pfeilern gebildet, von deren Kämpfern Pilaster über die Scheitelhöhe der Bögen hinaufsteigen, das Dachgesims durchbrechen und in fialenartige Postamente ausgehen, hinter denen die Sparren des Daches aufstofsen. Durch die offenen Rückseiten der Basilika sieht man auf benachbarte Häuser, rechts im Hintergrunde sogar in Strafsenprospekte hinaus. Deshalb redet Vasari von „Casamenti" statt von einem Hauptgebäude, das den eigentlichen Schauplatz bildet.

Vor dem linken Pfeiler des Triumphbogens vollzieht sich die Scene, die Vasari als „Heilung des Besessenen durch Christus" bezeichnen mochte. Hier steht auf dem Estrich der Basilika, der durch Stufen über den Boden der Strafse erhöht ist, Jesus von einigen Jüngern im Halbkreis umgeben, und erhebt die Rechte zu einem Machtgebot gegen einen nackten Jüngling, der draufsen vor den Stufen in andächtiger Erwartung bei einem Kinde kniet, das rücklings wie tot oder in Krämpfen an der Erde liegt. Bei dem Jüngling könnte man zunächst vermuten, dafs wir es mit einem Aussätzigen zu tun haben, der in einiger Entfernung verharrt. Aber mit dem bekleideten Knaben am Boden, auf den sich die segnende Gebärde des Herrn bezieht, kommen wir zu der Erzählung des Evangeliums, die Vasari meint, Matthäus XVII, v. 14 ff. zurück: „Und da sie zu dem Volke kamen, trat zu ihm ein Mensch und fiel ihm zu Füfsen, und sprach: Herr erbarme dich über meinen Sohn, denn er ist mondsüchtig, und hat ein schweres Leiden, er fällt oft ins Feuer und oft ins Wasser. Ich habe ihn zu deinen Jüngern gebracht, und sie konnten ihm nicht helfen . . ." [1])

---

[1]) „Accessit ad eum homo genibus provolutus ante eum, dicens, Domine miserere filio meo, quia lunaticus est et male patitur: nam saepe cadit . . . Respondens Jesus ait: . . . Afferte huc illum ad me. Et increpavit illum Jesus et exiit ab eo daemonium, et curatus est puer ex illa hora."

Hinter dem vordersten Eckpfeiler des Seitenschiffes scheint noch ein andrer Unglücklicher daher zu kommen, der Heilung verlangt; denn die nackten Beine treten unsicher auf, die Arme heben sich wie willenlos in Reflexbewegung, als litte er am Veitstanz. Und scheuen Blickes sieht er sich nach einer Gruppe von Männern um, als gälte es an diesen Pharisäern und Schriftgelehrten unbemerkt vorüberzuschleichen zu dem Rabbi, der allein helfen kann. Durch eine wirksam abschliefsende Gewandfigur, mit Kapuze über dem Kopf, vom Rücken gesehen, sondern sich diese vor der Mittelarkade links, wo bärtige Greise bemüht sind, einem gebeugten Aeltesten die Stufen herabzuhelfen. Rechts dagegen unter den Säulen scheint Petrus mit Christus im Gespräche zu stehen, ja soeben im Begriff auf den Wink des Meisters davon zu gehen, während andere Gruppen hier und da in der Halle verteilt sind, das Bild eines öffentlichen Versammlungsortes zu beleben, den der Maler nach antiken Reminiscenzen oder Ruinen des christlichen Rom wieder aufzurichten versucht hat.

Der Durchblick durch die Halle und die Bewältigung perspektivischer Schwierigkeiten, bei denen es durchaus nicht ohne Irrtümer im Einzelnen und Verwirrung in den durchkreuzenden Linien des Aufrisses abgegangen ist, behalten für den Eindruck des Bildes das Uebergewicht, das sie in der Arbeit des Zeichners beansprucht. Die Figuren sollen in richtigem Verhältniss zu diesem Schauplatz erscheinen; sie sind deshalb in einem so kleinen Mafsstab gegeben, dass sie fast nur wie Staffage wirken. Aber sie sind mit Ausnahme des betenden Jünglings vorn, der nur mit einem Schurz bekleidet ist, und des Kranken im Hemd, allesamt in weite Gewänder gehüllt mit der deutlichen Absicht auf malerische Breite. Auch darin erkennen wir den Charakter des Experimentes bis hinein in unvollendete und aufgegebene Partieen des Hintergrundes und Andeutungen mannichfaltigen Nebenwerks in den Prospekten.

So angesehen, als Probestück, behält das Bild auch in seinem jetzigen vielfach entstellten Zustand, der ein sicheres Urteil kaum mehr ermöglicht, doch als Urkunde für die Entwicklung der Malerei zu Anfang des Quattrocento eine gewisse Wichtigkeit. Unverkennbar ist dieser Versuch durch die neuen Grundsätze des Filippo Brunelleschi angeregt. Die Architekturformen sind noch übermässig schlank und schwank; aber so bleiben sie bei Ghiberti, wo er auf seinen Bronzetüren antike Hallen nachahmt, immerdar. Darin verrät sich auch hier die Erbschaft des Trecento, dessen gotische Bildung doch entschieden abgelehnt wird. So sehr jedoch der Obergaden des Mittelschiffes schon an Bauten wie S. Lorenzo erinnert, oder gar auf Fra Filippos Verkündigungsbild in dieser Kirche wiederkehrt, ja dem Palaste des Theophilus in der Auferweckung des Knaben von Masaccio nicht fern steht, so vielfach sind die Befangenheiten der bisherigen Raumdarstellung aus der Schule der Trecentisten, wie Angelo Gaddi und Spinello Aretino, dem Gelingen des Neuen noch hinderlich.

Ganz ähnlich verhält es sich mit der Komposition und der Gestaltenbildung im Einzelnen. Manches findet in Reliefgebilden Ghibertis schon eher seines Gleichen als in Gemälden jener Zeit, deren Gestrecktheit der Proportion, deren willkürliches Geschlängel der Draperie bereits vermieden wird. Wir empfangen auch hier den Eindruck einer Uebergangsleistung, einer Studie für allerlei Probleme, aber zugleich die Ueberzeugung, dass sie einem begabten Künstler angehört, der aus erlernter Schultradition herausgewachsen mit schnellen Schritten zur Eroberung eines neuen Standpunkts vorwärts dringt. Jeder Schritt bedeutet einen Zuwachs seines eignen Könnens, jede kleine Gruppe, an ihrer Stelle im Raume hingesetzt, einen Erfolg auf dieser Bahn, selbst wenn ebendadurch, auch in flüchtiger Ausführung schon, Ungleichmässigkeiten entstehen, die unvermittelt bleiben, und deshalb verbieten, die letzte Hand daran zu legen, um schliefslich ein Ganzes zu erreichen. Gerade deshalb erscheint es völlig ausgeschlossen, angesichts dieser Tafel an eine trügliche Nachahmung oder an das misratene Machwerk eines Nachfolgers zu denken. Darüber kann auch der traurige Zustand der Tafel nicht irre machen, der immerhin doch erkennbar läfst, dafs die ursprünglichen Eigentümlichkeiten der Technik vollkommen mit der Datierung und Zuschreibung übereintreffen. Das Ganze war so nur in jener Entwickelungsphase der florentinischen Kunst möglich, wo die Malerei durch Masaccios und Uccellos Bemühungen im Sinne Brunelleschis aus der kindlichen Andeutung der Oertlichkeit zur perspektivischen Konstruktion des Schauplatzes wie zum richtigen Verhältnis zwischen Architektur und Menschen gelangte. Aber auch in dieser Reihe erscheint es als ein Versuch, der als Bild nie völlig ausgeführt sein dürfte.

Fragen wir bei der auffallenden Verbindung der beiden feinknochigen Gestalten mit etwas hölzernen Gliedmafsen und der vielen untersetzten Gewandfiguren von malerischer Breite nach einer genaueren Bestimmung seiner Entstehungszeit, so leuchtet auch hier die mannichfaltigste Beziehung des Bildes zu den Meisterwerken der Brancaccikapelle, wie zum Fresko in S. M. Novella ebenso ein wie zu den Tafeln vom Altarwerk aus Pisa und zum Geburtstagsteller in Berlin. Nichts aber dürfte einen festeren Anhaltspunkt im Schaffen

Masaccios gewähren als der Gegenstand der Darstellung selbst, den wir vor uns haben. „Il Cristo che libera lo indimoniato" sagt Vasari; die Geschichte vom besessenen Knaben steht im Evangelium des Matthäus (XVII, 14) unmittelbar hinter der Verklärung Christi auf Tabor. Deshalb hat Rafael den vergeblichen Versuch der Jünger den bösen Geist zu bannen mit der Darstellung der Transfiguration auf einem Bilde vereinigt. Und auf die Austreibung des Dämons durch den Machtspruch des Meisters selbst folgt unmittelbar die Geschichte mit dem Zollgroschen zu Kapernaum, die Masaccio so ausführlich auf dem grofsen Breitbilde der Cappella Brancacci erzählt. Das heifst der Gegenstand dieses perspektivischen Probestückes gehört mitten hinein in die biblische Erzählung, aus der die Momente zum Leben des Apostels Petrus für den Freskenschmuck der Kapelle ausgelesen wurden. Die Wahl gerade dieses sonst nicht geläufigen Vorgangs führt uns mitten hinein in die geistige Beschäftigung des Malers, in die Periode seiner Laufbahn, wo er mit den Vorarbeiten für die Wandgemälde beschäftigt war.

Und schlagen wir das Kapitel der Legenda aurea „De sancto Petro apostolo" auf, so beginnt jene Aufzählung des Panegyricus, die noch heute wie eine Reihe von Tituli aus dem Liber Clementis hervorklingt: „Hic super mare ad dominum ambulavit, in domini transfiguratione et puellae suscitatione a domino electus fuit, staterem in ore piscis invenit, claves regni caelorum a domino accepit etc." Die Kleingläubigkeit beim Gang über das Wasser zu Christus „il tempestoso naufragio degli apostoli", wie Vasari sich ausdrückt, war in einem Bogenfelde der Brancaccikappelle geschildert. Wie nun, wenn die folgende Reihe darunter, die auch die Bildfläche des Eingangsbogens einbeziehen konnte, für die Verklärung auf Tabor u. s. w. bis zur Findung des Stater und Einsetzung des Schlüsselamtes bestimmt war, wie wir schon angesichts des grofsen dreiteiligen Breitbildes mit Christus unter den Jüngern in der Mitte vermutet hatten, dh. für uns hier, wenn die Transfiguration für die Leibung des Eingangsbogens in Ausficht genommen war, für die Stelle also, wo sich jetzt die Vertreibung aus dem Paradiese befindet?

Dann hätten wir ja wol den nächsten Punkt gefunden, wo Masaccio sich im Anschluss an die Verklärung auf Tabor auch mit der Heilung des mondsüchtigen Knaben zu beschäftigen Veranlassung hatte. In der Tat erscheint das Gespräch zwischen Christus und dem Apostel rechts in unserm Bilde, wo der Meister ruhig steht, der Jünger schon ausfchreitet zum Gehen, wie jener Moment, wo Petrus von der Forderung des Steuereinnehmers berichtet und den Auftrag empfängt, die Münze aus dem Fischmaule zu holen, — hier noch in genauerem Anschluss an die Worte der Schrift, von denen das grofse Fresko so bezeichnend abweicht.

Und ausserdem, der Christus in jenem Meisterwerk ist noch kenntlich als hervorgewachsen aus dem „Cristo che libera lo indemoniato", der Hauptperson dieser „istoria di figure piccole — in casa Ridolfo del Ghirlandajo", wie die kleine Schaar der Apostel hier schon deutlich genug, wenn auch in unentwickeltem Zustand noch, die berühmte Reihe von Gottesmännern auf dem Fresko der Brancaccikapelle vorbildet. Nehmen wir dann Maria und Johannes unter dem Kreuz in S. M. Novella und die vier kleinen Heiligen vom Altarwerk für Pisa (bei Charles Butler, Esq.) hinzu, so erklären sich die Gewandfiguren hier, wie der vorderste Kapuzenträger links, der das traditionelle Kostüm der Boccaccio-Porträts zeigt, ebenso wie der tänzelnde Kranke im Hemd und der knieende Jüngling, dessen Nacktheit wol ganz ein Belieben Masaccios ist, aus den verwandten Erscheinungen der Enthauptung Johannes des Täufers in Berlin oder der Taufe des Petrus im Carmine.

Vergleicht man endlich die Häuser und sonstigen Architekturkoulissen auf diesen anerkannten Bildern Masaccios, den Kerker des Johannes und des Petrus zwischen den winzigen kleinen Pyramiden auf der Pisaner Predella, oder das Wächterhaus am Tor von Kapernaum, sowie die Strafsenprospekte in Cappella Brancacci, so wird man inne, wie wenig noch die Auffassung der Bauformen und ihres Verhältnisses zur Menschengestalt von dem mangelhaften Probestück hier abweicht, wird aber ebenso bestimmt erkennen, dafs das Rundbildchen mit den Gratulanten der Wöchnerin auf dem flüchtig gemalten Desco da parto, gleich wie jene Strassenprospekte der Almosenspende und Schattenheilung, und vollends das Heiligtum der Dreifaltigkeit in S. M. Novella die letzte Meisterschaft in solchen Dingen bezeichnen, zu der Masaccio erst am Ende seiner Laufbahn gelangt ist. Die volle Erklärung für die Absichten, die unser unvollendetes, zur eignen Uebung im Anschlufs an die Darstellungen der Petruslegende entworfenes Historienbild, mit kleinen Figuren in der weiten Basilika, an der angewiesenen Stelle bestimmt haben, das praktische Verständnis des Hauptproblems, das sich dem Maler im Verfolg seiner Arbeit aufdrängte, dazu finden wir den Schlüssel erst beim Pförtner des Klosters, am Ende jener Procession der Sagra del Carmine: „avendo saputo mettere tanto bene in sul piano di quella piazza l'ordinanza di quelle genti, che vanno diminuendo con proporziene e giudizio secondo la veduta dell' occhio, che è proprio una maraviglia", dh. hier die vollendete Lösung, „un artificio a ogni intendente", und die Vorbereitungen drinnen in der Kapelle selbst, in der Heilung des Lahmen an der Pforte des Tempels und der Auferweckung der Tabitha mit dem freien Platz in der Mitte und der Strafsenflucht links und rechts im Hintergrund, dh. in einem Wandgemälde, das Vasari dem Masolino zuteilt.

Das heifst, wir werden an dem Ausgangspunkt unserer Betrachtung, an derselben Stelle, wo sich die Vertreibung aus dem Paradiese dem Sündenfall gegenüber befindet, und schon die Frage aufdrängt: „wie kommen diese Darstellungen in das Petrusheiligtum?" — auf die Streitfrage über den Anteil des Masaccio und Masolino an diesem Bildercyklus, und damit auf die früheren Jahre Masaccios zurückgewiesen, deren Erörterung der folgenden Studie überlassen bleibt.

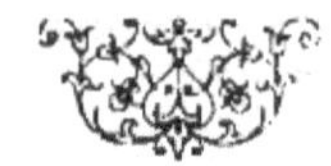

Lieferung II.

Verzeichnis der Tafeln

I.

Brancacci-Kapelle

Florenz Carmine.

Obere Reihe.

1) Die Geschichte vom Zollgroschen.
2) Die Vertreibung aus dem Paradiese.
3) Die Predigt } an der Altarwand.
4) Die Taufe } an der Altarwand.

Untere Reihe.

5) Almosenspende } an der Altarwand.
6) Schattenheilung } an der Altarwand.
7) a. Petrus in Cathedra
   b. und Erweckung des Knaben.

II.

Einzelarbeiten

an verschiedenen Orten.

8) La Sagra del Carmine, Skizze von Dom. Ghirlandajo. (Uffizien).
9) Desco da parto, Berlin. K. Museen.
10) S. Andreas, (Wien) } Altarwerk von Pisa
11) Vier Heilige (England) } Altarwerk von Pisa
12) Martyrium des Petrus } Altarwerk von Pisa
    „ Johannes des Täufers (Berlin) } Altarwerk von Pisa
13) Anbetung der Magier
14) Heilung des Besessenen, Brüssel, bei Mr. Somzée (nach Zeichnung.)

III.

Altarwerk aus S. M. Maggiore in Rom

(Beilage aus Lieferung III)

15) Crucifixus mit Maria und Johannes (Rom, Vaticana.)
16) Himmelfahrt Marias } Neapel Museo.
17) Gründung von S. M. Maggiore } Neapel Museo.
18) Bestattung Marias (Rom. Vaticana.)

Schmarsow

MASACCIO-STUDIEN

DRITTES BUCH

MASACCIO

STUDIEN

VON

AUGUST SCHMARSOW

III

MASOLINO ODER MASACCIO?

(MIT 13 LICHTDRUCKEN)

1898

TH. G. FISHER & CO.

KASSEL

MASOLINO ODER MASACCIO?

DIE STREITFRAGE

IN DER

CAPPELLA BRANCACCI ZU FLORENZ

Inhalt

Druck von L. Döll in Cassel.

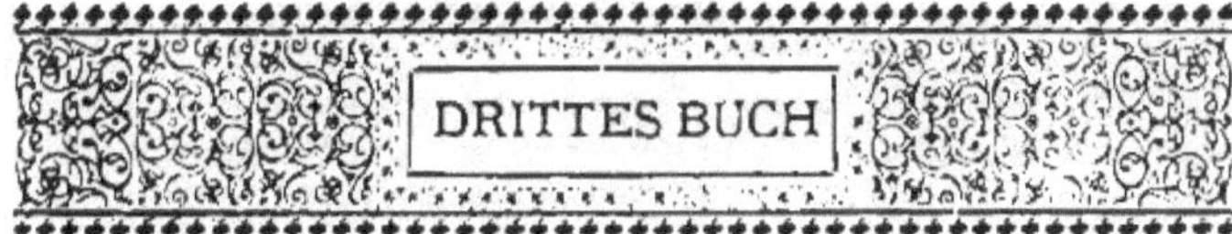

MASOLINO ODER MASACCIO

CAPPELLA BRANCACCI

Unsere Aufgabe, die strittigen Wandgemälde der Brancacci-Kapelle in S. Maria del Carmine zu Florenz zwischen den Meistern zu verteilen, die nach zuverlässiger Ueberlieferung darin gemalt haben, fürt uns zurück in den alten Backsteinbau der Kirche, von dem im Neubau nach dem grossen Brande von 1771 nur noch wenig Bestandteile vorhanden sind, zurück jedenfalls zur Einweihung am 19. April 1422, deren Andenken durch Masaccios berühmtes Fresko im Klosterhof noch während zweier Jahrhunderte lebendig blieb, d. h. in jene Tage, wo in Florenz zwei Maler namens Tommaso oder in üblicher Abkürzung Maso neben einander wirkten, so dass man, bequemer Unterscheidung zuliebe, sie nach augenfälligen Merkmalen ihrer Person als Masolino und Masaccio, d. h. den kleinen und den grossen Toms bezeichnete.

Die Kapelle der Brancacci, um die es sich handelt, war bei jenem Brande verschont geblieben. Noch kurz vor diesem furchtbaren Ereignis, das ein reich geschmücktes Denkmal zerstört und damit den Einblick in die Kunstgeschichte des Uebergangs vom vierzehnten ins fünfzehnte Jahrhundert so vielfach erschwert hat, berichtet Richa im zweiten Teil seiner »Notizie istoriche delle Chiese Fiorentine« (X, 17 ff.) 1752: Wappenschilder der Brancacci im Mauerwerk ebenso wie schriftliche Nachrichten bezeugten, dass der linke Kreuzarm der Kirche von ihnen gestiftet sei, während am Glockenturm das Wappen der Alberti den Anteil dieser alten, seit 1387 verbannten, Familie kenntlich mache. Den Kopf des linken Kreuzarms vom Hochaltar aus gegen das Kloster und weiter gegen Porta S. Frediano zu, bildet eben die vielgenannte Brancacci-Kapelle.

Ihr gegenüber lag die »Cappella del Crocifissino«, so genannt nach dem »Crocifisso della Provvidenza« oder »dell' Alberto Bianco«, das 1636 dann in die Cappella Ferrucci, neben dem Hochaltar links, übertragen ward, — nur einen halben Braccio hoch, wie Richa angiebt »stampato in sula carta.« Diese Kapelle gehörte ursprünglich den Soderini, kam dann aber in den Besitz der Serragli, als diese Familie ihr Patronatsrecht am Chore, der 1318 noch den Nerli gehört hatte, den Soderini überliessen, um dagegen diese Kapelle in der Kirche selbst und die der hl. Lucia in der Sakristei einzutauschen. Schon vor diesem Besitzwechsel hatten die Serragli die Ausstattung des Chores, dessen Schranken inmitten der Kirche bis 1568 standen, mit Ausname nur des steinernen, von den Martellini errichteten Eingangsbogens, als Denkmal ihrer Frömmigkeit hinterlassen. Die Balkendecke des Chores liess Andrea Corsini, Bischof von Fiesole, herstellen, wie zwei Inschriften von 1365 und 1366 besagten.

Die Wände der Chorkapelle wurden dann, im Auftrag der Soderini [1]) von Angiolo Gaddi mit dem Marienleben geschmückt, das allerdings nicht den Erwartungen entsprach, die man von ihm hegte. Die einzige Darstellung, die Vasari darin lobenswert findet und beschreibt, ist ein Genrebild, das ausserordentlich bestimmt schon die Richtung der Uebergangsperiode bezeichnet: Maria als junges Mädchen bei der Handarbeit mit zalreichen Gefärtinnen: »in una stanza sono molte fanciulle che, come hanno diversi gli abiti e l'acconciature del capo, secondo che era diverso l'uso di que'tempi, così fanno diversi esercizj; questa fila, quella cuce, quell'altra incanna, una tesse, e altre altri lavori, assai bene da Angelo considerati e condotti«.

Etwas früher schon war für die Ausmalung der Kapelle neben dem Hochaltar gesorgt, die den Manetti gehörte [2]). Am 30. Oktober 1350, wie schon am 28. September 1348, hatte Vanni Manetti in seinem Testament bestimmt, dass die Kapelle Johannes des Täufers, die er im Carmine errichtet, so schön wie möglich ausgemalt, geschmückt und ausgestattet werde. Vasari schreibt diese Wandgemälde, von denen noch einzelne abgenommene Ueberreste in Liverpool, London und Pisa vorhanden sind [3]), dem Giotto selber zu. Aber die erhaltenen Fragmente wie das Datum des Testaments von

[1]) Im Chor befand sich auch das Grab des Niccolò Geri Soderini † 1381, der also wol als Stifter anzusehen ist, so dass wir ein Datum für die Entstehung der Malerei gewinnen.

[2]) Bocchi, Bellezze di Firenze, giebt an, die Cappella Manetti liege neben dem Hochaltar a cornu epistolae.

[3]) Vasari Opere I p. 376 Crowe u. Cavalcaselle I, 536 ff.

dem die Datierung ausgehen muss, schliessen den Meister selbst aus und weisen auf seine Schüler, wie Taddeo Gaddi († 1366) oder dessen Sohn Angelo († 1398). — Auf der anderen Seite des Hochaltars haben wir dann die Kapelle zu suchen, an deren Wänden Spinello Aretino die Geschichte Marias fortgesetzt hatte: »In un altra cappella della medesima chiesa, che è accanto alla maggiore, fece Spinello« erzält Vasari im Leben seines Landsmannes »pur a fresco alcune storie della Madonna, e gli Apostoli quando, innanzi al trapassar di lei, le appariscono innanzi miracolosamente: e così quando ella muore e poi è portata in cielo dagli Angeli«. Und da diese Darstellung in Hochformat sich mit der Niedrigkeit der Kapelle nicht vertrug, die nicht tiefer als zehn Braccien und fünf hoch war, so verlegte Spinello die Himmelfart in eine Reihe mit den übrigen Scenen neben der, wo Christus und die Engel sie empfangen, — so wenigstens deuten wir die Worte: »E perchè . . . la picciolezza della cappella . . . non capiva il tutto e massimamente l'assunzione di essa Nostra Donna, con bel giudizio fece Spinello voltarle nel lungo della storia da una parte, dove Cristo e gli Angeli la ricevono« Die ausnemende Niedrigkeit der Kapelle spricht dafür, dass sie sich unter dem Glockenturm befand, also eine Stiftung der Alberti war, die denselben Meister auch droben in der Sakristei von S. Miniato und draussen auf ihrem Landsitz in Antella beschäftigt haben. Von Spinello rürten aber auch die Malereien in der Kapelle der Apostel Jacobus und Johannes her, die den Caponsacchi gehörte. Unter ihnen hebt Vasari die Begegnung der Mutter beider Brüder mit Christus hervor, die für ihre Söhne die besten Plätze im Himmel erbittet, und die Berufung beider Jünger von den Netzen ihres Vaters Zebedäus, — con prontezza e maniera mirabile.

Die berümteste Kapelle von allen, die um die Vierung herumlagen, war jedoch ausser der Brancaccikapelle die der Pugliesi, die von Gherardo Starnina mit Geschichten ihres Titelheiligen S. Hieronymus ausgemalt war, und zwar in Fresko sowol an den Wänden wie am Altar. Nur der Letztere mit der Darstellung des Todes dieses Heiligen war zur Zeit Richas noch übrig. Vasari aber erzält (II. 7.), Starnina habe in dem Bilde von Paola und Eustachio mit S. Girolamo einige Trachten dargestellt, die damals bei den Spaniern Mode waren, und sich durch angemessene Erfindung und sinnreiche Mannichfaltigkeit im Gebaben der Personen ausgezeichnet. So sei beim Schulgang des Knaben Hieronymus die Züchtigung eines andern durch den Schulmeister als Gegenstück vorgeführt [1],

[1]) Die Wiederholung bei Benozzo Gozzoli in S. Gimignano im Leben S. Augustins giebt wol noch eine Idee von diesem »maestro che, fatto levare a cavallo un fanciullo

1*

beim Testamentmachen des Heiligen besonders die Aufmerksamkeit der Hörer und Schreiber sehr gelungen.

Das Langschiff der Kirche, dessen Wölbung erst am 16. December 1459 geschlossen wurde, war dagegen ganz ohne Seitenaltäre, und von Lorenzo di Bicci dekoriert. Nur die Schlusswand vorn hatten die Ardinghelli zum Gegenstand ihrer Fürsorge auserkoren. Sie liessen die Bekleidung der Fassade mit grauem Sandstein beginnen, gelangten aber nicht über das Portal hinaus. In seinem Testament hatte indessen Chiaro Ardinghelli 1377 wenigstens noch eine Summe ausgesetzt, von der die Capitani di Santa Maria del Bigallo die erste Kapelle rechts vom Eintretenden herstellen und ausschmücken liessen. Im Jahre 1400 wurde die Wandmalerei von Lorenzo di Salvi vollendet, während Don Lorenzo Monaco die Altartafel mit der Verkündigung lieferte [1]).

Einem Spätling der Trecenstoschule wie Lorenzo di Bicci, der die Gewölbe des Langhauses ausgemalt haben soll, gehören auch, wie Crowe und Cavalcaselle mit Recht vermuten, die Malereien der Sakristei, und wie wir meinen auch das Fresko im Klosterhof mit der Madonna und Heiligen in breiter spätgotischer Umrahmung, das die selben Forscher mit Unrecht für Giovanni da Milano in Anspruch genommen haben, dem es auch der Cicerone noch zuweist [2]).

Da auf Betrieb des Francesco Soderini am 19. April 1422 die feierliche Einweihung der ganzen Kirche durch den Erzbischof Amerigo Corsini, unter Assistenz des Benozzo Federighi, Bischofs von Fiesole, und des Karmeliterbruders Antonio del Fede, Bischofs von Soana, vollzogen werden konnte, so wird der Baukörper ringsum, besonders mit seinen Kapellen am Querhaus damals gewiss fertig gewesen sein. Das heisst auch die Cappella Brancacci, in der das wundertätige Bild der Madonna del Popolo verehrt ward, stand da und war dem Kultus übergeben. Ja, schon im Jahre 1406 wurden die Siegestrophäen aus der Schlacht gegen die Pisaner als Dank für den Beistand vor diesem Bilde aufgehängt [3]).

---

addosso a un altro, lo percuote con la sferza di maniera, che il povero putto per lo gran duolo menando le gambe pare che gridando tenti mordere un orecchio a colui che lo tiene. Il che tutto con grazia e molto leggiadramente espresse Gherardo come colui che andava ghiribizzando intorno alle cose della natura.«

[1]) Milanesi zu Vasari Opere II. 29 Anm.

[2]) Richa hat S. 89 die Notiz: si dice ancora che fossevi in questo chiostro una Madonna di bassorilievo di Donatello.

[3]) Jetzt befindet sich über dem Altar statt jenes Gnadenbildes, das schon 1279 im Besitz des Klosters del Carmine erwähnt sein soll, eine Halbfigur in Terracotta von dem sogenannten »Meister der Pellegrini-Kapelle« in S. Anastasia zu Verona, d. h. von einem florentinischen Zeitgenossen des Lorenzo Ghiberti und Jacopo della Quercia.

Wenige Monate nach der feierlichen Sagra del Carmine, am 26. Juni 1422 errichtete Felice di Piuvichese Brancacci, im Begriff als Gesandter seiner Vaterstadt zum Sultan nach Babylon zu reisen, sein Testament, in dem er für den Fall seines Ablebens seinen Vetter Gaspare di Silvestro und die Söhne von dessen verstorbenem Bruder Bartolommeo di Silvestro, nebst Giuliano di Giuliano di Tommaso Brancacci zu Erben aller seiner Rechte einsetzt, und ihnen die Fürsorge für die Kapelle überträgt, von Malereien darin jedoch nichts verlauten lässt. Der Testator kehrt indessen selbst glücklich aus dem Orient heim und erscheint, wie schon erwähnt worden (II, 59), 1425 als Gesandter in Siena, 1426 als Kommissar der Florentiner im Lager bei Brescia, wo er bis zum 6. November verbleibt, um vom 26. November bis 10. December abermals in Siena zu wirken.

Die ältesten und zuverlässigsten Nachrichten die wir über die Malereien der Brancacci-Kapelle besitzen, finden sich in der Schrift des Antonio Manetti »Uomini singolari in Firenze dell MCCCC innanzi«[1]) und im sogenannten »Libro d'Antonio Billi,« das in verschiedenen Reproduktionen vorliegt[2]).

Der Erstere schreibt in der Notiz über Masaccio: »fece in Firenze nel Carmino uno Santo Pagolo tra la cappella de' Serragli (ch'è dov'è S. †) [= crocefisso] e la cappella dipintovi la storia di Santo Girolamo, figura maravigliosa«.

»Dipinse nella cappella de' Brancacci più storie, el meglio che v' è : è dipinta di mano di 3 maestri tutti buoni, ma lui maraviglioso«....

Der Codice Strozziano hat fol 78⁰ in der Nachricht über Masolino: »Costuj dipinse insieme con masaccio [la cappella] de Brancaccj nel Carmine di firenze«.

»Fece nel Carmine nel pilastro della Cappella de Serragli u(n)o s(ant)o piero«.

Die drei Maler, die Antonio Manetti meint, nennt uns Francesco Albertini in seinem »Memoriale di molte Statue et Picture sono nella inclyta Cipta di Florentia« von 1510.

»Sancta Maria del Carmine è antiqua et devota, lunga brac. 143, nella quale sono picture di antiqui maestri: et maxime nel

[1]) Operette istoriche di Antonio Manetti ed. Milanesi, Firenze 1887 p. 165.

[2]) Vgl. Cornel v. Fabriczy, Filippo Brunelleschi, Stuttgart 1892 p. 490.

primo claustro sopra la porta per mano di Tho. Masacci et la cappella de' Brancacci meza di sua mano et l'altra di Masolino excepto sancto Pietro crucifixo per mano di Philippo. El sancto Pietro allato alla cappella dello Starnina è per mano di Masolino et sancto Paulo di Masaccio.‹ [1])

Darin haben wir den ersten Versuch zur Abgränzung des Anteils: nach Abzug der späteren (schon technisch leicht erkennbaren) Zutat des Filippino Lippi, die bei Albertini allzu kurz als Kreuzigung Petri bezeichnet wird, soll Masaccio die eine und Masolino die andre Hälfte der Kapelle gemalt haben. Es fragt sich nur, wo die Halbierung liegt.

Dann kommt Giorgio Vasari, dessen Text in aller Händen ist. Er unternimmt es, über Albertinis Angabe hinauszugehen, indem er Darstellungen namhaft macht, die dem Einen und andre, die dem Andern gehören sollen. Aber er schreibt flüchtig, aus dem Gedächtnis, würfelt einige Scenen der Legende zusammen und lässt andre Stücke der Malerei ganz unerwänt.

Im Leben des Masolino erzält er: »im Carmine machte er zur Seite der Cappella del Crocifisso die Figur des S. Petrus, die man noch dort sieht«. In gewohnter Weise verknüpfend fügt er hinzu: das Lob, das diese Gestalt bei den Künstlern gefunden, sei Veranlassung zu dem Auftrag geworden, die Brancaccikapelle mit Geschichten des Petrus auszumalen, — eine Aussage, die wir vorerst auf sich beruhen lassen, da Vasari sicher nicht für diese Motivierung einstehen konnte und nicht einmal das Faktum verbürgt, dass die Kapelle einfach dem Masolino in Auftrag gegeben sei. Dagegen erkennt er, als historisch unterrichteter Künstler, nur einen Teil des ganzen Freskoschmuckes als Arbeiten des Masolino: »er führte mit grossem Fleiss einen Teil zu Ende«, und zwar »an der Wölbung die vier Evangelisten«; ferner »wie Christus Andreas und Petrus von den Netzen ruft«, dann »sein Weinen über die Sünde, Christus verläugnet zu haben«. . . .

Alle diese Bestandteile sind nicht mehr erhalten; denn die Wölbung wie die anstossenden drei Bogenfelder waren schon im 18. Jahrhundert durch Feuchtigkeit so zerstört, dass 1747 Vincenzo Meucci beauftragt ward, an der Decke die Erscheinung der Madonna del Carmelo vor Simon Stock zu malen, während Carlo Sacconi die Lünettenbilder durch aufgemalte architektonische Ornamente ersetzt hat [2]).

---

[1]) Ausgabe von Schöll in Crowe u. Cavalcaselle, D. A. v. Jordan, Bd. II. Anhang.

[2]) Richa, Chiese Fiorentine X (1762) p. 40.

Dann aber geht Vasari auf eine der erhaltenen Darstellungen, links oben an der Altarwand über: »ed appresso la sua predicazione per convertire i popoli«. Wir können also aus dieser Ortsangabe über die Predigt des Petrus den Rückschluss ziehen, dass sich das vorher genannte zunächst gelegene Bild der »Reue über die Verläugnung« im Bogenfeld über der Altarwand befunden habe, da zwischen dem Gewölbe und der rechteckigen Mauerfläche keine andre Stelle übrig bleibt. Dieser Schluss wird auch bestätigt, wenn Vasari in der Aufzälung fortfährt: »fecevi il tempestoso naufragio degli Apostoli, e quando San Piero libera dal male Petronilla sua figluola; e nella medesima storia fece quando egli e Giovanni vanno al tempio, dove innanzi al portico è quel povero infermo che gli chiede la limosina, al quale non potendo dare nè oro nè argento, col segno della crocie lo libera«. Das heisst, die stürmische Seefart der Apostel, bei der Petrus zu Christus über das Wasser schreitet, war das Lünettenbild über dem erhaltenen Hauptstück der Seitenwand rechts vom Eintretenden, das sowol die Heilung des Lahmen als die Auferweckung der Tabitha (Vasaris Petronilla) umfasst, nella medesima storia, zwei Scenen in einem Breitbilde.

Darnach bliebe für die zuerst genannte Scene, die Berufung des Petrus und Andreas von den Fischernetzen nur das Bogenfeld übrig, das sich über der andern Seitenwand der Kapelle, links vom Eintritt aus, befand, — und damit wäre der Anfangspunkt für die Petruslegende, unterhalb des Kreuzgewölbes mit den Evangelistenfiguren, fest bestimmt.

Den Sündenfall, am Eingangspfeiler rechts, nennt Vasari überhaupt nicht, sondern schliesst: »le quali storie sopraggiunto dalla morte lasciò imperfette«.

Dieselbe Angabe begegnet in der Biographie Masaccios; aber bei der kurzen Rekapitulation im Leben des Filippino Lippi stellt sich der Sachverhalt rund und nett heraus: »Costui . . . diede fine alla cappella de' Brancacci nel Carmine di Fiorenza, cominciata da Masolino e non del tutto finita da Masaccio per essersi morto«.

Dem Erklärungsbedürfnis Vasaris fehlte somit nur der Beweggrund für die Unterbrechung der Arbeit Masolinos und den Uebergang des Auftrags an Masaccio. Diesen Beweggrund aber kennen wir heute: es sind andre verlockende Aufträge, der Wunsch des Filippo de'Scolari, seine Stiftungen in Ungarn, besonders seine Kapelle in Stulweissenburg von einem florentinischen Künstler mit Malereien schmücken zu lassen, und die persönliche Werbung des Kardinals Branda Castiglione, der im Frühjahr 1425 durch Florenz kam, und den Maler, der sich zur Reise nach Ungarn entschloss, zugleich für seine Kirche in Castiglione d'Olona verwendet hat. Wir wissen, dass Masolino am 8. Juli 1425 in Florenz noch eine kleine Summe einkassiert hat, die ihm die Compagnia di S. Agnese delle laudi beim Carmine für eine Gelegenheitsarbeit schuldig war, — gewiss schon im Begriff von dannen zu gehen. Im Spätsommer desselben Jahres müssen die Malereien am Gewölbe des Chores in der Kollegiatkirche von Castiglione d'Olona entstanden sein, die er mit seinem Namen MASOLINVS DE FLORENTIA bezeichnet hat, als er, bei guter Jahreszeit noch, nach Ungarn weiter zog. Denn dort hat er für Pippo Spano, der am 27. December 1426 gestorben ist, noch bei Lebzeiten dieses Bestellers die Grabkapelle vollendet, die dem florentinischen Gesandten Rinaldo degli Albizi schon im Mai dieses Jahres gezeigt ward.

Erinnern wir uns nun, dass der Stifter der Malereien in der Brancaccikapelle noch am 26. Juni 1422 in seinem Testament über die Kapelle verfügt, ohne die Malereien zu erwänen, die doch höchstens angefangen gewesen sein könnten, also durch seine Sendung nach Babylon und seinen etwaigen Tod auf dieser Reise, grade mitten im Vollzuge gefärdet werden mochten, — so gewinnt die Tatsache, dass Masolino sich erst am 18. Januar 1423 in die Zunft der Medici e Speziali zu Florenz eintragen liess, besondere Wichtigkeit [1]). Es ist nicht wahrscheinlich, dass die kontraktlichen Abmachungen zwischen ihm und Felice Brancacci vor diesem Termin rechtsgiltig stipuliert worden sind.

Masolino kann nur zwischen 1423 und 1425, also jedenfalls vor dem erhaltenen Cyklus der Deckenbilder in der Kollegiatkirche von Castiglione d'Olona seinen Anteil in der Brancaccikapelle gemalt haben. Diese Deckenbilder in Castiglione können allein als Maſsstab dessen betrachtet werden, was Masolino bis zum Sommer 1425 zu leisten vermochte.

Schon nicht frei von Einwänden und Abzügen wäre die Zulassung des Vergleichs mit den Wandgemälden im Baptisterium von 1435: nur die Gewölbebilder und Idealfiguren, nicht die unteren Geschichten aus der Legende Johannes des Täufers, dürfen herbeigezogen werden.

[1]) Vasari giebt im Leben des Masaccio die Notiz, dieser sei bei seinem Paulus am Pfeiler der Capp. del Crocifisso beschäftigt gewesen, als die Kirchweihe stattfand, das wäre im April 1422; doch darf man dieser Zeitbestimmung kaum grösseren Glauben schenken als den übrigen, die folgen.

Dagegen ändert es nichts an dem Wert dieser Dokumente seines Könnens, wenn einzelne Forscher noch annemen sollten, die Deckenbilder der Kollegiatkirche seien erst nach dem Aufenthalt in Ungarn bis 1427, also nicht 1425, sondern erst 1427—28 zu datieren Im Gegenteil: diese, unseres Erachtens unzulässige, Verspätung würde das Urteil, das darauf begründet wird, nur verstärken.

Die bisherige Kritik hat also den Fehler gemacht, auch nach der Aufdeckung und der allmählichen Bekanntmachung der Fresken im Chor von Castiglione d'Olona, zu Vasaris Fürung zurück zu keren, der von diesen unbezweifelbaren Werken Masolinos ebenso wenig Kenntnis hatte wie von seiner ferneren Wanderung nach Ungarn. Nachdem nun vollends eine Veröffentlichung photographischer Aufnamen der Deckenbilder (zum ersten Buch dieser Studien) stattgefunden hat, darf das Verfaren sich durchaus nicht innerhalb der Brancaccikapelle allein vollziehen. So lange die Kritik sich darauf beschränkt, — mag auch die Erinnerung an Castiglione gelegentlich hineinspielen — bewegt sie sich fortwährend in einem Kreise; denn ihre Schlussfolgerung verwertet Vasaris Zeugnis als untrügliche Voraussetzung. Ihre Praemissen sind:

Vasari schreibt Dieses dem Masolino, Jenes dem Masaccio zu;

Dieses unterscheidet sich stilistisch von Jenem,

und sie zieht daraus den Schluss:

Also ist Dieses Masolino's, Jenes Masaccio's Eigentum,

während höchstens gefolgert werden durfte:

Wir anerkennen den selben Unterschied, der Vasari bestimmte, Dieses zum Anteil Masolinos, Jenes zum Anteil Masaccios zu rechnen; aber ob diese Unterscheidung der Arbeiten zugleich die Unterscheidung der Personen mit sich bringt, bedarf erst weiterer Begründung.

Schon um Vasaris Urteil vollständig nachzuprüfen und im Ganzen zu verificieren, fehlt uns ein wichtiger Teil des damals Vorhandenen, fehlt uns grade Alles, was sich aus dem Umstande, dass Masolino die Ausmalung der Kapelle begonnen, sachgemäss als sein Eigentum ergäbe: nämlich der Anfang dieser Ausmalung von der Wölbung an. Es fehlen uns die vier Kappen des Gewölbes mit den Evangelistenfiguren sowie die drei daran anstossenden Bogenfelder mit den »storie di San Pietro«, deren Anfang ebenfalls Masolino gemalt, — nämlich die Berufung des Petrus mit Andreas, die Kleingläubigkeit, als Christus ihn übers Wasser zu sich kommen lässt, der altüblichen Darstellung der »Navicella«, und endlich die Reue über die Verläugnung des gefangenen Meisters im Hof des Pilatus, die wir nach Vasaris einseitiger Betonung des Weinens nicht recht vorstellen können, ohne die Verläugnung selbst gegenüber dem belastenden Zeugnis der Magd hinzu zu denken, etwa auf beiden Seiten des einspringenden Spitzbogens, in dem das Fenster der Altarwand ursprünglich gewiss geschlossen war. So erzält auch die Legenda aurea: »negat Christum et de negatione poenitentiam agit« (vgl. Matth. XXVI., 69 f.)

Wir sind also garnicht im Stande zu verfolgen, wie weit die Behauptung Vasaris berechtigt war, diesen Anfangsbildern der Petruslegende auch noch die Predigt an der Altarwand und das Breitbild an der rechten Seite als Eigentum Masolinos hinzu zu fügen, während er von dem Sündenfall einfach schweigt, wie bei Masaccio von der Vertreibung aus dem Paradiese. Und die Uebereinstimmung mit den unbezweifelbaren Anfängen des Kapellenschmuckes wäre doch der einzige Beweisgrund, der uns bestimmen könnte, das Urteil Vasaris auch für herausgerissene Stücke der Wandbilder darunter als zwingend anzuerkennen.

Dagegen besitzen wir in den Malereien zu Castiglione d'Olona, besonders in den bezeichneten Deckenbildern, so entscheidende Beispiele von Masolinos Kunst um die selbe Zeit, dass sie, sobald sich ein Widerspruch zwischen diesen Urkunden und Vasaris Meinung ergäbe, die letztere durchaus entkräften müssen, und uns nur veranlassen können, das selbst gebildete oder aus mündlicher Ueberlieferung empfangene Urteil des Biographen ein für alle Mal bei Seite zu stellen.

Vasaris, um die Mitte des sechzehnten Jahrhunderts gebildete Ansicht ist um so bedenklicher, als sie zu der älteren Tradition bei Francesco Albertini, der seine Aufstellungen als »examinate per mezo di homini degni di fede et di scripture antique« bezeichnet, nicht stimmen will. Fr. Albertini hat sich selbst sogar, wenn auch noch so dilettantisch unter der Leitung des Ghirlandajo mit Malerei befasst, dh. Gelegenheit gehabt die Angaben eines Künstlers zu hören, der gewiss zu den eifrigsten und eingehendsten Verehrern dieses Heiligtums der Malerei zu rechnen ist, der vor dem Abschluss durch Filippino schon darin studierte. Albertinis Angabe: »meza di Tho. Masacci et l'altra di Masolino« kann doch keine senkrechte Teilung in eine linke und eine rechte Hälfte meinen. Dann würde die Taufe, die unsere frühesten Gewährsmänner ausdrücklich als Masaccios Leistung rühmen (»uno che triema«) ebenso wie die Almosenspende darunter auf Masolino fallen, wie das Breitbild der Wand daneben, drüben dagegen hätten wir die Predigt Petri, die Vasari dem Masolino zuteilt, wie die Heilung durch den Schatten ebenso als Masaccios Anteil zu erkennen, wie die Geschichte vom Zollgroschen und Petrus in Cathedra. Ausserdem würde das Bogenfeld mit der Berufung, dh. der Anfang der Legende zu dieser Seite gehören, wie auch die halbe Lunette der Altarwand, und wir wüssten nicht, wie das Kreuzgewölbe halbieren.

Albertinis kurze und bestimmte Angabe kann zunächst nur eine horizontale Gränze bezeichnen wollen; es fragt sich nur in welcher Höhe? Bis in die Mitte der Wandfelder können wir unmöglich herunter steigen, da auf diese Weise — nach Abzug der Kreuzigung Petri und ihres Zubehörs für Filippino Lippi — sicherlich keine Hälfte für Masaccio übrig bliebe, bei dessen Namen Albertini doch zu diesem Ausdruck greift. Er kann also die Gränze nur eine Reihe höher legen, so dass seiner Meinung nach die vier Gewölbefelder und die drei Lünetten dem Masolino, die eigentlichen Wandgemälde dagegen bis auf einen Rest Masaccio zukämen.

Wir hätten damit den vorläufigen Abschluss der Arbeit bei Masolinos Weggang aus Florenz ähnlich wie im Chor der Collegiata zu Castiglione, mit der Fertigstellung einer oberen Region anzusetzen, die bis auf Weiteres dastehen konnte, ohne das Auge zu verletzen, und nach Wegräumung der Gerüste auch den Kultus nicht störte, bis die Fortsetzung der Malerei möglich ward. Solche Enklaven, wie sich nach Vasaris Abgränzung herausstellen, würden sich dagegen nur durch ein plötzliches und unvorhergesehenes Abbrechen der Arbeit erklären, wie er selbst es unwillkürlich im Tode des Malers sucht. Der Entschluss nach Ungarn zu gehen und, auf dem Wege dahin, dem Kardinal Branda einen Gefallen zu tun, liess ihm Zeit seine Angelegenheiten zu ordnen, also auch das Abkommen mit Felice Brancacci zunftgerecht zu lösen. Möglich, dass er selbst den Masaccio als Ersatzmann gestellt oder dem Auftraggeber empfolen: die Zumutung, ein paar Stücke wie die Predigt an der Altarseite und das Breitbild mit der Heilung des Lahmen und Tabitha in die eigne Arbeit hineinzunemen, wäre gewiss für einen Nachfolger von so selbstständiger Art, wie Masaccio, ein unerträgliches Opfer gewesen, das wir der Langmut dieses ausgeprägten Charakters nicht ohne Weiteres zutrauen dürfen. Es sei denn, dass die Gemeinschaft beider Meister damals noch auf einer Stufe gestanden wäre, die all jene entschiedenen Eigenschaften Masaccios, die seine spätern Werke deutlich offenbaren, noch unentwickelt gelassen.

Dazu kommt aber noch Eins: die Einschaltung der beiden schmalen Gegenstücke »Sündenfall« und »Vertreibung aus dem Paradiese« an der Laibung des Eingangsbogens der Kapelle, d. h. die Aufname zweier Scenen, die mit der Petruslegende garnichts zu schaffen haben. Mag der Sündenfall dem Masolino oder dem Masaccio gehören, er bedeutet immer einen Bruch mit dem ursprünglichen Programm und schneidet an dieser Stelle, nachdem die Bogenfelder schon mit dem Anfang der Petrusgeschichten gefüllt waren, sehr auffallend in den gegenständlichen Zusammenhang des Ganzen hinein. Die Gegenüberstellung dieser beiden Eingangsbilder beurkundet also an derselben Stelle, wo die horizontale Halbierung zwischen Masolino's und Masaccios Anteil im Sinne Albertinis beginnen müsste, einen Wendepunkt in der Ausfürung, einen neuen Anlauf, der das ursprüngliche Programm doch gewiss nicht ohne Zustimmung des Auftraggebers beträchtlich verschob.

Die oberen drei Scenen, die in den Bogenfeldern Platz gefunden hatten, sind im Matthäus-Evangelium erzält: die Berufung des Apostels Kap. IV, der Gang über das Wasser bei der stürmischen Seefart Kap. XIV und die Reue über die Verläugnung Kap. XXVI. Ausserdem ist unter den vorhandenen Bildern nur die Geschichte mit dem Zollgroschen noch aus dem Evangelium entnommen, während die Predigt und die Taufe, wie die Wundertaten hernach, den Acta Apostolorum angehören, die letzten gar erst der Legende. Ziehen wir die Legenda aurea zu Rat, wo die Ruhmestitel des Apostels Petrus wie in einem Hymnus epigrammatisch aufgezält stehen, so folgt auf die altberümte Scene mit der Navicella »hic super mare ad dominum ambulavit« nicht sogleich die Geschichte mit dem Zollgroschen: »staterem in ore piscis invenit«, wie in der Kapelle Brancacci, wenn die Reihenfolge der Bilder alternierend zwischen beiden Hauptwänden verliefe, sondern erst: »in domini transfiguratione et puellae suscitatione a domino electus fuit«, d. h. die Verklärung auf Tabor und die Auferweckung von Jairi Töchterlein. Die letztere würde, als Wundertat Christi, der Auferweckung Tabithas durch Petrus, die in einer Kapelle dieses Apostelfürsten notwendiger war, allzu ähnlich gewesen sein, so dass man sofort begriffe, weshalb sie weggelassen ward. Die Verklärung auf Tabor wäre jedoch, schon als Erhöhung des Meisters, sehr wünschenswert gewesen. Auf sie folgt bei Jacobus a Voragine dann unmittelbar: »staterem in ore piscis invenit« die Hauptdarstellung der Kapellenwand links, so dass die Stelle, wo jetzt die Vertreibung aus dem Paradiese steht, am Pfeiler des Eingangs, für die Verklärung bestimmt sein mochte. Dann aber folgt »claves regni caelorum a domino accepit, pascendas oves a Christo suscepit«, d. h. zwei Momente von derselben Bedeutung und Unentberlichkeit in der Verherrlichung des Petrus, dass wir das ursprüngliche Programm gewiss nicht vollständig dächten, wenn nicht wenigstens Einer darin vorkam. Die Schlüsselübergabe wird mit dem Worte Christi bei Matthäus Kap. XVI belegt, das unmittelbar vor der (Kapitel XVII erzälten) Auffindung des Stater vorhergeht. Denken wir uns den Auftritt im schriftlichen Verzeichnis der Bestellung beim Maler an dieser Stelle eingeschaltet, so würde der Doppelscene drüben, der Heilung des Lahmen und der Erweckung Tabithas, gegenüber auch hier eine Doppelscene gedacht sein: die Einsetzung des Schlüsselamts und die Auffindung des Stater. Genau so sind noch heute die letzten Breitbilder von Masaccio und Filippino disponiert: »Filium Theophili in vitam restituit et in cathedra positus est« auf der einen Seite; Verurteilung und Kreuzigung auf der andern Seite, so dass auch hier die alternierende Reihenfolge zwischen den Wänden, von oben nach unten absteigend, sich wieder bestätigt.

Auf die Geschichte vom Stater folgt im angezogenen Kapitel der Legenda aurea: »Tria milia hominum in pentecoste sua predicatione convertit«, wie in der Kapelle, die Zweiteilung fortsetzend, an der Altarwand die Predigt, als Ursache, und die Taufe, als Wirkung, links und rechts vom Fenster stehen. Dem entsprechend sahen wir darunter die Bestrafung des Ananias mit Sapphira und die Heilung durch den Schatten als Gegenstücke zu den Seiten des Altars, und zwar nach dem V. Kapitel der Apostelgeschichte (v. 1—10 u. v. 15 ff.), während auf die Taufe im II. Kapitel der Acta zunächst die Heilung des Lahmen im III. folgt, wie hier an der Seitenwand der Kapelle, und die Erweckung der Tabitha aus Kap. IX, v. 36 als Steigerung daneben erhalten hat, besonders da im selben Kapitel die Heilung des paralytischen Aeneas (v. 33) unmittelbar vorhergeht, die, der Aehnlichkeit mit dem Wunder an der Tempelpforte wegen, nicht zu besonderer Darstellung geeignet war. Das gleiche Verfaren erklärt die Ausscheidung der Taufe des Hauptmanns Cornelius, die daselbst Kap. X berichtet wird. So begreifen wir die Auswal aus der Fortsetzung des Festcantus bei Jacobus a Voragine: »Ananiae et Saphirae mortem praedixit. Aeneam paralyticum curavit, Cornelium baptizavit, Tabitam suscitavit, umbra sui corporis infirmos sanavit« und stossen nun auf den Schluss »ab Herode incarceratur, sed ab angelo liberatur«, eine ähnliche Antithese, und zwar nach dem XII. Kapitel der Apostelgeschichte (v. 3—10)

Die Befreiung aus dem Kerker durch den Engel steht noch heute am Eingang der Kapelle rechts, von Filippino Lippi gemalt, und drüben ebenso die erste Scene, die schon zur spätern Legende von der Erweckung des Fürstensohnes in Antiochien gehört, »Petrus im Kerker von Paulus ermutigt«, das Wunder zu wagen, das der Fürst Theophilus von ihm verlangt, nämlich die Wiederbringung des vor vierzehn Jahren Gestorbenen. Verfolgen wir auf dieser noch von Masaccio begonnenen, Seite die Erzälung weiter, zu

Petrus in Cathedra, so begreifen wir, weshalb drüben auf der andern Seite, dem Altar zunächst, die Kreuzigung angebracht ist. Das ist der Schluss des Ganzen; die Scene vor dem Richterstul Agrippa's geht unmittelbar und notwendig vorher. Dann aber kann die »Befreiung aus dem Kerker des Herodes« kaum für die Stelle am Eingang unten bestimmt gewesen sein, wo wir sie jetzt finden, sondern wir haben hier einen Vorgang aus der Legende, aus den letzten Tagen des Petrus in Rom zu suchen: also etwa die Begegnung mit Christus: »Domine quo vadis?« Dies abermalige Auftreten der Gestalt des Herrn, in dem Augenblick, wo Petrus aus Rom fliehend sich noch der letzten Katastrophe entziehen will, und dann umkert, um in treuer Nachfolge den Kreuzestod auf sich zu nemen, — diese Vision im Dunkel der Nacht, die als Vorbereitung für die Kreuzigung mit dem Kopf nach unten so unentberlich war, ist nicht allein ein treffliches Seitenstück zur Befreiung durch den Engel und eine Steigerung zugleich, sondern auch ein Gegenstück zu der Begegnung mit Paulus, zu dem es ebenso eine Steigerung bildet, wie endlich als letztes Auftreten Christi selbst in dieser Bilderreihe, eine fülbare Fortsetzung der Verklärung auf Tabor, der wir die Stelle oben links am Eingang anweisen durften.

Damit drängt sich die letzte Frage auf, was stand dieser Transfiguration grade gegenüber, wo jetzt der Sündenfall zu sehen ist? Im Verfolg der Apostelgeschichte kämen wir, nach der Auferweckung Tabithas auf die Gefangenschaft unter Herodes und die Befreiung durch den Engel. Dann würde die unterste Reihe der beiden Seitenwände ganz dem Stoff der Legende zufallen, mit dem Besuch des Paulus am Kerker in Antiochien links und der Begegnung vor dem Tore Roms »Domine quo vadis« rechts, vom Eintretenden. Bei Seite gelassen wäre dann der Wettstreit mit Simon Magus, wo die Himmelfart dieses Zauberers auf das Gebet des Apostels zu Schanden wird. Die Legende erzält davon ausfürlich vor dem Ende in Rom. »Cum Simone Mago disputat; inter duas metas crucifixus est.« Den Sturz des falschen Propheten könnten wir als Antithese der Verklärung auf Tabor verwertet denken, auch in räumlich-körperlicher Disposition auf der Wandfläche. Aber dem realistischen Bedürfnis würden ebensoviel Schwierigkeiten erwachsen sein, wie dem dekorativen Sinn sich Vorteile boten. Und der Anschluss an die biblische Erzälung oben, an die Legenda aurea unten, lässt vermuten, dass die Anname der Verteilung, wie wir sie gegeben haben, d.h. die Befreiung aus dem Kerker durch den Engel an Stelle des Sündenfalls und »Domine quo vadis« an der Stelle des untern Bildes von Filippinos Hand, die ursprünglich beabsichtigte gewesen sei.

Darnach muss es einleuchten, was es hiess, wenn statt der »Befreiung aus der Gefangenschaft bei Herodes« hier und der »Transfiguration auf Tabor« gegenüber, nun auf einmal der Sündenfall und die Vertreibung aus dem Paradies eingeschaltet wurden, — und zwar in umgekerter Folge der Plätze. So erweist sich dies Bilderpaar erst recht als Einschiebsel, das den Gang des Betrachters, ganz gegen die sorgfältige Vorschrift der Auftraggeber, nur irreführen konnte. Wenn bei jenem Programm der schriftgelerte Prior der Karmeliter in treulicher Gemeinschaft mit dem Künstler gearbeitet haben mochte, so dürfen wir im plötzlichen Auftauchen der ersten Eltern und der Verlegung des allgemein bekannten Anfangs der ganzen Heilsgeschichte an die verkerte Stelle, rechts statt links vom Eintretenden, erst recht den Eingriff eines Neuen erblicken, sei dies ein Künstler aus Sehnsucht nach dem Nackten oder sein Auftraggeber, der Stifter der Kapelle, im Einverständnis mit ihm. Der Theologe konnte nur den Kopf dazu schütteln.

Der neue Anlauf aber geschah nicht etwa, nachdem das Breitbild der rechten Wand mit der Heilung des Lahmen und der Erweckung Tabithas bereits gemalt war, sondern vorher, oder doch gleichzeitig mit der Inangriffname dieser Scenen, deren frühere Ausfürung vor der gegenüber geforderten Geschichte vom Zollgroschen und vom Schlüsselamt doch ebenso auffallend bleibt. Sündenfall, Tabitha und Heilung des Lahmen gehören in eine zusammenhängende Reihe ebenso, wie wir dies von Masaccios Meisterwerken gegenüber, von der Zalung des Stater bis zur Vertreibung aus dem Paradiese nachgewiesen haben; denn hüben wie drüben ist ein entscheidender Schritt im Sinne der architektonischen Einteilung der ganzen Kapelle geschehen.

Alle erhaltenen Wandgemälde, die schmalen Stücke am Eingang, wie die Breitbilder an den Seiten und die schmalen Paare an der Altarwand zeigen die nämliche Einramung durch korinthische Pilaster, die ganz in Brunelleschis Art gemalt sind, und ein horizontaler Streifen sondert die Gesamthöhe der Mauerflächen in zwei Stockwerke, während voll entwickeltes, grades Gebälk mit Zahnschnittreihe die Abgränzung gegen die Wölbung und die Bogenfelder so stark wie möglich betont. Es ist eine Umdichtung der gotisch gebauten Kapelle nach dem neuen Ideal der Renaissance-Architektur vollzogen, das damals Filippo Brunelleschi soeben erst den Florentinern vorzufüren begann. Diese gemalte Architektur mit ihren korinthischen Pfeilern und ihrem klassischen Gebälk ist genau dieselbe, die Masaccio an seinem Fresko der Dreifaltigkeit in S. M. Novella gemalt hat. Sollte nicht ihr Gegensatz zu den oberen Bildern des Kreuzgewölbes und seiner

Bogenfelder die klare Unterscheidung bei Francesco Albertini in »eine Hälfte von Masaccio« und die andre von Masolino veranlasst haben? Wenigstens dürfen wir nach den Deckenbildern im Chor der Kirche wie im Baptisterium zu Castiglione d'Olona, auch in dem oberen Teil der Brancaccikapelle von Masolino kein solches streng architektonisches Gerüst voraussetzen, sondern können nur annemen, dass die vier Gewölbekappen mit den Evangelisten ganz ähnlich eingefasst waren, wie das Baptisterium sie zeigt, zumal da diese Ausmalung eines ähnlichen Kreuzgewölbes im Jahre 1435 auch sonst den altertümlichsten Bestand seines Kunstvermögens gewiss ebenso wiederholt, wie er ihn in Florenz schon vor seinem Weggang ausgebildet hatte. Noch in den unteren Wandgemälden des Altarhauses malt er die Geschichten Johannes des Täufers unbekümmert um die Ecken der Wände z. B. in die Fensterschräge hinein und sondert die Predigt und den Hinweis auf das Lamm Gottes nicht durch Ramen als selbständige Bilder von einander ab. Der Einblick in das Baptisterium lehrt überzeugend, dass es ihm mehr auf fortlaufende Erzälung als auf strenge Gliederung seines Bildercyklus ankommt, und dass er für die räumliche Disposition der Taufkapelle mit ihrem kleineren Altarhaus wie für den selbständigen Wert der Wände und Wölbungen in ihrem Verhältnis zu einander keinen Sinn hatte. Das heisst Masolino war durchaus kein so architektonisch denkender Kopf, wie wir ihn bei Masaccio, dem Freunde Brunelleschis selber, in allen Werken seiner Meisterschaft anerkennen mussten.

Damit ist gegen jedes Herausschneiden einzelner Bilder aus dem eigens gemalten Gerüst korinthischer Pfeiler in zwei Geschossen ringsum von vornherein eins der stärksten Bedenken erhoben, die es beim Uebergang zur klaren Frührenaissance überhaupt geben kann.

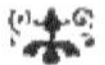

DIE ERSTE GRUPPE DER ERHALTENEN WANDGEMÄLDE.

Beginnen wir die Betrachtung der noch heute vorhandenen Fresken der Brancaccikapelle vorurteilsfrei auch unsrerseits an der Stelle, wo die Anhänger Vasaris die Arbeit des Masolino in erster Linie zu suchen gewont sind: bei dem Doppelbilde[1]) an der rechten Seitenwand mit der Heilung des Lahmen und der Erweckung Tabithas, die Vasari fälschlich für Petronilla angesehen hat.

Heilung des Lahmen

Zur Linken schiebt sich in diagonaler Richtung die Vorhalle einer Kirche mit ihren drei schlanken Pfeilerarkaden in das Bild hinein, so dass wir in perspektivischer Genauigkeit die Laibung der Bögen, wie das Kranzgesims zu sehen bekommen und über die entschiedene Vertiefung der Bühne an der Hand strenger Konstruktion nicht im Unklaren bleiben. Auf schlichtem Podium ohne Fussgesims aufgesetzt, macht diese Pfeilerhalle jedoch den Eindruck eines gezimmerten Holzmodells und hängt so mit den Architekturkoulissen des Trecento noch eng zusammen. Ganz in der Ecke vorn, wo vor dem Haupteingang eine Stufe weiter vorspringt, sitzt der lahme Bettler mit seinen verkümmerten Beinen in der selben Diagonalrichtung gegen das Innere des Bildes gekert, und beugt sich weit vor, indem er die rechte Hand den Ankommenden entgegenhält, um ein Almosen zu empfangen. Nicht minder als der »portico del tempio«, wie Vasari sagt oder »die Pforte, die da heisst die schöne«, wie es in der Bibelübersetzung lautet, verrät die Gestalt des Krüppels in ärmellosem Kittel, mit einer Binde um den Kopf noch ihren Ursprung aus der Erbschaft der florentinischen Malerei, wie die letzten Träger der Giottoschule sie zu üben pflegten. Wie unter den Genrefiguren des Angelo Gaddi in Sta. Croce könnten wir sie im Camposanto zu Pisa unter den Fischern des Antonio Veneziano suchen, und zwar ist die Verwandtschaft grade mit dem Letzteren und den Geschichten des Nicolaus von Bari in Sta. Croce, die man mit Vasari dem Starnina, mit Cavalcaselle dem Angelo Gaddi beimisst, während sie meines Erachtens von Antonio Veneziano herrüren, ganz besonders hervorzuheben. Sie beweist damit schon

[1]) Vgl. unsere grosse Abbildung Taf. I.

einen engen Anschluss an den grossen florentinischen Freskenstil und die ernste Gesinnung der Besten, die den menschlichen Körper, selbst in seiner Entstellung noch, als Faktor monumentaler Rechnung zu behandeln gewönt waren. Mit dieser Grossheit des Zuschnitts verbindet sich freilich eine Durchfürung der verkürzten Ansicht vom Rücken her, die bei aller summarischen Breite doch gegen jene verblassten Ueberreste von Figuren des Antonio Veneziano schon ausserordentlich vorgeschritten erscheint. Und besonders die Beleuchtung von links oben her, die das Gesicht, von der Schläfe ab, und die vordere Hälfte des Körpers in Schatten legt, ist schon so wirksam, dass wir auch in dem heutigen Zustande des grade hier sehr beschädigten Bildes die bewusste Absicht des Malers verstehen: d. h. auch in der Lichtfürung zeigt er sich mit den Prinzipien des Antonio Veneziano vertraut, die wir auf Gherardo Starnina übergegangen glauben.

Mit unfehlbarem Zwang gleitet das Auge des Betrachters über diesen Gegenstand des Wunders zu der Hauptperson hinüber, der sich sein Arm entgegenstreckt. Vom vollen Licht übergossen wendet sich Petrus, auf den Eingang zuschreitend, zu dem Bettler, der ihn anspricht, und schaut ihm, leise vornüber gebeugt, mit durchdringendem Blick in die Augen, als wollte er durch sie hindurch Herz und Nieren prüfen. Und ebenso forschend wie der alte Graubart blickt auch der blonde Jüngling Johannes, Schulter an Schulter zu seiner Rechten daherschreitend, im inständigsten Zusammenhalt mit dem Träger der Kraft ihres Meisters. Solche Verdoppelung des scharf aufs selbe Ziel gerichteten Blickes ist auch ein Mittel zur Verdeutlichung des Geschehens, das schon im Trecento, jedenfalls seit Simone Martini und Pietro Lorenzetti verwertet ward.

»Petrus aber sah ihn an mit Johannes, — erzält die Apostelgeschichte, — und sprach: siehe uns an! Und er sah sie an, wartete, dass er etwas von ihnen empfienge. Petrus aber sprach: Silber und Gold habe ich nicht, was ich aber habe gebe ich dir: im Namen Jesu Christi von Nazareth stehe auf und wandle! und griff ihn bei der rechten Hand und richtete ihn auf; alsobald standen seine Schenkel und Knöchel fest, sprang auf und konnte gehen und stehen«. — Da es unmöglich war, die entscheidende Verwandlung, die mit dem Krüppel vor sich geht, zur Anschauung zu bringen, wält der Maler einen früheren Moment. Die Gebärde des Petrus, der mit hochgezogenen Schultern die Rechte geöffnet seitwärts streckt, während die Linke unter dem Mantel, dessen Ende sie beim Gehen emporhob, verborgen bleibt, — sagt deutlich genug: »was du erwartest, Geld, habe ich nicht«. Diese sprechende Gebärde vereint mit den Blicken der beiden Männer, die dem Elend fest und unverwandt ins Auge sehen, und, ihre Schritte hemmend, hilfbereit herzu treten, verständigt uns, dass hier kein Almosen gewönlicher Art gespendet wird, das man im Vorbeigehen in die Hand des Armen gleiten lässt, sondern dass die ganze Kraft ansetzt, das Unglück selber zu heben. Die Hand des Apostels, die soeben nur zeigt, dass sie leer ist, kann zugreifen und aufrichten, das bezeugt die Haltung, an der man »das hässliche Motiv des Ausschreitens mit eingedrückten Knieen« getadelt hat [1]), ohne zu bedenken, dass es sich hier nicht um den Ausdruck der Bewegung im Gehen handelt, sondern um die Vorbereitung des Aufhebens eines Hilflosen, also um ein Entgegenstemmen, einen Widerhalt gegen die Last, die der Arm emporziehen soll.

So wirken die drei Wesen, auf die der Vorgang selbst beschränkt ist, intensiv genug zusammen für die Phantasie des christlichen Betrachters, auf deren Bekanntschaft mit dem weitern Verlauf immer in diesen kirchlichen Bilderkreisen gerechnet wird. Für sie bedürfen die Gottesmänner kaum ihres Heiligenscheines; denn sie sieht in den beiden Jünglingen im Zeitkostüm, die dahinter des Weges kommen und auf dem Kirchgang sich mit einander unterhalten, schon im Gegensatz die Kinder der Welt, die höchstens eine Münze fallen lassen, da ihnen beim besten Willen die Wunderkraft nicht inne wont, einen Krüppel mit verdorrten und verkrümmten Beinen gesund zu machen, »der lahm war von Mutterleibe«. Eine junge Mutter, mit ihrem muntern Knaben an der Hand bleibt als Gegenbild zwischen beiden Gruppen im Hintergrund, und erinnert eben dadurch an den schrofferen Gegensatz, den die vorgeschrittene Kunst eines Rafael bei der nämlichen Darstellung in den Teppichkartons wagen mochte: dort ist aus dem Lahmen ein halbvertiertes Scheusal geworden, das einen ebenso unglücklichen Gefärten neben sich hat, und viel absichtlicher jenem gesundheitstrotzenden nackten Buben gegenübergestellt, so schrill und hart wie Giulio Romano es nur vermochte. Im Hinblick auf solche letzte Steigerung fülen wir uns hier noch dicht vor der Schwelle der kindlich naiven Ueberlieferung, noch immer am Anfang des Quattrocento, und als Erbe dieser Kunst scheint durch die Jarhunderte ein Rest altchristlicher Einfachheit hinüber gerettet, der dem wertvollen Kern der Schule Giottos zu gute kam. Es ist der Grad erneuter Durcharbeit von Innen heraus, deren geistiger Ernst noch mehr in Blick und Haltung, als in freier Bewegung aller Glieder und plastischer Fülle der Formen

[1]) A. v. Zahn, Jahrbücher für Kunstwissenschaft II, 169.

sich auszusprechen vermag. Fast wären wir versucht, auch den strengen Zusammenschluss der Hauptpersonen, der diese Gruppe als schräg gestelltes Dreieck völlig isoliert, einen Vorzug zu nennen, der ihre Wirkung stärkt. Damit wäre jedenfalls ein neuer Beleg für die eifrige Schulung des Meisters, der sie erfand, an den grossartigsten Vertretern der Trecentokunst anerkannt, ein bewusster Anschluss an das Beste der Vergangenheit, den wir als charakteristisches Merkmal ausdrücklich hervorheben.

Gewiss hat auch diese Absonderung mit der augenfälligen Lücke hinter Johannes, die lockere Hinzufügung der vornemen Herrchen einen guten Sinn, den weitere Prüfung uns erschliessen mag. Die Wunderscene beharrt so vor der schrägen Tempelfront zur Linken und lässt dem figurenreichen Auftritt zur Rechten das Uebergewicht.

Erweckung Tabithas

Auch hier drängt die Verteilung der architektonischen Massen nach dem Vordergrunde rechts. Während links nur eine schräggestellte Koulisse ins Bild hineinläuft, lagert hier quer vorgeschoben die Flurhalle eines Hauses, ein offener Innenraum in Vordersicht. Drinnen sind sechs Personen versammelt, während noch zwei andre draussen auf der Strasse stehen. Hier erkennen wir Petrus mit einem Begleiter, wie im Vorbeigehen soeben in die Situation eingreifend, — also wirkt auch der Impuls von der Mitte des Bildes her nach rechts entlang.

So allein hat der Maler geglaubt die fortschreitende Erzälung der Apostelgeschichte (Kap. IX) in einem Moment veranschaulichen zu können. »Zu Joppe war eine Jüngerin, mit Namen Tabitha, die war voll guter Werke und Almosen, die sie tat. Es begab sich aber zu der selbigen Zeit, dass sie krank ward und starb. Da wuschen sie dieselbe und legten sie ins Obergemach (oder auf den Söller, wie Luther caenaculum übersetzt)«. Da aber Petrus im nahen Lydda weilte, schickten sie, ihn nach Joppe zu holen: »Und fürten ihn hinauf auf den Söller, und traten um ihn alle Witwen, weineten und zeigten ihm die Röcke und Kleider, welche Tabitha machte als sie bei ihnen war. Und da Petrus sie alle hinausgetrieben hatte, kniecte er nieder, betete und wandte sich zu dem Leichnam und sprach: Tabitha stehe auf. Und sie tat die Augen auf, und da sie Petrus sah, setzte sie sich hin. Er aber gab ihr die Hand und richtete sie auf, und rief die Heiligen und Witwen, und stellte sie lebendig dar«.

Statt auf stillem Söller ist Tabitha in der offenen Halle des Erdgeschosses an der Strasse aufgebart. Das einsame Gebet des Apostels, bei dem die Erweckung eigentlich geschah, konnte der Maler nicht wälen, da er zugleich Ursache und Wirkung veranschaulichen sollte. Die Klagescene vorher hätte nur das Eine, die Jubelscene nachher nur das Andere gegeben. Deshalb zog er diese beiden zusammen. Er fürt uns mitten hinein in die Versammlung der Witwen und Heiligen, von der Petrus erwartet wurde. Neben der Bare knieen rechts zwei Frauen in nonnenhafter Verschleierung; die Eine hält ein Gewand erhoben über den Armen, um es zu zeigen, die Andere hat Kleider neben sich am Boden ausgebreitet [1]. Damit ist die Motivierung gegeben. Drei Männer von Joppe stehen auf der Innenseite; zwei von ihnen besonders als Träger des Ausdrucks, den der Erfolg hervorbringt. Petrus mit dem Begleiter, der ihn von Lydda herbeigerufen, erscheint draussen. Ohne die Anwesenden hinaus zu weisen, wie die Bibel erzält, erhebt er die Rechte zum Segen gegen die Tote hin, die auf seinen Wink sich in ihren Leichentüchern zum Sitzen aufrichtet und die Augen aufschlagend den Apostel erblickt. Nur der Augenblick: »er rief die Witwen und Heiligen und stellte ihnen die Tote lebendig dar« enthielt für den Künstler die erwünschte Gelegenheit zu mannichfaltigem Ausdruck, die durch Einbeziehung der erklärenden und motivierenden Momente noch bereichert, zu einem Umschwung von Trauer zur Freude ausgestaltet werden konnte. Den ursächlichen Zusammenhang zwischen der Gebärde des Apostels und dem Dasitzen der alten Frau muss auch hier die Phantasie hinzu dichten. Nur die Tragbare und die eingewickelten Hände lassen erkennen, dass wir es nicht mit einer Kranken, sondern einer bereits Gestorbenen zu tun haben.

Dem Bewegungsbilde an der Pforte des Tempels tritt also hier ein Situationsbild im Hause gegenüber. Während dort der Moment vorher die eigentliche Wundertat vertreten muss, ist es hier der unmittelbar folgende Zustand, in dem die früheren noch nebenher fortdauern, oder — wenn man den Befehl »Steh auf« und seinen Erfolg zusammen als die eigentliche Entscheidung hinnemen will, — so sind hier drei Momente zusammengefasst, Anfang, Mitte und Ende einer Handlung: das klagende Anliegen, seine Erfüllung im Eingriff des Apostels und deren Wirkung. Es ist alo das Zusammengreifen eines reichen Akkordes, der in voller Stärke des Anschlags gehalten wird.

[1] Es ist also überflüssig, Vasaris Deutung als Befreiung Petronillas von ihrer Krankheit noch eigens zurückzuweisen.

Meisterhaft sind in der Mittelaxe des dargestellten Raumes, durch die ganze Breite hin die drei Hauptbestandteile verteilt, und zwar ihrem Werte nach in aufsteigender Linie. Dem Auge des eintretenden Beschauers begegnet zuerst neben der Bare, die als Horizontale weiter wirkt, am Rande rechts die knieende Witwe mit dem emporgehobenen Gewand, das die Tote gearbeitet, als Trägerin des »treibenden Agens«; dann sucht es über die sitzende Gestalt in Leichentüchern den stehenden Apostel als das Ziel der Demonstration und den Träger der Hilfe, die erwartet wird. Von seinem energischen Wink als Aeusserung dieser Kraft geleitet, kert der Blick auf dem selben Wege zurück, allseitig sammelnd was sich ausbreitet nebenher. Vor der Bare ist die zweite Witwe, die ebenso die Zeugnisse mildtätiger Arbeit Tabithas vorgewiesen hat, schon in eine folgende Bewegung übergegangen: auch sie kniet zu Häupten der Verblichenen, aber die Kleider liegen neben ihr zur Seite und sie selbst erhebt ihre Hand in staunender Gebärde wie ihr Antlitz in dankbarer Ueberraschung zum Apostel hin. Ueber den drei Frauen reckt sich, wie der Gipfel einer pyramidalen Gruppe, die stehende Gestalt eines Greises empor, der — aus mitleidiger Rürung in hellste Verwunderung übergehend — mit gespannter Aufmerksamkeit jede Bewegung der Toten verfolgt und mit beiden erhobenen Händen das unerwartete Aufstehen begleitet. Er ist zugleich der Höhepunkt des dramatischen Ausdrucks und der Träger der Peripetie. Denn die beiden Männer, die neben ihm jenseits der Bare vor der Hinterwand der Halle stehen, geben die beiden Momente getrennt und in stärkstem Kontrast zu einander. Der Eine, mit langem weissem Bart und gescheiteltem Silberhaar, neigt sein Haupt abwärts, wie nach innen blickend und ganz eingehüllt in seinen Mantel, ohne ein Glied zu regen, wie versunken in Gram. So wird er des Ereignisses, das vor sich geht, noch kaum gewahr, während sein Nachbar, in langem Rock und weissem Turban, wie von Entsetzen gepackt, das ihm den Kopf herumwirft, mit den Händen herausfärt: die Linke abwärts streckend, die Rechte erhebend, lugt er die plötzliche Regung starr geglaubter Glieder wie etwas Unheimliches nur von der Seite an. Hier setzt sich der psychische Affekt in physische Bewegung um, und so steht diese heftigste Gebärde als drastischer Uebergang von Ursache zur Wirkung zwischen dem Apostel und Tabitha. Der Träger einer höheren Macht charakterisiert sich daneben, von dem ruhig ernsten Boten wie von einer Folie sich abhebend, durch würdevolle Selbstgewissheit und vorneme Haltung auch beim befehlenden Aufruf. Die Kraft seines Willens fasst sich im symbolischen Zeichen zusammen, dem — er weiss es — auch die Toten gehorchen.

Und wie der Jünger von Joppe, der den gewaltigen Gottesmann gerufen, nur als Schatten dieser Persönlichkeit den Abschluss der ganzen Komposition bewirkt, so versuche man nach dieser Analyse noch einmal die Bewegungslinie zu verfolgen, die vom Arm des Petrus gewiesen in schräg geöffnetem Bogen um den Gegenstand der Teilname herumläuft, — so ergiebt sich die schöpferische Synthese zwischen eindringlicher Motivierung und ausströmender Wunderkraft des Helden, deren bewegliche Mitte wir in der höchsten Gestalt des Greises mit gespaltenem Vollbart bei jedem Vollzug der einen oder der andern Richtung herausfülen. In grader Linie schneidet die Handlung ein, in engem Kreise wirkt ihr unmittelbarer Erfolg, im weiteren Umkreis klingt noch die vorige Stimmung nach, die den Eingriff von aussen veranlasst hat und berechtigt.

Das ist als biblische Erzälung ein Meisterstück, in dem das kostbarste Erbteil aus Giottos Tagen verwertet und durch eigene Vertiefung in den psychologischen Gehalt des Vorgangs verstärkt worden; es ist auf dieser Grundlage als durchaus originale Leistung erwachsen, die sich grade durch das Verständnis der lebendigen Erregung und den einheitlichen Fluss der wogenden Bewegung als weit organischeres Gebilde vor allem Früheren auszeichnet. Nur im Feuer der schöpferischen Begeisterung einer ernsten, künstlerisch hochbegabten Natur kann sich solche Läuterung vollziehen. Und noch durch eine, bei Giotto nirgends erstrebte, bei Antonio Veneziano erst für sich gepflegte Eigenschaft erscheint die ausdrucksvolle Scene auch als Werk aus einem Guss. Mehr als die Aufschlüsse des rechnenden Verstandes über die bewusste Oekonomie des Aufbaues kommt für die malerische Wirkung die Lichtführung in Betracht. Ein breiter Lichtschein — vom Fenster in der Altarwand der Kapelle her — streift die entscheidenden Teile der handelnden Hauptperson, besonders den rechten Arm und den Kopf, dessen Antlitz halb beschattet, in Profil sich gegen den Hintergrund abhebt. Auch da wieder eine Zusammenfassung des charakteristischen Eindrucks der Person, deren machtvolle Gegenwart hier genügt, und ein Zurückdrängen alles Nebensächlichen, das diesen Eindruck nur zersplittern oder ablenken konnte. Keine stark individuellen Einzelheiten, nur der Träger einer höheren Mission in hilfbereitem Sinne, deren Ausstralung alle Uebrigen bewegt. Dagegen ergiesst sich der volle Lichtstrom über die bleiche Gestalt der Auferweckten, die ganz in weisse Tücher gehüllt, mit einer hellroten Decke über den Füssen, sich als Mitte aus den dunkeln Gewandmassen ihrer Umgebung heraushebt. Grelle Gegensätze von Licht und Schatten unterstützen die jähe Erschütterung des Mannes im hellen Turban;

Streiflicht, das in die Dunkelheit fällt, malt das Auftauchen des weissbärtigen Greises aus dumpfem Schmerz; spielende Halblichter verdeutlichen den Stimmungswechsel in dem breiten Kalkopf: milde Klarheit breitet sich über die reinen Gesichter der Frauen, die in treuem Ernst und unschuldiger Zuversicht der Erhörung harrten. Die Wirkungen des Hell und Dunkel, wie die der Farbentöne, sind aber Gefülssache, wie die einer Melodie, und ihre bewusste Verbindung mit den Vorstellungen, die wir angedeutet, entzieht sich — was den Maler selbst betrifft — unserer Kontrole. Heisst das zu viel aus einer künstlerischen Leistung heraus lesen, die so viel Vorzüge innerlicher Auffassung aufzuweisen hat?

In der Gestaltung des Einzelnen freilich trägt sie unverkennbare Anzeichen noch schwankender Herrschaft über die Mittel an sich, die wir durch Donatello und Luca della Robbia in schnellem Fortschritt gewinnen sehen. Aber diese Errungenschaften der grössten Bildner sind damals eben erst im Vollzuge oder auch auf plastischer Seite noch nicht erreicht. Um 1424 steht neben den freien Erstlingsstatuen Donatellos noch Lorenzo Ghiberti in vollem Ansehen, sein Johannes der Täufer neben dem herrlichen S. Giorgio, und der Petrus Donatellos neben dem Philippus des Nanni d'Antonio di Banco in den Nischen von Orsanmichele, deren letzte noch leer geblieben [1]). Noch überwiegen auch bei diesem Maler das spätgotische Faltengehänge und die weiten Kurven des Zuges in den Gliedmafsen wie in der Draperie; aber die Neigung zu wuchtiger Breite und grossflächiger Einfachheit ist ebenso unverkennbar.

Sind diese Beobachtungen richtig, — und die wolberechnete Anordnung wie die erreichte Intensität des Ausdrucks können als Tatsachen doch nicht in Abrede gestellt werden, selbst wenn man die bewusste Wal des Linienzuges und der Lichtfürung in Zweifel zöge, — dann suchen wir vergebens nach ähnlichen Erscheinungen in den anerkannten Werken des Masolino bis hinein in die spätesten Arbeiten, die wir von seiner Hand besitzen, und vermögen ebenso wenig dem Urteil zuzustimmen: »hat Masaccio diese Gruppen geschaffen, so müssen sie erste zaghafte im Geiste Masolinos begonnene Versuche heissen« [2]). Es mag, wie A. v. Zahn sich ausdrückt, »freilich sehr von der individuellen Anschauungsweise, die in solchen Fragen eine eigentliche Beweisfürung nicht gestattet, abhängen,

[1]) Die gemeinsame Arbeit von Ghiberti und Michelozzo, S. Matthäus, ist 1422 entstanden. Der Auftrag an Donatello für die Nische mit S. Ludwig (wo jetzt Verrocchios Christus und Thomas) soll 1423 erfolgt sein. Ghibertis S. Stephan ward 1426 vollendet.

[2]) A. v. Zahn, a. a. O. p. 169.

ob man sich entschliessen kann, mit Crowe und Cavalcaselle . . . von der Auferweckung zu sagen: Nichts kann schöner sein als die Gruppe der Männer und Frauen am Krankenbett« [1]). Aber auf einen einzelnen superlativen Ausdruck kommt es wol nicht an! Unläugbare Tatsachen der vergleichenden Beobachtung aber gestatten auch eine eigentliche Beweisfürung, wenn auch mehr als Demonstration ad oculos, d. h. für die Logik unsres anschaulichen Denkens zwingend, selbst wo es uns schwer fällt die Logik unsres begrifflichen Denkens als dabei oktroyierten Maſsſtab immer so glatt zu befriedigen, wie sie es mit Abstraktionen fertig bringt. Diese Tatsachen aber werden von Zahn wol nicht genügend in ihrem Wert gewürdigt, wenn er meint, die Komposition beruhe »ganz auf dem Prinzip flach ausgeschnittener Figurensilhouetten.« — eine Aussage, die entweder tatsächlich falsch ist oder, nur relativ gemeint, die historische Bedingtheit der Kunststufe, mit der wir es bei Masolino wie Masaccio um 1424—25 zu tun haben, nicht in Rechnung zieht. »Jene leisen Abweichungen in den Richtungslinien der Gliedmaſsen, welche in der antiken wie in der neuern Kunst das entscheidende Moment der Entwicklung vom Gebundenen zum Freien, von der typischen zur begeistigten Menschengestalt sind,« — wollen eben durch angestrengte Arbeit erst errungen werden, und es ist wol nicht minder unrichtig als ungerecht, das entscheidende Moment der Entwicklung »Alles was, mit Vasari zu reden, die bella maniera moderna« offenbart — nur in diesem einen Teil der künstlerischen Gestaltung allein zu suchen.

Das Doppelbild als Ganzes

Diese sonstigen Bestandteile des Kunstvermögens werden sicher von dem selben Kritiker aufs Einseitigste unterschätzt, weil er stets von dem Vergleich mit den spätern Bildern der Kapelle ausgeht, und ihre Beweiskraft wird gradezu in den Wind geschlagen, wenn er hinzufügt: »der bessere architektonische Hintergrund kann nicht dabei irre machen«. Da grade liegt das entscheidende Problem. Und das Urteil eines geschulten Fachmannes wie Cavalcaselle wiegt doch schwerer. »Masolino hätte dieses Bild mit seiner Hintergrund-

[1]) Die deutsche Ausgabe giebt die Stelle übrigens so: »Volle Schönheit der Gruppierung zeigen die Männer und Frauen, welche das Krankenbett Tabithas umstehen, während sie auf das Gebet des Petrus wieder auflebt«. Die italienische Ausgabe hat dann noch einschränkender: »Nulla di meglio a noi par possibile di vedere per quei tempi, del gruppo d'uomini e delle due donne che inginocchiate sul davanti circondano il letto di Tabita nel dipinto della resurrezione, e guardono a San Pietro, mentre è in atto di compiere il miracolo.«

perspektive nicht malen können. Nirgends finden wir bei ihm architektonische Hintergründe, seien es nun einzelne Häuser oder ein bebauter Platz, in so strenger Durchfürung und in so gutem Verhältnis zu den Figuren. — Das ist keineswegs zufällig, sondern ein Gradmesser für die Aneignung der Wirklichkeit. Und für die vorliegenden Fresken, insbesondere für die Erweckung der Tabitha, hat dieser Punkt entschiedene Beweiskraft«.

Davon sind auch wir überzeugt. Die Begründung dieser Ansicht bei Crowe und Cavalcaselle, aus der wir die obigen Sätze in etwas verbesserter Ordnung herausgehoben, weil sie in dieser Folgerichtigkeit ihre Wirkung kaum verfehlen können, wollen wir jedoch damit nicht ohne Weiteres in allem Uebrigen unterschreiben, noch uns mit ihren Beweismitteln allein begnügen. Wir müssen vielmehr anerkennen, dass Masolino die beiden Vorderkoulissen, die Eingangshalle des Tempels dort und die offene Loggia des Hauses hier, in den Fresken des Baptisteriums zu Castiglione d'Olona wol erreicht; aber diese fallen nach dem unbezweifelbaren Datum 1435 am Gewölbe ein volles Jahrzehnt später und bezeugten uns in dem Fortschritt von der Verkündigung an Zacharias bis zur Enthauptung des Täufers ringsum die Früchte eines neuen Aufenthaltes in Florenz nach seiner Rückker aus Ungarn 1427, und des Studiums der inzwischen entstandenen Fresken in der Brancaccikapelle von seinem einstigen Genossen Masaccio. Die grösste Aehnlichkeit mit dem Doppelbilde der Petruslegende, vor dem wir stehen, kommt grade erst in dem letzten grossen Wandgemälde des Baptisteriums mit dem Mal des Herodes links und der Darbringung des Hauptes an Herodias rechts zum Vorschein. Dort aber stehen die seitlichen Hallen grade in unglücklichem Verhältnis zu den Personen, und das Bravourstück der perspektivischen Konstruktion, der Einblick in den Hof des Palastes mit seinen Wandelbanen an den Umfassungsmauern herum, erhöht grade den peinlichen Kontrast zu den grossen Figuren, die unvermittelt davorstehen, und die Bühne schneidet endlich durch die Quermauer grade an der Stelle ab, wo die Schwierigkeiten der Linienflucht erst recht beginnen. Beide Bilder, das im Baptisterium und das in der Brancaccikapelle, haben Eins miteinander gemein: sie geben rechts und links nahe Gegenstände und in der Mitte die Ferne. »So verengert sich die Tiefenbewegung, breit anfangend nach der Tiefe hin, und wir empfinden das Nahe als das Weite und die Ferne als die Enge« schreibt Adolf Hildebrand[1]) und hebt ausdrücklich hervor: »Eine solche Anordnung wirkt von vornherein

[1]) Das Problem der Form in der bildenden Kunst 1893 p. 56.

unserm wahren und normalen Naturverhältnis entgegen, beengt unser Raumgefül anstatt es ins Unbegränzte anzuregen«.

Hier aber haben wir einen Specialfall vor uns, eine künstliche Konstruktion, die für die Geschichte der Malerei im Quattrocento ihre besondere Bedeutung hat: es ist sozusagen ein Paradigma der strengen Linearperspektive, die Brunelleschi verlangt hatte, und zwar durch die Verbindung zweier Scenen in einem Ramen, als linke und rechte Hälfte einer gemeinsamen Bühne, auch ein Musterstück, zu welchen Konsequenzen das Gebot des Architekten fürt. Masolino aber nimmt in Castiglione die Unleidlichkeit der Anschauung ruhig in den Kauf, wenn er nur die Fertigkeit perspektivischer Aufrisse zeigen kann, und kümmert sich garnicht darum, ob die Figuren mit dem Schauplatz in annembarem Zusammenhang stehen oder nicht. Grade darin liegt die auffälligste Schwäche der letzten reifsten Komposition, die wir von ihm besitzen. Und nun sollte die Lösung der selben Aufgabe, die das Doppelbild der Brancaccikapelle bietet, um 1424 von dem selben Maler herrüren, — eine Lösung, die so viel glücklicher gelungen, dennoch grade den schwachen Punkt für das Auge des Betrachters zu verdecken sucht! Wir haben absichtlich diesen Teil des Breitbildes bis hierher zur Besprechung aufgespart.

Unsere Betrachtung hat die Heilung des Lahmen und die Auferweckung Tabithas als ein Paar getrennte Scenen der Petruslegende, jede für sich mit ihrer zugehörigen Räumlichkeit auseinander zu halten gesucht. Denn nach der Disposition des Stoffes für die ganze Kapelle wären, wie wir gesehen haben, auf jeden dieser Wandstreifen zwei Darstellungen verteilt gewesen, wie unter unserm Doppelbilde noch das Verhör und die Kreuzigung des Petrus von Filippino. Dächten wir einen trennenden Pilaster dazwischen, so hätten wir auch den Uebelstand vermieden, dass die Aufbarung Tabithas in offener Halle des Erdgeschosses an der Strasse oder am Platz, statt im Coenaculum oder auf dem Söller geschähe. Ganz in gewonter Weise würde sich von einander sondern, was örtlich und zeitlich geschieden war. Wie kam der Maler überhaupt auf den Einfall, die Heilung des Lahmen an der Pforte des Tempels zu Jerusalem, mit der viel spätern Erweckung Tabithas zu Joppe ganz gewaltsam in einem Ramen zu verbinden und auf dem selben Schauplatz vorzufüren? Dieser Schritt war doch keine Kleinigkeit, weder ohne Bedenken noch ohne Schwierigkeiten. Wir können darin nur ein weiteres Moment der nämlichen Erwägungen sehen, die den Aufbau einer zweigeschossigen Pfeilerarchitektur eingefürt hatten. Und in der Tat scheinen beide Kompositionen zunächst als selbständig eingeramte Bilder beabsichtigt zu sein: noch heute schneidet eine auffallend grade Linie am Rücken des Begleiters Petri senkrecht hüben und drüben wie neben einem wirklichen Ramen in der Mitte ab. Aber beide Scenen waren doch ursprünglich schon als Hälften eines einheitlich von einem Centrum aus konstruierten Bildstreifens entworfen, und zwar, ohne Zweifel, in Rücksicht auf die Gesetze monumentaler Wandmalerei, im Sinne des Realismus, dessen Durchfürung in der Raumanschauung unseres Wissens erst Brunelleschi gefordert hatte. Der Centralpunkt wäre dann hinter den Mittelpfeiler zu liegen gekommen, ganz ähnlich wie noch in den fünfziger Jahren Mantegna sein Paar aus der Jacobuslegende, Taufe und Verhör, wirklich gemalt hat, und ganz ähnlich, wie wir es im untern Paar der Altarwand, Almosenspende und Schattenheilung, von Masaccio durchgefürt sehen.

Nun aber denke man sich, solchem Entwurfe gemäss, die beiden Streifen der Wände links und rechts mit unerbittlicher Konsequenz, wie das Gesetz des Architekten es zunächst verlangte, in zweimal zwei solcher Bühnenhälften zerschnitten! Die Unleidlichkeit solcher Anschauung für unser Raumgefül musste die Strenge des Prinzips ad absurdum füren. So versteht sich von selbst, weshalb die Teilung durch den Mittelpfeiler auch bei dem angefangenen Paar aufgegeben und eine andre Lösung versucht werden musste, sei es auch um den Preis, zwei entlegene Scenen, die nichts miteinander gemein haben als die Person des Helden, auf einer Bühne vorzufüren, — scheinbar gleichzeitig. Die Mittellinie der ganzen Wandfläche geht dicht hinter der äussersten Person der Auferweckung dh. am Mantel des Begleiters, der Petrus nach Joppe geholt hat, entlang, und die gleiche Absonderung gewaren wir links hinter dem Rücken des Johannes. In dem Mittelstreifen dazwischen liegt der Augenpunkt, und zwar in zweidrittel Höhe, ungefär hinter dem Kopf des Spaziergängers, der mit seinem Gefärten über den Platz zum Tempel schreitet. Diese Höhenlage des Centralpunktes der gemeinsamen Konstruktion bedingt die Entfaltung eines ziemlich weit in die Tiefe gehenden Bühnenfeldes, das der Maler nun wie einen geräumigen Platz einer italienischen Stadt seiner Tage als Hintergrund für die beiden Seitenkoulissen eröffnet. Und zwischen den Vorgängen links und rechts vermitteln die beiden florentinischen Jünglinge im Sonntagsstat, — als Körper in der Gestaltenreihe zu dem Paar von biblischen Personen gehörig, dem sie den Rücken drehen, als Zuschauer dagegen zu dem andern Paar, das vor ihnen zum Tempel geht. So wird die Verschiebung der Symmetrie durch die Kraft der Beziehung wieder aufgewogen, soweit es sich mit der Absicht der Gesamtdisposition verträgt, von der noch später die Rede sein muss.

Diese künstlerisch wichtigen »Lückenbüsser« lassen bequemen Durchblick frei in die Flucht der Strassen, die auf den Platz münden, und auf die Kirchgängerinnen, die aus den anstossenden Häusern kommen, während andre Männer gemächlich auf der Bank eines Palastes sitzen, — und das Auge des Beschauers mag zu rein malerischem Genuss der Beleuchtung oder der perspektivischen Reize sonst hinausschweifen nach Belieben, die Weite der städtischen Umgebung zu ermessen. Grade in der Mitte aber, hinter den beiden neutralen Statisten öffnet sich die Ferne nicht, sondern eine Häusergruppe tritt als Wand vor, von der sich die Figuren abheben, und so ist der Fehler vermieden, den Masolino noch 1435 begeht, dass die Enge uns beklemmt. »Die beiden kurzröckigen Jünglinge in der Mitte«, diese »interesselosen Füllfiguren«, die in ihrem Quattrocentokostüm sich so gar nicht mit dem biblischen Charakter der Wundertaten vertragen wollen, sie sind doch nicht allein sichere Kennzeichen einer nachträglichen Vereinigung beider Bildhälften zu einem grössern Ganzen, sondern sie sind in diesem Breitbilde gradezu eine Woltat für das Auge. Sie beweisen, wie die perspektivische Raumtiefe, die sie mit den Gestaltenreihen links und rechts im Vordergrunde vermitteln helfen und zugleich erstrecht in Wirkung setzen, die Ueberlegenheit des Malers, der hier gewaltet hat. Grade ihr vom poetischen Inhalt aus »unmotiviertes Auftreten« ist künstlerisch von höchster Wichtigkeit, — ein Auskunftsmittel immerhin, aus der Verlegenheit einer veränderten Oekonomie, aber zugleich die glückliche Lösung eines malerischen Problems, das die starren Konsequenzen des Architekten und seines perspektivischen Liniensystemes wieder gut macht.

Schneiden wir einmal die beiden biblischen Scenen heraus, so dass nur diese Kostümfiguren mitsamt der Hintergrundsperspektive übrig bleiben, so behaupten wir mit Crowe und Cavalcaselle in vollstem Einvernemen: Masolino hätte dies Bild nicht malen können; es kann von Niemand anders als Masaccio sein. Die Raumentfaltung der gemeinsamen Bühne, des Platzes mit den Strassen, die darauf münden, bedeutet eine so persönliche Errungenschaft Masaccios, dass er sie gemalt haben müsste, auch wenn die beiden Wunder im Vordergrund von Masolino herrüren sollten. Eine solche Kenntnis der exakten Grundlagen, wie eine derartige Prospektmalerei sie voraussetzt, besafs Masolino nachweislich im Jahre 1425 noch nicht, und erwarb ebensowenig bis 1435 das Gefül für Reliefanschauung, das sich in der Zutat dieser Lückenbüsser offenbart. Für jene wissenschaftlichen Voraussetzungen giebt nur der Hinweis auf die Gemeinschaft mit Filippo Brunelleschi befriedigenden Aufschluss, und das Verständnis für den Unterricht und die Aufgaben dieses genialen Architekten besafs, wie dieser selbst bezeugt hat, unter den Malern nur Masaccio in dem Mafse, dass er zum vertrauten Freunde, zum fruchtbaren Vertreter der Ideale und zum unermüdlichen Bearbeiter der Probleme ward, soweit eine Verwertung im Bilde sich irgend mit seinem echt malerischen Sinn vertrug. Für jenen Ausgleich der strengen Linearperspektive mit den natürlichen Bedingungen unseres Raumgefüls, und zwar in erster Linie mit der einheitlichen Reliefauffassung der vorderen Figurenreihe, giebt es aber wiederum nur bei Masaccio die Erklärung: es ist das Eingehen in die bildnerischen Bestrebungen eines Donatello, das auch Vasari ausdrücklich hervorhebt, und die Walverwandtschaft mit Luca della Robbia, die wir im Fortschritt der anerkannten Meisterwerke hervorgehoben. Nur im Leben des Masaccio findet der Platz, der den Tempel von Jerusalem und das Haus von Joppe zusammenfasst, seine Stelle: es ist die Vorstufe zu jener meisterhaften Darstellung der Piazza del Carmine, die der Mathematiker Antonio Manetti wie der Maler Giorgio Vasari mit gleicher Sachkenntnis in der »Sagra« bewunderten, die uns als schlagendes Belegstück leider verloren ist.

Nun erschienen aber die beiden biblischen Scenen für sich betrachtet, als so ernste, seelisch energisch verarbeitete Kompositionen, in denen das Wertvollste der Trecentokunst mit soviel Eigenstem verbunden ist, dass wir eine Zuweisung dieser Stücke an Masolino nach Allem, was er geleistet, nicht verantworten konnten. Es ist also an eine zeitweilige Arbeitsgemeinschaft beider Maler bei diesem Breitbilde, oder an die Ueberarbeitung vorhandener Stücke des Einen durch den Anderen, ebenfalls nicht zu denken. Vielmehr hängt die allmähliche Entstehung des Ganzen, die wir nachzuweisen versucht haben, in allen Stadien so eng mit den persönlichen, durch Brunelleschi beeinflussten Bestrebungen des Masaccio zusammen, dass die Erfindung der Kompositionen wie die Ausfürung des ganzen Doppelbildes in seiner jetzigen Redaktion nur ihm selber beigemessen werden kann, und zwar als erster Teil seiner Tätigkeit in dieser Kapelle.

Das bezeugt endlich auch ein weiterer Zusammenhang mit der Gesamtdisposition der Freskenreihe. In dem Breitbilde, das nun die Heilung des Lahmen und die Erweckung Tabithas auf einem Schauplatz vereinigt, fällt das Uebergewicht der rechten Hälfte, also die völlig unsymmetrische Verteilung der Figurenmasse auf, und die beiden Eindringlinge, die das Situationsbild rechts in das Bewegungsbild links überleiten, können darüber nicht täuschen. Diese Ungleichmässigkeit in der Zweiteilung, die zu augenfällig ist, um als unbewusster Fehler gelten zu können, löst sich sofort, wenn wir die weitere Verteilung an Ort und Stelle ins Auge fassen und mit dem eintretenden Betrachter der ganzen oberen Bilderreihe auf dieser Seitenwand rechnen.

Die Komposition des Doppelbildes aus der Petruslegende gravitiert nach Aussen hin, d. h. nach der Seite des Eintretenden, der unter der Bogenöffnung der Kapelle stehend in diesen Innenraum hineinschaut; aber der Zug der vorherrschenden Bewegung in den Figuren selbst geht ebenso fülbar nach Innen zu gegen die Altarwand, d. h. zum Mittelpunkt des Heiligtums. Nemen wir nun aber das erste Fresko der nämlichen Reihe, das der Beschauer rechts neben sich hat, — die schmale, von Pilastern nicht eingeschlossene Darstellung des Sündenfalls am Eingangspfeiler hinzu, so erkennen wir einmal in diesem Bilde für sich ebenso deutlich den starken Abschluss nach rechts, sodann aber auch die absichtliche Uebereinstimmung mit der dreifigurigen Komposition zuäusserst links. Selbst wenn die Breite der beiden Bilder in wirklicher Abmessung nicht gleich ist; die Nähe des Pfeilerbildes, die absetzende Ecke des wirklichen Architekturteiles, wo das Gitter die Kapelle schloss, und die gemalte Absonderung von der Altarwand drinnen, vor Allem aber die optische Verkürzung bewirken die Gleichwertigkeit, so dass Lahmenheilung und Sündenfall wie die Flügel zu dem breiten Mittelstück mit der Erweckung Tabithas erscheinen. Damit aber rechtfertigt sich um so mehr die auffallende Lücke zwischen dem Apostelpaar und den beiden Pflastertretern; die letztern sollen ihrerseits in dieser Rechnung zum massigeren, figurenreichen Hauptbilde des Streifens gehören. Damit ist die einheitliche und wol abgewogene Gesamtdisposition erwiesen, und die drei Bilder dieser Reihe gehören unauflöslich zusammen, ebenso wie dies gegenüber von der Geschichte mit dem Zollgroschen und der Vertreibung aus dem Paradies dargelegt worden.

Dies Argument spricht um so entscheidender mit, je weniger ein Zusammenhang des dargestellten Gegenstandes mit der Petruslegende solche Verbindung schon an sich nahelegte. Bei der Wal dieses Gegenstandes scheint ebenso das künstlerische Verlangen des Malers mitgespielt zu haben. Die Nacktheit der Personen gab ihm Gelegenheit, sein Bestes im Sinne der neuen Zeit zu wagen, oder gar selbst erst die malerische Darstellung des nackten Menschenleibes zum ersten Mal mit der ganzen Wahrhaftigkeit zu versuchen, deren die begabtesten Bildner sich damals befleissigten.

Der Sündenfall

Das erste Menschenpaar in nackter Schönheit hinzustellen, wie es aus der Hand des Schöpfers hervorgegangen, noch rein und ohne Fehl als Ebenbild des Höchsten, das auch die Kirche zuliess, das ist die Aufgabe die sich der Meister gestellt hat. Schon beim ersten Anblick kann darüber kein Zweifel bestehen. Nur mit schmalstem Streifen eingeramt, ist die verfügbare Bildfläche fast ganz für die beiden Gestalten benutzt, — und dennoch, aus der Behandlung des Hintergrundes und der Verwertung des oberen Stückes, das über ihren Köpfen übrig blieb[1]), sofort einleuchtend, dass es nicht ausschliesslich im Sinne gemalter Plastik, sondern bei allem Interesse für den Bau der Körper und die Modellierung ihrer Formen doch im eigentlich malerischen Sinne geschieht. Adam und Eva im Paradiese, die nackten Menschen in freier Natur, ist sein Thema. Der Baum der Erkenntnis und das böse Prinzip in Gestalt einer Schlange kommen als notwendige Bestandteile hinzu, den Sündenfall daraus zu machen, — und es ist nicht zu läugnen, sie sind ziemlich äusserliche Zutaten geblieben; wir müssen sie suchen, wenn die stumme Zwiesprach der beiden Menschen verhängnisvollen Inhalt haben soll. Wir folgen der Entstehungsgeschichte des Bildes, wenn wir diesem Gang des ersten Eindrucks genauer nachdenken.

Die ursprüngliche Abmessung der Pfeilerfläche, wo das Bild erscheint, bestimmt auch das Verhältnis der Körper, die daraus hervortreten. Sie sind hoch und schmal gebaut, einander so ähnlich in den Mafsen, dass sofort die Frage sich vordrängt, wie weit das Schema einer Normalfigur, wie weit die Anschauung eines männlichen und weiblichen Modells hier gewaltet. Die gleichmässige Bevorzugung dieser gestreckten Proportionen bei beiden Geschlechtern bedeutet hier keine persönliche Wal aus dem Reichtum mannichfaltiger Gebilde, der dem Künstler zu Gebote gestanden hätte, sie ist noch Ersatz für den Mangel an Naturanschauung und — an Aneignungsfähigkeit, selbst wo Beobachtung zu Grunde liegt. Die gesetzmässige Berechnung des Aufbaues nach Mafsgabe architektonischer Regeln dient als Laufkorb, so lange die jüngere Schwesterkunst noch nicht auf eignen Füssen stehen und ihre eignen Wege gehen kann. Diese Körper von neun Kopflängen sind ererbte Schulgewonheit, die der toskanische Maler am Anfang des XV. Jahrhunderts erlernte, gotische Mafsgerechtigkeit, die hier

[1]) Oben ist ein beträchtliches Stück der ursprünglichen Bildfläche durch das beim Neubau der Kirche eingefügte Gesims aus Holz zugedeckt worden.

fortwirkt, ohne sich noch bewusst zu werden, wie sehr die Tatsachen der Erfarung ihr widersprechen. Es geht dem Quattrocentisten damals genau so mit der Auffassung antiker Bauformen; überall zeichnet er die Höhendimension zu gross im Verhältnis zur Breite, die Einzelbildungen zu schlank und dünn, luftige Konstruktionen, die er in Wirklichkeit garnicht so vor sich sah. Wenn das noch von Ghibertis Architekturen an der Porta del Paradiso gesagt werden darf, so kann es vorher bei einem Maler gewiss nicht Wunder nemen. Ein Blick auf Vorgänger erklärt die Erscheinung, die wir vor uns haben. Man vergleiche nur die lange hl. Katherina, die ein unmittelbarer Nachfolger oder Stellvertreter des Spinello Aretino um 1388 in der Kapelle der Alberti zu Antella gemalt hat [1]), — die beiden Figuren Johannes des Täufers und der hl. Reparata in S. Miniato al Monte [2]), die sicher schon ins erste Jahrzehnt des XV. Jahrhunderts gehören, oder vollends die Darstellungen von Adam und Eva in den Deckenbildern des ehemaligen Convento del Ceppo (S. Antonio Abbate) zu Pistoja [3]), die von Lokalschriftstellern für Antonio Vite in Anspruch genommen werden. Hier begegnet die nämliche Scene: Eva lang und dünn, mit eng aneinander geschlossenen Beinen, kerzengrade vor einem Gebüsche stehend, wie sie Adam die verbotene Frucht nach links hinüberreicht. Adam wendet sich dreiviertel oder ganz im Profil zur Gefärtin und greift mit der Rechten zu. Zwischen ihnen der Baum, um dessen Stamm sich die Schlange ringelt, deren menschlicher Kopf genau die Züge des Weibes wiederholt. Dieser Trecento-Nacktheit gegenüber, die man einem Schüler des Gherardo Starnina, also einem Alters- und Ateliergenossen Masolinos zumuten will, obwol sie in völlig verständnisloser Allgemeinheit beharrt, — und überhaupt der ganzen bisherigen Behandlung des Nackten gegenüber, muss nun diese Leistung in der Brancaccikapelle um so mehr ins Auge fallen.

Hier ist mit der Aufgabe wirklich Ernst gemacht, zwei Menschen in körperhafter Erscheinung hinzustellen, wie sie auf dem Erdboden stehen oder sich bewegend auftreten können [4]). Diese Körper haben ein festes Knochengerüst, dessen Hauptformen und Teilungen dem Meister bekannt sind und in natürlichem Zusammenhalt unter der Oberfläche der Haut gezeigt werden.

Besonders Adam steht auf dem linken Bein, mit der Fufssole am Boden haftend, sicher und doch elastisch da, indem das rechte

[1]) Phot. Alinari 3615.
[2]) Phot. Brogi 6461.
[3]) Phot. Brogi 6258.
[4]) Vgl. unsere Abbildung Taf. II.

Bein leicht nach der Seite vorgestreckt in Spannung bleibt; nur ist hier das Abheben der Sole und die Haltung der Zehenreihe noch nicht glücklich. Hier steckt in der summarischen Behandlung des Fusses noch ein Rest der befangenen Schulform, ebenso wie in der Eckigkeit des Armes, dessen Elnbogen nach auswärts steht, während die Hand bis zur Brusthöhe erhoben wird. Die Linke hängt grade an der Hüfte herunter und hält einen Zweig, der die Scham verdeckt, indem diese ganze Hälfte des Oberkörpers in seitlicher Drehung zurücktritt. Zwischen starken Schultern erscheint die Brustweite etwas dürftig, als wäre auf ihre Kosten der Rücken stärker entwickelt. Auf kräftig ansteigendem Halse hebt sich der Kopf aufrecht in Dreiviertelsicht, genau in der Richtung des Oberkörpers nach rechts gedreht: — der harte, eher eckige Bau des Schädels, die bestimmte Durchmodellierung der Gesichtsteile mit scharfer grader Nase und grossem Ohr, kurz gehaltenem Haar und Vollbart, machen durch ihren freien und energischen Charakter das Misverhältnis vergessen, in dem die Gesamtlänge des Körpers zu ihm steht. Er ist in sich gross gehalten, dass er sich auch so geltend macht.

Auffallender bleibt diese Kleinheit des Kopfes bei Eva, obgleich das längliche Oval das Antlitz mit seiner langen graden Nase, kleinen Augen und spitzem Mund, wieder schmal und gestreckt erscheinen lässt. Ein hochsitzender unentwickelter Busen betont die gleichförmige Länge des Leibes und der Schenkel nur erst recht, und weckt, wie die Unbestimmtheit der Durchmodellierung in allen diesen Teilen, den Zweifel ob dem Maler überhaupt ein weibliches Modell zu Gebote gestanden, oder ob er genötigt war, sich auf Erinnerungsbilder zu verlassen, oder sich mit Umformung eines jungen Burschen zu begnügen. Im Grunde haben wir wol nur die Abwandlung der selben Normalfigur vor uns, die beim Manne ebenso das volle Eingehen auf Naturwahrheit nicht aufkommen lässt, also eine Konstruktion nach der Schulregel gotischer Bauhütten. Jedenfalls ist das vortretende linke Bein in ganzer Länge ziemlich unartikuliert und die Knöchelpartie zu stark wie das Handgelenk. Das rechte Bein bleibt vom Knie ab zurückgebogen hinter dem andern. Während der linke Arm, um den Baum gelegt, mit dem Zweig in der Hand vorgreift, hebt sich der rechte, mit der Frucht in den Fingerspitzen zur Schulterhöhe, um den Bissen zum Munde zu füren.

Die malerische Absicht des Künstlers dagegen ist völlig eigen und klar. Er zeigt uns die weibliche Gestalt, fast ganz von vorn gesehen in voller Beleuchtung des weicher geformten Leibes, den männlichen Körper muskulöser und knochiger, in Dreivierteldrehung zur Gefärtin und energischem Gegensatz von Schatten und Licht.

so dass z. B. der linke Oberschenkel und Arm sowie ein grosser Teil des Rumpfes, im Schatten liegend, nur durch Reflexlicht erhellt wird. Und diese Beleuchtung ist sehr bemerkenswert: sie entsprach genau dem Standort des Bildes an der rechten Seite der Kapelle vom Eingang aus, wo das einzige Fenster, schmäler als jetzt, in der Altarwand die Lichtquelle war, der anstossende Kreuzarm der Kirche dagegen nicht so lichtvoll wie heute im Neubau des achtzehnten Jahrhunderts, sondern eher dunkel wie in S. M. Novella oder Sta Croce.

Und noch mehr, bei dieser vollen Modellierung der Formen in immerhin harmonischem Umriss, kommt es dem Maler doch auf etwas anderes an als die rein plastische Wiedergabe, Klarheit der Zeichnung und Rundung des Körperlichen. Er empfindet den eigentümlichen Reiz des Nackten in der freien Natur und breitet das Grün des Gartens Eden mit Baumschatten und Hügelwand als Folie darunter. Die Wirkung der hellern Hautfarbe des Weibes und der dunkleren Karnation des Mannes so nah bei einander, auf dem bräunlichen und bläulichen Grün des Baumschlages hat gewiss das Absehen der Ausfürung ursprünglich noch mehr bestimmt, als wir es beim heutigen Zustand des Wandgemäldes verfolgen können; aber dass die koloristische Stimmung mitspricht und gewollt ist, wird jedes Auge auch jetzt noch herausfülen.

Natürlich steht das Menschenpaar am Baum der Erkenntnis, dessen Stamm die Eva umfasst, und aus dem Gezweig der Krone reckt sich der bewegliche Schlangenleib mit dem kleinen menschenähnlichen Kopf hervor, genau so gebildet, wie wir sonst die Engel am Tron Marias zu sehen gewont sind. Dies feine Kinderantlitz steht herabschauend grade in der Mitte, wie die heimliche Bundesgenossin des Weibes, die Peitho der antiken Kunst, zwischen und über Beiden, wie die verfürerische Macht des Beispiels, das stärker ist als alles Ueberreden. Evas Augen sind nach der Seite des Mannes gerichtet, während sie die Hand mit dem verhängnisvollen Bissen hebt; Adam folgt mit ernstem Blick, ob vorwurfsvoll, ob gespannt, ob zaudernd, schon diesem Vorgang, noch nicht mit der Hand dem Munde so nah, wie die schwächere Gefärtin, doch bereit genug das Stück zu kosten, das sie gegeben, er genommen und behalten hat. Ein letzter Rest des Zagens vor der Tat, deren Vollzug kaum zweifelhaft bleiben kann: das ist der Inhalt des Augenblicks, den der Künstler gewält hat.

Ob der Ausdruck den Grad sprechender Lebendigkeit erreicht, den er gewollt hat, oder den wir wünschen, sind zwei sehr verschiedene Fragen, auf deren zweite nur eine subjektive Antwort

3*

gegeben werden kann. Ueber Adams ernsten Blick und das Spiel der beiden Hände, zwischen denen der Kopf des Dämons wie das Zeichen an der Wage steht, an dem das Zünglein noch leise hin und wieder schwankt, — über diese sichtbare Andeutung des seelischen Vorgangs geht der Ausdruck kaum irgendwie hinaus. In den Gestalten sonst kaum ein leichtfüssiges Entgegenkommen beim Weibe, ein unsicheres Innehalten beim Manne. Aber man vergesse nicht, sie sollen ja noch rein und unschuldig sein; Leidenschaft und Sünde haben das keusche Gefäss ihres Leibes noch nicht berürt, das böse Gewissen ihre Nerven nicht durchzittert; die Darstellung solcher Spuren des Einmal für alle Mal wäre ein Verstoss gegen die Schrift gewesen, deren Veranschaulichung nur als die Aufgabe des Malers betrachtet werden darf. Deshalb dürfen wir nur das Musterstück des ersten Menschenpaares, die Ebenbilder Gottes im Sinn der Kirche, Normalfiguren κατ' ἐξοχήν im Sinne der Kunst von damals erwarten. Deshalb soll nicht geläugnet werden: man merkt, dass die Bewältigung der Schwierigkeiten, die sich dem Können des Meisters bei solcher Arbeit ergaben, die Darstellung der beiden Körper in schlichtester Ruhe schon so sehr die Kräfte in Anspruch genommen hatte, dass die Belebung der Gestalten im Sinne eines einheitlichen Affektes vielleicht von selbst schon zurückblieb. »Einen absoluten Mangel jeglicher Beziehung zwischen den beiden schlanken Gestalten«, wie A. v. Zahn urteilt, vermag ich nicht zuzugeben, und der Vergleich mit der Vertreibung aus dem Paradies ist freilich an Ort und Stelle sehr natürlich, fast unvermeidlich so einander gegenüber, aber doch immer ein Anachronismus, wenn der Abstand von ein Paar aussergewönlich fortschrittlichen Jahren dabei ausser Rechnung bleibt. Wenn er vollends zu dem Ergebnis fürt, dieser Sündenfall erscheine daneben, »als eine leblose langweilige Komposition«, so ist dies relative Urteil allerdings richtig, aber ebenso ungerecht und irrefürend, wenn man den Stand der florentinischen Malerei im Augenblick der Entstehung vergisst.

Den letzten Schritt zu tun, der den Abstand zwischen beiden Bildern nur durch Zuteilung an zwei verschiedene Künstler erklären zu können glaubt, dazu kann auch A. v. Zahn sich gegen Cavalcaselle nicht entschliessen. Er »will den Sündenfall dem Masaccio nicht absprechen«; denn Crowe und Cavalcaselle hatten geurteilt: »im Stil des Konturs und in der Bildung des Nackten sei dies Gemälde von den übrigen nicht wesentlich verschieden«. Und doch weist grade Zahn auf die Leistungen Masolinos in Castiglione d'Olona hin, »gegen welche der Sündenfall zurück stehe«, — auf »die Gestalt des getauften Christus, den Frierenden, den sich Abtrocknenden unter den Neophyten«, — Leistungen, die, als 1435 dh. ein volles Jahrzehnt später entstandene, zur Entscheidung zwischen Masaccio und Masolino in der Brancaccikapelle gewiss nicht mehr so ohne Weiteres herangezogen werden können, ausserdem aber einesteils ganz heterogene Genremotive sind, wie die Täuflinge am Ufer, andernteils durchaus nicht die Vorzüge zur Schau tragen, die sie in Zahns Erinnerung besassen. Man lege sich doch (mit Hülfe unsrer Abbildungen) die beiden Figuren nebeneinander, die sachgemäss allein in Betracht kommen dürfen: den Christus im Jordan dort und den Adam im Paradiese hier. Der Letztere ist weitaus überlegen.

In der Stellung des Körpers, in der Haltung des rechten Armes haben beide viel Verwandtschaft; aber nach einem Blick auf die oberflächliche und unverstandene Durchmodellierung der Brust, auf die dürftigen Arme, auf den zartknochigen und doch ältlich gebrechlichen Bau des Gottessohnes bei Masolino, müsste man eher geneigt sein, diese Darstellung des Nackten für viel früher zu halten als den Adam der Brancaccikapelle, der daneben wolgebaut, stramm und frisch, wahrhaft männlich erscheint, und in der Modellierung der Muskulatur eine viel genauere Kenntnis und fortgeschrittenere Mittel der Durchfürung aufweist. Jener Christus in Castiglione stünde, wenn wir kein Datum dafür besässen, gewiss als gotische Vorstufe da, aus der sich durch eifriges Modellstudium und technische Uebung in der Wiedergabe der Karnation der Adam entwickeln mochte, wenn jene Taufe ein Jugendversuch in der ererbten Schulmanier, dieser Sündenfall ein eigener Anlauf zu kühnem realistischem Streben wäre. Da die Daten beider Werke jedoch grade umgekert liegen, so folgt daraus unweigerlich, dass der Maler des Christus in der Taufe von 1435 nicht im Stande gewesen sein kann, ums Jahr 1425 schon diesen Adam im Sündenfall zu malen. Denn selbst eine flüchtige Wiederholung geläufigen Eigentums, wie wir sie bereitwillig bei dem oberen Bilderschmuck des Baptisteriums in Castiglione zulassen wollen, würde doch bei solcher Hauptfigur, an einer der vornemsten Stellen des Cyklus, nicht frühere Errungenschaften in der Kenntnis des Körpers wieder preisgeben. Masolino hat überhaupt die Tektonik des Knochengerüstes niemals soweit erlernt, wie der Adam sie zeigt.

Als gleichzeitige Leistungen dieses bereits vierzigjährigen Meisters stehen ja die Deckenbilder der Collegiata in Castiglione, mit seinem Namen da. Nur sie dürfen wir fragen, ob Masolino diesen Adam in Florenz unmittelbar vorher gemalt haben kann oder nicht. — Wem spränge die Unvereinbarkeit nicht in die Augen? Die Proportionen seiner schlanken, langbeinigen und kurzbrüstigen Gestalten, mit ihren kleinen Köpfen und ihren fliessenden Gewändern sind freilich sehr verwandt; sie gehören zur selben Schultradition. Aber dort haben wir einen Miniaturstil als Grundlage, hier den Monumentalstil in vollem Ernste. Wir haben in Castiglione beobachtet, wie uneigentlich diese Wesen Masolinos dastehen, wie die Arme bald zu kurz unter dem Mantel verborgen, bald lang und dünn in engem Aermel, doch ohne jede Andeutung ihrer Gelenke und Muskulatur, fern abliegen von dem Bemühen um Durchbildung des Nackten und um Herrschaft über alle Glieder des Menschen. Dort steckt dieser Abkömmling des Starnina noch ganz in den körperlosen Gewandfiguren des Trecento, durch deren feierliche Draperie er wirken will, ohne Ghibertis Schatz von anmutigen und ausdrucksvollen Motiven, oder seine Gabe harmonischer Entfaltung des Leibes zu besitzen. Seine realistischen Neigungen gehen mehr auf perspektivische Kunststücke im Beiwerk, auf luftige Architekturen in Untensicht, — grade da, wo sie am wenigsten am Platze waren. Sonst lautet doch das Urteil allgemein: »architektonischer Rhythmus des gotischen Stils«, — »von jedem realistischen Anklang völlig freie Arbeit« (A. v. Zahn) — und wir sollten in chronologischer Konsequenz nicht Lübkes Ausspruch zustimmen? »Wer zwischen 1422 und 1427 (um den weitesten Spielraum, den die Daten lassen, zuzugestehen) die Bilder am Chorgewölbe der Collegiata ausgefürt hat, die noch so stark vom gotischen Stile bestimmt sind und erst schwache Spuren einer neuen Belebung zeigen, der kann unmöglich um die selbe Zeit auch nur die schwächsten Bilder in der Cappella Brancacci gemalt haben«.

Wenn im Sündenfall »nur die völlige Koncentration der Kräfte auf die dem Künstler aufdämmernde Schönheit des Nackten«, wie A. v. Zahn überzeugt ist, den Mangel einheitlichen Zuges im Ausdruck des seelischen Vorganges erklärt, so ist schon damit wol ausgesprochen, dass wir eher einen jungen aufstrebenden Meister wie Masaccio vor uns haben, als einen vierzigjährigen Mann, der seine Aneignung der Körperform nicht soeben erst ernstlich beginnt. Wir legen aber auf diese Eroberung der Grundlagen alles Gestaltenbildens für den realistisch gesonnenen Maler, die hier vollzogen ist, viel mehr Gewicht als auf den Ausdruck. Die Tektonik des Knochengerüstes und die Rundung der Formen im plastischen Sinne sind die konstitutiven Merkmale für das Können des Meisters, der hier gewaltet; sie sind exakte Dinge, die sich durchaus verstandesmässig und objektiv kontrolieren lassen, — also von zwingender Beweiskraft.

Deshalb mag hier den Verfechtern Masolinos, die sich doch hauptsächlich auf Vasari berufen, auch wenn er den Sündenfall nicht ausdrücklich als Masolinos Anteil erwänt, noch eine Erwägung vorgehalten werden, die sich ganz genau an Vasaris ausdrückliches Zeugnis hält. Sie betrifft das sichere Dastehen oder feste Auftreten der Figuren im Sündenfall, die sich dadurch wesentlich von den Deckenbildern in Castiglione unterscheiden.

Petrus und Paulus an Cappella Serragli

Vasari erzält, Masaccio habe an einem Pfeiler der Cappella del Crocifisso im Carmine die Gestalt des Apostels Paulus gemalt, »die sich bei den Glockensträngen befindet«, und die ihm auch von Antonio Manetti [1]) und dem Libro d'Antonio Billi, den zuverlässigsten Gewärsmännern des Quattrocento selbst, zugesprochen wird. Und zwar sei dies geschehen, wie nur Vasari weiss »come per saggio«, um die Verbesserung zu zeigen, die er in seiner Kunst erreicht hatte. An dem andern Pfeiler derselben Kapelle hatte Masolino die Einzelfigur des Petrus gemalt, die ebenso bestimmt in jenen Quellen als sein Eigentum bezeugt ist.

Die beiden Apostelfürsten an den Eingangspfeilern einer Hauptkapelle, wie die »del Crocifisso« war, hochverdienten Patronen gehörig, wie die Serragli im Carmine sich bewärt, und in unmittelbarer Nachbarschaft der »Kapelle des Starnina«, wie Fr. Albertini noch 1510 hervorhebt, — sie mussten von vornherein zum Vergleich zwischen beiden Meistern herausfordern. Nun aber lesen wir bei Vasari, die Gestalt des Paulus von Masaccio habe ausserordentliche Vorzüge besessen. Der Kopf sei das Bildnis des Bartolo di Angiolino Angiolini gewesen (der 1373 geboren, damals also ungefär fünfzig Jahre zälte) und zwar von so überraschender Lebenswahrheit, »dass ihm allein das Wort zu fehlen schien«. Dennoch habe er dem Charakter des Apostels Paulus, den er darstellen sollte, besonders entsprochen: »durch jene Verbindung römischer Urbanität mit christlichem Glaubenseifer«. Da taucht für uns als neues Vergleichsstück auch S. Matthäus an Orsanmichele, von Ghiberti und Michelozzo (1422) auf. Als Gemälde aber bekundete die Figur »ein staunenswertes Verständnis für Verkürzung in Untensicht, da er die Schwierigkeit in der Stellung der Füsse überwunden hatte und so über die ungeschickte Fehlerhaftigkeit der ältern Maler, die alle ihre Figuren nur auf die Fussspitzen zu stellen wussten, hinausgekommen war«.

In einer eigens deshalb angeschlossenen Erklärung nimmt Vasari das Verdienst dieses Fortschrittes für Masaccio in Anspruch und verficht sein Prioritätsrecht nochmals, nachdem er die selbe

[1]) uno santo Paghulo tra la cappella de'Seragli, ch' è dov' è S. Crocifisso, e la cappella dipintovi la storia di santo Girolamo, fighura maravigliosa.

Sache schon vorher bei Besprechung des hl. Jvo von Bretagne an einem Pfeiler der Badia hervorgehoben hat. Leider ist auch dies Freskobild, in dessen unterem Teil die Witwen und Waisen, die von diesem Heiligen Hülfe erwarten, zu ihm aufblickend dargestellt waren, nach zeitweiligem Aufenthalt in einem Nebenraum [1]), verschollen. Da auch die beiden Gestalten an den Pfeilern der Cappella Serragli im Carmine, der Brancaccikapelle grade gegenüber, schon 1675 dem Neubau des Corsini-Heiligtums zum Opfer gefallen sind, so ist es uns versagt, ein eigenes Urteil zu bilden. Die Aussage Vasaris aber ist klar und muss für seine Anhänger bestehen bleiben. Hat Masaccio erst den gemalten Einzelfiguren diese statuarische Eigenschaft sichern Dastehens erobert, so hat sie Masolinos S. Petrus eben nicht besessen, — und nicht Masolino, sondern Masaccio hat Adam und Eva im Sündenfall am Eingang der Brancaccikapelle gemalt.

Darnach erscheint die Tatsache, dass Vasari den Sündenfall garnicht unter den Stücken aufzält, die er für Masolinos Arbeit ansah, in ganz anderm Lichte. Und wir müssen der philologisch-historischen Methode, die mit den Zeugnissen dieses Biographen operiert, das Recht absprechen, solch ein nicht bezeugtes Werk für Masolino zu verwerten, weil sie sich dadurch zu dieser Erklärung Vasaris über Masaccios Priorität in direkten Widerspruch setzt. Von Masaccio dagegen berichtet der selbe Gewärsmann ausdrücklich über eine ganz analoge Leistung: »lavorò in Fiorenza una tavola, dentrovi un maschio ed una femmina ignudi, quanto il vivo, la quale si trova oggi in casa Palla Rucellai«.

Mit dem Sündenfall gehört nun aber aufs Engste die Erweckung Tabithas zusammen. Wir finden das Antlitz der Eva, das doch gewiss als wolerwogenes Ideal des jugendschönen Weibes angesehen werden darf, dh. als Bestes, was der Maler damals zu erreichen vermochte, wir finden es ganz genau im Kopf der nächsten Frauengestalt des Nachbarbildes wieder, jener nonnenhaft verschleierten jungen Witwe, die rechts in der Ecke kniet und ein rotes Kleid, das Tabitha gefertigt, auf den Armen vorweist, nur in veränderter Stellung die nämlichen Züge. Die Wiedergabe mit den gleichen technischen Mitteln lässt erstrecht über die Wiederholung des Typus keinen Zweifel, dass wir in beiden Stücken auch nur die Hand eines und desselben Malers erkennen dürfen.

Indessen so ein einzelner Kopf ist ja immer nur Stückwerk gegenüber den durchgehenden Erwägungen, durch die wir dies dritte Bild am Eingang schon mit den beiden Scenen der Petruslegende drinnen verknüpft haben. Alle drei Teile dieses Wandstreifens sind

[1]) Bocchi-Cinelli, Le Bellezze . . di Firenze 1677 p. 383.

für uns nur denkbar als die Erfindung eines und desselben Meisters, der sie zusammen, je nach ihrem Werte und ihrer räumlichen Wirkung im grösseren Ganzen der Kapelle komponiert hat, wie er in allen die wirkliche Beleuchtung vom Fenster dieses Innenraumes aus sowol gleichmässig durchgefürt, als auch im Aufbau der Figurengruppen zur Richtschnur genommen hat. Schon der Umstand, dass Petrus als Bringer der Heilung für den Lahmen rechts auftritt, wie Eva als Verfürerin des Mannes, durch die alle Sünde in die Welt gekommen, dagegen im Mittelbilde der Apostel links, nur vom Rücken her beleuchtet, während die Erzälung der Schrift ihn ganz allein ans Lager der Toten bringt, diese für die Auferweckung wol berechnete Mafsregel, — also Gesetz und Ausname setzen einheitliche Erwägung voraus. Und wenn wir fragen, bei welchem Künstler wir mehr Veranlassung finden, solche Absicht anzuerkennen, so kann die Antwort wol Aller nur »Masaccio« lauten, und der Name Masolino fällt angesichts seiner gesamten Leistungen in Castiglione einfach aus dem Ramen dieser Bilderreihe in der Brancaccikapelle heraus. Masaccio ist damals überhaupt der einzige Maler, der mit solchen Abwägungen von räumlichen und körperlichen Faktoren operiert, und grade dadurch zum Begründer des monumentalen Stiles der Wandmalerei geworden, auf den Piero de' Franceschi und Melozzo da Forli folgen und auf dem noch Rafael fusst. Da liegt für uns die Grundlage für allen Ruhm der Brancaccikapelle, auch wenn nicht Alle, die darin studiert haben, diesen Kern der Leistung zu erfassen vermochten.

Gehen wir darnach auf jenen Punkt des Kunstvermögens über, zu dem die Wiederker des weiblichen Idealtypus schon hindrängte und auf den A. v. Zahn seine Aufmerksamkeit allein gerichtet hat: auf die Bildung und Bewegung der Gestalten.

Da stehen wir keinen Augenblick an, auch hier den fülbaren Zusammenhang mit der Schulgewonheit des Trecento anzuerkennen. Aber auch hier macht sich das Studium der besten ältern Meister allen Ernstes viel mehr geltend, als die Verwandtschaft mit Masolinos Deckenbildern in Castiglione. Gegenüber jenen schlanken, zärtlich weichen Gebilden erscheint in den Bildern der Brancaccikapelle ein ganz anders geartetes starkknochiges Geschlecht, das auch die Personen der Johanneslegende noch im Baptisterium an markiger Energie übertrifft, jedenfalls vor der letzten Reihe dieser Wandgemälde vom Verhör bis zur Enthauptung für Masolino undenkbar wäre. Wie

Petrus und sein Begleiter den geheiligten Typen treu bleiben und in ihrer Gesamterscheinung noch den glücklichsten Leistungen eines Agnolo Gaddi und Antonio Veneziano nahe stehen [1], vielleicht nur durch grössere Sicherheit in der Wiedergabe des Knochengerüstes und kräftiger Modellierung aller Formen, durch den starken Aufbau des Körpers und durch die Festigkeit des Auftretens dem neuen Jahrhundert angehören, so ist dieser Entwicklungsprocess auch in dem stehenden Kalkopf zu Häupten der Bare besonders deutlich. Ein hochbeiniger gotischer Gliedermann ist mit jenem feierlichen Quergehänge drapiert, das wir bei allen Aposteln und Propheten des Lorenzo Ghiberti und seiner Schulgenossen, besonders an der ersten Tür des Baptisteriums finden. Aber vergleicht man sie mit Ghibertis Statuen an Orsanmichele, vom Täufer (1416) bis zum Stephanus (1426), so wird man inne, welche malerische Breite der Gewandung, welche Wucht des Gebarens in dieser Gestalt am Lager Tabithas erreicht ist. Und die energische Modellierung dieses ausdrucksvollen Kopfes geht über Alles hinaus, was wir bei Masolino und Ghiberti finden, beruht vielmehr auf einer plastischen Grossheit die wir allein in der Richtung Donatellos suchen können. Aber es ist eben nur der Kopf, und die heftig bewegte Figur des Turbanträgers zeigt daneben deutlich, wie das mangelhafte Körpergestalten dem Maler in der Durchfürung seiner Absichten noch ein Hindernis bleibt. Dagegen ist die Gestalt Tabithas schon in ihrer sitzenden Haltung auch mit verhülltem Körper klar und bis auf die Füsse befriedigend gelungen, und die knieende Witwe vorn, die wol zuletzt ausgefürt wurde, schon von einer einfachen Grossartigkeit, die wir aus Masaccios Porträtfiguren bei der Dreifaltigkeit in S. M. Novella oder bei der Cathedra Petri in dieser Kapelle wol kennen, bei Masolino jedoch nirgends, auch im Herodiasbilde zehn Jahre später nicht in dieser Weise, nachzuweisen vermögen.

Unläugbar sind die Ungleichheiten im Wert der Ausfürung, und schon die Unterschiede in der Gewandbehandlung, die hier befangen und altertümlich scheint, dort breit und grandios wird, verraten, dass der Meister hier und da flüchtig dreingefaren und das Tagewerk der Freskoarbeit an ihren Gränzpunkten zusammengemalt hat, während er in ausdrucksvollen Köpfen, in sprechender Gesamthaltung und in einheitlicher Lichtfürung vollauf sein Bestes gegeben. Geht man diesen Ungleichheiten im Einzelnen nach und vergisst

[1]) Den besten Aufschluss über Antonio Veneziano gewährt wol die Tafel mit knieenden Aposteln in Altenburg, die zu einer Himmelfart Christi gehörte (Abbildung in der Festschrift zu Ehren des kh. Inst. in Florenz, Leipzig 1897 S. 175) und die Einzelfiguren „Agnolo Gaddi, S. Julian u. S. Nicolaus in München," Phot. Bruckmann N. 984.

nicht, wie bei alledem doch die Gesamtwirkung sowol im psychisch-dramatischen wie im malerischen Sinne herauskommt, so erkennt man wol die raschen Fortschritte eines hochbegabten Künstlers in seinem Aufstreben aus der Schultradition, der bei der Schnelligkeit seines Ganges unmöglich alle Teile seines Kunstvermögens ausgleichen kann, sondern soviel Neues will und Neues zu geben hat, dass daneben das minder Wichtige oder noch nicht zu freiem Besitz Erarbeitete zurückbleiben muss. Als Leistungen eines vierundzwanzigjährigen Malers wie Masaccio sind sie durchaus, in ihren Fehlern, wie in ihren Vorzügen, begreiflich, — allerdings längst keine zaghaften schülerhaften Versuche mehr, geschweige denn »im Geiste Masolinos befangen«, der so etwas nie geschaffen, nie so von innen aus sich herausgeboren hat.

Tafelbild in der Akademie

Zu diesen entscheidenden Eigenschaften des breiten Doppelbildes und des schmalen Eingangsstückes, die wir als früheste Bestandteile der erhaltenen Wandgemälde in Cappella Brancacci betrachten, kommen nun noch Beziehungen zu andern Werken hinzu, die zeitlich hierher gehören, und soweit sie in unsern Quellenschriften erwänt sind zur Vervollständigung unserer Beweismittel dienen.

So kert vor allen Dingen der Gesichtstypus der jungen Witwe zu äusserst rechts, den wir auf das weibliche Ideal des Künstlers in seiner Eva zurückfüren mussten, zum dritten Male wieder als Madonna auf einem Tafelbilde, in dem auch das Antlitz der alten Tabitha, das uns in der Auferweckung in scharfem Profil gezeigt wird, als heilige Anna vorkommt, wenn auch diesmal von vorn gesehen. Das Tafelbild stellt »die hl. Anna selbdritt« dar und befindet sich jetzt in der Florentiner Akademie.[1]) Vordem war es in der Kirche S. Ambrogio, wo es an seinem alten Standort noch von Vasari ausdrücklich als Werk Masaccios bezeugt worden ist:

»Von seiner Hand ist ein Tafelbild, in Tempera gemalt, in dem eine Madonna im Schofs der heiligen Anna sitzt, mit dem Söhnchen im Arm; diese Tafel ist heutzutage in S. Ambrogio zu Florenz in der Kapelle unmittelbar neben der Tür, die zum Sprechzimmer der Nonnen fürt«.

Seitdem hat es als eins der bestbeglaubigten Beispiele für Masaccios Tafelmalerei gelten müssen, zumal nachdem das Altarwerk

[1]) Vgl. unsere Abbildung Tafel V. Mitte.

im Carmine zu Pisa zerstückelt worden und ganz verschollen schien. Durch die Sorglosigkeit bei Veränderungen in der Kirche, durch Sonnenschein, dem es an seiner letzten Stelle daselbst wol ausgesetzt gewesen, dann wol auch durch Herstellungsversuche nach seiner Ueberfürung in die Akademie hat dies Altarstück die ursprüngliche Farbenfrische eingebüsst. Auch die Grösse der Tafel scheint an den Seiten beschnitten, und die Abrundung oben nicht ohne Widerspruch zur vollständigen Form eines Kleeblattbogens ausgefürt, dessen Nasen noch in die Goldgrundfläche einspringen, und wie das gotische Gehäuse, das wir hinzuzudenken haben, den inneren Aufbau der Gestaltengruppe und den altertümlichen Apparat dabei mit bestimmt haben. Auf doppelsitzigem Stul, dessen schlichte hölzerne Pfosten mit birnförmig gedrechselten Kopfstücken geschmückt sind, tront auf einer obern Bank die heilige Anna, eine ernste Matrone in nonnenhafter Verschleierung, so dass nur Gesicht und Hände frei bleiben. Sie legt die Rechte auf die Schulter ihrer Tochter Maria, die zwischen den Knieen der Mutter auf der unteren Bank sitzt und erhebt die Linke über dem Haupte des Knaben, der nackt im linken Arm der Jungfrau auf deren Schofs sitzt, zugleich von beiden Händen Marias gehalten. Die linke Hand des Christusknaben ruht auf der seiner Mutter, während die Rechte sich zum Segnen emporhebt, linkshin auf den Beschauer, dem auch das Antlitz des Kindes sich zukert, während Maria ernst und stumm nach der rechten Seite hinausblickt. An der vorn ausgerundeten Stufe des Podiums sind die Worte

✠ AVE : MARIA : GR(A)TIA : PLENA : DOMINVS : TECVM : BE(N)EDICTATV ✠

herum geschrieben, die etwas kleiner und enger beginnend, grösser und weiter endigen und in Rücksicht auf die Perspektive die eingeklammerten Buchstaben verschwinden lassen. Auf diesem etwas von oben gesehenen Untersatz steht links und rechts am Pfosten je ein Engel, das Weihrauchfass schwingend, während drei schwebende Engel einen prächtigen Vorhang von Goldbrokat hinter der Gruppe emporhalten, so dass der Stoff von beiden Händen dieser Träger erfasst symmetrisch in Form eines spätgotischen Vorhangbogens herunterfällt. Der oberste, vom Kreissegment des einramenden Kleeblattbogens eingefasst, neigt sich vornüber, so dass sein Kopf vom Scheitel gesehen zwischen den ausgebreiteten Schwingen und Armen die Spitze des Ganzen bildet. Die beiden seitlichen Gefärten wenden sich in Dreiviertelsicht den Hauptpersonen zu.

Diese Engel bezeugen am auffallendsten, dass es dem Maler dieses sonst noch starren Kirchenbildes, das zur Heiligung der Mutter

Anna selbst das Ceremoniell des Weihrauchopfers und byzantinische Teppichbreitung aufbietet, wie irgend die Sienesen des Trecento, — grade diese dienenden Engel beweisen, dass es dem Künstler persönlich um die wirkliche Erscheinung menschlicher Körper zu tun ist, und zwar an ihrer Stelle im Raum. Er will sich nicht mehr mit der Allgemeinheit des Goldgrundes begnügen, noch das Mittel des Vorhangs nur benutzen, die räumlichen Verhältnisse der Gegenstände zu einander nach Bequemlichkeit zu verschleifen, um die Verteilung idealer Wesen auf der Fläche beliebig nach dekorativen Rücksichten vornemen zu können, sondern er will Körper und Raum deutlicher als bisher auseinander setzen. Auch die Engel tragen wie die drei Glieder der heiligen Sippe reichgemusterte goldene Kreise um das Haupt, aber die erhobenen Flügel des Einen verbergen zum Teil diesen Schmuck im Nacken, und in der Modellierung der Köpfe wirkt schon eine ganz bestimmte von links oben her einfallende Beleuchtung mit, die über die allgemeine Helligkeit von vorn in den Bildern älterer Zeitgenossen hinausgeht. Die nämliche Beleuchtung breitet sich auch über die Hauptgruppe aus, und die entsprechend energische Schattengebung hat, wie es scheint, zum Teil den jetzigen Zustand des im Ganzen stark gebleichten Bildes verschuldet. Darüber belehrt vor allen Dingen die dunkle Karnation des nackten Knaben, der breit gebaut und wol genärt, mit rundem Kopf und vollen Formen eher etwas derb, wie ein junger Herkules erscheint. Der Körperbau dieses kräftigen Bambino bestätigt vollends, dass wir es mit einem Maler zu tun haben, der die Bestrebungen der zeitgenössischen Plastik in seine Kunst aufnimmt, und zwar im ausgesprochenen Sinne der Realisten, wie Donatello, Michelozzo und Luca della Robbia. Am Taufbecken des Baptisteriums in Castiglione sind die nackten Buben am Baluster nicht besser gelungen, obgleich sie zehn Jahre später datiert werden müssen. Sie aber teilen mit diesem Christusknaben hier eine Absonderlichkeit, die während der Frührenaissance häufig begegnet: die winzige Bildung der Hände (die Füsse sind ganz verdeckt) im Verhältnis zum übrigen Körper, besonders zum dicken Kopf. Damit rüren wir an die selbe Zwiespältigkeit des Mafsstabes, die hier zwischen Engeln und Jesuskind ins Auge fallen muss, und um so mehr verletzt, je vollständiger die Körperlichkeit des nackten Bürschleins auf dem Schofs der Mutter herausgearbeitet ist. Den nämlichen Widerspruch zwischen der neuen Naturtreue und dem ererbten Idealismus der Gotik gewaren wir innerhalb der Engelfiguren selbst, deren Oberkörper eine ganz andre Realität gewinnen als der Rest im langen Gewande. Erst ein Vergleich mit den Engeln Masolinos bei der Krönung an der Decke der Collegiata oder in der Glorie Gottvaters noch bei der Taufe im Baptisterium belehrt über den Abstand des Wollens wie des Könnens.

Zum vollen Verständnis des Geleisteten gelangen wir aber endlich durch die Kontrole des Aufbaues der Hauptgruppe, indem wir das Verhältnis der beiden sitzenden Frauenkörper zu dem Tronstul näher ins Auge fassen. Dies plastisch tektonische Gerüst ist ausserordentlich klar und bestimmt auch unter dem Gehänge der Mäntel und Schleier ausgeprägt. In scharfer Bezeichnung der Stufenfolge gipfelt sich das Ganze zu einer geschlossenen Pyramide, zu der die vorn stehenden Engel hinzugerechnet werden. Die vorstehenden festen Punkte, wie Kniee, Elbogen, Schultern sind stark betont, während die Vorderarme S. Annas, wieder mit kleinen Händen, offenbar zu kurz geraten. Sonst sind es Gestalten von sehr gestreckten Proportionen, und diese Bildung verrät wie der Typus der Köpfe noch engen Zusammenhang mit den Letztlingen oder Nachzüglern der Trecentokunst. Der Umriss der Köpfe zeigt ein langes Oval, das durch Augenbrauen und Nasenspitze in drei gleiche Teile geteilt wird: die Schädelform ist kugelig gerundet, die Augen schmal geschlitzt, die hochgezogenen Brauen als feine Bogenlinien gezeichnet, die Nase grad ablaufend mit scharfkantigem Rücken, der Abstand zwischen Nase und Mund ziemlich lang, die Lippen etwas vorstehend, besonders der mittlere Teil der Oberlippe, so dass die Mundpartie wie kleinlich zugespitzt oder bedenklich vorgeschoben erscheint. Sie haben darin eine gewisse Aehnlichkeit mit der ziemlich rohen und oberflächlichen Wandmalerei in S. Miniato al Monte, die unweit der Grabkapelle des Kardinals von Portugal die hl. Reparata und S. Johannes den Täufer darstellt und schon oben für die Proportionen von Adam und Eva herangezogen wurde. Diese Eigenschaft zeigt sich aber vornemlich bei Maria, d. h. bei dem weiblichen Idealtypus, und gerade dieser ist es wieder, der das Tafelbild aus S. Ambrogio augenfällig mit den Wandgemälden der Brancaccikapelle, die wir soeben besprochen, verbindet. Der Maria wie den Engeln gleichermafsen verwandt sind auch die jugendlichen Köpfe der beiden Stutzer. Die erhobene Linke S. Annas kommt ganz ähnlich bei dem kalköpfigen Greise mit gespaltenem Vollbart über den Frauen vor, deren Tracht wieder völlig dem Witwenstande gemäss mit der Annas hier übereinstimmt. Ueberall begegnen die nämlichen Faltenzüge, die mit den weichen, fliessenden Stoffen nicht allein das Hervortreten der entscheidenden Haltpunkte und Gelenke des Körpers zur Geltung bringen, sondern zwischen solchen Höhepunkten ein breites malerisches Gehänge bilden. Endlich entsprechen auch die Farben, soweit ein Tafelbild hier mit Fresken dort im heutigen Zustande noch einen Vergleich gestattet, dem Charakter jener obern Reihe in Cappella Brancacci durchaus. Die Karnation geht von rosiger Jugendfrische in den Engeln zu bräunlichem Weizengelb beim Kinde und zur Lederfarbe im runzligen Angesicht der Matrone. Der Mantel Marias ist blau, ihr Kleid ziegelrot; ein weisser Schleier, der auch um die Büste geschlungen ist, deckt ihr hellblondes Haar. S. Annas Unterkleid ist blau, darüber liegt der weisse Weihel mit dem Gebände unter dem Kinn und vom Scheitel herab der weite, an beiden Seiten des Kopfes grade herunterfallende Mantel, dessen helles Karminrot in den Lichtern ins Gelbweisse übergeht. Der Teppich scheint einen Damaststoff von dunkelm Karminrot mit eingewirkten braunen, ja grauschwarzen Mustern wiederzugeben. Die Gewänder der Engel sind rotgelb, gelbrot, violettrot und rosaweiss schillernd. Der Tron ist in hellem Grau, wie die Pietra serena, angestrichen. Wir haben also die beliebte Zusammenstellung von hellem Karmin und Silbergrau wie an der gemalten Pfeilerarchitektur der Brancaccikapelle und dem Fresko der Dreifaltigkeit in S. Maria Novella, als Umgebung der Figurengruppe, durch das Gold der Heiligenscheine und des Hintergrundes in Wirkung gesetzt.

Nach alledem kann durchaus kein Zweifel aufkommen, dass dies Tafelbild aus S. Ambrogio aufs Allerengste mit der obern Freskenreihe in der Brancaccikapelle zusammenhängt, und dass es ein Beispiel der Kunst des selben Meisters für die kirchlichen Zwecke der Andacht giebt, das unmittelbar vor der Entstehung dieser Wandmalereien vollendet sein mag. Die altertümlichen Bestandteile dürfen darüber nicht täuschen, da die Bestellung der Nonnen von S. Ambrogio jedenfalls viel davon ausdrücklich verlangte.

Da Vasari dies Kirchenbild nun aber ausdrücklich Masaccio zuschreibt, und zwar nach einem Jugendversuch in perspectivischen Schwierigkeiten an erster Stelle namhaft macht, so giebt er uns damit einen Gegenbeweis in die Hand gegen seine Zuteilung jener Fresken an Masolino. Nach unserer Rechnung hätten wir in S. Anna selbdritt, wie etwa in der Einzelfigur des Apostels Paulus die unmittelbare Vorstufe für den Beginn des Doppelbildes aus der Petruslegende vor uns, also Masaccio um 1424, und die Bestellung der Nonnen von S. Ambrogio könnte der Anlass sein für seine Eintragung in die Malergilde mit der Jahreszal MCCCCXXIV.

Wäre diese Schlussreihe nicht richtig, so bliebe nur die Umkerung offen: Vasari hätte die Fresken dem Masolino mit voller Sachkenntnis zugeteilt, die Notiz über das Bild in S. Ambrogio aber fälschlich in das Werk des Masaccio, statt in das des Masolino eingefügt. Dies ist die Schlussfolgerung aller derjenigen Forscher geblieben, bei denen sich die Vorstellung von Masolino nach den erwänten Wandgemälden der Brancaccikapelle gebildet hatte, so dass sie zu schwer davon loskommen können, um vorurteilsfrei den Gang von den bezeichneten Deckenbildern in Castiglione her noch einmal durchzumachen.

Unläugbar nähern wir uns in diesem Tafelbilde der Akademie um einen fülbaren Schritt jenen Darstellungen der Marienlegende im Chor der Collegiata. Ganz besonders sind es die Engel, auf deren Verwandtschaft mit denen Masolinos hingewiesen werden darf. Ja, wir gehen noch weiter, da wir auch in Castiglione die Uebereinstimmung der Kunstweise zwischen diesen Deckenbildern und dem ganzen obern Schmuck des Baptisteriums ausdrücklich anerkannt haben. Wir anerkennen damit auch zalreiche Beziehungen zu den hieratischen Bestandteilen dieses spätern Cyklus von 1435, den Engeln, Evangelisten, Propheten und Kirchenvätern Masolinos, und warnen nur vor der Einbeziehung der letzten Bilder aus der Johanneslegende vom Verhör bis zur Enthauptung als ganz unzulässig [1]. Dies Alles zugegeben, genügt uns doch ein Hinweis auf die sichere, plastisch oder wenigstens tektonisch durchaus klare Darstellung der sitzenden Figuren, die sorgfältige fast baumeisterlich rigorose Betonung der Kniee, Schultern, Köpfe usw. in ihrer scharfen körperlichen Form, um S. Anna selbdritt für ein ganz anders geartetes Werk zu erklären, das weder vor 1425, also vor den Deckenbildern im Chor der Kirche, noch vor 1435, also vor den Deckenbildern des Baptisteriums, auf die Rechnung Masolinos gesetzt werden darf. Man vergleiche doch die Unbestimmtheit des Dasitzens auf dem Tron bei Maria sowol als bei Christus in der Krönung; man vergleiche doch den Propheten Jeremias oder gar den alten Zacharias unten bei der Namengebung. Dann aber könnte wie das Bild in S. Ambrogio auch die Freskenreihe der Brancaccikapelle, die so eng damit zusammengehört, von dem Masolino, den man sich aus beiden Bestandteilen herausgelesen hat, erst länger als ein Jahrzehnt nach der bisherigen Datierung der Brancaccifresken, also etwa nach seiner Rückker aus Ungarn gemalt sein. Damit aber fiele ja die anerkannte Chronologie völlig über den Haufen.

Der Meister, der das Bild für die Nonnen von S. Ambrogio gemalt hat, war damals indess nicht allein ganz anders vorgebildet, in viel strengerer Zucht geschult, sondern auch von Natur ganz anders geartet, so dass er nur völlig andersartige Gestalten zu schaffen ver-

[1]) In diesen Fehler verfällt Knudtzon, Masaccio p. 186 f.

mag. Vor allen Dingen fällt doch wol an dem Bilde der Akademie der gänzliche Mangel an Anmut auf, für den auch die Engelköpfchen nicht entschädigen können. S. Anna ist eine hartknochige Sibylle mit runzligen Zügen, wie die unerbittliche Priorin des Klosters selber. Maria hat nichts von der silphidenhaften Zartheit und weichen Milde des Wesens, das die Jungfrau Masolinos zu einem anziehenden, wenn auch noch so unwahrscheinlichen Phantasiegeschöpf macht. Und das robuste Kind vollends hat trotz der Segenspende etwas von dem mürrischen Ernst der beiden Mütter, dafür aber eine gesunde Leiblichkeit mit auf die Welt bekommen, die wir Masolinos Christkindlein keinen Augenblick, aber auch seinen Putten, als Genien mit einem Schriftband nicht zutrauen dürfen. Die Anspannung der geistigen Kraft, die Anstrengung der mühsamen Arbeit spricht überall aus dem Tafelbilde, so dass wir schon daraus nur auf einen jungen, gewissenhaft ringenden, aufstrebenden, aber noch nicht mit sich und seinen Mitteln fertig gewordenen Meister zu schliessen vermögen. Und die Ungleichmässigkeiten die übrig geblieben sind, der Widerspruch zwischen den Mafsstäben, zwischen idealen Bestandteilen und wirklichkeitstreuen, die sich kaum mehr miteinander vertragen, all das erklärt sich nur im Uebergangsstadium einer viel tiefer greifenden Schöpfernatur, als Masolino je gewesen und geworden ist. Ganz unverkennbar stehen hier zwei verschiedene Einflüsse nebeneinander: das Studium der besten alten Meister, bis Giotto hinauf und Brunelleschi herab, auf der einen Seite, und die leichte, liebliche Weise, die wir bei Masolino gefunden und ebenso in den Anfängen Fra Angelicos die Grundlage bilden sehen. Aber selbst dies bequeme Erbteil des nahestehenden Malers nimmt der Urheber der strengen Altartafel nicht mehr ruhig hin: die Engel vorn mit den Weihrauchfässern sind nicht die schnellfertigen Gebilde Masolinos bei der Krönung mehr, sondern für ihre Stelle und ihre Tätigkeit gedacht, und ebenso die Teppichträger bis hinein in die Stellung ihrer Flügel, vollends aber der oberste, dessen schwierige Ansicht in Verkürzung vom Scheitel her und mit Rücksicht auf den untenstehenden Beschauer niemals, an so unwichtiger Stelle noch dazu, von Masolino unternommen wäre. Dieser eine Kopf, als selbstgestellte Aufgabe, im Zusammenhang mit dem ganzen körperhaften Aufbau der Mittelgruppe, bis auf die vorderste Stufe des Trones hinunter, beweist allein schon, dass Masaccio dies Bild gemalt hat, und knüpft den Zusammenhang mit anderen Werken, in denen eine Reihe solcher Probleme verfolgt wird.

Nach dieser eingehenden Analyse des Kirchenbildes aus S. Ambrogio stellen wir uns auf die Seite von Crowe und Cavalcaselle, die es als unbezweifelbares Werk Masaccios betrachten und als Beweismittel auch für das letzte Fresko der Brancaccikapelle, das von Vasari für Masolino in Anspruch genommen worden ist, ins Feld füren: die Predigt des Petrus, an der Altarwand ober, links vom Fenster.[1])

Die Predigt des Petrus

Nicht an die Heilung des Lahmen anstossend, wo wir die Fortsetzung der Freskoarbeit zunächst erwarten könnten, sondern auf der anderen Seite, der Geschichte vom Zollgroschen benachbart, — erweist sich dies Bild doch, durch die Wiederker der Typen schon als zeitlich nächstes in der Reihenfolge, so dass es auch für uns notwendig zu der bisher betrachteten ersten Gruppe der Wandmalereien hinzugehört. In schräger Linie nach links in das Bild hinein erstreckt sich die Versammlung, deren Mehrzal sich in Reihen hintereinander niedergelassen hat, dem Redner zu lauschen. Der kalköpfige Greis mit gespaltenem Vollbart, den wir aus dem Hause Tabithas kennen, begegnet dem Auge zuerst als auffallende Ausdrucksfigur: ganz zusammengekauert sitzt er in sein weites Gewand gehüllt und lehnt das Haupt gegen den aufgestützten Arm, den Blick zu Boden gerichtet wie zur tiefsten Einker in sich selbst versunken. Ganz am Munde des Predigers hängt daneben die junge Nonne, mit glattem Kinderantlitz gläubig zu ihm aufschauend. Sie ist durchaus der Maria im Tafelbilde von S. Ambrogio und der jungen Witwe bei Tabitha, wie der Eva im Paradies verwandt, und erscheint nur etwas voller und blühender, so dass sie mit dem jungen Stutzer im blauen Damastmantel, der zum Tempel schreitet, die grösste Aehnlichkeit hat. Diese geschwisterliche Eigenschaft teilt auch die Nachbarin der Nonne, die mit gesenkten Lidern horcht und ihre Wange in die Handfläche schmiegt. Ihr üppig gewelltes, hellblondes Haar macht sie der Magdalena vergleichbar und nähert sie andrerseits dem Evangelisten Johannes, den wir aus Masaccios Meisterwerken kennen. Sehr bezeichnend aber für die Formgebung dieses Meisters ist der junge Manneskopf, der hinter dem alten Jeremias aus der dritten Reihe mit gespannter Aufmerksamkeit hervorguckt: er trägt alle Merkmale der persönlichen Eigenart Masaccios an sich, bis hinein in den Schnitt der etwas vorstehenden Oberlippe, des Nasenrückens und des grossen Ohres. Der Apostel selbst aber, dem sie alle zugewandt sind, ist gegen die beiden ersten Darstellungen wesentlich verändert. Nach dem ersten Anlauf bei der Heilung des

[1]) Vgl. unsere Abbildung, mit dem Gegenstück, der Taufe zusammen auf einer Tafel (Lieferung II, Nr. 3).

Lahmen und der bewussten Zurückhaltung an der Bare Tabithas, bezeichnet diese Gestalt einen achtenswerten Fortschritt und zwar im Sinne der Propheten- und Apostelstatuen Donatellos, so dass sie schon dem Marcus an Orsanmichele nicht mehr fern steht. Dieser Petrus hat etwas von der derben Wucht im Auftreten und dem ungeschlachten Gebaren, als käme es darauf an, den Versammelten möglichst handgreiflich ins Gewissen zu reden. An der linken Seite des Bildes, neben dem Pfeiler, ganz im Profil gesehen, fasst er mit dem linken Arm den Mantel, dessen Ende über das Handgelenk geschlagen ist, so dass die breite Faust sichtbar wird, und erhebt die Rechte bis zur Höhe des eigenen Angesichts mit einer Fingerstellung, die mehr Mahnung und Vorwurf als pathetische Begeisterung oder dialektische Beweiskunst bezeichnet. Wie die nackten Füsse mit den Solen fest auf den Boden gepflanzt sind, hat diese Hand mit dem breiten Armansatz, den der zurücksinkende Aermel freilässt, eine urwüchsige Kraft und wirkt als plastischer Faktor vollen Wertes mit dem Stiernacken, der durch die gehobene Schulter bedrängt wird, und dem mächtigen runden Kopfe, dessen bestimmende Teile durchaus bildnerisch herausgearbeitet sind, schon imponirend genug zusammen, nicht unwesentlich unterstützt durch die grossflächigen Kontraste von Schatten und Licht. Hinter dem Apostelfürsten wird, vom korinthischen Pfeiler halb verdeckt, ein Porträt sichtbar, in der breiten Kapuze und dem faltenreichen Ueberwurf der florentinischen Patrizier von damals, begleitet von einem jugendlichen, fast weiblichen Gefärten. In so unmittelbarer Nähe der Hauptperson, deren Verherrlichung die Malereien der Kapelle gewidmet sind, dürfen wir in diesem energischen Antlitz in Dreiviertelsicht wol nur ihren Stifter Felice di Michele di Piuvichese Brancacci erkennen. Es ist ein schmalgebauter Kopf mit schweren Augen und langer Nase, deren Spitze mit dem vorgeschobenen Lippenpaar wetteifert und den üppig geschwungenen Mund wie das festgebaute Kinn zurückzudrängen droht, — eine Physiognomie, die an van Eycks Tuchhändler Arnolfini erinnert und an Donatellos Niccolò da Uzzano streift. Auf der andern Seite, die beim Einbau des Altartabernakels leider stark beschnitten worden, stehen ebenso aufrecht und bewusst einige Karmeliter, Angehörige des Klosters, natürlich in ihrer Ordenstracht und unter Fürung des wolbeleibten Priors, der sich soweit vorwagt, dass er fast dem Apostel Konkurrenz macht; dafür ist aber sein Kopf durch das Ramenwerk des Altars zerstört worden, so dass nur die breite Hand auf dem Ueberwurf noch dreinredet.

Diese Porträtfiguren, deren Anwesenheit bei der Predigt des Petrus befremden mag, sind doch als Hörer in den Hauptvorgang einbezogen und haften am Wort des Redners wie alle Uebrigen; daneben aber sind sie unabweisliche Zeugen für die Vergrösserung des Stiles und den Zuwachs an selbständiger Naturtreue. Wird schon in den sitzenden Figuren der vorderen Reihe die nämliche Grossheit aufgenommen, die soeben im Vordergrund der Auferweckung Tabithas erreicht worden war, so meldet sich in den Stehenden vollends eine schlichte Unbefangenheit, die mit dem zusammengeballten Haufen der Kopf an Kopf gedrängten Gemeinde sich kaum mehr vertragen will, und sichtlich über die ererbte Fassung biblischer Geschichten hinaus treibt.

Um aber zu begreifen, was auch in diesem Innern der Komposition Neues für die damalige Zeit erreicht worden ist, genügt ein Blick auf den starren BusspREDIGER Johannes, den Masolino noch zehn Jahre später wiederholt. Wo wäre die machtvolle Erscheinung, die überzeugende Gewalt, das Einsetzen der Persönlichkeit, wie beim Petrus hier, von dem wir das rhetorische Pathos oder die römische Urbanität des Paulus freilich nicht erwarten. Wo wäre die tief innerliche Wechselbeziehung zwischen dem Redner und seinen Hörern wie hier, wo unter der Braue seines Auges die feurige Hingabe des Apostels, aus Blicken und Benemen der Gemeinde so aufrichtige Ergriffenheit spricht. Während bei Masolino die Reihe von Porträtfiguren in voller Gemütsruhe nur dasteht, um konterfeit zu werden, drängen sich auch hier die Neugierigen aus der Florentiner Gegenwart zu dem wundersamen Heiligen, der draussen in den Bergen zum Volke predigt wie der Täufer; aber sie geraten unter den Bann seiner Worte und selbst die Fratres vom Carmine folgen fast mit offenem Munde.

Für den innern Zusammenhalt und die geschlossene Einheit des Bildes, die dort in Castiglione solchen Bildnissen zuliebe verzettelt werden, sorgt hier an der Altarwand der Brancacci-Kapelle auch die bestimmte Beleuchtung, die in dem schmalen Wandstreifen oben genau so durchgefürt ist, wie sie durch das Fenster daneben hereinfiel. Ein Streiflicht von rechts oben geht über die Gesichter der Mönche und der Sitzenden hin, während es vollauf nur der Hauptperson zu Gute kommt. Aus solcher Oekonomie der verwertbaren Plätze, die dann auf dieser Wandfläche verfügbar blieben, erklärt sich zum grossen Teil auch die Aufeinanderschiebung der Figuren im Vordergrund und der Abschluss durch nahe Hügel, die nur als Folie der Ausdrucksköpfe in gleichmässiger Färbung ansteigen, und in ihrer Gesamtformation, eigentlich erst im Verlauf ihres Kammes oben, die raumschaffende Wirkung gewinnen, die sich der Maler in der Auseinandersetzung dieser Kuppen mit der Luftregion nicht entgehen lässt. Diese Rechnung aber, auf die Masolino gar nicht verfallen wäre, wie seine Taufe Christi beweist, enthält grade die künstlerische Absicht Masaccios an der dunkeln Stelle der Kapellenwand. Wer den Anspruch auf selbständigen Wert dieser »Landschaft« erhebt, der hat von der Albernheit seines Ansinnens keine Ahnung, und berücksichtigt jedenfalls den Umstand garnicht, dass die Kapelle früher mit ihrem schmalen gotischen Fenster, in dem gewiss auch farbige Glasscheiben nicht felten, noch viel dunkler war als heute, wo sie aus dem hellen Querhaus noch dazu starkes Reflexlicht erhält.

Nach alledem brauchen wir kaum mit Crowe und Cavalcaselle noch hinzuzufügen: »Zur Kräftigung des Beweises, dass wir es hier mit keinem Andern als eben mit Masaccio zu tun haben, kann ein Vergleich dieser Petruspredigt mit der »Conception« in der Akademie der Künste in Florenz dienen.« Mit den Deckenbildern in der Collegiata zu Castiglione sind diese Reihen von ausdrucksvollen Köpfen und psychisch ganz vom Wink des Apostels abhängigen Figuren, wie diese lebendigen Bildnisse ganz unvereinbar. Und sie gerade müsste Masolino ja unmittelbar nach diesem vereinzelten Stück der Altarwand gearbeitet haben, das seinem Orte wie seiner Stellung zur Bilderreihe rechts gemäss nur als letzte Leistung vor dem Weggang aus Florenz angesprochen werden dürfte.

Beziehungen zu andern Arbeiten

Dagegen wird es ratsam, auch in beglaubigten Werken Masaccios nach chronologischem Anhalt zu suchen, zumal da wir das Kirchenbild aus S. Ambrogio mit der »Conception« oder S. Anna selbdritt vielmehr mit den ersten Scenen, die Masaccio unseres Erachtens hier gemalt hat, in Verbindung gebracht haben. Zur Predigt des Petrus und zum Mittelbilde des Wandstreifens mit Tabitha steht ein andres Werk in näherer Beziehung, nämlich der Altar für die Kirche der Karmeliter in Pisa, dessen letzte Teile dem Masaccio im Lauf des Jahres 1426 erst bezalt wurden. Wir haben bei Besprechung der Ueberreste des vielteiligen, bei Vasari genau beschriebenen Tafelwerkes die Predellenstücke in Berlin mit der Anbetung der Könige besonders für die späteste Zutat erklären müssen, die wir bis dahin kennen; dagegen durften zwei Halbfiguren von Heiligen auf Goldgrund, die dem obern Aufsatz über dem Hauptbild angehört haben, S. Paulus im Museo Civico zu Pisa und S. Andreas beim Grafen Lanckorónski in Wien [1]), als altertümlichere und deshalb früher entstandene Beiträge betrachtet werden. An dieser Stelle unseres

[1]) Vrgl. Lief. II, Nr. 10.

Weges erst kann der weitere Schritt zur Begründung des Urteils geschehen, nämlich die Behauptung, dass die beiden Halbfiguren von Aposteln ganz eng mit den soeben besprochenen Fresken der Brancaccikapelle, der Predigt des Petrus und der Auferweckung Tabithas zusammenhängen, also wahrscheinlich im Jahre 1425 entstanden sind. Die Hochschultrigkeit durch aufgebauschte Gewandung beim Paulus und die Schiefheit der Ansicht beim langbärtigen Andreas, mit den scharfen Kontrasten von Hell und Dunkel, sind felerhafte Eigenschaften, die für diese Zeit als charakteristisch erkannt wurden.

Nun aber sind mir inzwischen noch, wenn auch nur in Abbildungen, zwei andre Stücke bekannt geworden, die schon durch die Mafsverhältnisse der Figuren zum Goldgrund wie durch die genaue Uebereinstimmung der breiten Heiligenscheine mit Rosettenrand und dreiperligen Spitzen an der Peripherie die Zugehörigkeit zu einem gleichzeitigen Werk des Meisters dartun. Es sind zwei Tafeln, deren jede zwei Büsten, eines männlichen und einer weiblichen Heiligen enthält, und zwar so, dass das eine Paar dem andern sich zukert, also einander gegenüber gestanden haben muss. Der männliche Heilige, links S. Johannes der Täufer, rechts ein langbärtiger Mönch in schwarzem Ueberwurf über weisser Kutte, befand sich nach Innen zu, der Mitte des Ganzen näher, die weibliche Heilige, links eine Martyrin barhaupt mit Palme, rechts eine Andre mit dem Mantel über dem Kopf, ein Krüglein in der Hand, einen Dolch auf der Brust, den die Finger der andern Hand kaum berüren, dagegen nach Auswärts.

Die beiden Tafeln sind in dem Katalog »Peintres primitifs, collection de tableaux rapportée d'Italie et publiée par M. le Chevalier Artaud de Montor, Paris 1843, Tafel 25 in guter Lithographie nach offenbar sehr zuverlässiger Zeichnung von Gsell abgebildet, dort aber falsch bestimmt und bisher unerkannt geblieben. Uns aber gewären diese vier Köpfe, die man abgesehen von den Halbfiguren in Wien und Pisa immer nur auf Masaccio oder Masolino taufen könnte, ein ganz besonderes Interesse; denn sie werden ungezwungen zum Mittelglied zwischen den verschiedenen Arbeiten des Meisters, deren Reihenfolge wir soeben zu begreifen suchen.[1])

Johannes der Täufer, dessen Linke mit dem Rohrkreuz abgeschnitten ist, weist mit der Rechten dorthin, während sein Antlitz gegen die Nachbarin gekert ist. Der Charakterkopf ist nicht derjenige in Masolinos Bildern im Baptisterium, sondern steht zwischen

[1]) Vgl. unsere Abbildung Taf. III. Vom Besitzer als „Buffalmacco" ausgegeben, also doch wol mit Pisa in irgendwelcher Beziehung. H : 262 × Br. 100 mill.

Adam im Sündenfall, Christus in der Geschichte vom Zollgroschen, und Gottvater in der Dreifaltigkeit von S. M. Novella in der Mitte. Selbst das runzlige Antlitz der hl. Anna könnten wir, besonders für Stirn und Mundpartie herbeiziehen, um auch dieses Stück damit zu verbinden.

Ganz ausserordentlich dem berühmten Christus unter den Aposteln auf Masaccios meisterlichem Breitbild verwandt ist die junge Martyrin mit Palme, im Schnitt der Züge, in der Stellung des Kopfes, und der schlichten, schmucklos und faltenlos über die Brust fallenden Tunica, über die ein Mantel bis an Nackenhöhe hinauf und über den linken Arm drapiert ist, so dass die Hand ganz ähnlich hervorsieht wie bei Petrus in der Predigt. Den langbärtigen Mönch mit krauslockigem Haar könnten wir unter den Aposteln neben Christus oder Thomas suchen; aber er ist auch dem Karmeliter und den Kirchenvätern auf den vier Einzelstücken in englischem Privatbesitz (Ch. Butler, Esq.) [1]) auf der einen Seite, wie dem sinnenden Greise am Lager Tabithas ähnlich genug. Die junge Dulderin aber, die neben diesem glaubensstarken Gottesmann so weich und schmerzvoll das Haupt neigt, während sie aus Trauerschleiern hervorblickend ein Tränenkrüglein darbringt, wie die Marien am Grabe, sie steht den Engeln auf dem Bilde aus S. Ambrogio am nächsten und damit der Kunstweise des Masolino, mit dessen weiblichen Wesen an der Decke der Collegiata sie manchen Zug gemein hat. Bei genauerer Vergleichung aber entspricht der Schnitt ihrer Gesichtes dem gekreuzigten Christus im Dreifaltigkeitsfresko von S. M. Novella, ihre Haltung im Mantelschleier der Maria in der Anbetung der Könige aus Pisa (Berlin.) Doch genug, sie wird uns später noch mehrfach beschäftigen.

Gestützt auf die durchgehende Uebereinstimmung mit den beiden Fragmenten, dem Paulus in Pisa und dem Andreas in Wien, würden wir die Zugehörigkeit zum Pisaner Altarwerk behaupten, wenn nicht ein Bedenken sich erhöbe: S. Johannes der Täufer könnte hier wol nicht als Halbfigur noch einmal vorkommen, während er schon im Hauptbilde neben S. Petrus stand, und zwar in ganzer Figur neben der Madonna, mit seinem Martyrium zu Füssen in der Predella. Es sei denn diese Halbfigur nur der zusammengeschnittene Ueberrest des ganzen Hauptheiligen, der nach Vasaris Beschreibung als einzelne Gestalt unten neben der des Petrus gestanden hat, — eine Anname, die der Zusammenhang mit der Nachbarin verbietet.

[1]) Vgl. Abbildung in Lieferung II Nr. 11.

Fresko in Empoli

Auf dem Wege zwischen Florenz und Pisa, den Masaccio bei Gelegenheit des Altarwerkes für Ser Giuliano di Colino mehrmals zurückgelegt zu haben scheint, begegnet uns in dem kleinen Landstädtchen Empoli ein eigentümliches, schnellfertiges und doch grossartiges Wandgemälde, von dem alle Kenner geurteilt haben, es dürfe auf den Namen Masolino oder Masaccio Anspruch erheben. In der Taufkapelle der alten Kollegiatkirche, die unter ihren Kunstschätzen so manches Kleinod beherbergt, ist an der Hauptwand hinten wenn auch in arg beschädigtem Zustand, doch in fast allen Teilen noch erkennbar, eine sogenannte Pietà gemalt. Ein schmales, hohes Wandfeld, oben durch einen dreieckigen Giebel abgeschlossen, war ursprünglich gewiss als Hauptstück einer gemalten Dekoration stark genug eingeramt, um es als solches zu kennzeichnen und den Beschauer auf die figürliche Darstellung vorzubereiten, die es enthält. Der hölzerne Kreuzesstamm mit der Inschrift INRY auf dem Zettel, und Geisseln, die am Nagel der Arme aufgehängt sind, nimmt die obere Hälfte des Rechtecks ein. Davor erblicken wir unten, statt der Abname vom Kreuz oder der Beweinung des abgenommenen Leichnams eine damals immerhin seltene Darstellung, die auch den folgenden Moment noch, die Grabtragung voraussetzt, und den toten Christus bereits im Grabe zeigt. Gewönlich wird der entseelte Körper des Gottessohnes dann von Engeln gehalten, die als himmlische Hüter zugleich ihrer Trauer freien Lauf lassen. Hier dagegen sind die nächsten Angehörigen, die beim Kreuzestod zugegen waren, an die Stelle der Engel getreten. Maria auf der einen, Johannes auf der andern Seite fassen den Körper des Erlösers, der zwischen ihnen bis an die Hüften im Grabe steht. So nähert sich die Gruppe einer Grablegung, ohne die physische Anstrengung, die dabei mitspielt, einzubeziehen. So bleibt Christus mit den allernächsten Seinen allein, wie in stiller Totenkammer; aber auch diesen durfte die Last nicht aufgebürdet werden, und so entsteht ein geheimnisvoller Vorgang, bei dem der Tote, halb ins Leben zurückgekert, schweigsam aber aufrecht, unbeweglich und doch teilnemend mit ihnen zu verkeren scheint, als fülte er ihre Tränen und tröstete, noch selber leidend, ihren Gram [1]).

Von den Hüften abwärts ist der Körper von einem Marmorsarkophag mit einfacher römischer Profilierung und eingelegten farbigen Platten auf der Vorderfläche umgeben. Aber nach der scharf konstruierten, auch in Licht und Schatten genau perspektivisch

[1]) Vgl. unsere Abbildung Tafel IV.

gegebenen Form hat dieser marmorne Behälter quadratischen Grundriss und gleicht mehr dem Rande eines Brunnens oder der Oeffnung einer unterirdischen Grabhöle, in die der Körper nur in aufrechter Haltung herabgelassen werden konnte, wie es noch heute in Gebirgsorten Toskanas oder in Massengräbern des Armenfriedhofs von Neapel geschieht. Immer jedoch bleibt das Stehen bei solchem Verhältnis des »Pozzo« zum Körper unerklärlich für uns. Aber sollen wir darnach fragen?

Nicht minder jedoch als die aufrechte Haltung fordert die perspektivische Genauigkeit zu so realistischer Rechenschaft heraus. Maria allerdings umfasst den Toten, dicht am Grabesrande knieend, mit ihrem linken Arm um den Rücken, so dass ihre Hand um seine linke Schulter greift, während seine Rechte über ihren andern Arm, dessen Hand sich unter dem Mantel emporhebt, in geknickter Haltung herüberhängt. An ein Festhalten des Leichnams, der willenlos seiner eignen Schwere folgte, ist nicht zu denken. Und drüben vollends kniet Johannes nur liebkosend, indem er den linken Unterarm des Toten auf beiden Händen hält und mit seinen Tränen benetzt. Sowol die grade Stellung des Oberkörpers, wie die aufrechte Haltung des Kopfes, der kaum mit leisester Neigung sein Antlitz der Mutter zukert, können also nur der eigenen Tätigkeit des gekreuzigten Gottessohnes oder einem mystischen Wunder zugeschrieben werden, das hier mitten im Tode den Schein des Lebens erweckt. Dazu kommt, dass die gesenkten Augenlider leise geöffnet sind, und die Augen nicht starr wie gebrochen erscheinen, sondern müde blickend, wie beim Augenaufschlag aus tiefer Erschöpfung und bei der Rückker zu schmerzvollem Halbbewusstsein.

Es ist also eine Vorstellung der religiösen Phantasie, in der das Leiden des Opfers und der Seinigen, wie in einem Höhepunkt der Passion zusammengefasst wird, ein inbrünstiges Gedankenbild — zur sinnlichen Anschauung gebracht. Mit den Mitteln einer wahrheitseifrigen Malerei durchgefürt musste sie den innerlichen Widerspruch heraustreiben, den die Welt der Empfindungen, ja der dichterischen Vorstellung wol vertrug. Geben wir die Berechtigung des Andachtsbildes auch in so augenfälliger Bestimmtheit zu, so übt es unläugbar grade durch die Wahrheit und Leibhaftigkeit des Einzelnen eine ergreifende Wirkung aus, die uns das Wunderbare bald wie selbstverständlich hinnemen lässt.

Der nackte Körper ist gross und wolgebildet, mit einer für die Zeit der Entstehung ganz überraschenden Naturbeobachtung durchmodelliert. Der Maler lässt sich allerdings nur auf die Hauptsachen ein; aber er beherrscht den Bau des Knochengerüstes, wie die

Muskellagen in einer dem Trecento völlig fremden Sicherheit. Auf starkem Halse erhebt sich ein edler Kopf, dessen Züge noch viel von dem bei Angelo Gaddi und seinen Nachbarn üblichen Typus bewart: die längliche Adlernase, die gradlinigen Brauen, das schlichte, in breiter Welle über dem Ohr zurückgestrichene Haar, das in den Nacken hängt. Maria und Johannes haben breitere Köpfe. Die Mutter zeigt in nonnenhafter Verhüllung nur ihr tiefbekümmertes Matronenantlitz, dessen Augenbrauen sich in starken Falten zusammenziehen. Johannes hat reiches blondes Haar, in der Mitte gescheitelt, und fast weibliche Züge, so dass man ihn als Magdalena angesprochen hat. Beide Gesichter, wie das Christi in Dreiviertelsicht gestellt, sind in der Verkürzung nicht völlig gelungen, sondern etwas verquetscht[1]).

Ueber diesem Hauptbilde ist ein breiter Fries angebracht, mit Laubornament im Geschmack des Niccolò d'Arezzo in der Mitte, das ein flaches Relief wiederzugeben versucht, daneben aber links und rechts zwei Rundmedaillons eingeschlossen, in denen, wie durch Fensteröffnungen zwei Halbfiguren von Propheten in perspektivischer Verkürzung sichtbar werden. Der Eine, zur Rechten, der einen Totenschädel in der Hand hält, hat durch Abblättern des Bewurfs den Kopf eingebüsst; der Andre zur Linken beugt seinen langbärtigen Greisenkopf vornüber, sodass wir den Scheitel sehen, und liest, mit einem Gestus der Hand die Worte begleitend, aus einem Schriftband. Ein ähnliches, etwas grösseres Rund öffnet sich auch im dreieckigen Innenfelde des Giebels; darin erscheint das Antlitz des Erlösers auf dem Tuch der Veronica, aber völlig plastisch durchmodelliert mit dem roten Kreuz hinter sich, das auch unten den Nimbus Christi von den glatten Scheiben der Heiligen unterscheidet. Diese „Vera ikon" muss als wolerhaltene Darstellung des Christusideals, das der Maler mit aller Sorgfalt in harmonischer Schönheit, ganz von vorn gesehen, regelmässig und ungetrübt, dem Bilde des Leidenden drunten gegenübergestellt hat, vor allen Dingen Aufschluss geben, wer der Meister sei.

Die beiden Zeitgenossen, die bei dem Wert der Leistung allein und ganz persönlich in Frage kommen dürfen, Masolino und Masaccio, haben beide Gelegenheit gehabt, ihren Christustypus wiederholt in mehr oder minder selbständiger Weise vorzufüren. Unter Masolinos Malereien zu Castiglione, haben wir besonders die Krönung Marias an der Decke des Chores, dann die Taufe im Jordan und

[1]) Man vergleiche mit dieser Pietà einerseits Donatellos Grablegung am Tabernakel in S. Peter zu Rom (1433) und andrerseits Luca della Robbias Relief am Federighi-Grabmal in S. Francesco di Paola (1455).

auch den Hinweis auf den verheissenen Messias im Baptisterium. Von Masaccio, darf die Scene mit Petrus und dem Torwächter in der Brancaccikapelle als reinster Ausdruck seines Ideales gelten, während die Dreifaltigkeit in S. M. Novella, mit ganzen Figuren in beschränktem Raum, der Architektonik zuliebe die Grossheit der Idealgestalten geopfert hat.

Masolinos Christus in der Krönung und im Hinweis des Johannes erscheint so stark von der Seite gesehen, dass wir beidemal nur die durchgreifende Verschiedenheit von dem Gekreuzigten im Grabe hier feststellen können. Ein prinzipieller Unterschied liegt aber in der weit zartern Andeutung oder schwächern Durchbildung des festen Knochenbaues, das Masolino auch 1435 noch sehr vernachlässigt, wo er nicht bildnissmässig nach der Natur arbeitet. Sein Christus hat tiefgeränderte Augen mit schweren Oberlidern und hochgezogenen, in scharfen Bogen gespannten Brauen, unter denen der Augenhölenrand garnicht markiert ist. Dies ist auch bezeichnend für die Taufe, wo aus der länglichen Eiform des Umrisses die Augen, die Nase und die Lippen nur klein und spitz hervortreten, wie die abwärts gerichteten Enden des Bärtchens. Ein Blick auf den schwächlichen Brustkorb dieses zahmen Täuflings und die mangelhafte Durchfürung der ganzen Aktfigur beweist dann vollends, dass der Urheber dieser wichtigen Hauptdarstellung im Baptisterium von Castiglione, der bei aller Vorliebe für nackte Körper in der genrehaften Ausschmückung dieser Scene durch fremde Täuflinge so wenig entwickelte Kenntnis des menschlichen Leibes zur Schau stellt, unmöglich den Christus in Empoli gemalt haben kann, — ein Werk, das nach sonstigen Unvollkommenheiten beträchtlich früher datiert werden müsste.

Dagegen stimmt der Christustypus oben auf dem Veronicatuch sehr wol mit dem Christus von Masaccio im Hauptbilde der Brancaccikapelle überein. Und die Bemühung um einen regelmässigen Idealtypus, wie sie hier unverkennbar in sorgsamer Berechnung der Proportionen auftritt, schliesst sich unmittelbar an die Auffassung des ersten Menschenpaares im Paradiese an, wie wir sie nur dem Freunde Brunelleschis zutrauen, und wie sie durch die Tafel, die Vasari bei Palla Rucellai sah, ausdrücklich von diesem Malerbiographen für Masaccio bestätigt wird: seine Worte „un maschio ed una femina ignudi quanto il vivo" umgehen doch absichtlich die Bezeichnung als Adam und Eva, weil es mehr die Normaltypen beider Geschlechter waren, auf die es dem Künstler ankam, als die biblische Geschichte, die doch wol den Vorwand abgegeben.

Einzelheiten der Gesichtsbildung, wie in der starken graden Nase und der vorstehenden scharf abgekanteten Mundpartie zeigen sich in Empoli beim Christus oben wie unten, in der nämlichen Weise wie bei Maria und Anna auf der Tafel aus S. Ambrogio und auf Masaccios unbestrittenen Bildern der Brancaccikapelle, wo auch Maria und Johannes ihre Verwandten finden, die wir in Castiglione vergebens suchen. Ein vollgültiges Beweisstück zu Gunsten Masaccios ist endlich der starkverkürzte Kopf des greisen Propheten, der durchs Rundfenster droben gesehen wird: ihn hätte Masolino sich niemals auferlegt, besonders nicht als Beiwerk, und vermochte ihn auch niemals fertigzubringen. Wir werden ihm noch wieder begegnen, müssen hier aber auf den Joseph in der Anbetung der Könige zu Berlin und andrerseits auf den sinnend vorgeneigten Greis am Lager Tabithas hinweisen, die ebenso vom Scheitel gesehen werden.

Damit sind wir in dem Umkreis angekommen, wo eine Datierung des Werkes versucht werden darf. Es steht in mancher Beziehung noch dem strengen Kirchenbilde aus S. Ambrogio nahe, wie es bei dem Gegenstand der Darstellung nicht anders sein kann, gemant aber in Maria und Johannes doch schon an die Dreifaltigkeit in S. M. Novella, die wegen der vollendeten Architektur und Perspektive nicht zu den frühen Arbeiten gerechnet werden kann. Die Ausfürung aber, die allerdings auch ursprünglich nicht in allen Teilen gleich sorgfältig gewesen sein wird, weist wieder ansehnliche Fortschritte auf, so dass wir neben der Predigt Petri erst die Entstehung dieser gelegentlichen Improvisation suchen können. So erscheint es in der Tat wie eine Leistung Masaccios, die auf der Wanderschaft nach Pisa, in kurzer Frist fertig geworden. Die Verwandtschaft des Johannes, den man für Magdalena gehalten, mit jener vollwangigen hellblonden Hörerin des Petrus, die ihre Augen schliesst, als möchte sie durch nichts umher abgezogen werden, grade diese Beziehung zwischen dem Fresko in Empoli und dem Stück der Brancaccikapelle ist wol durchschlagend genug.[1])

[1]) Crowe und Cavalcaselle wiederholen in der ital. Ausgabe von 1883 noch ihr unbestimmtes Urteil (II p. 264) für Masolinos Autorschaft, das sich mit ihrer Entscheidung über die Predigt Petri und den Sündenfall durchaus nicht verträgt.

Ergebnisse

Keren wir darnach zu der ersten Gruppe der erhaltenen Wandgemälde im Carmine zurück, so hat sich wol nach mehreren Seiten der Unterschied von dem Bilderschmuck Masolinos in Castiglione deutlicher als sonst herausgestellt. So dürfen wir mit Cavalcaselle die Folgerung ziehen, dass Vasari sich in der Zuschreibung dieser Bilder an Masolino geirrt hat, und glauben mit Lübke: „es kann nach Betrachtung der Fresken, von Castiglione kein Zweifel mehr sein, dass Masolino keinen Pinselstrich im Carmine gemalt hat", nämlich soweit die heute noch vorhandenen Ueberreste des einstigen Gesamtcyklus reichen. „Trotz unläugbarer Schwächen stehen selbst diese frühesten Bilder im Carmine so hoch über den Gewölbmalereien in Castiglione, dass man sie bei ihrer gleichzeitigen Entstehung keinem Andern als dem Masaccio zuschreiben kann, der schon in der Heilung der Petronilla (d. h. Erweckung der Tabitha) sich allen Zeitgenossen weit überlegen zeigt."[1])

Doch wenn wir Vasaris Zuschreibung auf den Namen Masolino für das Doppelbild der Seitenwand wie für die Predigt an der Altarwand oben zurückweisen müssen, so kann diese kunsthistorische Berichtigung erfolgen, ohne damit sein künstlerisches Urteil sonderlich herabzusetzen. Nur müssen wir bei einem Künstler um die Mitte des sechzehnten Jarhunderts wie Giorgio Vasari von vornherein darauf gefasst sein, dass seine Unterscheidung der Persönlichkeiten und damit auch der Namen wesentlich durch den geniessbaren Wert bestimmt wird, den die einzelnen Werke auch in seinen Augen noch besitzen. Die Fresken Masaccios in der Brancaccikapelle sind ihm eine hohe Schule der Malerei; er empfielt sie den jungen Künstlern, für die er vornemlich schreibt, durch die Aufzälung all der eifrigen Zeichner, die in Folge dieser Studien es so herrlich weit gebracht und selber berühmt geworden. Also wird er wörtlich vielleicht nicht anders urteilen als Antonio Manetti: „la cappella è dipinta di tre maestri, — ma lui (Masaccio) el meglio che v' è." Nur wird eben diese Wertbestimmung bei dem Spätling des Cinquecento sich etwas gegen die des näher stehenden Zeitgenossen, der den Durchbruch der Hochrenaissance nicht mehr erlebt hat, verschieben. Er muss schon eklektischer die Vorzüge nur da suchen, wo sie der eigenen Bravour bereits verwandt sind. „Das, was die Künstler vor den Fresken der Cappella Brancacci fesselte, sagt Albert von Zahn,

[1]) Jahrb. f. Kunstwissenschaft III. 284. Vgl. besonders auch K. Woermann, der mehrfach für diese Ueberzeugung eingetreten ist.

muss doch die ganz eigentümliche Schönheit der Formen, die Vorahnung des klassischen Stils der Blütezeit gewesen sein."

Nun beobachten wir aber auch heute in der Beurteilung der grössten Meister, eines Lionardo, Rafael, Michelangelo ebenso wie zeitlich näher stehender Klassiker, in der Kritik über Echtheit und Unechtheit der Werke, die ihren Namen tragen, einen leicht verzeihlichen weil schwer überwindbaren Irrtum, der auch die scharfsinnigsten Köpfe verstockt. Man bildet sich nach den anerkannten Leistungen oder gar nach einer Auswal des Bedeutendsten ein Gesamturteil über die geistige Eigenart des Künstlers und glaubt damit den untrüglichen Mafsstab zu besitzen, der seine persönliche Arbeit zu unterscheiden und aus allem Fremden herauszusondern berechtigt. Damit aber beschränkt man sich mindestens auf den fertigen Meister, den „Klassiker." Zu solchem kritischen Verfaren bedarf es aber noch eines andern, oft unentberlicheren Faktors damit man des werdenden oder des verfallenden Meisters nicht verlustig gehe: der genauesten Kenntnis des historischen Zusammenhanges nach rückwärts wie nach vorwärts, der sichersten Vertrautheit vor allen Dingen mit sämtlichen Nachbarn, mit denen dieser „Einzige" etwa doch zeitweilig verwechselt werden konnte, oder, wer weiss wie, verwechselt worden ist. Kein Wunder, wenn schon Vasari, der von Geschichtswissenschaft nichts ahnte, den werdenden Masaccio etwas zu kurz hinter dem Beginner der »bella maniera moderna« abschnitt und die Stücke, die ihm noch zu altertümlich schienen, zurückwarf auf den nächsten Vorgänger. Dies eklektische Verfaren in Cappella Brancacci, wo die Stilfrage sozusagen aktuell auftrat, kommt ihm garnicht bei, wo er die sonstige Ueberlieferung über vorhandene Arbeiten Masaccios wiedergiebt. Anderntalls würde das Tafelbild aus S. Ambrogio oder die „Heilung des besessenen Knaben", ein perspektivisches Experiment, das er im Hause des Ridolfo Ghirlandajo gesehen, wol der nämlichen Verneinung erlegen sein. Forscher, die Rafaels Jugendwerke behandeln, ohne die Schulgenossen im Atelier Peruginos, wie Giannicola Manni, Giovanni lo Spagna, Eusebio di S. Giorgio, ebenso wie Bernardino Pinturicchio und Timoteo Viti genau so zu kennen, wie sie Rafael zu kennen glauben, haben niemals Aussicht auf haltbaren Erfolg ihres Bestrebens. Wer den werdenden Rafael verstehen und unterscheiden will, muss alle Fäden, die in ihm zusammengehen, zurückverfolgt haben, sonst felt ihm ja für die Kompetenz seines Urteils die erforderliche Information.

Ganz ebenso dürfen wir auch von Vasari nicht erwarten, dass sein Urteil den Gang rückwärts in die Entwicklungsperiode oder gar die Lehrzeit eines Künstlers mitzumachen im Stande sei. Wo die Werke Masaccios nicht mehr der Vorstellung entsprechen, die er von ihm als vorbildlichem Meister bei sich befestigt hat, da gehören sie einer Vorgeschichte an, die er als „maniera goffa" von den Musterstücken möglichst fern hält. Bei seinem Hinweis der jungen Künstler auf die Meisterwerke Masaccios in der Brancaccikapelle kommt es ihm garnicht auf eine genaue Feststellung des beglaubigten Eigentums, sondern eben auf die Auswal der Hauptsachen an, die jene anerkennen und studieren sollen. Das waren: die Zalung des Stater, die Taufe und die Erweckung des Königsohnes drinnen, draussen die „Sagra" und, wenns hoch kam, die Einzelfigur des Paulus „bei den Glockensträngen". Wie wenig er auch darin vollständig zu sein bemüht ist, sagt wol das Uebergehen der Vertreibung aus dem Paradiese.

Das hindert uns jedoch nicht, bereitwillig anzuerkennen, dass die Aussonderung der Predigt Petri, als vereinzeltes Stück der Altarwand, einen guten Blick für künstlerische Unterschiede bekundet. Hier macht sich in der Tat, im Vergleich zur Taufe daneben und zur Schattenheilung und Almosenspende darunter, ein Abstand bemerkbar, während andrerseits die Verwandtschaft dieses einen Stückes mit der Heilung des Lahmen und der Erweckung Tabithas ebenso einleuchten muss. Wir haben eben deshalb die erste Gruppe der erhaltenen Wandgemälde, mit Einbeziehung des Sündenfalls, nach der Predigt des Petrus geschlossen. Vasari erkannte mit einer Bestimmtheit, die ihm manch heutiger Kunsthistoriker beneiden mag, zwischen der Predigt und den benachbarten Wandbildern ringsum eine Kluft, die willkommen genug der alten Ueberlieferung zweier Namen entgegenkam, das Eigentum des Einen gegen das des Andern, des Ältern gar gegen das des Jüngern und Grössern grade hier abzugränzen. So lange die bezeichneten Deckenbilder in Castiglione d'Olona und ihre Entstehungszeit nicht bekannt waren, durfte so weiter geurteilt werden. Nachdem die Gewölbebilder und Lünetten verloren waren, musste die Nachprüfung der Angabe Vasaris sich vollends bescheiden, so wenig sie sich mit Albertini's Halbierung der Kapelle vertrug.

Wir aber, die nun, gegenüber den Leistungen Masolinos in Castiglione von 1425 und 1435, nimmer mehr glauben können, dass er vorher den Sündenfall, das Doppelbild daneben und die Predigt Petri geschaffen habe, sondern in dieser Reihe schon die Hand Masaccios erkennen, — wir stehen vor der nämlichen Kluft mit der Verpflichtung nach einer Brücke zu suchen. Und da muss in vollstem Einvernemen mit Vasari erklärt werden, dass in der Brancaccikapelle selbst ein befriedigender Uebergang nicht so leicht zu fassen ist. Die Predigt Petri findet ihre natürliche Fortsetzung jedenfalls nicht, wo wir sie zunächst erwarten, an der selben Wand: weder in der Taufe, noch in der Schattenheilung. Einigermafsen näher steht die Geschichte mit dem Zollgroschen, und von ihr ausgehend haben wir eine Anknüpfung an das Pisaner Altarwerk wie an die Heilung des besessenen Knaben (in Brüssel) und den „Desco da parto" (in Berlin), versucht [1]. Immer jedoch will Cavalcaselles Erklärung, die uns in der ganzen Reihe den Entwicklungsgang eines und desselben Malers suchen lehrte, an dieser Stelle noch nicht befriedigen. Zwischen Predigt und Zollgroschen glauben wir doch einen Sprung zu sehen, der selbst im kühnsten Fortschritt einer genialen Kraft zu viel auf einmal zu erreichen schiene. [2]

---

[1]) Vgl. Buch II. S. 72—96.

[2]) Auf diesen Einschnitt hinter der Predigt Petri und vor jedem andern als weitere Fortsetzung der Malerei in Cappella Brancacci sich anbietenden Bilde habe ich in meinen Uebungen über die Streitfrage bereits im Wintersemester 1881—82 meine Göttinger Schüler Ch. Berghöffer, H. Dierks, F. Köpp und R. Linde aufmerksam gemacht, und ihnen bereits damals die Lösung angeboten, die im folgenden Heft dieser Studien dargelegt wird.

SONSTIGE TAFELBILDER

Eine Lösung der Schwierigkeiten, die zwischen der Predigt Petri und den Nachbarbildern ringsum, sei es der Taufe, oder der Schattenheilung, oder der Entrichtung des Torgeldes, einem verständlichen Uebergang entgegentreten, ist unseres Erachtens nur möglich, wenn die volle Durchfürung der historischen Betrachtungsweise versucht wird, und zwar durch die möglichst genaue Feststellung der chronologischen Reihenfolge, wie wir es bisher getan haben, und ebenso genau vergleichende Einordnung der übrigen erhaltenen Werke des Meisters in die Freskenreihe der Brancaccikapelle.

Zwei Madonnen

Da mag, um an einem einfacheren Beispiel zunächst das Problem, um das es sich handelt, zu verdeutlichen, und die Frage nach dem Hinüberwachsen des Künstlers von einer Stufe zur andern durch wirkliche Anschauung überzeugend vorzufüren, an dieser Stelle ein Paar von Madonnenbildern besprochen werden, das — soviel ich weiss — in der Streitfrage, die uns beschäftigt, keine Verwertung gefunden hat. Zwei Madonnenbilder von Masolino oder Masaccio? — Wo wären denn diese zu finden, fragt man.

Die eine Tafel befindet sich in der alten Pinakothek in München, und ist schon seit geraumer Zeit der Gegenstand einer Meinungsverschiedenheit zwischen mir und dem hochverdienten Konservator, Dr. Adolph Bayersdorfer. Die allmählich zurückweichende Datierung des Bildes in den Auflagen des Kataloges und die Zuteilung an die Florentinische Schule, neuerdings um 1440, giebt Zeugnis von diesen Verhandlungen.[1]) Als ich zum ersten Mal mit meiner Bestimmung des Autornamens hervortrat, wusste ich nicht, dass die alte Bezeichnung im königlich bayrischen Besitz auf „Masaccio“ gelautet hatte, noch dass es von andrer Seite für „Masolino“ angesprochen worden.

Auf einem länglichen Polsterkissen mit zwei Troddeln links, das auf dem Fussboden liegt, sitzt Maria in weitem blauem Mantel, der über das Haupt gelegt und auf der Brust zusammen gesteckt

[1]) Katalog (1893) Nr. 1019. Vgl. unsere Abbildung Taf. V, c.

ist, und hält mit beiden Armen das nackte Kind, das auf ihrem Schofse liegt. Das linke Bein dient als Stütze für die Hauptlast, indem sich das Knie deutlich heraushebt, während das rechte gesenkt wird und die Falten des weichen Stoffes in tiefem Bogen zwischen den festen Punkten rechts und links hernieder zieht. So dient das Handgelenk des linken Armes nur als Kissen für den Kopf des Kindes, während die rechte Hand ein untergebreitetes Tuch über dem einen Beinchen des wolgenärten Knäbleins hält, das den andern Fuss strampelnd erhebt und gegen den Arm der Mutter lehnt, während beide Ärmchen emporstreben, mit den Fingern die entblösste aus dem roten Kleid hervorschauende Brust, die soeben seinen Durst gestillt hat, zu liebkosen, indess die grossen Augen ebenso befriedigt zu uns herausschauen wie das volle Bäuchlein und das dralle Beinwerk. Milde und freundlich, aber etwas zagend, zwischen mütterlichem Stolz und jungfräulicher Verwunderung über das Behagen des strammen Buben, neigt Maria das Antlitz zu ihm und hängt mit ihrem Blick an ihm allein, ohne dass ers merkt. Ein breiter Heiligenschein mit sechsblättrigen Blumensternen im Rande und dreiperligen Spitzen an der Peripherie auf dem Goldgrunde umgiebt ihr Haupt, wie ein kleinerer das des Kindes. Ueber ihrem Scheitel schiesst dicht daran die Taube des heiligen Geistes hernieder gegen das Kind zu, gesandt von Gottvater, der in Halbfigur und kleinerm Mafsstab, von einer Cherubglorie umgeben, unter dem Spitzbogen oben sichtbar wird. Es ist ein langbärtiger Greis in fliessendem Gewande, dessen Mantelzipfel nach links ausflattert, während seine beiden Arme sich auf die andre Seite strecken, die Eine mit dem Buch, worin gotische Nachbildungen von Omega und Alpha ω̂ Â mit Abkürzungszeichen darüber geschrieben stehen, die Andre segnend gesenkt. Der kleine Mafsstab dieser Erscheinung in der Höhe, deren Wolkenstreif unmittelbar an den Nimbus Marias rürt, die seitliche Drehung der Figur, die nach Goldschmiedsart in Relief gelegt ist ohne einen Versuch schwieriger Verkürzung, und ihre spätgotische Draperie, müssen im Vergleich zu dem realistischen Motiv aus der Kinderstube besonders auffallen. Aber Jehovah ist nicht der einzige altertümliche Bestandteil auf dem Goldgrund, der uns in Lorenzo Ghibertis Nähe versetzt. Links und rechts knieen auf vier ähnlichen Wolkenstreifen je zwei anbetende Engel, deren zweiter hüben und drüben den vordern um Kopfeslänge überragt, so dass ihre Flügelpare nebeneinander aufragen und mit ihren buntfarbigen, metallisch ausgeschnittenen Federn die Kurven des Spitzbogens begleiten, in dem die Tafel schliesst.

Trotz ihrem viel nebensächlicheren, fast nur dekorativen Auftreten haben grade diese Engel die deutlichst ausgesprochene Verwandtschaft mit denen Masaccios im Unterschied von denen Masolinos, so dass ich auch unmittelbar von Castiglione d'Olona heimkerend, sie nicht mit diesem letzteren vereinbar fand. Sie haben genau so hellblonde Köpfchen, genau so farbig abgestufte Flügel, genau so doppelt gegürtete Gewänder, wie die Masaccios auf dem Kirchenbild aus S. Ambrogio in der Akademie. Aber sie greifen ja nicht wie dort als Teppichträger oder Weihrauchspender lebendig in den Aufbau ein, sondern sind wie Ornamente nur auf die Fläche ausgeteilt, und wollen nicht zur nahen Wirklichkeit gedeihen, wie die Gruppe vorn, sondern als Erinnerungsbilder oder Gedankenspiel der Phantasie, als aetherische Wesen betrachtet sein, deren Gegenwart von Mutter und Kind ebenso wenig gespürt wird, wie der Eingriff des ewigen Vaters im Himmel droben. Solche halb nur zur gleichwertigen Realität herausgebildete Engel finden wir bei Lorenzo Ghiberti als ganz geläufige Bestandteile seiner Reliefbilder; aber auch noch bei Luca della Robbia in seinen sonst so kräftig modellierten Türlünetten neben der Halbfigur Marias mit dem Kinde, und erstrecht bei Nanni di Banco, freilich im Giebelfeld seiner Tabernakel an Orsanmichele, also stärker getrennt von den Statuen darinnen.

Damit aber sind wir an der entscheidenden Stelle für die Datierung des Münchener Bildes, bei der natürlich die Hauptgruppe von Mutter und Kind, besonders die Nacktheit und kraftvolle durchaus plastische Bildung des letztern den Ausschlag geben muss. Grade in dieser Folge haben wir uns zweifellos das Wachstum des Ganzen vorzustellen. Noch der weite Mantel, der als gotisch stilisierte Draperie sich über den Boden breitet, sein zügiges Faltengehänge, das die Körperhaltung darunter beinahe zu verschleifen droht, wo wir — beim abwärts gestreckten Schenkel — dringend darnach fragen, bewaren die herkömmliche Weise ganz im Sinne Ghibertis, würden wir sagen, wenn auch schon seiner fortgeschrittenen Werke, d. h. der Schöpfungsgeschichten und der Statue S. Stephans etwa (1426), ja der Arca di S. Zanobi im Dome. Die Modellierung des Kindes aber und der entsprechenden nackten Teile an Brust und Kopf Marias sind überraschende Fortschritte, die gewiss bisher veranlasst haben, das Werk erst unter dem Einfluss jener Madonnen eines Luca della Robbia in die Florentinische Malerschule einzureihen. Dann aber geraten wir in Widerspruch mit den altertümlichen Bestandteilen auf dem goldenen Grunde, gegen den der Fussboden auch noch in flächenhafter, ziemlich unräumlicher Weise ohne perspektivische Musterung, sozusagen neutral hingestrichen ist.[1]) Obwol grade hier unten starke Restauration stattgefunden hat, darf doch gesagt werden, dass erst mit dem Kissen und dem aufgestützten Knie die volle Körperlichkeit hervordrängt. Von dem malerisch breiten Gehänge über den Schofs bis hinauf an die Taube über dem Scheitel der Madonna ist die Reliefanschauung klar ausgeprägt, also für ihre Halbfigur etwa vorhanden, wie in den zalreichen Terracottabildwerken jener Tage, die darunter abschneiden, und doch geht der bildnerische Gedanke schon weiter zur ganzen Figur und ist ohne das Knie als Stütze in der Mitte und ohne das andre drunten, als Endpunkt dem Kopf entsprechend, nicht auszudenken. Und diese Symptome zusammengenommen zwingen schon zu einer frühen Datierung, d. h. in eine Zeit, wo wir ein solches Werk, des Uebergangs allerdings, aber doch einer bahnbrechenden Kraft, nur einem in die Tiefe dringenden Künstler zutrauen dürfen. Und da steht als Vorgänger Fra Angelicos und Fra Filippos nur Masaccio in Frage, der durch das Wagnis dieses Madonnenmotives und durch das lebensvolle Kind, wie das liebenswürdige Antlitz der Mutter hier zum Vorbild auch Luca's della Robbia wird. Der strampelnde Bambino wird schon in der hl. Anna selbdritt durchaus entsprechend vorbereitet, dort ernst und der Situation gemäss sich zusammennemend, hier fast ausgelassen in satter Frische und Fröhlichkeit. Die Gewandung aber stimmt, wie ihre malerische Verwertung durchaus mit der Auferweckung Tabithas, und die Ausfürung des Temperabildes ist so flott und frei, dass wir es trotz aller frommen Zutaten erst der Predigt des Petrus mit ihrem ergreifenden Ausdruck und ihren schönen Frauenköpfen, mit dem breitspurigen Karmeliter und dem Bildnis des Felice Brancacci an die Seite stellen möchten. Ein wolgebildeter Knabe in voller Nacktheit wie dieser findet nur neben der markigen Gestalt des Apostelfürsten seinen richtigen Platz.

Daneben kommt als Kleinigkeit, die für philologische Augen wirksamer sein mag, auch die Bildung des Heiligenscheins in Betracht, der bei Maria die nämlichen Ornamente trägt, wie bei den Heiligen Paulus und Andreas vom Altarwerk des Carmine in Pisa und wie bei den vier Büsten auf zwei Tafeln in französischem Privatbesitz, die einst gar zu den Seiten der Münchener Madonna gesessen haben könnten. Denn fragen wir, durch den Vergleich mit den Bestandteilen aus Pisa veranlasst, ob unsere Maria mit dem nackten

[1]) Deshalb hat man wol an eine in solchen Dingen zurückgebliebene Schule wie Bologna gedacht, wie es im Katalog 1884 noch „Bolognesisch um 1480" hiefs.

Kinde nicht das Mittelstück jenes Altars gebildet haben könnte, der 1426 vollendet ward, so erhalten wir in Vasaris Beschreibung „darin eine Madonna mit dem Söhnchen, und zu ihren Füssen einige musicierende Engel; einer von ihnen, der die Laute spielt, horcht mit Aufmerksamkeit seinen eignen Tönen" — wol verneinende Antwort. Die musicierenden Engel felen, und es ist kaum anzunemen, dass sie früher noch zu den Füssen der Maria am Boden gesessen, dann aber durch Absägen der Tafel teils weggeschnitten teils zugedeckt wären.

Sonst kennt Vasari in Florenz nur noch zwei Altarwerke von Masaccio, die hier in Betracht kommen könnten. Eins in S. M. Maggiore in einer Kapelle neben der Seitentür, die nach S. Giovanni d. h. nach dem Baptisterium fürte. Es enthielt die Madonna nebst S. Caterina und S. Giuliano. Und in der Predella waren in kleinen Figuren Geschichten aus dem Leben der Caterina und des Giuliano, wie er Vater und Mutter tötet, in der Mitte aber die Geburt Christi „con quella semplicità e vivezza che era sua propria nel lavorare." Diese Predella freilich soll nach Francesco Albertini, der in seinem Memoriale 1510 die Tafel von Masaccio ebenfalls erwänt, schon von Paolo Uccello hinzugefügt sein, wie „lo archo di sopra," und dies letztere Stück beschreibt wol Vasari selbst im Leben des Uccello: „in una cappella allato alla porta del fianco che va a San Giovanni — una Nunziata a fresco", also jedenfalls als Fortsetzung des Kapellenschmuckes über die Altartafel hinaus. „Dort malte er einige Säulen, heisst es weiter, in perspektivischer Verkürzung, so dass sie über den Rand der Wölbung, an der die vier Evangelisten dargestellt waren, hinaus zu ragen schienen."

Richa kennt in seinen Chiese Fiorentine (III, 281) nur noch eine Malerei des Paolo Uccello am Pfeiler links vom Tor; seitdem aber ist alles verschollen.

Das andre Altarstück Masaccios, das Vasari in S. Niccolò oltr' Arno beschreibt, enthielt als Hauptdarstellung den englischen Gruss: la Nostra Donna che vi è dall' Angelo annunziata, die Verkündigung, auf deren weiteren Schauplatz wir an andrer Stelle zurückkommen müssen.

Wäre somit gegen die Möglichkeit, dass wir es in München mit dem Mittelstück des Altars aus S. M. Maggiore in Florenz zu tun haben, vorerst nichts einzuwenden, so belehrt uns über die Datierung, die wir im Anschluss an die Tafel aus S. Ambrogio und die Fresken in Cappella Brancacci versucht haben, jedenfalls besser noch die zweite Madonna, die an dieser Stelle besprochen werden soll, in der Kunsthalle zu Bremen[1]).

[1]) Nr. 164. Altflorentinische Schule. Vgl. unsere Abbildung Taf. V. a.

Dies kostbare Stück hat sich in seinem alten Ramen erhalten. und wenn auch der letztere hier und da zerstossen und sein Giebel mit spätgotischem Kriechblattwerk geborsten ist, so ist doch die Tafel darinnen unberürt, und am Sockel nicht nur zwei Stifterwappen, sondern neben der Inschrift auch eine Jahreszal angebracht. Alles von unbezweifelbarer Echtheit:

O QVANTA·MISERICORDIA·E·INDIO·A·1423.

Auf den doppelt vorgekröpften Postamenten finden sich die Wappen, rechts ein steigender Löwe auf senkrecht halbiertem links rotem, rechts blauem Felde. Gegenüber ist ein horizontal geteilter Schild, in der obern Hälfte schräge Streifen von Schwarz und Gold, unten eine breitgedrückte Lilie oder Palmette (verletzt) in Gold auf schwarzem Grunde. Auf diesen Untersätzen fussen je zwei schlanke gedrehte Säulchen, das äussere Paar als Träger von Fialen, deren Risen abgebrochen sind, zur Einfassung des Wimpergs, das innere, etwas zurücktretende Paar als Träger des Spitzbogens darunter. Dann vertieft sich der Ramen an allen Seiten schräg gegen eine innere Einfassung, die von einem dritten Paar solcher gedrehten Säulen und einem in kleinen Halbkreisen ausgezackten Spitzbogen gebildet wird, an dem die vergoldete Bildfläche anschliesst. Die Stirnfläche des Giebels, der in Form eines Vorhangbogens, wie an einigen Tabernakeln an Orsanmichele, mehrfach gebrochen aufsteigt, ist ebenfalls vergoldet und links und rechts mit zierlicher Ranke im aufkeimenden Renaissancestil gefüllt, während ein Rundmedaillon mit der Vera Ikon die Mitte bildet. Durch dieses ganz von vorn gesehene Antlitz des Erlösers geht leider der Sprung mitten hindurch.

Im Hauptbilde sitzt Maria auf einem Goldbrokatkissen, das ebenso wie in München auf dem Fussboden liegt, aber ohne scharfe Ecken und Quasten daran, noch mehr mit der Marmorierung dieses Grundes zusammengeht[1]). Ihre Haltung ist fast völlig ebenso wie in München; nach rechts gewendet, hat sie ihr linkes Bein aufgestützt, so dass das Knie hoch heraustritt unter dem fliessenden Gewande, das andre Bein aber verschwindet völlig unter den Faltenzügen des blauen Mantels, der sich in ausgesprochen gotischer Draperie über den Boden breitet. Auf dem linken Knie Marias (also rechts vom Beschauer) steht aber das Knäblein in einem kurzen Hemdchen, dessen feines Gefält kaum noch die Hälfte der Hüften bedeckt, und dreht uns so die Rückseite der nackten Beine zu, die drall und wolgenärt zur Schau gestellt werden. Das eine Füsschen steht auf den Zehen nur noch fest, das andere streckt sich aus-

[1]) Es ist ein rot und goldiger Brokatstoff mit vertiefter Punzarbeit, darüber ein Muster in schwarz aufgemalt, durchaus echt.

schreitend in die Luft und wird von Marias zarter Hand behutsam gehalten, während ihre Linke schützend auf dem Rücken des Kleinen ruht, der lustig emporstrebt, mit beiden Aermchen ihren Hals umfasst, und eben im Begriff seine Wange gegen die der Mutter zu drücken, noch einmal neckisch oder verlegen zu dem fremden Beobachter dieser stillen Freuden herausschaut. Es ist ein blondes Köpfchen mit krausem Gelock und blauen Augen. So lenkt seine Hand, die den nackten Hals der Mutter berürt, unsere Aufmerksamkeit auf diese, die bescheiden. mit dem blauen Manteltuch über dem Kopf, ihr weiches Oval und den Blick der gesenkten Augen nur dem Söhnchen zuwendet. Die Ränder dieser Kopfbedeckung, unter der kein weisser Schleier sichtbar wird wie in München, sind auch nicht über der Brust zusammengehalten, sondern lassen das schlichte, nur über dem Leib in dünnen Falten herabfliessende hellrote Gewand sehen, unter dem sich der langgestreckte schlanke Oberkörper mehr erraten lässt als wirklich modelliert [1]).

So erweist sich das Ganze als eng zusammengehörig mit der Münchener Madonna, aber als eine viel zartere noch und schüchterne Redaktion, in der das bekleidete, doch schon halb entblösste Kind, in seinem muntern Kletterversuch, wieder die Künheit und Lebensfrische des beobachteten Motives aus der Wirklichkeit offenbart, die sich doch frommen Sinnes noch in lieb gewordenen Gewonheiten eines ganz idealen Stiles auszusprechen bemüht. Viel knospenhafter noch als die Uebergangsmadonna mit dem Prachtbuben in München, entspricht dies reizende Bild im Tabernakel von Bremen doch durchaus dem zeitlichen Abstand, den wir mit der Jareszal 1423 nun als festen Anhalt gewinnen, und weder nach seinen innern noch nach seinen äussern Qualitäten kann ein Zweifel erhoben werden, dass beide Tafelbilder, das frühere von 1423 in Bremen und das spätere, wol nahezu zwei Jahre spätere in München, einem und dem selben Meister gehören.

Die technischen Eigenschaften des Bremer Bildes, besonders der Schmelz der Fleischpartieen und die sorgfältige Imitation des Goldbrokats im Kissen, wie des bunt marmorierten Fussbodens und die zierlichen Goldsäume um den Mantel gemanen an sienesischen Geschmack und erinnern neben der zarten Empfindung, der süssen Innigkeit, mit der das Verhältnis von Mutter und Kind hier erfasst ist, an einen fremdher zugewanderten Meister, der im selben Jare 1423 ein

---

[1]) Das hellrote Kleid sowol wie der blaue Mantel, der besonders in den Schatten einen Stich ins Grünbraune bekommen hat, sind stumpf geworden. Die Karnation ist von ausserordentlicher Sorgfalt und Feinheit, hell mit einem rosigen Hauch, der bei der Vera Ikon sogar in einen kräftig blutwarmen Ton übergeht.

grosses Meisterstück vor Augen gestellt und damit die Herzen gar manches Kunstfreundes und gewiss auch manches Künstlers in Florenz gewonnen hat. Wir meinen Gentile da Fabriano, und seine Anbetung der Könige für die Sakristei von Sta. Trinità. Aus Umbrien und dem Umkreis der Sienesischen Nachbarn wie Taddeo Bartoli stammend, war er Jare lang in Venedig und Brescia tätig gewesen, gewiss nicht one Zuwachs seiner miniaturartigen Nachamung der Naturdinge und des farbigen Glanzes ihrer Wiedergabe inmitten märchenhafter Phantasiegebilde, die er von Hause mitgebracht. Nun aber von Papst Eugen gerufen, zur Kurie nach Florenz gekommen, hat er Aufträge auch von Florentinern wie Palla Strozzi und den Quaratesi empfangen, die ihn grade während der entscheidenden Jare, die uns beschäftigen, 1421–1425 mit dem Kunstleben der Arnostadt verbanden. Wir glauben diese Beziehungen zur technischen Behandlungsweise wie zur Gefülstimmung des Gentile da Fabriano in der Bremer Madonna von 1423 zu erkennen, und müssen deshalb um so mehr auf die Abweichungen hinweisen, die das Ganze wieder von dem schimmernden Prachtaufwand Gentiles unterscheiden, auf die zurückhaltende Einfachheit der Kleidung und die keusche Bescheidenheit der Stoffe wie der Farben.

Nach Gentile erst werden wir auf Masolinos Malereien in Castiglione d'Olona geleitet, die am Gewölbe des Chores 1425 entstanden, selber schon — wie nachgewiesen wurde — den Einfluss des Meisters von Fabriano bezeugen, und zwar in noch stärkerem Maſse von dem berauschenden Vorbild abhängig erscheinen. Da ist es dann kein Wunder, wenn diese Madonna in Bremen von 1423 in der zarten Weichheit der Typen, der schlanken Feinheit der Hände, dem leichten Fluss der dünnen Gewandstoffe bis hinein in die zalreichen Parallelrillen in Kleid und Hemdchen, an jene schmiegsamen Gebilde Masolinos erinnert. Wenn sie ihnen in mancher Beziehung auch sonst ganz nahe kommt, so erscheint der Zweifel, ob dies Tabernakel nicht vielmehr sein Werk sei, durchaus verständlich. Ich selbst habe, solange meine Vergleichungen von Ort zu Ort vor den Originalen freilich, aber mit Erinnerungsbildern ausgefürt werden mussten, eine Weile geschwankt, wie die Entscheidung zu fällen sei. Nachdem aber die Gewölbemalereien der Collegiata in meinem Auftrag endlich photographiert worden sind, muss diese Zuteilung als Fehlschluss aufgegeben werden. Masolino klebt noch als Vierzigjäriger an vornemster Stelle der Wölbung seine gestreckten Gewandfiguren, Christus und Maria, an dem Tronsitz so haltlos und uneigentlich hin, dass die selbe Drehung der Madonna auf dem Kissen hier die durchgreifende Verschiedenheit des Körpergefüls vor Augen stellt. Und das geschieht in der Krönung ausserdem in engster Nachbarschaft mit einem architektonischen Gerüst, das Halt gewären konnte, ja es bleibt im Widerspruch zu der Statik dieser lotrechten und wagrechten Linien. Und hier sollte er den frei aufragenden Körperbau ohne solchen Apparat durchgedacht und ein relativ so gelungenes Ergebnis erzielt haben, das trotz dem Goldgrund hinten und dem Faltengeschlängel vorn unser Auge soweit befriedigt, wie der Gegenstand der Darstellung erheischt. In Castiglione steht ausserdem ja über dem Rundbogen einer Haustür [1]) mit dem Wappen des Kardinals Branda in der Mitte, ein verblichenes Fresko mit der Verkündigung, wo die rechts von ihrem Betpult zurückweichende Maria und der links herzuschwebende Engel die ganze Unbestimmtheit der Körperhaltung und der Raumanschauung Masolinos bei einer Aufgabe verraten, die durch örtliche Bedingungen schon zu perspectivisch wirksamer Durchfürung der Untensicht herausforderte. Auch diese Probe gehört in den ersten Aufenthalt von 1425, so dass sie ein vollgültiges Zeugnis ablegt, während wir bei der Verkündigung am Chorgewölbe gern die sphärische Fläche als Milderungsgrund anerkennen wollen.

Vor einigen Jaren war in Florenz in der Kapelle der ehemaligen Papstwohnung neben S. M. Novella, jetzt Militärschule in Via della Scala, ein kleines Rundbild in Fresko ausgestellt, das von einer Aussenmauer dieser umfassenden Baulichkeiten des ehemaligen Klosters abgenommen war. Darin war die, kauernd fast, am Boden sitzende Madonna dargestellt, in gekrümmter Haltung über das Kind in ihrem Arm, mit weiter gotischer Draperie des Mantels, und ihr gegenüber eine Vase mit polygoner, scharf geknickter Wandung und einem Lilienstengel darin. Die florentinischen Fachmänner wussten nicht, was daraus zu machen sei, und so verschwand der Findling sehr bald, wie es heisst im Depôt der Uffizien. Ich habe vom ersten Augenblick einen Masolino darin erkannt, und glaube die lebhafte Erinnerung daran auch mit gutem Gewissen vertreten zu dürfen, bis durch geeignete Publikation der Vergleich genauer möglich wird, um meine Bestimmung von damals zu bewahrheiten oder zu berichtigen.

Der Zusammenhang der Madonna von Bremen mit der Münchener und dieser mit der Hl. Sippe von S. Ambrogio in der Florentiner Akademie muss allen ernsten Forschern einleuchten, die auf mehr als Ohren und Hände zu achten gewont sind. Der Kern des Kunstwerks ist in allen dreien mit Masolinos Können unvereinbar. Der Schluss, der aus der nahen Verwandtschaft äusserer Züge in

[1]) Corso No. 13. Abbildung bei Diego Sant 'Ambrogio, Castiglione Tav. VI.

dem Tabernakel von 1423 mit spätern Malereien Masolinos gezogen werden darf, kann also nur die überlieferte Tatsache bestätigen, dass Masaccio und Masolino vor der Ausmalung der Brancaccikapelle schon in künstlerischer Gemeinschaft gestanden haben. Nach Vasari wäre der Aeltere sogar der Lehrer des Jüngern gewesen. In den Einzelfiguren des Petrus und Paulus an den Pfeilern der Serraglikapelle im Carmine treten sie als selbständige Genossen auf. Seit 1421 ist Masaccio zünftiger Maler in Florenz, in der Arte de' Medici e Speziali eingetragen, sogar früher, als Masolino diesen Schritt vollzog.

Cappelletta in S. M. Maggiore zu Rom

Die Madonna von Bremen mit dem Datum 1423 darf also als Belegstück für die Kunst Masaccios gelten für die Jare, die seinen ersten Arbeiten in der Brancaccikapelle voraus liegen. Das Kirchenbild aus S. Ambrogio mit S. Anna selbdritt (und der verlorene Paulus im Carmine vielleicht) würden ihr im Jare 1424 gefolgt sein. So angesehen fürt das Tabernakel, das isoliert an einem Pfeiler gehangen haben mag oder in einer Nische am Palast eingelassen war, schon durch den Aufbau der Gruppe wie durch das originelle Motiv mit dem munteren Christkind als Hemdling, dessen dralle Beinchen schon mit heidnischen Putten und lustigen Amoretten, dh. mit den erklärten Lieblingen der Frührenaissance wetteifern, in das intime Wesen des jungen Meisters ein, der die letzte Hülle der gotischen Draperie gar bald vollends abstreifen sollte. Das Bild des Erlösers an der Giebelstirn weist uns aber den Weg noch weiter hinter das Datum 1423 zurück, wie es andrerseits zur Vera ikon am Fresko in Empoli weiter leitet, mit dem Adam im Sündenfall der Cappella Brancacci als Vermittler. Dies Antlitz Christi, ganz von vorn gesehen, mit der absichtlichen Symmetrie als unverrückbares Ideal kert als Typus des Mariensohnes auf einem Altärchen wieder, das Vasari ausdrücklich als Werk Masaccios beglaubigt, indem er sich zugleich auf Michelangelo Buonarroti bezieht.

»In der Kirche Sta. Maria Maggiore« schreibt er, der alten Basilica Liberiana in Rom, sei von Masaccio eine Tafel — »in einem Kapellchen nahe bei der Sakristei: darin sind vier Heilige so trefflich ausgefürt, dass sie wie in Relief erscheinen, und in der Mitte Santa Maria della Neve; und das Bildnis des Papstes Martin nach der Natur, wie er mit einer Hacke die Fundamente dieser Kirche zeichnet, und bei ihm der Kaiser Sigismund II. Als Michelangelo und ich eines Tages dies Werk betrachteten, rühmte jener es sehr und fügte hinzu, die Beiden hätten zur Zeit Masaccios gelebt«.

Vasari meint also wie Michelangelo, die beiden Zeitgenossen Masaccios, den Papst Martin V. aus dem Hause Colonna und den Kaiser Sigismund den Luxemburger, als König von Ungarn der zweite dieses Namens, auf der Darstellung zu erkennen. Papst Martin V. hat, in den ersten Jaren nach seinem Einzug in Rom, am 30. September 1420, wol eine Zeit lang bei S. M. Maggiore residiert [1], und auf Kosten des Hauses Colonna waren die vier Altäre errichtet, die sich am Anfang und am Ende der Seitenschiffe an den Schlusswänden der Basilica erhoben [2]; aber er ist keineswegs der Erbauer der Kirche gewesen. Sein Bildnis kann also nur in der Rolle eines andern Papstes gemalt sein, der bei der Gründung von S. Maria Maggiore beteiligt war. Dies fürt auf die Legende von der Entstehung der Basilica Liberiana, auf die Vasari auch mit dem ursprünglichen Namen »S. Maria della Neve« Bezug nimmt. Unter Papst Liberius 352—366 beschloss Johannes Patritius, Senator Urbis, da er ohne Erben war, seinen Reichtum zu Ehren der Madonna zu verwenden. In der Nacht des 5. August erschien ihm Maria und gebot ihm auf einem Platze, den sie bezeichnen werde, eine Kirche zu bauen. In der selben Nacht erschien sie auch dem Papste Liberius; als er dann am folgenden Morgen mit Johannes Patritius zusammentraf, meldeten Boten, dass auf einer Stelle des Esquilin Schnee falle. Dorthin geeilt erkannten sie das Wunder; der Papst umschrieb sofort mit einer Hacke den Grundriss, und Johannes Patritius liess darauf die Kirche erbauen, die nach diesem Vorgang in heisser Jareszeit den Namen S. Maria ad Nives erhielt [3].

Wenn also auf jenem Altarstücke, das Vasari beschreibt, Papst Martin, der Zeitgenosse Masaccios dargestellt war, wie er mit der Hacke die Fundamente der Kirche umriss, so hätte er bei jenem Stiftungswunder die Stelle des Papstes Liberius übernommen, und wenn der Maler, im Geschmack des Quattrocento, auch andern Personen noch Porträtzüge verliehen hatte, so wäre der Patritius Johannes gewiss der Nächste dazu, das Bildnis Sigismunds zu suchen, das Michelangelo darin erkannte. Dass auch dieses unmittelbar nach dem Leben gemacht worden sei, wird von Vasari nicht be-

[1]) Vgl. Annales Eccles. ed. Baronius. XXVII. p. 536 ff. Pastor, Päpste I 1886, p. 177. Vasari meint den Altar am Turm im Seitenschiff der Basilika.

[2]) Bunsen u. Platner, Beschreibung Roms III, 2 p. 268. Darin auch Malereien von Benozzo Gozzoli. Vasari III, 48.

[3]) Etwas anders berichten die Mirabilia Romae (ed. Parthey p. 47): »vocata est Maria mayor quia in medio Mai cecidit nix«.

hauptet; es ist also unnötig daran zu erinnern, dass dieser Luxemburger erst im Jahre 1433 zu seiner Kaiserkrönung durch Eugen IV. in Rom gewesen ist. Martin V. kannte ihn als römischen König vom Koncil zu Konstanz her, ebenso eine grosse Anzal von Kardinälen und besonders Branda Castiglione, der Jahre lang als Legat an seiner Seite gewirkt hatte. Sein Bild wird in den Kreisen der römischen Kurie schon aus Siegeln nicht unbekannt gewesen sein, ganz abgesehen von der Frage, ob Michelangelo in diesem Punkte genau und zuverlässig unterrichtet war oder nicht.

In der Kirche S. Maria Maggiore zu Rom ist kein Altargemälde mehr vorhanden, das mit dieser Beschreibung Vasaris übereinstimmt, wol aber geben uns Reliefs eines Marmortabernakels aus den Tagen Pius II., das Kardinal Guillaume d'Estouteville von Mino da Fiesole für seine Titelkirche hatte arbeiten lassen, noch heute vereinzelt in die Wand der Chortribuna eingefügt, über die Darstellungsweise dieser Legende Aufschluss. Darunter befindet sich als Hauptstück die Wundergeschichte vom Schneefall, die sich an die Gründung der altchristlichen Basilica knüpft, und eine Glorie Marias, die in mandelförmiger Aureola von Engeln emporgetragen wird. Diese Reliefs aus dem Ende der fünfziger oder den ersten sechziger Jahren des fünfzehnten Jahrhunderts stimmen ihrerseits in Einzelheiten wieder so auffallend mit zwei Tafelbildern im Museo Borbonico zu Neapel überein, dass der Zusammenhang mit einem Heiligtum der Madonna della Neve nicht zweifelhaft sein kann, und ihre Herkunft aus der Kirche S. Maria Maggiore, auf die sich die Gründung durch Liberius allein beziehen lässt, sehr wahrscheinlich wird. Mit den Reliefs des Mino da Fiesole verglichen, erscheinen sie als Vorbilder, die dem Marmorarbeiter vor Augen gestanden und zur Nachachtung angewiesen sein müssen, dh. sie gehörten ursprünglich zu dem Altarwerk, das Vasari mit Michelangelo in dem Kapellchen unweit der Sakristei gesehen hat [1]. Nach seiner Beschreibung wären dann die vier Heiligen wol als Flügelbilder zu den Seiten zu denken; in der Glorie der himmelfarenden Maria hätten wir das Mittelstück, das er »S. M. della Neve« nennt, und ausserdem die Gründungsgeschichte, bei der genau so, wie auf Minos Relief, die Halbfiguren nicht nur Marias allein sondern auch Christi voran erscheinen. Da nun die beiden Täfelchen in der Galerie von Neapel ganz gleiche Grösse haben und beide oben gleich abgerundet sind, so haben wir uns entweder ein doppelseitiges Triptychon zu denken, so dass die Wundergeschichte das Mittelstück der Rück-

[1] Vgl. Rio, De l'art chrétien 1874. II. p. 15. Crowe u. Cavalcaselle ital. Ausgabe II. p. 286 ff. Schmarsow, Melozzo da Forlì 1886 p. 36.

seite bildete — und das ist bei dem freien Stand des Altars vor der Wand durchaus das Wahrscheinlichste, oder aber wir hätten eine doppelte Bilderreihe von je dreien zu denken, so dass die Assunta über dem Schneewunder zu stehen käme, wie je ein Heiliger über einem der beiden andern unten, eine Anordnung, die in Mittel-Italien befremden dürfte und besondere Herleitung als Reminiscenz aus dem Norden erheischen würde [1]). Die Anordnung des in anderm Mafsftab gedachten Stiftungsbildes auf der Rückseite und die Porträtzüge der Figuren darin vereinigen sich besser mit damaliger Sitte, besonders da wir durch das Bildnis Martins V. gedrängt werden, an ein Weihgeschenk des Papstes selber in die Familienkapelle der Colonna zu denken. Damit eröffnete sich auch die Möglichkeit, die Entstehungszeit mit Hilfe biographischer Nachrichten über den Stifter zu begränzen: es wären die ersten Jahre nach seinem Einzug in Rom, solange er seinen Wohnsitz bei S. Maria Maggiore aufgeschlagen hatte, dh. vor 1425, wo er sich schon bei SS. Apostoli im hergestellten Familienpalast aufzuhalten pflegte, statt im ungesunden und verwahrlosten Vatikan [2]).

Die beiden, gewiss aus dem Besitz der spätern Colonna nach Neapel verschlagenen Tafelbildchen, tragen in der Galerie des Museums den Namen Gentile da Fabriano. Betrachten wir sie mit der sichern Ueberzeugung, es seien die von Vasari besprochenen Stücke aus S. M. Maggiore in Rom, so ist der erste Eindruck der sorgfältigen Ausfürung in kleinen Figuren auf Goldgrund gewiss befremdlich, so dass wir, bei solcher Verwandtschaft mit einer altertümlichen Miniaturmalerei, geneigt sein würden, einen früheren Meister darin zu suchen, als Masaccio, dem Vasari und gewiss auch Michelangelo sie zugesprochen haben.

Dabei wirkt vor allen Dingen auch die völlig hieratische Komposition der Himmelfart Marias. In der Mitte des Bildes, ganz von vorn gesehen, sitzt Maria mit betend zusammengelegten Händen. Ihr blauer mit Gold gemusterter Mantel ist über den Kopf gezogen, unter dem Hals geschlossen und auf den Knieen über einander geschlagen, so dass nur Antlitz, Hände und ein kleiner Teil des Kleides darunter hervorsehen. Zwei Reihen von sechsflügligen Engelköpfen, rote und blaue, umgeben sie in der Form einer Mandorla, in der sie wie auf einem

[1]) Cavalcaselle denkt unnötiger Weise an einen zweiten Altar in den vier Colonna-Kapellen. Die Stellung der Reliefs am Hochaltartabernakel war ebenso entsprechend. Vgl. Letarouilly, Edifices de Rome moderne III, 309.

[2]) In den Annales Eccles. Schriftstücke von 1421, III. id. Sept., VIII. id. oct. 1422, VII. Kal. dec. 1423 Id. Aug. Non. Aug. Kal. Sept., VI. id. Sept. 1424; Sept. 18 geht Martin von S. Paolo fuori nach S. M. Maggiore (Commiss. d. Rinaldo degli Albizi). Schriftstücke XIV. Kal. Okt. — VIII. Kal. Dec. — 1425. VI. id. Jan. apud S. Apostolos.

Sitze tront, während aussen zu beiden Seiten eine Reihe von je sieben Engeln mit ihr daherschweben. Es sind je zwei Vertreter der übrigen Engelchöre. Unten zwei Paare musicierender mit Orgel und Geige, Cither und Psalter, dann zwei mit einem Schriftband, auf dem der Name »Virtutes« steht, darüber zwei in voller Rüstung knieende Jünglinge mit Schild und Schwert, zwei schwebende mit dem Kreuzbanner in den Händen, noch höher zwei mit Reichsapfel und Scepter, und zuoberst, eine blaue Mandorla vor sich haltend, die Throni. Zu Häupten Marias schliesst unmittelbar eine runde Cherubglorie an und umramt die Halbfigur des Gottessohnes, der sich vornüberbeugt und die beiden Arme herniederstreckt, die verklärte Mutter zu empfangen.

Die Verkürzung dieser Figur, deren geneigtes Haupt vom Scheitel aus beleuchtet ist, entspricht aber dem Engel an ähnlicher Stelle über der heiligen Sippe aus S. Ambrogio, den wir dem Masolino nicht zuzutrauen vermöchten, der zurückflatternde Mantel ist dagegen ganz nach gotischer Schulregel ausgelegt, wie bei Gottvater auf der Madonna in München. Genau so dekorativ fungieren die Engelkleider mit den Wolkenstreifen darunter. Bei genauerer Vergleichung der Köpfe stellt sich jedoch grössere Aehnlichkeit mit denen Masaccios auf dem Bilde der Akademie und auf der Münchener Madonna heraus, als mit denen Masolinos in der Glorie Gottvaters oder der Himmelfart Marias über dem Altar der Collegiata, deren krauslockiges Haar von dem massigen hier schon bezeichnend genug abweicht. Ganz besonders aber ähnelt einer der Kreuzfahnenträger, zur Rechten in Sitzhöhe, dem Christuskind auf der Madonna von Bremen. Der letzteren verwandt ist die Madonna, sowol im Typus des Gesichts wie in der Verhüllung durch die Mantelkappe; aber die volle Vorderansicht giebt ihrem Aussehen noch etwas Puppenhaftes, eine stumpfe Verschlossenheit von befremdender Kälte. Wer aber verfolgen will, was bei dem nämlichen Künstler aus dieser nonnenhaften Maria werden kann, sobald ein starker Ausdruck sich in Haltung und Züge ergiessen darf, der vergleiche damit die schmerzhafte Heilige, die Dolch und Tränenkrüglein vorweist, auf den Fragmenten eines wenig Jare spätern Altarwerks in französischem Privatbesitz, die wir oben besprochen haben. Ganz besondere Anerkennung verdient an sich schon das sichere Dasitzen dieses Körpers auf dem luftigen Thron der Mandorla, das auch Mino, der Bildhauer fast vierzig Jare später noch nicht so zu erreichen vermocht hat.

Das zweite Bildchen ist durch einen breiten Wolkenstreif in einen himmlischen und einen irdischen Schauplatz geteilt. In der oberen Hälfte erscheinen am Goldfirmament in runder, stralender

Regenbogenglorie und hellem Licht zwei Halbfiguren in grösserem Mafsstab als die menschlichen Personen drunten. Voran Christus mit abwärts gestreckten Armen nach vorn herausschauend und neben ihm Maria, mit der linken ihren Mantel fassend, die Finger der Rechten zu leichtem Wink erhebend und den gesenkten Blick dem Vorgang drunten zugewandt. Denn aus den Wolken fallen leicht geballte Wölkchen auf die Erde nieder, die wir als duftige Schneemassen annemen sollen, weil unten auf dem Boden schon die weisse Decke gefallen ist, um den Grundriss der Kirche zu bezeichnen, die Maria zu Ehren gebaut werden soll.

In der untern Hälfte bezeichnen zwei Gebäude, die etwas allzu schlank antiken Pfeilerhallen nachgebildet, mehr wie stehengebliebene Reste der alten Kaiserstadt erscheinen, gleich zwei Seitenkoulissen in starker Perspektive den sonst freien Platz auf dem Esquilin, wo Johannes Patritius die Basilika gründet, während zwischen ihnen, über Cestiuspyramide und Monte testaccio nebst einem Zug der Stadtmauern mit dem Tor, der Ausblick auf Gartenland und eine Hügelkette hinten hinausgeht. Auf dem Boden sehen wir den Plan der Kirche, von einem Arm des Querhauses aus, in der selben allzu schnellen Verkürzung: rechts rundet sich die Apsis, links wird sich der Hacke des Papstes folgend das Langhaus erstrecken. Natürlich in vollem Ornat, mit der dreifachen Krone auf dem Haupt ist dieser soeben im Begriff die Fluchtlinie der Umfassungsmauer vom einspringenden Winkel des Kreuzarmes weiter zu ziehen; aber die Haltung der Hände verrät wol ungewonte Arbeit. Die Züge entsprechen auch in dem kleinen Mafsstab durchaus denen Martins V., dessen Bildnis wir auch auf der bronzenen Grabplatte von Donatello und Michelozzo in der Lateransbasilika besitzen.[1]) Sein Archidiakon hält bei der feierlichen Ceremonie die Schleppe des Chormantels, der sich prächtig genug von dem feinen Gefält des weissen Byssosgewebes der Alba abhebt. Neben diesem feisten Prälatenporträt[2]) folgt noch eine Reihe von Kardinälen in ihren pelzgefütterten Kappen, also vom Maler sicher nicht in heisser Jahreszeit gedacht, sicher ebenso bildnismässige Köpfe, doch in eifriger Beobachtung des wunderbaren Vorgangs alle vorgeneigt, so dass sich diese Gruppe trefflich abrundet. Der Kreuzträger des Papstes begleitet

---

[1]) Diesen beiden Meistern mufs der überwiegende Anteil an dem Werke beigemessen werden, das Vasari dem Simone Ghini zuschreibt, dessen eigne Goldschmiedsart höchstens in der trapezförmigen Tafel mit Wappen und Genien erkennbar geblieben ist.

[2]) Archidiakon war Lodovico dei Fieschi von Genua, Diac. Card. S. Hadriani † 3. April 1423, seitdem dann Lucido de' Conti, Diac. Card. S. M. in Cosmedin. Wegen der übrigen vgl. Heft I. S. 110 f.

auf der andern Seite des Langschiffes in der Tiefe das Weiterschreiten, und hält den Zuschauern Stand, die sich daneben sammeln, neugierig oder erbaut den schneeigen Kirchenplan begucken oder erstaunt hinaufschauen auf das fremdartige Gewölk am Himmel. Modisch gekleidete Herrn wechseln mit langbärtigen Greisen aus apostolischer Zeit und lieblichen Frauengestalten, in deren erster wir wol die Gemalin des Johannes Patritius erkennen sollen, der ganz rechts dem Papste gegenüber steht. Er trägt den länglichen Rock der fürstlichen Herrn von damals, aus blauem Sammt mit Pelz verbrämt, um die Hüften gegürtet, und rote Strumpfhosen darunter. Der feine blonde Backenbart, den Sigismund auf der Krönungsmünze als römischer König trug, wird wol diese Kennzeichnung veranlasst haben; denn bei der Krönung in Rom durch Eugen IV. trug er, wie das Relief an der Peterskirche lehrt, schon einen langen Vollbart, dass man unwillkürlich an absichtliche Aehnlichkeit mit Barbarossa (vor Papst Alexander III. in Venedig) denkt. Ganz ähnlich wie auch König Wenzel überliefert ist, nimmt sich die Gestalt im Hintergrunde aus, drüben an der Schmalseite des Kreuzflügels gewiss als fremdartige Höflingserscheinung absichtlich dem italienischen Herrn an die Seite gestellt. Also das Zeitkostüm aus den zwanziger Jahren des XV. Jahrhunderts und noch starkes Interesse für die nordischen Bekanntschaften aus den Tagen des Koncils zu Konstanz, an denen es übrigens auch in Rom unter Martin V. nicht felte, unverkennbar: aber — all das der Hauptsache entschieden untergeordnet.

Bei einer Komposition, die zur Veranschaulichung der Legende so bestimmt auf Darlegung eines Grundrisses angewiesen war, darf von Lockerheit des figürlichen Aufbaues nicht tadelnd die Rede sein. Die perspektivische Darstellung dieses Kirchenplans im Schnee ist nicht felerhaft, sondern nur zu korrekt, — wenigstens gewesen, denn er ist neu gemalt, — aber misslich durch die Wal eines zu hohen Augenpunktes und das dadurch entstehende allzu starke Zusammenfliehen der Linien. Dieses Centrum der Konstruktion liegt in der Mitte der untern Hälfte des Bildes. Das Gesetz des irdischen Schauplatzes, das Brunelleschi den Malern auferlegt, ist hier als unverbrüchlich angenommen, nur für die himmlische Region darüber erschien es darum noch nicht anwendbar. Und diese Erwägung fällt, je früher wir das Werk datieren müssen, desto schwerer für den intimen Freund Brunelleschis ins Gewicht, der sicher zu den Ersten gehört, wenn nicht neben Uccello etwa der Erste war, der die strenge Linearperspektive so entschlossen von Aufgabe zu Aufgabe exemplificiert hat.

Der Vorgang ist einfach und naiv, aber verständlich erzält, und darauf kam es vor Allem an; der Schauplatz ist angedeutet, bestimmt genug charakterisieret, ohne sich aufzudrängen, und die nächst beteiligten Personen wie der Chorus von Zuschauern mannichfaltig belebt, wenn auch in einem Sinne zusammengehalten. Die Einheit und Intensität des Ausdrucks, bei aller Milde der mehr lyrischen Empfindung, verdient um so mehr Beachtung als hier Bildnisse von Zeitgenossen des Künstlers und des Bestellers die Rollen aus ferner Vergangenheit übernemen, und als die Wiedergabe des Individuellen sicher die ideale Aufgabe des Malers erschwert. Die Gleichmässigkeit des vornemen Anstandes trat ausserdem beschränkend hinzu und nötigte zu passiver Feierlichkeit des Vortrags. Aber die Abwechslung in der Tracht der geistlichen und weltlichen Würdenträger, die Mannichfaltigkeit der Typen und Charaktere kam wieder dem malerischen Reiz zu statten.

Unzweifelhaft, die Auffassungsweise des Gentile da Fabriano, den der Papst zu sich berufen, als noch die Kurie in Florenz verweilte, die Tonart dieses oberitalienisch geschulten Umbrers ist die herrschende, als dieses Werk für Martin V. gemalt ward. Aber sein Werk kann es doch nicht sein, trotz der Begreiflichkeit der Taufe auf seinen Namen in der Galerie von Neapel; es ist bei alledem toskanisch, und zwar in ebenso fülbarem Unterschied von der Anbetung der Könige, die Gentile 1423 für Palla Strozzi vollendet. Nirgends wird die Ceremonie zum Vorwand nur für die Häufung buntester Kostümfiguren, noch das Wunder zur Gelegenheit der phantastischen Erfindung freien Lauf zu lassen.

Dieser Unterschied kommt natürlich schon durch den perspektivischen Aufbau der Bühne hinein. Wenn Gentile wie ein echter Abkömmling der Goldschmiede nur den Vordergrund in horizontaler Lage verwertet und hier die übermässige Fülle von Gestalten zusammendrängt, die auf dem schmalen Streifen gar keinen Platz finden, um dann sofort die Tiefendimension mit der Höhenrichtung zu verschleifen, wo sich felsige Terrassen auftürmen, wie in getriebener Metallplatte, die man von rückwärts bearbeitet, — oder wenn wir seine historischen und legendarischen Wandmalereien uns am richtigsten gewiss nach Art gewirkter Teppiche vom Ende des Trecento vorstellen, wie jenen grossen Minnefrühling im Germanischen Museum zu Nürnberg, wo zwischen Garten und Wiesenhang vor den Mauern der Stadt zwischen figurenreichen Gruppen sogar noch Schriftbänder zur Erklärung entrollt werden,[1]) — so ist

[1]) Abgebildet, Gesch. d. deutschen Kunst (Grote, Berlin) V. zu S. 110.

hier dagegen alles gesetzmässige Konstruktion, und sofort gewinnen die Figuren zum Schauplatz das richtige Verhältnis, drängen sich nicht, die Klarheit der Raumfaktoren wieder zu verdecken, sondern dienen selber als Körperwerte, jede an ihrer Stelle, zum gleichen Zweck. Die Architektur, die nicht einmal im Vordergrund auftritt, zeigt trotz ihrer Schlankheit keine Spur von gotischer Formgebung mehr, sondern beruht auf klassischen Studien; sie verfällt nirgends in schnörkelhafte Erfindung, sondern befleissigt sich einer schlichten Wahrheit, die wiederum auf den Umkreis des Filippo Brunelleschi und den Ertrag seiner römischen Forscherjare zurückweist. Wie bestimmt aber ist in der Region über den Wolkensoffiten die Untensicht innegehalten, allerdings in Reliefauffassung, d. h. auf der Fläche, nicht in vollrunder Körperlichkeit des späteren »sotto in su«. Und hier begegnen uns die grösseren Halbfiguren der Himmlischen mit besonderer Sorgfalt bis ins Einzelnste durchgefürt und abgewogen, und sie grade sind es, die dieses Altärchen für S. M. Maggiore in Rom mit dem Tabernakel von 1423 in Bremen verknüpfen. Die Uebereinstimmung zwischen dem Antlitz des Erlösers hier und da kann schon, ohne in schablonenhafte Wiederholung zu verfallen, nicht grösser sein, und die Verwandtschaft der reizenden Madonna muss auch bei grösserer Abweichung in Haltung des Kopfes, Richtung des Blickes und Mafsstab des Ganzen durchaus einleuchten.

Genauere Prüfung der beiden Bildchen in Neapel wird leider durch ihren heutigen Zustand erschwert. Sie haben durch wiederholte Restauration, durch Oelretouchen in die Temperafarben hinein und durch schlechten Firnis viel von ihrem authentischen Charakter eingebüsst. »Der Himmel z. B. ist ganz neu vergoldet, berichtet Cavalcaselle; einige Köpfe der Kardinäle übergangen, an andern Stellen in Fleischteilen wie Gewandpartieen mit frischer Farbe ergänzt und mit warmen Tönen herumgetupft«. Nichts desto weniger spricht sich ein genauer Kenner der Technik, wie dieser hochverdiente Forscher nach reiflicher Erwägung dahin aus, er glaube in diesen Tafeln bestimmt eine Kunst und eine Manier wiederzuerkennen, die den Malereien des Masolino in der Lombardei wie den Fresken der Katharinenkapelle in S. Clemente zu Rom verwandt sei. In den wolerhaltenen Teilen, besonders in den Lineamenten der Frauengestalten begegne eine Süssigkeit des Ausdrucks, die grade Masolino eigen war. In der Tat erinnern die beiden zarten Damen neben dem Patritius Johannes und die Madonna über der Schneewolke selbst auffallend an Masolinos Sposalizio an der Decke der Collegiata zu Castiglione, wie an die sorglichen Frauen mit dem Johannesknaben bei der Namengebung durch Zacharias, wo ausserdem die feingerillte Wiedergabe der Chorhemden durchaus dem Kreuzträger im Hintergrunde hier entspricht. Aber diese Aehnlichkeiten mit späteren Arbeiten Masolinos haben bei der frühen Entstehungszeit dieses Altärchens alle nicht entfernt die Bedeutung, die zu einer Taufe auf den Namen dieses Meisters erforderlich würde. Viel entscheidender ist der Nachweis des innern Zusammenhangs mit Brunelleschi und den strengen Grundlagen des Wissens und Könnens, über die der Autor verfügt.

Und was können wir denn bei Masaccio neben diesem persönlichen Verhältnis zu dem grossen Architekten während der Erstlingszeit seines Schaffens anders erwarten, als die Uebereinstimmung in allen Schulgewohnheiten mit Masolino? Diese anerkennen wir ausdrücklich; sie geht noch bis in die Motive der Haltung und Bewegung, besonders die Fingerstellung, und die Einzelheiten der Draperie hinein. Aber trotzdem ist hier ein anderer Kern und etwas Neues im Ganzen. Bei Masolino sind in Castiglione d'Olona noch überall die Räumlichkeit und die Figuren zwei getrennte Dinge; es ist ihm nie gelungen, sie unter einheitlicher dreidimensionaler Anschauung zusammenzufassen und als solche Einheit, als in sich gleichartiges Ganzes der Körperwelt vorzutragen. Hier ist beim Schneewunder diese Einheit zwischen Körpern und umgebendem Raum vorhanden, und trotz dem sperrend gespreizten Basilikenplan am Boden mitten zwischen den Figuren, in der Bildanschauung aufrecht erhalten. Welch bewusste Entscheidung gehört dazu, das irdische Theater unten durch die Wolkenstreifen gegen den oberen Teil der selben Goldgrundfläche so abzugränzen, dass sogleich die Aufhebung der Raumtiefe fülbar wird. Die Sphäre der Göttlichen, die oben am Himmel steht, ist nur für den Beschauer des Bildes, vor dem Altar draussen, — und ein Blick auf Rafaels Madonna di Fuligno aus S. M. in Aracoeli zu Rom, belehrt über die Schwierigkeit dieses Problems und das Bemühen des fortgeschrittenen Meisters die mittelalterliche Scheidung der Welten im Bilde wenigstens zu vermitteln. Den untern Teil der Gründung von S. M. Maggiore verbindet aber ein übersichtlicher Weg mit den Predellenstücken des Altarwerkes von Pisa (in Berlin), deren Figuren noch den nämlichen Zuschnitt aufweisen, besonders die selbe feinknochige Bildung der Beine und Arme, wie hier; nur wurde durch die Gegenstände, die Martyrien des Petrus und Johannes Baptista oder die Anbetung der Könige nirgends die gewaltsame Ausweitung der Tiefendimension verlangt, wie durch das Ansinnen, den Grundriss einer altchristlichen Basilika an entscheidender Stelle, d. h. an der Kreuzung gesehen, auf der Bühne auszubreiten und die Figuren nur aussen herum aufzustellen.

Dort in den Pisaner Predellen ist die Bekanntschaft mit Donatellos Reliefkunst (z. B. Herodesmal für den Taufbrunnen in Siena) hinzugetreten; hier dagegen spielt ausser Brunelleschi, dessen Nähe wir in Rom noch bei andrer Gelegenheit genauer beobachten werden, für die Besonderheit der Malerei Masaccios gewiss das Verhältnis zu Gentile da Fabriano bestimmender mit. Das Nacheifern erstreckt sich sogar auf die rötliche Karnation, die beim Christuskopf im Giebel des Tabernakels zu Bremen ebenso auffallen muss, wie in den Neapeler Bildchen, und auf den Schmelz der Farben, die in wolerhaltenen Teilen eine miniaturartige Feinheit mit flüssig vertriebenem Auftrag verbinden, wie Email. Dieser Wettbewerb mit den Vorzügen des Umbrers ist grade bei einem kostbaren Altärchen, das — wie anzunemen — der Papst Martin V. selber bestellt hatte, doppelt erklärlich, da es den Gönner Gentiles zu befriedigen galt. Wenn das Nämliche sodann auch von der Wal der Idealtypen und der Weichheit des Ausdrucks gesagt werden darf, in dem wir sie mit Gentiles Madonnen-Bildchen in Pisa, oder den Florentiner Arbeiten für Strozzi und Quaratesi, namentlich den vier Heiligen in den Uffizien vergleichen, so sind das lauter Dinge, die auch Masolino noch dem Beispiel des Umbrers erst verdanken mochte. Bis wir Gherardo Starnina genauer zu charakterisieren vermögen, den Vasari als seinen Lehrer bezeichnet, muss das in der Schwebe bleiben; denn die sichern und datierbaren Malereien Masolinos, die wir mit Masaccios Erstlingen zusammen zu bringen vermögen, sind ja später, erst 1425 bis 1435 entstanden!

Ist aber der Zusammenhang der beiden Tafeln des römischen Altarwerks in Neapel mit der Bremer Madonna von 1423 erwiesen, wie wol jeder zugestehen wird, dann darf der Auftrag für die Colonnakapelle in S. M. Maggiore auf dem Esquilin nur vor diesem Datum angesetzt werden. Im Jahre 1421 ist Masaccio als blutjunger Meister in die Zunft der Medici e Speziali aufgenommen, wie auch Gentile da Fabriano nach seiner Ankunft in Florenz; im Jahre 1424 erwirbt er die Gerechtsame aufs Neue bei der Malergilde von S. Luca. Inzwischen mag er, längere Zeit von Florenz abwesend, sein Meisterrecht nicht ausgeübt und die Beiträge nicht geleistet haben, so dass die Immatrikulation für erloschen galt, als er heimkerte und neue Aufträge in Florenz empfieng. Gentile da Fabriano, der vom Papste herbeigerufene Meister, gieng nicht im Herbst 1420 mit der Kurie nach Rom, sondern zog es vor, in Florenz zu verweilen, um wenigstens einige lohnende Bestellungen noch auszufüren. Er blieb bis 1425, und liess sich dann weiter in Siena und in Orvieto beschäftigen bis ins folgende Jahr hinein. Wenn der Papst in Rom daran gieng, die verfallenen Kirchen herzustellen, und an erster Stelle das Heiligtum der Familie in S. M. Maggiore mit einem Weihgeschenk zu schmücken, zumal da er während der Sommer- und Herbstmonate im anstossenden Palast des Titulars Wonung nam, so lange der Vatikan unwirtlich und das Haus der Colonna bei S. S. Apostoli im Umbau begriffen war, so wird ein florentinischer Maler, der sich in Rom befand, willkommen genug gewesen sein.

Das fürt zur Frage nach »Masaccio oder Masolino in Rom«, der die folgende Studie nun ausschliesslich gewidmet werden mag.

Dagegen sind an dieser Stelle noch zwei Bruchstücke zu erwänen, die ich schon im Frühjahr 1884 in den Glasschränken des Museo del rinascimento der Biblioteca Vaticana entdeckt und seitdem wiederholt nachgeprüft habe, bis es mir neuerdings durch die Güte des Prefetto P. Ehrle gelang sie photographieren zu lassen, und auf dem letzten Blatt der vorigen Lieferung schon mit den beiden Neapeler Bildchen zusammenzustellen.

Das eine dieser Stücke (Armadio P, Nr. V) enthält die Bestattung Marias, wobei nicht allein, wie es üblich ist, die Apostel an ihrem Grabe versammelt sind, und Christus in ihrer Mitte hinzutritt, die Seele der Mutter in Gestalt eines Kindes auf seinen Arm zu nemen, sondern auch links und rechts noch je zwei Engel als Kerzenträger bei der feierlichen Ceremonie zur Seite stehen. Die Komposition des niedrigen Breitbildes, das offenbar das Mittelstück einer Predella gebildet hat, schliesst sich noch deutlich der Kunstweise eines Spinello Aretino an, dessen Darstellung des selben Gegenstandes in der Akademie von Siena hier herangezogen werden mag. Aber sie erhält durch die abschliessenden Engelfiguren in aufrechter Haltung und die Hügelreihe die den Hintergrund bildet, wie durch die schlichte Anspruchslosigkeit der Felsgegend, deren Boden durch keine Vegetation belebt wird, doch einen strengen reliefartigen Charakter. Und die innere Gliederung des Aufbaues verrät den nämlichen Ernst, der auch in kleinen Dimensionen und untergeordneter Bedeutung der Teilarbeit noch den Zusammenhang mit der besten Tradition der Florentinischen Meister nicht verläugnet. Der Sarkophag zeigt die perspektivische Ansicht von der vordern Ecke des Kopfendes her, während das Fufsende durch die vornübergebeugte Gestalt des Apostels, der die Leiche herabsenkt, verdeckt wird. Diesem Träger der Füfse hilft der Andre beim Haupt der Toten nicht an der Schmalseite selbst, sondern am ersten Platz an der Langseite hinten, so dafs die vornemste Stelle am Scheitel für Petrus frei bleibt, der die Gebete liest, während ihm wiederum kreuzweis gegenübergeordnet am Endpunkt der Diagonale die Erscheinung des Erlösers selbst entspricht, der die Leiche mit dem Weihwedel besprengt. Die Typen Christi und seiner Jünger sind durchaus die nämlichen, die wir aus den Fragmenten des Pisaner Altarwerkes von Masaccio kennen gelernt haben, und stehen in ihrem unentwickelten Zustand ganz besonders der ›Heilung des besessenen Knaben‹ nahe (Brüssel, bei M. Léon Somzée), die Vasari als perspektivisches Versuchsstück aus früher Zeit beschrieben hat. Die stehenden Engel aber gehen vortrefflich mit den Weihrauchspendern am Tron der Madonna im Schofs der Mutter Anna zusammen, wie mit denen der Madonna von München.

Am gröfsten aber ist die Verwandtschaft der Köpfe, wie der Gestaltenbildung und der Gewandbehandlung mit der Assunta im Museum von Neapel, d. h. mit dem einen Hauptbilde des Altärchens aus S. M. Maggiore in Rom, zu dem diese Verbindung von Tod und Bestattung Marias als Predella schon inhaltlich sich völlig sachgemäfs zusammenreiht. Nicht diese ikonographische Kombination mit dem einen nach Neapel verschlagenen Stück der Cappelletta Colonna hat mich beim Studium dieses kleinen Ueberrestes im Vatikan bestimmt, sondern vielmehr der unzweifelhafte Charakter Masaccios, der mir auch unter dem Schleier vielfacher Entstellung und dem bei aller Restauration noch traurigen Zustand der Malerei selbst entgegenleuchtete. Nachdem ich dann länger als ein Jahrzehnt gewartet und nach starken Zwischenpausen den Eindruck immer wieder bewärt gefunden habe, wage ich es mit voller Zuversicht, dies Mittelstück einer Altarstaffel als zugehörig zu dem frühen Meisterwerk von S. M. Maggiore in Rom in Anspruch zu nemen.

Sehr merkwürdig sind darauf die Heiligenscheine gemalt: sie sehen aus wie flache irdene Schalen und sitzen auf den Schultern der Figuren senkrecht, ohne Rücksicht auf die Haltung des Kopfes und ohne jeden Versuch zu perspektivischer Verschiebung. Sie haben alle einen schlichten Rand von gleicher Dicke, der wiederum wie bei Tellern scharf beleuchtet ist, aber keinerlei Verzierung, wie sie auf Goldgrund regelmässig vorkommt. Auch hier also eine Uebereinstimmung mit dem Brauch des Meisters, wie er an den Predellenstücken des Pisaner Altarwerkes im Vergleich zu den oberen Fragmenten auffallen muss. Die sorgsamste Kleinarbeit an den Heiligenscheinen findet sich dagegen genau so wie auf den Neapeler Bildchen auf einem ›Colmetto‹ der vatikanischen Bibliothek, auf dessen Goldgrund der Gekreuzigte zwischen Maria und Johannes gemalt ist. (Armadio R, Nr. II.)

Ein gebrochener Spitzbogen schliefst die eigentliche Bildfläche gegen die rundbogige Umramung ab; diese letztere ist modern erneuert, das Innere des spätgotischen Giebelstücks dagegen verhältnissmässig wol erhalten, bis auf das Antlitz Christi, das unter Küssen gelitten haben mag, und auf den nachgestrichenen Goldgrund, in den die Heiligenscheine mit den nämlichen Mustern eingetieft sind, wie bei den Engeln und den Cherubköpfen der Himmelfart Marias in Neapel, und zwar mit Benutzung der gleichen Elemente, wie an den Halbfiguren des Pisaner Altarwerkes in Wien und Pisa oder an den Fragmenten der Sammlung Artaud de Montor in Paris.

Mit feinem Raumsinn ist das kleinere Spitzbogenfeld oben für eine symbolische Zutat benutzt: auf dem Kopfstück des Kreuzesstammes wächst ein Bäumchen hervor, dessen Krone die gebrochene Bogenform im Kleinen wiederholt und in ihrer Mitte das Nest des Pelikans beherbergt, der seine durstige Brut mit dem eigenen Blute tränkt. Die eigentliche Darstellung des Gekreuzigten mit den trauernden Seinen darunter mufs unmittelbar an das vorhin besprochene Fresko der Pieve von Empoli und andrerseits an die Dreifaltigkeit in S. M. Novella zu Florenz erinnern, während der Zusammenhang mit den gleichen Darstellungen des Trecento keinen Zweifel darüber läfst, dafs es dem zweiten wie dem ersten der genannten Wandgemälde zeitlich voranliegen mufs, auch wenn man die Bedingungen der Tafelmalerei auf Goldgrund und die Kleinheit des Mafssttabes gebürend in Rechnung setzt. Die feinknochigen schlanken Gestalten, der hagere Körper des Erlösers und die vielfach geschlängelte Draperie besonders bei Johannes könnten auch Spezialforscher zunächst so befremden, dafs sie versucht wären das Ganze früher zu datieren, als es darf. Das unruhige Faltengehänge, das übrigens auch an den Aposteln der Grablegung sehr ähnlich wie hier bei dem Lieblingsjünger wiederkert, findet seine Erklärung für die Frühzeit eines Masaccio und Masolino vollends durch einen Hinweis auf die Liebhaberei des Parri Spinelli, wie sie noch heute in einer Klosterkapelle von S. M. Novella, die jetzt zur Spezeria gehört, und in Zeichnungen der Uffizien, an deren Echtheit nicht zu zweifeln ist, mitten in Florenz vor Augen steht. Das alte Motiv der aufgestützten Wange gestattet dann, das jugendliche Antlitz dieser Gewandfigur, das fast einer blonden Magdalena gleicht, in ruhigerer Wehmut zu zeigen.

Hochaufgerichtet dagegen, mit den gefalteten Händen unter dem dunkeln Gewande, steht links Maria in vollem Aufblick des matronenhaften Angesichts zum Sohne hingewendet. Ein letzter Rest der gotischen Kurvatur geht durch die ganze Gestalt als Bewegungslinie, und wirkt als einzige, allen Gram zusammenfassende

Gebärde, in der sich das schmerzerfüllte Haupt emporreckt. Ganz ihr zugewendet erscheint wie im letzten Abschiedswort der armselige Leib des Gekreuzigten, der willenlos und doch nicht ohne mimischen Ausdruck am Holze hängt. Das Haupt ist leise vornüber gesunken und so in Schatten gelegt bis auf die Stirn, auf der ein greller Lichtschein lagert, vom hellblonden Haar umflossen und vom goldigen Nimbus umramt. Nur der ausflatternde Zipfel des Schurzes weht zu Johannes herüber. Sonst galt die ganze Sprache des Todesseufzers dem Mutterherzen; das sagt der Zustand, der hier vom Maler festgehalten wurde. Und so wirken sie alle drei ergreifend zusammen.

Das Ganze ist die tiefempfundene Leistung eines jungen werdenden Künstlers, der den idealen Inhalt trotz allem Bemühen um die Wahrheit des Lebens nicht aufgeben will, und das köstlichste Erbteil des Mittelalters hindurchzuretten versucht durch die Anwandlungen des Neuen, die sich auch bei solcher Aufgabe schon mächtig genug empordrängen. Wer sich die Mühe nimmt, die berümte Dreifaltigkeit mit Maria und Johannes unter dem Kreuzesstamm in S. M. Novella auf der einen Seite und die Heilung des besessenen Knaben in Brüssel auf der andern zu vergleichen, der wird es verstehen, wenn wir Geist und Hand des nämlichen Künstlers hier erkennen und dies Giebelstück eines Altärchens in Rom als organisch wol erklärtes Zwischenglied betrachten. Körperbildung und Anordnung des Crucifixus stimmen in wesentlichen Dingen überein und erinnern an Brunelleschis Meisterwerk. Die Bildung der innern Gesichtsteile auch beim Gottvater der Trinität, oder bei Maria hier und Anna auf dem Bilde der Florentiner Akademie beleren des Weitern über enge Beziehungen. Endlich das üppige, in der Mitte gescheitelte, hellblonde Haar, das wir in Empoli und in der Brancaccikapelle (Predigt Petri) wiederholt gefunden, und die kleine Schiefheit in der verkürzten Ansicht des Christuskopfes, wo Haarscheitel und Nasenrücken gegeneinander verschoben erscheinen: Alles bezeugt die Urheberschaft Masaccios, die mir für diesen Colmetto der Vaticana noch zweifelloser auch aus der besser erhaltenen Malerei beglaubigt scheint, als für die abgeriebene Bestattung Marias daneben.

Lieferung III

Verzeichnis der Tafeln

Florenz, Carmine, Brancacci-Kapelle:

1) Breitbild der oberen Reihe rechts, Fresko,
   a) Heilung des Lahmen
   b) Erweckung Tabithas

2) Hochbild am Eingang rechts, Fresko, der Sündenfall.

Florenz, S. M. Novella, Eingangswand:

3 a) Dreifaltigkeit mit Maria und Johannes, Fresko.

Paris? Sammlung Artaud de Montor (1843):

b) Vier Halbfiguren von Heiligen, aus einem Altarwerk
zwei Tafelbilder auf Goldgrund.

Empoli, Collegiata:

4) Hochbild der Taufkapelle, Fresko in gemaltem Ramen: Christus im Grabe mit Maria und Johannes.

Bremen, Kunsthalle:

5 a) Madonna mit Kind in Tabernakel von 1423,
Tafelbild auf Goldgrund.

Florenz, Akademie, aus S. Ambrogio:

b) S. Anna Selbdritt mit fünf Engeln,
Tafelbild auf Goldgrund.

München, Pinakothek:

c) Madonna mit Kind, Gottvater und Engeln,
Tafelbild auf Goldgrund.

Rom, Biblioteca Vaticana:

6) Vier Predellenstücke mit Legenden des hl. Nicolaus v. Bari;
   a) Geburt
   b) Goldspende
   c) Auferweckung
   Tafelbildchen H: 0,36 × B: 0,35 1/2
   d) Rettung in Sturmgefar,
   breiteres Mittelstück der selben Predella.

SCHMARSOW

MASACCIO-STUDIEN

VIERTES BUCH

MASACCIO

STUDIEN

VON

AUGUST SCHMARSOW

IV

MASACCIO ODER MASOLINO?

(MIT 20 LICHTDRUCKEN)

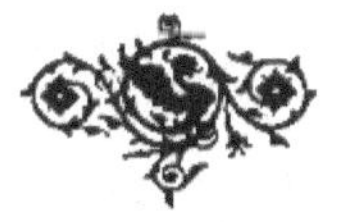

1898

TH. G. FISHER & CO.

KASSEL

MASACCIO ODER MASOLINO?

DIE STREITFRAGE

IN

SAN CLEMENTE ZU ROM

Inhalt

Druck von L. Döll in Cassel.

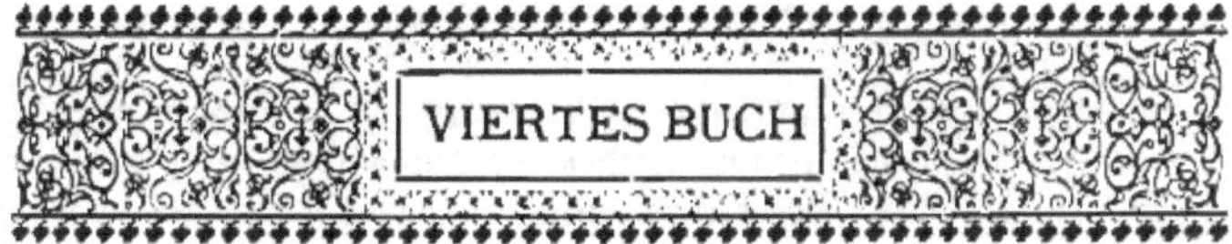

MASACCIO ODER MASOLINO

IN S. CLEMENTE ZU ROM

Hartnäckige Meinungsverschiedenheit scheint sich unter den Kunsthistorikern einzubürgern, wo es gilt, die Malereien in San Clemente zu Rom dem geschichtlichen Zusammenhang einzuordnen, ihre Entstehungszeit und ihren Meister zu bestimmen. Das liegt zum Teil gewifs an dem bedauernswerten Zustand, in dem sie — nach zalreichen Herstellungen und Erneuerungen — sich gegenwärtig befinden, zum Teil aber gewifs auch an der grundsätzlichen Verschiedenheit der Betrachtungsweise, in der die Schulrichtungen der heutigen Forschung auseinandergehen. So droht die Frage, ob in diesen Fresken ein Jugendwerk Masaccios zu erkennen sei, oder ob wir sie Masolino zuweisen dürfen, indem wir Vasari eines starken Irrtums zeihen, unsere Erkenntnis der Anfänge des Quattrocento wesentlich zu verschieben. Und einer solchen Frage kommt doch mindestens ebenso grofse Bedeutung zu wie der Entscheidung über das sogenannte Venezianische Skizzenbuch, das auf der einen Seite für Raphael in Anspruch genommen, für die Entstehungsgeschichte der Hochrenaissance nicht minder wichtig wird als für die Entwickelung des einzelnen grofsen Meisters, auf der andern Seite dem Bernardino Pinturicchio zugeschoben oder gar an mehrere Spätlinge der umbrischen Lokalschule verzettelt, nur das Durcheinanderlaufen verschiedener Nachamung ohne ausgesprochenes Ziel des eigenen Wollens bekunden würde.

Wer den Kapellenschmuck in S. Clemente dem Masolino überantwortet, entzieht damit auch dem römischen Aufenthalt Masaccios oder doch seiner Wirksamkeit in Rom die greifbare

Grundlage, und versagt unsern wissenschaftlichen Bemühungen zugleich die Möglichkeit, aus solcher Berürung des Hauptmalers der Frührenaissance mit der ewigen Stadt noch Aufschlüsse über das Werden uud Wachsen der neuen Kunst zu gewinnen. So wenig wir davor zurückschrecken, auch eine solche Folgerung zu ziehen, wenn es im Namen einer gewissenhaften Kritik nicht anders sein kann, so ernstlich mufs doch an einer derart entscheidenden Stelle gegen die Leichtfertigkeit gewarnt werden, gerade hier der Sucht nach überraschenden Neuigkeiten die Zügel schiefsen zu lassen oder gar sophistische Taschenspielerkünste für wissenschaftliche Forschung auszugeben.

Vielleicht felt es nur an einer methodischen Prüfung der erhaltenen und unverfälschten Bestandteile dieser Malereien, die den inneren Charakter der künstlerischen Leistung wesentlich bestimmen, und bei aller Gemeinschaft technischer Gewonheiten, die zwischen zwei gleichzeitigen Genossen vorhanden sein und zu Verwechslungen Anlafs geben mochte, doch gestatten, die geistige Organisation des Einen wie des Andern scharf genug zu unterscheiden, oder Besitztümer des Wissens und Könnens festzustellen, die dem Einen geläufig sind, aber dem Andern fremd geblieben oder in ihrem fruchtbaren Kern verschlossen gewesen. Auf Grund solcher unläugbaren Nachweise müfste doch eine Verständigung unter allen wirklich eindringenden Forschern erreichbar sein.

Deshalb soll auch hier vorurteilsfrei versucht werden, zur Klärung der Streitfrage zwischen Masaccio und Masolino beizutragen, was sich aus langjährigem Verker mit den Freskencyklen in Castiglione d'Olona, in Florenz und Rom ergeben hat.

Wir stellen Masaccios Namen voran, weil seine Tätigkeit in Rom von unserm zuverlässigsten Gewärsmann Antonio Manetti schon beglaubigt ist: »e fece ancho in altri luoghi in Firenze, in chiese e a persone private, e a Pisa e a Roma e altrove«. — während die Quellen bis auf Vasari von einer solchen bei Masolino nichts wissen, so dass dieser zweite Name überhaupt erst von der modernen Kritik herangezogen worden ist, wie bei dem Altärchen aus Sta Maria Maggiore in Rom, das sich jetzt in Neapel befindet, und das wir als früheste Leistung des jungen Masaccio im Auftrage Martins V. betrachtet, wie einst Michelangelo und mit ihm Giorgio Vasari.

Cappella della Passione

Die Kapelle, um deren Freskenschmuck es sich handelt, ist ein Einbau in der alten Basilika S. Clemente, und zwar am Ende des einen Seitenschiffes, dessen Langseite an der Strafse nach dem Lateran gelegen, jetzt durch eine Tür unmittelbar betreten wird, während man früher nur durch den Vorhof in die Kirche gelangte. Tritt man durch diesen ins eigentliche Hauptportal, so liegt die Kapelle zur linken Hand und schliefst vom Eckpfeiler dieser Eingangswand an bis über die Säule der ersten Arkade hinaus durch ihre eingezogene Mauer das Mittelschiff an dieser Seite. In der Breite des Nebenschiffes ist auf einspringenden Pfeilern ein ziemlich flacher Spitzbogen eingespannt, über dem die Obermauer auch hier glatt ansteigt. So entsteht ein rechteckiger Innenraum, der mit einem Kreuzgewölbe eingedeckt, offenbar zur Sicherung des alten Kirchengebäudes an dieser gefärdeten Ecke bestimmt war.

Er bietet drei spitzbogig abschliessende Wände dar, deren eine — zur Langseite der Basilika gehörige — von einem Fenster durchbrochen wird, dessen Form später verändert worden, ursprünglich gewifs noch ebenso gotisch zugeschnitten war. Die Kämpfersimse des Eingangs, die Eckkonsolen des Gewölbes und was sonst an Kennzeichen des Einbaues erhalten ist, erweisen als Entstehungszeit die Uebergangsperiode aus spätgotischer Gewonheit in die schlichte Freiheit der Frührenaissance, wie sie in Rom noch im ersten Viertel des fünfzehnten Jahrhunderts sich meldet.

In der Altarwand der Kapelle, die dem Eingangsbogen gegenüber, einen Teil der alten Schlufsmauer der Basilika gegen ihren Vorhof bildet, ist rechts an der Ecke eine Tür eingebrochen gewesen, die mit Benutzung altchristlicher Fragmente hergestellt, ursprünglich wol durch eine anstofsende Sakristei, dem Kardinal-Titular der Kirche von seiner obern Wonung aus den Zutritt in die Kapelle gestattete, jetzt aber zugemauert und mit einer langen Inschrift auf den 1830 hier bestatteten Kardinal Benedetto Naro belegt ist. Zur Linken des Altars sitzt ein marmorner Schrein für die Erfordernisse des Messopfers, ein Werk, dessen Mischung spätgotischer und antikisierender Formen ebensowenig wie seine Mosaikverzierung im Cosmatengeschmack über die Entstehungszeit täuschen sollte. Es ist ein römisches Machwerk unmittelbar vor dem Eindringen der toskanischen Quattrocento-Skulptur, wie die Stiftungen des Kardinals von Alençon in S. M. in Trastevere und die Grabmäler des Paolo Romano daneben oder in der Malteserkirche auf dem Aventin (c. 1405—1417).

Eine ältere Altarstätte mochte hier schon vorhanden sein; für die Behauptung aber, diese Stätte sei schon vor dem Einbau der Kapelle der heiligen Katharina geweiht gewesen, felt der Beweis. Das Heiligtum, von dem wir reden, ist ganz und gar im ersten Viertel des XV. Jahrhunderts errichtet, ja nach Ausweis der Einzelformen wol nicht vor 1420 zu datieren, und steht wahrscheinlich mit der Herstellung der verfallenen Titularkirchen in Zusammenhang, die auf Betrieb Martins V. nach der Rückker der Kurie in das lang verwarloste Rom stattfand.

Ueber dem Scheitel des Eingangsbogens ist das Wappen eines Kardinals gemalt. Der aufsteigende Greif aber, den es jetzt enthält, kann erst unter einem späteren Titular von S. Clemente hineingekommen sein. Er gehört, wie Crowe und Cavalcaselle schon berichten, dem M. Antonio Franciotti von Lucca, der unter Urban VIII. von 1637 bis 1641 dieser Kirche vorstand und das Mosaik des Fufsbodens, vielleicht auch Andres in der Kapelle herstellen liefs. Der scheinbare Anspruch dieses Wappens auf den Freskenschmuck ist also viel zu spät eingeschmuggelt worden, um Glauben zu finden, und sollte schon durch die seltsame Verschiebung des Wappentiers in seinem Felde den Verdacht des Heraldikers erregt haben.

Zu den Seiten dieses Wappens ist oben die Verkündigung gemalt. An der Stirnseite des Pfeilers links, der breiter ist als der Ansatz an die Aufsenmauer zur Rechten, sieht man den heiligen Christophorus, wie er das Christkind auf den Schultern durch das Wasser trägt. An der Laibung des Eingangsbogens sind zwölf Ramen nach Art der Vierpässe an den Erztüren des Florentiner Baptisteriums mit den Halbfiguren der Apostel darin, am Kreuzgewölbe drinnen die vier Evangelisten und die vier lateinischen Kirchenväter paarweis gesellt: S. Lucas mit S. Gregor über dem Eingang, S. Marcus mit S. Hieronymus über der Fensterwand, S. Matthäus mit S. Ambrosius gegenüber, und S. Johannes mit S. Augustin über dem Altar. An dieser Schlusswand der Kapelle befindet sich die Kreuzigung Christi, welche die ganze verfügbare Fläche füllt, schon durch das abtrennende Gitter den Besuchern der übrigen Heiligtümer der alten Basilika ins Auge fällt und den Namen »Cappella della Passione« bestimmt hat. Die Seitenwände dagegen sind in zwei Reihen geteilt, und zwar so, dass das Bogenfeld zwei Abteilungen, das untere rechteckige Wandfeld deren drei enthält. Zur Rechten des Altars füllt die Legende der heiligen Katharina von Alexandrien die geschlossene Hauptwand (links vom Besucher). Gegenüber in der Fensterwand, zur Rechten des Besuchers, entfallen eigentlich nur vier schmälere Bildflächen für die Geschichte des heiligen

Ambrosius. Den Nachweis, dass hier nicht die Jugend der hl. Katharina oder die Wunder des hl. Clemens erzält werden, wie man gemeint hat, verdanken wir Franz Wickhoff [1]). Ueber den Zustand der Malereien, die neueste Restauration der Katharinenbilder und die Ablösung der beiden oberen an der Fensterwand, haben Crowe und Cavalcaselle neuerdings in der italienischen Ausgabe berichtet [2]), so dass wir diesen Sachverhalt als bekannt voraussetzen dürfen und nur gelegentlich im Einzelnen noch Bemerkungen einstreuen.

Das älteste Zeugnis, das wir über den Urheber dieser Malereien besitzen, ist das Vasaris, der in seinem Leben Masaccios erzält: Dieser habe . . ., von eifriger Liebe für seine Kunst getrieben, nach Rom zu gehen beschlossen, um dort zu lernen, damit er die Andern überträfe, und habe dort dann . . . für den Kardinal von S. Clemente, in der Kirche von S. Clemente eine Kapelle gemalt, wo er in Fresko die Passion Christi mit den Schächern am Kreuz darstellte und die Geschichten der hl. Martyrin Katharina.

In unserm Jahrhundert hat sich mancherlei Zweifel gegen die Nachricht erhoben. Die Herausgeber des Vasari erklären: »Queste pitture, nè per il concetto, nè per la esecuzione offrono somiglianza veruna colle opere autentiche di Masaccio; l' invenzione e il disegno le annunzia invece lavoro di tempo antecedente [3]).« Vom Text des Giovanni dall' Armi zu der vorzüglichen Publikation [4]) in Umrissſtichen 1809 nemen sie merkwürdiger Weise keine Notiz, als ob sie dessen sorgfältige Bemerkungen über Masaccios Leistungen in dieser Kapelle gar nicht gekannt hätten. Crowe und Cavalcaselle dagegen sind zu Vasaris Zeugnis zurückgekert und sehen darin Jugendwerke Masaccios, dessen Aufenthalt in Rom sie 1417 beginnen und bis 1420 dauern lassen: »Der Gesamteindruck des ganzen Gemäldecyklus der Kapelle bekundet einen jugendlichen Geist am Beginn seiner künstlerischen Entwicklung, der noch mit den Widersprüchen und Unvollkommenheiten zu kämpfen hat, wie sie einem Erstlingswerke naturgemäss anhaften [5]).« Albert von Zahn hinwieder

[1]) Zeitschrift für bildende Kunst XXIV. 1889. S. 308. ff.

[2]) Storia della pittura in Italia II (1883) p. 279.

[3]) Vasari, Le vite (ed. Lemonnier) III. 158, 1. Opere (Sansoni) II, 293.

[4]) Le pitture di Masaccio esistenti in Roma nella Basilica di S. Clemente colle teste lucidate dal Sig. Carlo Labruzzi e pubblicate da Giovanni dall' Armi, Roma 1809. roy. fol. — Nach dieser gewissenhaften Publikation, die bei dem jetzigen Ruin der Wandbilder besonders wertvoll geworden, geben wir einen grofsen Teil unserer Tafeln in entsprechend verkleinertem Maſsstab.

[5]) Deutsche Ausgabe II (1869) S. 100.

erhebt in seinen Jahrbüchern für Kunstwissenschaft (1869) Bedenken gegen die Anname, dass Masaccio die »durchaus nicht schülerhaften Fresken von S. Clemente« im Alter von 16—18 Jahren ausgefürt habe, und denkt an eine Verwechslung mit Masolino, die um so leichter gewesen, als diese Arbeiten in Rom »in diejenige Periode fielen, in welcher von der grossen stilistischen Eigentümlichkeit Masaccios noch nicht die Rede ist und die Künstler-Tradition felte.« Daraufhin giebt auch Anton Springer[1]) das Urteil ab: »Die neuere Kritik . . . schreibt die Fresken in S. Clemente in Rom, aus dem Anfang der zwanziger Jahre des 15. Jahrhunderts, bald dem einen bald dem andern Maler zu. Die Meinung, dass der Meister in S. Clemente auch die Fresken im Baptisterium zu Castiglione gemalt hat, verdient unbedingt den Vorzug.« Leider sind diese Aussprüche ohne weitere Begründung hingestellt worden, und ebensowenig motiviert, warum die Autor-Frage zwischen Castiglione und Rom eigentlich umgekert wird, wie es dem zeitlichen Verhältnis zuliebe doch nicht ohne Weiteres geschehen darf. Dagegen ist Burckhardts Cicerone, mit alleiniger Ausname der von Zahn bearbeiteten dritten Auflage 1874, bei Masaccio geblieben und seit der vierten Auflage von Bode ganz entschieden für Cavalcaselles Urteil eingetreten, in der letzten Bearbeitung von 1893 sogar ohne Rücksicht auf den neuesten Versuch, die Malereien in S. Clemente erst um die Mitte des 15. Jahrhunderts zu datieren. Dies unternam Franz Wickhoff, dem wir die Bestimmung der Darstellungen an der Fensterwand als Legende des hl. Ambrosius verdanken, in der Zeitschrift für bildende Kunst 1889.

Er erkennt in den Fresken den Einfluss des Vittore Pisanello und fürt diese Wirkung der oberitalienischen, specieller veronesischen Kunstweise in Rom auf ein bestimmtes Werk des genannten Meisters zurück, nämlich seine Geschichten »Johannes des Täufers« in der Lateransbasilika, welche als Fortsetzung der Anfänge von Gentile da Fabriano zwischen 1428 und 1432, nach den bisher aufgefundenen Zalungsvermerken vom April bis Juli 1431, ausgefürt sein müssen. Unter den Kardinälen aber, die nach 1431 den Titel von S. Clemente innegehabt haben, scheint ihm der Bruder des Königs von Cypern Hugo von Lusignan, durch sein allzuschnelles Aufrücken zu einer höhern Stufe der Hierarchie, der Venezianer Francesco Condulmer, durch den Mangel jeder Beziehung zu den dargestellten Heiligenlegenden, ausgeschlossen, so dass nur Henricus

[1]) Wie im Textbuch zu den Kunsthistorischen Bilderbogen, so auch in den »Grundzügen der Kunstgeschichte« 1889. S. 304. Vgl. K. Woltmann, Gesch. d. Malerei II. (1882) p. 139, dagegen K. Woermann für Masaccio. Kunst und Künstler III. 48 u. sonst.

de Allosio, der Erzbischof von Mailand übrig bliebe, der von 1446 bis 1450 der Kirche S. Clemente vorstand und allen Grund gehabt hätte, den Schutzpatron seiner Diöcese, S. Ambrosius, auch in seiner Titelkirche zu Rom zu verherrlichen.

Obwol nun Masolino, nach der gewönlichen Identificierung mit dem Maso di Cristofano Fini, der am 18. Oktober 1447 im Dom zu Florenz beerdigt ward [1]), bereits zehn Monate nach der Ernennung des Allosio zum Kardinal-Presbyter von S. Clemente ausserhalb Roms gestorben wäre, so setzt Wickhoff, doch auch dieses Bedenken bei Seite, verlängert das Leben des Malers Masolino, der 1384 geboren, damals jedenfalls über sechzig Jahre zälte, nach Belieben ins Ungewisse und läfst ihn zwischen 1446 und 1450 zu Rom den Kapellenschmuck in S. Clemente ausfüren; denn »bei Künstlern die ein hohes Alter erreichen ist eine solche Stilwandlung möglich; da erscheinen zuweilen am Schlusse der Laufbahn solche zarte Gebilde, wenn sich die Meister auch in ihrer Jugend dem gewaltigen und ernsten Stile zugewandt hatten.«

Damit wären wir allerdings beim entgegengesetzten Extrem der Meinung Cavalcaselles angelangt: statt eines Jugendwerkes von Masaccio eine letzte Leistung des greisen Masolino. Und in der Tat kurz vor den 1435 entstandenen Malereien im Baptisterium von Castiglione, wie es als unmittelbare Wirkung der 1432 fertigen Fresken Pisanellos im Lateran erlaubt wäre, könnten die Arbeiten in S. Clemente unmöglich angesetzt werden. Denn, wie Wickhoff selber zugesteht, scheint es schwer denkbar, »dafs ein Maler, der sich ganz der Kompositionsweise, der Behandlung u. s. w. der veronesischen Schule gefangen gab, später wieder Werke ausfüren sollte, wie die Fresken in Castiglione d'Olona, an denen von solcher Einwirkung nichts zu sehen ist.« Und da diese Malereien Masolinos im Baptisterium gerade das nämliche Heiligenleben, die Geschichten des Täufers behandeln, die Pisanello soeben für S. Giovanni in Laterano geschaffen hatte, und zwar wenn auch nicht in einem »gewaltigen und ernsten Stile«, doch in durchaus anders geartetem Sinne, so ist die Bekanntschaft mit Pisanellos römischem Cyklus damals noch völlig ausgeschlossen. Die Entwicklung ferner, die sich an den beiden Bildercyklen in Castiglione bemerken läfst, ist wie Wickhoff urteilt, »eine Entwicklung innerer Art; sie beruht auf der Vervollkommnung des Künstlers in seiner Richtung und ist nicht durch äussere Umstände bewirkt.« Das wollen wir, indem wir an Ungarn 1426 und an die Heimker nach

[1]) Milanesi zu Vasari, Opere II p. 266 (wo die Jahreszal felt) dazu p. 263 u. IX (Indici) p. II, wo es heifst »viveva ancora 1435«.

Florenz um 1427 erinnern, dahingestellt sein lassen, da Wickhoffs Chronologie in Castiglione statt mit 1425 erst mit 1428 beginnt. »In San Clemente tritt aber ein äufserer Grund für den Fortschritt, die Kenntnis der Malereien des Pisanello hinzu: wir werden die Fresken in S. Clemente daher später als jene in Castiglione setzen müssen.« Nur schade, dafs diese Fresken Pisanellos in Rom, die in Wickhoffs Argumentation eine so grosse Rolle spielen, garnicht mehr existieren, und, da wir nicht einmal eine Beschreibung besitzen, sich auch beim besten Willen dem Vorstellungsvermögen vollständig entziehen. Was von ihnen vorausgesetzt wird, ist lediglich eine Fiktion auf Grund andrer Arbeiten Pisanellos, von denen keine recht ausreicht, auch in der Phantasie nur einen Freskencyklus zu ergänzen, dem man grade so einzige, von allen kleinern Leistungen des selben Meisters nicht erreichte Wirkung beimessen soll, wie Wickhoff fordert, indem er seine ganze chronologische Deduktion an Pisanellos römische Tätigkeit von 1431 anknüpft.

Diese willkürliche Konstruktion eines untergegangenen Freskencyklus, als sei er eine bekannte Gröfse, mit der man wissenschaftlich rechnen könne, hängt ebenso wie die willkürliche Verlängerung der Lebenszeit Masolinos nach Bedarf einer Hypothesenreihe, nur mit dem Bestreben zusammen, die Malereien in S. Clemente möglichst spät zu datieren. Da bietet sich als Besteller mit einiger Wahrscheinlichkeit unter den Kardinälen von S. Clemente auch nur Enrico Allosio, der Erzbischof von Mailand an. Aber die Wahrscheinlichkeitsgründe, die aus dem Inhalt der Darstellungen für diesen sprechen, fallen ebenso stark für den weit früheren Kardinal Branda ins Gewicht, den selben, der Masolino in Castiglione d'Olona unweit Mailand beschäftigt hat.

Schon am Eingang der Kapelle deutet, wie Wickhoff selbst hervorhebt, die Gestalt des hl. Christophorus auf oberitalienische Liebhaberei! Ja, das ist noch zu allgemein ausgedrückt. Wir können die Beziehungen ganz persönlich fassen, sobald wir an Branda denken, der in Castiglione an seinem Kirchlein Corpus Christi, das 1437 ausgestattet ward, die Kolossalfigur des heiligen Christoph genau so am Eingange anbringen liess wie hier, nur in Stein gehauen, zur Rechten der Tür, dem vorübergehenden Wanderer zunächst an der Strasse. Und ein Mann wie Kardinal Branda, der als Legat so viel gefarvolle Reisen in fremde Länder durchgemacht, der in Kriegsläuften und Ketzerverfolgung so viel Nachstellungen ausgesetzt war, hatte alle Ursache, dem Schutzheilgen, dessen Anblick vor gewaltsamem Tode bewaren soll, seine intime Verehrung zuzuwenden, oder für die Erhörung gar manches Stofsgebets in Angst und

Färlichkeit ihm seinen Dank zu zollen. Noch mehr: »die Schilderung der Wunder des grossen mailändischen Heiligen Ambrosius wären ein dem mailändischen Edelmann angemessener Gegenstand« wird anerkannt; aber »es steht dem entgegen, dass Branda . . . eine gar geringe Achtung und Liebe für die Heiligen seiner Heimat hatte.« Wickhoff erzält als Beweis für diese viel zu sehr verallgemeinerte Anklage die Anekdote, die Corio berichtet, — und stellt sie als »Streich gegen die unschuldige ambrosianische Liturgie« hin. Dieser Misserfolg des Neunzigjährigen, der die Unionsbestrebungen Eugens IV. auch in seiner Heimat durchzusetzen dachte, beweist doch keine Nichtachtung und Lieblosigkeit gegen den Schutzpatron der Erzdiöcese, der Branda als »Episcopus Placentinus« zugehörte, wie er als Kardinal noch immer sich zu bezeichnen liebt. Wickhoff scheint völlig zu vergessen, dass alle Stiftungen Brandas auf Schritt und Tritt das Gegenteil seines Vorwurfs dartun. Von Christophorus nicht mehr zu reden, ist am Portalrelief der Kollegiatkirche neben den Titelheiligen der Kirchenvater Ambrosius ausgewält, wenn auch der Papst Gregor den Stifter am Tron der Madonna vorstellt. In dem selben Gotteshaus war der Altar des einen der beiden Nebenchöre dem heiligen Clemens, Ambrosius, Konrad a. A. geweiht, und 1428 erhielten die vier Doktoren der lateinischen Kirche zusammen im Kirchlein Corpus Christi drunten noch höhere Ehren. Als Halbfiguren erscheinen sie am Portal, als Statuen im Innern des Tempels, und in der Urkunde, die der Kardinal bei der Kurie in Bologna ausfertigen liess, wird auffallend genug gegen die gewonte Reihenfolge der Bischof Ambrosius an erster Stelle, vor dem Papst Gregor und dem Kardinal Hieronymus genannt.

Und diese »quattuor doctores Ecclesiae,« denen er das Gotteshaus in Castiglione widmet, das seiner eigenen Wonung unmittelbar gegenüber steht, erscheinen nun ebenso bemerkbar hervorgehoben an der Decke der Kapelle in S. Clemente, seiner Titelkirche in Rom, den vier Evangelisten gesellt, — doch sicher auf die ausdrückliche Weisung des Bestellers.

Endlich die Legende der Hauptheiligen, die den Geschichten des Ambrosius an der Fensterwand gegenüber die günstigste Stelle für einen Bildercyklus einnemen durfte: S. Katharina von Alexandrien? Wickhoff weiss nur zu sagen, diese Legende sei auch unter Allosio »ganz natürlich hinzugetreten, da dieser Heiligen die Kapelle geweiht war, die schon länger existiert haben muss.« Auch da also muss ein Widerspruch, der im Bau selber vor Augen steht, erst beseitigt werden zu Gunsten einer Hypothese. Es geschieht mit einer willkürlich hingeworfenen Behauptung, und ausserdem ohne

Erklärung für die Wal der vornemsten Stelle zur Rechten des Altars und der bestbeleuchteten ausserdem. — Auch die heilige Katharina weist ganz persönlich auf Branda Castiglione als Stifter hin. Denn er hat schon in der Collegiata seiner Heimat den Altar der Krypta unterm Chor an erster Stelle eben dieser Heiligen geweiht und erscheint droben auf dem Deckenbild von Masolino bei der Geburt Christi knieend von einer weiblichen Heiligen empfolen, deren Kopf durch die grösste Aehnlichkeit mit ihrer Darstellung in S. Clemente auffällt. Und wenn endlich für die Wal der Kreuzigung als Hauptbild die kirchliche Gesinnung Allosios im Allgemeinen herhalten muss, so wäre hier vielleicht der Gedanke an die früher vorhandene Altarstätte eher angebracht gewesen. Wir aber besitzen wieder das Beweismaterial, das Branda Castiglione als Begründer dieser »Cappella della Passione« kennzeichnet. Das intimste Heiligtum des Kardinals in seiner Heimat, die Hauskapelle seiner Wonung selbst enthält noch heute den nämlichen Gegenstand der Verehrung, wie ihn die Verse Plantanidas zum Ruhm dieses Palastes kurz erwänen, — den Dulder am Kreuz:

Vestibulum ingens portas aperit, mox porticus aurea
A dextra Christi aediculum offert [1]).

Darnach wären für alle Teile des Bilderkreises, die einer Erklärung aus persönlicher Wal des Auftraggebers bedürfen, die Beziehung zu Branda Castiglione erwiesen. Ja sogar die Verkündigung über dem Eingangsbogen kert über der Tür des Baptisteriums wie über dem Portal eines Hauses der Familie in Castiglione d'Olona (Corso Nr. 13) wieder. Und so stünden wir abermals vor dem Wappen am Scheitel des Spitzbogens, das nachweislich im siebzehnten Jahrhundert verändert worden, mit der Frage, ob sich aus ihm nicht noch ein Anhalt, eine Bestätigung gewinnen liesse.

Die heraldischen Abzeichen keines der späteren Kardinäle von S. Clemente, die als Besteller der Malereien in Anspruch genommen sind, hat die geringste Aehnlichkeit mit dem vorhandenen, dem aufsteigenden Greifen des Franciotti von Lucca, so dass eine Modification leicht gewesen wäre. Henricus de Allosio fürt in drei Streifen: oben einen schwarzen Adler auf goldnem Grunde, darunter zwei goldene Lilien auf rotem Grunde und im untersten umgekert rote Lilien auf Gold. Die venezianische Familie der Condulmer, der nicht allein Eugen IV, bis zu seiner Papstwal der unmittelbare Rivale Brandas in diesem Titel (1408—1431), sondern auch dessen Nepot Francesco angehört, der 1431—1445 der Kirche S. Clemente

[1]) Vgl. Buch I dieser Studien S. 14, und Diego Sant' Ambrogio a. a. O.

vorstand, fürt als Wappen ein blaues Schild mit schrägem Goldbande, und so hat ein Schimmer blauer Farbe »un campo turchino« wie Giovanni dall'Armi angiebt, auch Knudtzon genügt, auf Gabriel Condulmer (Eugen IV) zu weisen, ohne sich um den Greifen und die Farben der Franciotti zu kümmern. Sieht man aber das Wappentier, wie es im Felde sitzt, genauer an, so muss auffallen, wie wenig die heraldische Zeichnung das Gleichgewicht bewart und in dekorativer Abwägung die Formen in die Fläche verteilt. Besonders zwischen den Vorderkrallen und dem Schnabel ist ein leerer Raum, während die Flügel schmal und spitz sich nur zaghaft zu entfalten vermögen wegen der Nähe des Randes rechts. Ein Blick auf das Wappen der Castiglione giebt für Alles die erwünschte Erklärung. Es zeigt, dass die Grundzeichnung des Wappentieres nur leise verändert worden, um die Fälschung zu erreichen; denn Branda allein fürt auch ein steigendes Tier im Schilde: den Löwen, der als redendes Wappen ferner ein Kastell in der erhobenen Pranke hält. Dies Kastell ist links oben zugedeckt, an dem Rücken des Tieres aber das Flügelpaar angefügt, so knapp es auch gehen mochte, der Kopf in den eines Vogels verwandelt, so dass ein ziemlich unglückliches Phantasiegeschöpf entstanden ist, dem nicht einmal ornamentaler Zug die erforderliche Einheit und Berechtigung verleiht [1]).

Und dass wir bei dieser durchsichtigen, sehr bequemen Fälschung des vorhandenen Wappens nicht allzu hellseherisch verfaren sind, hat sich ferner durch ein litterarisches Zeugnis bestätigt, das wir als Warnung vor Wickhoffs Hypothesenbau schon im Voraus mitgeteilt haben. Es beantwortet die vielumstrittene Frage nach dem Stifter der Kapelle in S. Clemente rund und nett, und zwar ebenso aus unmittelbarer Nähe Michelangelos wie die Nachrichten Vasaris selber. Diese Stelle, die bis dahin den Forschern selbst historischer Schulung entgangen war, findet sich bei Antonio Beffa Negrini, der 1532 in Asola bei Brescia geboren und lange Zeit im Mantuanischen als Richter tätig gewesen, 1603 gestorben, in die Zal der vielseitig gebildeten, künstlerisch und litterarisch angeregten Männer jener Zeit gehört hatte, und in Rom auch mit Michelangelo in persönlichem Verker gestanden war. Er hat schon 1566 einen Band »Rime« in Venedig drucken lassen, dann aber handschriftlich aus ältern Quellen eine umfangreiche Kompilation zur Verherrlichung des Hauses Castiglione hergestellt, die nach seinem Tode in der etwas ungeordneten Form wie sie vorlag durch Cesare Campana zum Druck befördert

[1]) Vgl. Brauns Phot. Nr. 3 und die erste Tafel Labruzzis, die wir in unsern Abbildungen reproducieren.

ward. In diesen »Elogi Historici di alcuni personaggi della famiglia Castigliona, Gia raccolti da Antonio Beffa Negrini et hora dati in luce da Francesco Osanna stampatore ducale. Mantova MDCVI« (kl. 4°) ist das einundvierzigste Elogium dem Kardinal Branda Castiglione gewidmet, und hier findet sich S. 239 die entscheidende Stelle: »Er liess zu Rom in S. Clemente, seiner ersten Titelkirche, eine Kapelle machen, gemalt und geschmückt mit sehr schönen Bildern, wohin häufig, um sie zu beschauen, der göttliche Michel Angelo Buonarroti zu gehen pflegte; an der Stirnseite der Kapelle sieht man bis auf den heutigen Tag noch das Wappen Brandas«[1]).

Dieser durchaus glaubwürdige Verfasser berichtet also mit der Genauigkeit eines Augenzeugen, der gleichsam das beglaubigende Siegel des Stifters nach Juristengewonheit bestätigt, sonst aber die Schönheit der Gemälde wol mehr auf die Autorität Michelangelos hin hervorhebt. Er verschweigt den Namen des Malers, und das erlaubt wol den Schluss, dass er, bei Niederschrift seiner Notiz wenigstens, von Vasaris Künstlerbiographieen keine Kenntnis gehabt, jedenfalls keinen Gebrauch macht, sondern dass er die gleichwertige Zuverlässigkeit eines zeitgenössischen Gewärsmannes beanspruchen darf, dessen Zeugnis wol geeignet wäre, die Angaben Vasaris zu bekräftigen oder zu ergänzen. Dabei darf es nicht unbemerkt bleiben, dass er ebenso von Michelangelos Bewunderung für die Malereien in S. Clemente zu berichten weiss, wie Vasari bei dem Altärchen Masaccios in S. Maria Maggiore, wo uns aus den Bemerkungen des Biographen ein persönliches Erlebnis mit dem verehrten Meister fast wie ein Gespräch heraus klingt. Michelangelo auf seinen einsamen Gängen sich freuend an den Anfängen der Kunst, die er selbst so weit darüber hinausgefürt, oder in Gesellschaft der wenigen Auserwälten, die glücklich waren ihn gelegentlich begleiten zu dürfen, mitteilend, belehrend, in stetem Verker mit den Leistungen florentinischer Landsleute in der ewigen Stadt. Bezögen sich beide Angaben, Negrinis und Vasaris auf ein und dasselbe Werk oder auf einen Künstlernamen, so würden wir Beffa Negrinis Hinweis auf den Unfelbaren, nur als Echo Vasaris vielleicht, geringer bewerten müssen. Hier dagegen stehen die beiden Aussagen unabhängig neben einander, und die Kenntnis des Stifterwappens bei Negrini, dem Juristen, stellt vor allen Dingen unzweifelhaft fest, dass der Besteller, Vasaris »Kardinal von San Clemente« kein Anderer gewesen ist als Branda Castiglione.

[1]) Vergl. den ital. Wortlaut im Ersten Buch (1895), S. 108.

Damit ist die ganze Hypothese Wickhoffs von einer Entstehung der Malereien nach 1431 beseitigt, da Branda im März dieses Jahres zum Kardinalbischof von Porto aufstieg, während der Titel als Presbyter von S. Clemente auf Hugo von Lusignan, Diakon von S. Adriano, übergieng und schon im November desselben Jahres, als dieser Bischof von Praeneste werden konnte, an Francesco Condulmer weiter gegeben ward, den Eugen IV. gewiss von vornherein am liebsten zum Erben seines einstigen so lange angefochtenen Titels ausersehen hatte. Seit März 1431 hatte Branda Castiglione nichts mehr mit S. Clemente zu schaffen, zu einer Zeit also, da Vittore Pisanello die Fortsetzung der Malereien Gentiles da Fabriano im Lateran kaum noch begonnen haben dürfte.

Dagegen bestätigt ein äusserer Umstand, dass Kardinal Branda sobald wie möglich auch sonst seine Macht als Inhaber dieser Titelkirche ausgeübt hat, die Tatsache nämlich, dass er sich für den Neubau der Collegiata in Castiglione d'Olona auch eine Reliquie des hl. Clemens verschafft haben muss, da der Nebenchor neben S. Ambrosius diesem römischen Patron der Titelkirche geweiht ward. Gabriel Condulmer dagegen, der Bischof von Siena, für den sich Giovanni dall'Armi wie auch Crowe und Cavalcaselle erklärt haben, war allerdings einige Jahre früher als Branda (9 Kal. 1408) zum Titular von S. Clemente ernannt worden, aber beim Aufenthalt Papst Gregors XII. zu Lucca, und unter lebhaftem Einspruch der Kardinäle und Diplomaten gegen diese Kardinalskreation, welche den Abfall von dem wortbrüchigen Papste, den Zusammentritt des Koncils zu Pisa und die Wal Alexanders V. herbeifüren half. Mit seinem Oheim Gregor XII. flüchtig geworden, ist Gabriel Condulmer nicht in den Besitz des Titels gelangt, auch als das Kostnitzer Koncil sein Kardinalat anerkannt hatte; denn die Verleihung von S. Clemente wurde als ungiltig betrachtet und durch Johann XXIII. am 6. Juni 1411 dem Branda Castiglione zugewendet, der wegen seiner freimütigen Vorstellungen von Gregor XII. seines Bistums Piacenza enthoben war. Bei der Wal Martins V. zu Kostnitz erhielt Gabriel Condulmer den Vortritt vor Branda, wurde aber von dem neuen Papst gleichsam als Erbe seines Oheims Gregor, der als Legat von Picenum gestorben war, sogleich in die Mark Ancona geschickt, dann später (16. August 1423) mit der Bewältigung des aufständischen Bologna betraut. Seit 30. August 1424 finden wir ihn freilich in Rom, und noch am 24. Juli 1425, im November desselben Jahres und im Januar 1426 wird seine Anwesenheit an der Kurie durch Urkunden bestätigt.

Grade deshalb musste dem später ernannten Kardinal Branda daran liegen, von seiner Titelkirche auch durch äussere Zeichen gleichsam Besitz zu ergreifen. Und sollte dies nicht schon unter dem Pontifikat Johanns XXIII. geschehen sein, als dessen Legat er wiederholt nach Polen und Ungarn geschickt war, bis wir am 2. Mai 1415 auch ihn auf dem Koncil zu Konstanz finden, so brachte die Rückker der Kurie nach Rom im Herbst 1420, wo jeder Kardinal bei seiner Titelkirche Wonung nam, schon die Notwendigkeit mit sich, dass Branda bei S. Clemente einzog, während Gabriel Condulmer in der Mark Ancona verweilte. Der Zustand der römischen Kirchen verlangte, nach langer Verwarlosung in den Zeiten des Exils von Avignon und des Schismas darnach, der neapolitanischen Eroberungszüge und des römischen Bürgerzwistes, dringend die Fürsorge aller Berufenen. Musste doch der Papst Martin selber, während des Winters im verfallenen Vatikan hausen, im Sommer und Herbst bei S. Maria Maggiore auf dem Esquilin eine Zuflucht suchen, bis er im Mai 1424 seine Familienwonung bei Sti. Apostoli, die er inzwischen neu ausgebaut hatte [1]), zu beziehen vermochte. Er befal auch seinen Kardinälen ausdrücklich ihre Titelkirchen zu erneuern, in einem Rundschreiben von 1425 das der Sachlage nach mehr für die Säumigen und ausserhalb Roms Lebenden bestimmt war als für die Anwesenden, die der Verfall ohnehin zu werktätigem Eifer zwang [2]). Dem Kardinal Branda, dessen unermüdliche Freigebigkeit für seine Pfründen und sonstigen Stiftungen wir genugsam kennen, stellt auch Vespasiano da Bisticci in der kurzen Skizze seines Charakters das Zeugnis aus: »Fe riparare più chiese, e massime de' beneficii che aveva tenuti, e fornile di paramenti; e fece fare e comprò per esse libri di cantare; e buona parte di quello n'aveva tratto ve lo rimise per questa via ... Fece fare in Lombardia una Libraria, comune a tutti quegli che desideravano avere notizie delle lettere« [3]).

Ist aber Branda Castiglione nach dem Zeugnis des Beffa Negrini auch der Stifter der Kapelle in S. Clemente, mit deren Malereien wir es hier zu tun haben, so ergeben sich auch für seine Person, durch längere Abwesenheit von Rom, bis zum Jahre 1431 mehrere

[1]) Vergl. Gregorovius, Gesch. Roms, VII, 2 (1873), p. 13 u. Pastor, Päpste I, 177; sowie oben Buch III, p. 77.

[2]) Ad eius imitationem omnes fere Sanctae Romanae Ecclesiae cardinales eorum titulos ruinae paene proximos repararunt et ad magnum ornatum usque perduxerunt (Muratori, Scriptores III, 2 p. 867).

[3]) Fundatio Collegii Castilionei zu Pavia, Urkunde vom 4. Dec. 1437 aus Bologna. vergl. Matteo Castiglione, S. 76.

Einschränkungen, die zur näheren Datierung dieses Freskenschmuckes füren können [1]). Im September 1420 mit Martin V. nach Rom gekommen, wird Branda bereits am 13. April 1421 zum apostolischen Legaten in Ungarn ernannt, da Giovanni Dominici gestorben war, und befindet sich zum Kreuzzug gegen die Hussiten ermanend bereits am 31. Mai in Wesel auf einem Tage der Fürsten und Städte, Anfang Juni in Köln, und zieht am 21. Juni in Lüttich ein, um von dort am 1. August nach Böhmen aufzubrechen. Ende Oktober desselben Jahres bis zum Frühjahr 1422 ist dagegen seine Anwesenheit in Rom beurkundet; seit April 1422 wissen wir ihn wieder in Deutschland (25. April am Rhein). Und diesmal kert er erst nach längerem Aufenthalt auch in Ungarn zum 25. März 1425 nach Castiglione d'Olona zurück, wo die Kollegiatkirche geweiht ward, und reist von da über Mailand [2]) und wahrscheinlich auch Florenz nach Rom, wo seine Gegenwart sicher am 24. Juli 1425 beim Empfang der florentinischen Gesandtschaft im Konsistorium bezeugt ist. Seitdem ist er dauernd an der Kurie geblieben bis zum Ende Martins V. und der Wal Eugens IV. Nur im Jahre 1429 war er seiner leidenden Gesundheit wegen während der Sommerhitze nach Montecassino [3]) gegangen, und scheint sich im Gedanken an sein Ende vorwiegend der Gründung des Collegium Castilioneum an der Universität Pavia zugewendet zu haben, das zunächst durch eine Bulle Martins V. vom 19. März 1429 bestätigt wurde.

Ziehen wir nun die Erbauung der Kapelle selbst in Betracht, so ergeben sich zur Beauftragung eines florentinischen Malers drei Möglichkeiten für diesen Besteller: die erste vor seiner Abreise zum Betrieb des Kreuzzugs gegen die Hussiten, also bis April 1421; die andre beim Aufenthalt in Rom Oktober 1421 bis März 1422; die dritte vom Mai oder Juni 1425 bis zum Jahre 1429, wo er sich andern Stiftungen zuwendet, oder spätestens bis zum Konklave von 1431, aus dem Eugen IV. als Papst hervorgieng, der Branda zum Bischof von Porto erhob.

Befragen wir darnach die Lebensnachrichten der beiden Maler, die bis jetzt in der Forschung allein in Frage gekommen sind, so

---

[1]) Vergl. die Regesten Kardinal Brandas im Anhang des I. Buches.

[2]) Rinaldo degli Albizi erwänt bei seiner Anwesenheit in Florenz am 5. Mai 1425 einen Brief des Kardinals von Piacenza aus der Umgebung des Visconti von Mailand und scheint die persönliche Gegenwart des Korrespondenten beim Herzog vorauszusetzen. Commissioni II, 325.

[3]) Ambr. Traversari an Branda. Lat. Epist. a P. Canneto editae. Florent. 1759. Praefatio XLVIII. u. IL. Vergl. G. Voigt, Die Wiederbelebung des class. Altertums I⁴, 1880, p. 261: »Im Juli kam Poggio selbst nach Montecassino und zwar in Gemeinschaft mit Kardinal Branda«. Auffindung der Handschrift des Frontinus.

erhalten wir für Masolino, der am 18. Januar 1423 in Florenz immatrikuliert wird, freie Verfügung bis zum Beginn seiner Malerei in der Brancaccikapelle, den wahrscheinlich eben dieser Eintritt in die Zunft der Vaterstadt bezeichnet, und dann erst wieder nach seiner Rückker aus Ungarn, wo er noch 1427 verweilt, und zwar (bis 1431, solange Branda den Titel von S. Clemente fürt, jedenfalls) vor der Ausmalung des Baptisteriums in Castiglione, dessen Wölbung die Jahreszal 1435 enthält. — Für Masaccio dagegen haben wir die Eintragung bei den Medici e Speziali am 7. Januar 1421 und die bei der Lukasgilde im Jahre 1424 zu berücksichtigen, zwischen denen der erste Spielraum läge — (grösstenteils während der Abwesenheit des Kardinals); dann (nach dessen Rückker aus Deutschland im Frühjahr 1425, wo er Masolino veranlasst haben muss, die Brancacci-kapelle aufzugeben und über Castiglione d'Olona zu Pippo Spano nach Ungarn zu gehen) nur die nämlichen Jahre, wo Masaccio als Fortsetzer Masolinos in der Brancaccikapelle beschäftigt war, d. h. spätestens vom Juli 1425 ab, wo Masolino noch in Florenz weilt und in etwaigen Unterbrechungen, wo auch Altarwerke für Florenz und Pisa entstanden sind. Endlich bliebe nur das Todesjahr, das ihn nachweislich wieder nach Rom gefürt hat, also um 1428 übrig. Aber für diesen letzten Termin wäre allein die Notiz Vasaris verwertbar, dass ihm ein Teil der Wandfelder von S. Giovanni in Laterano aufgetragen sei, die sonst von Gentile da Fabriano und Vittore Pisano gemalt worden; denn diese Meister haben nicht gleichzeitig mit einander in Rom gearbeitet, sondern Pisanello hat, wie Fazio erzält[1]), die von Gentile begonnenen Fresken aus dem Leben des Täufers fortgesetzt. Zalungsvermerke, die Gentile betreffen, sichern seine Arbeit vom Januar 1427 bis Juli dieses Jahres; wenig später muss er gestorben sein, da 1428 die Erbschaft nach Fabriano ausgeliefert werden soll. Pisanello jedoch erscheint in den Zalungen der päpstlichen Kammer erst seit dem 18. April 1431, nach der Wal Eugens IV., der ihn von Venedig und Verona her oder aus seiner langen Tätigkeit als Legat in den Marken bis Ferrara hinauf kennen mochte. Nach dem Tode Gentiles, der »Einiges nur angedeutet und unvollendet zurückliess«, — wie Fazio berichtet[2]) —.

[1]) (Pisanus) pinxit et Romae in Joannis Laterani templo, quae Gentilis d. Joannis Baptistae historia inchoata reliquerat, quod tamen opus postea, quantum ex eo audivi parietis humectatione pene oblitteratum est.

[2]) Eiusdem est opus Romae in Joannis Laterani templo Johannis ipsius historia ac supra eam historiam Prophetae quinque ita expressi, ut non picti sed e marmore facti esse videantur; . . . Quaedam etiam in eo opere adumbrata modo atque imperfecta morte praeventus reliquit. De viris illustr. 1455/56 ed. Mehus, Florenz 1745). Vgl. Müntz. Les Arts à la Cour des Papes I. 1878 p. 47 u. Mélanges d'Archéologie et d'Histoire publiés par l'École française de Rome 1884.

wäre also ein Zwischenraum für Masaccio offen, der ebenfalls in Rom dahinstarb.

Auf jeden Fall sind die Malereien in S. Clemente vor der Berufung Pisanellos nach Rom entstanden; denn schon im März 1431 wird der Kardinalpresbyter Branda Castiglione von dieser Titelkirche zum Kardinalbischof von Porto befördert, und damit ist ein späteres Datum für seinen Auftrag zu Gunsten der Kapelle in S. Clemente so gut wie ausgeschlossen.

Wenn also wirklich Elemente der veronesischen Kunstweise in diesen Malereien zu erkennen sind, wie Wickhoff meint, so muss dafür eine andre Erklärung gesucht werden, als der Einfluss der spätern römischen Arbeit gewärt.

Oder aber, mit der Umkerung des chronologischen Verhältnisses, muss auch die Schlussfolgerung dahin gezogen werden, dass die Anregung vielmehr von diesen Malereien in S. Clemente ausgegangen und in Pisanellos ganzer Kunstweise seither sich geltend gemacht habe.

So wenigstens begriffen wir die Wertschätzung Michelangelos erstrecht, der »oft in die Kapelle von S. Clemente gieng, um die Gemälde zu betrachten«, — d. h. eine Bewunderung hegte, die er den Nachamungen nach Fresken Pisanellos im nahen Lateran gewiss nicht gewidmet hätte.

Die Malereien an der Decke und an der Aussenseite

Am Gewölbe des Innenraumes sind in jeder Kappe zwei auf Wolken sitzende Gestalten zusammengeordnet, ein Evangelist mit seinem symbolischen Attribut neben sich und ein Kirchenvater; aber die schlechte Erhaltung grade dieser durch Feuchtigkeit vielfach zerstörten, durch Restauration fast noch stärker entstellten Malereien gewärt keinen authentischen Gesamteindruck mehr [1]). Soviel aber ist auch heute noch ersichtlich, dass die strenge Symmetrie der gotischen Tradition aufgegeben war, und dass an die Stelle der silhouettenhaften Raumlosigkeit ihres lediglich dekorativen Prinzips die volle Körperlichkeit und der Anschluss an die Bedingungen des wirklichen Ortes zu setzen versucht wurde. Die Gestalten sind in ihren Proportionen noch lang gestreckt; aber sie sollen den statischen und mechanischen Bedingungen unseres Leibes entsprechend auf ihren Wolkenbänken dasitzen und ihre Füsse auf einen untern Streifen von gleicher Konsistenz stützen, wie auf den sichern Boden, wo auch ihre tierischen Begleiter in voller Breite lagern können. Sie werden also im Knochenbau gewissenhaft, auch unter der Gewandung deutlich durchgefürt, soweit die Anforderungen an die Kenntnis damals irgend gehen können, und leidlich erhaltene Stellen zeigen sogar kräftige Modellierung, und zwar mit Hilfe scharfer Beleuchtung von einer Seite, die durch gegebene Verhältnisse des Kapellenraumes selbst bestimmt wird. Das ist schon ein entscheidender Schritt, der die Ausmalung dieses Kreuzgewölbes wesentlich von der Dekoration einer gleichen Decke im Baptisterium zu Castiglione unterscheidet, und uns sofort in einen Anachronismus verwickelt, wenn wir annemen sollten, diese Arbeit in S. Clemente sei das Werk eines und des selben Meisters, der dort in Castiglione 1435 die vier Evangelisten gemalt hat.

Aehnliche Unterschiede bemerken wir in der Gewandung, die dort kleinlich und manierirt erscheint, während hier bei aller Befangenheit in den ererbten Gewonheiten einer allgemeinen Draperie und ihren hergebrachten Bogenfalten, doch zwei bedeutsame Zwecke damit verfolgt werden: die Betonung der festen Formen, besonders ihrer hervorstehenden Höhepunkte oder Gelenkköpfe, die zum Ver-

[1]) Vergl. die Photographieen der einzelnen Kappen von Braun mit der neuen Gesamtaufnahme von Alinari, dazu den Einblick in den Innenraum bei Labruzzi. Unsere Abbildung Taf. I u. II.

ständnis der Haltung dienen, und die malerische Breite, die zwischen der plastischen Sonderung der Gliedmaſsen wieder vermittelt und die Körper mit den übrigen Bedingungen ihres umgebenden Raumes ausgleicht.

Die Motive bleiben die plausibeln, schon im Lauf des Trecento veräusserlichten des Schreiberhandwerks, neben denen die Inspiration nur durch das Symbol zur Seite noch angedeutet wird; aber sie sind doch frisch beobachtet und mit dem Alter der Evangelisten in charakteristische Verbindung gebracht. Die Kirchenväter daneben, deren Mangel an solchem Hausgenossen zur Seite eine Störung der Symmetrie, oder doch ein einseitiges Uebergewicht, nach der Rechten vom Mittelpunkt des Bildes aus, also nach der Linken des Beschauers ringsum veranlasst, haben doch ihrerseits die Reihenfolge der Evangelisten mit bestimmt, oder wenigstens — da die Verbindung der Paare nicht die übliche ist — zuerst die Plätze eingenommen und je einen Verfasser der Evangelien nach sich gezogen. So würde es überraschen, grade Lucas mit seinem geflügelten Stier an erster Stelle über dem Eingang zu sehen; aber neben ihm sitzt der Papst Gregor, und dieser ist es, der den Rang bestimmt hat, wie er den Stifter am Thron Mariens empfielt auf jenem Tympanonrelief der Kirche von Castiglione. Der Evangelist in voller Mannesfrische, mit kurzem Vollbart dargestellt, beguckt die Spitze seiner Gänsefeder, die er in Schulterhöhe erhebt, während die Linke mit dem Tintenfass in der Faust zugleich den Pergamentstreifen auf dem Knie festhält, wo der Anfang seiner Schrift »IN DIEBVS . . .« zu lesen ist. Gregor schreibt in ein Buch, wie alle vier Kirchenväter, scheint aber der Taube an seinem Ohr gelauscht zu haben, die jetzt verschwunden ist. (Eine Halskrause ist spätere Zutat, unter der die Deutlichkeit der Kopfhaltung gelitten hat.) — Gegenüber diesem ersten Paar erscheint oberhalb der Altarwand mit der »Kreuzespassion« offenbar in sinnvoller Beziehung zu diesem Hauptgegenstand der Kapelle S. Johannes der Evangelist mit S. Augustin. Der Lieblingsjünger des Herrn, der unter dem Kreuzesſtamm noch jugendlich als Ersatz des Sohnes bei Maria auftritt, ist hier oben als der greise Seher auf Patmos, der Verfasser der Apokalypse mehr als des Evangeliums gegeben, wie es damals in Florenz üblich war. Sein langbärtiges Haupt sitzt vorwärts gebückt zwischen hohen Schultern, und die gekrümmte Haltung kennzeichnet die Mühe beim Schreiben seiner Anfangsworte: »IN PRIN« . . . Aber die verblassten Züge, die Ergänzungen, besonders am Gewand von den Knieen ab, die Auffrischung des Adlers, der mit offenen Flügeln auf einem besondern Wolkenstreifen unten daherschreitet, gestatten kein weiteres Eingehen.

2*

Ebenso verletzt ist die Seite Augustins beim Elbogen aussen, so dass wir nur die schwarze Kappe über dem Chormantel als Kennzeichen der Person und die Beugung zur Schrift des Nachbarn hinüber als Versuch zu näherer Beziehung hervorheben können.

Rechts, vom Altar aus, erkennen wir an der Geissel in der Hand, die zugleich das Tintenfass hält, den hl. Ambrosius, wie er auch in Castiglione gezeigt wird, so dass er sich der Fensterwand mit den Geschichten seines Lebens gegenüber befindet. Der Kopf mit dem kurzen Graubart und der Chormantel sind entstellt, wie der Kopf des Matthäus daneben, so dass nur die Haltung des Letzteren, durch die Abhängigkeit vom Engel unten, Interesse erregt. Er schreibt dem Horchen zuliebe unbequem auf dem rechten Knie allein, und nur der Uebelstand, dass die Malerei den Wortlaut der Botschaft doch auch nur auf einem Schriftband geschrieben vermitteln kann, hat diese Beziehung wieder gelockert, indem der knieende Engel seine Legende »LIBER GENERATIONIS« in Mundhöhe vor sich erhebt. Soviel von ihm noch Ursprüngliches erhalten ist, gehört durchaus zu den Engeln bei S. Anna selbdritt in der Akademie zu Florenz und bereitet hier vor auf die Himmelsboten im Leben der hl. Katharina auf den Bildern der Wand zu Füssen dieses Paares. Verhältnismässig wolerhalten und besonders im obern Teil unverfälscht ist das letzte Paar über der Fensterwand, obwol der Löwe des Marcus, der dem Kardinalshut des Hieronymus gegenüberlag, jetzt vollends verschwunden ist. Wie im Gewande des Matthäus drüben werden wir bei diesen etwas dürftigen Draperieen noch am ehesten an die Figuren Masolinos in Castiglione erinnert: aber während die letztern von 1435 noch die volle Gleichgültigkeit gegen Raumwahrheit zeigen, kann hier nicht verkannt werden, wie sorgsam diese beiden mit einem Knie fast aneinanderstossenden Körper zusammen konstruiert sind, als sässen sie innerhalb einer Mandorla, deren Bogenlinien links und rechts als Gränze fülbar werden, und auf zwei Radien eines vor der Kurvatur der Wölbung befindlichen Mittelpunktes, so dass sich durch diese Faktoren die Beugung, ja die Formation aller Teile bestimmt. Das ist streng perspektivische Rechnung, die gewiss von der Beleuchtung durch den Spitzbogen des alten Fensters mit veranlasst wurde. Die Gewandung, die biblische des Apostels sowol wie die mönchische des Kardinals, wird uns aber noch wichtiger, und ebenso die beiden Typen die wir in enger Gemeinschaft beisammen finden: Marcus ist der Petrus auf dem ersten erhaltenen Breitbilde der Brancaccikapelle und Hieronymus niemand anders als der Greis mit gespaltenem Vollbart am Lager der Tabitha. Ja, die Uebrigen, soweit sie erhalten sind, vergleichen sich fast näher der Apostelreihe gegenüber in der Geschichte vom Zinsgroschen, und der Lucas über dem Eingang kommt dem knieenden zweiten König in der Anbetung des Pisaner Altarwerkes (zu Berlin) so nahe wie nur möglich in der andersartigen Drehung seines Kopfes. Nehmen wir dann endlich die sehr beschädigten Büsten der zwölf Apostel in den Vierpassramen an der Laibung des Bogens hinzu, so spinnen sich die Beziehungen zum S. Paulus in Pisa und S. Andreas in Wien so vielfach und überzeugend wie zu den beiden oberen Breitbildern der Brancaccikapelle an, dass wir sie eben so eng mit diesem Kreis von Werken zusammen denken müssen, wie wir sie weiter und weiter von den Vergleichsstücken in Castiglione zu scheiden genötigt sind. Die nämlichen Vorzüge des Strebens nach plastischer Deutlichkeit der Haltung, nach Hervordrängung der entscheidenden Gliedmafsen, aber auch nach Grossflächigkeit und Breite, d. h. nach malerischem Eindruck des Bildes im Ganzen, neben den nämlichen Fehlern oder Nachlässigkeiten in etwas schiefer Ansicht, die zu Hochschultrigkeit oder gar Buckligkeit füren kann, die sich bei genauerer Prüfung aber ebenso wie beim S. Andreas in Wien als Konsequenzen perspektivischer Konstruktion des Körpers in seinem Raume, d. h. als ungünstig starke Verjüngung der Formen nach der Tiefe zu herausstellen. Diese Aufgabe richtiger Verkürzung der Gestalten nach Mafsgabe der Raumverhältnisse, unter denen sie im Bilde erscheinen, hat nun aber Masolino niemals recht erfasst oder nur in Angriff genommen, und, wie an allen Arbeiten in Castiglione nachgewiesen wurde, selbst da nicht versucht, wo die umramenden Linien der Architekturkoulisse, die an sich in Perspektive gesetzt war, dazu zwingen sollten auch die Figuren nicht mehr als flache Silhouetten darauf zu kleben.

Wenn wir zwischen den authentischen Ueberresten der Deckenbilder, besonders am Lucas vorn, genaueres Modellstudium und bestimmte örtliche Beleuchtung erkennen, und zwar von oben und genau von der Seite her, wie das Licht aus dem Seitenfenster einfällt und am Gewölbe sich verteilt; wenn die Wirkung der nämlichen Lichtquelle aufs Genaueste bei Marcus und Hieronymus wiedergegeben wird, deren einander zugewandte Köpfe von der Mitte her beleuchtet sind, während die Aussenhälften in Schatten bleiben: so sind diese exakten Beobachtungen schon an sich so schlagende Beweise für die Autorschaft Masaccios, bei dem allein die Kenntnisse für solch realistisches Wollen nachgewiesen werden können, dass wir das geduldige Eingehen auf die neuesten Kontroversen für einsichtige Leser wol ersparen dürften. Für die Durchbildung einer eigenen, auf die Grundlagen künstlerischen Schaffens zurückgreifenden Methode der kunstgeschichtlichen Forschung dürfte indess die völlig objektive Abwägung des Für und Wider an allen Teilen dieses einheitlichen Kapellenschmuckes ein für alle Mal von Nutzen sein; deshalb soll sie auch im Folgenden hier, zunächst unabhängig von den bisherigen Ergebnissen der vorigen Studie über die strittigen Gemälde der Brancaccikapelle, durchgefürt werden.

Für dies Verfaren mögen uns die Darstellungen an der Stirnseite der »Cappella della Passione« den Weg weisen. Sie schliessen sich äusserlich unmittelbar an die soeben besprochene Bogenlaibung mit den Brustbildern der zwölf Apostel an; wenn es aber erlaubt ist, vorauszusetzen, dass die Malerei am Kreuzgewölbe zuerst erledigt worden, ehe mit dem Schmuck der Wände begonnen ward, so dürfte hier an der Aussenwand die Vermutung natürlich sein, dass an dieser Stelle der Abschluss der ganzen Arbeit zu suchen wäre. Die Entscheidung über das zeitliche Verhältnis zu dem Bildercyklus im Innern mag aber der stilistischen Vergleichung vorbehalten bleiben; die Analyse der beiden Darstellungen, der Verkündigung oben über dem Bogen, und des hl. Christophorus unten am Pfeiler zur Linken, darf hier vorausgenommen werden, da kein weiterer Zusammenhang diese Bestandteile mit dem Uebrigen verbindet. Je mehr sie etwa einem vorgerückten Standpunkt des Meisters angehören, desto besser können sie als Leitstern und Mafsstab zugleich für seine Bestrebungen gelten.

Weder das poetische Interesse an dem Inhalt eines Geschehens, noch das malerische an mannichfaltigem Kostüm und täuschender Nachamung verschiedenartiger Stoffe spielt hier eine Rolle. Deshalb sind diese Stücke bei Wickhoff sozusagen vollständig unberücksichtigt geblieben. Grade sie aber füren uns ebendeshalb desto unmittelbarer zu dem Kern der künstlerischen Probleme, die sich der Maler selber gestellt hat, unabhängig von der Wal des Gegenstandes durch den Auftraggeber.

Ueberraschend genug ist schon der Schauplatz, der über dem Bogen für die Verkündigung aufgebaut worden, um die beiden Figuren des Engels und der Jungfrau auf festen Boden zu bringen, und dem Standpunkt des Beschauers entsprechend diese Bühne perspektivisch wirksam zu gestalten. Bis zu halber Höhe der beiden Segmente steigt links und rechts, vom Kämpfergesims der Pfeiler aus, eine Reihe schlichter schmaler Arkaden empor, wie sie an den Backsteinmauern Roms vorkommen und selbst in ihrer luftigen Schlankheit noch an den Eindruck der Aquaedukte durch die Campagna hin erinnern. Diese Substruktion, die wir uns ebenso wie an der Vorderseite ringsum auch an den übrigen drei Seiten eines rechteckigen Grundrisses vorstellen mögen, trägt den hochgelegenen Söller, dessen Fussboden unmittelbar hinter der obern Hälfte der Bogenramung, mit dem Wappen auf ihrem Scheitel, beginnt, bis auf einen schmalen Vorderstreifen aber dem Auge des untenstehenden Betrachters entzogen bleibt. Um so mehr dagegen zeigt sich von der obern Ausdenung in die Tiefe an den Säulenarkaden und der getäfelten Decke der allseits offenen Halle. Dicht am vordern Rande stehen die Basen der ersten Reihe von kurzen Säulen, deren Voluten-Kapitelle durch eine aufgenagelte Goldleiste verdeckt werden, während wir von den hintersten Arkaden wol die verbindenden Rundbögen und das gerade Gesims darüber, nicht aber den untern Teil der Schäfte und die Basen ihrer Säulen zu sehen bekommen. In dieser etwas niedrigen aber weit genug entwickelten Pergola kniet rechts ganz vorn an ihrem Lesepult Maria mit gefalteten Händen in Dreiviertelsicht, so dass ihr Körper von den Knieen bis zum Scheitel die ganze verfügbare Höhe der Bildfläche einnimmt. Eben deshalb, d. h. zu Gunsten der Grösse und Bedeutung der Gestalten, kniet auch der Engel gegenüber ganz vorn, und streckt die rechte Hand, mit der segnenden Gebärde seine Botschaft begleitend, vor dem Säulenschaft hin, während die Linke den Lilienstengel hält; nur die rückwärts gestreckten Flügel, ebenso plastisch wie der Körper in seinem doppelt gegürteten Gewande durchgefürt, und die flatternden Enden der Bänder verraten noch etwas von dem Fluge, der seiner Ankunft vorangegangen. Sein Kopf mit hellblondem Haar und klassisch geschnittenem Profil steht ganz in Seitenansicht vor der punktierten Goldscheibe des Heiligenscheines, der ebenso wenig wie bei Maria in perspektivischer Ansicht gegeben wird, während andrerseits noch die Drehung des Lesepultes, übereck gegen seinen Kasten darunter, das Aufsuchen solcher Aufgaben bekundet, deren Schwierigkeit allerdings auch in den Bogenstellungen, Säulenfüssen und -Köpfen nicht ganz bewältigt worden ist.

Man sieht, neben dem Reiz des Durchblickes durch die Loggia in Untensicht ist es vor allen Dingen die volle Körperrundung in echt plastischem Sinne, die den Maler beschäftigt hat, und auch hier schliesst sich seine Verteilung von Licht und Schatten bei aller Idealität der erdichteten Räumlichkeit an die Bedingungen des wirklichen Standortes im Seitenschiff der Kirche an, indem sie die

Beleuchtung von dem Fenster der Aussenmauer gegen die Strasse her in aller Schärfe auch hier oben durchfürt. Es sind volle Gesichter und wolgebaute Leiber, deren sicherer Halt in engstem Zusammenhang mit dem statischen Gesetz der Bogenwölbung darunter gewonnen ist, wie es nur ein Künstler vermag, der für die geheimen Mächte der Baukunst ebensoviel Gefül und Verständnis hat, wie für den statuarischen Wert der Körperformen in ihrer Einordnung zwischen Säulenstämmen und tektonischen Bestandteilen der Raumbildung sonst. Man beachte nur, wie zielbewusst die lotrechte Haltung des Engels dem Pultchen gegenüber und der leise ausweichenden Gestalt der Jungfrau die Wage hält. So wirkt das Wappen in der Mitte, wie der Souffleurkasten an der Bühne, als Abschieber vor der Tiefenerweiterung dahinter, und die künstlerische Oekonomie dieser Verkündigung erweist sich als originale Erfindung aus den besondern Gegebenheiten an Ort und Stelle heraus, — als ein schöpferischer Gedanke des räumlich-körperlich anschauenden Malers, der uns weit intimer in das innerste Wesen seiner Geistestätigkeit einfürt als der Ausgleich zwischen antiken Einzelformen mit gotischen Bauteilen, der hier im Sinne der Frührenaissance, ja ihres Begründers Filippo Brunelleschi selber erfolgt, als schauten wir hinein in den Verker des Malers und des Architekten mitten unter den Ruinen der alten Kaiserstadt und den Klosterhöfen der Cosmatenzeit.

Deshalb giebt es kaum einen lehrreicheren Vergleich als mit dem Verhalten Masolinos unter ganz ähnlichen Bedingungen und bei demselben Gegenstand. Ueber dem Torbogen eines Hauses (Nr. 13 am Corso) in Castiglione d'Olona begegnet uns eine Verkündigung von Masolinos Hand, aus der Zeit seiner Deckenmalereien im Chor der Collegiata, d. h. 1425. Es ist ein Rundbogen; aber der eingetiefte Ramen mit spätgotischem Blattwerk bemalt, das auf beiden Seiten von der innern Peripherie aufragt mit Sternblumen auf dunklem Grunde dazwischen und einem Spruchband oben in der Mitte, das an den Enden gerollt, in gotischen Minuskeln die Aufschrift par huic domui enthält. Darüber erhebt sich das ebenfalls eingetiefte Wappenschild in flachem Steinrelief. Links und rechts die beiden Hälften der oben rechteckig eingefassten Bildfläche, deren Kalkgrund für die Freskomalerei aufgetragen worden, bevor noch der Rohbau der übrigen Fassade mit Bewurf verkleidet war und so gegen die unverhüllte Schichtung aus Flusskieseln stehen geblieben ist. Die Farben sind unter dem Einfluss der Witterung sehr verblasst, aber die entscheidende Disposition doch deutlich erkennbar: links schwebt ein Engel mit stark geknickten Knieen, um so den

Zwickel in ganzer Länge zu füllen, aber ohne Halt und ohne Gleichgewicht mit dem Gemach Mariens gegenüber, wo ein Betpult in missglückter Verjüngung der schrägen Platte nach oben und ein senkrechtes Architekturstück neben der zurückfliehenden Jungfrau aufgereiht sind. Wir haben die nämliche Diremtion der beiden Gestalten, aber ohne alles Gefül für die Architektonik an solcher Stelle über dem Eingang vor uns, d. h. einen Mangel, der im Verkündigungsbilde des Chores in schmaler Gewölbkappe und im Konflikt mit der hineingemalten Säule ohne sichtbaren Fusspunkt vom erstrecht empfindlich wird [1]).

Ganz anders Masaccio in S. Clemente. Aber auch für ihn bietet sich Gelegenheit zu einem Vergleich dieser, durch den einspringenden Bogen bedingten, Lösung in der Art eines Doppelbildes, wie auf jenem Wandfelde der Brancaccikapelle mit der Heilung des Lahmen auf der einen und der Erweckung Tabithas auf der andern Seite neben der Tiefenflucht in der Mitte. Vasari beschreibt eine Altartafel in S. Niccolò oltr' Arno zu Florenz als besonders berühmtes Werk Masaccios folgendermaſsen: darinnen sei (in Tempera) ausser unsrer lieben Frauen, der vom Engel die Botschaft verkündet wird, ein Gebäude voller Säulen in Perspektive aufgerissen, und zwar sehr schön, denn ausser der Linearkonstruktion, die vollkommen gezeichnet war, liess er durch Abtönung der Farben auch den Eindruck (körperlicher Nähe) so abnemen, dass es ganz allmählich und unmerklich dem Blick zu entschwinden schien. Zeigte Masaccio sich dadurch im Vollbesitz der malerischen Perspektive, so hat seine Leistung in Florenz offenbar bald eine Reihe von Nachbildungen angeregt, aus denen wir die Anordung des verlorenen Originals zu erschliessen berechtigt sind. Verkündigungsbilder von Fra Angelico [2]) und Fra Filippo [3]) schon belehren uns, dass dieser Durchblick durch den Säulengang im Hause Marias wesentlich dazu diente, die Mitte des Bildes zu vertiefen, wenn auch, den Gesetzen der Verjüngung entsprechend, zugleich wol zu verengen, ganz ähnlich wie es noch auf dem Rundteller mit der Geburtsfeier im Berliner Museum geschieht. Die Gesamtheit des Bildes klingt wol, zugleich mit der besondern Abweichung von der Sölleransicht in S. Clemente,

[1]) Das kleine Tafelbild der Verkündigung in der Sakristei der Collegiata darf dagegen nicht für Masolino in Anspruch genommen werden, wie es bei Crowe und Cavalcaselle geschieht, sondern gehört dem Maler der Diakonsweihe Stephans und der zugehörigen Freskenreste im Chor der Kirche. Vgl. Buch I p. 101. Ungenügende Abbildung der Sakristeischätze bei Diego Sant Ambrogio, Castiglione d'Olona a. E.

[2]) Vgl. die Predellen in Cortona, die wir damit absichtlich später datieren.

[3]) Vgl. das dem Fra Filippo zugeschriebene Bild, das lange Masolino hiess, in der Pinakothek zu München No. 1007. Phot. Bruckmann.

den Bedingungen der rechteckigen Altartafel gemäss, am deutlichsten in jener Verkündigung des Piero dei Franceschi nach, die sich jetzt als seltsamer Aufsatz eines Triptychons zurechtgeschnitten in der Galerie zu Perugia befindet[1]). Unverkennbar wirkt auch der herrliche Gabriel aus Rom trotz konsequenterer Einfügung des Körpers in die dargestellte Räumlichkeit bei dem grossen Meister der Perspektive fort, und nicht minder beweist noch Melozzo da Forli die nachhaltige Kraft dieses Eindrucks in einer Tafel, die er bejahrt noch lange nach seiner römischen Glanzzeit mit Hülfskräften in der Heimat geschaffen[2]). Ueberall die selbe Hochachtung der hervorragendsten Nachfolger des Quattrocento für dieses Meisterstück Masaccios in S. Clemente! — und doch jedesmal in besondrer Abwandlung des Vorbildes.

Wie diese Tatsachen der Kunstgeschichte für die Autorschaft Masaccios in S. Clemente zeugen, so sind die Typen dieser Maria und dieses Engels Gabriel die allerüberzeugendste Bestätigung für die Herkunft der Münchener Madonna mit dem nackten Kinde aus Hand und Sinnesart desselben Künstlers, so dass hier angesichts der Stirnwand an Brandas Kapelle zu Rom nur behauptet werden kann, dass der nämliche Maler, der diese jugendlichen Ideale geschaffen, auch die Münchener Madonna gemalt haben muss, und zwar in kurzer Frist das Tafelbild dort wie das Fresko hier!

Neben der Verkündigung und ihrem »Casamento pieno di colonne tirato in prospettiva di sotto in su« ist auch die Umramung des Bogens nicht belanglos. Die breite Kante aus perspektivisch abgestuftem Würfelfries zeigt uns gemalt ein bei Luca della Robbia in glasierte Terracottafliesen übertragenes Muster, das genau so z. B. an der Decke der Kapelle des Kardinals von Portugal oben an S. Miniato al Monte vorkommt. Dazwischen sind Rundöffnungen mit Fensterrosen darin, die ihre Entstehung gewiss romanischen Kirchen eher als antik römischen Vorbildern verdanken.

Am breitern Pfeiler links ist dann noch die Darstellung des hl. Christophorus eben als Träger des Christkindes hinzugekommen, wie er auf einen starken Stab gestützt durch das Wasser watet. Zur Andeutung des angestrengten Tragens der mit jedem Schritte wachsenden Last des Kleinen, der so freundlich mit der Weltkugel in der Hand auf seiner Schulter hockt, ist die Gestalt des Riesen gar breitbeinig hingestellt. Hochaufgeschossen und etwas steif durch die Verlängerung des Beinwerks, erscheint er an Breite des Baues

[1]) Phot. Alinari No. 5682.

[2]) Pinacoteca di Forli No. 113 als M. Val. Morolini. Vgl. Schmarsow, Melozzo da Forli 1886, p. 284. Phot. Alinari.

und der Muskulatur der Gliedmaſsen um so weniger reckenhaft, als der Oberkörper sich vorbeugt, die tragende Schulter sich senkt, und unwillkürlich als Widerhalt eine Drehung in den Hüften hervorruft, während das Antlitz sich fragend oder horchend dem Knäblein zuwendet, das ihn zu einem andern Atlas werden lässt.

Mit Masolinos Einzelfiguren in Castiglione d'Olona bietet eine solche komplicierte Haltung wenig Aehnlichkeit dar, selbst wenn wir an die späteren Zutaten des Baptisteriums, den Türschliesser am Kerker oder den Schwertfeger, der den Täufer enthauptet hat, heranzutreten gestatten. Die Besonderheit der Aufgabe hat eine so vollständige Durcharbeit des ganzen Körpers veranlasst, wie wir es bei Masolino überhaupt nirgends antreffen. Indess dieser Charakter als Ausname macht es, neben dem Zustand der Erhaltung mit entstellenden Pinseleien darüber, auch nach solcher Entscheidung verhältnissmässig schwer, die Abwandlung der Normalfigur zu entziffern und den Typus herauszuschälen, der dieser Vergrösserung doch zu Grunde liegen muss. Dennoch bleibt wol die gestreckte Proportion des hochbeinigen Gesellen als spezifisch florentinisch erkennbar genug, und reiht ihn dem Adam in der Brancaccikapelle nicht minder notwendig an als das Format der Eingangsbilder dort und hier, — d. h. der grosse Christopher in S. Clemente stellt sich in momentaner Haltung wol grade in die Mitte, zwischen dem Normalmenschen Adam im Sündenfall und dem gefallenen Sünder in der Vertreibung aus dem Paradiese.

Auch da bemerken wir das Bestreben des Malers auf der Bahn der monumentalen Kunst. Die Gelegenheit zu übermenschlichem Maſsstab auf der einen Seite, und zu koncentrierter Darstellung physischer wie psychischer Peripetie in einer Einzelgestalt auf der andern wird ihm sofort fruchtbar, die plastische Grundlage seiner Figurenbildung zu stärken, und die Ausdrucksmittel durch Verschiebung des Normalzustandes der Gelenke sowol wie der Gesichtszüge zu steigern. Antlitz und Gliedmaſsen müssen sich dabei noch etwas allzuviel gefallen lassen, wie es im Vollbesitz der bildnerischen Kenntnis des Körperbaues nicht mehr begegnen kann. Aber die Wiedergabe der nackten Teile, der Beine bis an die Hüften, der Arme bis an die Schulter, des Halses bis an das Kinn empor, beurkundet doch, soweit der Normalzustand in Ruhe vorherrscht, einen sichtbaren Zuwachs an statuarisch verwertbarer Vertrautheit mit dem menschlichen Organismus, der gewiss zum grossen Teil dem Anblick römischer Antiken mehr als römischer Modelle verdankt wird. Unwillkürlich gedenken wir der nämlichen Beobachtung, die wir vor Meisterwerken Masaccios, wie beim Torwächter vor Christus und seinen Jüngern und bei den

Täuflingen vor Petrus an der Altarwand, ausgesprochen haben. Und wie von selbst reiht sich in diesen Zusammenhang nun auch die Zeichnung im British-Museum, nach einem der Dioskuren auf Montecavallo hier ein, jene charakteristische Studie nach einem berümten Marmorwerk, an dem auch Pisanello sich versucht hatte, zugleich ein der Technik Luca della Robbias in Blau und Weiss so nah verwandtes Probestück, das wir für Masaccio in Anspruch genommen [1]. Man versuche nur einmal, sich eine Umkerung des Dioskuren vorzustellen, und vergleiche sie dann mit dem ausgefürten Christoph, dessen Beinstellung so in allen Hauptzügen übereinstimmt. Dazu kommt die Bildung der Füsse mit der Phalanx ihrer Zehen, die Faust am Stecken und das Metacarpium der Hand mit der starken Ausladung des Muskelpolsters an der Seite, selbst die Nase mit den geblähten Nüstern, hier in Untensicht, und die Behandlung der Augen, soweit die Malerei noch authentisch erscheint. Ueberall lässt sich das Studium des Vorbildes und der Fortschritt von Befangenheit zur Grösse hin verfolgen, der Ertrag emsiger Vertiefung in die Meisterwerke der antiken Plastik für den Maler zur selben Zeit, wie wir auf dem gleichen Wege den Erneuerer statuarischer Kunst Donatello selbst gedeihen sehen.

Die Gesamtdisposition des Innern

Im Innern der Kapelle bemerken wir, wie an der Stirnseite, das Bestreben, den vorhandenen gotischen Zuschnitt des Einbaues mit dem antikisierenden oder eher noch romanisierenden Geschmack der Frührenaissance auszugleichen, und wenn auch der Gegensatz der Stile noch nicht bewusst und klar empfunden wird, doch für den Bilderkreis ein eigenes Raumgefül vorzubereiten. In den Ecken sind schmale Pfeiler mit kräftigem Kapitellschmuck unter die wirklichen Konsolen der Wölbung eingemalt, und zwar als Träger des Ramenwerks, das von hier emporsteigend die Bogenfelder der Wände umgiebt. Diese gemalten Pilaster sind kannelliert, wie in der Brancaccikapelle und am Dreifaltigkeitsbilde in S. Maria Novella zu Florenz, und reichen bis auf den Fussboden der Kapelle, während unter dem

[1]) Vgl. Lieferung I, No. 28 u. Lieferung II, Tafel I mit unsrer Abbildung Tafel III Text Buch II, S. 30. Die Zeichnung Pisanellos in der Ambrosiana in Mailand.

Bilderschmuck noch bis zu halber Höhe dieser Eckträger eine schlichte Wandverkleidung mit aufgemaltem Teppichgehänge herumläuft. Der Maler übernimmt also nicht die Einteilung der Mauern durch das tief herabgreifende Kreuzgewölbe mit ihren grossen Bogenfeldern und breiten, nach Abzug auch eines niedrigeren Parapets, immer sehr gedrückten Rechtecken darunter; sondern er giebt seiner ganzen Disposition die Verhältnisse der klassischen Architekturteile, die er als Träger hineingestellt und betont durch breite Simsstreifen die Horizontalgliederung in der Höhe, wo die ideale Bühne seiner Darstellungen beginnen soll. Die beiden Seitenwände gliedern sich in der so entstandenen Proportion in zwei Stockwerke, um die Mehrzal von Scenen unterzubringen, die durch die Aufgaben aus der Heiligenlegende gefordert ward. Nur die Altarwand bleibt, der Lage gegenüber dem Eingangsbogen entsprechend, ein Ganzes, in dem die selbstgegebenen Raumgesetze nichts desto weniger bestimmend weiter wirken.

Die Raumdisposition des Malers für seinen Bildercyklus ist eine selbständige Leistung und setzt baumeisterliches Denken voraus, auch wenn das Ergebnis zwischen gotischem Bau und unfertigem Stilgefül der neu erwachsenden Renaissance auf der einen Seite, wie zwischen Evangelium und Legenda aurea auf der andern, nur als Kompromiss erscheinen kann, wie so manche Leistung des Quattrocento auch fernerhin. In der Brancaccikapelle zu Florenz lag das Verhältnis der Höhe zur Breite bedeutend günstiger, besonders da ein gotischer Neubau aus entwickelter Zeit vorhanden war, nicht ein Einschiebsel in die untersetzten Dimensionen eines Seitenschiffes altchristlicher Basiliken wie hier. Dennoch hat die architektonische Umdichtung durch den Maler die selbe Bedeutung wie im Carmine auch hier in S. Clemente, und ich bestreite der modernen Kritik jede Berechtigung, dieses geistige Unterfangen dem Masolino beizumessen, von dem zwei vollgültige Beweise vom Gegenteil vorliegen, wie die Deckenmalerei im Chor der Collegiata von 1425 und das ganze Baptisterium von 1435, dessen Verkündigung an der Aussenseite das unerreichte Vorbild von S. Clemente erst recht in seinem Werte schätzen lehrt.

DIE KATHARINENLEGENDE

Die Anordnung der Bilder aus dem Leben Katharinas von Alexandrien folgt nicht genau dem Gang der Legende, zumal da der Künstler nur fünf einigermafsen gleichwertige Felder zur Verfügung hatte, während die Vorschrift jedenfalls sechs oder gar sieben Hauptmomente von ihm forderte. Dies Programm ist noch erkennbar und sollte in der Weise ausgefürt werden, dass je einer Scene der obern Reihe die darunter befindliche der zweiten Reihe folgte; da nun aber das Bogenfeld oben schwerlich drei gleichwertige Abschnitte gewären konnte, so musste in einer Hälfte desselben eine Zusammenschiebung versucht werden. Auch da vielleicht haben wir das Ringen des Malers gegen die Anforderungen des Auftrags im Sinne seiner monumentalen Kunst zu erkennen.

In der Legenda Aurea lesen wir vom Auftreten Katharinas vor dem Kaiser bei der Verehrung des Götterbildes im Tempel, von ihrer Disputation mit den Philosophen, die der Kaiser nach Alexandrien berufen hatte, von deren Bekerung zu Christus und ihrer Verbrennung; dann folgt der Besuch der Königin bei Katharina im Kerker und ihre Bekerung mitsamt dem Hauptmann Porphyrius und seinen zweihundert Kriegern der Leibwache, darauf die wunderbare Zersplitterung der Räder, mit denen die Heilige zerrissen werden soll, und die Enthauptung der Königin, die für Katharina und deren Glauben eingetreten war, ihr Schicksal teilen auch Porphyrius und seine Soldaten. Nach abermaliger Zurückweisung auch der Hand des Kaisers geschieht die Hinrichtung der Heiligen selbst, deren Leichnam von Engeln zum Berge Sinai getragen wird [1]).

Der Maler hat seine Disposition der bildlichen Dastellung nach der Zal der Figuren, dem Gleichgewicht der Kompositionen bestimmt, und bei der Entfaltung der Scenenfolge unverkennbar auf den Standpunkt des Besuchers Rücksicht genommen, der für gewönlich, durch das Gitter vom Innern der Kapelle getrennt, unter dem Eingangsbogen stehend hineinschaut. Aus diesem Grunde öffnet sich auf der linken Hälfte des Spitzbogenfeldes oben zunächst als Schauplatz des ersten Auftritts der heidnische Tempel, wo das

[1]) Vgl. zur Legenda aurea des Jacobus a Voragine ferner H. Knust, Gesch. d. Legende der hl. Katharina von Alexandrien und der hl. Maria Aegyptiaca nebst unedirter Texten. 1890.

Götterbild verehrt wird, in Untensicht, als blickten wir in den anstossenden Raum, den die Bogenramung von dem unsrigen abschneidet, hinauf. Zwei Säulen, links und rechts am vordern Rand des Bildes aufgerichtet, begränzen die Bühne, um so überraschender, als die Eine zur Linken hinter dem Bogensegment stehend nur bis an die Mitte des glatten Schaftes sichtbar wird. Mit attischer Basis und Kompositkapitell bekunden sie schon die Absicht, uns ein antikes Heiligtum zu schildern, das der Künstler den Ruinen Roms nachgebildet hat, die er vielfach noch in vollständigerer Erhaltung vorfand als sie heute dastehen. Er zeigt uns zwischen diesen Säulen eine Tribuna, deren im Halbrund aufsteigende Mauer durch eine Arkadenreihe gegliedert ist, die er sich trotz ihrer Schlankheit offen, und nicht wie wir als Nischenreihe gedacht haben wird, mit doppeltem Sims darüber und einem Halbkuppelgewölbe, das wieder nach römischem Vorbild mit Kassettenreihen geteilt ist, die — bezeichnend genug für den Zustand des Verfalls, den er vor sich hatte, — ihres architektonischen Ramenschmuckes und innern Zierrats entberen. Der Einblick in diese römische Tempelnische charakterisiert sofort den Stand der Antikenstudien und damit den Zeitpunkt der Frührenaissance, wo dieses Fresko entstanden sein muss, und zeugt ebenso für das Verhältnis dieses Malers zu dem Architekten seiner Tage, dessen Bemühungen er in perspektivischer Darstellung solcher antiken Raumbilder treulich zur Seite steht: Filippo di Ser Brunellesco. Die schlanke luftige Arkadenreihe, die fast nur den malerischen Reiz römischer Aquaedukte verwertet, ohne die Wucht und Haltbarkeit römischen Mauerwerks zu fassen, — als wäre es eine Wandgliederung mit Lisenen oder Nischenramen, — beweist wie die Nacktheit der Kassettenwölbung, die er darauf setzt, dass sein Verständnis für die Einzelformen des antiken Massenbaues noch in den Anfängen begriffen ist, zunächst etwa auf einer Stufe steht wie bei Lorenzo Ghiberti, der seinerseits darauf zeitlebens beharrt und geschickte Prospektzeichner wie Benozzo Gozzoli noch in den vierziger Jahren zur Hülfe nimmt[1]). Dieser Maler in S. Clemente, dem der konstruktive Halt selbst in Ruinen, wie so manchem Baumeister auch, der an gotische Herauskerung des Gerüstes gewönt war, noch unverständlich blieb, hat doch mit seinem Auge sofort die Grossartigkeit der antiken Raumformen, die Macht und Einfachheit solcher Einblicke begriffen. Wie langer Studien und wie allmählicher Gewönung der Architekten hat es bedurft, um aus der Kleinheit der Abmessungen oder der

[1]) Benozzo hat diese Fertigkeit bei Paolo Uccello erworben, vielleicht auch ebenso wie Fra Filippo mit Michelozzo in Beziehung gestanden, bevor er zu Fra Angelico nach Rom gieng.

Schlankheit der Proportionen herauszuwachsen zur Weiträumigkeit und Hoheit der römischen Kaiserbauten in einstiger Herrlichkeit!

Das Bemühen um die perspektivische Bewältigung der römischen Innenräume geht bei dem Maler in S. Clemente, wie sogleich das erste Bild der Katharinenlegende [1]) beweist, Hand in Hand mit der Herstellung eines richtigen Verhältnisses zwischen dem architektonischen Schauplatz und den darin auftretenden Personen. Er wagt es, auf einen Altar von der Form eines länglichen Sechsecks, dessen breitere Rückwand schräg gegen die Seitenkoulisse geschoben ist, eine kurze Säule mit der nackten Statue des Gottes auf dem Kapitell, also einen Aufbau von ziemlicher Höhe, in den Tempel zu stellen, und diesen Mittelpunkt der heidnischen Verehrung von der höchsten Stelle inmitten des Kuppelraumes ganz nach rechts zu schieben, um so, für den Beschauer am Eingang der Kapelle, die Hauptsache des Vorgangs möglichst übersichtlich vorzufüren und die Personen in ihrer Beziehung auf dieses Standbild klar und frei zu entfalten.

Schräg hinein blicken wir in den Tempel und sehen an der vordern Breitseite des Altars grade vor dem Götterbild, von dem sie redet, Katharina selber stehen. In sprechender Gebärde weist sie mit der Linken hinauf zu dem Idol, indem sich ihr Blick zu dem Fürsten wendet, der zu ihrer Rechten mit gefalteten Händen anbetend emporschaut. Während die Heilige, nur durch ihren Nimbus um das Haupt und das reine Ebenmafs ihrer Züge als Trägerin höherer Erleuchtung kenntlich, in schlichtem Kleide jungfräuliche Bescheidenheit bewart, erscheint der Götzendiener mit spitzem Vollbart im schweren pelzverbrämten Fürstenrock, der nach der Mode des fünfzehnten Jarhunderts bis auf die Füsse reicht, mit prächtigem Gürtel um die Hüften, wol erkennbar als Gebieter, aber keineswegs pomphaft ausstaffiert wie die Könige auf den Märchenbildern eines Gentile da Fabriano oder Benozzo Gozzoli. Ein Page hinter ihm hält übrigens die Kopfbedeckung mit dem goldnen Reifen darum während der Andacht des Herrschers in der Hand, und Höflinge in bunterem Schmuck bilden sein Gefolge, indess im weiteren Kreise Verehrer verschiedenen Alters herumstehen, in Anbetung oder Verwunderung zum Götterbild aufblicken, zu dessen Ruhm ein Tubabläser hinter dem Fürsten soeben eine Fanfare gegen die Wölbung schmettert, als gälte es die Manung der Heiligen gewaltsam zu übertönen.

Der zierlich gekleidete, junge Mann mit geringelten Locken, mit bunt gestickten Strumpfhosen und weit abstehendem Rockschofs,

[1]) Vgl. unsere Tafel IV a).

ist neuerdings besondere Veranlassung geworden, auf den Zusammenhang dieser Fresken in S. Clemente mit Vittore Pisano hinzuweisen. Wickhoff meint, es sei dies »eine Tracht, die von Pisanello erfunden oder doch umgebildet ist, da sie sich nur bei ihm oder seinen direkten Nachfolgern findet, und zumeist, wie auch hier für vom Rücken gesehene Figuren verwendet wird. Er muss direkt nach einem Werke des Pisanello kopiert sein«. Die chronologische Voraussetzung dieses Exempels aus der Kostümgeschichte beruht auf einem Irrtum. Der Versuch, eine solche Kostümfigur überhaupt als zwingendes Beweisstück auf die Person eines Meisters zurückzufüren, kann in dieser Ausschliesslichkeit ausserdem nur zu verhängnisvollen Fehlschlüssen verleiten. Pisanello hat in seinem emsigen Eifer die Erscheinung der Wirklichkeit wiederzugeben sicher gar kein Kostüm erfunden, wenn es sich um Darstellung wirklicher Menschen, nicht biblischer Personen oder himmlischer Wesen handelte. Es wäre möglich, dass er ein Kostüm, das in der abenteuerlichen Mode seiner Zeit vorkam, nach künstlerischer Laune »umgebildet« hat, wie Wickhoff, sich selbst einschränkend, hinzufügt. Haben wir aber an diesem Jüngling in Rom nur die Wiedergabe einer Zeittracht, wenn auch einer gesucht koketten, eben höfischen Geckentracht, so kann es sich nur um die Frage handeln, ob die Wiedergabe hier auf dem Fresko in S. Clemente die Behandlungsweise Pisanellos zeigt? Und diese Frage muss ebenso entschieden verneint werden, wie im Kostüm des Kaisers der Wetteifer mit Gentile da Fabriano oder seinen Geschmacksgenossen. Das Seltsame an dieser Tracht ist nur der Schnitt mit dem, nach Art von Weiberröcken, faltenreich und wulstig abstehenden Ansatz unten. Pisanello giebt uns, wo er zeichnet oder malt, — nicht auf Medaillen, wo er den Bedingungen des Reliefs gemäss vereinfacht, — eine Bereicherung des Besatzes nach der minutiösen Vorliebe seiner Heimat und der befreundeten, von venezianischem Luxus oder französisch-burgundischer Zier mit angesteckten Höfe Oberitaliens, unter denen die Este von Ferrara nachweislich hervorragen. Dort, wo die Ricamatori und andre Kleiderkünstler den Löwenanteil an dem Aufwand der Fürsten und Herrn davontrugen, erklärt sich dies Uebermafs kostbarer Stickerei und abenteuerlicher Bordüren von Pfauenfedern, Goldfransen und ausgeschlagenen Tuchzaddeln. Vergleicht man aber z. B. in einem Hauptstück, wie der Anbetung der Könige, dem Rundbild in Berlin, das auch Wickhoff sicher im Auge hat, diese Auswal üppiger Modekostüme mit der Gewandung der biblischen Personen, die so völlig in gotischer Befangenheit beharrt, — so kommt man zu der Meinung, Pisanello könne diese Kostüme auch nur durch sorgfältigstes Nachamen wirklicher Exemplare sich angeeignet haben, wie alle seine Eroberungen aus der Wirklichkeit sonst, und habe sicher nicht phantasiert, sondern die Lieblingsschätze aus der Guardaroba seiner Besteller darin konterfeit. Von dieser kleinlichen Wiedergabe, dieser strotzenden Ueberladung mit Einzelheiten ist an jenem Corpus delicti in S. Clemente garnichts zu spüren; eher ist das Vorbild vereinfacht, besonders in dieser plastisch wichtigen Normalfigur des Vordergrundes, und von einer Nachäffung Pisanellos könnte schon deshalb nicht die Rede sein. Dieser junge Mann zur Seite des Kaisers steht hier so viel freier und sichrer da, und es kam dem Maler auf dies feste, selbständige, allseits runde Behaupten seines Platzes als Körper im Raum so viel an, dass der Einfall, sie könne nach einem Werke Pisanellos direkt kopiert sein, nur wenig Verständnis für die Schwierigkeit der Hauptsache, des tektonischen Aufbaues dieser Komposition, und damit für das übrige Wollen und Können dieses Malers bekundet. Das Bild Pisanellos in Berlin wird mit Recht auf dessen letzte Lebenszeit, kurz vor der Mitte des fünfzehnten Jarhunderts datiert, in die auch die Mehrzal seiner Medaillen gehört, oder von Andern schon einem Nachfolger zugeteilt. Es ist also nicht nötig, auf den Anachronismus in jener Vermutung weiter einzugehen und einen Vergleich mit früheren Malereien, wie am Brenzoni-Grab in S. Fermo zu Verona zur Berichtigung derartiger Willkür zu empfelen, oder auf den Freskencyklus des Lorenzo und Jacopo da San Severino in der Kapelle Johannes des Täufers zu Urbino von 1416 zurückzuweisen, oder auf die Deckenbilder des Ottaviano Nelli im Palazzo Pubblico (Trinci) zu Fuligno, wo 1424 im Tempelgang Marias schon genau solche Kostüme aus freiem Antrieb hingestellt worden. Wenn Pisanello seit 1431 solche Gestalten zu malen liebt, so wären wir eher zu der Anname berechtigt, er habe die Anregung dazu auf seinem Wege nach Rom oder gar aus diesem Beispiel in S. Clemente empfangen, während die Mode inzwischen sich selber gesteigert hatte und solange überbot, bis sie unmöglich wurde [1]).

Im Uebrigen sehen wir diese Trachten auch auf einem Werke, das für die Frage nach Masaccios oder Masolinos Autorschaft sicher in Betracht kommt, bevor an Pisanellos Wirksamkeit in Rom zu denken wäre, nämlich auf dem Altärchen, das Papst Martin V. für seine Familienkapelle in S. Maria Maggiore gestiftet, mit der Gründung der alten Basilika darauf. Und es ist beachtenswert, dass

[1]) Hier liegt also chronologisch aufgereiht das Material zu einem Kapitel der Kostümgeschichte Italiens, deren genauere Beachtung auch Kunsthistorikern zu Gute käme.

der Kaiser und sein nächster Begleiter, denen Katharina die Eitelkeit des Götzendienstes vorwirft, genau mit den Zügen zweier Personen unter den Zuschauern dieses Wunders der Madonna della Neve übereinstimmen: mit Johannes Patritius, in dem man den König Sigismund sah, und einem andern Vornemen des Hintergrundes. Sie tragen, wie über den Lippen, auch am Kinn den spitz gezogenen Bart, der unten sich spaltet und etwas struppiges, schräg aus der Stirn gekämmtes Haar. Auf dem selben Bildchen in Neapel finden wir im Hintergrund neben jenem fürstlichen Herrn den Kopf eines Aufblickenden in starker Verkürzung vom Kinn aus gesehen, wie er sehr ähnlich bei der Verehrung des Götterbildes ganz rechts im Tempel vorkommt. Ueberhaupt ist die Verwandtschaft der Typen zwischen den Bildern aus S. M. Maggiore und dem ersten Stück der Katharinenlegende von S. Clemente so ausserordentlich nah, wie es bei der Verschiedenheit des Mafsstabes und der Technik nur irgend sein kann, und ebenso zeigt sich in beiden das Streben nach Abwechslung in Alter, Ausdruck und Charakter dieser Köpfe, die als Zuschauer eines kritischen Vorganges auftreten. So viel sich aus den weniger übermalten Teilen des Freskobildes entnemen lässt, bietet selbst die Malweise, die Farbenwal und Behandlung die nämlichen Analogieen, wie die Darstellung der römischen Architektur, so dass der sorgfältige Anfang der Katharinengeschichte nur wie ein weiterer Schritt auf dem dort bereits eingeschlagenen Wege angesehen werden darf. Beide Werke gehören einem und dem selben Maler, und grade die perspektivische Methode im Schneewunder hat uns bestimmt, diese Leistung nur dem Masaccio zuzutrauen.

In dem Freskowerk von S. Clemente bestätigt aber sogleich die nächste Scene, das erste Bild der untern Reihe, die Konsequenz der perspektivischen Berechnung, die wir im oberen hervorgehoben. Wir blicken auch hier, dem Standpunkt des Beschauers unter dem Eingangsbogen gemäss, seitlich in ein schmales Gemach, in dem die Disputation Katharinas[1]) mit den Philosophen stattfindet, hinein und zwar in der nämlichen Verschiebung wie oben, nur nicht in so starker Untensicht, so dass wir den anstossenden Raum oberhalb des Parapets so sehen, als wäre nur die trennende Schmalwand gefallen. Die linke Seitenwand erscheint deshalb in stärkerer Verkürzung als die gegenüberliegende rechte, und der Kaiser, der auf dem Podium genau in der Mitte der Schlusswand hinten tronend den Vorsitz fürt, verschiebt sich auf der Bildfläche etwas nach

[1]) Vgl. unsere Tafel V, a)

3*

links. So konnte in der Mittellinie des Wandfeldes selbst die Gestalt der idealen Hauptperson aufgestellt werden, ohne die des Machthabers zu verdecken. Aber noch ein Vorteil wurde erreicht: diese Maſsregel gestattete dem Maler auch die Folge der Disputation, von der die Legende erzält, mit anzudeuten, d. h. ein kleines Bild in das grössere aufzunemen. Die breitere Wand rechts wäre zu kahl erschienen. Deshalb treibt der Meister die perspektivische Täuschung noch weiter zu einer neuen Leistung in dem eröffneten Innenraum des Konklave: er lässt uns durch ein breites, niedriges Fenster in dieser Wand hinausschauen ins Freie, wo die bekerten Philosophen, von Katharina ermutigt, den Flammentod erleiden. So wird ein notwendiger Moment der Legende miterzält, den man seltsamer Weise für ein Gemälde mit den »Seelen im Fegefeuer« angesehen und für eine spätere Zutat erklärt hat[1]. Schon die Wiedergabe der Mauerdicke und die perspektivische Zeichnung der Wandöffnung hätte über die Aechtheit und Ursprünglichkeit dieses Bestandteiles aufklären sollen, der bei der ganzen Verschiebung der Ansicht garnicht entbert werden kann, vielleicht gar als Entstehungsursache mitgespielt hat.

Und wie wenig in dieser Absicht ein Versehen oder eine Nachlässigkeit zugegeben werden darf, beweist die lineare Konstruktion des Gemaches, dessen Deckenhöhe etwas über den obern Rand des Ramens oder Wandausschnittes, durch den wir schauen, hinausragt. Diese bewusste Bewältigung einer Schwierigkeit zu Gunsten der Figurenkomposition und ihrer inneren Bedeutung fällt für die Kunst des Malers um so schwerer ins Gewicht, je einfacher, anspruchsloser die Handlung selber vorgefürt wird. Links und rechts eine Bank, auf denen je vier Philosophen zuhörend still sitzen. Auf dem Tron vor einem Wandteppich der Kaiser in seinem pelzgefütterten Rock, auf dem Kopf einen mörserartigen Filzhut mit niedergeklapptem Rande, nur mit leichter Bewegung der linken Hand die innere Abwer verratend; in der Mitte, ganz im Profil nach links gewandt, Katharina stehend, wie sie schlicht und bescheiden ihre Gründe an den Fingern herzält. Nur die lichte sympathische Erscheinung selber kann für den Inhalt wirken, den sie vertritt; ihr Ausdruck ist sanft und milde, eher gefülvoll als streitbar die Gebärde, nur die konventionelle Andeutung des logischen Disputierens, kein Zug an ihr rhetorisch aufgeregt. Es ist der Augenblick, wo ihre Rede überzeugend die Gegner und deren Einwände zum Schweigen

[1]) So noch Cavalcaselle in der italienischen Ausgabe 1883, S. 275, l., obgleich die sinnlose Erklärung des Gegenstandes bereits in der deutschen Ausgabe von Jordan richtiggestellt war.

bringt; sie ergeben sich ruhig, legen die Hände in den Schoſs, horchen andächtig, begleiten den Eindruck ihrer Worte kaum durch ein staunendes oder beipflichtendes Spiel der Finger; nur die Mienen drücken tiefere Ergriffenheit, widerwilligen Umsturz aller Gedanken aus. Der räumliche Eindruck wirkt fast mehr als die Aktion der Versammlung zu dem Ziel, als handle es sich hier um eine Verschiebung der bisherigen Weltansicht, als wanke bereits die Axe unter dem herrschenden Mittelpunkt. Von den Mitteln des Ausdrucks, sprechenden Gesten und dergleichen besitzt der Maler noch wenig, um die Welt der Gedanken und Gefüle nach aussen sichtbar zu machen. Stärkere Bewegung verbot der Anstand geistlicher Herren vielleicht durchaus. Aber in den Köpfen ist schon durch Haltung und Miene viel erreicht. Aufwärts gezogene Brauen oder finster bedeckte, einwärts blickende Augen, abwärts sinkende Mundwinkel geben Grundzüge der Stimmung, die er beobachtet hat. Die Reihe der nächsten Hörer, zu denen sich Katharina wendet, sind in ihrer besseren Erhaltung ebensoviel Zeugnisse für die Fähigkeit des Malers, auch Charaktere, ganze Individuen in ruhiger Gegenwart lebendig und wirksam zu fassen. Der alte, kahle Römerschädel ist schon machtvoll genug und der vorderste im Käppchen scheint ebenso das Abbild eines Kirchenfürsten, in dem man die Züge des Stifters Kardinal Branda vermuten muss. Die Uebereinstimmung mit der Bildnisreihe Martins V. und seiner Kardinäle auf dem Täfelchen aus S. M. Maggiore ist auch hier noch unverkennbar, wenn die Gewandung der Sitzenden auch schon breiter und malerischer drapiert, die Körperlichkeit durch den Maſsstab schon stärker ist als dort.

In dem kleinen Ausblick zur Seite erkennt man nur noch Katharina, in ähnlicher Haltung wie im Hauptbilde, nach rechts hin die Reihe der Verbrennenden abschreitend, und denkt ihre zuversichtlich verheissenden Worte hinzu.

Ganz anders als hier sind im zweiten Bilde des Bogenfeldes, rechts neben der Tempelscene, zwei Momente in einem Ramen vereinigt, die zeitlich auseinanderliegen oder durch Einschaltung des Mittelbildes unten erst den Kausalnexus erhalten, den die Legende erzält: die Bekerung der Königin[1]) bei ihrem Besuch am Kerker Katharinas und die Enthauptung der gläubig gewordenen Fürstin, die erst durch ihr Auftreten nach dem Radwunder veranlasst wird. Hier sind beide Ereignisse in gleich grossen Figuren dicht nebeneinander vorgefürt, weil der Maler die Dreiteilung des Bogenfeldes

[1]) Vgl. unsere Tafel IV, b).

aus architektonischen Rücksichten gewiss ebenso unzulässig, wie die entsprechende Schmälerung der Bildflächen, die dann entstanden wären, mit den verschiedenen Aufgaben seiner Kompositionen unvereinbar fand. Die Tempelscene verlangte für eine Festversammlung schon grössere Breite, und die folgenden Momente konnten nur im schlichtesten Ton, in dem dieser Meister zu erzälen weiss, auf wenige Hauptpersonen beschränkt, daneben noch zur Darstellung kommen. Während dort bewusste Wal der perspektivischen Schwierigkeit vorlag, muss hier ebenso bewusste Vereinfachung des legendarischen Vorwurfs erkannt werden, durch die er Klarheit im Verständnis des wertvollsten Inhaltes ebenso wie Sorgfalt in der Durchbildung des Einzelnen zu sichern weiss.

Ein Blick auf die Darstellung der nämlichen Geschichte, die Spinello Aretino in der Kapelle der Villa Alberti zu Antella bei Florenz um 1386 gemalt hatte[1]), belert darüber und zwar um so entscheidender, als die Kenntnis dieses Freskencyklus sich durch Einzelheiten der Inscenierung deutlich genug in S. Clemente verrät.

War dort schon das Auftreten Katharinas gegen den Götzendienst als öffentlicher Zwischenfall in der Opferfestlichkeit auf freiem Platz geschildert, wo links der Kaiser tront, rechts die Aedicola mit dem bronzenen Götterbild auf gewundener Säule sich öffnet, mit Priestern, Posaunenbläsern und knieenden Betern davor, in der Mitte dicht vor der Leibwache Katharina redend dazwischen tritt, — so namen die Disputation und die Verbrennung der Philosophen zwei ganze Bilder ein. Die erstere findet nach giottesker Art in niedriger Loggia statt, wo der Kaiser rechts zu Häupten unter der Kuppel tront, Katharina links am wolbewachten Eingang steht, dazwischen auf querstehenden Bänken die Philosophen sitzen, deren vordere Reihe uns den Rücken kert. In der anderen fürt der Kaiser ebenso den Vorsitz, und Katharina darf, von der Leibwache gehütet, an der Schwelle des Flammenpfuls den Sterbenden predigen. Darunter folgen wieder zwei Darstellungen: auf der Einen sehen wir die Erscheinung Christi bei Katharina im Kerker und die Bekerung der Kaiserin mit Porphyrius und seinen Mannen, die vor dem Gitter des Käfigs knieen; auf der Andern muss Katharina vom Söller herab mit dem Kaiser der Hinrichtung zuschauen, die drunten

---

[1]) Am 11. Juli 1387 fehlte nach dem Testament des verbannten Bestellers Benedetto degli Alberti nur noch das Bogenfeld über dem Altarhaus mit der Hinrichtung und Bestattung Katharinas. Vgl. Passerini, Gli Alberti di Firenze 1870. II, 186 ff. u. Schmarsow, S. Caterina in Antella, Nationalzeitung, 25. Dec. 1888 u. Festschrift zu Ehren des kunsthist. Inst. zu Florenz, 1897, p. 29 ff. mit Abbildungen.

im Palasthof an der Kaiserin, dem Hauptmann und seinen Leuten vollzogen wird.

Hier in Rom bleibt also die ganze Söldnerschar mit Porphyrius an der Spitze, ebenso wie die Vision der Heiligen im Kerker bei Seite. Und kommt der Verzicht auf diesen überirdischen Verker mit dem himmlischen Bräutigam, wie auf die Verlobung mit dem Christkind, die Spinello ausfürlich schildert, auch vielleicht auf Rechnung des geistlichen Herrn, der den Cyklus in S. Clemente bestellt hat, so ist doch die Abwer der Leibwache und ihres Befelshabers für den Maler jedenfalls zugleich ein Opfer wie ein Vorteil, — jedenfalls ein Entschluss, der seine Kunstweise sehr bezeichnend von der seines Vorgängers Spinello unterscheidet. Der Meister bekundet sich als echten Florentiner, der die Bestrebungen der Letztlinge des Trecento, zu denen der Aretiner Spinello gehört, sehr wol gekannt hat; aber sein persönliches Urteil fürt ihn über diese Ausläufer der Giottoschule zu den grossen Hauptmeistern zurück; er zieht die Einfachheit der Kompositionen mit wenigen Figuren überall da vor, wo es auf Vermittlung eines geistigen Gehaltes oder auf unmittelbar verständliche Darlegung ursächlichen Zusammenhangs ankommt, er verzichtet auf den malerischen Reichtum, den er sonst wol zu schätzen weiss, zu Gunsten der Hauptsache, des Kernes, den er mit einschneidender Schärfe bloszulegen weiss, während Spinello leicht die Nebendinge ihn überwuchern lässt. Dieser florentinische Charakter des Autors ist ein Erbteil, von dem weder P i s a n e l l o noch G e n t i l e etwas aufzuweisen haben!

Auf der zweiten Hälfte des Bogenfeldes in S. Clemente sehen wir in der Mitte einen turmartigen Bau als vordern Abschluss einer Häuserreihe, die sich links in perspektivischer Ansicht der Strassenflucht hinanzieht. Im Erdgeschoss des Turmverliesses ist Katharina eingesperrt, schaut aber aus niedrigem Fenster ungehindert von Gitterwerk oder sonstigem Verschluss, mit dem halben Körper vorgeneigt, zur Königin heraus, die sich in der Stille der Nacht ihren Polstersessel auf die Strasse gestellt hat, und in traulicher Zwiesprach den Lehren der Heiligen ihr Herz öffnet. — Die Scene gleicht in der Anordnung auffallend dem Fresko Spinellos mit dem Besuch der jungen Katharina beim Eremiten: dort schaut der Lehrer aus dem Fenster seiner Zelle und spricht zu der jungen Disputantin, die draussen sitzend allerdings auch gestikuliert. Aber wie die ganze Familie und Gefolgschaft, die bei Spinello zuschaut, hier beseitigt worden, so hat der Florentiner in Rom das innige Verhältnis der beiden weiblichen Personen überraschend fein empfunden, so dass man mit Recht dabei an Fra Angelicos sinnige Schöpfungen dieser

Art erinnert hat, ohne doch eine Abhängigkeit des Künstlers hier von dem frommen Klosterbruder voraussetzen zu dürfen, zumal da die nachweislichen Beispiele bei dem Letztern schwerlich so früh zu datieren sind. Grade im Gegensatz zu dem lebhaften Temperament der dialektisch begabten Königstochter bei Spinello ist hier in der ganzen Gestalt und Haltung der Kaiserin die Sammlung und Beschaulichkeit des tiefergriffenen Gemüts zum Ausdruck gebracht. Die hohe Frau, nicht ohne Schleiertuch und Krone, sitzt ganz an Katharinas Lippen hangend da, und legt die Hände fest zusammengefasst auf die Knie, als wäre es dem Maler darauf angekommen, die völlig andre Natur ihres Wesens und ihres Seelenzustandes herauszuarbeiten. — Ganz im Profil, wie der Kopf der Hörerin, ist auch die Gefangene ihr zugewendet; sie stützt sich mit der Linken auf die Fensterbank und erhebt die Rechte wie eindringlich manend oder unterrichtend, vielleicht gar weist sie gen Himmel, indem sie der Neubekerten das Martyrium vorraussagt, das sie erleiden soll.

Daneben sogleich die Erfüllung. Rechts vor der Aussenseite des Gefängnisses liegt der entseelte Körper der Kaiserin, auf die Elnbogen gestützt, wie sie in betender Haltung vom Streich des Henkers getroffen dahinsank, und der Kopf daneben, vom Rumpfe getrennt, mit langgezogenem Schleiertuche am Boden hingerollt, während ein Engel die Seele der Gläubigen in Kindergestalt zum Himmel trägt. Vor der Kerkermauer steht der Scharfrichter nach vollbrachter Arbeit, im Begriff, das lange Schwert wieder in die Scheide zu stossen. Es ist eine hohe Gestalt in eng anliegender Jacke und Strumpfhosen; weit ausholend mit dem Arm und in voller Aufmerksamkeit herabblickend auf die sorgfältige Bergung der scharfen Klinge, deren Spitze er soeben in die Oeffnung fürt, steht er fest auf dem rechten Bein, während das linke sich streckt und die Fussſole vom Boden hebt, so dass nur noch die Zehen ihm Halt gewären. Das Motiv findet sich wieder bei Spinello Aretino, der den Tod Katherinas in diesem Moment unmittelbar nach der Enthauptung selber darstellt. Leider ist auf diesem Bilde zur Rechten des Triumphbogens grade die Figur des Henkers in ihrem obern Teil bis zur Hälfte des linken Oberarms verloren; aber die Spitze des Schwertes, die in die Scheide geht, deutlich sichtbar, das Ausschreiten der Beine heftiger gegeben, aber die ganze Bewegung nach Spinellos Art nur flüchtig beobachtet und oberflächlich angedeutet. Genug, wenn er die dichtende Phantasie des Beschauers anregt, das Ihrige hinzu zu tun. — Ganz anders dieser Künstler des Quattrocento in S. Clemente. Die Bewegung der ganzen Gestalt auf dem Wendepunkte wiederzugeben, wie die schwebende Haltung des nachgezogenen Beines noch das vorangegangene Ausholen des rechten Armes begleitend malt, und zugleich die volle Tätigkeit des Willens auf die zweckmässige Leitung seiner Werkzeuge gerichtet, bei der Schwierigkeit des Zielens und der Vorsicht für die Schärfe des Stals eine Weile braucht, ehe der Stoss abwärts folgen kann, — diese kritische Spannung auf der Höhe, wo der Atem stockt und die Glieder elastisch in der Schwebe bleiben, das ist es, was ihn fesselt und was er geben will. Leider verbietet auch hier die Uebermalung, weiter auf die Einzelheiten der Durchfürung einzugehen; aber schon die Umrisszeichnung sagt genug für den Ernst der Absicht. Sie fordert jedenfalls zum Vergleich mit der ganz verwandten Scene, der Enthauptung Johannes des Täufers im Baptisterium von Castiglione d'Olona heraus, die Masolino um 1435 gemalt hat. Hier liegt, wie wir (I, 65. Taf. 19.) sahen, der Körper über dem Rand der Schwelle, sehr ungeschickt und ungenügend in der Verkürzung; ein Blutstral bildet eine Lache daneben, aber das Haupt scheint noch am Rumpfe zu hängen. Der Henker dagegen streicht schon das Blut von dem langen Schwert ab, das unmittelbar nach dem Hiebe zurückgeschlagen nach rückwärts sinkt. Demgemäss ist die Haltung des Oberkörpers mit dem einen erhobenen und nach hinten zurückgebogenen, dem andern nach vorn gekrümmten Arm viel schwieriger, aber in der starren Eisenrüstung auch keineswegs plastisch erfreulich, noch in der Verkürzung so überzeugend gelungen. Die Stellung der Beine ist fast die nämliche wie in Rom, nur das Spielbein nicht so elastisch bewegt, die Fussfole nicht vom Boden gelöst, also nur ein seitliches Ausschreiten gewollt, wie es der Manipulation an der abwärts hängenden Schwertspitze entsprach. Damit verliert diese untere Hälfte des Körpers allerdings sehr an Reiz, zumal da die Beine kürzer und stämmiger gebildet, wie man sieht, durch die Eisenhülle sogar nachträglich noch verstärkt sind. Sehr bezeichnend ist der Unterschied des Modells oder der gewälten Proportionen: dort in Castiglione ein junger, robuster Kerl, untersetzt in den Verhältnissen des Körperbaues, voll und weich im Fleisch, etwas mühsam sich bewegend bei seiner Gedrungenheit im starren Panzer; — hier in Rom ein älterer aber schlanker Fechter, lang gestreckt, aber gestält in den Muskeln aller Glieder, sichtlich von schnellster Bereitschaft für jede Kraftleistung, eher ein etwas ausgemergelter, sonnenverbrannter Torero. Dort in Castiglione haben wir sicher einen Lombarden, hier in Rom keinen Römer, sondern einen Florentiner vor uns, oder wenigstens die Normalfigur der florentinischen Maler am Anfang des neuen Jahrhunderts, die überhöhten Proportionen der gotischen Bauhütten am Uebergang aus dem Trecento. Solch ein Unterschied ist ganz erklärlich, wenn jener am Ende einer längern Arbeit auf mailändischem Gebiete, im Verker mit den Fantini der Casa Castiglione oder den Reitknechten des Kardinals Branda zu Stande kam, dieser dagegen am Anfange eines Auftrages in Rom, wo die Gewonheit der florentinischen Heimat noch überwog, bis antike Statuen und »Romani di Roma« bestimmenden Einfluss auf die Anschauung des Malers gewonnen. Und diese Erklärung muss man beim Verfolg der Katharinenlegende um so mehr vorraussetzen, als in ähnlichen Gestalten sehr bald ein Wechsel des Mafsstabes oder des Modells bemerkbar wird. An Stelle des hochaufgeschossenen schlanken Toskaners tritt der kürzere Römertypus, nachdem sich in Kostümfiguren, den Bedürfnissen der Raumdarstellung entsprechend, schon vorher diese bequemern Proportionen eingestellt hatten.

Solche römische Modellstudien machen sich schon in dem zunächst dazugehörigen untern Bilde, in der wunderbaren Zerstörung des Marterwerkzeugs bemerkbar, wo die Schwierigkeit der Aufgabe sorgfältige Vorbereitung des Ganzen erheischte. Diese beliebte Hauptscene aus der Legende der hl. Katharina, die im Cyklus Spinellos in Antella leider übertüncht worden ist[1]), nimmt hier in S. Clemente die Mitte der untern Bilderreihe grade unter dem Höhenlot des Bogenfeldes ein, steht also an der Hauptstelle der ganzen Wand, besonders für den eingetretenen Besucher im Innern der Kapelle.

Zur Rechten und im Hintergrunde ist der Palasthof durch hohe Mauern geschlossen, die ursprünglich aus lauter hohen schmalen Arkaden gebildet, wie die Tribuna des Tempels oben, uns abermals an die allzu luftige Wiedergabe römischer Aquaedukte auf dem Bildchen aus S. M. Maggiore erinnern, und perspektivisch gezeichnet einst den Durchblick in die Landschaft gewärten, jetzt aber nach der Uebermalung nur als Blendarkatur massiver Wände erscheinen.[2]). Die schwanken Bogenreihen tragen auf ihrer verbindenden Obermauer einen breiteren Fries und ein weit vorspringendes Gesims, das den modernen Restauratoren mit Recht zu schwer vorkam. Es schliesst sich jedoch an die gleiche Simsbildung der Brustwehr eines Vorbaues an, der an der hintern Ecke links in den Hof hineintritt. Unten wird er von einer Säule getragen, die so mit zwei festen Wänden eine quadratische Loggia bildet, während auf dem

[1]) Erkennbar ist allerdings, dass die Räderung ebenso im Palasthof geschieht wie die Hinrichtung des Porphyrius, also die Verwandtschaft des Schauplatzes auch in Rom.

[2]) Vgl. den Stich Labruzzis, nach dem unsere Abbildung V, b), mit den Photographieen von Braun und Alinari nach der Ueberschmierung!

Dach dieses Untergeschosses durch eine massive Brustwehr und zwei kleinere Säulen mit einem Holzdach darüber, das an die Palastmauer lehnt, eine obere Pergola gebildet wird. Dieser ganze Vorbau ist offenbar ein beliebtes Stück damaliger Palastbauten; denn wir finden eine schmuckvollere Version der nämlichen Grundform in Castiglione als Festhalle, wo Herodes tafelt, statt der hohen Umfassungsmauern des Hofes, die in S. Clemente nur misverständlich nach römischen Ruinen gezeichnet wurden, die offene Wandelbahn mit Halbkreisbogen auf niedrigen Säulen im Geschmack der Florentiner Renaissance. Im Ganzen steht aber der Palasthof in Rom seinen Vorbildern im Trecento, sei es von Spinello Aretino in Antella oder von den Lorenzetti in S. M. dei Servi zu Siena viel näher, als das entwickeltere Beispiel im Baptisterium zu Castiglione, und schon aus diesem Grunde wäre die Anname einer spätern Entstehung der Fresken von S. Clemente wol abzulehnen, besonders aber wenn sie von einem und demselben Meister etwa zehn Jahre nach jenen gemalt sein sollen!

Auf dem vorspringenden Söller steht als Zuschauer der Kaiser und eine zweite Person, in der wir der Legende zufolge die Kaiserin erkennen müssten. In seiner hohen Pelzmütze mit aufgeklapptem Rande schaut Maxentius herab, und erhebt die Hände staunend über das Wunder, das sich drunten so unerwartet und blitzschnell vollzieht. Dort sind die beiden nach dem Rat eines Höflings gebauten Räder mit eisernen Haken auf dem Rande so dicht bei einander aufgestellt, dass zwischen ihnen nur für das Opfer der Grausamkeit Platz bleibt. Das Eine vor ihr, das Andere hinter ihr, in entgegengesetzter Richtung gedreht, sollen die Heilige zerfleischen. Katharina steht gefasst zwischen den furchtbaren Werkzeugen, mit betend erhobenen Händen den Blick gen Himmel richtend, ganz in Profil nach rechts. Ihre schlichte Gestalt ist ganz die selbe geblieben, wie auf den vorigen Bildern; denn durch den Schutz des Höchsten haben ihr Hunger und Kerkersnot nichts anzuhaben vermocht. Die beiden Knechte, die die Räder drehen sollen, haben in voller Tätigkeit alle Kraft angestrengt. Um dies recht anschaulich zu zeigen, sind die Maschinen gegen die vordere Ecke des Bildes zu in schräger Linie aufgestellt. So sehen wir den am Vorderrade nach innen drehenden Mann zur Hälfte nur durch die Speichen hindurch; ausschreitend und vornübergebeugt setzt er die ganze Wucht des Körpers gegen die Kurbel, während das rückwärts bleibende Bein sich hebt und die Zehen gegen den Boden stemmt. So ist im Vordergrund links für den Arbeiter am Hinterrade Raum, ebenso nachdrücklich seine Stärke zu entfalten, indem wir ihn von vorn sehen. Er trägt nur einen hemdartigen Kittel, die Beine sind nackt; ausschreitend vornüber gebeugt umspannt er mit beiden Fäusten die Handhabe und setzt das schwere Rad in Umschwung, ohne hinzusehen, wie die Eisenhaken fassen. Aber die stalbewerten Radreifen zersplittern wie Glas, ehe sie Katharina berüren, die zerhackten Klötze fliegen den Zuschauern an den Kopf, dass sie entsetzt davoneilen oder getroffen zu Boden stürzen, und der grausame Anstifter des Ganzen ist selber gerichtet. Dies Wunder ist das Werk eines Engels, der in hastigem Flug aus der Höhe herniederschoss und mit himmlischem Schwerte das menschliche Machwerk zerschlug. Wie der Blitz färt sein Stab herum; denn am Hinterrad ists geschehen, während er schon das Vorderrad streift, und fast senkrecht stösst er aus der Luftregion auf sein Ziel.

Diese Durchbrechung der Naturgesetze zeigt auch den Widerspruch, in dem sich der Maler zwischen seinem Gegenstand, der Wunderlegende, und seinem künstlerischen Wollen, der wirklichkeitstreuen Veranschaulichung befindet. Der Engel ist, soweit er menschlich gestaltet werden konnte, vorzüglich in der Augenblicksbewegung erfasst: beide Arme strecken sich, das Schwert haltend, vor, das Antlitz blickt auf den Zielpunkt, während die rückwärts wehenden Haare die Schnelligkeit und Richtung der Bewegung erkennen lassen; aber an den Achseln spannen sich Flügel in horizontaler Haltung, zur Hemmung des Fluges immerhin, — und der Kleiderrock vom Gürtel ab nimmt niederfallend die Gestalt eines Blumenkelches an, dessen Randzipfel auf die Seite überklappt. Erst wenn man sich klar macht, was in Engelserscheinungen solcher Art in der ersten Hälfte des fünfzehnten Jahrhunderts oder im ersten Viertel vollends geleistet worden, leuchtet die Kühnheit des realistischen Strebens ein, und stellt sich dieser Versuch in Rom in die Reihe von Masaccios Engel der Vertreibung aus dem Paradiese und dann des Piero dei Franceschi in Arezzo beim Zelt des Kaisers Konstantin: d. h. er erscheint als Abkömmling noch der Engel, die S. M. della Neve gen Himmel tragen auf dem Altärchen Martins V. und als Abwandlung der Teppichhalter am Tron S. Anna's selbdritt, noch ohne den Versuch, auch die untere Hälfte dieser Luftbewoner mit menschlichen Gliedern auszustatten, also auch wol zeitlich denen der Münchener Madonna näher stehend, als dem Racheengel der Brancaccikapelle. Die beiden Henkersknechte vollends sind in ihrer angestrengten Bewegung so entschlossen und aufrichtig der Wirklichkeit nachgebildet, dass sie auf Grund vorhandener Beispiele bis 1428 nur dem Masaccio zugetraut werden können. Masolino hätte sich in unmittelbarem Wetteifer mit Masaccio selbst übertreffen müssen, wenn er sie nach der Rückker aus Ungarn gemacht haben sollte, und hat noch 1435 im Baptisterium zu Castiglione, selbst in den Genrefiguren der Taufe oder dem Schliefser des Gefängnisses keine ähnliche Kenntnis der Natur zur Verfügung. Er vermeidet derartige Körperhaltung überhaupt in verkürzter Ansicht zu zeigen, oder beweist mit einem Versuch, wie die Täuflinge, wie weit er in solcher Kunst zurückgeblieben war. Dagegen müfste man nach der Wal und Wiedergabe des Modells, besonders bei dem vordern Gesellen mit nackten Beinen schon auf Masaccio schliefsen, weil dessen Torwächter in der Cappella Brancacci so auffallende Aehnlichkeit besitzt, dafs man nur an Benutzung einer und derselben Studienreihe denken kann, weil der Wunsch, den feierlich gewandeten Aposteln und ihrem hehren Meister einen derberen Gesellen als Kontrast auch schon im Anzug gegenüber zustellen, wol kaum zur Genüge erklärt, weshalb der Zolleinnemer grade dieser barfüfsige Bauernjunge sein mufs statt eines mehr oder minder soldatisch uniformierten Doganiere, dessen amtliche Abzeichen jeder Verwechslung mit einem Bettler oder Facchino vorgebeugt hätten.

Nach der selben Seite sinkt die Wage der Entscheidung zwischen Masolinos und Masaccios Anspruch auch bei der Abwägung des letzten Bildes der Katharinenlegende, wo das Ende der Heiligen dargestellt wird.[1]) Die Komposition rechnet wieder genau mit dem Ort der gegebenen Fläche, an dritter Stelle der untern Reihe, indem sich die Handlung möglichst aus der Ecke neben der Altarwand nach links zur Mitte der Wand hervordrängt, und die rechte Seite für die Andeutung eines Schauplatzes verwendet, der fast nur dazu ausgebeutet wird, um Raumtiefe zu gewinnen und Luft zu schaffen für das freie Ausklingen, so dafs eine neutrale Fermate auch dem Inhalt der anstofsenden Altarwand keine Konkurrenz macht. Aus einer öden unbebauten Ebene steigt plötzlich die steile Wand eines oben abgeplatteten Felskegels auf und schliefst hinten die Ecke: es ist das letzte Ziel, der Berg Sinai. In diagonaler Richtung zu diesem Felsen entfaltet sich links vorn, in strenger Sachlichkeit die Katastrophe des Heiligenlebens. Eine Reihe römischer Soldaten sind aufmarschiert und halten ihre langen Schilde, von der Form eines halbrund gebogenen Rechtecks, vor den Leib, dafs nur unten die Füfse, oben die Köpfe hervorsehen. Die Vorderen markieren das Halt! Stillstehen; nur der Flügelmann rechts mufs den Eindringling aus der zweiten Reihe, — der die Front durchbrechend seine Neugier oder Teilname nicht zu halten vermag, — zurückweisen,

---

[1]) Vgl. unsere Tafel V, c).

während er selbst mit vorgestreckter Faust wie der Fürer links schon den Daumen hält: pollice verso. Denn der Scharfrichter für soeben den Streich, der das Haupt der Heiligen vom Rumpfe trennen soll. Diese Soldatenaugen sind auf das Gelingen mit einem Schlag gerichtet; aber auch Erschütterung macht sich bemerkbar, als bebte diese geharnischte Mauer, nicht vom Andringen der Masse allein. Schräg aus der linken Ecke in das Bild hinein kniet mit betend zusammengelegten Händen vornübergeneigt die Heilige, geduldig den Todesstreich erwartend, während der Henker, der ihr soeben den Kopf niedergedrückt hat wie er ihn haben will, die Linke mit offener Hand noch abwärts streckend, nun aus der Tiefe herausschreitend mit der Rechten das Schwert vom Rücken herüberschwingt. Im Zusammenwirken der Glieder sehen wir die Wucht des Hiebes, als müßsten wir das Sausen der Klinge vernemen. Droben in den Lüften wird auch die Folge dargestellt. Ueber der Hügelreihe schwebt ein Engel mit der Seele der Märtyrin gen Himmel; auf der Höhe des Berges Sinai senken drei Engel den Körper der Toten in einen Steinsarg, wo Tyrannenwut ihn nicht entweihen wird.

Doch diese beiden Momente der Erzälung bleiben auf dem Bilde ganz in weiter Ferne, nur als Andeutungen für die Phantasie. Die Enthauptung vorn ist dem Maler die Hauptsache. Und wir kennen diese unumwundene Art. Bei Spinello Aretino, der den Tod der Kaiserin bei der Massenhinrichtung des Porphyrius und seiner Krieger abgetan hatte, steht der Auslieferung Katharinas an den Scharfrichter der Moment nach der Vollstreckung gegenüber. Das Haupt ist gefallen, das Schwert wird in die Scheide zurückgestoßsen. Hier in S. Clemente war diese Darstellung für das Ende der Kaiserin gewält, gerade oberhalb dieser letzten Scene, der sie zeitlich unmittelbar vorangeht. Für die Hauptperson mußste zum Abschluß das stärkere Mittel, der Vollzug selber versucht werden, hinter der das Schicksal der Königin nur sekundäre Bedeutung erlangen durfte, also in so naher Parallele sich wolweislich unterordnet. Wer aber die physische Anstrengung der Raddreher so sachgemäßs und augenfällig vorgefürt hatte, konnte auch hier vor der Schwierigkeit, die andere Kunstgenossen umgiengen, nicht mehr zurückschrecken. Und er mochte sie wagen eben auf Grund jener Modellstudien, aus denen auch sein Scharfrichter hier, der selbe gedrungene Geselle wol unmittelbar erwachsen ist. Etwas seltsam ist nur der wehende Zipfel des leichten, hemdartigen Kittels, dessen Saum sich straff über die nackten Schenkel zieht, wie es plastische Darstellung nur wünschen kann. Wir finden aber die selbe Beobachtung genau so, nur passend verkürzt vom Rücken gesehen, in der Enthauptung Johannes des

Täufers wieder, die Masaccio urkundlich 1426 für S. M. del Carmine in Pisa geliefert hat. Die Predella in Berlin enthält auch bei dieser Scene wie bei der Kreuzigung des Petrus die nämlichen römischen Soldaten, die mit ihren Schilden Front machen zur Absperrung der Richtstätte und zur Wehr gegen das fallende Opfer selbst. Die markige Kürze des Processes, die männliche Geradheit, die dem Kern der Handlung unumwunden zu Leibe geht, ist durchaus charakteristisch für Masaccio, bei dem die nämliche Sinnesart hervorbricht wie bei seinem Freund und Lehrer Filippo di Ser Brunellesco in Abrahams Opferung des Sohnes oder bei Donatello zu jeder Gelegenheit. Es ist darnach wol wenig zutreffend, nur so schlechthin von »besonders zierlichen Kompositionen und sentimentalen Figuren der Katharinenbilder« zu sprechen, wie es Wickhoff beliebt, der mit kurzen Worten über diese ganze Freskenreihe wegeilt, um sie zu den Hauptstücken der Brancaccikapelle »mit ihren majestätischen Figuren und den grofsartigen aber wuchtigen Gruppen« in möglichst unvereinbaren Gegensatz zu stellen.

Unsere Analyse ihrer unveränderten Bestandteile, besonders ihrer perspektivischen Raumdarstellung im Sinne Brunelleschis und ihrer plastischen Gestaltenbildung im Sinne Donatellos, hat unläugbaren Zusammenhang mit den Leistungen dieser Art in der Brancaccikapelle ergeben, die als Masaccios Eigentum völlig unbestritten dastehen. Sie hat von den Kostümfiguren bei der Anbetung im Tempel bis zu den Soldaten bei der Enthauptung Katharinas auf das bestbeglaubigte Altarwerk von Pisa hingefürt. Daneben ward auf der andern Seite die Aehnlichkeit mit Masolino keineswegs ausser Acht gelassen. Nur waren es fast immer seine erst 1435 entstandenen Malereien im Baptisterium von Castiglione, die zur Vergleichung herangezogen werden konnten, und hierbei musste doch immer die Möglichkeit offen bleiben, dass Masolino vor dieser späten Arbeit noch bei seiner Rückker aus Ungarn sowol die Kapelle in S. Clemente zu Rom als auch die Fresken Masaccios in der Brancaccikapelle in Florenz kennen gelernt und verwertet hatte, soviel irgend in seinen Kräften stand. Nicht an die zarten gliederlosen Gewandfiguren der Deckenbilder des Chores, sondern an die Herodias und Salome oder an die Engel bei der Taufe erinnert hier in Rom die Katharina. Besonders die züchtig bittende Tochter hat dort Aehnlichkeit mit der Königstochter von

Alexandrien hier, aber die kleinbrüstigen und kurzarmigen Hoffräulein daneben oder die Idealfiguren der oberen Bilder bleiben doch hinter ihr zurück. Nur das grosse Schlussbild im Baptisterium kann als Ganzes der Legende Katharinas in S. Clemente zur Seite gestellt werden, und grade die Entwickelung des Malers, die sich im Baptisterium nach der Art der Scenen vor unsern Augen gleichsam vollzieht, widerstrebt einer andern chronologischen Ordnung, die uns etwa ermöglichte, demselben Maler Masolino auch die Fresken in Rom beizumessen.

Dies letzte Wandbild mit der Bestattung des enthaupteten Täufers im Hintergrunde steht ungefär auf der nämlichen Kunststufe wie die Katharinenbilder, wenn man sie im Allgemeinen überblickt, den schlichten und sanften Ton der Erzälung heraushört und den naiven Sinn, mit dem die Zutaten der frommen Legendenphantasie weitergefürt werden, selbst wo der Wirklichkeitsdrang daneben schon auf drastische Wiedergabe ganz anderer Dinge ausgeht. Mit den jugendlichen Erscheinungen des Johanneslebens haben diese Geschichten Katharinas auch den sogenannten »sentimentalen« Zug gemein, den man neuerdings in ihnen gefunden hat, der aber wol kein anderer ist als bei Fra Giovanni Angelico da Fiesole, sonst jedoch wenig Verwandtschaft mit dem Anschauungskreis des weltfremden Mönches aufweist. Jedenfalls aber kann von diesem Teil des Freskenschmuckes in S. Clemente nicht behauptet werden, dass sein Urheber »sich ganz der Kompositionsweise, der Behandlung u. s. w. der veronesischen Schule gefangen« gegeben habe. Denn der einzige vermeintliche Beleg für einen Zusammenhang mit Pisanello, den man in einer einzelnen, grade als solche nebensächlichen Kostümfigur des ersten Bildes gesucht hat, erscheint als anachronistisches Qui pro quo und wird durch die Behandlungsweise dieses Zeitkostüms selbst widerlegt. Dagegen ist die Kenntnis der Darstellung der Katharinenlegende von Spinello Aretino auf dem Landsitz der Alberti in Antella bei Florenz durch gelegentliche Reminiscenzen ebenso erwiesen, wie die vollständige Umwandlung des künstlerischen Strebens im Einzelnen und im Ganzen, d. h. die florentinische Herkunft des Meisters, aber auch seine Stellung unter den Zeitgenossen im Verhältnis zur wertvollsten Tradition der Giottoschule klar bestimmt. Der Gegensatz gegen einen Letztling des Trecento kann um so weniger verwundern, als der Maler von S. Clemente der ersten Generation des Quattrocento und zwar dem engsten Kreise der bahnbrechenden Neuerer wie Brunelleschi und Donatello angehört. Für die persönliche Beziehung zu dem Ersteren und den Anteil an dem Fortschritt in der eigenen Kunst zeugt nicht allein das Studium der antiken Bauwerke in Rom, und zwar in seinen Anfängen noch mit mangelhaftem Verständnis für die Konstruktion oder unzureichender Uebung im Erfassen und Wiedergeben der Einzelformen, sondern dafür zeugt auch die perspektivische Zeichnung des Raumes, die konsequente Rechnung mit dem Standpunkt des Beschauers und die damit zusammenhängende Disposition der Bilderreihen. Aus diesen Grundsätzen ergiebt sich überall die Komposition und Oekonomie der einzelnen Darstellungen. Möglichste Vereinfachung der Fabel, Beschränkung auf die entscheidenden Hauptzüge der Handlung und auf bescheidene Personenzal begründet auch den sonstigen Charakter des figürlichen Aufbaues. Dieser ist übersichtlich und locker, in zunemendem Mafse vom plastischen Interesse für die Selbständigkeit beherrscht. In der sorgfältigen Durchbildung der kühn bewegten, voll ausgerundeten, in mancherlei Verkürzung gezeigten Körper, die in der zweiten Hälfte der Bilderreihe hervortreten, erkennen wir den Einfluss des Donatello und seiner Gesinnungsgenossen. Diese Energie des künstlerischen Wollens, der Sinn für dramatische Handlung und wirksame Kontraste, die Wal des entscheidenden Momentes, die nur mit Hülfe entschlossener Bewältigung schwieriger Aufgaben die realistische Wahrheit erreichen konnte, — Alles das widerstrebt dem Naturell Masolinos ebenso stark, wie es mit dem Charakter Masaccios überzeugend und unveräusserlich zusammengehört, soweit wir ihn beglaubigten Leistungen oder überlieferten Urteilen bei Zeitgenossen und Nachfolgern entnemen können. Endlich besteht zwischen dem ganzen Freskenschmuck der Kapelle des Kardinal Branda in S. Clemente und seines Baptisteriums in Castiglione d'Olona noch ein wesentlicher Unterschied, der uns über die Unmöglichkeit der versuchten Personalunion zwischen beiden Malern belehren sollte. Die Fresken im Baptisterium zu Castiglione sind ohne Rücksicht auf die architektonischen Gränzen der Wände beliebig um die Ecken in die Fensterschrägen u. dergl. herumgemalt, mehrere Scenen auf einer Wandfläche garnicht durch Einramung von einander gesondert, sondern die Momente der Erzälung gehen in einander über, grade wie bei Lorenzo Ghiberti an der Porta del Paradiso oder bei Fra Filippo im Chor des Domes von Prato oder in Tod und Himmelfart Marias zu Spoleto. In S. Clemente herrscht überall klare Gliederung in vorbedachter Verteilung des Stoffes, innerlichste Selbständigkeit der Bilder bei bescheidenster Abtrennung, selbst ohne lineare Bezeichnung der Gränze, wie zwischen Bekerung und Tod der Königin. Wenn auch hier zwei Momente der Erzälung in einem Ramen vereinigt werden, wie man es bisher gewont war, so treten hinter einem Hauptvorgang die Nebenmomente entschieden zurück als Andeutungen der Folge, wie beim Martyrium Katharinas ihre Bestattung, oder es ist der zweiten Scene in kleinerem Mafsstab sogar ein eigener Ramen eröffnet, wie beim Flammentod der Philosophen, so dass sie wie ein Bild im Bilde wirkt und dafür angesehen worden. Immerhin mögen diese verschiedenen Versuche, die strengere Disciplin aufrecht zu erhalten, auch wo die verlangte Erzälung und die ererbte Gewonheit sich widerspänstig erweisen, als ebensoviel Kennzeichen eines noch ringenden, innerlich noch nicht ganz mit sich einigen Künstlers gelten, der seine Prinzipien mit dem Zeitgeschmack auseinander zu setzen trachtet. Von der saloppen Nachlässigkeit, von dem unüberlegten Sichgehenlassen Masolinos sind sie weit entfernt. Wie wenig Gefül für gegebene Raumgliederung jener besass, erkennt man auch im Widerstreit seiner Deckenbilder gegen das feste Rippensystem der Chorwölbung, das er im lombardischen Kirchlein von Castiglione vorfand, einen Widerstreit, den er durch seine perspektivische Architekturmalerei lediglich selbst verschuldet hat. Bei ihm zeigt sich noch am Ende seiner Tätigkeit, soweit wir sie bis 1435 verfolgen können, eine Unsicherheit des Verfarens, eine Vermengung unverträglicher Bestandteile, wie flüchtig andeutender Idealfiguren und sorglich konterfeiter Kostüme mit Bildnisköpfen, ein Mangel an gleichmässiger Verarbeitung und harmonischer Klarheit des Stiles, ohne dass man absieht, wohinaus sein eigenes Streben eigentlich will, und dass man zweifelt, ob überhaupt bewusstes künstlerisches Wollen zu Grunde liegt. Ungleichmässigkeiten und Unvollkommenheiten, »die Zweifel der noch unerreichten Selbstbemeisterung« sind auch in S. Clemente fülbar; aber daneben offenbart sich überall ein energischer Geist, der in schnellstem Fortschritt wol zu schwanken scheint, aber genau weiss, wo sein Ziel liegt und welche Forderungen sich aus der strengen, — man möchte sagen — wissenschaftlichen Grundlage seiner Arbeit ergeben. Die Worte Vasaris über Masaccios Bemühen »seguitando sempre quanto e' poteva le vestigie di Filippo e di Donato ancorachè l'arte fusse diversa« — sind so zutreffend für die Katharinenbilder in S. Clemente, dass sie fast wie Bemerkungen Michelangelos an dieser Stelle klingen.

DIE AMBROSIUSLEGENDE

Wohinaus dieser Maler will und wie er den Fortschritt zum monumentalen Stile im Sinne des Realismus sucht, das beweisen die übrigen Wände dieser Kapelle, in denen z. B. die Nebenmomente schon vollständig beseitigt sind, während doch der Stoff für die gegenüberliegende Seite noch eine durchaus verwandte Erzälung aus der Heiligenlegende darbot.

Die Aussenmauer, zur Linken vom Altar, ist durch ein Fenster, das später noch vergrössert wurde, in der Mitte durchbrochen. Es war also nicht möglich, die Wand mit dem Bilderschmuck der andern zur Rechten völlig ins Gleichgewicht zu setzen. Dennoch sind auch hier im Bogenfelde zwei, im untern Wandstreifen drei Abschnitte vorhanden, nur dass unter dem Fenster das Mittelstück nicht für eine gleichwertige Figurenkomposition brauchbar wurde und, schon des ungünstigen Lichtes wegen, von der Erzälung ausgeschlossen blieb. Dennoch verwertet es der Maler nicht zu dekorativer Füllung, sondern, wie wir sehen werden, zu möglichster Betonung räumlich-körperlicher Gesetze, die das Gefül des Gleichgewichts und sichern Bestandes an Ort und Stelle verstärken, und so die Wirkung des Fensters darüber, die der Tiefenanschauung in den Bildern widerstreiten könnte, durch Gegenmittel wieder aufheben.

Die beiden Darstellungen neben dem ursprünglich schmäleren und gotisch zugespitzten Fenster benutzen aber ebenso die Lichtzufuhr und den Eindruck der Luftigkeit in der Höhe. Beide Bilder des Bogenfeldes sind aus einem Centrum konstruiert, das in der Mittellinie dieses Fensters liegt, bilden also die Hälften eines Ganzen, das durch die Raumbildung der Kapelle selbst gegeben war, und bezeichnen so im Anschluss der Wandmalerei an die Architektur einen bewussten Fortschritt über die Gliederung des gegenüberliegenden Bogenfeldes der Katharinenlegende[1]). Ebenso kann im Aufbau der Massen innerhalb dieser perspektivischen Konstruktion des Raumes nicht unbemerkt bleiben, dass die Höhepunkte der Figurengruppen beiderseits nach derselben Mittelaxe gravitieren

[1]) Sie sind von Ad. Braun & Co. leider in verschiedenem Mafsstab photographiert worden und die untern Bilder der Fensterwand wol wegen ihres Erhaltungszustandes überhaupt weggelassen. Alinari hat von den Letztern auch nur eins aufgenommen. Vgl. unsere Abbildungen nach den Stichen Labruzzis. Taf. VI u. VII.

4*

und sich symmetrisch zum Höhenlot des Fensters als ihrer gemeinsamen Dominante emporgipfeln. Damit sind abermals Gesetze der Raumkunst im Sinne monumentaler Beharrung für die Wandmalerei gewonnen, die wir an der Altarwand der Brancaccikapelle im untern Bilderpaar von Masaccio wieder befolgt finden.

Die erste Hälfte des Bogenfeldes links vom Fenster ist der Namenserklärung des kleinen Ambrosius gewidmet, wie die Legenda aurea sie gern voranschickt: »Sicut dicitur in Glossario: ambrosia = esca angelorum; ambrosium = coeleste mellis favum«, — so kam, als das Knäblein in der Wiege lag, ins Atrium der väterlichen Praetorwonung ein Bienenschwarm hereingeflogen, setzte sich auf das Antlitz und in den Mund des Kindes und flogen aus und ein wie bei der Honigarbeit, zum Entsetzen und Staunen der Wärterin, aber nur um friedlich himmelwärts zu verschwinden. Wenn das Kind am Leben bleibt, sagte der Vater, muss etwas Grosses aus ihm werden. Diesen Auftritt zeigt das Gemälde, nur sind die Bienen von unverständiger Restauratorenhand verlöscht und achtlos übermalt, so dass der Sinn rätselhaft wurde, und die Bewundrung der Leute ebensogut auf die Kindheit der heiligen Katharina oder des heiligen Clemens gedeutet werden konnte. Wie der Göttertempel beim ersten Auftreten der Königstochter von Alexandrien, ist hier eine selbständige Architektur hinter dem Bogenrande aufgestellt, so dass die Kurve des Ramens uns einen Teil des symmetrischen Ganzen verbirgt. Wir blicken durch zwei Arkaden der offenen Loggia eines Palastes. Die völlig ausgebildeten Formen der Frührenaissance: kurze glatte Säulen auf attischen Basen, Halbkreisbögen auf Blätterkapitellen, Rundmedaillons in den Zwickeln, mit quergespannten Scheidbögen dahinter, die auf vortretenden Pfeilerchen oder leichtem Wandstück ruhend an der Rückmauer lehnen, kassettierte Holzdecke u. s. w. bestätigen den Fortschritt des Malers auf dem Wege Brunelleschis und die Kenntnis des inzwischen erdachten florentinischen Baustiles, der in Masaccios Gemälden fast eher fertig vor Augen gestellt wird, als wir ihn in wirklicher Ausfürung an Bauwerken nachzuweisen vermögen. Der Geburtstagsteller im Berliner Museum mit seinem Einblick in den Palasthof mag als schlagendes Beispiel neben diesem Fresko in S. Clemente genannt werden.

Die perspektivische Ansicht des oberen Stockwerkes bis hinauf zum luftigen Söller hat noch weniger Bedeutung als drunten die Richtigkeit des Verhätnisses zwischen der Halle und den darin stehenden Figuren. Die hohen Frauen, die zur Rechten eingetreten. in frommer Verwundrung zu Häupten der Wiege auf das Kind herabschauen, reichen allerdings mit ihren Köpfen bis ans Kapitell der Säulen; aber die Bescheidenheit der Höhendimensionen ist charakteristisch für die Architektur der Frührenaissance in ihren Anfängen, besonders in der Privatwonung. Besser schon stehen die Männer zu Füssen der Wiege, wol der Vater, als Praetor in reicherem Gewande, und der Arzt, den er herbeigerufen, beide mit dem Capuccio auf dem Haupt. Besonders der bartlose Mann in seinem schlichten aber stoffreichen Gewande, mit dem offenen Mantel, der auf der Schulter befestigt die Rechte frei lässt, ist in seiner ruhig zuhörenden Haltung so einfach und gross erfasst, so sicher hingestellt, dass er wieder vollauf für Masaccio zeugt. Was der weise Mann dazu sage, möchte nicht nur der verbindlich erzälende Praetor aus seinen Mienen erraten, sondern auch die Frau erlauschen, die an der Wiege sitzt, mit dem Fächerfähnchen wedelt, aber mit offenen Augen und Lippen am Munde des Doktors hängt. Der kleine Heilige, den sie schaukelt, lässt sich durch den Besuch seines Honigmundes und dessen Vorbedeutung nicht stören in seinem gesunden Schlaf. Desto selbstbewusster soll er später, wie sogar die Legende ihm nachsagt, von der Schwester, die von seiner hohen Bestimmung nichts ahnte, schon als Knabe den Handkuss verlangt haben, mit dem sie den Priester verehrte.

Die Wal des Laien zum Bischof von Mailand wird uns in der andern Hälfte des Bogenfeldes rechts gezeigt. Der Laufbahn des Vaters folgend wird Ambrosius vom Kaiser als Praetor in die Provinzen Ligurien und Emilia geschickt und kommt, da in Mailand Zwistigkeiten zwischen Katholiken und Arianern wegen der Bischofswal entstehen, zur Beruhigung des Aufstandes dorthin. Sofort begrüsst ihn ein Kind mit lauter Stimme als Bischof, und die streitenden Parteien vereinigen sich auf seine Person.

Wie sich im ersten Bild der Einblick in die Halle eröffnet und die Architektur des Palastes von der Seite gesehen nach der Mitte emporsteigt, so schauen wir auf dieser Seite schräg in das Mittelschiff einer altchristlichen Basilika hinein, und zwar dem Standpunkt des Besuchers entsprechend von rechts hinauf bis an die Ecke des Triumphbogens und der Apsiswölbung. Auf hohen Säulen mit gradem Gebälk erhebt sich der Lichtgaden mit seiner Fensterreihe, und durch die Zwischenräume der Marmorschäfte wird das Nebenschiff mit dem Bogen des Querhauses, mit schmalen Fenstern über kräftigem Gurtgesims der Umfassungsmauer und mit einer Seitentür sichtbar, bei der sich die Breite des Langhauses zu verdoppeln scheint. Aus der sorgfältigen Nachzeichnung Labruzzis am Anfang unsers Jahrhunderts ist noch deutlicher, als aus den vielfach entstellten Ueberresten der Malerei selbst, zu erkennen, wie kühn dieser Innenraum aufgerissen und perspektivisch durchgefürt war bis in die Lichtfürung hinein, — ohne dass wir ängstliche Nachamung aller Einzelformen eines römischen Originals erwarten dürfen. Ohne Zweifel war dieser Prospekt aber nach dem Vorbild einer der Basiliken mit gradem Gebälk entworfen, sei es S. M. Maggiore, mit dem die Aehnlichkeit heute noch einleuchtet, sei es die zerstörte Peterskirche oder die verbaute, von Borromini ganz veränderte Form von S. Giovanni in Laterano. Am Triumphbogen drinnen, wo ein Engel in Mosaik erscheint, wie an der Aussenseite links, wo der Maler sichtlich phantasiert, wird die Studie nach Bedürfnis des Bildes freier abgewandelt.

In diesem Kircheninnern schreitet vom Chore kommend, der junge Praetor Ambrosius durch die Menge daher, mit erstaunter Gebärde über das Ansinnen, das in dem Ruf des Knaben an ihn gestellt wird. Nicht nur der Kleine weist mit dem Gruss »Ambrosius Episcopus« auf ihn hin, sondern vorneme Bürger treten auf ihn zu, Geistliche drängen sich, ihm ins Antlitz zu schauen, oder bestürmen sein Ohr mit inständiger Bitte, während seitwärts eine Kriegerschar, die Vertreter der arianischen Herrn des Landes, in voller Rüstung eingedrungen sind, aber ruhig dastehend in diesem Augenblick bereit scheinen, das Schwert in die Scheide zu stecken, sobald Ambrosius zustimmt, ihr Bischof zu werden. Die reckenhaften Longobarden sind Gestalten wie Donatellos S. Giorgio, und haben durchaus nicht Ihresgleichen in Castiglione d'Olona, sondern nur unter den Täuflingen der Cappella Brancacci, während Ambrosius im Auftreten wie im Gesichtstypus auffallend an den Christus Masaccios inmitten der Apostel erinnert, und an die Vera ikon in Empoli oder auf dem Tabernakel in Bremen ebenso eng anschliesst, wie an die Erscheinung des Gottessohnes auf dem Altärchen Martins V. aus S. M. Maggiore.

Leider haben grade diese oberen Bilder, die der Feuchtigkeit besonders ausgesetzt sind, um so mehr gelitten, als man sie neuerdings abgelöst und auf Leinwand gezogen hat, um sie nicht ganz dem Schicksal preiszugeben, das die unteren schon früher ereilt hat. Soviel aber ist auch heute noch (schon aus den Photographieen von Braun) erkennbar, dass die Lichtfürung sich in beiden Bildern ebenso nach dem Fenster in der Mitte richtete, wie ihre Komposition und ihre Bühne sonst, d. h. dass im ersten die Beleuchtung von rechts, im zweiten von links einfällt, — ein Verfaren, das wir ebenso bei Masaccio an der Altarwand der Cappella Brancacci, wie überall in seinen Wandgemälden daselbst beobachtet haben.

Die untere Reihe ist allerdings von Uebermalung niemals so heimgesucht worden, wie die obere oder gar die Katharinenlegende; desto stärker jedoch haben feindliche Elemente zu ihrer Zerstörung zusammengewirkt und kaum mehr als Schatten zurückgelassen. Ausser der Komposition und den Hauptzügen der Zeichnung, die man mit Hülfe der Stiche Labruzzis noch entziffert, können nur wenige Farbenreste noch eine Ahnung von ihrem ursprünglichen Aussehen gewären. Die Aufname des einen Bildes, die neuerdings Alinari erreicht hat, erweckt wenigstens die Hoffnung, dass es möglich wäre, durch die Photographie die wissenschaftlich verwertbaren Resultate zu erzielen, wie es auch mit den Wandbildern im Chor zu Castiglione gelungen.

Zur Linken ist nicht, wie man gemeint hatte, eine Ueberschwemmung in Alexandrien dargestellt, derentwegen ein junges Mädchen von Labruzzi als hl. Katharina angesehen und durch einen Nimbus ausgezeichnet worden, den das Bild nicht aufweist. Wir haben auch keine Scene aus dem Leben des hl. Clemens vor uns, sondern vielmehr, wie Wickhoff nachgewiesen hat, ein Erlebnis des hl. Ambrosius. Auf einer Reise nach Rom war er in Tuscien irgendwo im Hause eines reichen Mannes eingekert und glänzend bewirtet worden. Auf die Nachfrage des Gastes hatte der Hausherr seinen Ueberfluss gepriesen und sein nie getrübtes Glück so blindlings gerümt, dass der Heilige entsetzt die Seinen zu schnellstem Aufbruch mante. Und siehe da, kaum hatten sie den Hof hinter sich, in dem keine Gottesfurcht mehr zu finden war, da erfüllte sich schon die Ahnung des Strafgerichts. Die Erde tat sich auf und verschlang den Hochmütigen mitsamt seinen Gütern und all seinem Gesinde. Nur eine tiefe Grube bezeichnete noch die Stelle, wo sein prächtiges Anwesen gestanden war.

Auf dem Bilde sehen wir vorn das Haus mit seiner offenen Pfeilerhalle im Boden versinken, aus dem die Wasserflut hervorbricht und die doppelt überwältigten Bewoner in die Tiefe hinabreisst, während andre im obern Stockwerk befindliche Personen vergebens um Hülfe schreien. Keine Menschenhand vermag sie zu erretten, und so sehen wir auch den Heiligen mit seinem Gefolge zu Ross nur davoneilen, voll Grausen über das Verhängnis, dem sie selber entronnen. »Ein solches Elementarereignis darzustellen, war ein Wagnis«, wie Wickhoff mit Recht hervorhebt. Und wenn es mit den damaligen Mitteln der Kunst nicht vollauf gelingen konnte, so bleibt doch der Versuch beachtenswert, mit der Natur allein auszukommen. »Ein Maler der vorausgehenden Generation würde die Scene durch ein direktes Eingreifen Gottes oder seiner Diener, die das Gebäude stürzen, versinnlicht haben«, meint derselbe Kritiker. Wir können wenigstens daran erinnern, wie auch dieser Künstler bei der Räderung Katharinas zur Einfürung eines Engels greift, den überirdischen Ursprung der Hilfe, den Bruch der Räder überhaupt als Wunder zu kennzeichnen. Die unheimliche Ueberraschung eines Erdbebens, der Ausbruch unterirdischer Gewässer erscheint auch im Mittelalter als etwas Anderes; es ist das dumpfe Walten der dira necessitas. Und dies Erlebnis des Ambrosius auf der Reise ist hier statt eines Wunders gewiss im Anklang an eigne Erlebnisse des vielgereisten Bestellers Branda Castiglione gewält worden, die als Walten der rächenden Nemesis gedeutet, wol kaum die Hand Gottes oder seiner Engel vertrugen. Unternimmt es der Maler, »die Gewalt des entfesselten Elementes selbst darzustellen«, so stösst er dabei ganz sichtlich auf einen Widerspruch mit seinem eifrigsten Bestreben, die dreidimensionale Räumlichkeit und Körperlichkeit anschaulich auch im Bilde vor Augen zu stellen. Das vornemste Anliegen dieses Realismus war, wie der Architekt Brunelleschi den zeitgenössischen Künstlern demonstriert hatte, die Herstellung der konstitutiven Gesetzmässigkeit in strenger Konstruktion, die Aufrichtung des Koordinatensystems und die Einordnung aller Körper in diesen Bestand des umgebenden Raumes. Diese selbstverständliche Grundlage aller Verhältnisse auf unsrer Erdoberfläche macht sich grade dann am fülbarsten geltend, wenn die rechtwinkligen Durchschneidungen der Richtungsaxen uns sofort orientieren, wenn lotrechte und wagerechte Linien sicher dastehen, wie im Bauwerk. Der Umsturz dieses festen Bestandes, wie er im Zusammenbruch eines Hauses, im Schwall des Wassers aus der Tiefe, im alles verschlingenden Abgrund des Erdbodens selber verlangt ward, musste grade dem eifrigsten Nachfolger Brunelleschis im architektonischen Denken des Schauplatzes am meisten zu schaffen machen. Grade ihm ward sein Koncept verrückt. Dennoch muss auch der kritische Betrachter des Geleisteten anerkennen, der entschlossene Realismus im Erfassen dieser Aufgabe sei »vorerst bedeutend genug«.

Warum aber legt er sich dann, angesichts solcher kunstgeschichtlichen Tatsache nicht die Frage vor, ob im bekannten Werk des Masolino, den er für den Urheber hält, auch nur die geringste Berechtigung vorliege, dies Wagnis auf seine Rechnung zu setzen, nachdem er in seinen vollendetsten Arbeiten im Baptisterium zu Castiglione den Fortschritt seiner Kunst auf völlig andern Wegen gesucht hat, und nach Allem, was wir sonst im Keim etwa entdecken können, für solchen entschlossenen Schritt viel zu zahm geartet war.

Statt solcher Erwägung weist uns Wickhoff auf die Gruppe von Reitern hin, deren Pferde in starker Verkürzung von hinten gesehen werden, — »eine Art der Darstellung, die uns aus den Werken des Pisanello und in einem besonders schönen Beispiele aus dem Revers seiner Medaille auf den griechischen Kaiser bekannt ist«. Sie soll also den Einfluss des Pisanello beweisen. Statt dieses Hinweises auf eine Medaille, deren Porträt des griechischen Kaisers erst nach dessen Ankunft in Italien zum Koncil von Ferrara (März 1438) entstanden sein kann, hätte es wol näher gelegen, an die Anbetung der Könige von Gentile da Fabriano zu erinnern, die solche vom Rücken gesehene Reitergruppen, eine Bergstrasse hinansprengend, schon 1423 den Florentinern zur Schau gestellt hatte, und dabei auch Masaccios Darstellung des gleichen Gegenstandes auf dem Altarwerk für Pisa von 1426 nicht zu vergessen, deren Pferdegruppe in mannichfaltiger Ansicht schon Vasari bewundert. Damit würden die Rosse in S. Clemente ihre natürlichste Beziehung erhalten, wenn die Erzälung nicht schon an sich verlangte, das »voltar le spalle« zu veranschaulichen, das bei dem Hochformat des Bildes nur so erreichbar war. Von den Schlachtenbildern des Paolo Uccello, die Wickhoff bei seiner späten Datierung der Kapelle hätte berücksichtigen müssen, wollen wir absehen, sobald man uns nicht zumutet, die Fresken Pisanellos in S. Giovanni in Laterano oder Medaillen vom Schluss der dreissiger Jahre als notwendige Anregungen für einen Maler zu betrachten, der im selben Bilde die Neuerung versucht hat, ein elementares Naturereignis so unmittelbar wie möglich vorzufüren und ohne Umschweif als brutale Tatsache wirken zu lassen, wie es hier — ganz im vielbewärten Charakter Masaccios — geschieht. Eine Anzal Reiter in verkürzter Ansicht zu zeichnen, ist daneben jedenfalls eine erklecklichere Leistung als die vereinzelten Beispiele eines ruhig für sich dastehenden Gaules, den wir bei Pisanello auch im Drachentöter S. Georg in St. Anastasia zu Verona mit aller Sorgfalt für das Einzelne durchgefürt sehen. Der Gruppe entfliehender Reiter hier in S. Clemente, die nur der Hauptperson, S. Ambrosius unter ihnen zuliebe, etwas nah erscheinen, reihen sich die mannichfaltig verkürzten Köpfe der versinkenden und schreienden Opfer des Wasserschwalls durchaus im selben Sinne an. Wir halten demnach den Versuch zur malerischen Wiedergabe eines unentrinnbaren Untergangs durch Naturgewalten für eine Vorstufe zur Sintflut des Paolo Uccello im Chiostro verde von Sta. Maria Novella, deren Entstehungszeit vor dem Bilde darunter mit dem Porträt des Dello, also vor 1446, gesichert ist. Damit ist die Leistung

Masaccios in S. Clemente auch ihrer historischen Stellung nach im Gang der toskanischen Kunst rein sachlich bezeichnet.

Nicht besser steht es mit der Begründung der Hypothesen Wickhoffs, wenn er im letzten Bilde der Ambrosiuslegende die Nachamung eines oberitalienischen Vorbildes erkennen will. Wir wollen seiner sorgfältigen Beschreibung gern gerecht werden, indem wir sie vollständig, mit einigen Korrekturen in Klammern, hier aufnemen:

»In einem Gemach mit roten Wänden und einer Balkendecke [getäfelten Holzverschalung] steht das Krankenbett, mit dem Kopfende an die rechte Seitenwand angestossen, von der Rückwand des Zimmers aber etwas abstehend, so dass zwischen ihr und der Langseite des Bettes eine kleine Gasse bleibt. Von einer Eisenstange hängen die zurückgeschlagenen weissen Bettvorhänge herab. Der greise Heilige, der eine rote, hermelinbesetzte Kappe trägt, ist mit weissem Laken und grünem Wollenzeuge bedeckt. Rechts am Kopfende auf dem Antritt vor dem Bette [oder auf einem Kissen vor den Stufen der Bettstatt] sitzt ein junger, blonder Kleriker. Er trägt die Tonsur und ist mit einem rot und grün schillernden Gewande bekleidet. Wie er sich von Müdigkeit übermannt, schlaftrunken doch noch aufrecht erhält, ist meisterhaft wiedergegeben. Durch das Fussende [die Fusswandung] des Bettes dem Heiligen verborgen und durch einen Vorhang von ihm abgetrennt (?) besprechen sich eifrig vier Männer, durch ihre Tonsuren ebenfalls als Geistliche bezeichnet, drei von noch sehr jugendlichem Alter. Ueber ihnen an der linken Seitenwand des Zimmers ist ein Schränkchen angebracht, mit Gläsern besetzt, die so gut wiedergegeben sind, dass man ein zierlich geblasenes aus Murano, mit flügelartigen Henkeln und einem bunten im Bauche eingelassenen Medaillon noch wol erkennen kann; daneben hängt der strohumflochtene Fiasco«. — In der Hinterwand zur Seite der Bettstatt ist eine andre Mauernische ebenso durch ein Brett geteilt. »In der obern Abteilung liegen Bücher, in der untern aber steht das Christuskind, das Haupt mit einem Stralennimbus umgeben (auf dem Stiche Labruzzis übersehen). Das kleine Figürchen neigt sich zu dem Heiligen hinunter. Der aber scheint mit weit geöffnetem Munde laut zu rufen«. Ich habe allerdings auf den Borten dieser Nische auch nur zu entdecken vermocht, was Labruzzi gesehen, nämlich oben eine Apothekerschachtel und unten ein Stück Zeug, wie ein Taschentuch hingelegt [1]); während

---

[1]) Auch Alinaris neueste Photographie gewärt keinen weitern Anhalt, aus Flecken des Restauratorpinsels noch mehr zu entziffern.

mir der Fiasco stets als aufgehängtes Tönnchen erschien. Aber die Legende erzält freilich: als Ambrosius in seiner letzten Krankheit lag, hatten sich vier seiner Diakonen über den Nachfolger auf dem bischöflichen Stul beraten. Leise, so dass sie sich kaum selbst gegenseitig verstanden, sprachen sie den Namen des Simplicianus aus. Obwol nun der kranke Heilige entfernt ruhte, rief er doch sogleich laut aus: »ein Greis zwar, aber passend«, und nun sah der Sterbende Jesum auf sich zukommen und ihn freundlich anlächeln.

Ob der Kardinal Branda oder sein Maler diese Vision mit hineingezogen und sie in einem Wandschränkchen zu winzigen Dimensionen verurteilt haben, ist doch ebenso fraglich wie die Existenz des Christkindes, das Wickhoff an Stelle des Schnupftuches erblickt hat. Mir scheint der einzige Zeuge dieser Vision ausser dem Sterbenden, der wachende Kleriker auf dem Kissen vorn fordert schon eine andre Richtung für das Herannahen der Erscheinung, wie etwa durch die geöffnete Tür des Nebenzimmer links, wo ein oberer Abschnitt durch die Erweiterung des Fensters verloren gegangen ist. Doch hören wir den Kritiker fortfaren:

»Das Schema der Komposition ist keineswegs vom Maler der Katharinenkapelle erfunden. Aber nicht in Florenz treffen wir die Vorbilder. Diesen sorgfältig durchgefürten Innenraum einer Krankenstube mit dem grossen Bette kennen wir aus einem der Bilder der linken Wand der Kapelle S. Felice im Santo zu Padua mit Wundern des Heiligen Jacobus von Compostella, und treffen ihn wieder im Turmgemache von S. Maria della Scala in Verona auf einem noch nicht gedeuteten Cyklus. Wie allgemein anerkannt, rürt die erste Bilderreihe von dem grossen Altichiero, die zweite, über 50 Jahre jüngere, von einem Schüler des Vittore Pisano her. Auf veronesische Kunst also werden wir gewiesen«.

Wickhoff denkt hier offenbar sehr lebhaft an Masolino als »Maler der Katharinenkapelle in Rom«, der seiner Rechnung nach 1428 bis 1435 in Oberitalien geweilt hat, also die genannten Werke gesehen haben könnte. Wir wollen nicht untersuchen, ob Masolinos Weg nach Ungarn und zurück über Padua und Verona füren musste oder nicht; da die Reisen aber vor 1428 liegen, so dürfte das Vorhandensein der Malerei von einem Schüler des Pisanello, wie Stefano da Zevio, in S. M. della Scala zu Verona, »über fünfzig Jahre nach« Altichieros 1375 begonnener Kapelle S. Felice im Santo, kaum in Betracht kommen. Altichieros Schlafkammer im Santo zu Padua bietet aber so wenig Vergleichungspunkte dar, ausser der Darstellung eines im Bette liegenden Mannes, und enthält ausser einem Madonnenbildchen und einem Kleiderriegel so gar keine Ausstattungsgegenstände, dass der Hinweis darauf sachlich durchaus fehlgreift. Aber, selbst angenommen, dies Bild im Santo böte einen Einblick in das Gemach von überraschender Intimität, so würde doch die Schmalheit dieses Ausschnittes mit der Ansicht von völlig anderm Standpunkt aus, gar keine Verwendung als »Schema der Composition« für dies Fresko gestatten, das so sicher wie irgend eins in dieser Kapelle von S. Clemente für seine Stelle im Raum erdacht und berechnet ist.

Indessen, wozu überhaupt soweit in die Ferne schweifen, wenn das andre Mal so bestimmt an Rom gebunden, der Freskencyklus im Lateran vorausgesetzt wird. Schon Crowe und Cavalcaselle hatten ja darauf aufmerksam gemacht, wie nah das Gute lag. Sie erinnern an Giottos Franciscusbilder, an den Traum des Bischofs von Assisi, wie er in Sta. Croce zu Florenz dargestellt war, und an die Vision des Franciscus selbst oder des Papstes in der Oberkirche von Assisi. Für das Wandschränkchen mit Hausrat eines Kirchenvaters giebt Masolino schon in Castiglione zwei Beispiele, die Wickhoff übersehen zu haben scheint, da er sie sonst gewiss zu Gunsten dieses Meisters verwertet hätte: es findet sich solche Wandnische im Baptisterium hinter dem Schreibpult des Hieronymus, aber auch in den Deckenbildern der Collegiata, also nach unserer Rechnung zehn Jahre früher bereits, in der Verkündigung Marias.

Beim Maler in S. Clemente hat das Wandschränkchen einen ganz andern Sinn und Wert für die perspektivische Darstellung des Innenraumes, in dem wir wol nichts Anderes als das Schlafgemach des Kardinaltitulars, seiner Wonung bei der Basilika zu erkennen brauchen. Für den Standpunkt des Beschauers unter dem Eingangsbogen der Kapelle wird das anstossende Innere eröffnet. Die sonst glatte Wandfläche neben der offenen Seitentür im Bild links hinter den vier Diakonen bedurfte einer perspektivisch wirksamen Gliederung, um ihr Verhältnis zur Bettstatt und den Personen dem Auge des Betrachters schnell verständlich zu machen. Im Halbschatten unter dem Fenster waren sogar die auffallenden Gefässe, die glänzenden Dinge willkommen. Es sind lauter Mittel Raumwerte zu schaffen, deren Wirkung der Maler nicht entberen konnte, um nur den Vorgang zwischen dem Sterbenden und den Flüsterern am Fussende des Krankenlagers klar zu erzälen.

Doch es ist ja noch mehr vorhanden. Das neutrale, schlecht beleuchtete Stück der Wandfläche unter dem Fenster ist, wie Wickhoff hervorhebt: »für die Fortsetzung unseres Bildes benutzt worden. Ein kleiner Bibliotheksraum wird sichtbar, der sich gegen das Schlafgemach mit seiner Türe öffnet. Ein Schreibtisch mit

Büchern besetzt, ein Pult, füllen die nun leere Arbeitsstube des Heiligen‹. Wir sehen darin eine wolmotivierte Andeutung der litterarischen Bedeutsamkeit dieses Heiligen, des Kirchenschriftstellers, des Doctor Ecclesiae, den man sonst in der Auswal der Scenen aus seinem Leben hier vergebens gesucht hätte. Wir sehen in dieser ›feinen Durchbildung der Schreibstube‹ den Eindruck des Studio Kardinal Brandas, der einem malerisch begabten Künstler gewiss willkommenen Anreiz bot. Derartige Darstellungen wonlicher Innenräume lagen beim Beginn des Quattrocento wol im allgemeinen Geschmack, oder die Ausfürlichkeit und Sorgfalt in diesen Dingen ist wenigstens ein naheliegendes Bedürfnis der Wirklichkeitstreue, das in erster Linie Befriedigung heischt. Wo anders als am Arno war die Heimat jener Intarsiatoren, die im eingelegten Holzgetäfel ihrer Schrankwerke, ihrer Chorstüle die perspektivischen Kunststücke verwendeten, geöffnete Schränke mit Büchern und Gefässen anbrachten, seit Paolo Uccello grade zu diesem Zweck die strengste Konstruktion nach Brunelleschis Vorschrift erlernt und seine geduldigen Aufrisse in den Dienst dieses Zimmer- und Kirchenschmucks gestellt hatte? — Wenn Wickhoff Recht hat, diese Wonung des Kirchenvaters Ambrosius in S. Clemente sei ›vielleicht die erste Darstellung eines Innenraumes als solchen in der italienischen Malerei‹, — so hat sicher Masaccios Geburtstagsteller in Berlin den nächsten Anspruch daneben in Betracht zu kommen, mit dem Einblick in den Korridor und die Wochenstube daneben. In der Kapelle des Kardinals Branda geht aber der Einblick in den Kuppelraum des Götzentempels, in das Konsistorium drüben auf der Katharinenlegende, die Prätorwonung mit Ambrosius in der Wiege und die altchristliche Basilika mit seiner Wal zu Mailand an dieser selben Wand voraus, und, wie angedeutet, steht dies Studierstübchen unter dem Fenster in ebenso engem Zusammenhang mit der Rechnung des architektonisch fülenden und denkenden Malers: neben dem Bilde des Umsturzes, wo ein Haus aus dem Lote weicht und in den Wogen untergehen soll, bedarf es grade hier, wo die Wand schon durch die Lichtzufuhr durchbrochen wird, einer Stärkung des klaren Bestandes, einer Wiederaufrichtung des Raumgefüls, damit der Beschauer nicht irre werde. Die ganze Leistung perspektivischer Konstruktion, die hier vorliegt, ist durch und durch motiviert und von dem Bestreben des Künstlers, die Gesetze monumentaler Wandmalerei auf den Voraussetzungen des Realismus aufzubauen, untrennbar. Wir bedürfen keiner Laune des Nachäffens zu ihrer Erklärung.

Und endlich ›der kühne, koloristische Versuch, die breiten, weissen Vorhänge und Bettlaken zu dem Grün der Decke, dem

Rot der Wände zu stimmen, um dann diese beiden Farben noch einmal am schillernden Gewande des Wärters zu verbinden«, — er findet nach Wickhoff in der früheren florentinischen Kunst keine Analogie. Nun gut! Stossen wir wirklich auf Spuren, dass die toskanische Malerei beim Beginn der Renaissance »von dem grössten Kunstereignis nach Giottos Auftreten, der unglaublichen Entwicklung der veronesischen Kunst von 1370 an etwa, . . . berürt worden ist, — was zwingt uns oder veranlasst uns dann mit der Erkenntnis dieses Einflusses zu warten, »bis sie in Pisanello ihren Höhepunkt erreicht«, und einen persönlichen Spezialfall zu konstruieren, der Pisanellos Fresken im Lateran voraussetzt, also erst nach 1431 möglich wäre? Steht nicht der Name Gentile da Fabriano im selben Jahr in dem Zunftregister von Florenz wie der Masaccios? Und sind hier am Arno nicht Antonio Veneziano und Gherardo Starnina schon als Träger eines neuen Dranges, bei Vasari und seinen Gewärsmännern noch, bekannt, so dass wir, wenn nichts Greifbares sonst wenigstens die Empfänglichkeit der Florentiner herauserkennen die dem Einfluss Gentiles bei seinem Auftreten bis 1425 von allen Seiten entgegen kam? — Stehen wir da nicht vielmehr einem längern weiter verzweigten historischen Entwicklungsprocess gegenüber, wo Wickhoff nur die sporadische Abhängigkeit eines einzelnen Toskaners vermutet, den die Fresken der Lateransbasilika um 1436 bis 1450 erst ergriffen haben sollen, nachdem sie schon bei ihrem Entstehen die Bewunderung der Kunstverständigen erregten.

DIE KREUZIGUNG

Das grosse Hauptbild, nach dem die Kapelle »della Passione« genannt wird, nimmt die ganze Altarwand ein [1]. In ihm muss sich alle Kraft des Künstlers entscheidend zusammenfassen, sein Wetteifer mit den monumentalen Darstellungen dieses Gegenstandes seither oder sein neues Wollen den Höhepunkt erreichen; denn hierhin sind aller Augen gerichtet.

»Es überragt an Bedeutung alle übrigen Bilder dieses Raumes«; aber ein Blick soll uns, wie Wickhoff meint, die vollständige Abhängigkeit von Pisanello deutlich machen. »Es ist zwar noch alles steif, schüchtern, nachgeamt; aber durch alle diese Naivetät leuchtet ein grosses Vorbild voll feiner, naturalistischer Auffassung durch«. Seltsam, welche Widersprüche ein Vorurteil zu verweben weiss! — »Es ist ein Landschaftsbild ersten Ranges«; — »aber in freier Bewegung der Komposition, in koloristischer Wirkung, im Verständnis der Luftperspektive (und dann wieder in genauer Durchbildung der einzelnen Details der belebten und unbelebten Natur) war der Veronese weit voraus«, wird behauptet, — aber wo denn? Wo ist der Beleg für diese Bewertung seiner Leistungen? — War es unnötig oder überflüssig die Beispiele namhaft zu machen, an denen wir dies Urteil kontrolieren können? Und diese ganze Rechnung mit einem unfassbaren Spuk, — den verlorenen Fresken der Lateransbasilika — nur hervorgegangen oder ermöglicht aus der falschen Datierung der Malereien in S. Clemente, die als Stiftung des Kardinals Branda, wie wir nachgewiesen, nur vor 1431 entstanden sein können, d. h. vor Pisanellos Eintreffen in Rom schon fertig dastanden.

Wir können das Verhältnis umkerend nur sagen: nichts natürlicher, als dass dies Werk in S. Clemente einen fein organisierten Künstler, der damals nach Rom kam, ergriff, dass diese Leistung eines Toskaners von erstem Range den Veronesen wie eine Offenbarung gefangen nam, dass sie ihm zur fruchtbarsten Anregung wurde in allen Stücken, wo seine Begabung ausreichte, auf dieser Bahn zu folgen. In genauer Durchbildung der einzelnen Details der belebten und unbelebten Natur war der Veronese freilich weit voraus; denn er ist ein Meister der Kleinkunst, wenigstens soweit wir urteilen können, nachdem uns grössere Fresken in Venedig und Rom oder

---

[1] Vgl. unsere Abbildung auf Taf. VIII nach Phot. und den Einblick in die Kapelle nach Labruzzi, Taf. I.

in Mantua und sonst vielleicht verloren gegangen. In freier Bewegung der Komposition aber vermögen wir ihn mit solchem Cyklus wie die Kapelle Brandas in S. Clemente oder die Kapelle Brancacci im Carmine garnicht in entsprechendem Mafse zu vergleichen. Das Einzige was uns übrig bleibt, ist die Verkündigung über dem Grabmal Brenzoni in S. Fermo Maggiore zu Verona und S. Georgs Ausritt zum Drachenkampf in S. Anastasia daselbst. Nur das letztere Fresko über dem Eingangsbogen einer Kapelle kann als Historienbild und als freie Komposition auf breiterem Wandfelde hier in Betracht kommen. Dies Beispiel aber orientiert uns vollkommen über das Verfaren des Malers um die mittlere Zeit seiner Tätigkeit, auf die es ankommt. Er folgt, -- bis auf die plastisch stärker durchgebildeten Pferde, deren eines, für S. Georg gesattelt, vom Hinterteil gesehen wird, während das andre, mit seinem kleinen Waffenträger darauf fast ebenso von vorn erscheint, nur jenes breitspurig auf den Druck des Reiters wartend, dessen Fuss schon den Steigbügel berürt, dieses schon in Bewegung, bereit heranzutraben, — und bis auf den demgemäss verbreiterten Vordergrund durchaus den Prinzipien des Gentile da Fabriano, die wir aus der Anbetung der Könige von 1423 kennen lernen, d. h. den Goldschmiedsgewohnheiten in getriebenem Silberrelief oder dünnem Goldblech. Schon die Verkürzung des frommen Ritters, der seinen schweren Gaul besteigt, ist nicht eben glücklich gelungen, sein Körper von vorn gesehen doch in die Fläche seitlich ausgelegt wie der Kopf, dessen Augen linkshin nach dem Ziel seines Ausritts (offenbar dem Drachen auf der zerstörten Hälfte an der andern Seite des Bogens) hinüberschielen. Die Prinzessin dicht daneben in ihrem kostbaren Kostüm mit der langen, bei den Pferdehufen gewiss gefärdeten Schleppe ist eine Silhouette, nur in flachem Profil, ebenso wie die Pferdeköpfe und -beine rechts, der unpassende Widder am Boden und der grosse Jagdhund gegeben. Ueberall ist dieser Vordergrund durch niedriges Strauchwerk und ansteigendes Terrain dahinter oder darüber, wie vom obern Teil des Reliefgrundes abgegränzt. Links am Wasser, wo ein Kahn sehr unwahrscheinlich gegen das felsige Ufer ansegelt, drängt sich eine Reiterschaar mit Typen fremder Länder zwischen heimischen Fürsten so unglücklich zwischen solcher Felskoulisse und der Bergeshöh dahinter zusammen, dass wir an Gentiles unräumliches Geschiebe im Zug der Magier denken müssen. Dicht hinter ihnen erhebt sich der Galgen mit zwei Gehängten vor dem Tor der Stadt, deren Türme hinter dem Hügel hervorgucken. Unter diesen erkennen wir gotische Zierbauten wie die Scaligergräber und auf der Höhe rechts ein vieltürmiges Kastell als Anklänge an das Stadtbild von Verona; aber die Höhendimension fungiert überall an Stelle der Tiefe und das Interesse des Künstlers ist nicht das Landschaftliche, das Fernbild des echten Malers, sondern das Dekorative, die Flächenfüllung des Goldschmieds. Zu dem System der Komposition, das von Gentile da Fabriano übernommen ist, hat sich also nur die plastische Gewonheit des Medailleurs für ein mässiges Relief hinzugesellt, und diese in verschiedener Stärke körperhaften Bestandteile sind in keiner einheitlichen Raumanschauung mit einander ausgeglichen.

»In koloristischer Wirkung« können wir Pisanello auf den beiden Fresken in Verona und auf den beiden Tafelbildern, S. Hubert auf der Jagd und S. Georg mit S. Antonius Abbas unter der Madonna am Himmel, in England, auf verschiedenen Stadien seines Fortschritts kennen lernen, und erhalten in dieser Reihe jedenfalls den Beweis, dass sein »Verständnis der Luftperspektive« nur im engsten Gesichtskreis ausgebildet, durchaus nicht hingereicht hätte, »ein Landschaftsbild ersten Ranges« auch nur annähernd zu bewältigen oder durch sein Beispiel zu inspirieren, wie es hier in S. Clemente geschehen sein soll. Seine früheren Versuche, die freie Natur wenn auch nur im Ausschnitt zu geben, — wie der Wald für die Jagdvision Huberts — bleiben beim Zusammenschieben vereinzelter Stücke, sei es auch in feiner, naturalistischer Ausfürung der Einzelstudien stehen, und die Wiedergabe des Schauplatzes als Ganzes ist nicht anders, als wie wir es aus Niellen dieser Zeit und dieser Schulweise kennen lernen [1]. Seine spätern Werke oder vielmehr das einzige Rundbild mit der Anbetung der Könige in Berlin, das Wickhoff vielleicht schon einem Nachfolger zuteilt, darf zeitlich auch als Pisanellos Eigentum kaum mehr in Rechnung gesetzt werden, hält aber ebenso an Grossartigkeit der Auffassung den Vergleich mit der Kreuzigung von S. Clemente nicht aus. Dem Maler dieser kreisrunden Tafel, in dem ich, als es unter dem Namen Pesellino in Berlin aufgestellt wurde zuerst, und im Widerspruch zur Galeriedirektion und andern Kennern (wie Herrn A. v. Beckerath z. B.), die Art des Veronesen Pisanello und die Gegend bei S. Martino erkannt habe, felt doch die Einfachheit und Weite des Sinnes, der Blick für die umfassenden Wirkungen des Lichtes und der Luft in ausgedehnterer Ueberschau. Er schliesst den Horizont ab, um uns in absehbarer Nähe tausend Kleinigkeiten von entzückender Feinheit aufzutischen, sei es auch ein ganzes Tal mit frommen Hirten und Königen aus Morgenland.

[1]) Vgl. z. B. die Anbetung der Könige, Duchesne No. 32, abgeb. bei Delaborde, La gravure en Italie p. 21.

Das Hauptbild von S. Clemente dagegen eröffnet die weite Ferne, wo Himmel und Erde verschwimmen, und lockt die Seele hinaus zum Traum der Unendlichkeit. Und dies einheitliche Stimmungsbild sollte im Vordergrund aus lauter Stückwerk zusammengestoppelt sein, das der Maler von Pisanellos Medaillen und wer weiss wo »von diesem Künstler abgeschrieben« (wie Wickhoff drucken lässt), und das steif, schüchtern, naiv — kindischer Trödelkram bleiben musste, »hinter dem nur ein grosses Vorbild heraus leuchtet«, das sich doch nirgends fassen, nirgends wirklich nachweisen lässt. Solch ein aus lauter Fetzen zusammengeflicktes Narrenkleid wird über den wolgewachsenen, gesunden Leib gezogen, weil der scharfsichtige Kenner, der dem Gaukler hinter die Koulissen guckt, die Wasserfläche drunten in der Landschaft »lieber für einen Landsee in der Art der lombardischen als für eine Meeresbucht halten möchte«, d. h. lieber den kleinen Masolino statt des grossen Masaccio als Urheber erkennen will, — car tel est notre bon plaisir, — und statt des Werkes, aus dem uns, auch als Schatten noch, die Ahnung einer grossen Künstlerseele anweht, zu gern wieder seine verblüffende Entdeckung zu Worte kommen lässt, die alle bisherige Chronologie über den Haufen wirft und das richtige Gefül nur verdrehen kann. Sind es doch gar seltsame Sprünge einer innerlich haltlosen Beweisfürung die sich selber widerlegt, indem sie hier die Nachamung eines bestimmten Werkes in Rom behauptet, das Keiner von uns mehr gesehen hat, und die ganze Geschichte an dieses Hirngespinst hängt, um im nächsten Augenblick das Vorbild einer Landschaft am Fusse der Alpen zu suchen und aus originellster Naturauffassung dies Erstlingswerk der Landschaftsmalerei vom höchsten Range zu erklären.

Nichts von den lachenden Ufern der lombardischen Alpenseen, nicht die villenbesetzten Höhen um Como oder Lugano, nicht die schneebedeckten Berge im Hintergrund des Lago Maggiore, noch die üppige Vegetation der Brianza oder die reiche Kultur um Varese, sondern öde unbebaute Flächen, die sich wellig heben und senken, Weidetriften höchstens, die sich weithin übereinanderschieben, nur auf fernern Hügeln die Baumgruppen und Wonungen der Herren, — die römische Campagna und die Castelli Romani dahinter, breiten sich auf diesem Bilde der Kreuzigung aus. Es ist ihr einsam melancholischer und doch so grossartiger Charakter, die ungestörte Weite, aller emsigen Betriebsamkeit und Menschenhast fremd, in ihrem endlosen Verdämmern, — mag die Wasserfläche das nahe Meer bedeuten oder den Albaner See, oder eine überschwemmte Sumpffläche; auf Wiedergabe einer ganz bestimmten Oertlichkeit, mit ihren kenntlichen Details kommt es dem Maler gewiss viel weniger an als auf die Erfassung der Gesamtheit, auf die malerischen Eindrücke, die sich seiner Seele bei Wanderungen oder Ausblicken von Rom eingeprägt haben. Und ihre Stimmung ist so genau getroffen, dass Niemand, der in Rom gelebt hat, an das Arnotal oder die Umgebung von Castiglione d'Olona denken wird. Beide würden sich mit einem Ausschnitt der Castelli Romani, aus nächster Nähe genommen, vielleicht verwechseln lassen, nicht aber die Campagna im Vordergrund, die hier als Hauptsache sich geltend macht und den Grundton dieser römischen Kreuzigung bestimmt. So denkt sich der Maler, der aus dem Garten Toskanas stammt, den Ort des Hochgerichts: die vorderste Erdschwelle, deren breiten Rücken wir vor uns sich wölben und zu tieferer Senkung abfallen sehen, ist ihm Golgatha. Hier sind am Rande des Abfalls die drei Kreuze aufgerichtet, die hüben und drüben weithin sichtbar emporragen wie unheimliche Wahrzeichen einer sonst gemiedenen Stätte draussen vor den Mauern.

In der Mitte steht der höhere Stamm mit dem gekreuzigten Jesus von Nazareth, dem König der Juden, zu beiden Seiten schräg darauf gerichtet die (tauförmigen) niedrigeren Kreuze der Schächer, zur Rechten Christi der reuige Sünder, dessen Seele ein Engel errettet [1]), zur Linken der verstockte Uebeltäter, der dem Bösen verfallen bleibt, beide mit übereinandergeschlagenen Beinen herabhängend, während die Füsse des Erlösers mit einem Nagel auf schrägem Untersatz befestigt sind. Erschöpft und ergeben hängt der Kopf des Reuigen auf die Brust hernieder, während der Andere sich im Widerstreben windet. Von Uebermalung freier geblieben ist nur der Messias selber, dessen Körper schlank und schmächtig doch edel gebildet, schon mit Sorgfalt modelliert, auf klare, plastische Wirkung vor Allem berechnet war. So stehen die drei Kreuze, symmetrisch das Bogenfeld füllend, soweit auf den beiden Nachbarwänden die Teilung reicht, in ihrer verschiedenen Ansicht und Beleuchtung, räumlich und körperhaft gegeneinander verschoben, vor dem weiten Himmel, der nur unten von der Flucht der Hügelkette und des Uferrandes am Wasser begränzt wird.

Unten am Kreuzesstamm des Erlösers kniet Magdalena, das Holz umarmend und emporschauend zu dem geliebten Herrn [2]). Der Vordergrund unterhalb der Kreuze ist durch das gotische Wandtabernakel links vom freistehenden Altar und durch die Türeinfassung

[1]) Vgl. unsere Abbildung nach Labruzzi auf Taf. IX a).

[2]) Vgl. unsere Taf. X. a).

rechts an der Ecke zerschnitten, ausserdem zwischen diesen beiden einspringenden Störungen durch Uebermalung so entstellt, dass über die ursprüngliche Komposition nur unter Vorbehalt noch berichtet werden kann. Nur so viel ist sicher, dass zu beiden Seiten des Tabernakels feste Figurengruppen von gleicher Höhe sich anschliessen, deren reliefartige Masse als Ganzes auf der linken Seite auch auf der Rechten, bei der Tür, einen ähnlichen Zusammenhalt voraussetzen (wie denn Labruzzi hier die Soldaten, um das Gewand würfelnd, angiebt — mit welchem Schatten von Berechtigung im damaligen Zustand, sei dahin gestellt).

Grade in der Mitte erkennen wir, leidlich erhalten, den Lieblingsjünger Johannes, der schmerzvoll die Rechte an die Wange legt und wie gelähmt vom eigenen Weh nur untätig auf Maria schaut, die neben ihm ohnmächtig in die Arme der Frauen sinkt, die sie stützen und hülfreich umgeben. Auch diese Gruppe hat durch Uebermalung gelitten, doch die Hauptzüge der Gestaltung bewart, und muss in ihrer ergreifenden Wahrheit schon früh die Bewunderung der Künstler erregt haben. Pietro Perugino z. B. hat sie, wie Crowe und Cavalcaselle bemerken, in der Kreuzabname, die er nach Filippino Lippis Tode 1505 zu vollenden bekam, ohne Bedenken wiederholt, und Michelangelos Tadel seiner Bequemlichkeit gründete sich eben auf dieses Beispiel. Der Anflug von Fra Bartolommeo, den die Originale durch Restauratorenhand erhalten, befremdet deshalb das Auge nicht so sehr [1]). Die Gestalt eines zum Kreuz aufblickenden Jünglings, — stark übermalt — scheint die Ueberleitung zu Johannes zu bilden, während auf der andern meist zerstörten Seite eine Leere klafft. Hier waren vor dem Kreuz des verstockten Sünders Henkersknechte beschäftigt, ihre Werkzeuge, Hammer und Nägel zusammen zu packen; jetzt sind akademische Genrefiguren eines ländlichen Males draus geworden.

Verhältnismässig wolerhalten sind nur die Männer in der Ecke links [2]). Sie zeugen in ihrem sichern Auftreten und ihrer geschlossenen Haltung für die ursprüngliche Absicht des Meisters wie für den Grad seiner Fähigkeit in monumentaler Gestaltung der vordersten Figurenreihe. Sie reden untereinander über den Gekreuzigten: der Vorderste, seitwärts von hinten gesehen, weist hinauf; der Nachbar im hohen Hut folgt erstaunt den Blicken des Erzälers, während der Dritte, mit grimmigem Ausdruck, eine Schriftrolle in der Hand, dem Kreuze den Rücken wendet. Es sind offenbar die Vertreter

[1]) Die Köpfe zweier Frauen bei Labruzzi, auf unsrer Taf. X, b).

[2]) Die drei Köpfe bei Labruzzi, auf unsrer Taf. IX, b).

der Judenschaft, und der aufblickende Jüngling ganz links hinter dieser Gruppe soll, nach dem Beutel in der Hand, Judas Ischarioth sein, der hastig, im Begriff zu verschwinden, doch nicht lassen kann, einen Blick hinauf zu werfen, dessen Eindruck ihn dann zur Verzweiflung treibt [1]).

Sehr deutlich ist dagegen über diesem reliefartigen Streifen die Bewegung auf der Höhe des Erdwalls. Von allen Seiten wenden sich Reiter, stillhaltend oder herankommend dem Kreuze zu. Vollständig in der Breite gesehen, hält rechts der Befelshaber, der die Schergen bei der Hinrichtung kommandierte [2]), während neben dem Kreuze des Schächers ein Ritter in voller Rüstung auf prächtig geschirrtem Gaul mit erhobener Rechten gestikulierend die Höhe heransprengt, so dass wir Ross und Reiter in lebendiger Bewegung und kühner Verkürzung von vorn sehen. Links vor dem Kreuze des Reuigen hält schräg zu Christus gewendet der gläubige Hauptmann Longinus und betet, hoch zu Ross, zum Gottessohn zu dem er emporblickt [3]). Ebenso meisterhaft erfunden wie der Heraufsprengende hinter dem Kreuze rechts, steht diese Gestalt in Ruhe auf dem Kamme des Hügels links vom Kreuze, raumschaffend und stimmungschaffend zugleich, so dass die beiden Reiter in angemessener Entfernung Magdalena, einsam am Kreuzesstamm, in die Mitte nemen. Nicht minder wirksam als diese Diagonale, überzeugt von der Raumtiefe der letzte Reiter links, der neben Longinus hält: mit der langen Lanze, von deren Spitze ein Doppelwimpel niederflattert, steht er, ganz vom Rücken gesehen, in schimmernder Rüstung — eine überraschende Leistung plastisch wirkender Malerei. Weiter hinten ein Standartenträger, ein junger Knappe in hohem, spitzem Filzhut, ganz von vorn gesehen, und ein zum Kreuz aufblickender Ritter, der mit erhobener Hand die Augen beschattet, zwischen Longinus und seinem Fähnrich; sie tauchen aus der Senkung jenseits der Höhe auf, während zwischen Longinus und Magdalena eine Reihe von andern Berittenen in verschiedener Richtung einander begegnen. Besonders eifrig scheint ein Jüngerer von der Seite her, dem langsam heraufkommenden Fürsten zu berichten, der langbärtig in seinem Mörserhut wol Herodes vorstellen soll, aber einem griechischen Patriarchen gleicht. Die sorgfältigen Durchzeichnungen Labruzzis haben nach den damaligen Resten noch eine Auswal mannichfaltiger Köpfe gerettet, die in verschiedenster Haltung, meist in schwieriger Verkürzung, den erfinderischen Reichtum des Meisters

[1]) Vgl. unsere Taf. IX, c (links).

[2]) Vgl. unsere Taf. IX, c (rechts).

[3]) Vgl. unsere Taf. X, a).

bezeugen, in dem gegenwärtigen Zustand des Bildes aber nur als Schatten noch fassbar sind. Sie tragen entweder kugelige oder konische Helme mit engem Ausschnitt für das Gesicht, oder jene abenteuerlichen Kopfbedeckungen, welche Filzhauben und hochgetürmte Hüte, ineinander geschachtelte »berettoni«, die uns aus Gentiles Anbetung der Könige und gleichzeitigen toskanischen Bildern ebenso bekannt sein sollten wie aus Masolinos Johannesgeschichten in Castiglione d'Olona oder aus Medaillen Vittore Pisanos. Das Einzige was bei einem Vergleich mit diesen andern Beispielen des Zeitkostüms auffallen dürfte, wäre die maſsvollere Form in S. Clemente, während in Oberitalien, nach Masolinos und Pisanellos Darstellungen zu schliessen, die phantastische Willkür der Mode am übertriebensten gehaust zu haben scheint, d. h. aber wol erst in spätern Jahren, kurz vor ihrem Ende.

Wenn uns die biblischen Figuren im Vordergrund und auf der Höhe, die Reitergruppen zu beiden Seiten der Kreuze, die mannichfaltig verkürzten Köpfe in Stalhelm oder Filzhut die wolverdiente Bewunderung für den neu erfindenden Eifer des Malers abgenötigt haben, der den alt überlieferten Gegenstand der »Passion Christi am Kreuz zwischen den beiden Schächern« so völlig anders zu gestalten sucht, als die gotische Kunst seit Giotto vor ihm getan hatte, so kommt man von dem Einfall, einen Nachamer in ihm zu sehen, wol endgiltig zurück. Wir können uns wol denken und dürfen es, wie bei Ambrosius im Krankenzimmer für die Franciscusbilder, gewiss annemen, dass der Maler auf dem Wege nach Rom, wo Giotto in St. Peter gemalt hatte, auch die grossen Kreuzigungen in Assisi gesehen hat; vielleicht war er von der ältesten in der Oberkirche und von der letzten des Pietro Lorenzetti in mancher Hinsicht mehr ergriffen als von der Giottos oder Giottinos. Aber sein eigenes Wollen gieng mit keinem dieser grossartigen Vorbilder völlig zusammen. Er weiss die Vorzüge jener byzantinischen Tradition und dieser Giottos ebenso zu schätzen wie die gewaltige Erregung Lorenzettis, der aus dem Kreuzestod des Gottessohnes das erschütternde, die ganze Schöpfung mit durchbebende Weltereignis gemacht hat. Deshalb hält er einerseits an der strengern Komposition fest, bringt sie aber zugleich in Zusammenhang mit der umgebenden Architektur der Kapelle selber und vollzieht damit den bedeutsamsten Schritt zum monumentalen Stil im Sinne des neuen Realismus. Höchst energisch wird die Dominante des Ganzen herausgehoben und doch nach allen Seiten hin in Beziehung gesetzt. Straffe Symmetrie herrscht in dem obern Teil, wo die Kreuze gegen den Himmel ragen; aber die Abwandlung der Ansicht, Christus höher, ganz von vorn, die Schächer seitlich darunter zurücktretend, nur in perspektivischer Verschiebung, ist wieder bezeichnend für das Verhältnis dieses Hauptbildes zu den Seitenwänden. In den Gestalten selber wird dies innerlich motiviert: der Gottessohn ist ungebrochen, die Sünder daneben hier ergeben zusammengesunken, dort vergewaltigt vom furchtbaren Tode. Nach dieser architektonischen Klarheit, die nur mittels der Beleuchtung durch das Fenster von rechts her in der Art gemildert wird, dass die schreckliche Verzerrung des Unbufsfertigen sich im Schatten zurückzieht, die Demut des Reuigen in volles Licht gesetzt wird, war es erstrecht schwer, die untere Hälfte des Wandbildes mit dieser obern, weithinausgehobenen Region zu vermitteln. Meisterhaft ist auch hier das Verfaren, soweit die Bedingungen am Orte nicht störend dazwischentreten. Nur bei dieser Behandlung des Bogenfeldes erscheint die Horizontalteilung der Nachbarwände links und rechts nicht als ein Widerspruch, und zum Dank überträgt sich die Dreiteilung der untern Wandstreifen auf dieses Mittelstück, das breite Rechteckfeld der Altarwand in sich zu gliedern, und durch kräftigen Zusammenhalt der beiden äussern Figurengruppen auch den Anschluss an die Flügel zu beiden Seiten mit ihren Legendenbildern fülbar aufrecht zu erhalten.

Wenn wir den Reichtum der mannichfaltigen, hier unten vereinigten Motive, die Gegenwart all der verschiedenartigen Zeugen des letzten Augenblicks Christi zurückverfolgen wollen, so bedarf es schon einer längern historischen Betrachtung, von Pietro Lorenzetti jedenfalls zu Lorenzo und Jacopo da San Severino, die im Jahre 1416 noch eine solche stark bewegte, mit Motiven überhäufte, aber sonst über die oberflächliche Art eines Spinello Aretino nur wenig hinausgehende Kreuzigung im Kirchlein S. Johannes des Täufers von Urbino gemalt hatten. Hier in S. Clemente wird aber zum ersten Mal der Kreuzestod des Erlösers als historisches Faktum aus den Tagen des Künstlers vollauf in der zeitlichen und örtlichen Umgebung vorgefürt, in der sein Auftraggeber und seine Gemeinde das gewaltige Drama als eigenes Erlebnis vor den Toren Roms erschauen mochten. Und in all dieser bewegten Abwechslung malerischer Typen des damaligen halb kriegerischen Zustandes übernemen die Reiter vom Befelshaber zum Fahnenjunker und zum Trossknecht die Hauptstützen der Komposition, die als Gipfelpunkte in die Gruppen hineingestellt, sowol nach oben überleiten als die untere Gliederung übersichtlich markieren. In echt malerischem Sinne kommt in diese feste Aufstellung nach Bedarf wirksamer Raumwerte noch die Wellenbewegung der Bodenfläche hinein, sei es im Vollzug der Breite nach beiden Seiten, sei es gegen die Tiefe mit der ganz originellen Verwertung einer abfallenden Halde, die uns den untern Teil der herankommenden Figuren entzieht, so dass hier und da nur Büsten auftauchen, die überraschend genug nicht wenig zum natürlichen Gewoge des Lebens beitragen, das die woldurchdachte Anlage des Ganzen wie ein wechselnder Strom vorübergehenden Geschehens durchzieht. Der Eindruck des Transitorischen inmitten der bleibenden Bedeutung des Augenblicks, der im Bilde für die Andacht des wiederkerenden Beschauers fortdauert, wird dazu auch in dieser unteren Versammlung noch erhöht durch die momentane Beleuchtung, die im Anschluss an die gegebenen Bedingungen der Kapelle, von einer Seite her durch das Ganze geht, während der Grundton nach dem Wortlaut der biblischen Erzälung die heraufziehende Verfinsterung festhält.

Die abendliche Sonne ist schon im Westen versunken, nur ihr letzter Schimmer berürt noch die Bergkämme und sammelt sich zu glänzenden Reflexen am Uferrande des Wassers links. Auch das ist dem Kritiker nicht entgangen, dem wir bisher widersprechen mussten [1]: »wir treffen hier auf eine Absicht nach grosser, einheitlicher Wirkung. Alles Licht ist auf die Wasserfläche versammelt; über das umgebende Land zieht sich eine angenehm verbindende Dämmerung«. Es ist eine landschaftliche Stimmung, ein Beleuchtungseindruck ganz ausserordentlicher Art, der in der ganzen italienischen Malerei dieser Jahrzehnte nicht seines Gleichen findet, und nur annähernd auch in der Taufe Petri an der Altarwand der Brancaccikapelle, wie im Hintergrund der Geschichte vom Zollgroschen beobachtet wird, während das Wunder der Schattenheilung wenigstens zu anderm Zwecke das Rechnen mit solchen Faktoren bei Masaccio beweist. Hier in S. Clemente beherrscht die Lichtquelle die Mitte des Bildes, verbindet Oben und Unten und gleicht alle Gegensätze der Tragödie aus. Es verlischt das Licht der Welt, doch nur für eine kurze Nacht, — das lehrt allein das Auge; durch den Einklang zwischen Natur und Menschenschicksal ahmt es die Seele nach.

Darnach wäre die Landschaft als integrierender Bestandteil und die Helldunkelwirkung des Ganzen eine malerische Leistung, die selbst für den genialsten Maler, der grade in diesem Punkt alle Nachfolger bis auf Piero dei Franceschi und Lionardo da Vinci weit überragt, fast zu modern anmuten dürfte. Wenn man auch anerkennt, dass' schon der Versuch, durch die Verteilung der Figuren

[1]) Ich kann mich, bei wiederholter Beschäftigung mit Wickhoffs Aufsatz in der Zeitschrift für bildende Kunst, nie recht der Vermutung erweren, als habe der Autor die Verfechter Masolinos eigentlich durch die abenteuerlichen Widersprüche nur ad absurdum füren wollen. »Die Einfalt lob ich mir, der Gott hat Witz gegeben«.

vor und hinter einem Hügelrand auch die Luftperspektive zu heben, eine beachtenswerte, ja geniale Maſsname sei, die doch ebensoviel Orginalität des Gedankens als Verständnis der natürlichen Erscheinungen in solchem Fall voraussetzt, — so darf andrerseits nicht verschwiegen werden, dass zu dem vorhandenen Dämmerschein und seiner einheitlichen Wirkung nach Art vorgeschrittener Koloristen allerdings der gegenwärtige Zustand des Wandgemäldes etwas beiträgt, d. h. die Zerstörung des Freskobildes, das ursprünglich nicht ganz so gedämpft und gestimmt gewesen sein kann, wie es heute — dem modernen Auge so »angenehm verbindend« — erscheint. Dagegen darf auf die dämpfende Wirkung der Butzenscheiben oder farbigen Gläser des ehemaligen gotischen Fensters hingewiesen werden, die ursprünglich gewiss in Rechnung kamen, während jetzt entweder bei voller Durchsichtigkeit der heutigen Glasscheiben das Tageslicht in voller Stärke einfällt oder durch einen roten Vorhang unangenem gefärbt wird. Bei alledem aber bleibt die Lichtfürung und die Luftperspektive ganz erstaunlich, und kann überhaupt nur aus Masaccios sonstigen Bestrebungen, unter denen auch die Pisaner Predella mit der Anbetung der Könige nicht vergessen sei, eine annembare Erklärung finden.

Wäre es darnach noch notwendig, die Anwartschaft Masolinos auf eine solche künstlerische Tat zurückzuweisen? Was macht er denn aus einer ganz ähnlich verwendbaren Altarwand im Sanktuarium der Taufkapelle zu Castiglione d'Olona (1435)? Hier begegnet auch eins der landschaftlichen Beispiele, die wir von ihm besitzen: das Jordantal in der Taufe Christi mit seinen Hügeln aus Pappe, mit seinem gänzlichen Mangel an Luft und Licht und Abstufung in der Weite überhaupt. Nicht minder muss der Ausblick auf benachbarte Höhen vom Palasthof des Herodes aus, mit der Bestattung des enthaupteten Täufers durch seine Jünger darinnen, jeden Versuch, das Kreuzigungsbild von S. Clemente mit ihm zusammenzudenken, als lächerliche Torheit brandmarken, selbst wenn man den unerwarteten Aufschwung in hohem Alter oder glücklichste Inspiration in bessern Jahren voraussetzen wollte. Bei Masaccio dagegen haben wir in der Brancaccikapelle keineswegs nur »steile Felsen, die wie eine graue Wand den Vorgängen als Hintergrund dienen«, so gern uns Wickhoff zu solcher Kurzsichtigkeit verfürte, um desto weitsichtiger an den Landschaftsmaler Pisanello und seine wunderbare Wirkung auf abschreibende Nachamer glauben zu können. In der Anbetung der Könige von 1426, in der wir gern einen Anreiz von Gentiles Flucht nach Aegypten her erkennen, d. h. in einem Predellenstück von so bescheidenem Maſstab, liegt jedenfalls ein Beleuchtungseffekt ganz verwandter Art vor: Tiefstand der Sonne, lange Schatten am Boden, der Reflexe von unten herauf wirft und so einen Widerschein der Helligkeit in die dunkle Hütte sendet, und ein eigentümlicher dämmernder Lichtglanz über den Hügelreihen bis in die Ferne hin.

Hier beim Kreuzestod auf Golgatha war der Abendschein beim Sonnenuntergang, oder das unheimliche Hereinbrechen plötzlicher Verfinsterung noch mehr im Thema selber gegeben, da die Erzälung des Evangeliums davon redet. Und in diesem Falle kam dem Maler allerlei zu Hülfe, das nicht in seiner Macht lag: die Weite des Wandfeldes, das für eine grosse Darstellung verwandt werden sollte, während die Seitenwände der Kapelle, in zwei Reihen geteilt, schmale Bilder enthalten; die hochragenden Kreuze, die durch diese Bedingung gefördert, in einem grossen Stück gemalten Himmels allein stehen; der Mafstab der Figuren darunter, der sich natürlich nach dem der Legendenbilder bemessen musste, hier auf dem einheitlichen Felde jedoch in ganz anderm Verhältnis zum Bildraume wirksam ward, — lauter befreiende, erweiternde, auflockernde Momente, die sowol den Eindruck des Beschauers als auch die Oekonomie des Künstlers bestimmen. Endlich, und nicht zum geringsten ist der Grad landschaftlicher Naturdarstellung bedeutsam, der einem damaligen Florentiner auch bei grösster Begabung zu Gebote stehen konnte: es felt an dem Reichtum der Einzelbeobachtung, über den eine länger geübte Landschaftsmalerei verfügt, es felt an Bestimmtheit der Formen, für deren Auffassung und Wiedergabe Auge und Pinsel geübt sein wollen, und sorgfältige Einzelstudien. Stückwerk, wie es Pisanello sich angeeignet und mit unglaublichem Feinsinn zu kleinen Ausschnitten verbindet, das hätte hier auch beim besten Willen nicht ausgereicht, die vorhandene Wandfläche zu füllen, überhaupt wol kaum wirken können. Dies Felen schärfer bestimmter Einzelheiten, charakteristischer Bergformen, Bäume, Eingriffe menschlicher Kultur, giebt dem Landschaftsbilde die Allgemeinheit, die seinen Gesamtcharakter rein bewart, ihn desto grossartiger wirken lässt und eine einheitliche Stimmung hervorbringt. Ein Blick von den Hügeln Roms auf die Campagna hinaus, im Dämmerschein des Abends, wo alle kleinen Detailbildungen verschwimmen, — und der weite, melancholische Hintergrund für den Tod des Gottessohnes war gefunden. Ueber dem verzweifelnden Schmerz der Seinen und der unklaren Aufregung der Fremden, der dumpfen Beklommenheit der Feinde breitet sich der Ausblick über Land und Wasser, Hügelreihen und Himmel. Greller Lichtglanz auf dem Spiegel der See, schimmernde Helligkeit über dem Gebirge, zerstreuter Widerschein auf Fahnen, Rüstungen Reitergruppen bis in den Vordergrund und überall dazwischen die Vorboten der Dunkelheit, wie beim Anbruch der Nacht, wo die Unendlichkeit Alles umfängt.

Das ist der malerische Gedanke, der diese Kreuzigung von allen früheren ebenso unterscheidet, wie von dem berümten Fresko des Fra Angelico in S. Marco: es ist kein symbolisches Andachtsbild, wie bei den Giottisten, kein tumultuarischer Schlussakt einer Geschichte mit Volksauflauf und Gedränge, wie bei den Veronesen, sondern eine Wiedergabe der biblischen Erzälung im höchsten Sinne, doch mit freier oder naiver Uebertragung in die Gegenwart des Quattrocento, in die Welt des Abendlandes im fünfzehnten Jahrhundert und in das Bewusstsein, dass ein solches Ereignis zu Rom wieder die ganze Christenheit zum Zeugen neme.

EINORDNUNG DES KAPELLENSCHMUCKES IN DAS LEBENSWERK DES MEISTERS

Wird nach dieser Betrachtung des Freskenschmuckes der Kapelle Branda Castigliones in S. Clemente nun ein abschliessendes Urteil erwartet, so kann wol kaum zweifelhaft sein, dass wir uns allein für Masaccio entscheiden können und damit auf die Seite der Künstlertradition bis Michelangelo bei Vasari und der kritischen Vergleichung bei Cavalcaselle treten, wenn wir damit auch weder die biographische Einkleidung des Einen noch die Datierung des Andern auf die Jugendjahre zwischen 1417 und 1420 gutheissen wollen.

Der Eindruck eines vielversprechenden, aber noch in sich unsichern Strebens, den Crowe und Cavalcaselle aus den Legendenbildern empfiengen, wich im Fortschritt unserer Betrachtung immer mehr dem Eindruck Albert v. Zahns von einer durchaus nicht schülerhaften Leistung. Sie können beide zu Recht bestehen in relativer Bedeutung; denn die historische Stellung, die diese Arbeit im Entwicklungsgang der toskanischen Malerei und im Lebenswerk Masaccios einnimmt, wenn anders unsere Erwägungen über ihren Zusammenhang mit seinem sonstigen Eigentum sich weiter bewären, bestimmt sich grade durch diese Beziehung nach beiden Seiten.

Den Vertretern der entgegengesetzten Ansicht: »dass der Meister in S. Clemente auch die Fresken im Baptisterium zu Castiglione gemalt hat«, wie Springer wolüberlegt seine Ueberzeugung formuliert, oder »dass Masolino als Urheber beider Cyklen, in welcher Reihenfolge immer, gelten müsse« — widersetzt sich schon eine Reihe von unübersteigbaren Hindernissen, besonders im Hinblick auf die exakten Grundlagen des Wissens und Könnens, die wir im Obigen nachgewiesen, aber auch schon in Rücksicht auf die Chronologie, die für Masolinos Leben und Werke festgestellt worden. An die letztere sei hier zuerst noch einmal kurz erinnert:

Wir besitzen für Masolino den Nachweis, dass er im Januar 1423 und zu Anfang Juli 1425 in Florenz anwesend war, haben darin aller Wahrscheinlichkeit nach ungefär die Gränzen einer zusammenhängenden Tätigkeit, und zwar vornemlich an Deckenbildern und Lünetten der Brancaccikapelle. Dann folgt die Gewölbemalerei des Chores in der neugeweihten Kirche zu Castiglione d'Olona noch im Sommer 1425, bereits auf dem Wege zu Pippo Spano nach Ungarn, wo er zu Stulweissenburg eine Kapelle ausmalt und auch nach dem Tode dieses grossen Florentiners (Ende Dezember 1426) noch verweilt, als sein Vater Christoforo Fini seine Denunzia für 1427 schrieb, worin er den Sohn Maso als dreiundvierzigjährig und abwesend in Ungarn auffürt. Das folgende Datum ist dann die Jahreszal 1435 am Bogen des Altarhauses im Baptisterium zu Castiglione, aus dessen Malereien wir die Ueberzeugung gewonnen hatten, dass Masolino inzwischen wieder in Florenz gewesen und neue Elemente der künstlerischen Entwicklung seiner Vaterstadt aufgenommen haben müsse. Lag es doch grade ihm am nächsten, wenigstens nach Masaccios Tode 1428/29 die Vollendung der Brancaccikapelle wieder für sich zu erstreben, oder in Rom durch Kardinal Branda Bestellungen zu erhalten, der nach der Wal Eugens IV, Bischof von Porto geworden, zum Koncil nach Basel reiste, woher er erst zurückkerte, als Eugen mit der Kurie wieder in Florenz eine Zufluchtstätte gefunden, d. h. wahrscheinlich im Herbst 1434.

Nun ist wol von allen Forschern, die Masolino für S. Clemente in Vorschlag bringen, anerkannt, dass eine engere Verwandtschaft dieser römischen Fresken nur zu den Malereien des Baptisteriums in Castiglione von 1435 f. besteht, nicht aber zu den Deckenbildern im Chor der Collegiata, die doch zu weit hinter dem Entwicklungsstadium zurückbleiben, das in S. Clemente erreicht ist, mag man sie um 1423, oder 1425, oder gar erst 1428 datieren. Diese Historiker könnten also die Cappella della Passione in Rom nur möglichst lange nach der Gewölbemalerei der Collegiata und möglichst kurz vor dem Baptisterium in Castiglione, also zwischen 1428 und 1431 ansetzen. Sie hätten darnach im Gange ihres Masolino ein Zwischenglied gefunden, das den Abstand erklären müsste, für den auch A. v. Zahn einen Zwischenraum von mehreren Jahren fordert, »um die Entwicklung des Künstlers von den Chorbildern zu denen des Baptisteriums zu begreifen«. Nur schade: die Legenden in S. Clemente zeigen eine viel grössere Sicherheit in der Kenntnis der Perspektive als die Johannesgeschichten in Castiglione an ihrem Anfang, sie sind viel konsequenter für den Raum erdacht und disponiert als diese, sie gehen auch in der Gestaltenbildung der Idealfiguren an plastischer Bestimmtheit und voller Leiblichkeit weit hinaus über alle Mittel Masolinos, die er 1435 in der Taufe Christi zur Schau stellt und noch im Triumph Salomes nicht überbietet. Nirgends in Castiglione versteigt er sich zu so dramatischer Handlung, zu so schwierigen Verkürzungen der mitwirkenden Personen wie im Martyrium Katharinas. Und endlich noch Eins! In den Fresken des Baptisteriums sehen wir bei zunemender Bildnistreue auch die Eindrücke seines Aufenthalts in der Fremde lebendig werden, germanischmagyarische Erinnerungsbilder mit einer Frische empordringen, dass man meint, der Maler müsse soeben erst aus Ungarn zurückgekert sein. Dieser Schluss ist aber nicht durchaus notwendig: denn der unläugbare Tatbestand lässt sich auch durch mitgebrachte Studien und gezeichnete Porträtaufnamen erklären: die persönliche Berürung mit Branda, der so lange als Legat in jenen Gegenden gelebt hatte, die Gespräche zwischen Maler und Auftraggeber konnten dies Andenken wieder auffrischen, die Skizzen von der Reise und sonstiges Material, besonders aber die Bildnisse Spanos und andrer Personen hervorlocken oder geradezu zur Verwertung bestimmen.

Aber weshalb felt jede Spur des Ungarischen in S. Clemente, so kurz nach der Heimker aus jenen Gegenden, in deren halborientalische Physiognomie sich die Erlebnisse Katharinas so natürlich gekleidet hätten, wenn der Maler seine Wirklichkeitsfreude nach der Richtung zu befriedigen anfieng, die wir in Köpfen und Kostümen des Herodeshofes so stark überwiegen sehen. Oberitalienische Züge, veronesische Komposition und Behandlungsweise, sogar einen Landsee in der Art der lombardischen haben die eifrigsten Augen wol darin entdeckt, aber keine Reminiscenzen aus Ungarn, die Masolino zwischen 1428 und 1431 so viel näher lagen. Dagegen sehen wir im Kaiser und seinem Gefolge die Nachklänge deutscher Fürstentracht und höfischer Moden vom Koncil zu Konstanz in der Katharinenlegende, wie auf dem Altärchen Martins V. für S. M. Maggiore, in dem noch Michelangelo ausser dem Bildnis dieses Papstes die Züge Sigismunds zu erkennen wusste, d. h. Kostümfiguren in Bildnischarakter, wie solche in den Händen des neugewälten Papstes und seiner Kardinäle oder im Gefolge der Kurie ebenso wol wie durch die Gesandtschaften nach Italien kommen mussten [1]).

Diese negativen Instanzen gegen Masolinos Autorschaft haben aber lange nicht die einschneidende und radikal widerstrebende Bedeutung wie die künstlerischen Qualitäten, die positiv für Masaccio entscheiden. Wenn es nun aber gelänge, für die Zwischenzeit 1428—1431, für die Masolino allein in Betracht kommen kann, auch ein Beispiel seiner Kunstweise in Vergleich zu stellen, wie wir für die Florentiner Zeit vor dem Weggang 1425 in einem Rundbild der Madonna, jenem abgenommenen Fresko von der Papstwonung bei S. M. Novella nachgewiesen haben, dann wäre wol das Beweisverfaren auch für die äussersten Ansprüche geschlossen?

---

[1]) Es ist wol nicht ohne Bedeutung, dass Piero dei Franceschi noch 1451 den heiligen König Sigismund von Burgund auf dem Fresco zu Rimini in dem Möserbild des Kaisers bei der Disputation Katharinens in S. Clemente darstellt.

Ich glaube ein solches Belegstück wenigstens für die Tafelmalerei Masolinos vor dem Freskencyklus des Baptisteriums zu kennen, das zugleich unser Postulat eines abermaligen Aufenthaltes in Florenz und eines erneuten Einflusses heimischer Fortschritte auf sein eigenes Vermögen bestätigt, deshalb also notwendig in die Jahre nach 1428 gehören muss. Es ist eine Anbetung der Könige in der alten Pinakothek in München (Katalog Nr. 1001), das dort der Florentinischen Schule um 1430—50 zugeschrieben wird[1]. Um Masolino selbst als Urheber dieses Temperabildes zu erkennen, genügt seine Herleitbarkeit aus dem Deckenfresko desselben Gegenstandes, das wir vom Jahre 1425 in der Collegiata zu Castiglione besitzen. Die Gestalten vor allen Dingen sind sehr verwandt geblieben, besonders die Uebereinstimmung zwischen dem Joseph hier wie da in allen Grundzügen des altertümlichen Charakters durchaus schlagend. Zunächst käme dann Maria, in deren Verbreiterung das Streben nach grösserem Stil schon deutlicher wird. Die ganze Komposition aber ist umgedreht und auf die Hauptpersonen beschränkt. Während wir in dem früheren Fresko das Vorbild Gentiles wirksam fanden, ist es hier ebenso unläugbar das des Fra Angelico da Fiesole, in dessen Nähe jedermann, der die Arbeiten Masolinos in Castiglione nicht genau kennt, das Münchener Stück verlegen wird. Die wolweisliche Zurückhaltung der Münchener Galeriedirektion in solcher Verbindung des Bildes mit Fra Angelico zeugt gewiss nur von der Erkenntnis eines abweichenden, auf Atelierarbeit oder Schulgut in unmittelbarer Abhängigkeit von dem Dominikanermönche nicht zurückfürbaren Charakters. Die Reihe der anbetenden Könige schliesst links in Bogenlinie an und rundet so die ganze Scene ab, in der die Architekturkoulisse lange nicht die wichtige Rolle spielt, die wir bei Fra Angelico bemerken, sobald er mit dem Baumeister des Klosters von S. Marco, Michelozzo in künstlerische Berürung gekommen war, aber auch schon früher in allen seinen (oft bisher nur zu früh datierten) Leistungen vorbereitet finden. Diese Typen wie die Kostüme dieser Könige sind abgewandelt und kommen in dieser Form auch auf den Erstlingswerken Fra Angelicos noch nicht vor, wol aber einigermaſsen ähnlich in den Arbeiten seiner mittleren Zeit, wo die Tätigkeit für das Kloster S. Marco beginnt. Die Röcke der Könige mit ihren rund sich bauschenden Falten wie aus Doppelstoff oder schwerem Goldbrokat sind kürzer geworden, so dass die Füsse vom Enkel ab frei hervor-

[1] Cab. XVII. „Das Bild zeigt den Einfluss Gentile da Fabriano's auf die dem Fiesole nachfolgenden Künstler" heisst es wol etwas anachronistisch, da Gentile 1428, Fra Angelico, bis 1445 in Florenz, erst 1455 gestorben ist.

treten und das sichere Dastehen bewären, das Vasari als wesentlichen Fortschritt der Maler durch Masaccios Vorgang bezeichnet. Die Färbung ist ausserordentlich hell und klar, in gleichmässiger Schwächung aller Tinten im Sinne der Freskogewonheit ohne Stoffimitation, die wir als gemeinsame Basis bei Masolino (vor den untern Teilen des Baptisteriums) und bei Fra Angelico kennen. Das Ganze entspricht also, obschon in bescheidenen Dimensionen und in Temperatechnik, doch durchaus dem mittleren Stande der Kunstübung, den man nach den Deckenbildern in Castiglione einerseits und neben den oberen Teilen des Baptisteriums andrerseits, voraussetzen darf. Und dieses Beispiel weicht in seiner Harmlosigkeit und Einfachheit des Wollens und Könnens ebenso entschieden ab von den Fresken der Passionskapelle in S. Clemente zu Rom, so dass wir uns sagen müssen, seine Entstehung sei nur denkbar, bevor Masolino in Florenz die Augen aufgegangen waren für Masaccios Fortschritt in der Brancaccikapelle und bevor das emsige Mühen um die Perspektive, das er bei Paolo Uccello vorfinden mochte, auch ihn an die Anfänge dieses architektonischen Trachtens erinnert, die er selbst in den Deckenbildern von Castiglione zum Besten gegeben.

Erklären wir uns in Rom aber mit aller Entschiedenheit, auf Grund dieses Gegenbeweises gegen Masolinos Autorschaft vor 1431 für Masaccio, so bleibt dabei die Schulgemeinschaft zwischen beiden ja gleichwol die Voraussetzung, von der auch wir auszugehen haben, wie beim Altarwerk aus S. M. Maggiore und dem Tabernakel mit der Madonna von 1423 in der Kunsthalle zu Bremen. Sie bedingt die Uebereinstimmung des technischen Verfarens, die grade Cavalcaselle hervorgehoben hat, und manches Gemeinsame sonst in Zeichnung und Typenwal, in Auffassung und Gebärdensprache. Was aber die Aehnlichkeiten im Baptisterium zu Castiglione betrifft, so muss aus chronologischen Gründen das Ergebnis der dahin zielenden Beobachtungen bisheriger Forscher ja geradezu umgekert lauten. Nicht S. Clemente ist von Castiglione abhängig, sondern eher umgekert, die Johannesgeschichten Masolinos von der Katharinenlegende beeinflusst. Von seinem Aufenthalt in Rom findet sich auch bei Vasari eine, wenn auch doppelzüngige Nachricht: Masolino habe in Rom »la sala di casa Orsina vecchia in monte Giordano« ausgemalt und zwar bezeichnet der Biograph deren Gegenstand genauer in der andern Version, wo er im Leben des Tommaso detto Giottino erzält, dieser habe »una sala piena di uomini famosi« an selbiger Stelle gemalt [1]. Solche Darstellungen berümter Männer, die auch

[1] Opere ed Milanesi, I, p. 626.

Branda Castiglione in der Pergola seines Landhauses in der Heimat vom selben Meister Masolino hatte malen lassen, lag im Hause Orsini Niemand näher als dem eifrigen Bücherfreund Kardinal Giordano Orsini († 1438), dessen eigene Wonung allerdings an der Ecke von Via Papale und Via Monterone gelegen war.

Dagegen ergiebt sich für uns die Pflicht, die Fresken Masaccios in S. Clemente nun im Lebensgang ihres Urhebers bestimmter einzuordnen, wo sie im natürlichen Zusammenhang mit seinen anerkannten Werken sich selbst als notwendiges Glied seiner Entwicklung oder doch als begreifliches Stück seines Schaffens erweisen würden. Betrachten wir die Jahre vor 1420 schon der grossen Jugend des Malers wegen als ebenso ausgeschlossen, wie sie es, der Abwesenheit der Kurie von Rom und des Bestellers Kardinal Branda wegen, schon jeder historischen Erwägung erscheinen müssen, so bleiben wie oben auseinandergesetzt, drei Möglichkeiten übrig: die Jahre 1421—1424, nach vorwärts und rückwärts durch die Immatrikulationstermine in Florenz begränzt, für einen zusammenhängenden Aufenthalt in Rom; oder zeitweilige Zwischenpausen zwischen der Beschäftigung an der Brancaccikapelle 1425—27; oder endlich das Jahr 1428, wo ihn der Tod in Rom hinwegraffte, wir wissen nicht wie.

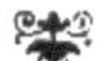

GESCHICHTEN DES HL. NIKOLAUS IM VATIKAN

In mehr als einer Beziehung wird der Zusammenhang zwischen dem Freskencyklus in S. Clemente zu Rom und den allgemein anerkannten Arbeiten des Masaccio vermittelt durch eine Reihe von vier kleinen Bildchen, die ich schon im Frühjahr 1884 in den Glasschränken des Museo del rinascimento der Biblioteca Vaticana entdeckt, seither wiederholt selber nachgeprüft und durch einen Schüler ganz selbständig habe untersuchen lassen, um sie jetzt endlich nach photographischen Aufnamen zu veröffentlichen. (Lieferung III, Taf. 6.)

Es sind vier Stücke einer Predella, zu denen mindestens noch ein fünftes gehört haben muss, das sich an dieser Stelle nicht findet. und zwar so, dass es an Grösse mit dreien von ihnen übereinstimmend, ursprünglich am äussersten Ende rechts gesessen hätte, während das eine der hier vorhandenen, beträchtlich breiter, das Mittelstück der Staffel unter dem Hauptwerk bildete. Sie alle nämlich erzälen die Legende des hl. Nikolaus von Myra, und ordnen sich gegenständlich in der angegebenen Folge, der auch die räumliche Disposition auf den Bildflächen, wie sich sogleich erkennen lässt, entspricht. Die drei gleichgrossen, je 0,36 hoch und 0,35½ breit, befinden sich im Armadio P. als No. XII, XIII und XIV. Diese hat auch Dr. Ulmann, dem ich im Januar 1894 die Aufgabe stellte, in jenen Schränken der Vaticana eine Reihe von Bildchen zu suchen, die für Masaccio in Betracht kämen, als Eigentum dieses Meisters erkannt, dagegen nicht herausgefunden, dass auch im Armadio O. noch ein zugehöriges Stück der Nikolauslegende steckt, das dort als No. X bezeichnet, in der Höhe ganz den andern entspricht und auch mit seiner grösseren Breite notwendig zur selben Predella wie zum Eigentum desselben Meisters gehört. · Das erste der kleinen Bildchen schildert das Wunder des neugeborenen Heiligen im ersten Bade, das zweite die Spende der Goldkugeln an den armen Vater mit seinen drei heiratsfähigen Töchtern; dann folgt die Rettung in Sturmgefar auf dem Meere, für die das breitere Mittelstück gewält ist, und auf der andern Seite schliesst die Auferweckung der drei gepökelten Scholaren sich an.

Sehr eigentümlich ist sogleich beim Ersten die räumliche Disposition, die der Maler auf der kleinen, fast quadratischen Fläche versucht. Zwei Drittel ihrer Breite rechts werden benutzt, durch eine grosse Bogenöffnung den Einblick in das Innere des Hauses zu gewären, dessen Aussenseite wir links im ersten Drittel erschauen. Schon hier begegnet also ein Problem, das Vasari ausdrücklich unter den besonderen Bestrebungen Masaccios hervorhebt: nämlich Gebäude so übereck gesehen in Perspektive zu zeigen, dass man sie zugleich von aussen und von innen sah, — wie es bei jener Heilung des mondsüchtigen Knaben, im Hause des Ridolfo Ghirlandajo der Fall war [1]). So blicken wir in bescheidenerm Umfang links durch ein Bogenpförtchen in den anstossenden Garten mit Orangenbaum und Blumenbeet, das sich an der Aussenmauer des Hauses hinzieht, wie oben auf die Reihe von drei Fenstern mit kleinen Kleeblattbögen darin und auf den schlichten Simsstreifen darüber. Drinnen dagegen erschliesst sich vorn die Stube mit getäfelter Holzdecke und einem Kamin in der Wand rechts, und durch eine schmale Tür in der glatten Querwand noch der weitere Einblick in die Schlafkammer, wo die Mutter im Bette liegt und so den wunderbaren Vorgang miterlebt, dass ihr neugeborenes Söhnchen sich aufrecht in der Waschwanne hinstellt und die Hände faltet zum Gebet. Staunend erhebt die Gevatterin, die dahinter kniet, beide Hände, während die Wärterin, links auf dem Boden sitzend, die Windeln auf dem Schemel vergisst und auf den einen Arm gestützt, mit der Rechten auf den Wunderknaben weist, den sie als hilflosen Kleinen zu versorgen dachte. Diese Pflegerin mit weisser Netzhaube und dunkelgrünem Kleid auf dem hellrosa Fussboden kontrastiert kräftig mit dem lila Kleide der Frau, deren weisses Kopftuch sich von der hellgrauen Wand abhebt, während drinnen eine scharlachrote Bettdecke uns entgegenstralt und die Wöchnerin in blauem Gewande und feinem Schleier zwischen dem schneeigen Linnen hervorlugt.

Kein Zweifel, wir haben den nämlichen Maler vor uns, der auf dem Geburtstagsteller in Berlin so koloristisch reizvoll den Einblick in die Wochenstube der vornemen Florentinerin eröffnet, und grade hier so deutlich den Zusammenhang mit den ältern Meistern des Trecento, mit Pietro Lorenzetti mehr noch als mit Giotto und den Seinen festhält. Die Wärterin besonders möchten wir eher bei der Geburt Marias vom Sienesen Lorenzetti und bei einem Virtuosen emailartiger Farbe, wie Gentile da Fabriano suchen, als bei den reinen Florentinern. Eben deshalb aber stimmt die Gesamtheit aller Eigenschaften, soweit der schlechte Zustand dieses Predellenstückes, die Uebermalung am Kinde, an der Frau dahinter und an der Mutter, sie noch erkennen lässt mit dem Desco da parto in Berlin und der Anbetung der Könige aus Pisa überein.

[1]) Opere II, 290: casamenti in prospettiva tirati in una maniera che e' dimostrano in un tempo medesimo il didentro e il di fuori, per avere egli presa la loro veduta non in faccia, ma in su le cantonate per maggior difficultà. Vgl. Lieferung II, No. 14.

Die unverletzten Teile, wie die scharlachrote Bettdecke, das dunkelgrüne Kleid mit hellen Lichtern auf Nacken, Schultern und Knie, der rosa Fussboden und das Grau der Mauern, finden ihresgleichen auch in dem zweiten Bilde dieser Reihe, das bei weitem besser erhalten ist. Hier ist die nämliche Raumdisposition, d. h. ein Drittel links für die Aussenseite, zwei Drittel für das Innere des Hauses, durch den Gegenstand der Darstellung selber vollauf motiviert; denn wir müssen draussen auf der Strasse den jungen Heiligen erkennen, der nächtlicher Weile am Hause des armen Mannes emporklettert, um seine goldenen Bälle zur Ausstattung der Töchter durch ein Gitterfenster über der verschlossenen Haustür hinein zu werfen. Deshalb stehen auch links und rechts von diesem verriegelten Eingang die Steinbänke, die das Aufsteigen erleichtern, und der junge Mann stützt nur den einen Fuss auf das Ramenwerk der kassettierten Eichenholztür, indem er sich bereits mit der linken Hand am Eisengitter der Fensteröffnung festhält. So hängt die Gestalt in lebendigster Bewegung droben in der Schwebe, und erregt durch den kühnen Versuch, die Erzälung der Legende nach dem Sinn einer realistisch denkenden Generation plausibel auszumalen, die Aufmerksamkeit des Beschauers für das seltsame Wurfgeschoss, das er mit geschickter Hand hineinzusenden im Begriff ist. Der keusche Woltäter trägt einen karminroten Mantel (mit weisslichen Lichtern, — wie Masaccio zu malen pflegt, —) und einen dunkelgrünen Rock mit aufgestreiften Aermeln über scharlachrotem Tricot an Armen und Füssen, hebt sich also wirksam gegen die hellgraue Mauer des Hauses ab, dessen rotes Ziegeldach vorn und hinten vorspringt. Rechts wird uns durch schlichte Pfosten mit gradem Sturz über skulpierten Eckkonsolen der Einblick in die Schlafstube der Familie gewärt. Vorn in der Ecke sitzt auf schlichtem Holzstul mit Strohgeflecht der alte Vater in lila Hausrock und Kapuze, im Profil nach links; vor ihm kniet die jüngste Tochter in rosa Kleid, soeben bemüht, ihm einen Beinling der scharlachroten Strumpfhosen auszuziehen, die auch ihm nicht felen. Die rürende Fürsorge motiviert vortrefflich den hilfreichen Eingriff, dessen nur die beiden andern Töchter beim Schlafengehen ansichtig werden. Die Eine will soeben ihr Kopftuch abnemen, und wendet sich, in kecker Verkürzung vom Rücken gesehen, mühsam hinaufblickend zum offen gebliebenen Luftloch empor, durch das bereits zwei Goldkugeln auf das Bett gefallen sind. Sie trägt ein dunkelviolettes Kleid mit roten Tupfen, während die Decke des Lagers wieder scharlachrot, der Vorhang der Bettstatt darüber grün und die braungelbe Holzfarbe der Truhe davor mit dem Weiss der

Linnen und dem Gold der Bälle wirksam kontrastieren. Jenseits des Lagers wird vor der dunkeln Wand mit einem Rundbogenfenster, das sorglich mit Holzläden verschlossen ist, noch die dritte Schwester sichtbar; sie ist grade dabei, sich ihr Kleid über den Kopf zu ziehen, und lugt so, halb schon im Hemd, verschämt zu dem Eindringling empor. So mischt sich in das Mitleid mit den armen Töchtern, das den Heiligen statt der Neugier beseelt, die man sonst bei dem jungen Kletterer vermuten könnte, für den eingeweihten Betrachter ein Zug glücklichen Humors und verleiht der frommen Legende in dieser malerischen Schilderung einen Anflug florentinischer Novellen, der uns als Erbteil des Quattrocento aus den Tagen des Boccaccio und bei dem Freund Brunelleschis mit seiner grausamen Fopperei am »Grasso Legnajuolo« wol nicht überraschen darf.

Nemen wir diese beiden ersten Bildchen aus dem Leben des heiligen Nikolaus mit dem genial hingepinselten Geburtstagsteller in Berlin zusammen, auf denen allen die schwierige Linearkonstruktion scharf vorgerissen ist, so haben wir drei Beispiele intimer Darstellung von Innengemächern vor uns, neben denen das Sterbezimmer des heiligen Ambrosius und das Studio des Kardinals Branda daneben in S. Clemente zu Rom keinen Augenblick mehr befremden können. Und gerade in der Goldspende an die drei Jungfrauen ist auch die Malweise durchaus die charkteristische des Masaccio selber, die wir an den Predellen aus Pisa ebenso finden: die grünlichen Schatten im rosa Fleisch und die zarten, roten Bäckchen bei den jugendlichen Wesen; nur der Heilige, dessen Kopf sonst so sehr mit den Geschenkträgern auf dem Desco da parto übereinstimmt, hat durch Erneuerung diese technischen Kennzeichen eingebüsst.

Bei diesen beiden Predellenstücken sei aber noch einmal ausdrücklich auf das Studium des Altarwerks von Gentile da Fabriano für Sta Trinità vom Jahre 1423 hingewiesen, besonders auf die Geburt Christi, die Darstellung im Tempel (jetzt im Louvre) und die Flucht nach Aegypten an der Staffel, denen sich das ganze Altarwerk mit der Verkündigung in S. Alessandro zu Brescia so sehr verwandt zeigt.

Ganz anderer Art sind die malerischen Vorzüge, die uns auf dem mittlern Breitbilde der Nikolauspredella überraschen. Zwei Drittel der Bildfläche sind in horizontaler Ausdenung dem stürmisch bewegten Meere, nur der letzte Streifen oben dem Himmel eingeräumt. Darinnen treibt der Wind ein Schiff, mit vollgeblähtem, aber schon zerrissenem Segel, rechtshin in die Dunkelheit des Unwetters hinaus. Hinten am Steuer schwanken die Strickleitern über dem Rettungskahn, der wie eine Nussschale auf den Fluten tanzt, gleich andern kleinen Farzeugen, deren Segel hier und da in der Ferne auftaucht. Ueber dem hellen Spiegel der Bark, der mit zwei Kronen bemalt ist, ragt die Gestalt eines Insassen hervor, der beide Arme schutzflehend zur Höhe streckt, während die Genossen schon angstvoll ihr Hab und Gut über Bord werfen. Und hier erscheint ihm in eiförmigem Nimbus der Bischof Nikolaus, den er angerufen hat, in schräger Richtung abwärts schwebend, indem er die rettende Hand über dem Haupt des Beters ausstreckt. Aufatmend aus ihrer Angst gewaren ihn auch andre Männer im Schiffe und weisen auf die Hülfe von oben hin, während drunten im Wasser die Nixe, von der Lichterscheinung des Heiligen verscheucht, nur noch einmal zu ihm aufblickend davon schwimmt.

Das kleine Breitbild ist in aller Bescheidenheit der Mittel eine ganz ausserordentliche Leistung, besonders in dem einheitlichen Zug der Bewegung, der das wunderbare Ereignis inmitten stürmischer Fart so lebendig zu Gefül bringt, und in dem übersichtlichen Zusammenhalt aller Bestandteile vom richtungweisenden Bugspriet und Segelriss bis zum überirdischen Begleiter, der wie ein Mövenschwarm hinterdreinschwebt, und zum Gefolge im Wasser, wo die Meermaid statt der Haifische sichtbar wird. Alles Figürliche ist in die Umgebung der drohenden Elemente hineingenommen, und so in der Abhängigkeit des ganzen Vorgangs von der endlosen Weite ein echt malerischer Eindruck erzielt. Fast müssig wäre es, daneben an Giottos Navicella vor S. Peter in Rom, oder an das Deckenbild der Cappella Spagnuoli bei S. Maria Novella in Florenz zu erinnern; denn es ist ein drittes, völlig neues Meisterstück in diesem Bildchen gegeben, das auch vom Schiff S. Rayners im Sturm auf Antonio Venezianos Fresko im Camposanto zu Pisa nur wenig entlenen konnte. Dagegen verbindet es sich aufs Engste mit verwandten Problemen in S. Clemente. Als Versuch, den drohenden Untergang des Schiffes durch überlegene Gewalten zu veranschaulichen, d. h die Aufgabe in vollem realistischen Sinne zu fassen, verdient es als Fortschritt nach dem Fresko der Ambrosiuslegende genannt zu werden, wo das Haus des übermütigen Reichen mit allen seinen Insassen von der Erde verschlungen wird. Auch da spitzt sich der Zug der Bewegung in den fliehenden Reitern gegen die Tiefe zu; aber während sie sich im Sattel umwenden, vollzieht sich nach vorn zu die Katastrophe in immer breiterem Umfang, so dass der unaufhaltsame Zusammenbruch dem Beschauer entgegenstürzt. Hier dagegen entweicht das heimtückisch dämonische Wesen unter der Oberfläche des Wassers nach vorn, und die herabfarende Gestalt des Beschützers treibt das Segelschiff in gesichertem Lauf seinem Ziel entgegen in die Tiefe. Die Gestalt des niederfarenden Bischofs selbst in lichtem Oval entfaltet sich nach oben wie ein langer Blumenkelch, so dass wir zwischen den gekräuselten Rändern des Chormantels und der Alba die beschuhten Füsse mit den Solen aufwärts hervorgucken sehen. Diese Darstellungsweise des Schwebens entspricht ganz dem adlermässig herniederstofsenden Rettungsengel bei der Räderung Katharinas, wird hier im kleinen Breitbilde der Predella jedoch schon durch die Umkerung der Mafsverhältnisse zu einer glücklicheren Lösung, indem sich der Flug zwischen Himmel und Meeresfläche mehr dem Schwimmen durch die Luftregion in horizontaler Richtung nähert, während dort im Hochformat des Wandbildes durch die einschliessende Architektur des Hofraumes grade die mildernde Entfaltung in die Breite behindert war.

Im Vergleich zu den Seitenstücken der nämlichen Altarstaffel selbst endlich, wo in quadratischen Ramen sonst die Architekturkoulisse so stark vorherrscht und die Figuren in räumlicher Enge gezeigt werden, bedeutet dieses Breitbild mit seinem aus weiterem Abstand gesehenen Seestück einen absichtlichen Kontrast, und kann als Ganzes in seiner malerischen Gesamtauffassung nur mit dem grossen Landschaftsbilde des Kreuzestodes in S. Clemente verglichen werden, wo die Weite des Himmels und der römischen Campagna sowol die Gekreuzigten droben als auch die Versammelten unten in sich hineinnimmt, wie in einen unabsehbaren, über alles Gegenwärtige hinausreichenden Zusammenhang, der mächtiger ist als alles einzelne Geschehnis.

Das letzte dieser Predellenstücke im Vatikan stellt die Auferweckung der drei Scholaren dar, die müde vom Wandern bei einem Fleischer einkeren und wol bewirtet, nachts aber geschlachtet, zerstückelt und eingesalzen werden. S. Nikolaus kommt des Weges, bringt den schlimmen Gastwirt und sein Weib zum Geständnis und ruft die drei jungen Burschen aus ihren Fässern zum Leben zurück. Die Scene spielt im Hof der Herberge, deren Front mit Aushängeschild und seltsamen Hausmarken links und rechts von der Tür, durch die wir das Innere mit der Stiege zum Obergeschoss erblicken, mit Fensterreihe darüber und rotem Ziegeldach den Hintergrund bildet. Rechts schiebt sich die Ecke eines andern Gebäudes mit Gitterfenster an den Rand des Bildes vor und versteckt so zur Hälfte den Küfer, der beschäftigt ist, Wein aus einem irdenen Kruge auszuschänken. Vor der Tür sind Wirt und Wirtin auf die Knie gesunken, während der heilige Bischof in vollem Ornat die Schwelle einer schoberartigen Halle überschreitet, die sich nach vorn und nach dem Hofe zu in je einem schlichten, hohen Bogen öffnet, nach den beiden andern Seiten aber geschlossen ist. Hier stehen unten die drei Fässer, aus denen auf seinen Wink die drei nackten Jünglinge, bis an den Gürtel sichtbar, mit staunender Verehrung hervorkommen, während daneben eine Leiter auf den Vorratsboden fürt, wo Speckseiten und Zwiebelbündel neben Topf und Kessel hängen. Auch hier ist also der Schauplatz mit Baulichkeiten so gegliedert, dass zwei Drittel für die Haupthandlung verwertet werden, das letzte Drittel als einleitendes Anhängsel für Nebendinge entfällt; nur liegt das letztere hier auf der rechten Seite, so dass der Schwerpunkt der Erzälung wie der Gebäude nach links rückt. Vergleichen wir diese Umkerung des Verfarens mit den beiden Anfangsbildern der Legende, so kann kein Zweifel bleiben, dass dies spätere Wunder jenseits der Meerfart, d. h. auf der rechten Seite des ganzen Gradino gesessen hat, und dass mindestens ein Nachbarstück noch ebenso nach der Mitte zu linkshin gravitierte, d. h. wol das Ende der Erzälung mit dem Tode des Heiligen, der hier felt, oder dem Oelwunder seiner Grabstätte enthielt.

Wie dem aber auch sei, die Zugehörigkeit dieses Stückes kann auch bei dem heutigen Zustande nicht zweifelhaft erscheinen. Die drei nackten Jünglinge sind freilich stark erneuert, wie das Antlitz und der Krummstab des Bischofs; aber sein roter Mantel und der grauliche Ueberwurf der Frau, wie die Architektur des Hintergrundes mit dem Einblick ins Haus sind besser erhalten und stimmen in der Malweise durchaus zum Uebrigen. Die knieende Frau erinnert wie die Seitenloggia sehr deutlich an die Auferweckung Tabithas, an die Katharinenlegende in S. Clemente und an den Desco da parto in Berlin. Der Einblick in den Hausflur kommt ganz ähnlich in dem arg zerstörten Teil links auf der Schattenheilung der Cappella Brancacci vor, und der hl. Bischof selbst entspricht einigermafsen dem Kirchenvater neben S. Hieronymus, zwei Fragmenten vom Altarwerk in Pisa, die sich jetzt im Privatbesitz bei Mr. Charles Butler in England befinden und 1894 in New-Gallery Exhibition ausgestellt waren (vgl. unsere Tafeln der Lieferung II, No. 9 u. 11).

Wenn man trotzdem, durch eine gewisse Oberflächlichkeit in der Durchfürung dieses Stückes veranlasst, an die Mitwirkung eines Gehilfen in der Werkstatt Masaccios, wie z. B. an die Hand seines Bruders Giovanni denken sollte, die wir schon auf der Rückseite des Geburtstagsstellers selbst vermutet haben, so darf doch das Eigentumsrecht des Meisters an Komposition und Gestaltung damit keineswegs angetastet werden. Offenbaren doch grade die nackten Jünglinge, unter der Uebermalung noch, ihre nahe Verwandtschaft mit den Täuflingen einerseits und den hinteren Hörern der Predigt andrerseits an der Altarwand der Brancaccikapelle. Ausserdem aber muss grade diese Predella mit der Nikolauslegende sich einer besondern Beliebtheit erfreut haben, und eben das eine Beispiel, das uns zur Hand ist dies aufzuzeigen, beweist zugleich die Wichtigkeit der obigen Analyse, besonders was die Raumökonomie der quadratischen Bildchen im Unterschied vom breiteren Mittelstück betrifft. In der erwänten »Winter-Exhibition of Early Italian Art from 1300 to 1550 in the New-Gallery, London 1893/94« war unter No. 37 das nämliche Wunder des hl. Nikolaus mit den eingeschlachteten Schülern »Florentine School, — lent by Charles Butler, Esq.«[1]. Darin haben wir von etwas späterer, aber weit geringerer Hand genau dieselbe Komposition wie auf dem vatikanischen Stücke, nur in die Breite ausgezogen, und zwar durch Zusatz einer ganz müssigen Gartenpforte links hinter dem Schuppen, durch Wegschiebung des turmartigen Gebäudes rechts, neben dem auch noch ein Bäumchen und Stacket Platz gefunden hat, während der Küfer an seinem Tisch nun deutlicher sichtbar wird, die Tafeln mit seltsamen Zeichen am Hause dagegen sich verlängert und die Zal der Fenster sich auf sechs verdoppelt haben. Die Verzettelung der Bestandteile hier überzeugt von dem Wert der ursprünglichen Koncentration erstrecht, die zu notwendig mit der Gesamtdisposition der vatikanischen Predella im Ganzen zusammenhängt, um die Originalität der Erfindung durch Masaccio, — wenn auch immerhin auf Grund älterer Darstellungen, wie in den Fresken der Nikolauskapelle in Sa. Croce[2], — zu bezweifeln.

Weist uns aber die schwache Nachamung eines Florentiners (bei Ch. Butler, Esq. in London) wie die Freskenreihe in Sa. Croce als Vorbild nach der Arnostadt, so bleibt die Frage nach der Herkunft der Fragmente in der Biblioteca Vaticana zu Rom doch schwer zu beantworten. Nachrichten über den ursprünglichen Standort der Bildchen in den Glasschränken des Museo del Rinascimento sind kaum irgend erreichbar. Und lesen wir die spärlichen Angaben glaubwürdiger Berichterstatter über Masaccios Werke nach, so sagt uns freilich Antonio Manetti: »E fece anco in altri luoghi, in Firenze in chiese e a persone private, e a Pisa e a Roma e altrove«; aber bei der nähern Ausfürung in Vasaris Biographie könnten wir zunächst nur auf das Altarwerk in S. Niccolò oltr' Arno verfallen, dessen Hauptstück allein uns beschrieben wird und die oben erwänte Verkündigung enthielt. Wenn es nicht grade unmöglich wäre, mit dieser Darstellung an vornemster Stelle nebenher die Legendenbildchen zu Ehren des Titelheiligen der Kirche verbunden zu denken, so bietet

[1]) Katalog S. 7. Photographiert von Henry Dixon & Son.

[2]) Phot. Brogi 6983—85.

sich wol die Handelsstadt Pisa für den Schutzpatron der Seefarer noch williger an; aber auch eine Entstehung in Rom selbst wäre nicht abzuweisen, wo der heilige Bischof von Myra in dem Kirchlein S. Niccolò in Carcere am Kapitol besonders verehrt wird.

Wichtiger aber als örtliche und geschichtliche Beziehungen solcher Art sind die künstlerischen, die wir mit einer Reihe von andern Werken Masaccios aufgewiesen haben. Sie erlauben uns, die Entstehungszeit dieser Predellenstücke der Vaticana mit der Legende des hl. Nikolaus ums Jahr 1425—1426 anzusetzen, also mitten in die Bilderreihe der Altarwand in Cappella Brancacci, wo wir in der Predigt noch den engen Zusammenhang mit den oberen Bildern der rechten Wand, namentlich mit der Erweckung Tabithas festgestellt, während die Taufe gegenüber schon ebenso notwendig zu den vollendeten Meisterwerken der linken Wand gehört.

Um so bedeutsamer wird die Ausfüllung der Lücke zwischen Predigt und Taufe durch diese Nikolausgeschichten und durch die Fresken in S. Clemente zu Rom, die unter einander so nah verwandt erschienen. Von den Anfängen der Katharinenlegende bis zur Höhe der Kreuzigung bieten sich Analogieen genug zwischen dieser monumentalen Arbeit im Dienst Kardinal Brandas und den verschiedenen gleichzeitig entstandenen Tafelbildern dar, die wir in Neapel und Bremen, in München und Rom, wie in Berlin und England nachzuweisen vermochten.

Wir denken uns nach alledem den Beginn dieses Freskenschmuckes in S. Clemente zu Rom auf der nämlichen Stufe der Entwicklung, auf der Masaccio in den ersten enthaltenen Wandgemälden der Brancaccikapelle erscheint. Mit den Deckenbildern, den Kirchenvätern und Evangelisten, in Rom stimmen die Heilung des Lahmen, die Erweckung der Tabitha, noch am nächsten überein. Die Geschichten der hl. Katharina reihen sich daran natürlich an und erreichen die Predigt des Petrus, während die Geschichten des hl. Ambrosius wieder einen deutlichen Fortschritt aufweisen. Die Verkündigung an der Aussenseite geht ebenso über die Madonna in München hinaus, wie S. Christophorus darunter als Vorstufe zu den Täuflingen in Florenz oder zur Vertreibung aus dem Paradiese sich darstellt. Genug überall hin laufen die Beziehungen zu anderen Werken Masaccios und drängen wie das grosse Hauptbild der Altarwand, die Kreuzigung, die das Fresko der Dreifaltigkeit in S. M. Novella voraussetzt, zu der Aufgabe, das Werden und Wachsen des Künstlers nun in einheitlichem Zuge durchzuverfolgen, wie es in unsrer letzten Studie zusammenhängend versucht werden soll.

Lieferung IV

Verzeichnis der Tafeln

Rom, S. Clemente, Cappella della Passione:

1) Gesamtansicht des Freskenschmuckes durch den Eingangsbogen (nach dem Umrissstich von Labruzzi.)
2) Breitbild über dem Eingangsbogen: die Verkündigung,
   a) Gabriel
   b) Maria.
3 a) Deckengewölbe mit den vier Evangelisten und vier Kirchenvätern.
   b) S. Christophorus, Fresko zur Linken vom Eingang aussen.
4) Wandgemälde des Bogenfeldes zur Linken vom Eingang innen:
   a) Katharinas Auftreten gegen den Götzendienst
   b) Bekerung und Enthauptung der Königin
   (nach Labruzzis Stichen).
5) Wandgemälde zur Linken vom Eingang, untere Reihe
   a) Disputation Katharinas und Verbrennung der Philosophen
   b) Das Radwunder
   c) Enthauptung Katharinas und Bestattung auf Sinai
   (nach Labruzzis Stichen).
6) Wandgemälde des Bogenfeldes zur Rechten vom Eingang:
   a) Das Bienenwunder
   b) Die Wal des hl. Ambrosius zum Bischof von Mailand
   (nach Labruzzis Stichen).
7) Wandgemälde zur Rechten vom Eingang, untere Reihe
   a) Der Untergang des Reichen
   b) S. Ambrosius auf dem Sterbebett
   (nach Labruzzis Stichen).
8) Hochbild der Altarwand: Der Kreuzestod Christi.
9) Einzelheiten der Kreuzigung (nach Labruzzis Stichen)
   a) Der Kopf des reuigen Sünders
   b) Drei Juden, links unten
   c) Der Kopf des Judas Ischarioth (links) und des Befelshabers (rechts).
10) Einzelheiten der Kreuzigung
   a) Kopf des Longinus, der Magdalena am Kreuzesstamm und dreier Krieger
   b) Köpfe zweier Frauen bei Maria und vier von Reitern in der Tiefe.

SCHMARSOW

MASACCIO-STUDIEN

FÜNFTES BUCH

MASACCIO

STUDIEN

VON

AUGUST SCHMARSOW

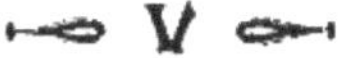

DER FORTSCHRITT DES MEISTERS

(MIT 53 LICHTDRUCKEN)

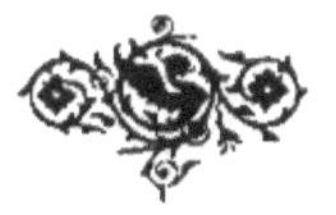

1899

TH. G. FISHER & CO.

KASSEL

DER

FORTSCHRITT DES MEISTERS

1421—1428

Inhalt

Druck von L. Döll in Cassel.

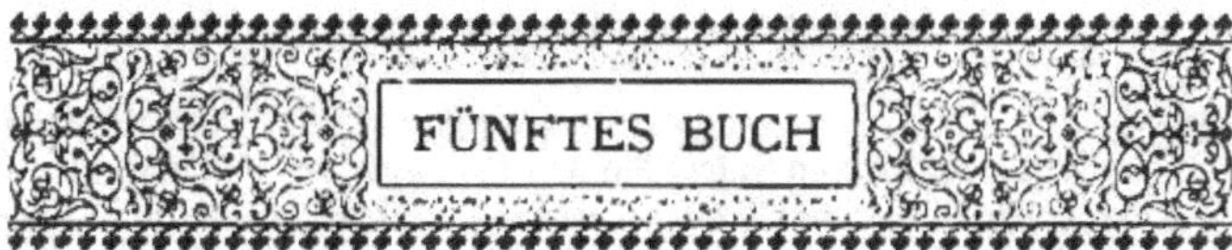

FÜNFTES BUCH

I.

DIE FRÜHZEIT DES MEISTERS

Auf Grund der kritischen Studien, die wir vorausgeschickt, darf die zusammenhängende Betrachtung, die nun dem Werden und Wachsen Masaccios in einheitlichem Zuge gewidmet wird, bei einem neuen Ausgangspunkt einsetzen. Wir beginnen nicht, wie Vasari, mit dem Probestück seiner perspektivischen Probleme, der Heilung des besessenen Knaben, die sich damals im Hause des Ridolfo del Ghirlandajo erhalten hatte, oder mit dem Kirchenbild aus S. Ambrogio, S. Anna selbdritt, in der Akademie zu Florenz. Wir stellen ebenso wenig, wie Crowe und Cavalcaselle, die Malereien in S. Clemente zu Rom voran, in denen nicht allein die wiederholten Anläufe fortschreitender Meisterschaft sichtbar hervortreten, sondern schwerlich auch der Erstlingsversuch eines Anfängers gesucht werden kann. Ein allseitiges Hervorwachsen des Eigenen aus dem emsig erworbenen Erbteil der Vorgänger würde sich gewiss nur in einem Skizzenbuch, wie das venezianische Rafaels, oder in Folgen von Zeichnungen, Studien und Entwürfen, wie wir sie in London und Paris für Jaçopo Bellini besitzen, und bei genauester Kenntnis der voranliegenden, wie der gleichzeitigen Bestrebungen italienischer Maler beobachten lassen. So günstig sind wir bei Masaccio nicht gestellt. Wol aber gewären auch seine fertigen Leistungen, da sie bei so kurzer Lebenszeit (1401—1428) fast alle noch den jungen Jaren regsamster Entwicklung angehören, überall den Einblick in die mannichfachen Ansätze des Wachstums angeborener Gaben oder in die rastlos vorwärts drängenden Errungenschaften seines bewussten Künstlerwillens. Der Zusammenhang mit dem Trecento verquickt sich zunächst sogar mit den Eroberungen des Neuen, die das Kapital für das ganze Quattrocento ausmachen sollten, wie mit den anungsvollen Offenbarungen eines künftigen grossen und abgeklärten Stiles, die den Bringern der Hochrenaissance wie Lionardo erst verständlich werden, so erstaunlich, und diese Verbindung vollzieht sich so schnell, dass sie dem kritischen Sinn des Historikers fast unbegreiflich vorkommen würde, wenn dem Genius nicht doch der glückliche Wurf gelänge, der sie tatsächlich als Schöpfung vor unser Auge stellt.

Das erste Meisterstück, von dem wir ausgehen dürfen, um die Grundlage für den weitern Aufbau zu gewinnen, ist das Altärchen, das Papst Martin V., aus dem Hause Colonna, für die kleine Familienkapelle unweit der Sakristei in S. M. Maggiore zu Rom gestiftet hat. Das Weihgeschenk kam jedenfalls in die alte erwürdige Basilika, als dieser Papst in den ersten Jaren nach seiner Rückker in die ewige Stadt die anstossende Kardinalswonung beziehen musste, d. h. zwischen Spätherbst 1420 und 1424. Wenn der junge Meister, dem das Werk gehört, selbst erst am 7. Januar 1421 in die Matrikel der Aerzte und Spezeristen zu Florenz eingetragen worden ist, so dass er die Ausübung seiner Kunst selbständig zu betreiben berechtigt war, dann schränkt sich die Entstehungszeit noch etwas ein, wärend andrerseits der Auftraggeber gewiss nicht bis zum Ende seines Aufenthalts auf dem Esquilin mit der Bestellung für die Kirche gewartet hat. Auf das Jar 1422 kämen wir, wenn das Porträt des darin dargestellten Archidiakon sich als das des Lodovico dei Fieschi von Genua bestimmen liesse, der am 3. April 1423 gestorben ist, indem wir damit einen letzten Termin der Aufname wenigstens dieses Bestandteils erhielten. Die Jareszal 1423 trägt ein andres Werk von Masaccios Hand, das bereits fortgeschrittener erscheint, die Madonna in Bremen Im Jare 1424 erwirbt der Maler die Zünftigkeit bei der Lukasgilde zu Florenz, ist also wol nach längerer Abwesenheit heimgekert, um dort einen Auftrag zu übernemen, wenn damit auch die Beziehungen zu Rom nicht abgebrochen zu sein brauchen.

Das Triptychon Martins V.

Wärend Gentile da Fabriano, den Martin V. zu sich nach Florenz hatte kommen lassen, ruhig am Arno blieb, als die Kurie von dannen zog, und Altarwerke für Palla Strozzi und die Quaratesi vollendete, finden wir Masaccio noch nicht zwanzigjährig in Rom. Sein Altärchen für S. M. Maggiore [1]), dessen Mittelstücke im

[1]) Vgl. Buch III p. 74 ff. Abbildungen Lieferung II, Taf. 15—18.

Museum von Neapel erhalten sind, bezeugt in der Darstellung des Schneewunders, dem diese Kirche ihren Ursprung verdankt, sogleich seinen Verker mit den Ruinen aus der Kaiserzeit wie mit den mittelalterlichen Mauern, die in keinem Stadtbild felen. Die Gründung der Basilika durch Papst Liberius, die er schildern soll, erheischt als Schauplatz allerdings die Höhe des Esquilin. Dagegen erscheint als Hintergrund eine Ansicht vor Porta S. Paolo mit dem Monte Testaccio und der Cestiuspyramide, und zwar umgekert auf die Bildfläche übertragen mit diesen Warzeichen rechts; aber die Mauern erblicken wir von der Innenseite, das Tor wird nicht kenntlich wie „fuori le mura". Nicht ernstlicher wollen auch die Bauten auf beiden Seiten, ein Palast zur Linken, eine Arkadenreihe zur Rechten, beim Wort genommen sein, wenn ein Topograph aus ihrer Lage zu einander die dargestellte Oertlichkeit bestimmen wollte. Was Warheit sei, wird auch im Lauf des Quattrocento erst allmählich entdeckt, und den Künstlern, als Vertretern der schöpferischen Phantasie, nur langsam anerzogen. Aber die Anschauung des Malers haben die Bauwerke Roms ergriffen und klärend durchsetzt, darüber ist kein Zweifel, sobald wir diese ersten Beispiele, die er verwertet, mit den Vorstellungen andrer Romfarer vergleichen.

Vor allen Dingen aber erfüllen sie diesen Zweck, den wir zunächst aufzudecken haben, one fremdartige Anforderungen an das Bild zu stellen. Er schafft sich mit ihnen die feste Begränzung des Schauplatzes, nach Art unsrer heutigen Büne, und grade diese Monumente: das Mal neben dem Scherbenhügel, die Arkadenreihe mit kräftigem Kranzgesims auf der Obermauer, die übereck gesehenen Bestandteile eines Palastes mit seiner geschlossenen Umfassung von stereometrischer Klarheit und Wucht, — sie orientieren den Beschauer sofort über das Verhältnis der Dimensionen mit ein paar entscheidenden Senkrechten und Wagrechten. Das innere Raumvolumen steht da, bereit die Körper der Figuren in sich aufzunemen. Dies Gerüst seiner Büne setzt geläufige Kenntnisse voraus: die perspektivische Konstruktion ist bereits folgerichtig durchgefürt. Aber auch dafür sind schon zwei Mafsnamen vorweg getroffen, die von bewusster Rechnung mit den besondern Anforderungen des Gegenstandes zeugen.

Die schmale, oben abgerundete, aber gewiss ursprünglich mit gotischen, gebrochenen und ausgezackten Bogenformen eingeramte Tafel wird nämlich nicht als Ganzes in die Konstruktion einbezogen, sondern das obere Drittel, etwa bis an die Kapitelle der gedrehten Säulchen des einstigen Gehäuses, ist als himmlische Region ausgesondert, wo auf goldenem Grunde in kreisrundem Regenbogenrand

1*

die Halbfiguren des Gottessones und seiner Mutter erscheinen. Diese Glorie steht auf einem breiten Wolkenstreifen, der die untern zwei Drittel als rechtwinklige Bildfläche nach oben begränzt. Es ist die Schneewolke, aus der die Flocken herniederfallen auf den erwälten Hügel Roms, um die Stätte für das künftige Heiligtum zu bezeichnen. Nur auf diesem irdischen Schauplatz herrschen die Gesetze der Linearperspektive, deren Erfüllung sein Freund, der Architekt Filippo Brunelleschi, eben damals von den Malern gefordert hatte. Auf dem klassischen Boden sollte jedoch ferner der Grundriss der altchristlichen Basilika an ihrer entscheidenden Stelle, d. h. das Tau-förmige Kreuz mit halbrunder Apsis sichtbar gemacht werden. Als Hauptsache erscheint eben dem Maler, der in so persönlicher Beziehung zu dem Baumeister der Frührenaissance steht und von ihm gelernt hat, sich über das Raumschema der römischen Bauten Rechenschaft zu geben, eben diese Grundform, die der Papst an Ort und Stelle mit der Hacke umgränzt. Er giebt also den Ueberblick von der einen Schmalseite des Querhauses bis zur andern, mit der Apsis in der Mitte rechts und zeigt den Papst schon im Verfolg des Langhauses begriffen, das hüben wie drüben breiter als die Tribuna an das Querhaus anstösst, mithin das Verhältnis der Seitenschiffe zum mittleren ebenso erkennen lässt. So werden die charakteristischen Kennzeichen von S. M. Maggiore gegeben. Zugleich aber sind damit an die Ausdenung des Schauplatzes in der Tiefenaxe ganz aussergewönliche Zumutungen gestellt. Das fürt zur zweiten Mafsname für den besondern Fall.

Die Regel für die perspektivische Konstruktion, die dem Maler bekannt ist, giebt den Schnittpunkt der Diagonalen seiner Bildfläche auch als Augenpunkt. So entsteht bei der schmalen Grundlinie des Rechtecks ein ausserordentlich schnelles Zusammenfliehen aller Geraden nach diesem Centrum. Zur Abschwächung dieses, immer noch störenden Eindrucks, wird das weitere Auskunftsmittel ergriffen: die Zurückschiebung der architektonischen Seitenkoulissen aus dem Vordergrund, in dem jetzt die Hauptpersonen one die Konkurrenz tektonischer Körper auftreten können. Freilich rücken die römischen Bauwerke auch in zweiter Reihe noch immer den Figuren zu nah auf den Leib und drängen sich als Mafsſtab auf; aber auch die ringsum versammelten Zeugen der feierlichen Handlung verjüngen sich, der Weite des Abstandes entsprechend, und gewinnen zu dem Stadttor, den Mauern und der Pyramide im Hintergrund das richtige Verhältnis, das uns gerade durch die Konsequenz befremdet. Wie absichtsvoll ist der Hügel drinnen niedrig gehalten gegen die Höhenzüge der Castelli Romani draussen am Horizont.

Wir sehen also den jungen Maler nicht allein im Vollbesitz der perspektivischen Konstruktionsregel, die Brunelleschi lerte, sondern auch bemüht, das richtige Verhältnis zwischen Architektur und Figuren herzustellen. Er fasst die beiden Bestandteile, Raum und Körper nicht als Ganzes in einheitlicher Anschauung zusammen, die noch Masolino nicht gelang, sondern setzt sich durch die Freilegung des Vordergrundes links und rechts schon mit dem Gesetz des Architekten zu Gunsten seiner menschlichen Wesen und ihrer Handlung auseinander. Er ringt mit der unerbittlichen Folgerichtigkeit und hebt sie vollends auf für die Vision am Himmel, die er in schlichter Reliefauffassung vorfürt, d. h. räumlich frei über der irdisch befangenen Büne, doch körperlich wieder vollauf bestimmt und sogar in dem Kreisrund der Glorie wieder fest umgränzt. Auch das ist bezeichnend für die Zeit und die Gesinnung, dass nach der Aussonderung der Himmelsregion aus dem Ramen des Historienbildes unten, doch die malerische Freiheit nicht voll ergriffen und ausgebeutet wird, sondern wieder eingeschränkt nach plastischen Gesetzen, ja durch einen ersten Anlauf, auch dem Aether mit geometrischen Formen beizukommen.

Wo Wolkengebilde in Luft und Licht verschwimmen könnten, da modellieren sich hier Gestalten im Rundmedaillon, greifbarer, bildnerischer durchgedacht, als die Kunstgenossen sonst es versuchten. Was wir bei den Malern dieser Tage nicht finden, das erklärt uns ein Blick auf die Marmortabernakel an Orsanmichele, besonders die damals soeben entstandenen Giebelfelder über den Standbildern von Nanni d' Antonio di Banco, dem 1422 schon verstorbenen Gefärten Donatellos. Dort erscheint die Halbfigur des Erlösers mit dem feingezeichneten Antlitz und der weich drapierten Gewandung ganz änlich wie hier Christus und Maria; wir begreifen sofort den Anschluss des Malers an plastische Bestrebungen seiner Nachbarn und deren günstige Wirkung auf seine gemalten Körper. Die göttlichen Personen sind dadurch an Leibhaftigkeit sogar im Vorteil gegen die Menschen drunten, die in den Gränzen der dargestellten Räumlichkeit sich nicht vollauf entfalten können. Der Papst mit seinen Kardinälen, der Patritius Johannes mit seiner Frau und andern Zeugen sind trotz allem Bemühen sie frei zu machen, schmächtige, feinknochige Geschöpfe geblieben. Die Zuschauer in der Tiefe wirken nur puppenhaft. Und nicht wenig trägt eine gewisse weichliche Grazie des Benemens, die Geziertheit der höfischen Sitte, aber auch die Kraftlosigkeit der Bewegungen sonst dazu bei, diesen Eindruck hervorzubringen. Darin macht sich der Zusammenhang mit dem Zeitgeschmack, den er vorfindet, und mit dem Vorbild des Gentile da Fabriano oder des Masolino da Panicale noch am meisten fülbar. Und die Einkleidung der altchristlichen Legende in die Tracht der Gegenwart und den Anstand am Hofe Martins V, dessen Züge der Papst Liberius angenommen hat, — der Versuch, auch in den Köpfen seiner Begleiter die Individuen von damals zu konterfeien, wie Lodovico Fiesco, den Archidiakon, oder Branda Castiglione, den Legaten, und wen der Maler sonst einmal nach dem Leben gezeichnet hatte, oder zu dem fürstlichen Kostüm gegenüber auch die Züge König Sigismunds wiederzugeben, all dieser Zuwachs an wirklichem Dasein lässt die Unwarscheinlichkeit des durchgehends unfertigen Körperbaues erst recht bemerkbar werden, indem es den Anspruch an Wirklichkeitstreue steigert. Zwischen die geistlichen Würdenträger, in denen historische Persönlichkeiten vor uns auftauchen, und die modischen Herrn, die an Fürstlichkeiten beim Konstanzer Koncil erinnern, sind zarte Jungfrauen und fromme Greise in langen Gewändern eingestreut, wie sie auf Kirchenbildern, etwa beim Sposalizio aufzutreten pflegten. Die Verwirklichung des Vorgangs ist also nicht vollständig durchgefürt, sondern bleibt auf der nämlichen Stufe, wie der römische Schauplatz, auf dem einzelne Warzeichen, wie Monte Testaccio und Cestiuspyramide, mit Durchschnittsproben, wie die Stadtmauern, zusammengestellt sind, one mit der Absicht, den damaligen Anblick des Esquilin bei S. M. Maggiore wiederzugeben, soweit Ernst zu machen, wie mit dem Kirchenplan. Es bleibt bei einer Durchdringung der mittelalterlichen Legende mit dem Leben der Gegenwart, soweit die Erfurcht vor der Erstern sich damit vertragen will. Und diese Verquickung der gotischen Tradition mit dem modernen Verlangen nach glaubhafter Realität bestimmt auch die Tonart des Vortrages, der wol mehr elegische Frömmigkeit und weiche Gefüligkeit als feierliche Getragenheit des selbstbewussten Auftretens eignet. Es klingt wie eine Erzälung für die Pilger aus den Mirabilien Roms. Dass dabei die Person des lebenden Papstes und seiner Umgebung an die Stelle der überlieferten Namen tritt, bleibt ein ebenso starkes und vollwertiges Bekenntnis der neuen Zeit, wie die entschlossene Eroberung des dreidimensionalen Raumes für den Aufbau der wirklichen Welt vor unsern Augen, den der Maler auf seiner Goldgrundfläche vollzieht. Aber eben daraus leuchtet ein: die Konstruktion für das Ganze ist früher zur Hand als die Aneignung der Dinge selbst in ihrem natürlichen Zusammenhang; diese werden einzeln aufgelesen, ja herausgerissene Züge ganz individueller Art auf das grundlegende Schema aufgetragen, so dass sie wie Töne aus verschiedenen Registern nebeneinander stehen.

Die Vermittlung und Ausgleichung zwischen so verschiedenen Graden der Warhaftigkeit, nach der wir weiter fragen, kann nur im Bereich der Farbe und des Lichtes noch gesucht werden, soweit nicht durch einen Vorrat geläufiger Formeln und Wendungen dafür gesorgt ist. In der Tat verschmelzen Angelerntes und Beobachtetes durch das Mittelglied des Konstruierten, das mit der besondern Aufgabe rechnet, bis zu einem gewissen Grad unmerklich. Die Haltung der Köpfe, leise vornüber oder zur Seite geneigt, überwiegt gleichmässig in der Mehrzal, der andächtigen Teilname an der Ceremonie entsprechend. Nur entferntere Zuschauer blicken zur Schneewolke hinauf und zeigen künere Verkürzung, oder geraten in Beziehung zum Nachbar, so dass wir ein Geflüster vermuten. Die Haltung der Hände schliesst sich dem an: die meisten sind gefaltet oder in einander gelegt, nur vereinzelt wagt sich eine staunende Gebärde oder ein Hinweis für den Nebenmann hervor; aber auch diese bewaren die getragene, gedämpfte Tonart, die das Hervorbrechen des Unmittelbaren und Unerwarteten ausschliesst. Diese Wirkung bleibt allein dem Wunder selbst vorbehalten. Und die Urheber, droben in der Glorie, vollziehen ihre Willensäusserung, so bestimmt sie auf Erden sich gestaltet, doch selbst in majestätischer Ruhe und Hoheit, wie Christus, der die geöffneten Hände abwärts streckt, oder in demütiger Bescheidenheit, wie die zarte Maria, die den Gottesfon nur mit leisem Wink begleitet. Das Gleichmafs der rituellen Mimik, wie die kirchliche Feier und das Andachtsbild auf dem Altar sie teilen, lagert noch über diesem Historienbild, das doch schon die Trennung der Wege deutlich erkennen lässt, und bildet so eine Ausgleichung zwischen den kräftigeren Momenten, die zur Lebendigkeit des Tatsächlichen empordrängen.

Zu dieser vermittelnden Phraseologie der Formensprache kommt als wirksamer Faktor im Sinne der Einheit dann die Farbe. Die Grundlage nähert sich bei der Kleinheit des Mafsftabes den Bedingungen der Miniaturmalerei, die vom Absehen auf volle Natürlichkeit entfernt ist. Die Gesamtfärbung ist noch hell, aber ebendeshalb wol abgetönt, nach den harmonischen Gesetzen der einmal angenommenen Scala. Die Fleischteile sind durchsichtig bis in die Schatten hinein, diese aber nicht grün untermalt wie bei Masolino, sondern rotbraun, und deshalb warm. Wie von innen dringt die Lebensglut, dem unwillkürlichen und schüchternen Erröten vergleichbar, in die Wangen, und erreicht in einzelnen Männerköpfen eine Kraft und Frische, die eine volle Erneuerung verheisst und das dürftige Gebilde des Körpers selbst ergreifen muss. Und merkwürdig wie der neue Adam, den die aetherischen Menschenkinder anziehen möchten, steht droben der Gottesson selber da mit der jugendlichen Gefärtin seiner Macht, als wären sie das erste Menschenpaar einer vollkommneren Schöpfung oder die Urbilder der bevorstehenden Wiedergeburt des plastischen Gestaltens.

Ausser der gemeinsamen Karnation dient noch die farbige Gewandung dem selben vermittelnden Verfaren des Malers. Aber grade hier geht er über den bunten Glanz der dekorativen Polychromie one Unterschied der Stoffe, wie er bis dahin noch bei Don Lorenzo Monaco und seinen Gesinnungsgenossen geübt wird, hinaus. Er vertieft sich schon aus Interesse für die verschiedenen Zeitkostüme der geistlichen und weltlichen Herrn, in die mannichfaltige Natur der Gewebe, der Chorhemden und Pelzkappen, der Sammetröcke und Seidenkleider, bis in die Goldstickerei des Pluviale oder die Edelsteine des Triregno Martins V, die er als wirksamen Gegensatz gegen die einfache Schönheit der Himmlischen in ihrer gotischen Idealität verwertet. Das Vorbild der stofflichen Kleinmalerei und der liebevollen Sorgfalt des Gentile da Fabriano ist unverkennbar, aber im Vergleich grade mit dem emailartigen Schmelz und dem funkelnden Geschmeide, die der oberitalienisch gewordene Umbrer in Farben über seine Altartafeln ausbreitet, bewärt sich Masaccio schon hier, wo er den Gönner jener Goldschmiedsseele befriedigen soll, seine eigene Gesinnung, die sich niemals an ganz materielle Wirkungsmittel verlieren kann.

Himmel und Erde zu einem Gemälde zu vereinigen, hat er aber noch ein Mittel, das wieder mit der einheitlichen Raumauffassung zusammenhängt und selbst die Scheidung in der Konstruktion des irdischen Schauplatzes und der Götterwelt wieder ausgleicht: das ist die Fürung des Lichtes. Von links oben fällt die Helligkeit ein und beleuchtet im nämlichen Sinne das Antlitz Christi und der Madonna, wie des Papstes und der Kardinäle, nebst allen Zuschauern ihnen gegenüber. Die nämliche Richtung ist auch in der Schattierung der Gebäude und der Berge durchgefürt, so dass wir noch heute für den ursprünglichen Bestimmungsort des Täfelchens die Forderung stellen dürfen, dass er diesen Bedingungen der Lichtzufur entsprach. Die kleine Kapelle in S. M. Maggiore befand sich, wie Vasari angiebt, in der Nähe der Sakristei, die wieder durch den Zusammenhang mit dem anstossenden Palast bestimmt wird. Der Altar stand vom Eintritt durch die Vorhalle rechts im Seitenschiff zu Füssen des Turms, d. h. an einer Stelle wo das Licht aus dem Obergaden des Mittelschiffs der Basilika von links oben einfällt. Auf dem bezeichneten Altar, der gegen die Turmmauer gerückt, seine Vorderseite in die Längsaxe des Seitenschiffs kert, erfüllt die obige Bedingung des Lichteinfalls also nur die Rückseite, die wir dem Historienbilde vom Schneewunder eingeräumt haben, wärend an der Vorderseite das hochheilige Andachtsbild zu sehen war, d. h. die „Assunta", der die Kirche geweiht ist.

Diese Himmelfart Marias bleibt selbstverständlich in der hieratischen Vorschrift befangen, die gewiss auch die Vertretung der neun Engelchöre dem Maler an die Hand gab. Dennoch wird auch hier überzeugende Wirkung des Vorgangs angestrebt. Die völlig körperhaft dasitzende Gestalt der Maria beweist allein schon, wie Masaccio die Aufgabe von innen heraus neu durchgearbeitet hat. Und ergänzen wir auch hier die spitzbogige Umramung oben mit einspringenden Nasen, wie der Gesamtumriss des Figürlichen sie heute noch fordert, so füllt die vornüber gebeugte Halbfigur des Gottesfones, der die Mutter zu empfangen mit ausgestreckten Armen aus der Höhe niederschaut, mit seinem Cherubkranz die oberste Oeffnung des gebrochenen Bogens, wärend die mandelförmige Glorie Marias aus roten und blauen sechsflügeligen Köpfchen sich ringsum klar gegen die schwebenden Engel abhebt, die sie, paarweis gleich, links und rechts begleiten, allmählich fester und fester auf den Wolken knieend, bis zu den untersten vier, die auf verschiedenen Instrumenten musicierend, der Erde näher, auch am grössesten erscheinen, und zu den Füfsen der Auserwälten sich zusammenschliessen, indess ihre Kniee auf Wolken ruhen und ihre schleppenden Gewänder sich seitwärts ausbreiten, wie auf sicherem Grunde. So gewinnen sie den Anschein, als wären sie die Deckblätter einer Knospe, die sich am Boden auslegen, wärend der geschlossene Kelch in der Mitte sich gerade zum Licht emporreckt, und das Ganze formt sich wie ein Gewächs gleich dem Mittelstück der Florentinischen Lilie, der nur ihre Seitenblätter felen. Auf den Flügeln des Triptychons waren aber, wie Vasaris Worte „darin sind vier Heilige so trefflich ausgefürt, dass sie wie in Relief erscheinen, und in der Mitte Santa Maria della Neve" erkennen lassen, Einzelfiguren, paarweis gesellt oder jede in besonderem Ramen für sich bestehend, one unmittelbaren Anteil an der wunderbaren Auffart der Madonna dargestellt.

Die „Assunta" im Hauptbilde fand dagegen eine Ergänzung in dem Untersatz mit der Bestattung durch die Apostel, die sich als weiteres Fragment in der Bibliothek des Vatikans erhalten hat. Der traurige Zustand dieses stark übermalten Ueberrestes erlaubt allerdings fast nur noch die Komposition als solche zu bewerten. Auch sie aber unterscheidet sich von dem späten Schulgut der Trecentisten durch den Ernst, mit dem sie neu durchgearbeitet ist. Die beiden Apostel, die den Leichnam in den Sarkophag legen, dann

Petrus, der die Gebete liest, und Christus, der die Seele in Gestalt eines Kindes wiederbringt, sind übers Kreuz einander entsprechend aufgestellt, die Träger des Ausdrucks zuäusserst und in der Mitte eingeordnet, das Ganze dann aber im Sinne malerischer Freiheit und räumlicher Weite seitlich etwas verschoben, so dass selbst die Engelpaare mit brennenden Kerzen hüben und drüben nicht in starrer Symmetrie auf gleicher Höhe stehen. Hoch aufgerichtet in ihren schlichten hellen Gewändern, schliessen sie jedoch den feierlichen Vorgang wirksam nach beiden Seiten ab, wie als Hintergrund eine Hügelkette im Dämmerschein die ganze Gestaltenreihe begleitet.

Damit erst haben wir den Sockel für das Figurengebilde in der Luftregion darüber, wie es die Tafel mit der Assunta zeigt, den dunklen Untergrund mit kräftigen Horizontalen, aus dem die Engelglorie emporsteigt. Und wieder hat Masaccio durch einheitliche Beleuchtung für das Zusammenwirken der Teile zum Ganzen gesorgt. Das Hauptlicht kommt hier, dem Vorgang entsprechend aus der Höhe, über den Scheitel und die Stirn des herabschauenden Erlösers, über das Haupt Marias, das vom Manteltuch umhüllt ist, und ihre betend erhobenen Hände, über die Knie der Sitzenden und die blondharigen Engel zu ihren Füssen. Drunten aber bei der Bestattung fällt es wie Mondschein über die Köpfe der Apostel, ihres Meisters und seiner Engel, ganz besonders hell über das Seelchen der Abgeschiedenen in den Armen ihres Sones. — Die beiden Scenen müssen auch zusammengenommen werden, wenn man die Oekonomie der Gestaltenbildung, von den Cherubköpfen bis zu Maria und Christus empor, nachzurechnen versucht. Die musicierenden Engel, die zu unterst schweben, kommen im Maſsſtab den Leuchterträgern auf dem Erdboden und den Aposteln beim Grabe am nächsten. Das Selbe gilt von der Verteilung schlichter Gewandung und faltenreicher Draperie. Christus oben und Maria sind einfach und plastisch klar: nur das aufwärts flatternde Mantelende, das die Herabkunft aus der Höhe nachklingen lässt, und die Breite des Mantelsaums der feierlich Tronenden dienen andrer Absicht, die wir in Engelkleidern durchverfolgen können, bis zu den ruhig stehenden Normalfiguren dieser Himmelsboten bei den nächtlichen Exequien. Die Charakteristik der Gewandbehandlung des Meisters: „rein one Zierwerk", die unsre besten Quellen über Masaccio wiederholen, passt durchaus für diese Predella im Vatikan, die so den aesthetischen Gegensatz zu der Glorie auf Goldgrund bildet, ihr sozusagen als Folie dient. Wie die Engel one Flügel, one Abzeichen kirchlichen Ornates und one Diadem auf dem Haupte dastehen, so ist auch Petrus nicht als Presbyter oder gar als Bischof gekleidet, sondem in der gleichen apostolischen Tracht wie die Uebrigen und Jesus in ihrer Mitte. Und wie der Christuskopf hier wie oben und auf dem Schneewunder an der Rückseite schon deutlich die weitere Vollendung in der Brancaccikapelle als zugehörig erkennen lässt, so sei hier besonders auf die Uebereinstimmung mit der Kreuzigung in S. Clemente hingewiesen. Der Zusammenklang im Kreise der Jünger, mit ihrer energisch zusammengerafften Draperie, bleibt aber die Hauptsache, sobald wir dies Staffelbildchen aus S. M. Maggiore in Rom als willkommene Vorstufe für den Bilderkreis Masaccios in Florenz erfassen lernen.

Zu diesem Fragment des Untersatzes tritt noch ein anderes im Vatikan hinzu, das um so eher die oberste Bekrönung des ganzen Altärchens gebildet haben kann, als dieses sich gewiss der damals üblichen Form entsprechend in dreigiebligem Aufbau darstellte, so dass über dem Mittelstück noch ein eigner kleinerer Giebelaufsatz hervorragte, wärend über den Flügeln spätgotische Wimperge aufstiegen. Enthielten diese vielleicht in Rundmedaillons die Halbfiguren der Verkündigung, so bietet der „colmetto del trittico tricuspidale" im Vatikan die herkömmliche Darstellung des Gekreuzigten zwischen Maria und Johannes [1]. Im oberen Abschnitt des gebrochenen Spitzbogens, der das Giebelfeld ebenso umramt, wie wir uns die unteren Hauptbilder zu denken haben, wiederholt ein Bäumchen mit dem Pelikan, der seine Jungen mit dem eignen Blute närt, als Symbol aufopfernder Liebe darauf, noch einmal die gebrochene Bogenform des Ganzen, und bezeugt so, aus dem Kreuzesstamm aufwachsend den architektonischen Raumsinn des Künstlers, der auch in der Form des niedrigen Kreuzes selbst und in der Verteilung der zugeordneten Körper im unteren Abschnitt sich ebenso vorteilhaft erkennen lässt.

Das sichere Dastehen der beiden Leidtragenden ist höchst charakteristisch und als Kennzeichen für die Entstehungszeit wie für den Meister von entscheidender Bedeutung. Dieser feste Aufbau der Figuren am Fusse des Kreuzes giebt auch den Schlüssel zum Verständnis des Crucifixus selbst, der auf das Fussbrett gestellt ist und so, gegen den Stamm lenend, auch für die Schwere des Leibes den Rückhalt gewinnt, den der Künstler im Interesse der plastischen Entfaltung statt des Hängens am Holze gesucht hat. Am schwächsten erscheint trotz der statuarischen Haltung der Lieblings-

[1]) Vgl. die Beschreibung des Pisaner Altarwerks von Masaccio bei Vasari, dann das Tabernakel von 1423 in Bremen und den Altar des Gentile da Fabriano in der Akademie zu Florenz aus demselben Jare; aber auch noch späte Provinzialwerke, wie die des Niccolo da Fuligno.

jünger, sowol wegen seiner weichen, vielgeteilten Draperie, als wegen seines weiblichen Wesens in Antlitz und Gebärde. Aber diese Süssigkeit gefülsseliger Trauer entspricht dem frommen elegischen Ton des Schneewunders durchaus, den sanften Jünglingen wie den holden Frauen, die auch dort, wie mitten aus der Gegenwart herausgegriffene Modepuppen gezeigt werden. Es ist die Zeitstimmung, die fast vom Norden her, aus den Tagen deutscher Mystiker, herüber zu klingen scheint, und uns begreiflich macht, weshalb ein Gentile da Fabriano durch die Vorliebe der Kirchenfürsten bei ihrer Rückker vom Kostnitzer Koncil auch in Florenz soviel Erfolg hatte. Es ist die nämliche Stimmung, die im Lebenswerk eines Fra Angelico noch eine so reine und vollwertige Verewigung finden sollte. Dass man noch später einmal den klagenden Johannes des Masaccio mit einer Magdalena verwechseln kann (wie in Empoli), darf uns nicht Wunder nemen. Sein Motiv der aufgestützten Wange finden wir auch in Rom auf der grossen Kreuzigung in S. Clemente wieder und dürfen eben deshalb sicher sein, grade in diesem Johannes noch den alten Bestandteil der Gruppe in ursprünglicher Fassung zu besitzen. Das schmiegsame, wenn auch nicht kleinliche, doch altertümlich anmutende Faltengehänge ist doch nicht allein aus dem gleichzeitigen Vorbild eines Parri Spinelli vollkommen erklärbar, sondern ist auch in absichtlichem Kontrast zur Maria und damit zur Charakteristik des Seelischen gewält, d. h. der Maler selbst ist nicht mehr in dieser Manier befangen, sondern besitzt neben diesem Mittel des Ausdrucks schon andre zu freier Verfügung. Das entspricht durchaus der Entwicklungsstufe, die wir vor uns haben. Den Uebergang bildet das Lendentuch des Gekreuzigten, das nach Johannes zu noch feingerillt ausflattert, sonst aber im Sinne des Plastischen, auf das es hier ankommt, vereinfacht wird. Dem seidenweichen Mantel des Apostels stellt sich vollends der dicke Wollenstoff der Matrone grosszügig und schwer gegenüber. Wie eine dunkle Masse umhüllt Kleid und Ueberwurf, bis auf das feine Linnen über Stirn und Hals, die ganze Gestalt, selbst die gefalteten Hände, und hält so die durchgehende Gebärde, die sich aufreckt im Schmerz, wirkungsvoll und einheitlich zusammen. Wärend aber der Christuskörper und der rotblonde Kopf, dessen Gesichtszüge verletzt sind, wie der hellblonde Johannes mit den Figuren der Hauptbilder dieses Altärchens übereinstimmt, geht Antlitz und Blick der Mater dolorosa schon über die Leistungen hinaus und verkündet eine Sinnesart, die dem jungen Meister nicht als Zeitgeschmack überliefert oder vom Lerer anerzogen ward, sondern aus eigner Walverwandtschaft selber angehört. Wir würden auch sie wol in S. Clemente, nur grösser in dem breiten Wandgemälde, wieder zu finden erwarten, und mögen ausserdem mit Fug und Recht schon hier an die Maria am Grabe in Empoli oder an die Frauen am Lager Tabithas, wie an diese selbst und S. Anna selbdritt oder das Fresko in S. M. Novella erinnern, um den verfolgbaren Zug des Werdenden aufzuweisen.

Nach allen Seiten, die eine verstandesmässige Analyse des kleinen Meisterstücks für Martin V. bloszulegen vermag, verknüpft sich also das Geleistete und das Gewollte mit den umfassenderen Schöpfungen der folgenden Jare, so dass der Zusammenhang dieser Bruchstücke in Neapel und Rom mit dem übrigen Lebenswerk gewiss durch skeptische Einwände gegen Einzelheiten darin nicht wieder zerreissbar erscheint. In den nämlichen Zusammenhang gehört, für die Erkenntnis der gleichen Entwicklungsstufe, noch ein zweites Andachtsbild, das Tabernakel in Bremen [1]).

Die Madonna von 1423

Es ist ein plastisches Problem, wie die sitzende Assunta in Neapel, das der Maler zu lösen unternimmt. Auf dem Fussboden, hinter dessen bunt gemusterter Fläche sogleich der Goldgrund ansteigt, one weiter über die Räumlichkeit zu orientieren, liegt ein grosses Kissen, dessen goldbrokatene Hülle fast eine niedrige Truhe oder einen Schemel mit dünnem Polster vermuten lässt. Auf diesem beliebig hingeschobenen Gegenteil eines Tronstuls hockt eine bescheidene junge Mutter mit ihrem Knäblein, das schon so selbständig seine Glieder braucht, dass es als zweiter organischer Körper hinzutritt. Statt der ruhig tronenden Einzelgestalt in der Himmelfart Marias haben wir jetzt eine lebendig bewegte Gruppe. Zwei menschliche Gestalten, ein schlankes Weib und ein zweijäriges Bübchen, sollen mit Hülfe des stützenden Unterschiebsels so aufgebaut werden, dass sie die schmale spitzbogig abschliessende Bildtafel füllen, deren rechteckiger Hauptteil unten mit gedrehten Säulchen und Kämpfersimsen, deren Bogenfeld oben mit einspringenden Nasen zwischen Halbkreisen eingefasst wird, so dass die horizontale Gränze über den Trägern eingelegt, das Mittellot in einem Verhältnis von 11 : 7 durchschneiden würde.

Die Frauengestalt sitzt, für den Beschauer rechtshin gewendet, fast nur auf dem Rande des niedrigen Polsters und stützt ihr linkes Bein auf den Boden, so dass sich das Knie hoch heraushebt, wärend das rechte Bein unter den Faltenzügen des blauen Mantels völlig

[1]) Vgl. Buch III p. 70 f. Taf. 5a.

verschwindet, also nur lässig herunterhängen oder schräg gelagert sein kann. Wol möglich, dass diese Haltung beliebt und solchem Kissen am Boden gerecht war, wie der Künstler sie nach dem Leben wiedergab. Für die plastische Klarheit des Körpers ist sie doch ungünstig und verrät uns, wie allmählich damals erst das Gefül für die wesentlichsten Bedingungen des Aufbaues wuchs, auch da, wo wir es am ehesten erwarten. Je glücklicher die obere Hälfte durchmotiviert und je sorgsamer die Draperie der untern im Zusammenhang des Ganzen abgewogen ist, desto deutlicher bezeichnet die schwache Stelle das Stadium, wo bei einem so viel behandelten Gegenstand die plastische Durchdringung über die Halbfigur hinauszugehen beginnt und soeben Miene macht, den ganzen Körper als Gesamtorganismus zu erfassen. Mit dem herausgehobenen Knie als Kopf des langen Unterschenkels ist der Stützpunkt für den Knaben gewonnen, der nur mit Zehen des rechten Fusses noch darauf tritt, um an den Hals der Mutter emporzustreben. Sein linkes Bein streckt er ausschreitend in die Luft, so dass die Hand Marias es freundlich fasst, indem ihre Linke zugleich sich schützend auf den Rücken des Kleinen legt. Seine beiden Arme sind zum Hals der Mutter emporgehoben, aber nur den linken bekommen wir zu sehen, wärend das blonde Krausköpfchen, das mit blauen Augen noch einmal umschaut, schon im Begriff ist, die weiche Wange liebkosend zu berüren. Es ist ein dralles, wolgenärtes Bürschlein, das in seinem kurzen feinfaltigen Hemdchen gar lustig schon die nackten Beine braucht. Auf dem Schofse geborgen, unternimmt es den künen Aufstieg wie aus überschäumendem Behagen und erstaunt erst oben bei dem Seitenblick vom unversehens erreichten Standpunkt. Die Mutter hat nur Augen für den Liebling; sie neigt ihr feines Antlitz zärtlich ihm entgegen und senkt die Lider in jungfräulicher Schüchternheit. Das dunkle Manteltuch ist über das Haupt geschlagen und fliesst auf beide Schultern und Arme nieder, um über das Knie gelegt in abwärts hängenden Bogenlinien den ovalen Umriss zu vollenden, in dessen Mitte nur das schlichte hellrote Kleid sichtbar wird, das an der Brust anschliessend auch one Gürtel, in enggerillten Falten den Leib bedeckt. Wie eine keusche Hülle birgt sie ihr Kleinod, das in kindlicher Unbefangenheit sich hervorwagt und in den rundlichen Formen des stämmigen kleinen Körpers auf einmal die naive Freude zur Schau trägt, der so wol ist in der eignen gesunden Fülle und Kraft. Wie die Entdeckung der Bildnerlust mitten im angebeteten Ideal der kirchlichen Frömmigkeit mutet es uns an, wie ein Erstling des Kinderjubels, der durch das ganze Quattrocento seinen Reigen schlingt. Der muntere Hemdling ist der Träger des plastischen

Problems geworden, dessen voller Lösung die verschleierte Frauengestalt, wie ein unberürtes Geheimnis, noch unübersteigliche Schwierigkeiten bereitete. Ihre langgestreckten Gliedmafsen bezeugen nur, dass hier noch mit der ererbten Gliederpuppe von gotischen Proportionen gearbeitet wird, nicht mit dem ungescheuten Anblick der Natur oder gar geläufiger Kenntnis des weiblichen Körpers in jeder Haltung. Fast will es scheinen, als erröte die zarte junge Frau noch selbst vor dem Ansinnen des Malers, den entzückenden Anblick des halbnackten Kindes auf sein Andachtsbild zu bringen Und war es keine Verwegenheit mehr, diese ausgesprochene Freude an der wolgebildeten Kreatur vor die Augen der frommen Gemeinde zu stellen? — Dann war die Wiedergeburt des ganzen Menschen in leiblicher Vollkommenheit ein für alle Mal inauguriert.

Mit sichtlichem Behagen sind auch die nackten Teile der Madonna, die Hände und der Kopf, sorgfältig durchgearbeitet nach bestem Wissen des Malers von damals; aber sie bleiben auch so in den Gränzen des geläufigen Besitzes, dem wir auf dem Altärchen Martins V. begegnet sind. Nur der Mafsftab ist vergrössert, sonst erkennen wir alle Einzelheiten getreulich wieder.

In dem nämlichen Sinne, wie das frische Knäblein und seine verschämte Mutter in ihrem Glück, wird droben am Giebelfeld des Tabernakels das Antlitz des Erlösers als Idealbild des ebenmässig schönen Mannes gegeben, nicht bleich und leidend im furchtbaren Weh auf dem Todesgang, wie der Abdruck auf dem Tuch der Veronika, sondern als wahres Ebenbild Gottes, wie Adam vor dem Sündenfall, in stralender Lebenswärme und voller Farbenglut, zum Ausweis des ewigen Wertes, der jedem Menschenfon mit dem leibhaftigen Dasein verliehen wird. Auch das ist ein unverholenes, wenn auch absichtsloses Bekenntnis der Renaissance. Formal gehört dieser völlig symmetrisch in Vorderansicht gezeichnete Kopf natürlich als sorgsame Redaktion des Normalmenschen, die Masaccio damals, frei von allen abwandelnden Beziehungen und einschränkenden Bedingungen, zu geben weiss, in die oben betrachtete Reihe der Christusbilder, die auf die grossartigste Leistung in der Brancaccikapelle vorbereiten. Er schliesst sich am nächsten einerseits dem Gottesfon auf dem Schneewunder für S. M. Maggiore, andrerseits dem Veronikatuch auf dem Fresko in Empoli an.

Bis auf den Sprung, der das Rundbild im Giebel leider mitten durchgespalten hat, sind die gemalten Teile des Tabernakels so wolerhalten wie sie nur sein können. Zumal das Hauptbild darf deshalb für die ursprüngliche Beschaffenheit auch des Altärchens aus S. M. Maggiore in Rom als Zeugnis entscheidender Art betrachtet werden. Nur das hellrote Kleid und der blaue Mantel, der besonders in den Schatten einen Stich ins Grünbraune bekommen hat, sind stumpf geworden. Die Temperafarben sind nicht wieder gefirnisst. Die Karnation ist von ausserordentlicher Frische und Feinheit, hell mit rosigem Hauch, der im grossen Christuskopf zu kräftiger Blutwärme gesteigert wird. Auf Goldschmuck ist an den Gestalten selbst, bis auf leichte Gewandsäume, ganz verzichtet; nur das rotgoldene Brokatgewebe mit schwarzem Muster darüber zeigt, dass der florentinische Meister die Künste Gentiles wol auch versteht, aber absichtlich in den Hintergrund schiebt. Ihm ist die reine Idealität der jungfräulichen Mutter an sich zu wertvoll, um sie mit köstlicher Kleinarbeit materiellen Wertes zu beladen. Deshalb wält er auch in den Farben nur die einfachen Mittel, die das Auge nicht zerstreuen und für sich ergötzen, wendet aber auf die Ausfürung durchweg die hingebendste Sauberkeit und Sorgfalt.

In der Grundstimmung freilich berürt er sich mit Gentile, so meint man, ganz nah. Da jedoch das Tabernakel in Bremen die Jareszal 1423 trägt, wie Gentiles berümte Anbetung der Könige zu Florenz, die kaum selbst in Betracht kommen kann, so ergiebt sich gradezu die Aufforderung, die verwandten Madonnenbilder des fremden Malers zu vergleichen. Und zwar in erster Linie das frühe Täfelchen im Museo Civico zu Pisa, aus dem Spital, dann das Mittelstück des Quaratesi-Altares, das nach Amerika verschlagen ist, und das wichtige, durch spätern Zusatz beeinträchtigte Fresko im Dom von Orvieto. In Pisa begegnet uns Gentile noch ganz so, wie er aus Oberitalien gekommen sein muss. Durchaus venezianisch sind die kostbaren Stoffe, die er ausbreitet, der Teppich an der Wand hinter Maria, das Kissen auf dem sie sitzt, am Boden, und das perlengestickte Tuch, auf ihrem Schofs, als Unterlage für das nackte Kind, deren orientalische Buchstaben im Rande sogar am Heiligenschein der Mutter verwertet sind. Diese Mutter aber, in reich besetztem Mantel, der über den Kopf gezogen und über der Brust geschlossen, den geschlängelten Lauf aller Ränder mit lateinischen Sprüchen in gotischer Minuskel begleitet, — sie neigt ihr Haupt in Andacht und kreuzt die Arme über die Brust in tiefster Devotion vor ihrem Knaben. Die Altartafel für die Quaratesi von 1425 zeigte zwischen den stehenden Heiligenfiguren, die jetzt in den Uffizien sind, ursprünglich in S. Niccolò oltr' Arno die tronende Madonna mit dem stehenden Kinde. Das Fresko im Dom von Orvieto, das darauf folgt, — nachdem das grosse Prachtstück in Siena für uns verloren ist — bringt wieder die Himmelskönigin auf hohem Tron und ganz von vorn gesehen. Das Manteltuch über dem Kopf ist zurückgeschlagen, nur ein dünner

Schleier über den Scheitel gebreitet. Der Knabe in prächtigem Kittel, ein Mäntelchen um die nackten Beine, von der Mutter gehalten, steigt auf ihr rechtes Knie und erteilt den Segen, indem er mit breitem Lächeln, wie Maria in ernster Milde, zur betenden Gemeinde hinaus schaut. Nur das spielerische Motiv, dass der derbe Bub beim Hinaufsteigen noch nach dem kleinen Finger der Linken Marias greift, um einen Halt zu gewinnen, und so die Hand, die sein Mäntelchen fasst, herumdreht, — giebt dem Auftreten des Kleinen in altkluger Machtvollkommenheit einen genrehaften Zug, der den lachenden Ausdruck und die eifrige Bewegung fast ans Burleske drängt [1]).

Die beiden tronenden Madonnen Gentiles für Florenz und Orvieto zeigen also ein merkwürdiges Eindringen weltlicher Auffassung bei dem Umbrer, der Mutter und Kind noch in Pisa, wo sie ganz allein miteinander sind, durch die Betonung des Unterschiedes zwischen Gottesſon und Gottesmagd so widernatürlich von einander scheidet. Zwei Jare früher entstanden, als der Altar der Quaretesi in S. Niccolò oltr' Arno, stellt sich Masaccios Madonna von 1423 mitten dazwischen und bedeutet somit durch die rein menschliche Auffassung des eigentlichen Motives, wie durch die natürliche Innigkeit des Verhältnisses zwischen Mutter und Kind, eine künstlerische Tat im Sinne der ganzen grossen Bewegung. Gentiles Gemisch von hieratischem und genrehaftem Wesen erscheint im Vergleich damit nur als vorbereitende Plänkelei. Hier bei Masaccio geschieht ein entscheidender Griff an den Kern der Aufgabe selbst. Der fremde Meister trägt nur Einzelheiten aus der bunten lachenden Welt umher zusammen, Kostbarkeiten von Menschenhand aus der Ferne oder Blumen und Getier aus der Natur daheim, und häuft sie als Huldigungen um die göttlichen Wesen. Er behängt damit die Auserwälte des Himmels wie ein funkelndes Gehäuse, das unantastbare Gefäſs für das höchste Gut; er weckt in dem kleinen Gottesſon die Kinderfreude an Spielzeug und Gaben aller Art, so dass „die Weisheit des Vaters auf dem Schoſs der Mutter" sich der Tändelei hingiebt und gar lustig segnet, wo man Herrgöttle spielt. Masaccio wagt, ob schüchtern und befangen, oder errötend, den Schritt ins Allerheiligste der Natur und schaut in ihrem seligsten Geheimnis das Göttliche, das keiner Goldkäferpracht und keiner Zauberformel, keiner Opfergaben und im Grunde auch keines Heiligenscheines bedarf, um Verehrung zu finden durch sich selbst allein. In aller Unschuld

[1]) Als frühere Vorstufe dieser beiden tronenden Madonnen Gentiles erscheint ein Freskofragment in der Pinakothek von Arezzo mit zwei opfernden Magiern in kleinem Maſsſtab vor den Knien, — Jacopo da Casentino genannt (Phot. Alinari 9963.).

und Einfalt erschliesst sich ihm — noch knospenhaft wie im ersten Frühling hier — in dem jungen Weibe mit dem Sprössling auf den Knieen der ewige Wert des Daseins, den die Kunst als höchste Gabe uns erneuen kann.

Die Katharinenlegende in S. Clemente

Durch die Vergrösserung des Figurenmafses im Tabernakel zu Bremen gewinnen wir einen begreiflichen Uebergang zwischen dem Altärchen Martins V auf der einen und den Wandgemälden in S. Clemente auf der andern Seite. Die Gestalt Marias und der Kopf des Erlösers geben uns erst eine Vorstellung, wie weit der Maler seinen Stil schon im Tafelbild zu verbreitern im Stande war, one mit der Zeichnung seiner Formen in unzulängliche Lerheit zu verfallen, oder mit seiner Draperie die schwachen Stellen der Körperdarstellung nicht befriedigend mehr zudecken zu können. Als Belebung einer grösseren Fläche für das Auge mit Hülfe nur einer ausgewachsenen Gestalt, verdient die Leistung schon volle Aufmerksamkeit, wenn wir von Malern etwa Masolino und Fra Angelico bis zu diesen Jaren, von Bildnern etwa Ghiberti und den Meister der Pellegrinikapelle vergleichen. Mit den unfertigen Mitteln seiner plastischen Formensprache und seiner malerischen Draperie erreicht Masaccio doch schon eine geschlossene Gesamtwirkung in wolabgewogenem Umriss, der sich mit architektonischer Strenge in das Schema der gotischen Fiale einordnet und zugleich mit dem Spitzbogen über den seitlichen Stützen, d. h. mit dem Aufbau des ganzen Tabernakels auseinandersetzt. Das sind Eigenschaften, die dem Freskomaler vorzüglich zu Statten kommen. Nemen wir dazu die verschiedene Behandlung der nämlichen Bildfläche auf beiden Seiten des Triptychons für S. M. Maggiore in Rom, der einheitlich emporwachsenden Himmelfart hier und der scharfgeteilten Wunderscene auf dem Esquilin dort, so haben wir bereits verschiedene Wege seines Verfarens beisammen, die ihn von andern Zeitgenossen auch in der Bewältigung ganzer Wände und in der Gesamtdisposition des Bilderschmuckes für einen ganzen Innenraum unterscheiden müssen.

So trifft ihn der Auftrag des Kardinals Branda Castiglione, die Kapelle auszumalen, die er in seiner Titelkirche S. Clemente, am Ende des einen Seitenschiffes hatte einbauen lassen, als er bei der Rückker der Kurie nach Rom die alte Basilika in baufälligem, den Einsturz drohendem Zustand wiedersah und die anstofsende Wonung des Titulars für sich in Bezitz nam. Auf den vier Kappen des Kreuzgewölbes sollten die vier Kirchenväter und die vier Evangelisten paarweis einander gegenüber sitzen. Von den drei Wänden waren nur zwei vollwertig, die dritte rechts vom Besucher war mit einem gotischen Fenster durchbrochen, das an der Langseite der Kirche, von der Strasse zwischen Colosseum und Lateran her, direktes Licht einfallen liess, wärend der Eingangsbogen, quer in das Seitenschiff eingespannt, nur durch ein Eisengitter geschlossen, der Helligkeit des Langhauses mehr oder minder gedämpft ins Innere der Kapelle zu dringen erlaubte. Die Schlusswand hinter dem Altar sollte der Passion Christi am Kreuz eingeräumt werden, nach der die Kapelle benannt ward, wie die Hauskapelle des Kardinals Branda in Castiglione d' Olona. Die Fensterwand fiel dem Leben des hl. Ambrosius zu, des Patrons der Mailänder Diöcese, zu der nicht allein der Geburtsort des Stifters, sondern auch sein einstiges Bistum Piacenza gehörte, nach dem er noch immer Cardinalis Placentinus bezeichnet ward. Die Vollmauer gegenüber, durch das Licht besonders begünstigt, sollte mit den Geschichten der hl. Katharina von Alexandrien, der Braut Christi gefüllt werden, deren Kultus auch die Krypta der Kollegiatkirche in Castiglione geweiht ward, one Zweifel aus keinem andern Grunde, als weil der Kardinal Branda persönlich zu ihr besondere Verehrung trug und sie vielleicht von früh an zu seiner Schutzheiligen erkoren hatte. An der Stirnseite des Eingangs haben Maria und Gabriel bei der Verkündigung Platz gefunden, wie in Castiglione, in den Vierpässen der Laibung des Bogens darunter die Brustbilder der zwölf Apostel, und links am Pfeiler war noch ein hohes Wandstück breit genug, die Riesengestalt des hl. Christophorus aufzunemen, wärend der Pfeiler rechts für ein figürliches Gegenstück zu schmal erschien, so dass nur die gemalte Wandvertäfelung mit farbigen Marmorplatten herumgefürt werden konnte.

Dies umfassende Programm des bildlichen Schmuckes hat der Auftraggeber dem Maler gewiss vorgeschrieben, und die Disposition von Reihen erzälender Darstellungen in mehreren Streifen zu beiden Seiten des Hauptbildes über dem Altar im Anschluss an Beispiele gedacht, die ihm aus seiner oberitalienischen Heimat bekannt waren [1]). Der junge Meister fand sich selbst im Widerspruch zu der „gotischen" Architektur oder hat doch im Anschluss daran sein Möglichstes getan, den Eindruck des Innenraumes nach Maſsgabe seiner klassischen Studien umzugestalten. Die Hauptsache, die er als Eigenstes mit-

[1]) Wir werden heute von erhaltenen Kapellen zunächst an die des Apostels Jakobus (S. Felice) im Santo zu Padua oder des hl. Georg daneben erinnert; aber auch das Johanneskirchlein in Urbino hat die Kreuzigung an der Schmalseite.

2*

bringt und hervorgerufen hat für jeden Besucher, bleibt aber das Neue, das über Beides hinausgeht: die konsequente räumliche Auffassung und realistisch im Sinne der perspektivischen Kunst durchgefürte Umdichtung des Innern, mit der hier zum ersten Mal, im Gegensatz zur mittelalterlichen Gewonheit, Ernst gemacht wird. Die annähernd quadratische Grundform der Kapelle, die nicht zwei Langwände für ausfürlich und gleichmässig fortlaufende Bilderreihen darbot, hat gewiss schon dazu beigetragen, die strengere Koncentration der Erzälung zu versuchen. Was die Breite der Mauer nicht hergeben konnte, das mochte die perspektivisch ertäuschte Tiefendimension ersetzen. Damit ist die erste Arbeit bezeichnet, auf die es vor allen Dingen ankam. So erklärt es sich rein praktisch, wenn mit der Katharinenlegende an der normalen Vollmauer begonnen wurde. Hier ist auch der primitivste Charakter seines Schaffens unverkennbar und der engste Zusammenhang mit den vorher besprochenen Werken vorhanden [1].

Gegenüber der behaglichen Schilderung, mit der sein unmittelbarer Vorgänger Spinello Aretino in Antella bei Florenz eine ganze Kapelle gefüllt hatte, werden hier nur die Hauptmomente herausgegriffen. Ihre Zal beläuft sich auch so noch auf sechs oder sieben, die ursprünglich gleichberechtigt neben einander gestellt sein mochten, im Bogenfeld und Wandstreifen darunter jedoch keinen Platz fanden. So wurde die Verbrennung der bekerten Philosophen, als Bild im Bilde, durch eine Wandöffnung in der Disputation gezeigt, gleichsam als Perspektive in die Folgen dieses Auftritts der Hauptscene selber einverleibt. Oben dagegen sind Bekerung und Enthauptung der Königin gleichwertig neben einander in einen Ramen gebracht, wärend die Erzälung der Legende zwischen diese beiden Momente das Radwunder einschaltet, bei dem die Königin gegenwärtig war. Hier ist also ein Kompromiss mit der frühern Weise, die Masolino ruhig beibehält, übrig geblieben; dafür aber, wie es scheint, die Königin auf dem Balkon neben dem Herrscher selbst durch eine gleichgiltige Person ersetzt worden. So können die Bilder nun von links nach rechts, erst oben dann unten „gelesen" werden one Anstofs, wärend die Folge ursprünglich von oben nach unten alternierend vom Eintritt gegen den Altar durch die ganze Wand fortschreiten sollte. Daran musste hier wieder erinnert werden, um die bewusste Klarheit in der Bewältigung der Aufgabe, die wolberechnete Abwechslung in der Darstellung des Schauplatzes aufzuzeigen. Oben eröffnet sich der Einblick in das kassettierte Kuppelgewölbe eines

[1] Vgl. hierzu Buch IV, 11. u. Taf. 4. 5. Details in dieser Lieferung.

römischen Tempels, unten in das flachgedeckte Sitzungszimmer des Kaiserpalastes mit seiner farbigen Marmortäfelung nach antikem Vorbild. Oben blicken wir in die Strassenflucht, an deren Ecke der Kerker Katharinens sich befindet, vor dem die Königin draussen unter dem Fenster sitzt, — gewiss nur, weil der schmale Streifen in Hochformat keine andre Entfaltung der Scene gestattete, one die Grösse und Ausdrucksfähigkeit der Figuren zu gefärden, aber auch ebenso gewiss, weil neben dem Innenraum des ersten Bildes hier Aussenarchitektur gezeigt werden sollte. Unten folgt auf diesen engen Prospekt an der Häuserreihe hin als Schauplatz des Radwunders dagegen der grade Einblick in den Palasthof, als ruhiges Mittelstück der ganzen Reihe, mit seinen Senkrechten und Wagerechten in normaler Lage, zugleich als konstitutiver Faktor der räumlichen Orientierung für die Bilderreihe der ganzen Wand. Endlich steht der Hinrichtung der Königin vor der Kerkertür, an einer möglichst unbezeichneten Ecke, fast wie ein Mord im verborgenen Winkel droben, d. h. einer Episode, die nur durch ihre ursächliche Verbindung mit Katharinens Ueberzeugungskraft Bedeutung erhält, — die Enthauptung der Heiligen selber gegenüber, die drunten im Freien, draussen in der Weite des offenen Feldes, mit militärischem Aufgebot vor den Augen des Volkes, als Vollstreckung des kaiserlichen Richterspruches in Scene gesetzt ist, und in die Bergung des heiligen Leichnams durch Engel auf dem Berge Sinai ausläuft, d. h. wieder einen folgenden Moment hinzugreift, wie das erste Bild derselben Reihe, — hier aber, mit dem Ausblick in die Ferne, den versönenden Schlufs des Ganzen, in räumlicher Weite ausklingt bis über die Fermate. Bei aller Sparsamkeit und Gedrängtheit der schmalen Bilder, die der Wunsch des Stifters aufgenötigt hat, offenbart diese Wand schon eine Folgerichtigkeit und Freiheit der Raumkunst, die bei grösseren Abmessungen sich gewiss noch meisterlicher entfaltet hätten. Ein Bünenraum steht hier, in seiner konsequenten Schärfe für den bestimmten Standpunkt aufgerissen, zu nah neben dem andern, der denselben Anspruch erhebt. Das Felen neutraler Intervalle oder architektonischer Zwischenglieder wird störend fülbar; aber die Ansätze dazu in den Ecken unter den Gewölbkonsolen verraten auch, dass der Maler nur in der Zwangslage darauf verzichtet, sich auf dünne Ornamentstreifen beschränkt hat, weil zu viel Momente der Erzälung von ihm verlangt wurden.

Fassen wir darnach seine Kunst als Erzäler selbst ins Auge, so überrascht vielleicht grade neben der Strenge der Konstruktion und der Bestimmtheit der Architekturprospekte die schlichte anspruchslose Art des Vortrags, die Reinheit und Einfalt der Sinnesweise, die durch die ganze Reihe geht. Wärend Spinello Aretino in Antella das Auftreten Katharinas gegen den Götzendienst zu einem öffentlichen Aergernifs erweitert, wo der pomphafte Opferzug zum Tempel unterbrochen wird und ein Volksauflauf den Sinn ihrer reinen Absicht verwirrt, verlegt Masaccio den Vorgang in das Innere des Heiligtum selbst und beschränkt ihn auf wenige Personen, um ihn psychologisch tiefer zu fassen. Eigentlich hat die Heilige es nur mit dem Kaiser selbst zu tun. Auf ihn allein tritt sie zu in dem Augenblick, wo er sich in Andacht dem Altar des Götzenbildes nähert. Alle Uebrigen sind nur Begleiter: die beiden Pagen, die Fürstenhut und Handschuhe des Gebieters tragen, der Tubabläser und ein Flötenspieler, die ihm folgen, aber schon hinter der Säule oder dem Bildrand verschwinden, dann die Räte oder Hofbeamten, die dem Manwort der Heiligen lauschen. Auf der andern Seite hinter dem Altar noch einige Beter, die zur Statue des Gottes empor oder zu dem Zwischenfall hinüber blicken. Das ist Alles; d. h. die Gebärde Katharinas und die des Kaisers müssten uns die Hauptsache vermitteln, um die es sich zwischen ihnen handelt. Katharina erhebt die Linke zum Idol empor und blickt dem Herrscher ins Gesicht, indem sie die Rechte senkt, kaum schon deutend gegen den Boden. Der Kaiser verharrt in der andächtigen Haltung, als sei er noch taub für ihre Worte. Und was sagt sie? — können wir es erraten aus diesem Mienenspiel? — Schwerlich, wir könnten sogar meinen, sie weise ihn zu dieser Frömmigkeit der Heiden an; denn die Statue steht aufrecht auf ihrer Säule, kein Anzeichen verkündet ihren Fall, mit dem sich andre Künstler geholfen haben. Nur der Heiligenschein widerstreitet dieser Auffassung der Scene, die sonst an Salomos Götzendienst erinnert. Es ist Alles vorbereitet; nur die milde Tonart, der weiche Fluss der Gebärden, die er überkommen hat, lässt den entscheidenden Accent an der rechten Stelle noch nicht treffen. Es ist genau das Entwicklungsstadium, das wir nach dem Schneewunder erwarten müssen, und auf dem Sündenfall der Brancaccikapelle wiederfinden. Ueber die Schilderung Martins V. und seiner Kardinäle bei der feierlichen Ceremonie der Grundrisszeichnung auf beschneitem Boden geht indess das hier Geleistete nach andern Seiten schon hinaus: eben durch die geistige Koncentration der Gesamtanlage zu einem intimen Auftritt zwischen wenigen Personen, der sich fülbar genug auf einen Moment zuspitzt, für den nur der sprechende Ausdruck noch versagt; andrerseits durch die räumlich-körperliche Koncentration unter annähernd gleiche Bedingungen für alle Figuren, die sich in einem Hauptzuge für die Reliefanschauung ordnen und so die Mitte für die Begegnung der beiden

Träger der Handlung hergeben. In dieser plastischen Behandlung der Körper, deren jeder sich an seinem Platz behauptet und als Raumwert zum Aufbau des Ganzen mitwirkt, liegt in Verbindung mit der perspektivischen Raumdarstellung selber der wichtigste Teil der Arbeit, durch die diesem Bilde seine bestimmte Stelle im künstlerischen Fortschritt des Malers angewiesen wird. Rechts schiebt der polygone Untersatz, der nach Art eines Lesepults im Chore gedacht, aber mit einem antiken Säulchen für die nackte Götterfigur darauf besetzt ist, die Personen dahinter in die Tiefe zurück, so dass nur Katharina an der Ecke dieses Altars in ganzer Gestalt hervortritt. Links übernimmt die nämliche Rolle der schräg vom Rücken gesehene, in verlorenem Profil nach innen gekerte junge Mann in elegantem Zeitkostüm, dessen rundabstehender Rockschofs und weite Sackärmel nicht wenig dazu beitragen sein Volumen zu verstärken, — ein augenfälliger Zweck, dem sogar die aufgereihten Harlocken am Hinterkopf, die dienstfertig vorgestreckte Rechte mit den Handschuhen des Kaisers ebenso entsprechen, wie die Haltung des zweiten, von vorn gesehenen Pagen mit dem Fürstenhut in beiden Händen, ihm gegenüber, und der hinzutretende Tubabläser, dessen Instrument über die Köpfe beider hinweg, sich schräg emporstreckt, so dass es für den ganzen Zug des Herrschers mit seinem Gefolge die Richtung anzeigt. Nicht allein Vittore Pisanello hat von diesen raumschaffenden Kostümfiguren begreiflicher Weise Kenntnis genommen, als er einige Jare später nach Rom kam, sondern auch Gentile da Fabriano dürfte schon bemerkt haben, dass mit ihnen etwas geleistet war, das er zur selben Zeit in der Anbetung der Könige für Palla Strozzi noch nicht erreicht hatte. Der Florentiner Benozzo Gozzoli erst besafs die mathematische Vorbildung, um sie, seitdem ihn Fra Giovanni da Fiesole als Gehilfen bei seinen Malereien für Eugen IV. mitgenommen, dann weidlich auszubeuten, sei es noch bei seinem Anteil an der Kapelle Nikolaus' V., sei es als Meister in der Kapelle der Medici zu Florenz oder im Camposanto zu Pisa.

Mit dem Altärchen für Martin V. und dem Tabernakel von 1423 verbinden sich sonst die Figuren dieses ersten Wandgemäldes auch als Weiterbildungen der nämlichen Idealtypen oder Bildnisköpfe, der nämlichen Haltungen und Drehungen bis in die verkürzte Ansicht der Aufblickenden, der nämlichen Handbewegungen und Beinstellungen, nur überall in vollerer Rundung und plastischer Bestimmtheit. Das Antlitz Katharinas besonders erscheint in durchaus schwesterlichem Verhältnis zur Madonna von Bremen und zum Christuskopf am Giebel. Und dieser Vergleich giebt auch den Anlass, einen andern Fortschritt des Meisters zu verfolgen: nämlich in der Behandlung der Augen und des Blickes. In den Erstlingswerken begegnen wir fast überall gesenkten Lidern, unter denen die Pupille nur in seitlicher Drehung hervorlugt; sowie die Augäpfel grade nach vorn blicken, wird die Schwere des Oberlides fülbar, die Oeffnungen scheinen zu eng geschlitzt, um freies Aufschauen zu gestatten, wie z. B. bei der Assunta oder beim Christus über der Schneewolke. Am Tabernakel in Bremen sind die Augensterne des Erlösers schon gross, auf dem Wandbild in S. Clemente beherrscht der stralende Blick der Katharina schon mit voller Ueberlegenheit den verblendeten Götzendiener im Fürstenrock, dem sie als zarte schlichte Jungfrau, nicht einmal als Königstochter angetan, entgegen zu treten wagt.

Diese Errungenschaft wird dann weiter verwertet auf dem folgenden Bilde, bei der Zwiesprach zwischen Katharina und der Kaiserin. Mehr empfangend nur, still aufhorchend verhält sich die Fürstin mit Schleiertuch und Krone, die in kostbarem Kleide, auf gepolstertem Stul, doch so bescheiden draussen auf der Strasse sitzt, als würde sie im Dunkel der Nacht von niemand gesehen. Ihr Kopf gleicht, soweit es im scharfen Profil nur möglich ist, dem Marias im Glorienschein über dem Schneewunder und in der Himmelfart. Die lerende Katharina dagegen ist voller und grösser gebildet, die emporweisend erhobene Rechte gewinnt bereits sprechende Lebendigkeit, trotz der herkömmlichen kleinen und zartfingrigen Bildung, und wird darin vom Aufstützen der Linken auf die Fensterbank mit beachtenswerter Sicherheit unterstützt. Die Hauptsache leistet aber auch hier das weit geöffnete Auge des Profilkopfes, von dem eine geistige Kraft ausgeht, wie sie noch Fra Angelico nicht intensiver zu geben gelernt hat, nachdem ihm diese Gemeinschaft der beiden weiblichen Wesen von Masaccios Hand einen nachweisbaren und bleibenden Eindruck gemacht. Unglücklich bleibt noch der enthauptete Frauenkörper, der auf beide Elbogen vorn über gesunken ist, wie der Streich des Schwertes die Knieende getroffen, mit gefalteten Händen im Gebet. Aber resoluten Sinn, den selben Moment auch im ersten Aufstofsen des abgeschlagenen Kopfes auf den Boden wiederzugeben, bekundet auch dieses Stück. Die Hauptsache freilich bleibt die Figur des Henkers, der das Schwert soeben wieder in die Scheide fürt. Er ist durchaus etwas für sich, und bietet gewiss das Ergebnis eifriger Studien nach einem Söldner in solcher Tätigkeit dar. Gerade deshalb aber erschien es bemerkenswert, dass die langgestreckten Proportionen dieser Figur noch der Tradition der Trecentisten in Florenz angehören, und dass der Volksstamm, dem das Modell angehört, viel eher am Arno als am

Tiber gesucht werden dürfe. Als Vorstufe mag hier noch auf eine Zeichnung der Uffizien verwiesen werden: sie stellt einen jungen Mann von ganz der nämlichen schlanken Statur und fast der gleichen, nur etwas nachlässiger gehaltenen Tracht vor, mit einem langen Stab im einen Arm, wärend der andre abwärts gestreckt mit einer Handbewegung den eben dahin gerichteten Blick begleitet; zu seinen Füssen liegt ein schlafender Hund Die Zeichnung ist flüchtig, aber eben deshalb wol nach der Natur gemacht, nicht one Schwächen und Schiefheiten. Die überlieferte Benennung als „Masolino" wäre nicht unglaubhaft, eben wegen dieses weichen Wesens und erinnert wol an Hirtenfiguren auf dem Hintergrund seiner Geburt und Anbetung am Chorgewölbe der Collegiata zu Castiglione. Dennoch ist ihre Uebereinstimmung mit dem Scharfrichter der Königin in S. Clemente zu Rom so stark, dass der Name Masaccio für die letztere Arbeit auch wol die erstere (Uffizien, Cornice 95 Nr. 393) nach sich zieht Zu diesem Standpunkte der künstlerischen Entwicklung, wie wir ihn soeben charakterisieren, passt auch diese Studie nach dem Leben; wenn die Kenntnis des menschlichen Körpers noch nicht geläufig genug ist, um scharf und bestimmt, die entscheidenden Stellen zu treffen, so überrascht doch die Natürlichkeit des schlafenden Hundes, der alle Viere von sich streckt, gewiss neben den kindlichen Zeichnungen der Schafe, des Oechsleins und des Esels, die wir sonst auf Bildern dieser Uebergangszeit zu sehen bekommen.

Ganz auf den geistigen Ausdruck stellt sich dagegen wieder das erste Bild der unteren Reihe, wo Katharina unter dem Vorsitz des Kaisers mit den Philosophen disputiert. Nicht auf die Schwelle nur der hochgelarten Versammlung darf sie treten, wie bei Spinello Aretino, sondern mitten hinein, zwischen die Reihen rechts und links der lauschenden Männer und Greise, wie Franciscus, der vor dem Papste predigt in Assisi. Einem Konsistorium der Kardinäle gleicht auch die Gesellschaft dieser heidnischen Schriftgelerten, deren erster in Pelzkragen und Käppchen uns bildnismässig anmutet, als wäre es Niemand anders als der Stifter der Kapelle, der Kardinal Branda Castiglione selber. Wenn Masolinos Porträt an der Decke zu Castiglione auch nicht ausreicht, die Identität der Person zu erweisen, und ein zweites im Baptisterium zu zerstört ist, ein drittes im letzten Bilde, an der Tafel des Herodes nur den Hochbetagten wiedergiebt, so genügt doch der Hinweis auf die Gründung von S. M. Maggiore mit dem Bildnis Martins V. und seiner Kardinäle, um den Sachverhalt völlig glaubhaft zu machen. Die künstlerische Aufgabe freilich lag nicht sowol in der Anbringung dieses sprechenden Bildniskopfes, sondern, wie gesagt, im Ausdruck gespannter Aufmerksamkeit und mannichfacher Wirkung der gehörten Worte bei allen Anwesenden. Und hier versucht der Maler in der Tat sein Möglichstes zu tun, um Abwechslung in den Charakter und die Haltung der Köpfe zu bringen, die ihrerseits wieder ganz zweifellos die Herkunft von den Zuschauern des Schneewunders ebenso bezeugen wie den Fortschritt des Meisters in der Durchbildung des Einzelnen. Das Gleiche darf von dem Spiel der Hände gesagt werden, um so mehr als es auch hier nicht möglich war, über den Ausdruck noch schwebender Stimmungen hinaus zu gehen und den letzten Erfolg der Rede Katharinas, die schlagende Beweiskraft der Gründe, die sie beibringt, durch die Bekerung sämtlicher Weisen zum Christentum vor Augen zu stellen. Es bleibt ein Situationsbild, und das Ereignis erfaren wir nur sozusagen zwischen Tür und Angel, zwischen der Hauptscene und dem folgenden Situationsbild, dem Flammentod der bekerten Philosophen, der uns durchs Fenster gezeigt wird. Das liegt am Gegenstande selber, den man dem Maler aufgetragen. Für den Wert seiner Leistung aber innerhalb ihrer Zeit zeugt nichts so stark wie die Wiederholung seiner Komposition mit leisem Wandel für alle verwandten Scenen wärend des ganzen Quattrocento bis zu Signorellis Ausgiessung des hl. Geistes in Urbino und Pinturicchios Wandgemälde aus dem Leben Pius II. in Siena.

Dem Künstler selbst dagegen scheint solches Thema one Handlung wie eine Geduldsprobe erschienen zu sein; denn er atmet sichtlich auf, als der misglückte Versuch, Katharina durch Räder zu zerreissen, für das folgende Bild an die Reihe kam. Da gilt es physische Tätigkeit der Henkersknechte im Kontrast zu der seelenreinen Ergebenheit der Heiligen zu zeigen, dann die Bestürzung und Bestrafung der Anstifter, denen die zerbrochenen Stücke an den Kopf fliegen, da das blitzschnelle Herabfaren des Engels, der die Räder zersplittert, wärend droben vom Söller des Palastes der enttäuschte Tyrann den Erfolg seiner Höllenmaschine ins Gegenteil umschlagen sieht. „Sta Caterina delle ruote" ist denn auch hier zum Hauptstück der ganzen Reihe gediehen. Die beiden wuchtigen Kerle, die mit nackten oder engbekleideten Beinen, der Eine von vorn, der Andre von hinten gesehen, die schräg gestellten Räder in Umschwung setzen, sind die bedeutendsten Fortschritte in der plastischen Darstellung menschlicher Gestalten und gewagter Verkürzung, die damals in Rom erreicht werden. Sie bereiten den berümten Zolleinnemer in der Brancaccikapelle so deutlich vor, dass man meinen könnte, sie müssten zeitlich unmittelbar vorangegangen sein. Nur die sonstigen Bestandteile des Bildes, die ideale Einfalt der Jungfrau in der Mitte, die altertümliche Bildung des Engels, der nur bis an den Gürtel noch Körper besitzt, wärend das lange Gewand wie ein Blumenkelch one jede Andeutung fester Form darüber steht, und die Wiederholung wolbekannter Handbewegungen beim Kaiser oder den Zuschauern, verbieton eine so nahe Verbindung mit dem Meisterwerk in Florenz, dessen Zeit als Ganzes doch noch nicht gekommen war. Dagegen wäre es aus den selben Gründen garnicht unmöglich, dass zwischen der Disputation Katharinas und der Vollendung des Radwunders ein Zwischenraum mit andern Arbeiten angefüllt war, die mannichfaltige Uebung und neuen Ansporn brachten. Die Hauptzüge der Komposition konnten deshalb doch die nämlichen bleiben, wie sie ursprünglich entworfen und vom Auftraggeber gebilligt waren. Das Gelingen des Einzelnen aber beruht auf Errungenschaften, die auch für gewollte Kontraste fast zu weit über das ruhig wachsende Besitztum hinausgehen. Dieses Neue jedoch bestimmt fast vollständig schon den Charakter des folgenden Bildes, des letzten in der Reihe, mit der Enthauptung der Heiligen. Der Scharfrichter der im vollen Zuge des Ausholens mit dem Schwert zum entscheidenden Hieb dargestellt ist, zeigt uns das nämliche Modell wie die Raddreher, eine untersetzte, gedrungene Römerfigur, recht im Gegensatz zu dem langen Gesellen droben. Gross und klein steht in der Reihe der Soldaten beisammen, die das Publikum von der Richtstätte absperren. Mit den langen Setzschilden auf dem linken Arm „halten sie den Daumen" in der Faust und folgen mit den Blicken bald dem wuchtigen Schlag des Henkers oder dem frommen Gebaren der Jungfrau, die demütig ihren Nacken darbietet, wärend sie betend die Hände zusammenlegt. Starres Entsetzen, stiere Neugier, gerürte Teilname an ihrem Schicksal blickt zwischen den behelmten Köpfen herüber, bis zu einem Versuch, die Mauer von Kriegsknechten zu durchbrechen, der indess die straffe Spannung nicht stört. Droben auf der Höhe des Berges stehen Engel bei der Bestattung, wie wir sie bei den Exequien Marias auf der Predella des Vatikans gesehen haben, mit doppelt geschürzten Gewändern selbst beschäftigt, den Leichnam in einen gleichen Sarkophag zu senken.

Der vielfach restaurierte, zum Teil sogar sinnlos übermalte Zustand dieser Wandgemälde verbirgt uns heute jeden weitern Anhalt, in die Entstehungsgeschichte einzudringen und etwaige Absätze in der Vollendung der Reihe näher nachzuweisen. Die lange, gewiss unerwartet sich hinziehende Abwesenheit des Kardinals Branda würde die Unterbrechung der Arbeit durch andre Aufträge mehr als ausreichend motivieren, zumal wenn mit ihm selbst auch die Zalung ausblieb. Bei seiner Rückker vom Norden über Castiglione d' Olona, Mailand und Florenz im Frühling 1425 ward er persönlich die Veranlassung, dass in Florenz ein lockender Auftrag frei ward, die Vollendung der Brancaccikapelle, die Masolino aufgab, um im Juli über Castiglione d' Olona nach Ungarn zu gehen.

Eins aber ist sicher: die Kirchenväter und Evangelisten an der Decke der Kapelle in S. Clemente haben in ihrer malerischen Breite, soweit wir die erhaltenen Teile als mafsgebend betrachten dürfen, die nächste Verwandtschaft mit der Erweckung Tabithas und der Predigt des Petrus, d. h mit der ersten Gruppe der jetzt noch vorhandenen Wandgemälde der Cappella Brancacci in Florenz.

II.

DIE ERSTE GRUPPE DER WANDGEMÄLDE IM CARMINE UND IHRE VERWANDTEN

Zwei untergegangene Freskomalereien, die Vasari beschreibt, dürfen an dieser Stelle genannt werden, wo es gilt Masaccios Arbeiten in Florenz mit den soeben besprochenen Wandbildern aus der Katharinenlegende in S. Clemente zu Rom für unser Erklärungsbedürfnis zu vermitteln. Es sind zwei Einzelfiguren in verschiedenen Kirchen; sie gehören aber durch eine gemeinsame Eigenschaft, die Vasari besonders nachdrücklich und wiederholend hervorhebt, nahe zusammen, auch wenn der Berichterstatter sie, vielleicht eben deshalb, getrennt in einigem Abstand von einander in seine Aufzälung der Werke einschaltet. Die nämliche gemeinsame Eigenschaft macht es warscheinlich, dass sie auch chronologisch so aufeinander folgten, wie Vasari sie einreiht, gleichgut ob unmittelbar oder durch andersartige Aufgaben dazwischen noch mannichfaltiger vermittelt. Für uns gehören sie künstlerisch in eine zusammenhängende Reihe, der wiederum in gewissem Abstand und unter andern Bedingungen die Einzelgestalt des hl. Christophorus in Rom sich anschliessen mochte, wie andrerseits zwei Tafelbilder, die im Palazzo Medici inventarisiert worden.

„In der Badia zu Florenz, erzält Vasari, malte er in Fresko an einem Pfeiler, grade gegenüber einem der Triumphbogenträger, den heiligen Jvo von Bretagne, indem er ihn in einer Nische darstellte, damit die Füsse sich für die Untersicht verkürzten, eine Leistung, die ihm, da Andre sie damals nicht so gut zu geben pflegten, kein geringes Lob eintrug. Und unter dem genannten Heiligen, oberhalb eines andern Simses, versammelte er um ihn Witwen, Waisen und Arme, die bei diesem Schutzpatron in ihren Anliegen Hülfe finden."

Zu einer Zeit aber, wo Masaccio und Masolino als gleichberechtigte Genossen in Florenz arbeiteten, muss das Paar von Einzelgestalten der Apostelfürsten entstanden sein, das einst im Carmine die Eingangspfeiler links und rechts der Cappella de' Serragli schmückte, deren Wandgemälde und Altarbild drinnen von Gherardo Starnina gemalt waren. An der einen Seite hatte Masolino den heiligen

Petrus dargestellt, der in unsern besten Quellen als sein Eigentum aufgefürt, aber auch von Vasari nicht näher beschrieben wird. An dem andern Pfeiler „bei den Glockensträngen" befand sich bis 1675 der heilige Paulus von Masaccio, der nach Vasaris Ausdrücken seiner lebhaftesten Bewunderung entschiedene Vorzüge besessen haben muss. Der Kopf sei das Bildnis des Bartolo di Angiolino Angiolini, nach dem Leben aufgenommen, und zeige „una terribilità tanto grande", dass es scheine, ihm fele nur noch die Sprache, um alle Eigenschaften der Wirklichkeit zu besitzen. Und wer den Apostel Paulus nicht kannte, der werde beim Anblick dieses Bildes jenen Vorzug römischer Civilisation im Verein mit der unbesiegten Tapferkeit dieses frömmsten Geistes sehn, der ganz im Glaubenseifer aufgegangen. Der Maler aber habe in diesem Werke ausserdem noch in warhaft staunenswertem Grade sein Verständnis für die verkürzte Ansicht von unten noch oben gezeigt. Das trete ganz besonders an den Füssen der Gestalt hervor, so dass er diese Schwierigkeit ganz allein (durch sein Beispiel für alle Nachfolger) leicht gemacht habe, im Vergleich zu jener ungeschickten alten Art, die alle Figuren nur auf ihre Fussfpitzen zu stellen wusste, ein Verfaren, das bis auf seine Tage dauerte, one dass ein Andrer ausser ihm es verbessert hätte, und das er allein in Richtigkeit gebracht zu dem guten Gebrauch von heute.

Die Richtigkeit dieser Angaben Vasaris zu bezweifeln, liegt auch für die strengste Kritik kein Grund vor. Ein Seitenblick auf die Petrusfigur des Masolino wird eben diese Bemerkung, die im Leben Masaccios schon an früherer Stelle ausfürlich erörtert und bei Gelegenheit S. Jvos in der Badia wieder gestreift war, bei ihm, dem Künstler, abermals hervorgedrängt haben.

Und selbst die Angabe, Masaccio habe dies Gegenstück zu der Petrusfigur Masolinos als Probestück gemalt, „come per saggio", wie sehr er wärend des Aufenthalts in Rom seinen Stil vergrössert, klingt als überlieferte Erzälung garnicht unwarscheinlich, wenn wir sie im Sinne unsrer Chronologie verwerten. Eine besondere Veranlassung muss doch der Konkurrenzarbeit beider Maler zu Grunde liegen, und da es die Gestalten des Petrus und Paulus sind, die an der Hieronymuskapelle der Serragli nicht eben gefordert waren, so wird man dabei an die gegenüberliegende Brancaccikapelle denken, wo Petrus und Paulus aufzutreten hatten. Die Möglichkeit, dass Masolino seinen Petrus zuerst, an einen freien Pfeiler gemalt, one dabei an ein Gegenstück zu denken, nur als Beweis seiner Leistungsfähigkeit für Felice Brancacci, der damit umgieng, ihm die Petruslegende in seiner Kapelle aufzutragen, mag gern offen bleiben. Dann aber setzte Masaccio seinen Paulus daneben, als er von Rom kam, um die freigewordene Fortsetzung der von Masolino angefangenen und aufgegebenen Malerei zu erlangen.

Jedenfalls war dieses Gegenstück am Kirchenpfeiler nur geeignet, seine Bravour in der Freskotechnik zu bewären. Die innerliche Ungleichheit der beiden, in Florenz offenbar vielfach besprochenen Einzelfiguren scheint dann für Masaccio selbst der Anlass geworden zu sein, die Apostelfürsten noch ein Mal, und zwar in einem Par von Tafelbildern darzustellen, bei denen die plastische Rundung der Körper und die farbige Wirklichkeitstreue noch sorgfältiger herausgearbeitet werden konnte. Diese Meisterwerke seiner statuarischen Darstellung auf der Fläche befanden sich dereinst in besten Händen, im Besitz der Medici. In dem Inventar der Kunstschätze, die Lorenzo de' Medici hinterliess[1]), stehen sie aufgeführt: „dua quadri di legname al camino, dipintovi uno san Pietro e uno sancto Pagholo di mano di Masaccio, stimati fiorini 12". Seitdem sind sie für uns verschollen.

Dagegen reicht diese eine lebhafte Beschreibung bei Vasari, so wenig sie unsern Ansprüchen auf vergleichende Einordnung in das Lebenswerk Masaccios entspricht, doch dazu hin, den Umkreis verwandter Schöpfungen im damaligen Kunstleben von Florenz herauf zu beschwören. Es genügt, an Donatellos Marcus und Ghibertis Matthaeus unter den Statuen von Orsanmichele zu erinnern, zwischen denen die Arbeiten des Nanni d' Antonio di Banco vermitteln. An die Togafigur des attischen Rhetors, den Ghiberti und Michelozzo 1422 als Apostel Matthäus aufgestellt, klingt wol Vasaris Ausdruck „quel dabbene della civiltà Romana" bei Masaccios Paulus an; aber wenn von einer Verbindung römischer Urbanität, von Vornemheit des römischen Bürgers gegenüber den handwerklichen Jüngern sonst, mit christlichem Glaubenseifer auf der andern Seite geredet wird, so dass das Wesen der Person ganz auf die Sache der Religion gerichtet schien, — so denken wir gewaltigeres Auftreten, feurigere Bereitschaft zum Handeln hinzu, als jener Matthäus sie darbietet, und kommen andrerseits mit dem Blick auf den Marcus Donatellos vielleicht in Gefar, zu viel, auch der körperlichen Eigenschaften des Standbildes hinein zu rechnen, mehr wenigstens, als der Maler damals schon angeeignet haben mochte. Die Verwertung eines Porträtkopfes in packender Lebenswarheit, eines Bürgers von Florenz aus jenen Tagen, an Stelle des Apostels, steht doch auf einer Stufe mit Donatellos Verfaren bei den Propheten am Campanile, — genug wir kommen mitten hinein in die Probleme

[1]) Müntz, La collection de' Medici.

statuarischer Kunst, die damals den Bildner beschäftigten, und finden den Maler als Genossen auf seiner Ban. Dadurch eben unterscheidet sich Masaccio von den Zunftgenossen seiner eignen Kunst, und die wesentliche Eigenschaft des Standbildes schwebt auch Vasari vor bei dem selbständigen Dastehen und sicheren Auftreten auf dem horizontalen Bodenstreifen, das er allein damals bei gemalten Einzelgestalten erreicht haben soll.

An diese Leistungen mit Gewandfiguren von plastischer Festigkeit und Geschlossenheit des Wesens schliessen sich aber mit künstlerischer Notwendigkeit andre Bestrebungen an, die dem Erwerb geläufiger Grundlagen für die Gestaltung menschlicher Körper im Bilde gewidmet sind: das Studium und die Darstellung des nackten Leibes. An die getrennten Tafelbilder mit Petrus und Paulus im Palazzo Medici reiht sich ein andres Stück, wo in einem Ramen neben einander ein Mann und ein Weib nackt in Lebensgrösse gemalt waren. Die Tafel befand sich zu Vasaris Zeit im Hause des Palla Rucellai zu Florenz. Für uns ist auch sie verloren. Waren es nur Aktstudien, Bemühungen um das Normalmafs der beiden Geschlechter und die weitere Charakteristik in Farben, deshalb zusammen gestellt, — oder war dies nur das Hauptinteresse, und der Vorwand für die Vereinigung auf einer Tafel doch der Name Adam und Eva?

Damit sind wir wieder an der Schwelle der Brancaccikapelle, an deren Eingang Sündenfall und Vertreibung aus dem Paradiese so seltsam über den Geschichten des Petrus dastehen, dass man glauben möchte, auch dort seien zwei garnicht hingehörige, — „come per saggio" gemalte — Gegenstücke schonend erhalten geblieben, weil sie für ihre Zeit, jedes für sich, ganz hervorragende Leistungen bedeuteten.

In der Brancaccikapelle waren damals die Kappen des Kreuzgewölbes von Masolino mit den Gestalten der vier Evangelisten geschmückt. Auf den anstofsenden Bogenfeldern der drei Wände darunter waren die ersten Ereignisse aus dem Leben des Petrus gemalt, und zwar links vom Eintretenden die Berufung des Petrus und Andreas (Matthäus Kap. IV.), gegenüber der Gang übers Wasser bei der stürmischen Seefart (Matth. XIV) und die Verläugnung mit der Reue darüber in der Mitte, wo der Scheitel des Spitzbogenfensters in die Lünette emporstieg (Matth. XXVI.) Das heisst, die Reihenfolge der Bilder sollte zunächst alternierend zwischen beiden Seiten der Kapelle verlaufen, so dass die Altarwand mit dem Fenster darin erst in dritter Linie zu Hülfe genommen wurde, besonders für Vorgänge, die sich auf schmäleren Feldern darstellen liessen. Damit hatte Masolino jedoch seine Arbeit für Felice Brancacci vorläufig abgeschlossen und war im Juli 1425 warscheinlich schon im Begriff, nach Oberitalien und weiter dann nach Ungarn zu wandern.

An den Wänden der Kapelle und den schmalen Streifen der Eingangspfeiler musste nun die Geschichte des Petrus weiter erzält werden, wie sie teils im Evangelium, teils in der Apostelgeschichte und endlich in der Legende überliefert war. Da folgte im Evangelium auf die Kleingläubigkeit, wie Petrus im Wasser versinken will (Matth. XIV) die Einsetzung des Schlüsselamts (Matth. XVI), die Verklärung Christi auf Tabor, bei der Petrus gegenwärtig war, die Auffindung des Stater (Matth. XVII) die wir somit auf die obere Reihe links an Eingangspfeiler und Wandstreifen zu verteilen hätten, so dass die Verklärung den Anfang bildet. Die Verläugnung ist dann das letzte Ereignis bei Lebzeiten des Meisters. — Darauf setzt die Erzälung der Apostelgeschichte ein mit der Predigt des Petrus zu Pfingsten und der Taufe der bekerten Dreitausend (Acta II), die wir noch heute links und rechts vom Fenster erblicken, und zwar in der oberen Reihe, wärend darunter rechts die Bestrafung des Ananias (Acta V) und die Heilung der Kranken durch den Schatten des vorübergehenden Petrus links zu sehen sind.

Daran schliesst sich die Gesundung des paralytischen Aeneas (Acta IX, 33) die hier durch die Heilung des Lahmen an der Pforte des Tempels (Acta III) ersetzt ward, und die Erweckung der Tabitha (Acta IX, 36). Gewiss durfte die »Befreiung des Petrus durch den Engel« aus dem Kerker des Herodes (Acta XII.) nicht felen und hätte sich hier in der oberen Reihe, am schmalen Eingangspfeiler anfügen müssen (nicht darunter wo sie jetzt zu sehen ist).

Mit der Rückbringung des vierzen Jare toten Fürstensones in Antiochien kommen wir dann zur Legende von Petri Stulfeier. Beide Darstellungen, mit dem Besuch des Paulus am Kerker des Petrus, der dem Wunder unmittelbar vorangeht, am schmalen Eingangsfelde, füllen noch jetzt die untere Reihe links vom Beschauer. Gegenüber zur Rechten sollte, statt der Befreiung aus dem Kerker des Herodes, warscheinlich eine andere Scene aus der Legende am Pfeiler Platz finden, wo sie dem Todesurteil des Agrippa und der Kreuzigung zu Rom ebenso unmittelbar vorangeht, wie die Ermutigung durch Paulus drüben, — d. h. also mit höchster Warscheinlichkeit: die manende Erscheinung Christi bei der Flucht des Apostels aus Rom »Domine quo vadis?« —

Damit wären im Anschluss an die ausfürliche Erzälung der Schrift und den kurzen antithetisch zusammengestellten Festhymnus der Legenda aurea sämtliche verfügbaren Wandfelder der Kapelle besetzt gewesen und zwar so, dass die vier breiten Wandstreifen links und rechts je zwei Einzelscenen aufnemen mussten. Die Hereinname des Sündenfalls und der Vertreibung aus dem Paradiese, die zur Geschichte des Apostels Petrus gar keine Beziehung haben, hat diese gewiss ursprünglich in Gemeinschaft mit dem Prior der Karmeliter vereinbarte Disposition, wenn nicht ganz zerrissen, doch empfindlich durchbrochen.

Masaccios Fortsetzung des von Masolino begonnenen Cyklus setzt nun ausserdem nicht in chronologischer Folge der Geschichten auf der linken Seite vom Beschauer ein, sondern an der rechten, wo die Heilung des Lahmen, die Erweckung Tabithas und der Sündenfall sich befinden. Das kann einfach daran gelegen haben, dass Masolino das Bogenfeld dieser Wand zuletzt fertig gestellt hatte und das Gerüst aus praktischen Gründen zunächst weiter benutzt wurde, wo es eben befestigt war. Es ist sogar nicht ausgeschlossen, dass Masolino im Begriff war, auch dies Wandfeld selber auszufüren, als der Besuch des Cardinals Branda und der Auftrag für Pippo Spano ihn erreichte. Der Charakter dieser Malereien ist jedenfalls der altertümlichste von allen erhaltenen der Kapelle, er beweist ganz zweifellos diesen Gang der Arbeit und zwar von links nach rechts, von der einen Fensterwand her nach dem Eingang zu.

Ein entscheidender Schritt aber, den Masaccio sogleich bei Uebername der drei Kapellenwände getan hat, war die Einfürung einer streng architektonischen Gliederung durch korinthische Pilaster und grades Gebälk, die sich in zwei Geschossen übereinander aufbauen und dem gotisch gebauten Innenraum den Anschein klassischer Verhältnisse geben sollten. Ursprünglich scheint diese konsequente Umdichtung durch gemalte Architektur, die eine weitere Stufe des in S. Clemente zu Rom begonnenen Verfarens bezeichnet, sogar an den Langseiten der Kapelle, der Anzal darzustellender Scenen entsprechend, einen trennenden Mittelpfeiler links und rechts in beiden Geschossen vorgesehen zu haben Die beiden ersten Scenen, die im oberen Streifen der Wand rechts nebeneinander Platz finden sollten, sind nämlich in sehr augenfälliger Weise zunächst als getrennte

Bilder gedacht und unabhängig von einander komponiert. Ihre perspektivische Konstruktion aber ist, ihrer Stellung zu einander gemäss, von einem gemeinsamen Centralpunkt aus geschehen, der dann vom trennenden Zwischenpfeiler der Ramenarchitektur verdeckt werden sollte.

Die Heilung des Lahmen und Erweckung Tabithas

Die Heilung des Lahmen und die Erweckung Tabithas müssen durchaus in erster Linie als Einzelbilder betrachtet werden, wenn es gilt ihren Zusammenhang mit der voraufgehenden Florentinischen Wandmalerei und der persönlichen Praxis Masaccios in Rom zu erklären. Denn der junge Meister hat jedenfalls, als ihm der Auftrag zugefallen war, im Bewusstsein das Beste leisten zu müssen, um mitten im kritischen Florenz sein Ansehen als Freskomaler zu begründen, seine lernbegierigen Augen abermals auf die monumentalen Schöpfungen der grossen Trecentisten gerichtet, die überall in Kirchen und Kapellen zu sehen waren. Der Strenge Giottos freilich war man längst entfremdet; aber der Ernst und die Innerlichkeit, mit der Masaccio seine Aufgaben zu fassen und zu ihrem psychologischen Kern vorzudringen wusste, erschlossen ihm auch hinter unzureichender Gestaltung und abstrakter Unwirklichkeit noch die hohen Vorzüge in Komposition und Ausdruck, die schlagende Kürze und kraftvolle Tiefe seines Wesens. Für die Gestaltung und Wirklichkeitstreue dagegen kam für den Geschmack der neuen Generation vor allen Andern Antonio Veneziano in Betracht, und der Anschluss an diesen ist unverkennbar, nachdem sich Gherardo Starnina noch immer unserer sichern Kenntnis so völlig entzieht. An die Fresken der Cappela Castellani in S^a^ Croce mit Geschichten des hl. Nikolaus und Antonius Abbas schliessen sich diese ersten Leistungen Masaccios in der Brancacci Kapelle am nächsten an und unterscheiden sich eben dadurch von den gleichzeitig entstandenen und bezeichneten Arbeiten des Masolino an der Decke des Kirchenchores in Castiglione d'Olona. Es sind vor allen Dingen starkknochige breitschultrige Gestalten, die hier auftreten; die aufrecht stehenden haben untersetzte Proportionen, wärend die sitzenden, die knieenden und liegenden beträchtlich länger sind. Darin zeigt sich ein Uebergangsstadium, das unmittelbar an die Gegensätze der Gestaltung in der Katharinenlegende zu Rom anschliesst. Wie dort der hochaufgeschossene Henker der Königin den gedrungenen Schergen beim Radwunder und dem Henker der Heiligen gegenübersteht, erkannten wir einerseits florentinische Trecentisten-

3*

gewonheit, andrerseits römisches Modellstudium. Aber auch ein andrer Faktor kam hinzu oder war bereits früher da: die Konsequenz der perspektivischen Raumdarstellung. Und eben diese musste zunächst dem kleinern Mafsstab der Figuren den Vorrang einräumen, um zu einem richtigen Verhältnis der Menschen zur umgebenden Architektur zu gelangen. Grade der erneute Verker mit den monumentalen Wandgemälden der Vorgänger in Florenz brachte jedoch die Wage wieder ins Schwanken. Grade die echt florentinisch geschulten Meister legten das Uebergewicht bewusst auf die Gestalten und drängten die Architektur, die Landschaft, das Beiwerk dagegen zurück, wärend Spinello Aretino und Don Lorenzo Monaco mit ihrem gesamten Anhang viel eher aufgelegt waren, alle diese Bestandteile gleichwertig zu behandeln und oft in unklarem Gedränge durch einander zu mischen, wie alle sienesisch und umbrisch gebildeten Maler es liebten. Die ernste tiefe Auffassung der Aufgaben, die Betonung des seelischen Gehaltes und die Zuspitzung des Geschehens auf einen praegnanten Moment, die wir bei Masaccio sich entwickeln sehen, sie füren notwendig auf eine Oekonomie aller Darstellungsmittel zu Gunsten der menschlichen Personen zurück. So erklärt es sich, wenn in den beiden ersten Scenen, die Masaccio für die Brancaccikapelle gearbeitet hat, in der Heilung des Lahmen und der Erweckung Tabithas, die Rolle der Architektur, überraschend im Vergleich zu den perspektivischen Probestücken der Katharinenlegende, zurücktritt und, sofern wir von dem gemeinsamen Schauplatz mit den Strassenprospekten vorerst absehen, beinahe einen Rückschritt in die Behandlung der Trecentisten aufweist, nur freilich keinen Rückfall in die Unrichtigkeit des Verhältnisses zwischen Raum und Körpern, der für den Schüler und Freund Brunelleschis ein für alle Mal unmöglich geworden war. Es ist ein Wiederaufnemen des wertvollsten Erbteils der idealen Kunstweise des Mittelalters, was wir gewaren, die angespannteste, alle Nebensachen ausscheidende Koncentration auf das innerste Wesen der Handlung und der Charaktere. Was im Leben einer weiblichen Heiligen voll frommer Ergebenheit und keuscher Jungfräulichkeit mit dem natürlichen Verzicht auf energisch um sich greifende Tätigkeit gefärdet war und verloren gehen konnte, (wie bei Fra Angelico und Masolino), das wurde hier im Auftreten eines männlichen Charakters, des alten Feuerkopfes Petrus, wieder vollauf hervorgetrieben: die dramatische Kraft des Handelns, die blitzartige Ausströmung des Willens im Ereignis, das vor unsern Augen geschieht und nicht durch unabsehbare Einflüsse des Himmels sondern durch die Persönlichkeit mitten unter den Menschen vollzogen wird. Der

Aufwand geistiger Durchdringung des Stoffes, der in diesen Scenen steckt, ist oben nachgewiesen worden [1]).

Dann aber bedeutet die Konstruktion beider, zunächst getrennt neben einander stehender Bilder aus einem gemeinsamen Centralpunkt, der auch dem Beschauer in der Kapelle seinen festen Standort anweist, einen weiteren Fortschritt in der Durchbildung des Monumentalstiles nach den Principien des Realismus. Und zwar schliesst sich dieser beachtenswerte Schritt wieder so notwendig an die Erfarungen mit der Katharinenlegende in Rom an, dass er nur nach diesen erklärlich wird. Dort sind die beiden Bilder zuvorderst links am Eingangsbogen, das Auftreten im Tempel oben und die Disputation im Konsistorium unten, genau für den Standort des Betrachters an der Schwelle des Heiligtums, etwa am Gitter der Kapelle berechnet. Die Bekerung und Hinrichtung der Königin dagegen, oben rechts, und die Enthauptung der Katharina darunter entfalten sich perspektivisch am natürlichsten für den Blick vom Altar her, also etwa für den Geistlichen drinnen, obgleich durch die breitere Bevorzugung des Vordergrundes auch für den ferner stehenden Besucher am Eingang bewusster Weise mit gesorgt ist. Das obere Bild mit der Strassenflucht hinter den Frauen zeigt in sich sowol die ursprüngliche Absicht, wie die verbessernde Einsicht im Herausholen der Figuren. Nur das Mittelstück der untern Reihe, das Radwunder im Palasthof giebt die Konstruktion des Schauplatzes für den Standpunkt in der Mitte der Kapelle, grade unter dem Scheitel des Kreuzgewölbes. Das entspricht nun freilich der Ortsbewegung der Gläubigen, die zum Allerheiligsten des Altarbezirks nicht vordringen. Es entspricht auch der stereometrischen Form des nahezu quadratisch angelegten Raumes dieser Kapelle für sich betrachtet sehr wol und deshalb der höchsten Forderung der monumentalen Wandmalerei. Aber es stellt sich ein Widerspruch der Anschauung mit allen Nachbarbildern ein, die an der selben Wand aufgereiht, sich one stärkere Sonderung durch Ramen aneinander drängen. Im Bogenfeld oben bildet die Mittelaxe die Scheidung zwischen den Prospekten von links und von rechts gegen dieses Höhenlot der Wandfläche. Im unteren Wandstreifen breitet sich die Büne des Mittelbildes mit dem Radwunder grade unter dieser Scheidungslinie der oberen Hälften aus und eröffnet seine Tiefe grade von vorn gesehen, wärend links die breitere Wand des Disputationsfales dem Bedürfnis des eingetretenen, vor dem Mittelbilde stehenden Beschauers zuwiderläuft, und ebenso rechts

[1]) Buch III, S. 17—25.

die Flucht der Palasthofmauer in entgegengesetzter Richtung nach innen zieht, wo wir nebenan ins Freie auf die Richtstätte hinausblicken sollen. Die Anordnung dieses letzten Bildes lässt wieder erkennen, dass dem Maler selbst die Einsicht aufgegangen, welche Unzuträglichkeiten die Rechnung mit einem doppelten und dreifachen Standpunkt des Betrachters ergeben hatte. Die Auffassung des Raumes als beharrender Gröſse und des Betrachters als vorübergehenden Korrelats, d. h. die simultane und die successive Anschauung widerstreiten einander noch one befriedigenden Ausgleich.

Hier in der Brancaccikapelle haben wir ein länglicheres Rechteck mit deutlichem Uebergewicht der Richtungsaxe vom Eingang bis zum Altar vor uns. Der Bewegung des Besuchers gemäss wurden die Langseiten zunächst in zwei Bildflächen zerlegt, so dass sie zwei getrennte Scenen im oberen wie im untern Streifen Platz gewärten. In der Mitte gemalte Pfeiler als Träger des graden Gebälks betonten diese Teilung in zwei Hälften. Einer so entschiedenen Halbierung der Wände widersprach jedoch die Einheit des Bogenfeldes darüber, das von Masolino bereits mit einem einheitlichen Bilde gefüllt war, und widersprach ferner das zusammenfassende Kreuzgewölbe, dass wol ein Mittellot im Kapellenraum, von seinem Schluſsstein hinunter auf den Fussboden gefällt, anerkannte, eine Diremtion der schlichten Mauern dagegen nicht dulden wollte. Die eingemalte klassische Ordnung geriet hier in unleidlichen Zwiespalt mit dem gotischen Bau der Kapelle, und Masaccio war, wie eben sein Verfaren in San Clemente bezeugt, ein zu architektonisch fülender Künstler, um diese Abläugnung der oberen, von Masolino gemalten Hälfte bestehen zu lassen, so sehr sein antik gebildeter Geschmack sich gegen die Beibehaltung der gotischen Formensprache auch in seiner eignen Gliederung sträuben mochte.

Deshalb wurde die Einstellung eines korinthischen Pilasters in die Mitte zwischen der Heilung des Lahmen und der Erweckung Tabithas wieder aufgegeben, wenn schon sie bei diesem ersten Paar deutlich fülbar geblieben ist. Die andre Maſsregel aber, die Einheit der Wand dadurch aufrecht zu erhalten, dass beide Scenen auf einen gemeinsamen Augenpunkt konstruiert wurden, blieb bestehen. Bei der Breite des friesartigen Streifens, den sie füllen sollen, machte sich nun, sowie der Trennungspfeiler verschwand, ein Auseinanderweichen bemerkbar. Dieser Gravitation der Figurenmassen nach beiden Seiten hinaus musste auf andre Weise entgegengewirkt werden. Da liegt einmal die Veranlassung für den gemeinsamen Schauplatz mit stärkerer Ausbreitung der Tiefendimension, und zweitens die Erklärung für die Lückenbüsser, die beiden müssigen Spaziergänger.

die an Stelle des Pfeilers vor den Augenpunkt treten, als kämen sie grade des Weges. Sie vermitteln für die Reliefanschauung zwischen dem Wunder in Jerusalem und dem Wunder zu Joppe ebenso wie die Häuserfront dahinter zwischen den einmündenden Gassen, grade da, wo die Tiefenflucht uns mit allzuschneller Verjüngung eher beengt als befreit haben würde. Die Einfügung dieses gemeinsamen Schauplatzes zur Einigung des Gesamteindruckes im Sinne der vorhandenen, im Bau der Kapelle selbst gegebenen Wandbreite ist ein neuer Fortschritt auf dem eingeschlagenen Wege des Monumentalstiles, und wieder nur mit Hülfe der römischen Vorstufen erklärbar; es ist zweifellos eine spätere Zutat, für deren Entstehung auch der dritte Faktor dieser Reihe, das Bild am Eingangspfeiler, mitgewirkt haben muss. War der Gegenstand der Darstellung hier, wo wir jetzt den Sündenfall sehen, ein Moment aus dem Leben des Petrus, also den beiden andern völlig homogen, wie etwa die Befreiung durch den Engel aus dem Kerker des Herodes, die hierher gehörte, so war die Notwendigkeit des einheitlichen Verlaufes und der Ausgleichung für das Auge wie der Verknüpfung für die Phantasie noch stärker als jetzt, wo wir einen heterogenen Gegenstand da finden, der schon durch den Kontrast der nackten Gestalten gegen die durchgehende Bekleidung die erste Bildfläche als Eingangsstück von den anschliessenden des Innenraumes absondert. Statt Petrus, Engel und Wächter, die mit der Zal und Stellung der ersten Scene: Petrus, Johannes und Bettler, so viel besser übereinstimmte, haben wir zwei aufrechtstehende Figuren mit der Schlange am Baum in der Mitte. Das Mittelbild überwiegt an Breite und Figurenzal beträchtlich. Dennoch ist auch hier ein abwägendes und ausgleichendes Verfaren, feine Rücksicht auf die optische Verschiebung der Reihe für den Eintretenden zu beobachten.

Ja, wenn wir einmal die obige Entstehungsgeschichte als erwiesen ansehen, dann ergiebt sich aus der Einsicht, die tektonischen Faktoren des vorhandenen Kapellenbaues, d. h. die Einheit der Wandbreite unter der Einheit des Gewölbes, müssten durch die Malerei respektiert werden, auch eine Erklärung für Wal eines ganz anders gearteten Gegenstandes am Eingangspfeiler, d. h. für die Einfürung des Sündenfalles und der Vertreibung aus dem Paradiese. Masaccio wert sich mit seinem Gefül für die architektonische Einheit des Innenraums und für die architektonische Selbständigkeit des eigens überwölbten Eingangs, der als Mittelglied zwischen Kirche und Kapelle fungiert, gegen die Einbeziehung dieser schmalen Mauerstreifen in den Bilderkreis des Innern, und zwar um so mehr, als ein trennendes Gitter jenseits dieses Eingangsbogens den Kapellenraum deutlich gegen das Querhaus abschloss. Masaccio wert sich gegen das Hinausmalen, mag die Fülle der Erzälung auch überquellend ihn ebenso bedrängen wie der Wunsch des Auftraggebers oder des Karmeliterpriors, dem es an der Verherrlichung des Heiligen gelegen war. Masaccio wält, der Klarheit des monumentalen Stiles, dem Zusammenhang mit der Architektur zuliebe, den völlig anders gearteten, weiter her einleitenden Anfang der Erlösungsgeschichte. Er will den Eingang als selbständig absetzen gegen das Innere. War doch ausserdem die gemalte Architektur, die er da drinnen aufgestellt hatte, so etwas völlig Anderes als die gotische Kirche sonst. Das Gitter schied den klassischen Stil, den Brunelleschi wieder bringen wollte, von der mittelalterlichen Vergangenheit. Nach solchen Erwägungen ist es nichts, als ein Zeugnis für das mangelnde Verständnis oder die willfärigere Nachgiebigkeit des Filippino Lippi, wenn er unter den Sündenfall die herausgeworfene Befreiung aus dem Kerker und unter der Vertreibung aus dem Paradiese den Besuch des Paulus am Turmverliess des Petrus, eben die Stücke der drinnen erzälten Heiligenlegende hinausgemalt hat vor das Gitter, das vielleicht eben damals beseitigt und durch eine Balustrade ersetzt ward.

Damit haben wir einen neuen durchschlagenden Beweis für Masaccio als Urheber des Sündenfalls und der anschliessenden Reihe drinnen gewonnen; denn Masolino wäre zu solchen Erwägungen gar nicht im Stande gewesen, hat vielmehr das Gegenteil dieser Sinnesart bewiesen. Und die Tat Masaccios zu Gunsten der Sonderung architektonischer Raumteile auch mit Hülfe der Malerei ist ja nichts Geringeres als ein positiver Beitrag zum monumentalen Stil der Hochrenaissance, die Entdeckung eines Gesetzes, die von Lionardo und Rafael wol verstanden ward, wenn auch Filippino sie gefügig wieder entstellte. Das Gefül für den hohen Wert des Hausgesetzes der Architektur lag aber den Künstlern am Anfang des Quattrocento, wie Masaccio und Brunelleschi, die soeben erst aus der Gotik herauswuchsen, noch viel näher als der spätern Generation, die nur die Befreiung vom Zwange one eigenes Ringen überkam und der gesetzlosen Naturnachamung vollends verfallen wäre, wenn die perspektivische Regel Brunelleschis sie nicht eingeschränkt hätte. Auch hier liegt also ein Erbteil der Gotik, das wir als unveräusserliche Grundlage für den Stil der Hochrenaissance veranschlagen müssen.

Was Masaccio unter Sündenfall und Vertreibung aus dem Paradies anzubringen gedachte, um den selbständigen Charakter des Kapelleneingangs durchzufüren, das vermögen wir nicht zu sagen.

um so weniger, als das Gitter weggenommen und das zugehörige Kircheninnere durch den Brand des Carmine zerstört ist, von dessen Verhältnissen, wie von dessen Beleuchtung ein Urteil durchaus abhienge. Vielleicht sollten gar keine naturfarbigen Gemälde, sondern Chiaroscuro-Malereien an die Stelle treten, Reliefbilder von Einzelgestalten (Petrus und Paulus?) im Mafsftab der drinnen anschliessenden Reihen enthaltend; — doch muss die Frage offen bleiben.

Zur Entstehung der letzten Zutat, zum gemeinsamen Schauplatz des Doppelbildes — mit den einmündenden Strassen, aus denen noch andre Kirchengänger hervorkommen, wärend schwatzende Männer auf der Steinbank eines Palastes sitzen, — mitten hinein in diese befreiende Leistung im Ringen mit dem Perspektivgesetz Brunelleschis fürt uns ein merkwürdiges Versuchsstück, auf das schon Vasari aufmerksam gemacht hat, one zu bemerken, wie nah der Gegenstand der Darstellung mit dem Gedankenkreis und der Bilderfolge der Brancaccikapelle zusammenhängt. Ich meine das übermalte Temperastück mit der Heilung des besessenen Knaben (in Brüssel [1]), einer Scene also, die mitten zwischen der Verklärung auf Tabor und der Geschichte mit dem Zollgroschen zu Kapernaum (Matth. XVII, 14) erzält wird, mit denen sich Masaccio unmittelbar darauf oder vielmehr daneben für die gegenüberstehende Reihe der Wandbilder in Cappella Brancacci zu beschäftigen hatte. Nicht die figürliche Darstellung aber ist hier zunächst die Hauptsache, sondie perspektivische Entfaltung des Schauplatzes: eine übereckgestellte, von aussen und innen sichtbare Basilica, die ringsum offen durch ihre Rückseiten den Ausblick auf benachbarte Häuser und Strassenprospekte mit Leuten, Rossen und dgl. gewärt. Das Innere mit stämmigen Säulen und breitgegliedertem Lichtgaden mag an römische Vorbilder wie S. Giovanni in Laterano sich anlenen, das Aeussere mit den überschlanken Arkaden der Seitenschiffe und der Ansicht des »Cupolone del Brunelleschi« wirkt dagegen noch ganz trecentistisch wie Tempel und Haus auf dem ersten Fresko. Die Wiedergabe der weiten Bodenfläche des Innenraumes, die um einige Stufen über den Erdboden ringsum erhöht ist, die Auseinandersetzung der verschiedenen Pläne, der Abstände zwischen hier und da verstreuten Figurengruppen, »in sul piano di quella piazza«, sind lauter Probleme, die sich mit dem Platz und den Strassenprospekten zwischen der Heilung des Lahmen und der Erweckung Tabithas aufs Engste berüren. Das Verhältnis der Figuren zur Architektur ist aber nicht das der Hauptscenen dieses frühesten Doppelbildes

[1]) Vgl. Buch II, S. 89 f.

der Brancaccikapelle, sondern eben das des später hinzugefügten Hintergrundes, mit der Frau, die ein Knäblein an der Hand fürt, und der alten Matrone zur Seite, die soeben noch von den vordersten Häusern der einmündenden Strasse umramt, vom Palast zur Linken in Halbschatten gestellt werden.

Wärend die Heilung des besessenen Knaben (in Brüssel) in den Figuren [1]) eine Mischung schlanker Zierlichkeit und wuchtiger Breite, hier und da schon Anwandlungen völlig malerischer Freiheit zeigt, die nur die Hauptmassen andeutend hinsetzt, und durch ihren skizzenhaften Charakter uns einen Einblick in das Gären und Durcheinanderwogen der Gegensätze, mit denen der rastlos fortschreitende junge Meister sich abzufinden trachtet, in einen unfertig gebliebenen Zustand des Werdens eröffnet, weil es eben als Probestück nur für Studienzwecke zum eigenen Gebrauch bestimmt war, so verrät doch bei genauerer Prüfung auch das Doppelbild der Brancaccikapelle grade durch die Ungleichmässigkeiten der Gestaltung, wie schnell dem Maler seine Kräfte gewachsen sind. Ein Vergleich zwischen dem Helden beider Auftritte, Petrus am Tempel und am Hause Tabithas, zwingt schon zu dieser Beobachtung des Wandels, von den Hauptpersonen zu den Trägern des Ausdrucks und weiter zu ruhigeren, die Komposition abschliessenden Gewandfiguren, bis zu den Kirchgängern im Zeitkostüm, den modischen Gecken vorn und den Frauen im Hintergrund, die am meisten an S. Clemente in Rom erinnern.

Nemen wir dazu die beiden nackten Gestalten von Adam und Eva im Sündenfall als Normalleistungen, dann das Altarbild mit der Madonna im Schoſs der heiligen Anna aus S. Ambrogio (jetzt in der Akademie) zu Florenz und endlich die Madonna mit dem nackten strampelnden Kinde, das die Mutterbrust liebkost, in München, ein Temperastück auf Goldgrund wie jenes, das wie eine künere, freiere, breitere Redaktion der Madonna von 1423 in Bremen erscheint, und in dem Motiv, wie in der Bildung des Knaben die deutliche Weiterentwicklung der beiden Vorstufen, in Bremen und in Florenz vor Augen stellt, dann gewinnen wir eine vollständige Reihe von Belegstücken für diese erste Tätigkeit in Florenz, die kaum über 1425 hinausgehen darf und bis zu den älteren, auf Goldgrund gemalten Bestandteilen des Pisaner Altarwerkes (wie S. Andreas in Wien und S. Paulus in Pisa) heranreicht.

Dürfen wir uns doch auf der einen Seite nicht wundern, wenn neben der gewagten Darstellung der Madonna in München, mit

[1]) Vgl. unsere phot. Abbildung besonders auch mit der Bestattung Marias in Rom wo der früheste Anschluss gesucht werden darf.

ihrem üppigen ausgelassenen Buben, gleichsam als Gegengewicht so weltlicher Daseinslust noch hieratische Bestandteile wiederholt werden, wie die kleinen, doch immer schon knieenden Engel auf Wolkenstreifen, und der gotisch drapierte Gottvater im Cherubkreis, der mit den Halbfiguren des Nanni di Banco an Orsanmichele und des Lorenzo Ghiberti an der ersten Tür des Baptisteriums oder dem Schöpfungsbilde Paolo Uccellos im Chiostroverde von S. M. Novella noch auf einer Stufe steht.

Die Predigt Petri

Auf der andern Seite bekundet kein Werk so stark den überquellend sich drängenden Zuwachs, wie das letzte Fresko dieser Reihe, die Predigt des Petrus an der Altarwand. In der andächtig lauschenden Gemeinde noch breit wie über den Gliedermann drapierte Träger des Ausdrucks, wie der Greis mit gesenktem Haupt und gespaltenem Bart, gleich dem Altersgenossen am Lager Tabithas, — körperlich nicht vollgültiger als die Evangelisten in S. Clemente und als die Madonna in München. Daneben aber schon völlige weiche Frauenbilder, die sich an Katharinas letzte Erscheinungen in Rom anschliessen und über den strengen florentinischen Zuschnitt der Matronen von Joppe hinausgehen. Dann summarisch behandelte Köpfe, unter denen wieder Reminiscenzen aus den Anfängen der Kapelle Branda Castigliones begegnen, und die mächtigste Heldengestalt S. Petrus selbst, schon wuchtig und derb wie Donatello. Endlich die Porträts; — wie ganz anders als der Kardinal unter den Philosophen in Rom, hier die Stifter neben dem Apostel und dort die Karmeliter ihm gegenüber! Die überzeugende Realität, mit der sie dicht herantreten an die Schar der ersten Zuhörer des Petrus, bedrängt geradezu die Kopf an Kopf sich reihende Gemeinde und es bedarf der handgreiflichen Gebärde des Hirten nicht für die fromme Lämmerherde, sondern gegenüber der strotzenden Fülle des Lebens, die aus der Wirklichkeit des Tages heraufgestiegen, es nun mit ihm aufnimmt.

Wieder auf den Weg nach Pisa oder über die Berge Sienas weist zu gleicher Zeit das flüchtig hingeworfene, aber durchaus verwandte und genauestens hierher gehörige Fresko in Empoli[1]), mit Christus im Grabe unter dem Kreuzesstamm, von Maria und Johannes gehalten, und mit der Vera Ikon auf dem Schweisstuch oben zwischen zwei Prophetenköpfen in Medaillons am Giebelfeld. Der

---

[1]) Vgl. Abbildung Lieferung III, Tafel 4.

Gegenstand der Hauptdarstellung leitet zurück zu dem Colmetto der Vaticana mit dem Gekreuzigten zwischen den Seinen. Maria und Johannes erscheinen wie Vergrösserungen der damals für Martin V. gearbeiteten Vorlage, ebenso der Christus oben wie die entsprechende Weiterbildung aus der Glorie des Schneewunders, und zwar im Sinne der neuen, plastisch vervollkommneten Errungenschaft im Adam und der ganzen Arbeit im Sündenfall. Das verkündet der breitschultrige Bau des Schmerzensmannes, das die weitgeöffneten Augen des Salvators oben mit der energischen Betonung des festen Knochengerüstes überall. Die Stellung der Gesichter in Dreiviertelsicht findet wieder ihre Analogieen in dem Doppelbilde der Brancaccikapelle und den zugehörigen Verwandten. Der Prophet mit mit geneigtem Scheitel ist gar der Alte grade über Tabitha. Ziehen wir dann noch die vier Halbfiguren von Heiligen, Fragmente eines Altarwerkes in der ehemaligen Sammlung Artaud de Montor [1]) heran, so leuchtet auf der einen Seite die Herkunft von weiblichen Köpfen wie die Madonna von Bremen, auf der andern die Umgestaltung des Christus in Empoli zu Johannes dem Täufer hier, zur heil. Katharina dort neben ihm ein, und durch diese Scala hinüber zu dem Christusideal in der Brancaccikapelle bei dem Auftritt mit dem Zollgroschen.

Beide jedoch, das Fresko in Empoli, wie schon angedeutet, aber auch die Predigt Petri in Florenz, finden vorher noch unmittelbaren Anschluss zu Rom, bei der Fortsetzung des Kapellenschmuckes in S. Clemente. Die nächste Verknüpfung giebt sogar noch das Doppelbild mit seinem Stadtplatz hinter den beiden koketten Stutzern. Jene Frau mit dem Knäblein an der Hand ist natürlich ein geläufiges Motiv für Statisten. Wir finden es ebenso bei Masolino, im gleichzeitigen Sposalizio zu Castiglione Aber wenn die Mutter bei Masaccio noch an seine Katharina in S. Clemente streift, hat der muntere Knabe schon die festeren Formen und die lebhaftere Bewegung bekommen, wie das Christuskind auf Mariens Schofs in der Akademie und in der Münchener Pinakothek. Dasselbe kecke, vordringliche Bürschlein spielt nun aber eine Hauptrolle im Leben des heiligen Ambrosius: es ruft ihn, als Werkzeug eines höheren Willens, stracks zum Erzbischof von Mailand aus.

[1]) Vgl. Abbildung III, 3b Text III, 54 f.

III.

DIE VOLLENDUNG DES FRESKEN-SCHMUCKES IN S. CLEMENTE ZU ROM

Die Ambrosiuslegende in S. Clemente

Die beiden Hälften des Bogenfeldes, (in die das gegenwärtig vorhandene, in später Zeit erweiterte und rechtwincklig eingeramte Fenster der Kapelle jedenfalls empfindlicher einschneidet als in seiner ursprünglichen Form), sind wie drüben, nur noch meisterlicher und einheitlicher als Gegenstücke konstruiert, so dass wir durch den Zwang der Perspektive bei dem Einen von links, beim Andern von rechts her schräg in die Tiefe der dargestellten Räumlichkeiten hinein blicken, deren Ansicht ebenso dem Standpunkt des Beschauers unten auf dem Fussboden gerecht wird.

Im ersten Bilde mit dem Bienenwunder wird die Loggia eines Renaissancepalastes, mit Säulen, Rundbogenarkaden und Medaillons in deren Zwickeln, so vollkommen im Stil der neuen Architektur Brunelleschis gezeigt, dass wir beim Maler nur die selbe Stufe vertrauter Bekanntschaft mit den Arbeiten des Baumeisters und sicherer Wiedergabe des Raumes mit den zugehörigen Menschen darin anzuerkennen vermögen, wie auf dem Geburtstagsteller aus Casa Capponi zu Berlin [1]). Ein ebenso korrektes Beispiel ist die Pergola auf dem Turm des anstofsenden Palastes, der oben jenseits des offenen, im Hofe drunten gedachten Vorbaues sichtbar wird. Die schlanken Frauen, die sich der Wiege des kleinen Heiligen nahen, erinnern noch ganz an die Kirchgängerin bei der Heilung des Lahmen und an die Heilige mit dem Tränenkrüglein (oder Salbgefäss, also Magdalena) auf dem Fragment der Sammlung Artaud de Montor; aber die Magd mit dem Fächer hat schon die Fülle und Weichheit der Hörerinnen in der Predigt des Petrus, und der Arzt im Capuccio vollends die Gedrungenheit und Breite der Florentinischen Hauptwerke. Der Adam im Sündenfall oder der Christuskopf des Veronikatuches in Empoli begegnet uns als heiliger Ambrosius in weltlichem Richterstande wieder auf dem Bilde daneben. Ein vornemer

---

[1]) Vgl. unsere phot. Abbildung und Lieferung II, Taf. 9.

Bürger Mailands neben ihm erscheint wie eine Verquickung des predigenden Petrus und der Bildnisfigur hinter diesem. Die neugierig herzutretenden Karmeliter dort werden hier durch Longobarden ersetzt, die in voller Rüstung, mit dem Schwert in der Hand bei der strittigen Bischofswal in die Kirche gedrungen sind. Und von dem Oberhirten, den sie anerkennen sollen, trennt sie nur der seherische Knabe, der mit lauter Stimme dazwischen ruft. Die wuchtigen Krieger in Rom geben den Kuttenträgern in Florenz nichts nach: denn ein Meisterstück der statuarischen Kunst, Donatellos San Giorgio hat für sie Modell gestanden. Und der letzte von ihnen, one Stalpanzer, in leichtem ausgezaddeltem Ueberwurf lässt so frei die wolgebildeten Schenkel sehen, dass wir die fortgeschrittene Kenntnis der Formen und Freude an ihrer plastischen Rundung nicht übersehen können. Wie prächtig kontrastieren diese ritterlichen Gestalten der Barbaren mit den Geistlichen und dem Würdenträger des Kaisers, der versönend auf sie wirken will. Auch die hochaufgeschossenen Gesellen aber mussten sich mit ihrem Höhenmaſs der Gesamtrechnung des Bildes fügen, die es unternimmt, uns mitten hinein schauen zu lassen in die Säulenreihen einer altchristlichen Basilika bis an den Triumphbogen und die Halbkuppel der Apsis. Der Einblick eröffnet sich genau so übereck in Mittelschiff und Seitenschiff rechts, wärend links die Aussenseite des Lichtgadens gegeben wird, wie auf der Heilung des besessenen Knaben, teilt mit diesem Versuchsſtück noch einige Schwächen, erscheint jedoch als Ganzes bereits so fortgeschritten, dass er nur n a c h jener Problemlösung entstanden sein kann, die gegenständlich mit den Arbeiten für Brancacci so eng zusammenhängt, dass sie nicht vor Sommer 1425 angesetzt werden darf.

Die nämliche Verwandtschaft mit dem Ueberblick über das ganze Gebäude, den das Bild der Sammlung Somzée in Brüssel zu geben versucht, ist auch am versinkenden Hause des reichen Mannes nicht zu verkennen, von dem der Heilige mit seinen Gefärten zu Ross soeben entflieht. Die Schwierigkeit der Aufgabe, ein elementares Naturereignis unmittelbar, wie es vor den Augen sich vollzieht, zu schildern und keine Mitwirkung überirdischer Sendlinge oder unterirdischer Dämonen zu Hülfe zu nemen, hat den Meister veranlasst, das Gebäude selbst möglichst einfach zu halten. Eben dadurch reiht es sich dem Tempel zu Jerusalem und dem Hause Tabithas zu Joppe auf dem Doppelbilde der Brancaccikapelle noch näher an. Die hereinbrechenden Fluten und die verzweifelte Angst der Versinkenden, die soeben noch in der offenen Halle getafelt hatten, bleiben die Hauptsache. Auch die Reiter, mit dem eigentlichen Helden der Erzälung in ihrer Mitte, sind nicht nur in den Hintergrund gerückt, weil sie schon gehörigen Abstand erreicht haben mussten um selbst nicht mehr in Gefar zu kommen, sondern auch bescheiden durchgefürt, da nur die Wirkung des furchtbaren Geschehens selber dargestellt werden konnte. Die Rückansicht der Rosse und die Bewegung der Reisigen im Sattel, als sie das Getöse hören und des Sturzes ansichtig werden, ist durchaus Masaccios würdig, dessen Predella mit dem Gefolge der Könige für den Pisaner Altar (jetzt in Berlin) das nächste Belegstück liefert. Die starken Verkürzungen der Köpfe drunten im Strudel des Untergangs waren schon gegenüber beim Radwunder vorbereitet; mit den Flüchtlingen und Schuldigen, die von den Splittern getroffen werden, gehören diese Opfer der Nemesis selbstverständlich zusammen. Die Schlichtheit des unentrinnbaren Vollzuges charakterisiert den Meister, der auf mannichfaltigere Motive und unverständlichere Episoden verzichtet, ganz anders als Paolo Uccello bei der Schilderung der Sintflut im Kloster von Sta Maria Novella, die wir doch zwanzig Jare später zu datieren haben.

Wie weit die besondern Mittel der Farbe und der Beleuchtung hier mit in Anspruch genommen worden, ist bei dem heutigen, durch Feuchtigkeit völlig verblassten Zustand der Ueberreste nicht mehr zu sagen. Die dunkle Stelle unten an der Fensterwand verbot an sich schon Manches. Und für vorwiegend zeichnerische Mittel blieb der Gegenstand immer ein recht unglücklicher Auftrag.

So gestattet auch die letzte Aeusserung des sterbenskranken Ambrosius für das noch übrige Feld kaum eine andre Wirkung als die eines Sittenbildes; denn das Thema war nur der laute Zuruf des Abscheidenden auf die leise geflüsterte Frage nach seinem Nachfolger am andern Ende des Zimmers. Bemerkenswert ist indess die perspektivische Konstruktion des Einblicks in das Schlafgemach und das anstofsende Studierstübchen des Heiligen, die hier jedenfalls aus der Kardinalswonung von S. Clemente genommen wurden. Nicht mehr, wie gegenüber bei der Disputation an der entsprechenden Wandstelle links, ist dieser Einblick für den Standpunkt auf der Schwelle berechnet, sondern für den Standpunkt drinnen vor der Fensterwand, und zwar grade, wie beim Radwunder Katharinas, — auch wieder ein Schritt zur Korrektur der übertriebenen Konsequenzen, der erst nach jenen misslichen Erfarungen drüben verständlich wird, also ein Beweisgrund mehr für unsere Datierung dieser Arbeit, und um so beachtenswerter neben der perspektivischen Konstruktion des Hauses auf dem Nachbarbilde, wo uns die Breitseite ganz von vorn, die Schmalseite rechts aber in stärkster Verkürzung gezeigt wird, so dass der Augenpunkt noch im Bildrand selbst zu liegen kommt, in Simshöhe des Hauses, zu Füssen der Reiter, d. h. auf halber Höhe des Wandfeldes wie hier im letzten. Für die dargestellten Personen konnte die Hauptaufgabe nur im gespanntesten Ausdruck der Beziehungen liegen: eine Gruppe von Geistlichen, die möglichst unbemerkbar mit einander ratschlagen, ein Kranker, der sie dennoch hört und darauf antwortet, ein ruhiger Wärter im Vordergrund, das ist Alles. Und wie ausdrucksvoll sind diese Köpfe der Geheimniskrämer, wie angestrengt das letzte Zusammenraffen des müden Greises auf seinem Lager, wie jugendlich arglos das Antlitz des unbeteiligten Dieners, der gewiss dem Einnicken nahe war, als die Stimme seines Herrn erschallt. Und wie anders sitzt diese Gestalt in den weichen Gewändern des Klerikers auf dem festgepolsterten Kissen am Boden, als die Madonna in München und vollends die in Bremen von 1423. Auch er hat ein Knie erhoben, um seinen Elnbogen darauf zu stützen, wärend die Handfläche dem Kopf als Lene dienen soll; aber das andre Bein ist vorgestreckt und der Arm herunter gelassen, so dass die Hand auf dem Knie ruht. Diese linke Seite der Gestalt kert sich nach aussen gegen den Beschauer, die aufgestützte gegen die Bettstatt des Bischofs, so dass wir klaren Ueberblick über Haltung und Lage aller Körperteile gewinnen, auf die es ankommt: eine plastisch durchgearbeitete Genrefigur von überraschendem Reiz ist gelungen und wirkt als Gegensatz zu dem ausgestreckten Greis, der nur durch drei aufgetürmte Kissen emporgerichtet wird, um das Zimmer überschauen zu können. Und diese Krankenstube ist mit aller Liebe im Einzelnen geschildert, in der Wal der Farben unverkennbar harmonische Wirkung erstrebt, in der Durchfürung der Wandschränke mit ihrem Hausrat selbst die Kleinmalerei des Stillebens nicht verschmäht. Das müssen auch anspruchsvolle Augen noch heute anerkennen in dem traurigen, verwarlosten, wenn auch von fremder Zutat freieren Zustand des Wandgemäldes, dessen untere Teile die Feuchtigkeit schon lange zerstört hat.

Die Verwandtschaft dieser vier Wandbilder aus der Ambrosiuslegende mit der ersten Gruppe der Florentiner Fresken wird durch die Wiederker der Typen vollends bestätigt. Der jungen Magd an der Wiege vergleichen wir den vollwangigen Patrizierson, der hinter Petrus und Johannes zum Tempel geht; sein Gefärte in Profil ist älter geworden und umgedreht der Arzt beim Bienenwunder, und beiden Gecken auch der Wächter am Lager des Ambrosius nicht fern.

Wenn es aber darauf ankommt, die Datierung dieser Arbeiten im Lebenswerk des Meisters so bestimmt wie nur möglich zu begründen, dann mag als Gegenprobe hier ein Blick auf die Aussenseite der Kapelle von Nutzen sein, wo die Bestandteile des Wissens und Könnens in einfacheren Gegenständen fast für sich zur Geltung kommen und die freie Wal der künstlerischen Behandlung noch deutlicher hervortritt, als in vorgeschriebenen Scenen einer Heiligenlegende.

Die Verkündigung

Droben über dem Eingangsbogen, dessen Scheitelspitze mit dem gemalten Wappen der Castiglione unter dem Kardinalshut bekrönt ward, sollten die Zwickel links und rechts den Verkündigungsengel und die Annunziata aufnemen. Die Art, wie dies geschehen ist, charakterisiert den Meister, nicht nur persönlich in seiner Eigenart, sondern auch an einer bestimmten Stelle seines Ganges. Er errichtet mit Hülfe seines Pinsels zu den Seiten der beiden Bogenhälften, auf dem Grunde des Kämpfersimses, wo sie aus der horizontalen Mauermasse aufsteigen, eine Substruktion aus rundbogigen Arkaden für ein allseits offenes Obergeschoss, vor dessen Fussboden die obere Hälfte des Spitzbogens mit dem Wappen darauf emporragt. So erscheint darüber der Söller, wo Maria zu beten pflegt und der Verkündigung teilhaftig wird, wie eine luftige Pergola, und zwar im heiteren Stil der Renaissancepaläste, wie Brunelleschi ihn erdacht, mit schlanken Säulen auf steilen Ringbasen und runden Bögen über den Volutenkapitellen, mit einer flachen Decke von bunter Holztäfelung, an die wir von unten hinaufblicken. (Eine später vorgelegte breite Goldleiste hat leider den obersten Streifen der Frontansicht verdeckt bis unter die Kapitelle der vordern Säulenreihe, so dass sie gedrückter erscheint, als ursprünglich bei voller Bogenhöhe und darüberliegendem Sims der Fall war.)

Die ganze Scheinarchitektur, der Pfeilerarkaden über den wirklichen Wandpfeilern des Eingangs und der Säulenarkaden über diesem Unterbau, dient also mit seiner starken Vertikal- und Horizontalgliederung einmal dazu, gegen den spätgotischen Spitzbogen aufzukommen und andre Verhältnisse im Sinne klassischer Vorbilder einzufüren, sodann aber befriedigt sie den Wunsch des Malers, besonders in der hochgelegenen Pergola seine perspektivische Darstellung in Untensicht sogleich für den ankommenden Besucher zu zeigen. In ihrem ursprünglichen Anblick musste die Säulenhalle droben auf den schlanken, enggestellten Bogenreihen gradezu befreiend, über die Deckenhöhe der Basilika selbst hinaustäuschend wirken. Das ist eine Aeusserung der Freude über die neuerrungene

Bravour der perspektivischen Konstruktion, deren unmittelbare Vorstufen in den oberen Bildern der Ambrosiuslegende soeben erreicht waren. Wir finden sie zu gleicher Zeit, aber so garnicht vereinbar mit dem schmalkappigen Rippengewölbe der Collegiata zu Castiglione bei Masolino in seiner Verkündigung und seinem Sposalizio, deren Vergleich mit dieser klaren und wirksamen Leistung in S. Clemente grade die Ueberlegenheit des künstlerischen Urteils bei Masaccio ad oculos demonstriert. Wir finden sie später auch bei Paolo Uccello wieder, der über einem Altarwerk von Masaccio in S. Maria Maggiore zu Florenz auch eine Verkündigung in Fresko auf Wand und Wölbung der Kapelle malte, so dass die Architektur des Schauplatzes die wirkliche Decke zu durchbrechen schien, wie Vasari erzält, oder weit überragte, um den Eindruck luftiger Weite zu ertäuschen. Hier liegen also in Rom die Anregungen, die Piero della Francesca und Melozzo da Forli weiter verfolgt haben bis zu direkten Untensicht eines ganzen Kuppelgewölbes.

Grade innerhalb dieser perspektivischen Verkürzung des Raumes, die unsern Augen den Fussboden der Säulenhalle bis auf seinen vordern Rand vollständig entzieht, um uns die Decke zu zeigen, verdient die Behandlung der beiden Figuren alle Beachtung. Sie sind nicht möglichst hineingestellt, als Körper innerhalb dieser Pergola, die den selben örtlichen Bedingungen unterstehen. Dann würden wir die beiden Personen auch nur in ihrem oberen Teil sehen, zumal wenn sie knieen sollten wie hier. Zu Gunsten ihrer volleren Wirkung hat Masaccio sie ganz hervorgeholt und auf dem vordersten Streifen knieen lassen, kaum durch die Basis der ersten Säulenreihe vom Simsrande zurückgeschoben. So kommen sie vollauf zur Geltung, und kamen es ursprünglich noch freier, als die Goldleiste über ihrem Scheitel noch nicht ein Stück ihrer Heiligenscheine wegschnitt wie jetzt. Dem entspricht auch die plastisch wirksame Behandlung der Körper, die in voller Rundung ihr Volumen einnemen und erfüllen, besonders unterstützt von der seitlichen Beleuchtung durch das Fenster der Basilika selbst, dessen Lichtzufur von rechts oben her im Bilde wiedergegeben und durchverfolgt ist, so dass die Rückseite des Engels und die untere Hälfte des vorgestreckten Armes in Schatten liegen. Die Bildung der Gestalten selbst und ihrer Köpfe zumal schliesst sich den soeben betrachteten Personen der Ambrosiuslegende an, aber auch der Predigt Petri, am nächsten natürlich den verwandten Darstellungen der Madonna in München und S. Anna Selbdritt mit ihren Engeln herum, deren Zusammengehörigheit mit dem künen perspektivischen Bravourstück am Eingang der Kapelle in S. Clemente uns ganz besonders beachtenswert erschien [1]). Unverkennbar ist jedoch die fortschreitende Umbildung dieser Typen im Sinne der antiken Plastik, deren Götterideale um so glücklichern Einfluss auf den Maler gewonnen haben, je mehr er das Verständnis für die plastischen Vorzüge dieser Kopf- und Gesichtsbildung erlangt und demgemäss die wirksamen Hauptformen, die Stirn und die Augenhölen, die grade Nase, die geschwellten Lippen und das kräftige Kinn betonen lernt.

S. Christophorus und der Dioskur

Was wir am Verkündigungsengel in S. Clemente besonders an dem mächtigen Profilkopf und der breiteren Modellierung der Arme, bis in die Finger und ihre Stellung hinein, oder der Büste und der Hüften beobachten können, das zeigt sich auch an der ganzen Figur des Riesen Christophorus am Pfeiler unten links, obgleich die Besonderheit der Aufgabe, den wachsenden Druck der kleinen Last auf seiner rechten Schulter darzustellen, auf der das Christkindlein mit der spielend leicht gehaltenen Weltkugel sitzt, keine vollauf erfreuliche Verwertung der erworbenen Fähigkeiten gedeihen liess [2]). Unwillkürlich greift der Maler, da er den langen Kriegsknecht geben soll, zu den gestreckten Proportionen zurück, die ihm früher als gotisches Erbteil geläufig waren, wie der Scharfrichter der Königin in der Kapelle hier und der Adam im Sündenfalle zu Florenz, aber auch die Longobarden vor Ambrosius sie zeigen. Auf dies Gerüst oder die dort erreichte Grundlage ist hier jedoch überall mehr Muskelfülle angetragen und an den Gelenken die Wiedergabe der festen Formen bestimmter geworden. Die farige Uebermalung der Restauratoren hat, wie sich am Original noch erkennen lässt, nur allzu summarisch geglättet und beim Herstellen der Gewandung deutlich hervortretende Teile verschleift. Die Hüftdrehung freilich und die anschliessenden Partieen um den Gürtel, wie das Vorbeugen der Schulter waren wol ursprünglich schon die schwächsten, wärend der Gesamteindruck und Aufbau der Gestalt bis hinauf zu dem emporblickenden Kopf durchaus wirksam genannt werden darf. Das Wichtigste für uns heute ist die Ausgleichung der Antikenstudien des Meisters mit der überlieferten Proportion dieser vergrösserten Normalfigur. Dem Wunder zuliebe ist das Knäblein auf seiner Schulter kleiner und zarter gehalten, als Masaccio den gesunden Jungen auf dem Schoſs Mariens sonst schon gebildet hatte; aber er

[1]) Vgl. III, S. 49 u. IV, 22 ff. Abbildung IV, Taf. 1 u. 2a, b.
[2]) Abbildung IV, Taf. 3b.

4*

gleicht doch dem Sönchen der Kirchgängerin bei der Heilung des Lahmen in Florenz und dem vornem gekleideten Patrizierkind, das vom Geiste getrieben die Bischofswal in Mailand bestimmt, drinnen an der Fensterwand der Kapelle.

Hier ist denn auch dringende Veranlassung genug, das erhaltene Beweisstück für die römischen Antikenstudien Masaccios heran zu ziehen, das wir in einer weissgehöhten Zeichnung auf blauem Grunde im British Museum besitzen [1]; — ein eigentümliches Zeugnis für die Unbefangenheit auf der einen und die Unzulänglichkeit auf der andern Seite eben dieser Studien vor einem antiken Bildwerk. Das Blatt ist offenbar beim Anblick eines der beiden Dioskuren auf Montecavallo gezeichnet, wenn auch daheim noch im gewonten Verfaren der Durchschattierung überarbeitet worden. Es beurkundet nur eine sehr bedingte Empfänglichkeit für die Formensprache der beiden selbständig neben einander gestellten Marmorkörper des aufspringenden Rosses und des nackten jungen Helden, der es am Zügel hält. Aber auch dieser Grad von Hingebung hat schon seine Früchte getragen, und es ist lerreich mit diesem gezeichneten Blatt jener römischen Tage in der Hand die nackten Gestalten des Malers zu vergleichen, vom Adam im Sündenfall und Christus im Grabe zu Empoli bis zu den Gekreuzigten in San Clemente und weiter zu den Täuflingen im Carmine, zwischen denen sogar die eingepökelten Scholaren, die S. Nikolaus aus ihren Fässern frisch und ganz hervorsteigen lässt (im Vatikan) eine Stelle verdienen.

Die Kreuzigung

In dem grossen Hauptbilde der Kapelle Brandas da Castiglione werden nicht allein für Christus am Kreuz zwischen den beiden Schächern die Errungenschaften der Aktstudien und Antikenzeichnung verwertet, mit denen gewiss zalreiche Blätter des eifrigen Malers einst erfüllt waren [2], sondern auch für die untere Darstellung mit Rossen und Reitern. Neben den Kolossen von Montecavallo meldet sich als Vorbild unverkennbar der Marc-Aurel, der damals als Denkmal eines Bauern, der Rom errettet, in der nächsten Nachbarschaft von S. Clemente, beim Lateran zu sehen war. Er ist in verschiedenen Ansichten wiedergegeben oder doch als Unterlage

[1]) Abbildung in Lieferung I, Nr. 28; vgl. Text II, 30 ff.

[2]) In der Sammlung der Uffizien darf wenigstens eine Ornamentzeichnung, auf rötlich grundiertem Papier in Silberschrift, nach einem Mamor-Relief, Rankenwerk mit einem nackten Genius dazwischen, für Masaccio in Frage kommen.

der Studien für die Aufstellung der zalreichen Reiter, die diese Kreuzigung auszeichnen, nachweisbar geblieben. In Nachamung befangen freilich wird man diesen Maler nicht mehr vorstellen dürfen, sobald man sich einmal klar gemacht, wie er mit diesem Skizzenmaterial verfärt und bei der andersartigen Gesamtdisposition dieses Bildes verfaren musste.

Am greifbarsten bewart sich der Zusammenhang mit dem antiken Vorbild, ausser den Einzelheiten, vielleicht an einer Stelle, wo die gegebene Wandfläche durch das eingelassene Marmortabernakelchen links vom Altar empfindlich unterbrochen ward, d. h. wo dieser feste tektonische Bestandteil, der hell ins Auge fällt, einen besondern Ausgleich mit den Figuren des Vordergrundes um ihn her, zumal bis an den Eckpilaster der Einramung hin, verlangte. Hier ist die Anordnung der drei Juden, die unter einander ratschlagend zum Kreuz empor schauen oder gestikulieren, mit dem Verräter links, durchaus der Reliefkomposition entsprechend, die wir später, und zwar beträchtlich später auch von Donatello befolgt sehen, wo es sich um friesartige Darstellungen in den Verhältnissen der Vorderseite eines Sarkophags, eines Altartisches oder Altaraufsatzes handelte. Jenseits des Tabernakels schliesst die Gruppe der Frauen, die durch Uebermalung entstellt ist, in gleicher Festigkeit des Aufbaues an, so dass die Gestaltenreihe mit dem Lieblingsjünger Johannes, als Gegenstück zu Judas Ischarioth endet. Diese Gewandfigur entbert noch etwas der selbständigen Kraft und Breite, die ihre Stellung fordert, entspricht jedoch der Auffassung dieses Apostels, die wir bei Masaccio bisher beibehalten finden. Sie befremdet nur neben der plastischen Entfaltung des Körpers der zurücksinkenden Maria, deren ausgestrecktes Bein zunächst die schräge Gesamthaltung aufrecht erhält, in der die Frauen sie unterstützen. Das Hinüber- und Herübergreifen der helfenden Arme, das Hängen und Auflagern der hilflosen Glieder der Onmächtigen, diese Betonung der physischen Seite des dargestellten Momentes, der eben dadurch zum wirksamsten Träger des psychischen Ausdrucks wird, sind Eigenschaften, die den jungen Maler auf einer neuen Ban zeigen und aus dem wachsenden Verständnis für die Grösse antiker Bildnerei hervorgehen.

Um so schmerzlicher vermissen wir die rechte Seite des Vordergrundes, wo die zugemauerte Tür noch höher hineinreicht, und wo die beiden anschliessenden Genrefiguren, vor denen ein Stück der ersten Reihe leer bleibt, durchaus verdächtig in ihrem heutigen Zustande, wenn nicht ganz, doch grösstenteils der Hand eines manierierten Restaurators aus dem siebzenten Jarhundert angehören.

Der erhaltene, von Kniehöhe ab sichtbare Befelshaber, der mit erhobenem Kommandostab auf seinem Rosse in voller Profilhaltung von rechts herangekommen ist, an der Spitze eines Gefolges, von dem wenigstens noch zwei Pferdeköpfe deutlich in das Bild hereinschauen, beweist als Eckgruppe schon in der Höhe eines zweiten Streifens, dass auch auf dieser Seite die festaufgebaute Geschlossenheit des Vordergrundes beabsichtigt war wie drüben. Die dunklere, vom Fenster in der Seitenwand nur obenher beleuchtete Stelle der Bildfläche gebot onehin massigeren Zusammenhalt und gestattete höchstens einer nebensächlichen Episode, wie den Soldaten, die um das Gewand des Gekreuzigten würfeln, die damals allerdings übliche Aufname (die auch Labruzzi in seiner Gesamtübersicht andeutet).

Eins aber ist zweifellos und klar vorhanden: der Vordergrund enthält die bestimmtesten Anläufe zu der grossen, reliefmässigen Kompositionsweise, die wir auf den Meisterwerken der Brancaccikapelle, in der Geschichte mit dem Zollgroschen und der Wiederbringung des Fürstensones ausgebildet finden. Es sind Vorbereitungen dazu, die an dieser Stelle in die fortschreitende Tätigkeit des Meisters hineingehören. Und diese Datierung wird durch ein äusserliches Merkmal noch bestätigt: der Kopf des sogenannten Judas Ischarioth, d. h. der erste Kopf der vordersten Reihe links an der Ecke, ist genau der selbe, der in der Predigt des Petrus, unmittelbar vor den Karmelitermönchen, nur in umgekerter Richtung zum Redner emporschaut. Dort auf dem letzten Fresko der früheren Gruppe in der Brancaccikapelle ist er offenbar ein Porträt, schon jenseits der vorderen Reihe von Ausdrucksträgern intensivster Kraft als Ueberleitung zu den gleichgiltigeren Hörern aus dem Kloster des Carmine hineingesetzt, — hier auf der Kreuzigung zu Rom in umgedrehter Richtung wieder verwertet, wie mit Hülfe einer Bause des Studienblattes.

Einer so grossen Wandfläche, wie die Altarseite der Kapelle in S. Clemente sie darbot, war jedoch mit solchen Mitteln der Reliefanschauung, die sich auf den Gestaltenstreifen des Vordergrundes beschränken muss, nie völlig beizukommen. Nicht minder indess versagte die perspektivische Konstruktion im Anschluss an die gegebenen Verhältnisse des Raumes, die der Maler bisher auf den Seitenbildern angewendet hatte. Das Bogenfeld mit den drei Kreuzen ist auch hier so behandelt: das Kreuz Christi wird ganz von vorn gesehen und ist höher, die niedrigeren beiden der Schächer links und rechts sind in schräger Richtung dazu gestellt und als Leitbanen der Tiefenbewegung für das Auge verwertet. So entsteht das Gefühl des gleichartigen räumlichen Zusammenhangs mit dem Bilderkreis ringsum; aber es ward auch zunächst der Unterschied zwischen der zweigeschossigen Teilung der Seitenwände und der einheitlichen Altarwand bemerkbar, zwischen deren einigermafsen gleichwertigen Bestandteilen, dem Bogenfeld mit den drei Kreuzen oben und dem reliefartigen Figurenstreifen unten im Vordergrund, nun eben die Vermittlung gefunden werden musste.

So verfällt der Maler auf die Erhebung des Terrains bis zur Höhe des Hügels, auf dem die Kreuze stehen, so dass diese Horizontale zugleich die Pfeilerhöhe der gemalten Umramung erreicht, die von der wagrechten Gränze der seitlichen Bilderreihen beträchtlich, fast noch einmal so hoch, überstiegen wird. Deshalb muss ein zweites Mittel hinzukommen, auch diese Differenz noch auszugleichen: es sind die Reiter hoch zu Ross, mit erhobenen Armen, aufwärts gestikulierend, anbetend, hinweisend, emporrufend gar, und mit langen Lanzen, Fanen, Bannern, die in die Lüfte ragen. Sie werden von allen Seiten, wie es sonst nicht üblich, gegen die Kreuze herangefürt, und bezeichnen so, selbst in verschiedener Höhe zu einander, die ringsum ansteigende Erhebung der Stätte Golgatha. Die Vermittlung für das Auge geschieht nicht allein linear in der Fläche, wie etwa von der Konsolhöhe links und rechts zu den Füssen der niedriger gekreuzigten Schächer hin; sondern auch radial im Raumvolumen auf das Kreuz des Erlösers in der Mitte zu. So gewinnt diese centrale Komposition erst auf der jenseits abfallenden Senkung des Hügels durch eine halb sichtbare Gestaltenreihe ihren Abschluss, und zwar in einem gleichen räumlichen Abstand, wie vorn der erste Reliefstreifen, — natürlich bei diesem Maler in der wolberechneten Verkleinerung des Mafsftabes. Bei ihrer Erwänung muss aber darauf aufmerksam gemacht werden, dass grade diese Köpfe in mancherlei Stellung und Verkürzung aufs Eifrigste von Michelangelo studiert und nachgebildet sind, so dass die übereinstimmende Erzälung des Vasari und des Beffa Negrini von der Vererung des grossen Meisters für die römischen Werke Masaccios durch seine eigenen Zeichnungen bekräftigt wird. (Vgl. z. B. Lieferung IV, Taf. 10b den Kopf des Reiters neben den klagenden Frauen.)

Mit den aufgewiesenen Intentionen einer grossartigen, echt monumental schaffenden Raumkunst, steht endlich in engem, ebenso unauflöslichem Zusammenhang der Ausblick in die landschaftliche Ferne, der den mittleren Streifen der Bildfläche zwischen der heranströmenden Schar auf dem Hügel unten und den drei Gekreuzigten droben einnimmt. Die gewollte Bildanschauung ist also die, dass nur die oberste Kuppe des Richthügels ganz nah sichtbar wird, als stiege sie unmittelbar hinter der Wandvertäfelung und dem abschliessenden Simsstreifen auf, der so etwa als Fensterbank einer breiten, spitzbogig umramten Oeffnung fungiert. Von den vordersten Gestalten hüben und den hintersten drüben reicht die plastisch körperhafte Region und umfasst in ihrer Mitte unter das gleiche Gesetz der Ausgestaltung zu vollrundem Schein auch die Gruppe der Gekreuzigten droben. Jenseits dieser Gränze der Komposition, die zugleich räumlich konsequent, d. h. dreidimensional im Sinne der realistischen Monumentalkunst aufgebaut ist, — jenseits der Zone des vollen Körpergefüles, liegt das Fernbild. Es ist ein Ueberblick über die weite Ebene jenseits in die Tiefe, mit dem Spiegel eines Sees oder einer Meeresbucht zur Linken, und einer Hügelkette rechts, die sich am andern Ufer des Wassers entlang zieht und ebenfalls nach links in die Ferne verliert. Die Fürung der Linien, die Verteilung der körperlichen Massen und der räumlichen Leere, die Abwägung des Näheren und Ferneren verrät uns noch im heutigen Zustand eine fülbare Rechnung, die sich dem Zug der Gesamtkomposition anschliesst, aber eben dadurch über alle herausgehobenen Einzelfaktoren des Aufbaues hinausgeht und, von deren Gesetz befreiend, die Gesamteinheit des Bildes vollzieht. Den Massen des Vordergrundes folgend steigt unser Auge von links her in schräger Richtung bis zur Gestalt des Befelshabers auf, der ganz rechts, durch seine befelende Gebärde eben, die Wendung nach links zurück, aber nach aufwärts, über den nächsten Reiter zu Christus empor vermittelt. Wie hinter ihm noch Gefolge zu Ross von rechts hereinschaut, so ragen dort auch die Türme der nächsten Stadt auf zurückliegender Bergkuppe herein und schliesst die Kette dieses Höhenzuges zunächst auf, — wenn nicht mehr als Körper vollauf stereometrisch erkennbar, doch als Masse noch dunkel fülbar genug. Die Flucht dieser Hügelreihe geht, im Anschluss an die vorhin durch die Figuren bezeichnete Richtung zu Christus empor, in gleicher Richtung diagonal durch die Bildbreite nach rechts hinauf, wirkt aber zugleich, ferner und ferner zurückweichend, dem noch immer tastend nacheifernden Auge in nicht mehr greifbare Form entschwindend, im Sinne der Raumweite. Und die schimmernde Oberfläche des Wassers zu ihren Füssen wirkt erstrecht für die Ferne, die unabsehbare, wo die Gesetze der Körperwelt sich unserer Kontrole entziehen und zu weichen scheinen, um andern Mächten den Spielraum frei zu lassen, — nämlich dem Licht und den Farben im Bereich des körperlosen Helldunkels, das nur noch für das Auge allein, one Beirat des Getastes, da ist und jene Faktoren unmittelbar auf die Seele wirken lässt als Stimmungswerte. Hier liegt die offene ins Unbestimmte ausgehende Seite des Winkels, dessen Spitze wir im römischen Befelshaber, dem Vollstrecker der Peripetie gewarten. Und so wird klar, dass diese einheitſchaffende Gesamtrechnung, die Licht und Luft als wesentliche Mittel der Raumschöpfung einbezieht, wieder im engsten Anschluss an die räumlichen Gegebenheiten der Bildfläche, an Ort und Stelle, gedacht und durchgefürt worden ist: sie benutzt den wirklichen Einfall des Lichtes durch das Kapellenfenster von rechts her und antwortet mit dem Reflex auf der Wasserfläche links im Hintergrunde als letzter Sammlung des Wertes, dem die Kunst des Malers auf diesem Wege vom Vordergrund in die Tiefe für die Modellierung aller dazwischen befindlichen Körper so viel verdankt. Die Wal dieser Richtung, als der weiterleitenden, befreienden oder doch zum befriedigenden Ausklang der Katastrophe fürenden, geschieht durchaus natürlich im Sinne der Lichtfürung und Raumwirkung im ganzen Seitenschiff der Basilika von S. Clemente, grade so für die Tiefendimension, wie bei der Verkündigung an der Stirnseite der Kapelle für die Höhenschätzung. Es ist das letzte, grösste Meisterwerk der Raumkunst gewesen, das Masaccio in Rom geleistet hat. Und wenn wir nach den nächsten Arbeiten in Florenz suchen, so dürfen wir vor allen Dingen nicht vergessen, dass die gegebenen Wände der Brancaccikapelle ihm keine solche für malerische Weite verwertbare Bildfläche darboten, dass dort die Altarwand in der Tiefe grade durch das Fenster zerschnitten, für einheitliche Wirkung verloren war, und dass die Seiten, nah sich aufdrängend, ihn vielmer in die Enge trieben; zur Reliefauffassung einer vorderen Gestaltenreihe zwangen und auf das Nahe, körperlich Greifbare zu beschränken drohten.

IV.

DIE ZWEITE GRUPPE DER WANDGEMÄLDE IM CARMINE UND IHRE VERWANDTEN

Das ist in der Tat die Sachlage, die uns erkennbar genug aus der Reihe der allgemein anerkannten und gleichermafsen gerümten Meisterwerke Masaccios in Florenz entgegentritt. Der vergleichende Blick, den wir allmählich ausgebildet haben, unterscheidet immer deutlicher die beiden Hauptprobleme, die sich gegenseitig auszuschliessen scheinen, je mehr der Maler ihren Wert zu begreifen und ihre besondern Vorzüge auszubeuten lernt, wärend die Monumentalkunst, in deren Dienst er fast allein noch arbeitet, auf einen Ausgleich hindrängt, oder vielmehr eine klare Auseinandersetzung der Ansprüche und Berechtigung beider fordern muss. Ich meine die centrale Komposition, die auf volle Verwertung des Tiefenscheines bedacht ist, und die Reliefkomposition, die sich zu Gunsten ihrer Figuren mit einem verhältnismässig nahen Vordergrund begnügt Man könnte sie unter Betonung ihrer letzten Tendenz als »das perspektivische Problem« und »das plastische Problem« unterscheiden, würde damit aber die zalreichen Uebergänge und Vermittelungen übersehen, die tatsächlich zwischen beiden vorhanden sind und in dem dritten Problem, der monumentalen Raumkunst des Malers grade zu einer neuen Einheit zusammentreten.

Das perspektivische Problem fürt unstreitig, durch die Eroberung der Raumweite des Fernbildes, zur Entdeckung des specifisch »Malerischen«, d. h. zur höchsten Ausbildung der besondern Aufgabe, die nur die Malerei als Kunst sich stellen kann. Das geschieht besonders durch die Tafelmalerei und auf Grund der Oeltechnik, gehört also erst der ferneren Zukunft an. In der Gegenwart aber, wo wir mit Masaccio stehen, haben wir es vielmehr mit der Forderung Brunelleschis der konsequenten Konstruktion des Raumes für die Körper darin zu tun, also zunächst mit einem Gesetz, durch dessen Bewältigung erst ein malerischer Genius, wie Masaccio allein unter allen Zeitgenossen, zu Offenbarungen einer höheren Freiheit durchdringt, die ihm selbst vielleicht unerwartet im

Verfolg der ernsten Arbeit aufgegangen. — Im Umkreis dieser Hauptaufgabe jedoch, der monumentalen Wandmalerei, bereitete dies perspektivische Gesetz unläugbar eine Schwierigkeit, die Herabdrückung des Wertes der Figuren im Verhältnis zum Schauplatz ihrer Handlung, die Unterordnung unter den umgebenden Raum, die dem vorwaltenden Interesse an den menschlichen Figuren durchaus widersprach. An die Stelle dieses poetischen Uebergewichts, das im Trecento seine volle Geltung behauptet hatte, tritt nun aber immer mehr das plastische Vollgewicht der Körper, dessen Darstellung durch die Mittel der Malerei ein neues künstlerisches Problem bedeutet. Und hier fanden wir Masaccio eher auf der selben Ban, die der Bildhauer Donatello eingeschlagen, und sahen ihn schon hier und da ganz deutlich die Rieliefanschauung wiedergeben, die dem Bildner selbst erst später gelungen scheint.

Nun in Florenz, im täglichen Verker mit den beiden ausgezeichneten Freunden, Brunelleschi dort und Donatello hier, kommt es zum Austrag zwischen den Principien des Architekten und des Plastikers, die auf dem dritten Gebiet, des Malers, aufeinander stofsen. Masaccios Hauptwerke der letzten Zeit sondern sich in zwei Klassen, jenachdem das eine oder das andre Problem die Oberhand behält, oder den besondern Bedingungen der Oertlichkeit gemäss behalten muss. Da tritt der weiten Kreuzigung in S. Clemente sofort die Dreifaltigkeit in S. M. Novella gegenüber, in denen beiden doch die Eroberung der Tiefe das Gemeinsame bildet, und die beiden unteren Bilder der Altarwand in Cappella Brancacci mit Almosenspende und Schattenheilung schliessen sich an. Demgegenüber stehen die Geschichte vom Zinsgroschen und die Auferweckung des Königsfones mit ihrer reliefmässigen Anordnung, in denen das Interesse an der plastischen Selbständigkeit der Gestalt so entschieden das Ganze bestimmt.

Doppelt empfindlich wird gerade durch diesen Gegensatz die Lücke, in die das Chiaroscuro der »Sagra del Carmine« im Klosterhof, die geniale Improvisation, hineingehörte, die in der ersten Anlage des Platzes das perspektivische Problem verfolgte, in der Ausfürung des Gestaltenzuges aber ebenso glücklich zur reliefmässigen Aufreihung der Körper übergegangen scheint. Grade das Wie der Lösung zwischen beiden Ansprüchen zu sehen, wäre das einzige Mittel, das Uebergewicht der einen oder der andern Richtung zu entscheiden oder wieder einen genialen Wurf über beide Regeln hinaus, wie bei der Kreuzigung anzuerkennen. Die besondern Bedingungen der gegebenen Bildfläche an der Mauer des Klostergangs sprechen mehr für die Anname, dass die friesartige Entwicklung des Reliefs den Charakter wesentlich bestimmte, so dass wir es der zweiten Klasse von Werken zwischen Zinsgroschen und Petrus in Cathedra einzureihen hätten.

Suchen wir dagegen, von solchen Fragen der Gesamtdisposition einmal absehend, nach der Verwandtschaft der Formensprache zu bestimmen, welche Arbeiten sich dem römischen Kapellenschmuck zunächst anfügen möchten, so kommen wir jedenfalls auf den obern Wandstreifen mit der Vertreibung aus dem Paradiese und der Geschichte vom Zinsgroschen, andrerseits auf die Vollendung des Altarwerkes für Pisa und den Geburtstagsteller in Berlin. Darauf folgt die Taufe an der Fensterwand der Brancaccikapelle, die sich den Predellenstücken mit der Legende des hl. Nikolaus im Vatikan noch ebenso verwandt zeigt, wie das Fresko der Dreifaltigkeit in S. M. Novella. Dies aber hängt aufs Engste mit den beiden untern Bildern der selben Altarwand zusammen, die sich ihm notwendig anreihen.

Man sieht also, die verfolgbaren Fäden der beiden Hauptprobleme schlingen sich durch einander, je nach den Aufgaben, die dem Künstler zufallen, und nach den Bedingungen, unter denen er zu schaffen hat. Es liesse sich wol eine systematische Einteilung versuchen; aber sie würde dem chronologischen Gang der Entwicklung nicht entsprechen, dem wir möglichst genau nachzugehen trachten, weil er allein das Leben des Künstlers selber in seinem vielseitigen Wachstum zu vermitteln im Stande ist. Ueberdies schiebt sich ja die Arbeit an einem Werke mit der an einem andern auf engsten Zeitraum zusammen; der Entwurf für das eine liegt schon weit voraus, wärend die Ausfürung wieder durch andre Erfarungen dazwischen abgewandelt wird in neuem Sinn; daneben zieht sich die Vollendung eines vielteiligen Altarwerkes für auswärtige Besteller, immer nur als Nebenarbeit behandelt, vielleicht durch Jare hin und zeigt so zwischen Anfang und Ende den merklichsten Unterschied, den der reifsende Fortschritt in allen Teilen des Wollens und Könnens beim Meister selbst allein erklärlich macht [1]).

Die Geschichte vom Zollgroschen

Wärend das Altarwerk von Pisa in den kleinen Predellenstücken mit dem Martyrium des Petrus und Johannes des Täufers noch die nämliche Kompositionsweise zeigt, deren Fortschritt wir von der Heilung

[1]) Man vergleiche den Joseph in der Anbetung der Könige zu Berlin mit dem Hieronymus unter den vier Heiligenfiguren bei Ch. Butler in London, die beide vom Altar aus Pisa stammen, und dann beide Köpfe mit dem Petrus bei der Schattenheilung in der Brancaccikapelle, dazu auch unsere Abbildung aus Altenburg.

des Lahmen und der Erweckung Tabithas bis zu den letzten Legenden in S. Clemente beobachtet haben, überrascht uns beim abermaligen Eintritt in die Brancaccikapelle der jenem Doppelbild neben dem Sündenfall gegenüberliegende Wandstreifen mit der Geschichte vom Zinsgroschen neben der Vertreibung aus dem Paradiese durch ein ganz entgegengesetztes Verfaren, das unbekümmert um das früher entstandene Gegenstück die Bildeinheit vor allen Dingen zu sichern sucht und selbst das ursprüngliche Programm des Kapellenschmuckes, das auch hier zwei getrennte Scenen — Einsetzung des Schlüsselamtes und Findung des Stater — vorgesehen hatte, preiszugeben wagt. Und mit welchem Mittel ist die Bildeinheit hergestellt? Nicht gewaltsam und nachträglich wie drüben, wo die perspektivische Konstruktion des Stadtplatzes mit einmündenden Strassen die beiden Momente, zu Jerusalem und zu Joppe, auf eine Büne zusammenzwingt, nicht mit Hülfe der Tiefenentfaltung in der Mitte, die nachher durch ein vorgeschobenes Koulissenstück und eingestellte Statisten verdeckt ward, sondern durch das Gegenteil, die friesartige Reliefkomposition, durch die vollwertige Ausgestaltung des Nahen vorn und die Verschiebuug der Tiefenflucht auf die eine Seite.

Das ist die eigentliche Grundlage der Grofstat, die all den Fortschritt im Einzelnen erst ermöglicht, dessentwegen man so lange dies Meisterstück für unvereinbar mit allem Früheren erklärt und das Doppelbild gegenüber als Werk Masolinos angesehen hatte. Wir glauben erwiesen zu haben, dafs das Neue hier in der Geschichte vom Zollgroschen nur aus der Entstehungsgeschichte des Doppelbildes drüben erklärt werden kann und eben jene Kompromifsleistung als Voraussetzung im eigenen Gang des selben Meisters fordert, — eine Vorstufe, die bereits den Schlüssel zur nun errungenen Freiheit in sich trägt, den Masolino nie gefunden, auch nicht als ihm vor Augen stand, wie Masaccio es gemacht hatte.

Ausserdem giebt es noch ein Bindeglied, das für Masaccio sicher beglaubigt ist, eben das Mittelstück jener Predella vom Altar im Carmine zu Pisa, der 1426 bezalt ward, — das friesartige Breitbild mit der Anbetung der Könige. Die Gruppe der Pferde rechts hat gewifs noch mehr Verwandtschaft mit Ambrosius und seinen Reisegefärten, die dem Untergang des Hochmütigen entfliehen, an der Fensterwand in S. Clemente, als mit den selbständig gewordenen, vereinzelt zwischen die Fufsgänger eingestellten und in mannichfaltiger Freiheit bewegten Reitern auf der Kreuzigung. Nun aber beachte man die Könige selbst mit ihrem Gefolge bis zu den Porträtfiguren der Stifter und die Bewegung des ganzes Zuges gegen die Hütte links, wo Maria mit dem Kinde als Ziel der Ankömmlinge ihnen gegenüber sitzt. Und dann versuche man, sich diesen Bildstreifen umzukeren, so dass die Richtung des Frieses von links nach rechts verläuft, um das Ganze so mit dem ebenso verlaufenden Wandstreifen der Brancaccikapelle zu vergleichen. Dann haben wir die Hütte rechts in der Nähe vorn, als Ausgangspunkt der Entfaltung, wie auf dem Fresko das Tor von Kapernaum, das Reiseziel des Meisters mit seinen Jüngern. Die festaufgebaute Architektur giebt auch hier das leibhaftig Nahe, von dem unser Auge zurückschweift, auch wenn wir mit den Gestalten den selben Weg, vom Eingang der Kapelle bis an den Altar, zurückgelegt haben und bei dem entscheidenden Moment, wo Petrus triumphierend den Zoll entrichtet, angekommen sind. Der Blick folgt dann dem Zug der Berge, über die Häupter der Jüngerschar hinweg, nach links: er trifft, wo sich das Tal erweitert, am Ufer des Sees die erklärende Nebenscene, wo Petrus die Münze aus dem Maul des Fisches zieht, und findet dort Luft und Licht zum Ausflug in ferne Bergeshöh. Die Fürung des Linienzuges, wie die Beleuchtung zeigt also die nämliche Oekonomie wie das letzte grofse Fresko in S. Clemente, die Kreuzigung, nur in die Verhältnisse des niedrigeren Breitbildes übertragen. Davon ist in der Anbetung der Könige von Pisa noch nicht die Rede, so sehr auch hier schon die Wirkung der tiefstehenden Sonne, die hinter der dunkeln Hütte hervor den ankommenden Verehrern entgegenleuchtet und zugleich ihren lichten Schein über die Hügelkette breitet, zur malerischen Stimmung des Auftrittes wesentlich beiträgt. — Der weitere Vergleich des Predellenstückes in Berlin mit dem Fresko in Florenz fürt dann tiefer in die Entstehungsgeschichte des letzteren ein. Man denke sich einmal das kausal Zusammengehörige auch örtlich zusammengeschoben; d. h hinter Petrus, der den Stater entrichtet, zunächst die zugehörige Voraussetzung, die Findung der Münze am See, weiter zurückliegend im Hintergrund, aber gleich jenseits der Torhalle. Dann schiebt sich von selbst die Jüngerschar mit dem Meister in der Mitte und den abschliessenden Figuren des Andreas und Thomas als Gränzpfeiler auf die linke Hälfte des Wandfeldes. Verwandeln wir dann noch den lebendig nach innen wie nach aussen bewegten Torwächter in eine ebenso vom Rücken gesehene Gewandfigur, so schliefst sich der Kreis der Apostel auch von vorn auf dieser Seite der Hauptperson, und verwandeln wir die Stellung und hinausweisende Gebärde des Petrus, an den sich der Meister wendet, in eine gehorsame, wenn auch überrascht seinen Eifer beteuernde Haltung, wie es ein Niederknieen vor dem Herrn vielleicht am verständlichsten zu geben pflegt, — so haben wir die Einsetzung des Schlüsselamtes, die jetzt in der Kapelle felt, als Bild für sich vor Augen! Aber die Teilbarkeit des Doppelbildes durch einen Mittelpilaster reifst uns auch zurück in die Vorgeschichte des Malers, in die Zeit der Entwürfe, aus der noch die Heilung des besessenen Knaben (in Brüssel) ebenso wie die Heilung des Lahmen und die Erweckung der Tabitha stammen [1]). Diese Retrofpektive jedoch klärt mit aller Bestimmtheit darüber auf, welchen durchgreifenden künstlerischen Erwägungen die Metamorphose des Doppelbildes in eine so grossartige Einheit ihren Ursprung dankt. Nun wurde die Einsetzung des Schlüsselamts geopfert, vielleicht als soeben vorausgegangen angenommen, wie die Stellung der Apostelschaar zu den Hauptpersonen noch nahelegt. Um so plötzlicher spricht sich die dazwischenfarende Störung durch den Zolleinnemer aus. Aber der horchende Apostel, der sich in diesen Rüpel verwandelt, und der Petrus, der widerwillig gehorchen wird, ihm gegenüber, mussten nun zu Angeln der Komposition werden, die beide Nebenscenen, links und rechts, mit dem Hauptauftritt in der Mitte verbinden. Der poetische Kausalnexus aber, der durch Mimik gegeben werden kann, ist dem Maler nicht mehr die Hauptsache, sondern die plastische Entfaltung seiner Gestalten in klarer Auseinandersetzung der einzelnen Körper, dann die durchgehende Reliefanschauung des Gesamtstreifens und endlich die ebenso durchgehende Raumentfaltung, die sich jedoch dem plastischen Bedürfnis entsprechend in umgekerter Richtung vollzieht, so dass wir das Nahe, den festen Halt rechts, das Ferne, die lebendige Bewegung links haben, bis in unabsehbare Möglichkeit hinaus. Was hier erreicht wird, ist ein intimerer Anschluss an die fülbaren Funktionen der tektonischen Faktoren des Kapellenbaues und die künstlerische Oekonomie des bestehenden Innenraumes. Es ist die Anerkennung der Wand als einheitliche Fläche, die durch willkürliche Einmalung eines Pfeilers in der Mitte zerteilt wäre, wie drüben. Es ist aber auch die Anerkennung des gleichmässigen Verlaufs der Wandfläche, deren fester Halt vornemlich an der Altarseite, dem Eingang gegenüber betont wird; diesem Zuge der Orts- und Augenbewegung des Betrachters trägt auch die wachsende Nähe des Gestaltenzuges und ihre vollere Verkörperung, ihre festere Beharrung auf sich selbst Rechnung. Erst wenn der Zielpunkt der Raumbildung, die Altarschwelle erreicht ist, tritt das optische Gesetz des

[1]) Natürlich mufs die Frage, wie weit die erste Redaktion gediehen war und wie sich beide Bilder etwa nebeneinander ausgenommen hätten, unbeantwortet bleiben; genug, wenn die Möglichkeit, Residuen davon in der gänzlichen Umgestaltung noch nachzuweisen, überhaupt einleuchtet.

zum Eingang zurückschauenden Blickes ein, dessen Erweiterung nach aufsen die Raumentfaltung im Bilde ihrerseits entspricht. Es ist ein weiterer Schritt in der Ausbildung des realistischen Monumentalstiles der Wandmalerei, den Masaccio geschaffen.

Wie sehr der ursprüngliche Gedanke an die Einsetzung des Schlüsselamtes auch die Darstellung der Personen selbst zum Vorteil hoheitvoller Charakteristik beeinflufst habe, ist früher hervorgehoben worden. Es liegt über diesen Christus und seinen Jüngern eine Weihe, die das erstaunliche Geheifs, ein Geldstück, das keiner von ihnen in der Tasche hat, aus dem Maul des ersten besten Fisches zu holen, der an die Angel beifsen soll, gewifs nicht erklären kann, sondern nur die weit höhere Bedeutung, den die Uebertragung der Macht zu binden und zu lösen auf die Person des einen Apostels, der hier verherrlicht wird, im Sinne der römischen Kirche beanspruchen darf. Wenn vollends die Verklärung auf Tabor vorausgehen sollte, so begreift sich der Abglanz der überlegenen Geistesnatur, der den Meister im Kreise der Seinigen wie dem Andringen der fremden Welt gegenüber auszeichnet. Aber auch die Charaktere ringsum, soweit sie in besonderem Wesen hervortreten können, haben soeben, das merkt man, einen gehobenen Moment erlebt, wo jeder auf dem Gipfel seiner Leistungsfähigkeit vor dem Auge des prüfenden Herrn gestanden, der die bange Frage bei sich erwog: wer wird euer Haupt sein, wenn ich von euch genommen werde? — Die schlichte, schmucklose Grofsartigkeit dieser Männergestalten, mit den herrlichen Köpfen und dem einfachen Wurf der Gewandung hat von jeher das Urteil über Masaccios Stil bestimmt. Die heilige Einfalt des Genius, nach der die Nachfolger vergebens ringen, ist das Lob, das bei Vasari nachhallt. Es klingt im Munde des routinierten Spätlings wie Sensucht nach den goldenen Tagen der Jugendzeit seiner eignen Kunst.

In der Tat war hier dem Künstler, durch den entschlossenen Bruch mit dem viel zu viel Einzelmomente fordernden Programm, Gelegenheit geboten — und zwar zum ersten Mal im grofsen Mafsstab — sich mit seinen Gestalten nach Belieben auszubreiten. Das Zuviel, das die Kirche vom Künstler, vom Maler wie vom Bildner erzält haben will, war ja die Erbsünde, die seit Byzanz das ganze Mittelalter nicht zur reinen Auffindung der eigenen Gesetze jeder Kunst zu gelangen erlaubte. Wie selten läfst sie eine breite Predella für kleine Figuren unzerstückt. In Rom war selbst auf der ansehnlichsten Wandfläche der Kreuzigung doch ein Hindernis vorhanden, das eingemauerte Marmortabernakel, das den Mafsstab der Figuren bestimmen mufste, wenn nicht die eng gedrängten Heiligenlegenden auf beiden Seiten schon keinen Wechsel der Proportionen mehr gestatteten. So sind sie denn auch mitten auf dem langen Wandstreifen zu einer Wucht und Breite gediehen, die in engerm Ramen notgedrungen wieder zusammen zu schrumpfen droht. Um so wichtiger wird die Geschlossenheit der Komposition, die eine centrale Anordnung mit der Aufreihung des Reliefs zu verbinden weifs, und so, dank ihrer ursprünglichen Selbständigkeit, die Nebenmomente sich klar abheben läfst. Diese wieder sind verschieden an Wert, für die Verherrlichung des Helden ebenso wie für die Oekonomie des Malers. Vollkräftig steigert sich die plastische Festigkeit fast in statuarischem Sinne bei den beiden Einzelfiguren am Tor, wo Petrus der Herr ist und der Zöllner der Knecht, obgleich der erste geben mufs, der zweite nemen darf. Keine geringere Leistung bietet der Künstler in der zusammengekauerten Gestalt des Fischers am See: die Künheit der schwierigen Verkürzung, die Anstrengung der altgewordenen Glieder; selbst die aufsteigende Röte im Kopf rümt Vasari. Dennoch wird sie zurückgeschoben und verkleinert, schon weil es nicht angieng, den heiligen Apostelfürsten in dieser Situation nah vor Augen zu stellen, so dafs man ihn weidlich betrachten mufste in einer Reihe mit den hehrsten Gestalten und dem bedeutsamsten Auftreten der nämlichen Person. Masaccio beweist mehr Geschmack als Vasari, indem er seine mühevolle Leistung wieder auf das Mafs ihres Wertes im Ganzen herabdrückt. Aber nicht diese Erwägung war es, die zu der schräg verlaufenden Raumentfaltung gefürt hat, sondern erst das letzte freie Umspringen mit der Reihenfolge der Momente, deren zeitliche Ordnung preisgegeben wird, um ein höheres Gesetz, das der Bildwirkung, zu erfüllen. Es ist ein entscheidender Schritt aus der Tradition des Mittelalters heraus: es wird nicht mehr für die poetische Vorstellung allein erzält, als deren höchstes Gesetz die zeitliche Abfolge der Momente und der richtige Kausalnexus bestehen bleiben, sondern es wird ein Bild geschaffen für die sinnliche Anschauung des Auges zunächst, und die Gesetze des Schauens werden als erste und wiederum als letzte Instanz anerkannt, soviel auch dazwischen an geistigem Inhalt zu vermitteln gelingt. Die Darstellung mehrerer Momente in einem Ramen ist freilich ein Rest der alten Gewonheit; sie zu tadeln kann uns aber bei diesem engen Zusammenhang mit dem durchwandelnden Beschauer kaum beikommen.

Und die letzte einigende Wirkung übernimmt auch hier, wie bei der Kreuzigung in Rom, die rechtsher durchs Kapellenfenster einfallende Beleuchtung, die wieder links auf dem Wasserspiegel und an hohen Bergwänden gesammelt zurückstralt, wie aus dem helleren

Hauptraum der Kirche für den lebendigen Beschauer der Reflex vom Eingang der Kapelle hereinwirkt.

Eben dies Verhältnis, für dessen richtige Erfassung wir uns in den ehemaligen Zustand der Karmeliterkirche zurückdenken müssen, wie er zur Zeit Masaccios beschaffen war, eben diese besondern Bedingungen der Lichtzufur erklären auch die Behandlung des schmalen Eingangsbildes in dieser selben Reihe, nämlich der Vertreibung aus dem Paradiese, über der sich ursprünglich der Spitzbogen des Eingangs erhob, wärend unten ein Gitter den Zutritt versperren konnte.

Die Vertreibung aus dem Paradies

bezeichnet ebenso die Weiterbildung auf der drüben im Sündenfall gewonnenen Grundlage, wie die Geschichte vom Zollgroschen gegenüber dem Doppelbilde mit der Heilung des Lahmen und der Erweckung Tabithas. Aber wärend die Versuchung durch die Schlange ganz Situationsbild geblieben ist, wird hier die Vertreibung durch den Engel ganz Bewegungsbild, so sehr, dass die Darstellung der beiden nackten Körper, obwol aus viel geläufigerer Kenntnis heraus, doch flüchtig hingeworfen erscheint im Vergleich mit dem mühsam abgezirkelten Aufbau und dem sichtlich angespannten Studium dort. Wärend drüben jedoch eben deshalb der Ausdruck des Augenblicks nicht völlig zu seinem Rechte gekommen ist, durchbebt der Affekt hier die ganzen Körper, und als einzige der bildenden Kunst zur Verfügung stehende Träger des Seelenlebens sind sie ein Meisterwerk allerersten Ranges, eben wieder durch die unumwundene Einfachheit, der nichts fremder ist als theatralische Gestikulation und gemachte Pose. Als Ausdrucksfiguren im höchsten Sinne wollen sie jedoch nicht wie Aktfiguren auf Genauigkeit und Ausfürlichkeit im Einzelnen untersucht sein, die nur ein kalter Anatom oder ein geduldiger Modellmaler von ihnen verlangen wird. Es sind Menschenkinder gleich uns, Lebewesen in furchtbarster Erschütterung, und so erfafst der eintretende Beschauer, der in die Kapelle will, nur die Gebärde unsagbarer Seelenangst und die unwiderstehlich dreinfarende Bewegung des Engels, die nicht einmal des Schwertes mehr bedarf, als einen Gesamteindruck, der den Rückschlag der Tat, die sich drüben vorbereitet, nicht gewaltiger im Bilde zeigen kann. Dort sind es die glücklichen, noch sündlosen Lieblingskinder der Schöpfung, die fast anungslos mit dem eignen Feuer spielen, im ungetrübten Stande der Vollkommenheit, an deren letzter Schwelle nur die Warnung der innern Stimme einen Augenblick noch hemmend wirkt; hier sind es die Urbilder menschlicher Leidenschaft nach der Explosion, der Vergänglichkeit anheimgefallen und vom Schrecken vor sich selbst entstellt. Ein und derselbe Künstler hat beide Bilder als Gegenstücke gedacht und durchgefürt: der gebildete Betrachter wird es stets als seine Pflicht ansehen, sie vor allen Dingen so aufzunemen, wie sie geboten werden.

Dabei können wir uns immer eingestehen, dafs der Künstler auf seinem Stadium zur Rechten nicht die Leistung zu schaffen vermocht hätte, wie auf dem Stadium zur Linken. Es sind in erster Linie die drei Gekreuzigten in Rom, die vorausgehen mufsten, um diese beiden schmerzbewegten nackten Leiber so wirksam zu geben. Besonders der reuige Schächer und die Körperbildung des Erlösers sind die unentberlichen Vorstufen, wärend die kün und elastisch im Sattel sich hebenden, biegenden, drehenden Reiterfiguren, ja der zusammengekauerte Petrus bei der Findung des Stater noch wichtiger für den Racheengel sind, als die ruhig knieende Gestalt des Gabriel in der Verkündigung, dem sonst der Typus des Kopfes wie die Gewandung am meisten entspricht. Die durchaus plastische Auffassung der Aufgabe selbst bleibt für den gegenwärtigen Standpunkt des Malers die Hauptsache und zeigt den weiten Abstand, den sein eigner Gang zurückgelegt hat seit jenem Erretter Katharinas, der die Räder zersplittert.

Den unmittelbaren Anschlufs an die Vertreibung aus dem Paradiese wie an die römischen Studien nach klassischem Vorbild gewinnen wir vollständig auf dem Fresko droben rechts an der Fensterwand, das eben nun, nach langem Zwischenraum seinem Gegenstück, der Predigt des Petrus links, an die Seite gestellt ward.

Die Taufe der Dreitausend

Es ist wie eine Zusammenfassung der ersten und der letzten Gestalten des soeben entstandenen Wandstreifens links, des nackten Sünders Adam und der Togafigur des Petrus vor dem Zöllner, wenn wir den Apostel in Profil auf der einen und den frierenden Täufling auf der andern Seite als tonangebende Vertreter des Vorgangs gewaren. Zwischen beiden übers Kreuz wieder eine Gewandfigur in bufsfertiger Haltung und der knieende Täufling im Wasser, der vornüber gebeugt den Gufs übers Haupt empfängt, und so deutlich wie nur möglich die Erträgnisse des Antikenstudiums zur Schau stellt, sogar in unmittelbarer Herkunft von den Dioskuren des Montecavallo die athletische Muskelstärke eines Heroenleibes enthüllt. Den besondern Bedingungen, zumal der ungünstigen Beleuch-

5*

tung dieser Bildfläche rechts oben beim Fenster entsprechend, bleibt auch sonst die Linke den Kostümfiguren, die Rechte den selbst schon hellen nackten Leibern überlassen; nur als Folie für die Silhouette des Frierenden und eines halb entkleideten Gefärten sind einige Mantelträger eingestellt. Dem Massenbilde rechts gegenüber stehen links als Zeugen der persönlichen Bedeutung des Apostels, der in physischer Tätigkeit funktionieren mufs, zwei mächtige Porträtköpfe, die durch ihre Breite und Wucht die Leistungen Uccellos in der Geschichte von Noah vorausnemen. Den Eindruck der andrängenden Masse einer noch unabsehbaren Schar von Gläubigen unterstützen die aufsteigenden Bergkegel, deren einzelne Kuppen pyramidal in sichtbarem Abstand von einander gen Himmel ragen und durch Reflexe des Lichtes dem Auge den Ausweg in die freie Luftregion eröffnen.

Fassen wir diesen landschaftlichen Hintergrund, der hier oben nichts als Folie zu sein brauchte, mit den gedrängten Figuren im Tal zusammen, wie eine Wand von leise halbkreisförmiger Vertiefung, wie sie dem Auge erscheinen, so gewinnen die central angeordneten vier Hauptgestalten mit dem Symbol des Sakraments, der erhobenen Schale im Mittelpunkt, ihre volle plastische Rundung und ihre an so beengter Stelle erstaunlich gewagte räumliche Auseinandersetzung die ursprüngliche Kraft, die uns noch im heutigen Zustand des Bildes erkennen läfst, wie der Meister, ganz ebenso wie in der breiteren Jüngerschar mit Christus in der Mitte, über die Reliefanschauung hinausftrebt und durch die Aufstellung seiner Körper in radialen Axen um eine Dominante sowol deren Selbständigkeit zu sichern als den Eindruck des Luftraumes dazwischen zu fördern sucht, so dafs die Ströme des Lichtes doppelt wirksam durch die Intervalle hindurch gehen. Der Stellung des Bildes rechts von der Hauptaxe des Kapellenraumes gemäfs, erblicken wir diesen architektonischen Aufbau der Komposition nicht allein von unten, sodafs Petrus und sein Täufling ganz vorn am Rande erscheinen, wie Gabriel und Maria droben an der Stirnseite der Kapelle in San Clemente, sondern auch in seitlicher Verschiebung, so dafs die entscheidende Hauptaxe des Bildraumes, von rechts nach links gegen das Fenster hinaus, wieder radial zur Hauptaxe des wirklichen Kapellenraumes verläuft. So gewinnt die wolberechnete Ansicht zugleich die malerische Freiheit, die der gewönliche, nicht verstandesmäfsig die ganze Oekonomie nachrechnende, Beschauer zunächst und ungestört geniefsen wird. Eben dieser architektonische Gruppenbau mufste jedoch blosgelegt werden, um den Zusammenhang dieses so ganz andersartig erscheinenden und vorwiegend durch malerische

Reize — wie den Kontrast der Nackten und Bekleideten, der warmen Fleischfarbe und der dunkeln Berge, des durchsichtigen Wassers und der schimmernden Luftregion — wirkenden Bildes, wie die Taufe es ist, mit einem Werke darzutun, das für solchen architektonischen Aufbau geradezu paradigmatische Bedeutung im Schaffen Masaccios beansprucht, mit der Dreifaltigkeit in S. M. Novella, die als Mittelglied zwischen diesem oberen und den beiden unteren Bildern nebst Petrus in Cathedra hierhergehört.

Die Dreifaltigkeit in S. M. Novella

Es kann nicht genug betont werden, welch ein durchgreifender Unterschied dies Fresko in S. M. Novella seiner Gesamtanlage nach von allen florentinischen Wandgemälden Masaccios entfernt. Seit den ersten Anfängen seiner Arbeit in der Brancaccikapelle scheint er die Darstellung eines die Personen völlig in sich aufnemenden Innenraumes hier zu vermeiden, selbst wo die Aufforderung dazu gegeben war, wie bei der Erhöhung des Petrus auf den Bischofstul von Antiochien oder der Almosenspende mit der Bestrafung des Ananias. Nur in Rom begegnen uns solche Beispiele noch, bei der Bischofswal des Ambrosius und dem Tode des Heiligen, wie vorher bei dem Auftreten Katharinas gegen den Götzendienst und der Disputation gegen die Philosophen. Auf Grund eben dieser Versuche mag dem Maler die Erfarung aufgegangen sein, zu welchen Folgerungen die perspektivische Regel Brunelleschis in solchen Fällen für die Darstellung der Figuren fürte. Oder waren diese halbgeöffneten Innenräume mit der immer noch freien Bevorzugung der handelnden Personen darin grade die Ursache, nun einmal die Forderung des Architekten ganz zu erfüllen. Drängte dieser Freund selbst den Maler bei seiner Rückker aus Rom zu Vorfürung eines gemalten Musterstücks seiner neuersonnenen Kirchenarchitektur, wie er beim Bienenwunder des kleinen Ambrosius und auf dem Geburtstagsteller der Casa Capponi schon Beispiele der Renaissancepaläste gegeben hatte? Grade den jungen Meister, der von der Vollendung der Kapelle für Kardinal Branda Castiglione in S. Clemente herkam, mit dem Schaustück perspektivischer Darstellung in Untensicht an der Aufsenseite über dem Eingang, mochte das Problem reizen, mitten an der Langhauswand in einer gotischen Kirche wie S. M. Novella den täuschenden Einblick in eine anstofsende Kapelle hervorzuzaubern, die das neue, dem Mafsstab menschlicher Grösse viel entsprechendere Ideal vor Augen stellte. Vielleicht gehört auch noch ein Mittelglied hierher, das an jene Verkündigung in S. Clemente sich dem Gegenstande nach anschliefst, und vielleicht ebenso der künstlerischen Behandlung nach die Stellung einer weiteren Aufgabe bedeutet, die sich aus der soeben gewälten Lösung „sotto in su" wie von selbst ergab. Ich meine die Verkündigung als Hauptbild eines Altares für S. Niccolò oltr' Arno, dessen Beschreibung bei Vasari ebenso wie mehr oder minder freie Wiederholung bei den nächsten Nachfolgern bezeugt, dafs es sich darin um den Einblick in eine Säulenhalle oder einen langen Säulengang handelte, und zwar in centraler Ansicht der Tiefenaxe folgend und in gewonter Bünenhöhe, wie es ein Altarstück mit niedriger Staffel forderte.

Dafs die Entstehung dieses verschollenen Tafelbildes hier zeitlich eine passende Stelle fände, geht auch daraus hervor, dafs der Stil des Wandgemäldes in S. M. Novella bis auf die zuletzt hinzukommenen Stifterbildnisse draussen an der Schwelle des Heiligtums, mehr den Tafelbildern, wie den Predellen für Pisa, dem Geburtstagsteller in Berlin und der Legende des hl. Nikolaus im Vatikan verwandt ist, als den Wandgemälden. Der Entwurf wenigstens mag soweit zurückreichen; denn es wäre sonst schwer zu verstehen, wie der Maler nach der Geschichte vom Zollgroschen sich nun one Weiteres wieder in die Enge zu schicken gewufst hätte. Dazwischen liegende Tafelmalerei würde aber auch die beiden unteren Fresken der Altarwand mit Almosenspende und Schattenheilung begreiflicher erklären, als das Dreifaltigkeitsfresko in S. M. Novella allein.

Die Hauptsache bleibt allerdings bei dem letzteren, und dies ist auch die Ursache des grofsen Unterschiedes von den sonstigen Wandgemälden Masaccios aus dieser Zeit, — die Wiedergabe des Innenraumes und die vollständige Abhängigkeit der darin aufgestellten Körper: Gottvaters, des Gekreuzigten, nebst Maria und Johannes, von der perspektivischen Konstruktion dieses sie alle umfassenden Kapellenraumes. Nun können die Gestalten keine andere Gröfse und Breite beanspruchen als die Gesamtökonomie auch den tektonischen Gliedern des Gebäudes gestattet. Sie sind aufserdem völlig mit den tektonischen Körpern auf gleiche Stufe gestellt durch den pyramidalen Aufbau, der mit Hülfe eines eingestellten Altartisches und des Kreuzesstammes erreicht wird. Vasari preist die täuschende Verkürzung des Tonnengewölbes mit seinen Kassetten, das dies Heiligtum bedeckt; jedoch er sagt kein Wort über das Opfer, mit dem dieser meisterhafte Architekturprospekt erkauft ist. Aber man vergleiche den Christus hier mit dem Christus in Rom, Gottvater, Maria, Johannes mit den heroischen Aposteln bei der Findung des Stater.

Und doch ist eben der centralisierende Aufbau der Komposition in dem täuschend dargestellten Raume nicht eher möglich. Die

Vorstufen liegen eben in der Kreuzigung in Rom, in der Enthauptung des Johannes und der Kreuzigung Petri für Pisa, in der Taufe der Dreitausend an der Fensterwand der Brancaccikapelle, und die gereifte Frucht dieser Errungenschaft steht ebendort als „Petrus in Cathedra" mit seinen knieenden Verehrern da. Es ist wieder eine geschlossene Reihe, in die das Werk als Komposition mitten hinein gehört.

Und die Nachwirkung der allseitig bedingten Enge auf die Gestalten ist ja noch an den beiden unteren Fresken der Altarwand wol zu spüren, wärend die Porträtfiguren um den tronenden Petrus sich in der Breite ihres Wurfes und der Leibhaftigkeit ihres Daseins nur an die Stifterbildnisse in S. Maria Novella befriedigend anreihen lassen, zumal wenn hier noch die »Sagra del Carmine« als befreiender Genieſtreich eingeschaltet wird, der den flotten Zug des Freskopinsels zurückgewinnen half.

Bei aller Bedingtheit bleibt das Dreifaltigkeitsbild in S. M. Novella eine wichtige Etappe nicht nur für den Meister selbst und seine Ausbildung des Monumentalstiles der Wandmalerei, sondern auch für die geschichtliche Entwicklung seiner Kunst überhaupt. Besonders sind es die Umbrer, als geborene Raumkünstler gewesen, die diese Erbschaft angetreten: Piero dello Francesca und seine Schüler, Melozzo und Perugino, und auf den Schultern dieser ganzen Reihe Rafael selber.

Die Nikolauslegende

Welchen Wert diese konsequente Einordnung der Körper in den umgebenden Raum aber in echt malerischem Sinn erhalten kann, wenn dieser Raum nicht die feste Architektur selber ist, die plastisch greifbar auch ihren Bewonern allzu nah auf den Leib rückt, das zeigt ein andres beinahe gleichzeitiges Bildchen Masaccios zu Rom in ganz überraschender Weise. Es ist die stürmische Meerfart, bei der S. Nikolaus als Retter erscheint, auf jenem breiteren Mittelstück der Predella im Vatikan. Da ist das Verhältnis des Schiffes und seiner Insassen zu dem Ausſchnitt aus dem unbegränzten Ocean und Sturmgewölk nur gefunden durch die hier angestellte Berechnung. Und so erscheinen diese Menschen allesamt in vollster, unbezweifelbarer Abhängigkeit von dem Walten der empörten Elemente um sie her. Die Weite nimmt sie auf in ihren Schoſs, und die Naturgesetze gehen unerbittlich über sie hin: selbst der Heilige, der sie hindurchrettet, schwebt nur als Lichterscheinung, wie selber schwimmend hinter dem Segel drein, und zersprengt nicht fremdartig hereinbrechend den durchwaltenden Zusammenhang der Dinge, den uns der Maler in einheitlicher Anschauung sichtbar macht. So ist aus dem starren Gesetz des Architekten hier eine Entdeckung des Malerischen entsprungen, die mitten in den geläufigen Heiligengeschichten nicht glücklicher sein kann.

Dafs aber tatsächlich die Legenden des hl. Nikolaus in diesen Zeitraum hinein zu stellen sind, das zeigt ausserdem die Uebereinstimmung des jugendlichen Heiligen, der die goldenen Kugeln ins Haus des armen Mannes wirft, mit dem Johannes unter dem Kreuz in S. M. Novella, und andrerseits der auferweckten Scholaren in ihren Fässern mit den Täuflingen der Brancaccikapelle. Wenn wir nur wüfsten, dafs die Fragmente im Museo del rinascimento des Vatikan aus Florenz nach Rom gekommen seien, so würden wir daraufhin die Behauptung wagen, sie hätten zu der Verkündigung in S. Niccolò oltr'Arno gehört. Solange über ihre Herkunft nichts zu ermitteln ist, mufs der Nachweis der doppelten Beziehungen zu bestimmten römischen und florentinischen Werken genügen.

Almosenspende und Schattenheilung

Die Fensterwand mit der Ambrosiuslegende in Rom und das Dreifaltigkeitsbild in S. M. Novella brauchen wir zur Erklärung, wenn wir nun vor die beiden unteren Fresken der Altarwand in der Brancaccikappelle treten. Diese ward eben, an der Schmalseite des oblongen Raumes dem Eingang gegenüber gelegen, vom schlanken gotischen Fenster durchschnitten, dessen lichtspendende Oeffnung dem Besucher gegenüber natürlich die Halbierung in der Mittelaxe für den ganzen Bilderkreis fülbar machte. Die Disposition der vier schmalen Felder ist aus diesem Eindruck hervorgegangen und eine durchaus einheitlich gedachte. Sie umfasst die früher dem Masolino beigemessene Predigt des Petrus von vornherein ebenso notwendig mit, wie dies letzte Paar. Der Trennung durch das Fenster wirkt die Mafsname entgegen, dafs in dem oberen Paar von Gegenstücken, Predigt und Taufe, die Hauptperson der Handlung gleichmäfsig links aufgestellt ist, wärend sie dann im unteren Paar rechts angebracht wird. Die Hauptaxe der Raumentfaltung geht aber in beiden Paaren schräg auf die Mittelaxe des Fensters zu, d. h. in der Predigt und der Schattenheilung darunter auf der linken Hälfte der Wand von links nach rechts, in der Taufe und der Almosenspende darunter auf der rechten Hälfte der Wand von rechts nach links, d. h. von aufsen nach innen zu. Da nun aber die Richtung des Geschehens oder der Tätigkeit jedesmal von der Hauptperson ausgeht, so hat die hervorgehobene Wal des Standortes für diesen Helden, Petrus, wieder eine Abwechslung in der Symmetrie zur Folge, und zwar so, dafs sich die Raumaxe und die Lebensaxe auf der rechten Seite, in der Taufe und der Almosenspende durchkreuzen, wärend sie auf der linken Seite, in Predigt und Schattenheilung freilich in dieselbe Diagonale fallen, aber in entgegengesetzter Richtung bei der Predigt, im gleichen Sinne bei der Schattenheilung verlaufen. Bei dem untern Paar, das dem Beschauer beim Eintritt in die Kapelle neben dem Altar als Ziel hauptsächlich vor Augen steht, strömt Raumentfaltung und Leben aus der Tiefe ihm entgegen. In der passiven Scene, wo Petrus nur vorübergeht, ist die Richtung identisch; aber man könnte sagen, die Ortsbewegung des Helden vollzieht sich vom Innern des Bildes nach aussen, die Blickbau des Betrachters folgt dagegen der Häuserflucht, mit den aufgereihten Krüppeln davor, umgekert von aufsen nach innen. In der »dramatischen« Scene dagegen, wo mitten im Vollzug der Geldverteilung der Zusammenstofs mit Ananias erfolgt und die innere Kausalität in dem Zusammenbruch des Schuldigen vor dem Apostel veranschaulicht werden soll, durchkreuzen sich die Axen in dem Mittellot, die das übereckgestellte Haus so schneidend verkörpert.

So ist die ganze Wand einheitlich durchgearbeitet in Rücksicht auf ihre besondere Stellung im ganzen Raume, und erinnert uns so durchaus an das Verfaren wolabgewogener Gegenüberstellung und gleichmäfsiger Entsprechung aller Glieder, das wir sogar in der harmonischen Farbenverteilung beim Fresko in S M. Novella nachgewiesen haben [1]). Dazu gehört aber auch die perspektivische Behandlung der beiden unteren Bilder als Hälften einer Böne, die zu beiden Seiten des Altartisches dem Auge des eintretenden Betrachters möglichste Tiefenerweiterung vermitteln sollen. Er blickt hinein in die Strafsen der toskanischen Stadt, wo das Auftreten des Apostels gedacht wird. Und diese Häuserreihe links, diese Kreuzung von Gassen rechts treten eben deshalb als wichtiger Bestandteil in das Ganze der Bilder; sie nemen die Figuren entschiedener als sonst in die Verhältnisse der Räumlichkeit auf, und geben grade so den starken Eindruck von Ereignissen aus dem öffentlichen Leben der eigenen Zeit. Der perspektivischen Wirksamkeit zuliebe sind die Gestalten in ihren Mafsen zusammengeschrumpft, und zwar besonders die Hauptpersonen, die in der Tiefe stehend noch absichtlich stark verjüngt sind im Verhältnis zu den vordersten, um auch so den Schein der Entfernung zu unterstützen, one doch aus dem ge-

[1]) Vgl. Buch II, S. 65.

meinsamen Maßstab des Cyklus ringsum herauszufallen. Das ist ein Experiment, das nicht ganz einwandfrei als gelungen bezeichnet werden darf, ein Bravourstück des Malers, das genau die Erfarung verwertet, die im Fresko von S. M. Novella systematisch gewonnen wurde: nämlich die Abstufung der Größenverhältnisse der Körper im Raum, vom Centrum im Innern bis zu den Knieenden vor der Schwelle des Heiligtums, die doch auch wieder gegen gemalte Architekturteile sich als Bestandteile des Bildes selbst abheben. Nach jenem berechneten tektonischen Aufbau der feierlichen Gruppe als Gegenstand der Andacht für die Beter, versucht er hier jedoch die Freiheit aneinander vorbei gehender Reihen oder gar sich begegnender Ströme, die durch einen Zwischenfall ins Stocken geraten. Von Arbeit zu Arbeit vollzieht er den künen unaufhaltsamen Fortschritt, und bei der Kürze der Frist, mit der diese Werke aufeinander folgen[1], darf es nicht Wunder nemen, wenn die immer neuen und genialen Leistungen auch an einzelnen Stellen nicht völlig ausgeglichene Schwächen enthalten. Für den Gesamteindruck können sie kaum in Betracht kommen; nur der Versuch, den Gang des Schaffens aufzudecken, darf auch diese Symptome nicht unbeachtet lassen. Bleibt doch die erreichte Weite des Schauplatzes und die lebendige Bewegung der Personen auf dem engen, für sie brauchbaren Ausschnitt des schmalen Hochformates erstaunlich genug.

Bei solcher Geschmeidigkeit des Künstlers, sich in die örtlichen Möglichkeiten seiner jedesmaligen Bildfläche hineinzufinden und selbst ihre Mängel dem höheren Zweck der Gesamtwirkung dienstbar zu machen, ja in Vorzüge zu verwandeln, die seinem künstlerischen Walten wie selbstverständlich entsprechen, bei solcher Wandelbarkeit der eignen Kräfte wird es begreiflich, wenn mit dem Schauplatz und dem Gegenstand, den er schildert, auch seine Geschöpfe selber, die Idealgestalten wie die Bildnisse, wechseln, fast jedesmal von andern Seiten ihres Wesens erfasst werden. Welche Metamorphose durchlebt hier allein sein Hauptheld, der Apostel Petrus neben seinem Begleiter Johannes, der auch ausserhalb dieser Kapelle mehrfach vorkommt. Wo er Almosen spendet ist er felsen-

[1] Wenn die Ueberlieferung richtig ist, nach der Vasari den einen Kopf in der Schattenheilung als Bildnis des Masolino bezeichnet und in seinem Holzschnitt zur Vita desselben abbildet; dann könnte das Bild erst nach der Rückker dieses Malers aus Ungarn, also nach dem Katasterbericht des Vaters für 1427 entstanden sein. Natürlich wird der Namensvetter, der die Kapelle begonnen, zu den eifrigsten Zuschauern bei ihrer rüstig fortschreitenden Vollendung gehört haben. Die Aufname des Porträts wäre der erste Willkommengruß bei der glücklichen Heimkunft aus der Fremde. Ebenso wird sein Name bei den Künstlerbildnissen der Sagra del Carmine aufgefürt.

hart, so dafs die Kraft der Lüge an ihm zerschellt: wie er die Rechte ausftreckt zum Geben und den Säckel in der Linken hält, rürt sein Fufs an den wuchtig geformten Ananias, der wie ein gefällter Baumstumpf zu Boden gestürzt ist. Wo er durch seinen Schatten heilen soll im Vorbeischreiten, da geht sein Körper fast völlig auf in die Umgebung, weich und farbig in dem hellen Sonnenschein, der allerdings ein energisches Schattendunkel fordert und hervorruft. Nur die aufgereihten Kranken treten in starkem Relief hervor, wärend gegenüber die herzuströmenden Bettler, von hinten oder von der Seite beleuchtet, als massige Körper ihm entgegendrängen, aber auch er, an der Spitze seines Gefolges widerstandsfähig genug, wie ein Keil sich vorschiebt, den Andrang zu durchschneiden.

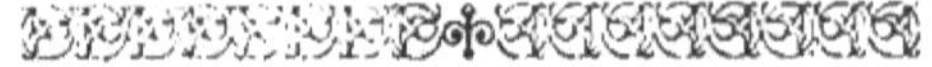

V.

DER LETZTE STIL

Sowie die Rücksicht auf scheinbare Erweiterung des Kapellenraumes hinter dem Altar auf diesen Bildern der Schlufswand alles erklärt, mit Ausname nur der Lichtfürung, die durch das Fenster bedingt, so wirksam zur Veranschaulichung grade dieser Wunderscenen mithelfen mufste, so wirft der Maler auch den Zwang ausfürlich dargestellter Architekturumgebung ab, um an der Seitenwand, wo solche Absicht nicht vorlag, zur vollen Verkörperung der Gestalten um ihrer selbst willen und zur malerischen Breite und Freiheit des Pinsels zurückzukeren.

Nur unser Erklärungsbedürfnis sucht nach einem Uebergang von dem untern Bilderpaar der Schmalseite zu dem Längsftreifen links daneben, mit Petri Stulfeier und der Auferweckung des Knaben vor Theophilus in Antiochien. Uns will es immer wie ein allzu unglaublicher Sprung erscheinen, von der freiwillig gewälten Befangenheit der Gestaltung zu der gewaltigen Gröfse dieses letzten Meisterwerkes, das Masaccio unvollendet zurückgelassen und erst Filippino, grade hierin so ganz ins Gedränge geraten, vollendet hat.

Aber es dient nicht allein dazu, den Uebergang begreiflicher zu machen, sondern auch den eigentümlichen Charakter der letzten Phase in der Entwicklung Masaccios zu verstehen, wenn wir hervorheben, dafs eine letzte Gruppe von Werken sich durch zwei Haupteigenschaften unterscheidet. Einmal ist es die vollplastische Rundung aller Dinge für einen nahen Standpunkt des Betrachters, d. h. die fast greifbare Verkörperung für die unmittelbare Nachbarschaft der Tastregion, wie ein starkes Hochrelief, das keine selbständige Raumtiefe hinter sich duldet, sondern durch eine Gränzfläche abschneidet, soweit es diesen Vordergrund vollauf für die Gestaltung selber ausbeuten will. Dies grundsätzlich von allem Früheren verschiedene Verfaren können wir nur an diesem untern Streifen der Brancaccikapelle aufweisen. Zweitens aber ist es, der Gesinnung nach damit eng zusammenhängend, die Einfürung einer gröfseren Zal von Bildnisfiguren, die Steigerung des Individuellen durch unmittelbares Hereinnemen der Personen aus seiner Gegenwart, aus den Strassen von Florenz und dem Kloster del Carmine.

Diese Eigenschaft bereitet sich allmählich vor, und die beiden letzten Momente in der Brancaccikapelle teilen sie in höchstem Grade nur mit einem andern Werke, das ebenso umfassend, aus Nichts bestand als aus einem Konterfei der Wirklichkeit, — lauter Bildnisfiguren im Zuge der Kirchweih auf dem Platz draussen vor der Kirche del Carmine selber, aber nicht in natürlichen Farben, sondern als Chiaroscuro Grün in Grüngrau gemalt, das verlorene Fresko im Klosterhof.

La Sagra del Carmine

Die Tatsache, dafs in dieser Darstellung der Festprocession Bildnisreihen im Sinne des Tagesinteresses selber, bekannte Persönlichkeiten der Künstlerwelt und der vornemen Gesellschaft von Florenz in ganz individueller Charakteristik gegeben waren, ist durch die Beschreibung von Vasari jedenfalls gesichert. Der Griff ins volle Menschenleben, one Einkleidung in biblische Tracht oder unter dem Vorwand einer Heiligenlegende, ist die eine unbezweifelbare Seite dieser selbstgewälten Aufgabe, die zur Erholung zwischen angestrengten Arbeiten so bei Weg lang geleistet wurde, und zwar gewifs auch der Billigkeit halber one reicheren Farbenaufwand nur monochrom. Und diese ausfchliefsliche Bildnismalerei bedeutet damals doch einen so gewagten Versuch und ist für Masaccio selbst im Grofsen etwas so Neues, dafs es im florentinischen Kunstleben jener Jare volle Beachtung fordert. Die Tendenz zur Wiedergabe der Individuen aus eigner Nachbarschaft begegnete uns ja schon in dem frühesten Meisterwerk für Papst Martin V., aber eben verschleiert, bei der Uebertragung einer alten Wundergeschichte aus frühchristlicher Zeit in die lebendige Gegenwart. Bei der Disputation Katharinas erschien der Stifter der Kapelle unter den Philosophen, die sich von ihr überzeugen lassen. Im Carmine hatte Masaccio am Pfeiler der Serragli-Kapelle einen florentinischen Bürger als heiligen Paulus dargestellt, wie Donatello den Poggio Bracciolini als Propheten am Dom. In der Brancaccikapelle treten jedoch wirkliche Bildnisfiguren im eigenen Zeitkostüm, nicht als Statisten wie schon in Rom, zuerst bei der Predigt des Petrus auf. Man wird in ihnen die Mitglieder der Familie Brancacci, an erster Stelle hinter seinem Patron den Stifter der Malereien Felice di Michele vermuten, besonders wenn der Maler mit Vollendung dieses Stückes Urlaub nam, um seinen römischen Verpflichtungen für Kardinal Branda nachzukommen. Die Karmeliter, die diesen Stifterbildnissen gegenüber stehen, sind ebenso sicher Porträts der Oberen des Klosters von damals. Beiderseits schon höchst ansehnliche Leistungen, die den biblisch gewandeten Hörern des Apostels bei aller Energie der Ausdrucksköpfe schon gefährliche Konkurrenz machen und fast gegen den Redner selber aufbegeren.

In der herrlichen Jüngerschaar um Christus vermuten wir das nämliche Verfaren, das Masaccio bei der Einzelgestalt des Paulus und Donatello am Campanile einschlug oder schon an Orsanmichele geübt, das heifst bildnismäfsige Grundlagen für mehr als einen dieser Charakterköpfe. Vasari giebt den einen, in dem er den Apostel Thomas sieht, zugleich als Bildnis Masaccios selber. Das Bedenken, das gegen die Richtigkeit dieser Tradition vielleicht wegen des Alters erhoben werden könnte [1]), in dem sich der Künstler damals befand, hat bei dem nachgewiesenen Platz des Werkes im Leben seines Urhebers wol nicht die Zugkraft, deren es bedürfte, um die positive Angabe Vasaris zu beseitigen; vor allen Dingen haben wir es aber gar nicht notwendig mit einem photographisch genauen Bildnis, sondern mit einer Selbstdarstellung als Apostel und Schutzpatron zu tun, bei der uns die Betonung der Reife und Geschlossenheit nicht befremden dürfen, je weniger wir in diesem Fall das beliebte Idealisieren Andrer anzunemen vermögen.

Wirkliche Porträts dagegen, in der modischen Tracht, mit dem breiten Capuccio unmittelbar neben dem barhäuptigen Petrus, erscheinen dann wieder an der Altarwand oben bei der Taufe. Das sind gewifs die beiden übrigen Vettern des Felice Brancacci, die der Kinderlose schon 1422 zu Erben der Kapelle eingesetzt hatte; denn den gleichen Platz wie drüben bei der Predigt mochten wol diese Nächsten allein beanspruchen dürfen. Unten dagegen, in unmittelbarer Nähe des Altars selber wird man sich noch gescheut haben, die Einstellung zeitgenössischer Personen in die heiligen Geschichten zu wagen, wo sie jedem Andächtigen ins Auge fallen mufsten. Etwas ganz Anderes war ja die Darstellung der Stifter in solcher Andacht selbst, wie sie uns in den beiden herrlichen Bildnissen vor dem Dreifaltigkeitsbilde in S. M. Novella begegnen. Gewisse individuelle Eigentümlichkeiten, die selbst die Maria im Bilde und den Johannes ihr gegenüber von den bisherigen Darstellungen dieser beiden Heiligen bei Masaccio unterscheiden, veranlassen auch hier, an die Verwertung bestimmter Modelle aus des Künstlers Umgebung zu denken, wie an seine eigne Mutter und seinen Bruder Giovanni, die damals mit ihm in Florenz zusammen wonen.

Als eine Genugtuung seiner besten Kraft aber erscheinen, nach

---

[1]) Jakob Burckhardt, Beiträge zur Kunstgeschichte von Italien, Basel 1898. S. 176 wo übrigens die erste Gruppe der erhaltenen Wandgemälde in der Brancaccikapelle wieder dem Masolino beigemessen wird.

der Einzwängung der Gestalten im Innenraum der dargestellten Kapelle, nun vollends die beiden knieenden Stifter draussen. In scharfem Profil heben sich beide, der Mann links in Rot, die Frau rechts in Schwarz gekleidet, in freier malerischer Breite von der hellrosa und grau getönten Architektur ab, auf schmalem Simsstreifen knieend, unmittelbar vor dem Relief des tektonischen Grundes, in voller plastischer Rundung. Es ist ein Par meisterlicher Porträtſtücke in monumentalem Stil, das an Schärfe der Individualisierung, wenn auch nicht an Ausfürlichkeit der Kleinkunst, sich durchaus dem Bildnis des Jodocus Vydt und seiner Gattin Isabella Boerlut am Genter Altarwerk vergleichen darf. Schon hier ist die volle Wirklichkeit in unmittelbarer Nähe, dicht an der Gränze unsrer Tastregion, von der Malerei erobert.

Bei seiner Beschreibung der Sagra del Carmine hebt Vasari nicht allein hervor, dafs Masaccio die Bürger von Florenz, die Künstler und die vornemen Herrn allesamt nach der Natur konterfeit habe, sondern erwänt auch zwei für sich bestehende Porträtbilder, die er noch im Hause des Simone Corsi gesehen hatte. Es war das Bildnis des Giovanni di Bicci de' Medici und des Bartolommeo Valori. Sie gelten seitdem für verschollen. Und doch darf diese Angabe des Biographen, die wie ein Beleg zur Identificierung der im Fresko dargestellten Personen eingestreut wird, wol nicht unverwertet bleiben gegenüber einem Porträt der Münchener Pinakothek, an dem die ererbte Benennung als Masaccio haftet, wärend die neueste Kritik verschiedene Namen späterer Maler vorgeschlagen hat, sei es Andrea del Castagno, sei es Alesso Baldovinetti [1]). Es ist ein bartloser Mann, im Capuccio, dessen glattbezogener Ring, vorn frei sichtbar, auf der einen Seite durch das überfallende Tuchende in kurzen, abstehenden Falten bedeckt wird, dessen Ränder in der über beide Oren hängenden Länge des Hares im Nacken, mit ihren runden Windungen scharf gezeichnet sind, wärend auf der andern Seite der längere Tuchstreifen bis in das Elbogengelenk des rechten Armes hinunterläuft. Diese Kopfbedeckung verbirgt Scheitel und Stirn, über die auch die hereingekämmten Hare bis auf die Augenbrauen fallen und nur über der Nase einen Zwischenraum frei lassen. Der Blick der grofsen dunkeln Augen ist seitlich nach aussen gerichtet, die Nase grad herabsteigend, kräftig entwickelt, beim Seitenlicht von links her durch starken Schatten hervorgehoben, wie die Backenknochen und die Kinnlade mit der leise eingefallenen Wange dazwischen; der Mund ist scharf geschnitten, das Lippenpar ein wenig vorgeschoben und ebenso das Kinn lang und fest hervortretend.

[1]) Vgl. unsere Abbildung zu diesem Hefte.

Unter der ärmellosen mit grauem Pelz gefütterten Schaube, deren jedenfalls tiefsitzenden Gürtel wir nicht mehr sehen, kommen die silbergrau und violett mit einem reichen Granatapfelmuster gezeichneten Atlasärmel des Untergewandes hervor. Der linke Arm des Mannes hängt herunter, die rechte Hand ist erhoben und legt sich leicht gegen den Leib, am Armansatz und zwischen Daumen und Fingerreihe mit einem feinen weifsen Tuch umschlungen, das in einer Quaste endigt.

Der abgeriebene und wieder restaurierte Zustand des Gemäldes läfst kaum noch ein Urteil über die Farbenwirkung dieser Halbfigur auf dem neutralen grauen Grunde zu, wenigstens nicht one Vorbehalt im Einzelnen. Zwei ganz auffallende Eigenschaften bleiben indes auch bei Abzug der naturfarbigen Wiedergabe ganz unbehelligt bestehen: die Modellierung durch Schatten und Licht und die Zeichnung in dem selben durchaus plastischen Sinne. Aus diesen beiden, mit grofsartiger Einfachheit gehandhabten Faktoren ergiebt sich schon, dafs an Alesso Baldovinetti nicht gedacht werden darf. Er ist in der Zeichnung von spitziger Schärfe, die neben dieser auf die Hauptsache gerichteten Behandlung kleinlich genannt werden darf. Er ist dafür in den innern Gesichtsteilen viel ausfürlicher, will auf die Details nicht verzichten. Dies Bildnis nach dem Leben hat aber ein Maler geschaffen, der in der Freskotechnik den monumentalen Sinn ausgebildet hat und auch in kleineren Formen grofsflächig arbeitet. Darnach würde Andrea del Castagno gewifs eher in Frage kommen; aber die Formensprache hat nicht ganz seine Derbheit und und etwas schwerfällige Wucht, und seine Karnation fällt mehr ins Grauliche, nicht selten mit einem Stich ins Olivenfarbene. Die Untensicht der runden Faltenränder, wie sie das abstehende Tuchstück des Capuccio rechts zeigt, hat auch er, wie seine Zeitgenossen, besonders Domenico Veneziano und auch wol Baldovinetti noch. Die Hand dieses Mannes aber zeigt eine Bildung, die weder die klobige Grösse bei Castagno, noch die scharfe Gliederung und krumme Fingerhaltung Baldovinettis erkennen läfst. Ich behaupte, diese Hand ist, mit all ihren Schwächen, aber auch Vorzügen — von Masaccio, und weise auf die gestreckten Beispiele an den Betern sowie die gebogenen bei Maria im Dreifaltigkeitsbilde von S. M. Novella hin, denen sich übrigens in den letzten Fresken der Brancaccikapelle noch eine kleine Auswal anreihen liesse, wie bei dem Täufling im Wafser, dem geheilten Krüppel neben Masolino in der Schattenheilung u. s. w. Ausserdem stimmt die Behandlung der innern Gesichtsteile, der Augen, Nase, der Oberlippe mit der starken Betonung der Furche darüber, und die plastische Verwertung des festen Knochenbaues ganz mit der Art überein, die sich Masaccio in Rom erworben hatte. An einige Köpfe aus den letzten Arbeiten in San Clemente erinnert dies Bildnis ganz auffallend. Die Haltung des Ganzen aber geht sehr wol mit den aufgereihten Bildnisfiguren zusammen, wie sie auf Ghirlandajos Skizze nach der Sagra del Carmine erscheinen, nur in umgekerter Richtung. Doch darauf kommt es nicht mehr an, da wir nicht wissen, wen das Porträt in München darstellt und ob dieselbe Persönlichkeit bei der Procession gegenwärtig war. Genug, was an dem verdorbenen Gemälde der Pinakothek noch als zuverlässige Grundlage unseres Urteils in Anspruch genommen werden darf, spricht für Masaccio, und was von der Malerei selbst nach Abzug alles Verdächtigen übrig bliebe, das widerspricht unserer Ansicht nicht, dafs es ursprünglich eine charakteristische Leistung dieses Meisters, und zwar aus den letzten Jaren zwischen der untern Hälfte der Altarwand und dem grofsen Breitbilde daneben gewesen sein könne, und dafs der Name Masaccio immer noch den meisten Anspruch habe dabei genannt zu werden.

Dagegen ist der Kopf des alten Mannes in den Uffizien, den neuerdings Jakob Burckhardt als Vorstudie zu dem Pförtner auf der Sagra del Carmine zu erklären versucht hat, von mir schon früher wegen der allzu sehr ins Einzelne gehenden Kleinarbeit im Gesicht und wegen des eigentümlichen hellen Freskotones, die der starken Kontraste entberen, mit denen Masaccio damals wirkte, vielmehr für Domenico Veneziano in Anspruch genommen worden, und ich vermag auch heute dem Vorschlag Burckhardts nicht zu folgen [1]).

Ueber dieser einen Haupteigenschaft des untergegangenen Wandgemäldes im Klosterhof des Carmine, die erste umfassende Darstellung zeitgenössischer Porträts gewesen zu sein, darf doch die andre nicht vergessen werden, die sich als erste Lösung eines schwierigen Problems der höchsten Anerkennung von eingeweihten Fachmännern der nächsten Jarhunderte, von Antonio Manetti bis Giorgio Vasari, zu erfreuen gehabt hat. Das ist die Darstellung dieser Bildnisreihen in Procession auf dem Platz vor der Kirche del Carmine. Dies perspektivische Problem verbindet die Sagra mit den beiden untern Bildern der Altarwand in der Kapelle und mit dem Fresko in S. M. Novella, die allesamt vorausgegangen sein mufsten, bevor das geschilderte Wagnis in Angriff genommen werden konnte. Damit ist die Entstehung dieses Bravourstückes realistischer Raumkunst ganz sicher eingeordnet in die Reihe der verwandten Arbeiten.

[1]) Vgl. Jak. Burckhardt, a. a. O. 75. Ob nach Vasaris Beschreibung der Fra Guardiano mit dem Schlüfsel der Pforte in der Hand nicht viel mehr dem Gefängniswärter des Johannes von Masolino in Castiglione verwandt, d. h. als dessen Vorbild zu denken sei, mag dahingestellt bleiben.

die uns erhalten sind, und an eine frühere Entstehung, kurz nach der 1422 geschehenen Weihe selbst, garnicht mehr zu denken.

Wol aber erhebt sich nun eine andre Frage: haben wir uns die perspektivische Darstellung des Platzes in centraler Konstruktion zu denken, wie der Einblick in die Renaissancekapelle in S. M. Novella gegeben ist, also zugleich eine verbesserte Auflage des Platzes etwa, der das Doppelbild mit der Heilung des Lahmen und der Erweckung Tabithas verbinden soll zu einem Gesamtbild? — Dann hätten wir diese Sagra noch zu der Klasse der Bünenprospekte mit überwiegender Tiefenentfaltung zu rechnen und der Darstellung des Innenraumes in S. M. Novella anzureihen. Oder aber, war die Darstellung des Platzes doch nur ein Ausſchnitt, eine Seite desselben, wie die Häuserflucht in der Schattenheilung, ja noch mehr als gleichmäſsiger Hintergrund in nicht allzu weitem Abstand hinter dem Gestaltenzug gegeben, wie die Architekturteile auf dem letzten Breitbilde mit der Stulfeier Petri und der Wiederbringung des Fürstensones vor dem Tribunal des Theophilus? Dann gehörte diese Sagra doch vorwiegend zu der Klasse friesartiger Reliefbilder, in denen das plastische Interesse für vollrunde Verkörperung der Gestalten immer die Hauptsache blieb.

Die Entscheidung dieser Frage hängt gewiſs wesentlich von dem Orte des Wandgemäldes ab. Die centrale Konstruktion würde nach den bisherigen Erfarungen und Entscheidungen des Meisters selbst nur dann zulässig gewesen sein, wenn für den stillstehenden Betrachter ein fester Standort dem Bilde gegenüber angenommen werden konnte. Muſste dagegen mit dem durchwandelnden Betrachter gerechnet werden, der den Klostergang abschritt, so daſs sich das Wandgemälde neben ihm an der Mauer — und zwar wie Richa angiebt, der Kirchenmauer — befand, dann war nur eine friesartige Reliefanschauung möglich, deren Gruppen oder Abschnitte successiv erfasst werden. Alle Nachrichten scheinen vielfach für das Letztere zu sprechen. Der Pförtner am Tor selbst war also eine perspektivische Ueberraschung, fast ein Vexierbild, wie noch spät ein Paolo Veronese sie gemalt (um von geringern Virtuosen zu schweigen), das dem Eintretenden an dem Eingang des Konventes drinnen begegnete, — wie er die ganze Procession die sich in die Kirche, d. h. durch das Seitentor gegen den Klosterhof zu in das Innere des Gotteshauses begab, eingelaſsen und hinter ihr abschloſs. Dann gieng man, von der Straſse ins Kloster tretend, im Kreuzgang neben dem Zuge dieser Porträtgestalten her, oder kam ihnen, aus der Kirche in den Hof tretend, entgegen, — beides doppelt wirksam durch die eigene Ortsbewegung. Für diese Anname würde auch die Skizze von Domenico Ghirlandajo zeugen, wenn die links oben angedeutete Balusterreihe zu der Häuserarchitektur des Hintergrundes gehörte, was nicht klar erkennbar wird[1]).

Gegen diese Anname spricht jedoch auch Manches in der Beschreibung Vasaris, besonders dafs er von der richtigen Hinstellung der Figuren auf der Platzebene so viel Aufhebens macht. Diese Leistung würde doch nur bei einer gewissen Weite der Ueberschau von solchem Belang sein; bei der Beschränkung auf einen geringern Abstand von der Häuserreihe würde dagegen die plastische Auseinandersetzung der Körper den wichtigsten Erfolg bedeutet und das Hauptlob gefordert haben.

Leider ist das Skizzenblatt Ghirlandajos in den Uffizien, das allein als Urkunde angerufen werden könnte, besonders unten zu stark beschnitten, so dafs es über die Breite des Bodenstreifens vor den Füfsen der Personen nichts mehr auszusagen vermag.

Den entscheidenden Schritt zu dem mächtigen Hochreliefstil bezeugt unter den erhaltenen Werken Masaccios jedenfalls nur der untere Wandstreifen in der Brancaccikapelle mit der Erweckung des Knaben und der Stulfeier Petri, die übrigens in umgekerter Reihenfolge, d. h. von der Altarseite ausgehend und dann vom andern Ende entgegenkommend gemalt und grade in der Mitte unverbunden stehen geblieben sind.

Das letzte unvollendete Wandgemälde

Die perspektivische Raumdarstellung in centraler Konstruktion für die ganze Wandbreite ist auch hier die Grundlage des einheitlichen Aufbaues als Gesamtbild geblieben; aber die Tiefenentfaltung in der Mitte wird von vorn herein ausgeschlossen, der Schauplatz der Handlung in solcher Nähe des Betrachters durch eine quergezogene Gartenmauer nach hinten zu beschränkt, wenigstens in der ganzen Höhe, die die Figuren selbst für sich beanspruchen. Darüber eröffnet sich der freie Ausblick über die Bäumchen des Gartens hin in die Luft des Himmels draufsen. Das Auge des Besuchers aber wird auf die beiden Enden des Bildstreifens hingedrängt, deren eines ihm beim Eintritt in die Kapelle zunächst entgegentritt, wärend das andre beim Vordringen gegen den Altar zum Sammelpunkt wird. Links entzog sich gar für den Standort des Andächtigen am Gittertor, durch den einspringenden Pfeiler des Eingangsbogens verdeckt, ein Stück der Bildfläche, wie droben die Scene des Fischfangs; hier wird also ein Gebäude als Abschlufs aufgefürt, das

[1]) Vgl. Buch II p. 52. Abbildung II, 8.

6*

nur auf dem schmalen Vordergrund noch zur Aufstellung minder beteiligter Zuschauer Platz gewärte, die gleich dem Besucher selbst neugierig an das Ereignis im Palasthof herantreten, das vor dem Tribunal des Fürsten an der Schmalseite dieses Gebäudes geschieht, hinter dem sich, erst jenseits der langen Gartenmauer, die fürstliche Wonung in mehreren Stockwerken fortsetzt. Am andern Ende dagegen erblicken wir ebenso die Schmalseite einer Kirche, nach dem Innern des Bildes gekert, und einen Teil der anstofsenden Langseite vorn, parallel zur Grundlinie verlaufend, mit dem Tron für Petrus unter einem Pultdach. Die Einheit des Schauplatzes, dessen Augenpunkt in die Kopfreihe der stehenden Figuren fällt, ist gewart, wie die Einheit und Selbständigkeit der Kapellenwand in dem wirklich vorhandenen Raume sich behauptet, mag auch das menschliche Subjekt darinnen sich selbst bewegen oder seine Augen hierhin und dorthin wandern lassen nach Belieben. Der endgiltige Standpunkt im Innern der Kapelle ist aber in der Nähe des Altars; das wird auch hier fülbar, wie im obern Streifen. Wie dort Petrus und der Zöllner am Tor von Kapernaum fest und körperlich nah hervortreten, so hier die Verehrung des Petrus als Bischof von Antiochien ganz von vorn gesehen, in pyramidalem Aufbau, wie ein feierliches Altarbild in ruhiger Beharrung und bleibender Bedeutung. Gegen den Eingang zu aber erweitert sich die Scene und gewinnt vor dem Fürstentribunal, das in schräger Verkürzung, also viel bedingter als die Cathedra gezeigt wird, die Geräumigkeit eines Hofes als Stätte des Gerichts.

Als reife Frucht der strengen Koncentration im Dreifaltigkeitsbilde von S. M. Novella und der wiedergewonnenen malerischen Freiheit nach der Sagra del Carmine erscheint die Verherrlichung des Apostels; denn sie vereinigt den architektonischen Aufbau der symbolischen Ceremonie von bleibender Bedeutung und den weichen, doch kraftvollen Vortrag in vollen Farben und wirksamer Beleuchtung, den die Almosenspende und Schattenheilung wie die Stifterporträts in S. M. Novella schon erreicht hatten, mit einer Breite und Klarheit des Vortrages, wie sie seit dem früheren Stadium in der Geschichte des Zinsgroschens noch nicht wieder geglückt war. Die Vorzüge der Komposition in radialer Anordnung der Verehrer um den tronenden Apostel, der durch seine eigne Haltung die Andacht Aller auf das Ziel droben am Tron des Höchsten richtet, sind an ihrer Stelle hervorgehoben [1]). Grade hier haben die nachfolgenden Künstler für die Auffassung sub specie aeterni, von Piero della Fran-

[1]) Buch II S. 46. Abbildung II, 7.

cesca bis Rafael zumal, ausserordentlich viel gelernt. Wer aber heute von später entstandenen Schäden im Zustande des Ganzen abzusehen weifs, der wird in diesem Wandgemälde eine Vollkommenheit der farbigen Behandlung, eine harmonische Ausgeglichenheit der Modellierung des Fleisches und der Stoffmassen, einen Reiz der Helldunkel-Kontraste zurückfinden, an die wir erst Rafaels Messe von Bolsena oder Andrea del Sartos Madonna del Sacco anreihen möchten. Die Scene und die Stelle waren ja auch die wichtigsten mit im ganzen Kapellenschmuck und hätten nur in der Kreuzigung des Apostels gegenüber ein ebenbürtiges Seitenstück erhalten können. So begreift sich, dafs der Meister alle Kraft zusammennam, den Schutzpatron des Heiligtums im Kreise lauter zeitgenössischer Verehrer, der Stifterfamilie Brancacci und der Geistlichen des Carmine zu verherrlichen, wie er es irgend vermochte.

Die andre Scene vorn am Eingang hat dagegen nur vorbereitende Bedeutung und einen mehr transitorischen Charakter, fast wie die Predella zum Altarstück. Es ist, neben dem Andachtsbild am Ende, ein echtes Historienbild, das sogar ein dramatisches Processieren zweier Mächte vorfürt. Der geordnete Ablauf des Gerichtes, an den die Schranken des Palasthofes vor dem Tribunal des Fürsten sonst gewönt sind, wird hier durch ein Wunder gestört, und durch die Uebermacht eines Gegenpols vollends umgedreht. Sonst nämlich ist an dieser Stätte der Fürst, mit seinen Räten zur Seite, der selbstverständliche Höhepunkt, und die Mittelaxe durch den Hofraum vor ihm hin auch die Richtungsaxe für die Macht seines Willens. Nun aber wird Petrus, mit dem sich Paulus knieend im Gebet vereinigt, als Träger einer höhern Kraft, auf einmal zum Herrn der Situation und der tronende Herrscher auf ein untätiges Ueber-sich-ergehenlassen eingeschränkt. Eben diese gespannte Sachlage ist meisterlich durch die Mittel der Raumkunst veranschaulicht. Durch den mimischen Ausdruck der Gestalten in ihrer vom Richter abgekerten Gruppierung steigert sich dann diese Krisis zu einer so peinlich scharfen Spitze, dafs wir in ihr das schon Geschehene noch als Geschehendes zu erleben glauben. Schon erhebt sich der lebendig gewordene (von Filippino Lippi gemalte) Knabe neben dem Häutlein Knochen, das man dem Apostel gebracht, damit er nach vierzen Jaren den Toten wieder erwecke. Aber der Fürst ist so sehr von der Unmöglichkeit seines Ansinnens durchdrungen, dass er allein nicht gewar wird, was Petrus durch sein persönliches Auftreten vom Allmächtigen droben erwirkt

An dieser Stelle tritt wieder die centrale Kompositionsweise in ihr Recht. Um die Gebeine des Knaben auf dem Linnentuch baut sich koncentrisch die Gruppe des Gegenpols auf: Petrus stehend und Paulus knieend im innersten Kreise; die Richter am Tribunal und vollends Theophilus selber geraten in die äusserste Peripherie. Es ist eine überirdische Gewalt, der unsichtbare Gott, den diese Apostel verkünden, die Ursache des unerwarteten Umschwungs, dessen sichtbarer Verlauf den tronenden Herrscher in diesem Augenblick matt setzt.

So giebt der echte Künstler die poetische Fabel seiner Darstellungen, mit und unter der räumlich-körperlichen Anschauung selbst. Im monumentalen Schaffen der Wandmalerei kommt es grade darauf an, dafs er die Geheimnisse der Architektur, kraft deren sie als räumlich-körperliche Kunst die kosmischen Gesetze der Erdenwelt handhabt, in innigstem Einverständnis selber besitzt und ihre unfelbare, wenn auch häufig nicht zum klaren Bewufstsein dringende Wirkung weiter füre in der gemalten Welt, die für das Auge allein bestehen mag, aber im Verein mit dem wirklichen Raum doch unversehens Macht gewinnt über den ganzen Menschen darin und sein leibhaftiges Körpergefül, das die nämlichen Gesetze als die eigenen anerkennt.

Den dargestellten Körpern zuliebe umzieht der Meister diese lebendig bewegte Gruppe und ihre eng gedrängte Corona von Zuschauern mit dem Nischenaufbau des Tribunals und dem marmornen farbig getäfelten Gewände des Gerichtshofes so nah, dafs es der ganzen siegreichen Kraft seiner plastisch modellierenden Malerei und seiner Licht und Luft zwischen die Körper hinleitenden Verwertung der wirklichen Lichtzufur bedarf, um in dem schmalen Bünenstreifen noch Raum für Alle zu ertäuschen. Eben deshalb fängt er mit diesen gemalten Wänden, wie an der Palastfront jenseits, das rechtsher einfallende Tageslicht auf und läfst es im kräftigen Reflex, wie wenn die Sonne im Westen steht, zurückstralen über die erregten, gespannten Gesichter all dieser vollkräftigen Individuen, deren mannichfach in küner Verkürzung entwickelten Köpfe durch ihre starre unerbittliche Nähe dem Auge des Betrachters selbst eine unablässige Anspannung zumuten. Unzweifelhaft ist es grade diese Wirkung, das plastische Problem, das der Maler absichtlich bis zum Aeufserften verfolgt. Bis zu welchem Grade der Ueberlegenheit er hierin, sogar einer folgenden Generation voran, durchgedrungen war, das lert uns am unmittelbarsten ein Blick auf die benachbarten Köpfe des Filippino Lippi, die flach, lichtarm und trübe erscheinen, neben seinen vollrunden, zuweilen etwas vierkantig kubischen Gebilden, deren jedes seinen Platz behauptet und mit blutwarmem Leben wie mit fester Masse füllt [1]).

[1]) Unsere Detailabbildung des Theophilus mit seinen Beisitzern lässt in der obern Reihe besonders deutlich die Nähte der Freskoarbeit um den mittlern Kopf erkennen.

Dagegen soll nicht verschwiegen werden, dafs eben mit dieser plastischen Illusion auch eine Gefar für die malerische Wirkung des Gesamtbildes erwuchs. Die leidenschaftliche, fast unersättlich grade damals sich steigernde Lust am schroffsten Individualismus, das unmittelbare Hereinnemen der ganzen Personen aus dem eigenen Kreise zu Florenz mit seinem Reichtum rücksichtsloser Charaktere, die unduldsam um sich griffen und nicht selten das allgemeine Wol gefärdeten, geschweige denn unter sich auf Leben und Tod in Fede lagen, — das Eindringen dieses vollen Stromes der Wirklichkeit vermochte auch die besten Errungenschaften der soeben vollendeten Arbeit wieder in Frage zu stellen. Solch ein Drang ist es unverkennbar, der im unvollendeten Stück noch keinen Ausgleich gefunden hat, doch dürfen wir eben des unfertigen Bestandes wegen nicht mit voller Sicherheit urteilen. Dennoch trägt dies Fragment den Stempel relativer Bedeutung, kennzeichnet sich als den Anfang eines Neuen, das die Frage, ja den Zweifel hervorruft, was aus dem weitern Verfolge dieses Weges sich für Masaccio selbst ergeben hätte.

Ein Blick auf »Petrus in Cathedra« läfst über die malerischen Vorzüge dieses zuerst vollendeten Teiles keinen Zweifel; aber ein Blick auf die lange Reihe fortschreitender Leistungen, die der sechsundzwanzigjärige Meister damals bereits aufzuweisen hatte, berechtigt auch zu der Ueberzeugung, dass diese willensſtarke, zielbewufste Künstlernatur auch die gröfsten Schwierigkeiten überwältigt hätte, one die idealen Aufgaben, die er stets hoch gehalten, zu vergessen oder nur zu kurz kommen zu lassen. In so knapper Frist, wie sie für die Entstehung dieser Hauptwerke fest steht, konnten ja unmöglich alle Seiten der Kunst des Malers gleichmäfsig ausgebildet werden und gleichen Schrittes mit einander fortschreiten.

Die rückhaltlose Hingebung an das Individuelle hat zunächst natürlich das Zurücktreten und Verschwinden aller typischen Wiederholung zur Folge. Wenn schon vorher bei so auffallendem Beispiel, wie seinem Haupthelden Petrus und dessen nächstem Gefärten eine Wandelbarkeit der persönlichen Erscheinung beobachtet wurde, bei der von einem festen Idealtypus für die Apostel nicht mehr geredet werden kann, so ist das nun erst recht der Fall. Sowie das plastische Problem als solches die Oberhand gewinnt, bemerken wir als Grundlage des Verfarens für die Wiedergabe der Köpfe die Errungenschaften seiner römischen Studien nach antiker Skulptur, die Betonung der plastisch wirksamen Formen und des festen Schädelbaues, die

dessen aschgraue Färbung mit denen Filippinos übereinstimmt. Am Ramen des Wandgetäfels ist beim Hinterkopf des Nachbars ein Feler stehen geblieben.

entscheidende Rolle des Kinnes nicht nur sondern auch der geschwellten oder etwas geöffnetten Lippen. Wo es gilt, eine Reihe von Ausdrucksstadien neben einander zu geben, da verwertet er wol ungescheut das nämliche Urbild in verschiedener Haltung und wandelt es nur in Alter, Hartracht, Bartwuchs und Farbe, so weit um, dafs es wie ein neues Individium erscheint. Denn eine gefärliche Klippe der modernen Modellmalerei liegt ihm ganz fern, schon wegen der praktischen Bedingungen der Freskotechnik, geschweige denn bei seiner durchdachten Komposition: das Kopieren jedes einzelnen Stückes in der besonderen Stellung und Beleuchtung nach einem wirklichen Substrat. Und wieder ist die Kürze der Frist, die für vorbereitende Studien in Anschlag gebracht werden kann, das unbezweifelbare Zeugnis für die geniale Treffsicherheit, die der Maler wärend dieser letzten Jare seines Lebens besessen haben mufs.

Aus diesem Eindruck zumeist erklärt sich jenes Urteil der Zeitgenossen: »Masaccio war ein vorzüglicher Nachamer der Natur, voll plastischer Durchbildung, ein Meister der Komposition, universell und rein one Zierwerk; denn er ergab sich ganz der Darstellung des Waren und der plastischen Erscheinung der Gestalten. Er beherrschte die Perspektive wie irgend Einer seiner Zeit und besafs eine grofse Leichtigkeit des Schaffens, da er doch noch sehr jung war, indem er mit sechsundzwanzig Jaren starb.«

Mitten in der Ausfürung des letzten erhaltenen Wandgemäldes mufs ihn eine besondere Veranlassung zum Aufbruch nach Rom verlockt haben. Vielleicht war es der Auftrag, im Dienste des Papstes die Fresken in S. Giovanni in Laterano weiter zu füren, über denen Gentile da Fabriano soeben weggestorben war. Möglich, dafs auch die Beschäftigung mit den Entwürfen für den gegenüberliegenden Wandstreifen mit dem Abschlufs der Petruslegende, Verhör und Kreuzigung, die ja in Rom spielten, die Lust gesteigert, noch einmal an den Stätten zu verweilen, die er schildern wollte, oder die Darstellungen im Vorhof der alten Petersbasilika zu befragen, nachdem er seinen ersten Entwurf für das Martyrium auf der Predella des Altars in Pisa verausgabt hatte. Genug, Masaccio ist nach Rom gegangen und dort vom unerwartet frühen Tod ereilt. »Abbiamo fatto una gran perdita!« seufzte Brunellesco als ihn die Nachricht traf, und wiederholte vor allen Florentinern, die er sah, in tiefem Schmerze nur das eine Wort: wir haben viel mit ihm verloren!

FORTSCHRITTE DER WANDMALEREI IN TOSKANA VON GIOTTO BIS MASACCIO

Eine Geschichte der italienischen Malerei im Trecento gehört noch zu den ungeschriebenen Büchern. Obwol die Litteratur über diesen Gegenstand schon reichlich angewachsen und Manches unter solchem Titel gedruckt worden ist, dafs die Erwartung das Ziel erreicht zu sehen berechtigt schien, so bedürfen wir doch einer durchgreifenden, im heutigen Sinn der Wifsenschaft befriedigenden Leistung noch immer. Die alte Auffassung von einer Giotto-Schule, die das ganze Jarhundert hindurch bis an den Anfang der Renaissance gedauert haben soll, hält sich ungebürlich lange im Vordergrund. Die systematische Darstellung dieser Kunst in Jakob Burckhardts Cicerone, an sich so dankenswert wie nur möglich, behindert das Aufkommen der Frage nach der genetischen Erklärung und befestigt die Vorstellung, als hätte ein Stillstand durch Menschenalter hin stattgefunden. Die Aenderungen seiner Bearbeiter, die sonst den Charakter des herrlichen Buches one Bedenken durchbrochen haben, beschränken sich hier darauf, die Ergebnisse unserer Forschung in einem Verzeichnis der Werke zusammenzutragen, das mittlerweile zu Füfsen des Textes ein Antipodenreich historischer Daten vorftellt, deren chronologische Folge die systematische Zusammenfassung wieder aufhebt. So wäre es längst an der Zeit, jener Charakteristik der durchgehenden Hauptzüge, die für sich zu vollem Rechte bestehen kann, die mindestens gleichberechtigte Frage nach dem Fortschritt der Malerei wärend des Trecento gegenüber zu stellen, und, statt nach der Schultradition, nach einer Entwicklungsgeschichte im eigentlich kunsthistorischen Sinne zu verlangen, die das Neue hervorhebt, wo es sich regen mag.

Dem Begriff einer Giottoschule mit fest überlieferter Kunstlere wirkt ja sehr bald die Ausbreitung über Florenz hinaus entgegen und fürt zur Anname verschiedener Filialen von provinziell sehr abweichender Besonderheit. Schon die Nachbarinnen in Toskana haben ausserdem eine selbständige, von Giotto unabhängige Herkunft aufzuweisen, die von der Uebertragung der Giotto-Kunst, wenn diese überhaupt stattgefunden, jedenfalls unterschieden werden muss. Die Schule von Siena ist längst, die von Pisa vielleicht auch neuerdings, als besonderer Charakter von eigener Bedeutung anerkannt; Venedig und Mailand mit Padua und Verona dazwischen, die Marken und Umbrien, ja selbst Neapel, dürften bei genauer Betrachtung einen änlichen Anspruch erheben. Schon damit wird die lokalpatriotische Tendenz Vasaris, dass alles Heil aus der Arnostadt stammen mufs, vor der historischen Erkenntnis in die Brüche gehen. Und es wäre überhaupt kein Wort darüber zu verlieren, wenn die Anschauungen, zu denen die Quattrocento-Forschung gefürt hat, nach dieser Seite wenigstens konsequent auf die Behandlung des Trecento angewandt würden. Dann wäre die Durcheinanderwürfelung von Künstlern aus ganz verschiedener Gegend, wie sie bei Crowe und Cavalcaselle noch lässig genug vorkommt, bis auf besondere Ausnamen unstatthaft und drängte überall zur Klärung nach geographischen und damit kulturgeschichtlichen Gesichtspunkten. Indess, damit erwächst wieder eine andre Gefar, dass nämlich der Zusammenhang der durchgehenden Entwicklung, der im Mittelalter unstreitig gröfser ist, verloren gehe, und dass andrerseits durch Zurückfürung auf allgemeine geschichtliche Faktoren die Betrachtung der eigentlich künstlerischen Dinge, d. h. die Geschichte der Kunst als solche verzettelt werde. Bei einer katalog-artigen Aufreihung von Werken mit einigen Lebensdaten dazwischen wie bei Crowe-Cavalcaselle kann das Hauptanliegen des Kunsthistorikers nicht zu seinem Rechte kommen, zumal wenn in der Aufeinanderfolge der Künstler und Schulen die Disposition des Ganzen verfelt wird wie hier. Wo z. B. Spinello Aretino nach Masolino und Masaccio folgt, statt ihnen voranzugehen, wie es auch Lorenzo Monaco sollte; — wo zwischen der echt florentinischen und den fremden, in Florenz sich später durchkreuzenden Strömungen nicht unterschieden wird, da dürfte auch eine Geschichte der künstlerischen Probleme nicht gedeihen.

Solche Unzulänglichkeiten in dem grundlegenden Hauptwerk, die bei der Fülle des Materiales, das erst zusammengetragen und kritisch gesichtet werden mufste, nur allzu erklärbar sind, und solche Halbheiten der Organisation des Stoffes, die erst bei öfterem Anlauf zusammenfassender Darstellung klar zu werden pflegen, verschwinden allmählich von selbst vor dem energisch wachsenden historischen Bewufstsein in unserer wissenschaftlichen Schulung. Gefärlicher jedoch ist die unkritische Uebertragung von Begriffen der Quattrocento-Forschung auf die vorangehende Periode und die Auffassung des Trecento lediglich als Vorbereitung der Renaissance, womöglich gar als Protorenaissance, wie sie sich aus solcher Unklarheit gefülsfchwelgerischer Schriftsteller ergiebt. Der Versuch, die Kunst seit Giotto nur als wesensgleiche Vorstufe der Renaifsance darzustellen, veruntreut den Kern der künstlerischen Dinge und damit die intimste Urkunde des Unterschiedes mittelalterlichen Geisteslebens von dem der Folgezeit, die nicht angetastet werden sollte. Man verwechselt dabei den starken Natursinn der Quattrocentisten mit der allmählich sich verschiebenden Neigung dazu, die sich im Verlauf des vierzenten Jarhunderts beobachten läfst, und verwechselt dies sogenannte Naturgefül der Trecentisten wieder mit einer scheinbar änlichen Anwandlung des Poeten S. Franciscus von Afsisi. Ja noch mehr, es ist eigentlich darauf abgesehen, von den poetischen Beziehungen, die der heilige Franz in seinen lyrischen Ergüssen zwischen sich und seiner Naturumgebung kraft der Phantasie anspinnt, eine Brücke zu schlagen zu der vollen Naturnachamung der Renaissancekünstler, die auf wirklichkeitsgetreue Wiedergabe der sinnlichen Erscheinung erpicht waren. Das ist denn doch nichts Anderes als eine sehr verschwimmende Analogie, eine in allen Farben schillernde Regenbogenbrücke, auf die sich kein fester Bund begründen läfst. Ueber solchem romantischen Zauber, der vielleicht unbewufst, aber desto verfürerischer einer weitern Geschichtsfälschung in die Hände arbeitet, wird jedenfalls eine wertvolle Erkenntnis preisgegeben, dafs wir in den Tagen Giottos wie in denen des Franciscus das volle Mittelalter vor uns haben, und damit wird auch die Grundlage für unsere Erklärung verscherzt, wenn es nachher gilt, das Einsetzen einer neuen Entwicklungsreihe zu verstehen und die Keime einer anders gearteten Sinnesweise aufzudecken, wie es die Renaissance, als Wiedergeburt des natürlichen Menschen in alle seine Rechte, denn doch war und bleiben mufs. Damit wird endlich auch eine klare Auseinandersetzung zwischen dem Erbteil des Mittelalters und dem neuen, dem klassischen Altertum walverwandten, Geist unmöglich gemacht, die wir beide — grade auch das Mittelalter![1]) — als notwendige Faktoren des Quattrocento betrachten.

[1]) Vgl. Schmarsow, Barock und Rokoko (Beiträge zur Aesthetik der bildenden Künste II) Leipzig 1897, S. 37 ff.

Doch genug der Vorbemerkungen allgemeiner Art für eine „Geschichte des Trecento", die hier bei Gelegenheit einzelner Masaccio-Studien zu geben doch weder Raum noch recht der Ort wäre. Bei dem heutigen Stand der Forschung können nur einige Winke hingeworfen werden, die auf Grund persönlicher Erfarungen von Belang scheinen und vor allen Dingen auf die Entwicklungsgeschichte der künstlerischen Probleme im Sinne eines tatsächlichen Fortschritts der Wandmalerei abzielen, der neben der Wiederholung des Alten und dem Zusammenhang mittelalterlicher Schultradition einher gieng.

Ich glaube sogar, die Geschichte sowol wie die Systematik dieser mittelalterlichen Kunst auf italienischem Boden würden gewinnen, wenn man sich entschlösse, die gewaltigen Wandmalereien romanischen Stiles, mit denen die Ausschmückung der Oberkirche in Assisi einsetzt, die schwarz gewordenen Scenen des Marienlebens im Chor, die beiden grofsen Kreuzigungen im Querhaus, nicht auf die Rechnung von Florenz zu setzen, sondern von Pisa, wenn nicht gar von Siena. Für Pisa spricht nicht allein der überlieferte Name Giunta Pisano, der als Bezeichnung einer Person viel weniger Wert hat, denn als Hinweis auf eine Schule, auf die Heimatstätte dieser Kunst. Für diese Pisaner Kunstgenossenschaft, die Giunta Pisana, spricht ja schon Manches in der sonstigen Entwicklung, wo die mächtige Handelstadt mit ihren Beziehungen zum Orient und zu Byzanz als Sammelstätte griechischer Reste, sei es von Denkmälern sei es von Kunstübung erscheint. Die nämliche Bedeutung für die Geschichte der Bildnerei, wie für die Geschichte der Architektur, fällt dabei doch sehr ins Gewicht, je mehr uns die Beweisstücke für die Geschichte der Malerei verloren sind. Kommt es aber auf diese an, so würden wir mit zwingender Folgerichtigkeit auf Siena gewiesen; denn hier allein ist die Denkmälerreihe vorhanden, die solche Leistungen voraussetzen läfst; nur widerspräche auch das nicht dem Anrecht der Nachbarin Pisa.

Die Sienesen haben ein grofses Erbteil aus der Vergangenheit ihrer eigenen Kunst vor den Florentinern voraus Die romanische Periode bewart das Kapital der byzantinischen Tradition nicht allein in der ikonographischen Anordnung der Scenen, wo man es gewönlich sucht, sondern auch in der Gebärdensprache, in dem grofszügigen Gehaben der lang gestreckten Gliedmafsen und der mächtigen Köpfe auf beweglichem Leibe, dessen Verwertung zu einem einheitlich durchgehenden Motiv wieder auf der plastischen Schulung der Antike beruht und in Byzanz offenbar durch fortgesetztes Studium der Bünenpraxis unterstützt ward.

Unter den ältesten Tafelbildern in Siena sind dann neben den Zeugen byzantinischer Ueberlieferung auf italienischem Boden in lateinischer Uebersetzung noch einige ganz anders geartete Altarstücke vorhanden, die man als Zeugen einer longobardisch gesonnenen, mit Stammesbeziehungen mitten in Toskana zu den Hauptsitzen in der Lombardei zusammenhängenden Kunstpflege betrachten mufs. Verwandtes findet sich auch in Lucca, so dafs die Analogie zu der Bildnerschule der Comasken sich aufdrängt. Die Darstellungen des Gekreuzigten im langen Rock als Longobardenkönig, wie der Volto Santo, bestätigen die Verwandtschaft mit germanischen Anschauungen der einstigen Arianer.

Durch solche Vorgeschichte erscheint ein Maler wie Cimabue in Florenz, das damals gegen dieses Leben ringsum isoliert, selbst gegen Arezzo zu wie abgeschlossen bleibt, vollends vereinzelt, und die Konstruktion einer grofsen Schule um seine Person würde zugleich das erste Hinaustreten der Florentiner auf den Schauplatz des künstlerischen Schaffens bedeuten.

Erst Giotto ist jedenfalls, daran darf fest gehalten werden, der erste grofse Maler des gotischen Kunststiles in Italien, wie Giovanni Pisano, der Bildner — auch das bezeichnender Weise, der Son des letzten Vertreters spätromanischer Plastik, Niccolò Pisano, nach deren Heimat auch Andrea, der Einwanderer aus Pontedera, der diese Kunst nach Florenz getragen, sich als »Pisano« bezeichnet[1]. Wie dieser, ist Giotto ein ausgemachter Gotiker; d. h. er vertritt in seinem Wollen und Können zunächst durchaus die mittelalterliche Weltanschauung, die den Einzelmenschen nur als dienendes Glied des grofsen Gottesreiches anerkennt und seine äussere Erscheinung lediglich als Gefäfs seiner Seele, als Träger des Ausdrucks einer geistigen Innenwelt bewertet. Man irrt deshalb, wenn man vorzeitig den Mafsstab der Nachamung des Wirklichen an seine Kunst anlegt und von ihr fordert, was sie gar nicht will: die sinnlich sichtbare Natur wiederzugeben um ihrer selbst wegen, etwa gar nach den Ansprüchen an Realitätsgefül weit späterer Generationen.

[1] Vgl. meine Aufsätze in der Festschrift zu Ehren des kunsthistorischen Instituts zu Florenz, Leipzig, A. G. Liebeskind 1897 u. S. Martin v. Lucca, Breslau 1889.

Nur was Vehikel seelischen Ausdrucks ist oder werden kann, ist auch das Mittel, nach dem seine Darstellung greift; denn er arbeitet in erster Linie immer für die poetische Phantasie. Nicht das plastische Interesse an dem Körper, vor allen Dingen der Menschengestalt als solcher, ist ihm die Hauptsache, sondern das mimische Interesse an der Körperbewegung als Warzeichen des Innenlebens, an dem Mienenspiel des Gesichts und dem Gebaren der Glieder. Ja, die Gestaltung wird überhaupt nur bis zu einem gewissen Grade ausgebildet, soweit die Gebärde das Knochengerüst und die Körpermasse, d. h. fast immer die Gewandmasse, in Bewegung setzt. Wo der charakteristische Zug seelischer Bedeutsamkeit aufhört, da fällt der Grundstock der Gliederpuppe oder ihres Zeugbehangs ganz andern Gesetzen anheim, nämlich dem Hausgesetz der Architektur und der von ihr entwickelten Regeln der Symmetrie, der Proportionalität und besonders des Rhythmus. Da wir Giotto einen Gotiker genannt haben, würde die Architektur, die er voraussetzt und der er sozusagen in die Hände arbeitet, zunächst die Gotik sein müssen. Und das ist sie tatsächlich; nur müssen wir die Unterschiede zwischen der französischen Gotik und der italienischen nicht vergessen. Da liegt die Erklärung für einen wichtigen Bestandteil seiner Besonderheit, nämlich das Ergebnis einer allmählichen Auseinandersetzung mit den tektonischen Bedingungen, unter denen er, eben in Italien schafft. In Assisi sind es trotz Rippengewölben und Spitzbogen verhältnismäßig grosse, breite Wandflächen, mit denen er sich abzufinden hat. In der Arena zu Padua hat er sogar einen salartigen Bau fast völlig romanischen Charakters mit glatten, hier geschlossenen, dort nur von Fenstern unterbrochenen Mauern und Tonnenwölbung darüber ganz allein zu gliedern. In Florenz sind es die hohen schmalen Nebenkapellen des Chores von S. Croce, deren beide Seitenwände unter dem Spitzbogenfeld eine rechteckige Vollmauer von beträchtlicher Höhe darboten, die sein Wille erst in zwei Horizontalstreifen zerlegt. Im Gegensatz zu den gestreckten Proportionen der Bildflächen in der französischen Gotik, die immer von aufsteigenden Diensten oder Fensteröffnungen eingeengt werden, ja die Glasflächen dieser Fenster mit der Stabwerkteilung darin für die figürliche Darstellung zu Hülfe zu nemen gewont sind, verfügt die Baukunst Italiens, in deren Räumen Giotto gemalt hat, stets über ansehnliche Breiten. Und grade dieses, mit der gotischen Figurengestaltung und Komposition so schwer vereinbare Uebermaſs der Breitendimension galt es zu bewältigen mit seinem Maſsſtab, der nicht mehr der schlanke willkürlich verlängerte, sondern der kürzere, eher schon gedrungene und untersetzte ist, wie bei Giovanni und Andrea Pisano auch. Was geschieht?

In Assisi werden die Wandstreifen jedes Gewölbjoches horizontal in je drei schmale Felder geteilt. In der Arena kommt die Breite durch die Mehrzal der Bilderreihen untereinander fast noch stärker zum Bewufstsein; da mufs die Ausgleichung mit den Figuren darin erfolgen, und sie ist anerkanntermafsen geschehen. Aber diese Verbreiterung seiner Gewandfiguren, wo sie irgend angeht, ist nicht etwa der Ausflufs malerischen Sinnes, sondern eine Forderung der auszufüllenden Fläche im Sinne der einheitlichen Monumentalkunst unter der Hegemonie der Architektur. So eben erklärt sich der auffallende Umfang einer mehr tektonisch oder planimetrisch umgränzten als organisch belebten Fläche, die seine Figuren uns darbieten. Die höchste Leistung freilich war für den gotischen Stil die Durchdringung der ganzen Gestalt mit einer einzigen Gebärde; aber sie findet sich unter diesen Umständen nicht leicht, und bei Giotto noch seltener als bei den Bildnern, wie Giovanni Pisano und besonders Andrea da Pontedera, der dafür sehr glücklich begabt war. So steht bei Giotto neben dem mimischen Faktor, der als Ausdruck des Innenlebens auf die poetische Phantasie und die Bewegungsvorstellungen des Betrachters unmittelbar, als menschlich verständlich sozusagen mit zwingender Suggestion einwirkt, ein mindestens ebenso starker tektonischer Faktor, der all jene Wirkungen der Symmetrie und Proportionalität ins Feld fürt, über die der gotische Baumeister verfügt, vor allen Dingen aber durch die Rhythmik des Ablaufs in Linienzug und Massenverteilung wieder beim Schauen und Vorüberwandeln des Betrachters die motorischen Reize auslöst, die sich jener Dynamik des mimischen Elements gesellen. Hier liegt geradezu die innere Einheit beider Faktoren beschlossen, durch die sich die künstlerische Gemeinschaft der Architektur und Malerei erst ermöglicht: die rhythmisierte Mimik oder der mimische Rhythmus[1]) sind die Beiträge von beiden Seiten, die ineinandergreifen zur Erzeugung eines Dritten, auf das es der mittelalterlichen Bildkunst eigentlich ankommt: der poetischen Illusion, durch die erst die Erzälung der Fabel zum Erlebnis des Lesers wird, — ich sage absichtlich Leser; denn die Analogie des Betrachters mit dem Leser der Bilderhandschriften ist damals bekanntlich grundlegend für die Oekonomie auch der Wandmalerei.

[1]) Ich nenne mimischen Rhythmus den Beitrag der Architektur und ihrer Ornamentik, in dem das Bewegungsmoment nach Analogie menschlicher Ausdrucksbewegung gegeben, d. h. mimisch bedeutsam geworden ist. Dagegen bezeichne ich als „rhythmisierte Mimik" den Beitrag des menschendarstellenden Malers, der die Ausdrucksbewegungen seiner Figuren zugleich nach den rhythmischen Anforderungen des Architekten für die bemalte Fläche modificiert.

Erst wenn diese Analyse seiner Kunstmittel, die sowol seinen monumentalen Stil wie seine psychische Energie zu erklären hilft, zur Grundlage der Betrachtung geworden ist, gewinnen auch weitere Beobachtungen über die Entwicklung des Monumentalstiles von den Erstlingsarbeiten bis zu den letzten Meisterwerken, wie über die Abklärung und Einschränkung der poetischen Absicht zu Gunsten der sinnlichen Anschauung, von der ausfürlichen Erzälung in vielen Einzelmomenten zur ruhigeren Versenkung in wenige Hauptbilder, ihren richtigen Sinn. In der Franciscuslegende zu Afsisi wird der Uebergang von der dekorativen Flächenfüllung zu monumentaler, d. h. den Raum des Bildes — wenn auch nur als Vordergrund — selber konstituierender, Komposition noch deutlich bemerkbar. In der Arena zu Padua ist auf die alte kunsthandwerkliche Rücksicht, die ganze Fläche von unten bis oben zu beleben, kaum irgendwo mehr Bedacht genommen, wo der Gegenstand es nicht etwa an die Hand gab, sondern der blaue Grund des Himmels hilft durch seinen gröfseren oder kleineren Umfang mit zur Raum-Illusion, — wenn diese auch, für die Schwingen der Phantasie, nicht für die Füfse des Betrachters, mit ein paar Noten zur Genüge erreicht wird, gradeso wie beim Epiker, dessen Erzälung darauf ausgeht, Bewegungsvorstellungen zu erzeugen, nicht räumlich-körperliche Konsistenz zu malen. In den Kapellen von Sa. Croce zu Florenz beschränkt sich die Erzälung vollends auf sechs Bilder aus der Franciscuslegende oder gar auf je drei Hauptmomente aus dem Leben der beiden Johannes. Damit wird die ganze Oekonomie dieser Erzälung selbstverständlich geändert. Es handelt sich nicht mehr um den vorüberwandelnden Betrachter, der den Bilderkreis der Arena sogar nur in mehrmaliger Wiederker, den Reihen von oben nach unten folgend, ablesen kann, sondern um ein viel ruhigeres Schauen hüben und drüben, in je drei Zonen über einander, deren jede nur ein einziges Bild enthält. Die Rechnung mit der Ortsveränderung des Subjektes, die nach Analogie der Baukunst, besonders des mittelalterlichen Kirchenbaues vom gotischen Maler aufgenommen ward, tritt unter diesen veränderten Bedingungen immer mehr zurück und macht dem Anschlufs an die beharrenden Faktoren der Raumbildung Platz. Die Gewölbebilder mit der Verherrlichung des Franciscus in der Unterkirche von Assisi sind dafür ein lehrreiches Zwischenglied [1]), mit dem natürlich die Decken der Arena u. s. w. verglichen werden müssen. Der erzälende Ton verlangsamt ge-

[1]) Man beachte z. B. wie die beiden Faktoren, der beharrende Aufbau oben und der Zug einer fortschreitenden Bewegung im Vordergrund, mit einander verbunden sind

wissermafsen, wenigstens in den vorgefürten Scenen selbst, indem er auf die vielen Einzelmomente verzichtet, die nun hinter die Koulissen fallen, aber hinzugedacht werden müssen. Der Maler mufs mit dem ausgewälten Hauptmoment zugleich das Vor und Nach, Ursache und Wirkung zu geben suchen, also implicite zu erzälen lernen, und kommt wol gar dazu, statt der Handlung, statt des Geschehens, die ruhige stimmungsvolle Situation zu bevorzugen, wie die Beweinung des hl. Franz, oder den transitorischen Moment eines wirksamen Kontrastes in Permanenz zu zeigen, wie beim Gastmal des Herodes, — sicher zum Nachteil der epischen Poesie, die ihm einst diktierte, aber ebenso sicher zum Vorteil der monumentalen Wandmalerei, die eben Giotto durch solche Krisis hindurch zu dieser Höhe gefürt hat. In der Parallele zwischen dem Täufer und dem Evangelisten Johannes, deren Leben unter einem gemeinsamen Gesichtspunkt am gemeinsamen Gewölbe zusammengefasst werden, langt die historische Kunst Giottos ja schon bei einer höheren Einheit, der systematischen Disposition an und damit bei der Centralisation der cyklischen Reihen unter einer Dominante.

Mit diesem Uebergang von fortschreitender Bewegung zu gesammelter Beharrung verändert sich natürlich die gesamte Verwendbarkeit der Darstellungsmittel. Was im schnellen vorwärtsdrängenden Tempo summarisch hingeworfen werden konnte, verträgt die ruhige Beschaulichkeit des prüfenden Auges nicht; was als derbes Reizmittel für die transitorische Auffassung brauchbar war, das beleidigt vielleicht als burlesker Widerspruch den feierlichen Ernst des festgehaltenen Augenblicks (wo kommen z. B. Giottos Gassenbuben vor?); zalreiche Momente physischer Tätigkeit und extremer Gestikulation verschwinden aus dem Repertoir, jemehr sich der Künstler in die Aufgabe vertieft, Alles was er vor Augen stellt, zu dauernder und oft erneuter Betrachtung, auch unter dem Gesichtspunkt bleibender Bedeutung zu fassen. Bei so geringer Zal und solcher Gröfse der Bilder, deren unterste wenigstens auf die Nähe deutlichsten Sehens heranrücken, eröffnet sich überhaupt erst als neuer Gesichtspunkt: die volle Leibhaftigkeit der Dinge, die Wirklichkeitstreue, deren Möglichkeit sich von jetzt ab dem Auge aufnötigt, besonders da, wo die feurige Phantasie des Gläubigen zu versagen beginnt. Bis dahin mufs dieser Mafsftab für das Urteil als durchaus verfrüht erscheinen, und es wärte tatsächlich noch gute Weile, bis die Möglichkeit als Forderung empfunden ward.

Es ist aufserordentlich lerreich, mit diesem Gang des einen Florentiners den entsprechenden Wandel in Siena zu vergleichen. Dort müssen wir jedenfalls Simone Martini als ersten Gotiker anerkennen, haben aber zugleich mit den beiden Lorenzetti mindestens noch Eine andere Variation der gleichen Richtung zu verfolgen. Simone Martinis Beitrag für die Entwicklung der Wandmalerei in Italien steht ja schon abgeschlossen da vor Giottos Tod. Seine Maestà im Palazzo Pubblico zu Siena hat schon als grofses feierliches Monumentalwerk von so beträchtlichem Umfang eine ganz eigene Bedeutung. Sie eröffnet die Reihe jener die Weltanschauung eines Menschenalters zusammenfassenden Darstellungen, die eigentlich keinen weiteren Bilderschmuck im selben Innenraum neben sich dulden: In der Cappella degli Spagnuoli zu zweit einander gegenüber; in der Camera della Segnatura kaum zu dritt, da der Parnass so wesentlich anders wirkt als Disputa und Schule von Athen: in der Cappella Sistina wieder das Eine, das alle übrigen neben sich, selbst die eigenen Michelangelos herunterdonnerte, bis es erblindet war. Simones leeres Mauergemälde mit dem vereinzelten Feldherrn zeigt dagegen nur, wie die selbe Zeit, die sich bei ihrem höchsten Anliegen am Tron Marias durch lauter Schutzheilige vertreten liefs, anungslos einer eigentlich historischen Aufgabe gegenüber stand, den Helden inmitten seiner Taten vorzufüren. Dies ist nur ein plastischer Gedanke, wie ein Reiterdenkmal mit Reliefs am Sockel, oder vielleicht sogar richtiger nur eine poetische Vorstellung zu nennen, die Person mit Geschehnissen, Dingen, die auf sie Beziehung haben, ringsum. Als Bildversuch auf die Wand gemalt mufste das Ganze eine Mifsgeburt werden. Aber die zeitgenössische Figur ist doch dabei herausgekommen, wenn auch noch kein rechtes Bildnis, sondern eher eine willenlose Kostümfigur. In dem Hauptwerk, dem Freskenschmuck der Martinskapelle zu Assisi, wird dann das Neue geleistet, das daraus zusammenschliefsen konnte: Schilderungen zeitgenössischen Lebens, in das die Heiligenlegende übertragen wird. Ein Epiker wie Giotto ist Simone Martini nicht, höchstens ein Novellist. Was Giotto für die Franciscuslegende getan, dafs der Betrachter sie miterleben mufs, war ihm nicht gegeben: kein Fortgang, keine Steigerung, keine dramatifchen Konflikte, sondern lauter Episoden, aufgereihte Situationsbilder. Aber im eigentlich malerischen Sinne war entschieden mehr geleistet: die ursprünglich offenbar sehr bedeutenden farbigen Reize seiner Malerei sichern ihm einen bevorzugten Platz in der Geschichte seiner Kunst: die Ausfürlichkeit des Zeitkostüms in seiner Ritternovelle vom heiligen

Krieger, der ein Bischof ward; die Wiedergabe der selbstbeobachteten Sitten und Gebräuche der eigenen, von dem ritterlichen und geistlichen Stand fast allein bestimmten Welt; die vorneme Anmut seiner Frauengestalten, die garnichts zu tun brauchen, als leise, im Wollaut ihres Schreitens an uns vorüberziehen; der tief aus dem Innern hervorquellende Ausdruck, der oft nur im Blicke liegt, aber die ganze Person durchdringt, one doch irgendwo aktionsfähig hervorzubrechen, — das sind Leistungen, die der sinnlich sichtbaren Darstellung zu Gute kommen und die hingebende Wirklichkeitsfreude in die Herzen der nachfolgenden Künstler säen mufsten. Daneben felt es nicht an Ansätzen zu räumlicher Entwicklung des Schauplatzes; sogar schon beachtenswerte Versuche zu Durchblicken in mehrere ineinandergehende Gemächer kommen vor; aber grade an solchen Beispielen wird man inne, welche Eroberung für die Zukunft der Malerei bevorstand, wenn die Entfaltung der Raumtiefe zugleich auch die Figuren darin ergriff. Aber die Hauptleistung Simones wird man stets in den besonders glücklichen Einzelgestalten suchen, die ihm hier und da so überraschend gelingen, als nämen sie die Fähigkeit späterer Generationen voraus, und die gelegentlich auch einmal zu schöner Gruppe sich verbinden: so der Kaiser bei der Soldzalung und der entrückte Bischof Martin, den seine Geistlichen wecken. Sind diese Fresken von Assisi doch schon Kenneraugen so vorgeschritten erschienen, dafs man geneigt war, sie bereits dem Quattrocento und mindestens in die Tage eines Gentile da Fabriano oder Vittore Pisanello zu setzen. Welchen Rang dürfen sie dann in der chronologischen Reihe der Denkmäler beanspruchen, wenn sie an so früher Stelle in die Geschichte eingeordnet werden, wohin sie gehören!

Diese Eindrücke hochentwickelter Kunst sind es auch gewesen, die neben Flüchtigkeit und Unreife vorkommend, bei dem Passionscyklus im Querhaus der Unterkirche lange verhindert haben, an einen so frühen Meister wie Pietro Lorenzetti zu glauben. Und doch gehören diese Malereien mitsamt der grofsen Kreuzigung, mit dem altertümlichen Altarbild der Madonna zwischen Johannes dem Täufer und Franciscus am Fenster des Querhauses und dem fortgeschrittensten Stück mit drei solchen auf die Wand gemalten Halbfiguren: der Madonna, des hl. Franz und des Evangelisten Johannes, one Zweifel ihm, und zwar in eine frühe Periode seines Schaffens. Er wächst hier soeben erst heraus aus der romanischen Kunst von Siena, und grade die Vorzüge alter, auf bester Ueberlieferung beruhender Kompositionen oder Einzelmotive sind es, die jenes Urteil veranlassen. Freilich ein gut Teil kommt auf die

Rechnung der eigenen, grade hier sich schnell entwickelnden Genialität, die durchaus Neues zu bieten hat. Welch einen Kampf der epischen Dichtung, die das Viele will und durch immer neue Motive die fortgesetzte Anregung der Phantasie zu erreichen gewont ist, erleben wir sogleich gegen die feste Anordnung der Architektur, die in dem kapellenartigen Raum, unter einem tief herunterreichenden Kreuzgewölbe, seiner Rechnung mit dem entlangſchreitenden Betrachter und damit auch der fortlaufenden Erzälung in richtiger Folge widerspricht, und vielmehr eine systematische Disposition fordert, die das gegebene Thema, die Passionsgeschichte, nicht duldet.

Unbequeme Bildflächen mit einspringenden Ecken oder lang ausgezogenen Winkeln bereiten ihm Schwierigkeiten, selbst für die notwendige Orientierung über die Raumaxen. Aber mit wachsender Sicherheit fült er sich in die Bedingungen hinein und lernt die Hindernisse sogar wirksam in Vorteile seiner Raumdarstellung verwandeln. Beim Einzug in Jerusalem und der Gefangenname schieben sich Gestaltenmassen und Stadtprospekt oder Landschaft noch etwas unklar durcheinander; aber der Fortschritt bei der Kreuztragung ist entschieden. Innenräume haben durch konsequentere Perspektive dazu verholfen, wie die polygone Loggia mit dem Abendmal, an die sich die schmale Küche mit einer Genrescene anschliesst, die Fuſswaschung in einem Refektorium, die Geiſselung in der Gerichtslaube mit schlanken Säulen, gradem Gebälk und phantastischem Skulpturenschmuck zwischen den krabbenbesetzten Rundbogen der Vorderarkaden, — Beispiele, die als gewagte Versuche, Figuren in und mit dem umgebenden Raum zu fassen, schon alle Beachtung verdienen. Und wie wuchtig tritt sein Erlöser auf die erhöhte Burgterrasse, die zum Höllentor fürt, um den Urvater Adam zu befreien, wie feierlich steigt er über den Wächtern aus dem Grabe, in seiner herkulischen Bildung beidemal noch dem körperlichen Ideal der romanischen Kunst, dem Sinn eines Niccolò Pisano näher als dem gotischen des Giovanni. Daneben aber das tiefinnerliche Situationsbild, pathetisch immer und derb, aber gewaltig und ergreifend, wie die Abname vom Kreuz und die Grablegung, als kleinere Gegenstücke zu der leidenschaftlich bewegten Kreuzigung, die das ganze Wandfeld über dem Altar füllt und als solche Einheit die alleraufmerksamste historische Bewertung verlangt.

Wie ungegorener Most sprudelt es in seinen neuen Erfindungen; die Fülle der Einzelmotive scheint überzuquellen, wo er sich dem ungestümen Drang seines heftigen Temperaments überlassen darf, und die Gebärdensprache würde in Gefar kommen theatralisch zu werden, wäre sie nicht zu eckig und derb. Auch Pietro Lorenzetti kennt das alte sienesische Kapital, die grofsen mit dem ganzen Körper agierenden Gestalten und ihren machtvollen Schwung. Aber er handhabt dies Erbteil kaum noch im Sinne der plastischen Ruhe und hehren Majestät wie Guido da Siena und Duccio di Buoninsegna, sondern im Sinne der mimischen Bewegung und leidenschaftlichen Erreglichkeit des Innern. Wärend aber Simone Martini den harmonischen Flufs der Linien zu finden weifs, als hätte er in eifrigem Studium antiker Bildwerke, besonders Kameen und Malereien gar, das Gefül für klassische Schönheit ausgebildet, ist Pietro Lorenzetti für solche Reize viel zu hastig und gewaltsam. Die häufig wiederkerende Geste mit dem plötzlich zu spitzem Winkel erhobenen Vorderarm und der beinahe zur Faust geschlossenen Hand mit dem weit abstehenden enormen Daumen entbert auch des letzten Restes antiker Grazie; aber sie kennzeichnet die dreinfarende Energie seines Charakters, selbst in dem ernsten Madonnenbild, der letzten Zutat in dieser Kapelle.

Aus gleicher Zeit, wie diese Fresken in Assisi, stammte aber ein anderer Cyklus des selben Meisters in Sta Margherita oberhalb C o r t o n a, dessen Verlust als wichtiges Beweisſtück für unsere geschichtliche Darstellung nur schwer verschmerzt wird. Denn spät erst begegnen ausser der fragmentarisch erhaltenen Kreuzigung in S. Francesco andre Beispiele seiner Kunst in Siena, neuerdings wieder aufgedeckte Reste eines Kapellenschmucks, wie er sich Giottos Arbeiten in Sta Croce an die Seite stellen darf. Zugleich aber zeigt sich die Bekanntschaft mit diesen letzten Leistungen des Florentiners in dem Gastmal des Herodes, das hier durch Gegenüberstellung der Auferstehung Johannes des Evangelisten den Zusammenhang mit jenem Cyklus in der Franziskanerkirche zu Florenz auch im gegebenen Programm beweist. Diese beiden grofsen Wandgemälde in einer der Nebenkapellen des Chores von S. M. de' Servi [1]), die vom alten Bau stehen geblieben, bezeugen, wie das dreigiebligе Tafelbild mit der Wochenstube der hl. Anna in der Domopera [2]), einen ausserordentlich entwickelten Raumsinn und eine Ausbeutung perspektivischer Durchblicke, wie sie kein Florentiner damals aufzuweisen hatte.

In der selben Kirche der Serviten ist in einer andern dieser Kapellen auch ein Fresko von A m b r o g i o L o r e n z e t t i zum Vorschein gekommen, dessen Mitwirkung bei spätern Arbeiten des Pietro ja schon litterarisch bezeugt wird [3]). Es giebt für die vielen unterge-

[1]) Phot. Lombardi Nr. 2258 und 2259.

[2]) Kunsthistorische Gesellschaft für phot. Publikationen 1897.

[3]) Phot. Lombardi Nr. 2311. Es kommt natürlich auf eine kritische Beweis-

gangenen Leistungen solcher Art wenigstens ein Beispiel aus der biblischen Geschichte, die lebendig bewegte Schilderung des Kindermords. Vorn die zusammengetriebene Menge der Mütter mit den unbarmherzigen Kriegsknechten dazwischen, hinten eine Reihe von Berittenen, die keine Flucht gestatten, links auf dem Balkon des Palastes Herodes selbst, mit der Krone auf dem Haupt herunterschauend. Das Verhältnis dieser figürlichen Beſtandteile zu einander, wie die Front eines sienesischen Hauses als Hintergrund und ein Ausblick jenseits des Schwibbogens in der Ecke, verraten freilich, dass vorerst noch die Sicherheit der Raumanschauung versagt, obwol ein änliches Wollen wie bei Pietro hervortritt. An diesem Mangel klarer Architektonik und sicherer Beobachtung der Abstände leiden ja auch die groſsen allegorisch-kulturgeschichtlichen Darstellungen Ambrogios im Palazzo Pubblico. Bei ihnen kommt noch eine Schwierigkeit hinzu, da die göttlichen Wesen in gröſserm Maſsſtab gegeben werden als die lebenden Menschenkinder. Bedenkt man aber, daſs es damals an einer sichern Methode perspektivischer Konstruktion gebrach, so ist die Fülle der Ausblicke und der Einblicke in Gassen und Häuser, in die Berge und die Felder, die hier geboten wird, schon ausserordentlich bedeutsam für das Wollen dieses Malers. Auf Ambrogio hat der Schönheitssinn und die weiche Anmut Simone Martinis schon Einfluss gewonnen: wir finden ihn auf seiner Ban in den tanzenden Mägdlein und den tronenden Frauen, vermuten sogar die nämlichen Studien nach der Antike. Vor allen Dingen entwickelt aber Ambrogio einen plastischen Sinn für die Rundung der Körper, der ihn von hier aus das Raumvolumen für seine Gestalten erobern lert. Aber auch den perspektivischen Darstellungen der Innenräume und komplicierterer Ansichten von Gebäuden hat er sich eifrig ergeben, wie es nach dem Vorgang des Pietro und des Simone garnicht anders sein kann. Seine Darbringung Christi im Tempel und die Legenden des hl. Nikolaus auf dem Tafelwerk in Florenz [1]) bezeugen dies ebenso, wie seine allegorische Verherrlichung Marias als Siegerin über die Sünde in Altenburg [2]).

Wieder mag ein Paar monumentaler Wandbilder grösseren Maſsſtabes in einer Nebenkapelle des Chores von S. Francesco zu Siena die Reihe beschliessen: die Obedienzleistung S. Ludwigs vor dem Papst im Konsistorium zu Rom und das Martyrium der Ordens-

---

lurung für den Anspruch des Pietro oder Ambrogio an diesen Fresken für unsern Zweck nicht an. Die beiden Lorenzetti bedürfen dringend einer monographischen Behandlung

[1]) Akademie, Phot. Alinari 1592—94.

[2]) Kunsthistor. Gesellsch. f. phot. Publ. 1897. Vgl. Festschrift zu Ehren d. Ksthist Inst. zu Florenz. Leipzig 1897.

brüder vor dem Sultan gegenüber. Das letztere mit der luftigen Loggia, die sich in drei Arkaden nach vorn öffnet, die erstere mit dem tronenden Papst ganz links und den beiden Sitzreihen der Kardinäle, die vordere von der Rückseite der Bank, die innere mit dem König von Neapel dazwischen von vorn gesehen, quer durch das Bild, mit dem Einblick in ein Seitenschiff jenseits, wo die weltlichen Zeugen des Vorgangs im Zeitkostüm versammelt sind, — welch' eine Grofsartigkeit und Künheit der Raumdarstellung in frappanter Realität! — und doch welche bewufste Unterordnung dieses Faktors unter die ausdrucksvollen Personen, von denen wir im Konsistorium fast nur Halbfiguren und Köpfe zu sehen bekommen. Hier liegt die reife Frucht der Bestrebungen vor, die wir wärend des ganzen Trecento nur den beiden Lorenzetti nachzurümen vermögen. Es ist an monumentaler Selbständigkeit des Bildraumes erreicht, was unter den Vorausfetzungen der Zeit zu erreichen war.

Wenden wir von hier aus unsern Blick wieder rückwärts nach Florenz zu dem Punkt, wo wir bei Giottos letzten Schöpfungen den Gang der dortigen Malerei verlassen haben, so wird jedenfalls das Vorurteil, als seien die Anfänge des Monumentalstiles in der Arnostadt allein zu finden, uns nicht mehr beirren. Freilich ebenso wenig vermögen wir zu glauben, die nächsten Nachfolger Giottos hätten nicht auch an ihrem Teil beigetragen zu dem Fortschritt, den der Historiker zu verfolgen sucht. Mag sein, dafs das Gefül der Leere zunächst überwiegt, wie es beim Verschwinden einer persönlichen Kraft, die Alles in ihren Bannkreis zog, sich einzustellen pflegt. Selbst die getreuesten Nachamer wie Taddeo Gaddi, lassen das Erbe nicht unverändert, auch wenn sie es kaum einmal in vollem Umfang anzutreten vermögen. Ein Hinweis auf Taddeos Sposalizio in Sa. Croce genügt, den Wandel darzutun. Wer den Fortschritt in grofsen Zügen nur skizzieren will, der mufs sich allerdings an die wenigen Auserlesenen halten. Dann gebürt unstreitig dem Andrea Orcagna der Vorrang, dessen einziges erhaltenes Werk grofser Freskomalerei in der Cappella Strozzi von S. M. Novella schon das küne Unterfangen vor Augen stellt, die ganze grofse Wandfläche nicht mehr zu zerteilen, sondern von oben bis unten mit einer einzigen Darstellung zu füllen. Das Problem kam zwar an einer Wand allein zum vollen Austrag, weil gegenüber die Schilderung des

Inferno schon Unterabteilungen nach ganz andern als künstlerischen Principien vorschrieb, die dritte Seite aber durch das Fenster zerschnitten wird. Aber gerade der Anlauf, dem weiten Reich der Seligen beizukommen, ist ausserordentlich bezeichnend ausgefallen. Dem Plastiker, der in dem Reliefschmuck seines Marmortabernakels in Orsanmichele fast vollrunde Körper in kastenänliche Ramen setzt, versagt hier im Bilde, wo es darauf ankommt den Raum zu malen, fast völlig die dritte Dimension, sowie es gilt, sie über das Volumen der Körper im Vordergrund hinauszufüren. Unwillkürlich schiebt sich an Stelle der Tiefe nun die Höhe als Ersatz unter, und selbst der Versuch, eine Raumleere in der Mitte (vor oder unter dem Tron der Göttlichen) zu erzeugen, mit dessen Hülfe Bewegung in in die Reihen kommen sollte, um das Einherwallen, den Aufstieg oder den Eingang zur Anschauung der Höchsten zu geben, — er hat nur den Erfolg gehabt, dafs sich die drei Bilderzonen wieder einstellen, auch one begränzende Querstreifen dazwischen. Das Bogenfeld zuoberst sondert sich um so deutlicher ab, als der Tron für Christus und Maria ganz körperlich gedacht und schwer gemalt ist; dann folgt die Zone mit dem leeren Raum darunter, durch den Kontrast des tektonischen Aufbaues droben schon befremdend, und zuunterst die ganz gefüllte Region, die unserm Tastraum am nächsten, auch am ehesten die plastische Ausgestaltung vertrug, aber im heutigen Zustande jedenfalls nicht den Anforderungen des Körpergefüls entspricht, sondern den obern gegenüber zu flache Figuren enthält. Merkwürdig, wie selbst in solchem Wandbilde schon zu Tage tritt, dafs sein Urheber, obgleich Bildner und Baumeister, doch kein architektonischer Kopf ist wie Giotto, sondern immer nur in dem Stückwerk-Mafsftab der Kleinkunst denkt, auch wo er sich an umfassende Aufgaben wagen darf. Soviel er auch beigetragen hat, das Gefül für die Rundung und Fülle des Leibes zu stärken, das an sich schon dem Gedeihen der Plastik, auch wenn sie noch lange auf die rechte Zeit zu warten hatte, doch den Boden bereiten half: die Bewältigung einer solchen Wandfläche, wie die damalige Architektur sie darbot, mit den Mitteln der Gestaltung allein, ist ihm nicht gelungen. Der malerische Gedanke, der allein dazu helfen konnte, die Raumtiefe in der Mitte, ist als unbezeichneter Fleck auf der Oberfläche haften geblieben.

Das Unterfangen jedoch wirkt weiter. Um das Zugehörige sogleich hier anzuschliessen: die Cappella degli Spagnuoli drunten bei der selben Dominikanerkirche zeigt die Fortsetzung des nämlichen Bemühens! Aber wieder ist es nur eine von den beiden Vollmauern, wo das Problem mit der malerischen Anschauung eines

Gesamtbildes zu lösen versucht ist. Die Wand links wird ja durch ein tektonisches Gerüst mehrfach horizontal und vertikal geteilt, und durch gemaltes Chorgestül zu einem pyramidal sich gipfelnden Aufbau für den heiligen Triumphator benutzt, — nichts als eine Veranschaulichung des systematischen Kastengeistes der Dominikaner mit Hülfe des Pinsels. Und merkwürdig, wo die ganze herrliche Bildfläche so durch Zimmermannsarbeit in Fachwerk aufgelöst wird, da bestraft sich diese Sünde wider die Kunst durch einen andern Mißsgriff an der Decke. In die Kappen des Kreuzgewölbes, wohin die systematisch höhern Instanzen gehörten, die schon von der Baukunst praedestiniert waren, den Inhalt jeder der vier Wände zur centralen Einheit des ganzen Cyklus überzuleiten, da läfst man historische Scenen malen, wie die stürmische Seefart, wo Christus auf dem Wasser wandelt, die Auferstehung, die Himmelfart und die Ausgiefsung des heiligen Geistes. Was über unserm Kopfe gemalt ist, das erleben wir nicht als ein Geschehen in der Zeit; denn es ist den Bedingungen des Tatsächlichen um uns her entrückt, es felt ihm etwas, das die Ueberzeugung, den Glauben an das Ereignis vermittelt; es liegt nicht im Horizont unsrer Erfarung und hat keinen Boden unter den Füfsen, den unser Körpergefül anerkennt. So wird das historische Faktum selbst in die Sphäre ort- und zeitloser Abstraktion erhoben, vielleicht in seiner dogmatischen Bedeutsamkeit erfasst, — und das entsprach gewifs der lerhaften Absicht der Dominikaner; denn jedes Ereignis hat Bezug auf das Wandbild darunter [1]. Aber der Maler hat sie gemalt, wie seine gewonten Historien, und so widerstreben sie den Wandbildern, fallen dagegen ab, statt sie zu beherrschen. Das wufste schon Orcagna besser, der in der Cappella Strozzi, wo allerdings die höchsten Dinge oder gar Himmel und Hölle auf die Wand geworfen waren, an den Gewölbkappen viermal die Halbfigur des heiligen Dominikus wiederholt, mit allegorischen Wesen zur Seite und fülbar genug unter Aufhebung der Gesetze unsrer Körperwelt.

An einem änlichen Widerstreit unseres Raumgefüls kranken auch die Darstellungen aus der Passionsgeschichte über dem Triumphbogen des Altarhauses, obgleich hier schon dadurch eine Besserung zu Gunsten horizontaler Unterlage eintritt, dafs zwei kleinere Darstellungen links und rechts zu den Seiten des Bogens Platz finden und so für die grosse Kreuzigung über dem Scheitel dieses Bogens

[1]) Die Ausgiefsung des heiligen Geistes auf den Triumph dieses Geistes im Thomas von Aquino; die Navicella, als Symbol der Kirche, auf die Ecclesia triumphans u. s. w. Aber die Auferstehung über dem Kreuzestod erscheint bereits als Haften am historischen Zusammenhang. Auch hier geht also unklar das eine Princip ins andre über.

einen annähernd wagrechten Unterbau schaffen. Nur die Wand mit der grofsen Verherrlichung des Gottesreiches, bis zur Rolle der »Domini canes« darin, folgt dem Beispiel des Andrea Orcagna, eine umfassende Bildeinheit herzustellen. Doppelt begreiflich also, wenn Künstler, denen diese Hauptsache als Wagnis vor allem Andern in die Augen stach, sehr leicht dazu kamen, den Namen des Malers Andrea da Firenze mit Andrea di Cione, genannt Orcagna, von Florenz zu verwechseln. Indem wir mit dem Namen des spätern Künstlers, der auch im Camposanto zu Pisa gemalt hat, unserer Ueberzeugung Ausdruck geben, kommt es auch uns nicht auf die Person sondern auf das künstlerische Problem an. Schon die Lösung, die hier versucht wird, verlangt übrigens die spätere Datierung, weil sie bestimmte Vorstufen voraussetzt, die wir bei Orcagna nicht nachzuweisen vermögen.

Die künstlerischen Mittel, die hier aufgeboten werden, um eine an Höhe aber auch an Breite sehr ausgedente Wandfläche als Ganzes zu organisieren, nötigen uns nachzuholen, was inzwischen für die Oekonomie der Wandmalerei geschehen war. Giotto selbst hatte, je nach der Räumlichkeit, zwei verschiedene Wege eingeschlagen: die fortlaufende Reihung der Bilder für den vorüberwandelnden Betrachter, wo die successive Auffassung zum Verfolg einer Erzälung oder eines sonstigen Verlaufes gleichwertiger Glieder überwog; oder aber die systematische Disposition nach den Gesetzen der Symmetrie, der Abstufung oder Gruppierung für den im Mittelpunkt stehenden, nur nach allen Seiten sich drehenden Beschauer, wo trotz aller durch die Einzelbetrachtung bedingten Succession doch zu Anfang und am Schluss die simultane Auffassung vorherrschen soll, wo die Einheit des Ganzen, wie im Raumgebilde selbst, jedenfalls auch in der geistigen Vorstellung zu Stande kommt. Beide Wege waren versucht, wenn auch der letztere noch in keinem Beispiel von voller Tragweite und Konsequenz zur Anwendung gekommen.

Der Nachfolger, von dem man sagte, der Geist Giottos sei auf ihn übergegangen, Giotto di Stefano, genannt Giottino, ist uns seiner Wirksamkeit nach nur unzureichend bekannt. Wir betrachten als sichere Freskoarbeiten von ihm nur die Geschichten von Kaiser Konstantin und Papst Sylvester in Sa. Croce zu Florenz und die Geschichten des hl. Stanislaus nebst der Krönung Marias in der Unterkirche zu Assisi [1]. Das Krönungsbild füllt das Spitzbogenfeld

[1] Völlig ausgeschlossen erscheint mir die kleine Strozzikrypta unten im Begräbnis des Klosters unweit der Cap. degli Spagnuoli, obwol Crowe und Cavalcaselle die selbe

einer Wandnische und hat sehr gelitten. Es ist kaum noch Giottos Komposition nach dem Altar in S. Croce, nur mit Weglassung der verteilenden Ramen, sondern vielmehr im Sinne der plastischeren Durchgestaltung des Andrea Orcagna gedacht. Die beiden schmalen Stücke aus der Legende des polnischen Heiligen sitzen daneben an der Nischenleibung einander gegenüber, kommen also für unsere Hauptfrage nicht in Betracht; wol aber zeigen sie einen entschiedenen Fortschritt in dem richtigen Verhältnis der (ziemlich untersetzten) Figuren zu dem umgebenden Raum, der einmal das Altarhaus einer Kirche, das andre mal der Kreuzgang daneben ist. Ganz großsartig wird diese Raumdarstellung in der Sylvesterkapelle zu Florenz, namentlich in dem untern Breitbild mit den Wundertaten des Papstes. Unverkennbar wirken hier auch Fortschritte in der Beleuchtung der Ruinen mit, um für das Auge die Weite des Schauplatzes hervorzubringen. Sowie wir aber von dem Gesamteindruck auf die figürliche Darstellung übergehen, steht freilich die Gestalt des Papstes noch beherrschend im Mittelpunkt, aber das Ganze zerlegt sich doch in zwei einzelne Scenen: die Bewältigung des Drachen und die Auferweckung der Magier in Gegenwart des Kaisers und seiner Grofsen. Wir haben also die Succession von links nach rechts noch vor uns, aber doch den Versuch die voraufgehende Scene als Nebenmoment, als erklärende Exposition zurückzudrängen und die Totenerweckung als Hauptsache vorherrschen zu lassen, und zwar der Einheit des Gesamtbildes zuliebe. Es ist das Bewusstsein der Monumentalkunst aufgegangen, dafs solche im Raumgebilde als ein Ganzes funktionierende Mauer wenigstens nicht in vertikaler Richtung zerteilt werden darf, wenn die darzustellende Erzälung es auch fordert. Die früheren, nur den Mafsgaben der Poesie folgenden Maler hätten sicher zwei selbständige Bilder daraus gemacht, als gleichberechtigte Wundertaten. Giottino ist auf dem Wege zum durchgreifenden Fortschritt. Er leitet auch das Auge durch die vorgestellten Architekturteile: Pfeiler und Bogenansatz links, dann die Säule, — dazu an, die markanten Stellen der rechten Seite zu suchen. Das Uebergewicht der Figuren liegt auf dieser rechten Seite, gegen den Eingang der Kapelle, so dafs der Besucher mit dem Kaiser und seinem Gefolge auch in die Scene eintritt, deren Gegenstand allerdings nicht anders als in zwei hingestreckten Leichen und zwei knieenden Lebendigen gegeben werden mochte d. h. das selbe

Hand darin erkennen wollen. (Ital. Ausg. II p. 110.) Als Tafelbilder scheinen mir dagegen die kleinen Stücke eines Altars in München, Abendmal und Kreuzigung (Phot. Bruckmann) Katalog No. 981—983 zunächst für Giottino in Frage zu kommen, dann auch der Crucifixus in Ognissanti zu Florenz (Phot. Alinari 4119.)

Paar von Magiern doppelt, — vor und nach dem Machtspruch des Heiligen zugleich.

Diese Wendung zu Gunsten des künstlerischen Rechtes auf Bildeinheit bei Giottino steht als wertvoller Beitrag um so höher, als der vielbeschäftigte Angelo Gaddi († 1396) in der Chorkapelle von Sa. Croce die Geschichte des Kreuzes so viel befangener im Nacheinander des Erzälers vorträgt. Auch er giebt nur noch horizontale Teilung, aber auf seinen Bildern schieben sich die Ereignisse neben einander in dichtem Gedränge daher, bald etwas schräg übereinander gepfropft, bald in breitem Zuge, aber unübersichtlich, so dafs der Betrachter Mühe hat, dem Faden der Legende richtig zu folgen, dabei aber für das Auge nichts gewinnt, das als Anschauung eines Ganzen, mag der Kausalnexus der Fabel auch dabei zu kurz kommen, sonst so reichlich zu entschädigen vermöchte. Episoden und Hauptmomente gleiten one Unterschied und Wal vor unserm Blick entlang, und wir wissen nicht, warum der Strom absetzt, um eine andre Reihe zu beginnen, ob hüben oder drüben. Mehr dekoratives Geschick bewärt er in der Cappella della cintola des Domes zu Prato, aber auch den selben Mangel an eigentlich architektonischem Sinn, indem er ganz gleichgültig das Bogenfeld in zwei Scenen sondert und den Wandstreifen darunter einheitlich durchfürt, wenn nur auch zwei Momente Platz finden, — vom Verhältnis zur Wand gegenüber garnicht zu reden. Sein Beispiel ist verderblich; denn es verleitet alle geringeren Kräfte bis über das Ende des Jarhunderts hinaus, von dem inneren Zusammenhang mit dem Raumgebilde der Baukunst fast völlig abzusehen, wenn nur die Fläche fürs Weiterfabulieren nicht zertrennt wird.

Neben solchen kleinen und grofsen Kapellen, deren oberste Region bei starker Höhe kaum noch absehbar blieb, mufs das Verfaren in weiten Räumen mit fortlaufenden Umfassungsmauern, wo der Besucher beliebigen Abstand gewinnen kann, ganz besonders beachtet werden. Es ist bezeichnend, was man mit der Fläche anfieng, wo die Oertlichkeit selbst keinen Zwang ausübte! Lerreich jedenfalls ist ein Blick in den Camposanto zu Pisa, der mit seinen Bilderwänden fast einzig in seiner Art dasteht. Soweit das Trecento diese Mauern ausgeschmückt hat, sind schon die verschiedensten Methoden versucht. Wieder knüpft sich der Name des Orcagna, fälschlich allerdings, aber nicht one allen Sinn, an die Kolossalgemälde, die one äufserliche Zerlegung in Streifen und Abschnitte auszukommen suchen. Die Ausdenung entspricht etwa der Wand eines Riesensales, deren Breite zu umspannen dem Betrachter auch vom entferntesten Standpunkt dicht an den innern Arkaden ebenso schwer fällt wie deren Höhe, so dafs reine Simultananschauung des Ganzen sich von selbst ausfchliefst und eine Auflösung in successive Bewegung erfolgen mufs. Es ist ein förmlicher Kampf mit der Fläche, den wir unter Aufwand aller damals verfügbaren Mittel sich vollziehen sehen. Wie unleidlich stehen „Jüngstes Gericht" und „Inferno" neben einander, one Intervall oder Ramenstreif dazwifchen. Die Kolossalfigur des Satanas in dem halbcylindrischen Turmverliefs, dessen Innenseite in vier Horizontalgeschossen, wie Parterre und Ränge einer grausigen Strafanstalt, um den Betriebsdirektor in der Mitte sich aufbaut, ist plastisch wirksamer zur Einheit als die paarige Mandorla mit Maria neben Christus und der Engelgruppe darunter in der Luftregion, samt den vollstreckenden Kriegern des Himmels auf dem Erdboden, der seine Toten herausgiebt. Orcagnasche Massen über einander aufgereihter Figuren links und rechts als Erwälte und Verdammte, darüber auf Wolkenstreifen, durch die Mittelgruppe der Gottheiten in zwei Hälften geteilt, die tronenden Apostel und über diesen wieder schwebende Engel mit den Marterwerkzeugen, — lauter tektonisch-plastische Gliederung, die doch wieder auseinanderfällt, und das Ganze durchaus hinfälliges Stückwerk neben der festen Höhenarchitektur der Hölle. Nur die helle unwirkliche Färbung des Ganzen rettet die Möglichkeit des Bestehens neben einander. Trotz aller Energie des Charakters waltet die Idealität der poetischen Vorstellung, wenigstens in dem Programm, das dem Maler gegeben ward. Aber fällt seine Ausfürung nicht doch schon dabei aus der Rolle?

Weitere Anläufe mit schräg in die Höhe geschobenem Felsgestein als Wonstätte der Einsiedler, mit kämpfenden Engeln und Dämonen in der Luft, begegnen uns neben einander auf dem berümten „Trionfo della Morte", dessen untere Hälfte sich wieder deutlich in drei Abschnitte auseinander legt: die Begegnung des Reiterzuges der lebenden Könige mit den toten in ihrem Sarkophag, die Ernte der Todesgöttin mit der Sichel unter den Reichen und Glücklichen, wärend die Armen und Elenden sie vergebens herbeirufen, und endlich den Liebesgarten ganz rechts.

Von einer Bewältigung der gewaltigen Bildfläche kann also keine Rede sein, weder im plastischen noch im linearen Sinne, sondern nur von Anläufen dazu, die als weitere Fortschritte im Einzelnen ihren Wert behaupten. Es ist im Grunde ein Widerstreit zwischen der Bewegung in die Höhe und der in die Breite, als ob das schweifende Auge und der entlang fürende Schritt des Betrachters einander die Oberleitung streitig machten; aber die räumliche Tiefe will sich nirgends ergeben, um beide mit einander auszugleichen, wie nur sie es vermag.

Erst wenn man daneben die Schilderung des Eremitenlebens heranzieht, wo ganz tektonisch ein Felsterrassenwerk aufgebaut ist, als wäre die senkrecht aufsteigende Mauer eine schräg ansteigende Gebirgswand mit zalreichen Graten und Klüften, die das Auge nur mit wachsender Unruhe samt und sonders in gleicher Deutlichkeit überschaut, erkennt man auch die Vorstufe, die dem Triumph des Todes vorangegangen, auch die wachsende Kraft räumlicher Anschauung im Grofsen, die sich in letzterem Wandbild verkündet.

Ein ganz anderes Verfaren wird jedoch eingeschlagen, wo die Legenden der pisanischen Lokalheiligen gemalt werden sollten: zunächst die Zerteilung der Höhe in zwei Parallelstreifen. Sie nimmt sich im Vergleich zu jenen titanischen Versuchen, Himmel und Hölle auf diese Mauern zu werfen, doch wol wie Resignation aus. Freilich, schon im Triumph des Todes neigt sich das Höhenlot als Dominante und wird allmählich zur Diagonale, gleichwie die Betrachtung von den letzten Dingen, den entgegenstehenden Polen des Oben und Unten, sich nun den Dingen dieser Welt, d. h. dem irdischen Getriebe zwischen Weltfreude und Weltflucht zuwendet, und damit dem Lauf der eignen Zeit, dem Leben des Tages umher. Die Legenden der Schutzheiligen von Pisa erzälen wieder für den lebenden Betrachter, damit er sich in die Person dieses Vorbildes versetze oder doch unversehens sich unter die Zeugen mische, die diese Ereignisse mit erleben. Da braucht es der festen Grundlage des Bodens, auf dem wir wandeln. So erhält dann die Fürung sofort der vorüberschreitende Besucher, wie es in solcher Wandelban, wie diese Umgänge des Camposanto, sich fast von selber verstehen sollte. Die successive Auffassung regiert.

Da malt Francesco da Volterra die Geschichten von S. Giobbe (1371) nicht one fülbaren Anschluss an die räumliche Vorstellung der soeben betrachteten Hauptstücke, besonders in der oberen Reihe, so dass man das Recht bezweifeln darf, ihn einfach zur florentinischen Schule zu rechnen. Er hat eine abweichende Art, die Ueberschau über ein weites schräg ansteigendes Terrain zu eröffnen, um so die ganze Höhe des Wandstreifens für seine Darstellung auszubeuten, dass schon aus diesem Grunde seine Schulung anders erklärt werden mufs. Sein Vortrag ist nirgends auf knappe

Handlung, sondern auf breite Situation angelegt und schildert die Umgebung so ausgedent, als blickten wir von hohem Turm aus über die ganze Gegend hin. Erst in der untern Reihe modificiert sich diese Oekonomie, der Nähe des Betrachters gemäſs; aber schon die Stadtansicht mit den Warzeichen Roms erregt neue Bedenken, ob Siena oder Pisa die Heimat seiner Kunst, auf die hier doch nicht eingegangen werden soll.

Wie anders aber beginnt Andrea da Firenze mit der Geschichte Rayners vom Eingang her (1377) unter deutlicher Bevorzugung des Zeitkostüms, von dem sich nur der wunderliche Heilige selbst und seine himmlischen Helfer unterscheiden. Hier ist das enggedrängte Geschiebe einzelner Momente in fortlaufender Reihung ganz änlich wie bei Angelo Gaddi in den Geschichten des Kreuzes, nur bei der geringern Höhe des Friesſtreifens one die Quetschungen nach aufwärts, in regelmäſsigem Parallelismus. Nach einem ersten Anlauf kommt auf jeden Schritt des Betrachters eine Scene für sich, und zwar hat jeder neue Moment seine neue Architekturkoulisse, man möchte sagen, sein Gehäuse bei sich. Die vereinzelten Fälle, wo zwei Momente in dem selben Gebäude, aber an zwei verschiedenen Stellen desselben spielen, sind auch die einzigen, mehr durch den technischen Vollzug der Freskoarbeit veranlaſsten, Versuche zur Einigung im Bilde.

Wie mag sich ein solcher Erzäler mit einer symbolischen Darstellung auf einer Wand der Spagnuoli-Kapelle zurechtfinden, fragt man sich angesichts dieses kleinlichen Beispiels im Camposanto. Die Zerteilung in zwei Stockwerke und des unteren wieder in lauter schmale Vertikalstreifen, wie für die Glorie des Thomas von Aquino, erscheint durchaus begreiflich. Aber die Verherrlichung des Gottesreiches auf Erden gegenüber offenbart doch einen überraschenden Fortschritt. Das Bild der christlichen Kirche selbst, nach dem damaligen Bauideal — eines Francesco Talenti — für den Florentiner Dom vorgefürt, ruhig und starr als Architekturſtück aufgerissen, bedeckt schon eine beträchtliche Fläche zur Linken, nicht eben mit malerischem Leben, aber doch mit der Abwechslung, die auch die Schwesterkunst in italienischer Gotik zu bieten weiſs, natürlich mit der polygonen Kuppel über der Vierung in die Höhe ragend, wie man sie damals zu vollenden träumte, also mit hohem Phantasiereiz dazu. Unten vor ihrer Langseite beginnt die Figurenreihe, die Vertreter des geistlichen und weltlichen Regiments bis zu ihrem doppelten Haupte Papst und Kaiser neben einander. Die schwarz- und weiſsgefleckten Hunde, die Dominikaner, sorgen in der Menge des Volkes, wo sich Widerspruch regt, für die Aufrechterhaltung dieser gottgewollten Ordnung; ihre Ordensheiligen predigen gegen die Irrlere und bringen die Ketzer zur Bekerung. Das entfaltet sich im Vordergrund in etwa fünf Gruppen nah aneinander. Bis dahin verläuft also unsere Blickban von links nach rechts weiter, dann aber wird sie durch den terrassenförmig aufgebauten Garten zur Rechten aufwärts gelenkt, um von hier aus die Wendung nach links zurück zu nemen, über den Aufstieg der Gläubigen zur Schwelle des Himmels, wie der Weg über dem Bau der Kirche entlang hinanfürt. Droben in der Höhe des breitgedrückten Spitzbogens erscheint Christus in der Mandorla tronend als Beschützer seiner Kirche, von Engeln umgeben. Wärend also der Körper des idealen Bauwerks links den Bildraum in Länge und Höhe ruhig erfüllt, wird das Auge des Betrachters, den Figuren folgend von links unten nach rechts zur mittleren Höhe und von da wieder zurück nach links empor geleitet, durch das ganze Bild hin, über dem als höchste Instanz die Person des Erlösers mit seinen Engelscharen wacht. Unläugbar sind hier Studien verwertet, die bei unserm Denkmälervorrat neben den allegorischen Deckenbildern Giottos in Assisi nur auf die grofsen Wandgemälde des Camposanto, besonders auf den Triumph des Todes zurückgefürt werden können. Damit wäre alsdann auch ein Mittel zur Datierung der Malereien an den Wänden des Cappellone gewonnen, das bisher unbeachtet geblieben ist, und dies erklärte zugleich, weshalb Andrea da Firenze die Legende Rayners mit dem oberen Streifen abbrach, vielleicht gar, weshalb die Vollendung erst 1386/87 durch Antonio Veneziano geschah.

Nach Vasari hätte Angelo Gaddi diesen jungen Venezianer als Lerling aus der Lagunenstadt mit nach Florenz gebracht. Schon 1370 ist er selbständig neben Andrea Vanni in Siena bei der Ausmalung des Gewölbes im Dom beschäftigt, erwirbt aber erst im September 1374 die Zünftigkeit in Florenz. Wenn also Crowe und Cavalcaselle seine Hand an den Deckenbildern der Capp. Spagnuoli erkennen, so würde sich sowol der Zusammenhang mit den Kompositionen des alten Taddeo Gaddi, auf dessen Kunstkapital man sie zurückgeleitet hat, sehr wol erklären, wie andrerseits die Einmischung sienesischer Elemente in Gewandbehandlung und Farbe, die übrigens auch bei Andrea da Firenze unverkennbar ist und Vasari sogar veranlafst hat an Simone Martini zu denken. Damit rüren wir jedenfalls an einen wichtigen Punkt der florentinischen Kunstgeschichte: den Austausch zwischen der heimischen, im engern Sinn giottesken Schule und den vielfach besonders beliebten Vorzügen der sienesischen Meister. Dieser Austausch darf als wichtiges Moment der Entwicklungsgeschichte nicht gering angeschlagen werden. Er hat, wenn auch die Vorzüge hauptsächlich in der Tafelmalerei gesucht worden sind, nichts desto weniger auch auf dem Gebiet der Wandmalerei stattgefunden. Davon zeugen nicht allein die Bilder im Querhaus der Unterkirche von Assisi, jenem Passionscyklus des Pietro Lorenzetti gegenüber, die andrerseits noch dem Giotto selber so nahe kommen, sondern auch der ganze Kunstcharakter seines nächsten Geistesverwandten Giottino nicht minder. Davon zeugen ebenso Bernardo Daddi neben Orcagna und weiter Andrea da Firenze neben Antonio Veneziano, wenn er um 1374 die Deckenbilder des Capellone gemalt hat.

Ein weiter Abstand, voll reicher Fortschritte in Gestaltung und Farbe, trennt jedenfalls die Fresken im Camposanto (1386/87) von jenen ihm zugeschriebenen Stücken in Florenz. Als Fremdling aus Venedig erscheint er auf toskanischem Boden durch die Beleuchtung und die helle fast selbstleuchtende Durchsichtigkeit seiner Karnation wie durch die Modellierung in Helldunkelkontrasten von grofser Kraft. Seine Raumgestaltung aber, seine Weise mit den gegebenen Streifen als Bildfläche zu verfaren, auf die es uns zunächst ankommt, unterscheidet ihn grundsätzlich von Andrea da Firenze wie von Angelo Gaddi. Das Beispiel Giottinos in Florenz und das Erbteil der Lorenzetti in Siena haben unverkennbar zusammengewirkt, um das zu erzeugen, was er bietet: die breite Entfaltung in geräumigen Abschnitten, die mit der zerhackten Koulissenreihung des Vorgängers im oberen Streifen gar seltsam kontrastiert. Aber seine Seestücke im Sturm mit wirksamer Wiedergabe des Schiffes neben seinen städtischen Schauplätzen von Pisa, mit Strafsenscenen drunten und Einblicken in Loggiengemächer droben auf dem Söller, sie zeigen allesamt, dafs er eigentlich kein architektonischer Kopf ist und auf konstruktiven Aufbau eines Raumgebildes in der Fläche nicht ausgeht, sondern dafs die malerische Anschauung bei ihm vorherrscht, die Raumgebilde und Körpergebilde im Zusammenhang neben einander auffasst, beide gleich bedingt und abhängig von einem Dritten, das über alle hinausgeht. Ueberall ergiebt sich ihm der Ausblick in die Tiefe, oft schon in beträchtlicher Stärke; aber es kommt ihm nicht bei, sie als gemeinsamen Faktor mit Hülfe einer konsequenteren Perspektive für das Gesamtbild bewältigen und verwerten zu wollen. Er geht ihr immer nur soweit nach, wie der malerische Reiz ihn lockt, und gleitet dann ebenso leicht in die unbestimmte Fläche über, deren Länge der Leitfaden bleibt auch bei ihm. Seine Auffassung und Verwertung des Schauplatzes hat unläugbare Verwandtschaft mit der Weise des Altichiero und Avanzo in den Fresken zu Padua. Dann aber, in den letzten Momenten, dem Tode des Heiligen und der Procession mit seiner Leiche, gewinnt die plastische Gestaltung entschieden die Oberhand. Das bekunden die Genrefiguren der Fischer am Strande, die fast zu greifbar werden, schon als feste Körper neben dem wogenden Meere und der haltlosen Weite um das Schiff; es tritt aber dann mit Härte hervor um den aufgebarten Toten und bestimmt die ganze Rechnung im feierlichen Zuge, der sich demgemäfs durchaus reliefartig entfaltet, so dafs die Körper der Figuren — mit den gerade hierfür wirksamen Kindern — den Raum um sich erschaffen. Damit stofsen wir unmittelbar auf die nächste Vorgeschichte des Masolino und Masaccio; denn zwischen ihnen und Antonio Veneziano scheint nur noch ein Zwischenglied zu felen, das der Name Gherardo Starnina zu bilden pflegt.

Doch sei vorerst noch an einen zweiten Oberitaliener erinnert, der schon vor Antonio Veneziano und neben Giottino seinen Wirkungskreis in Florenz und Rom gefunden hat: Giovanni di Jacopo Guidi aus Caversajo bei Como, gewönlich kurzweg Giovanni da Milano genannt. Er ist freilich als Gehülfe des Taddeo Gaddi in die florentinische Kunst hineingekommen, hat aber auch seinerseits heimatliche Eigentümlichkeiten mitgebracht und beibehalten, die meines Erachtens nicht übersehen werden dürften, und zwar in der Tafelmalerei wie im Fresko. Ganz besonders unterscheidet sich sein Marienleben und seine Magdalenenlegende in der Sakristei von Sa Croce durch Schwächen der Raumauffassung, die allerdings mehr psychologisch interessant als kunstgeschichtlich bedeutsam sind.[1] Jedenfalls war das Auftreten des Antonio Veneziano viel wichtiger, und läfst die Frage offen, was seine heimatliche Gabe am Arnostrand zu wirken vermocht hat.

Im Camposanto zu Pisa folgt aber auf Antonio Veneziano noch ein andrer Künstler, der keineswegs one Weiteres der florentinischen Entwicklung eingereiht werden darf, obgleich auch er in Florenz beschäftigt und fast heimisch geworden, wie hernach in Siena, eine Anzal wichtiger Werke hinterlassen und Schule gebildet hat. Es ist Spinello Aretino († 1410). Die Malerei des Trecento verdankt diesem fruchtbaren Talent aus Arezzo jedenfalls die gröfste Bereicherung nach der Seite der Phantasiewirkung: er hat alle Gegenstände, die er unter Händen nam, darunter ganze Legenden, wie die S. Benedikts in S. Miniato und S. Caterinas in Antella

[1]) Eben deshalb mufs ich gegen die Zuweisung der Madonna mit Heiligen am Klosterhof des Carmine, die Crowe und Cavalcaselle (Ital. Ausg. II, p. 100) vertreten, Einspruch erheben und denke dabei vielmehr an Lorenzo di Bicci, der in der Sakristei des Carmine gemalt hat.

(1386 f.) des Ephesius und Potitus im Camposanto zu Pisa (1391) und im historischen Cyklus, wie die sechzen Bilder aus der Geschichte Barbarossas und Alexanders III. im Pal. Pubblico zu Siena (1407 f.) selbst abstruse und gedankenhafte Themata, wie den Fall Lucifers in Arezzo, mit einer Fülle lebendiger Motive und poetischer Beziehungen ausgestattet, die seine Erfindungsgabe als allen Andern überlegen erscheinen läfst. Neben dem Sinn für reizvolle Bewegungen und Stellungen der menschlichen Gestalt, die er doch nirgends bis zu plastischer Vollendung durchfürt, besitzt er auch eine ebenso bewegliche, auf alle erdenklichen Kombinationen verfallende Raumvorstellung, aber auch diese steigert sich nirgends zu der vollen Konsequenz dreidimensionaler Entfaltung, die ihn zum Eroberer der perspektivischen Konstruktionsregeln hätte machen müfsen, noch zu der monumentalen Grofsartigkeit, die im Anschluss an gegebene Räumlichkeiten die architektonische Schöpfung weiter fürt oder zu Gunsten eines Bildeindruckes umzuschaffen vermag. So kommt es ihm auch nicht auf strenges Erfassen seiner Aufgabe, auf die ernste Durchdringung ihres Kernes und die geistige Tiefe der Auslegung an, sondern mehr auf ein unterhaltendes Spiel der Phantasie, und die tragische Kraft ist ihm fast völlig versagt. Den strengen Stil eines Giotto hat keiner in solchem Umfang aufgelockert und dem sichern Zerfall entgegen getrieben wie er, wärend man ihm andrerseits nachsagen mufs, dass er sich niemals dem Wert dieser Ueberlieferung verschlossen, sondern vielmehr überall zu lernen gewufst, bei den Sienesen ebenso wie bei den Florentinern, und sich alle diese Vorzüge soweit möglich zu eigen gemacht hat. Er selbst besitzt entschieden mehr Verwandtschaft mit den Sienesen und knüpft viel unmittelbarer an die frühen Arbeiten der Lorenzetti an als an die irgend eines Florentiners, es sei denn Angelo Gaddi, dem er an genialer Begabung weit überlegen war. Die erwänten Cyklen in S. Miniato al Monte zu Florenz und in S. Caterina delle ruote zu Antella, im Camposanto zu Pisa und im Pal. Pubblico zu Siena beanspruchen ihren ganz bestimmten Platz in der Entwicklungsgeschichte der Wandmalerei. Die Legende Katharinas wurde eingehend mit der Auswal daraus von Masaccio in S. Clemente zu Rom verglichen. Die Geschichten Barbarossas zu Ehren des Papstes Alexander fordern mehr zu Vergleichen mit den Leistungen der Lorenzetti heraus. Die Fresken im Camposanto zeigen fast immer eine zweiteilige Gliederung des Wandstreifens, in dessen Mitte bald eine feste Dominante hingesetzt ist, wie der feurige Ofen, oder ein Intervall zwischen Bewegungen in entgegengesetzter Richtung. Immer sind es Gestaltenströme, die schnell an uns vorüberziehen sollen. Des-

8*

halb geht auch die Anschauung nirgends in die Tiefe, sondern wird wol gar durch einen parallelen Höhenzug hinter den Figuren abgeschnitten; aber selbst dieser Hintergrund begleitet z. B. die Wellenbewegung der Reitermassen. Es ist im Grunde nur eine flüchtige Dekoration, die er mit geläufiger Bravour spät noch improvisiert, aber noch immer reich an jugendlicher Anmut und ritterlicher Eleganz.

Wir würden gern auf ein gut Teil der oberflächlichen Erzeugnisse seiner Mitgenossen und Nachfolger, wie Niccolò di Pietro Gerini und Lorenzo di Niccolò oder Lorenzo di Bicci und Bicci di Lorenzo verzichten, wäre uns dafür ein einziger sicher beglaubigter Cyklus von Gherardo Starnina erhalten. Soweit die kritische Forschung heute gediehen ist, besitzen wir gar kein zuverlässiges Werk, um mit seinem Namen eine festumschriebene Vorstellung zu verbinden, zumal da die eingehendere Beschreibung Vasaris von den Wandgemälden und dem Altarstück der Cappella Serragli im Carmine, mit Geschichten des hl. Hieronymus, mehr zur Phantasie spricht als konkrete Anschauung übermittelt. Nach dem Untergang dieses Hauptwerkes sind wir an der Hand der Nachrichten auf zwei Wege angewiesen, auf die Ableitung aus dem Vorgänger Antonio Veneziano oder auf den Rückschluss aus dem Nachfolger, wie Antonio Vite da Pistoja [1]) oder Masolino da Panicale. Die Ergebnisse beider Prozesse könnten sich ergänzen und würden sich so gegenseitig bestätigen. In der Hauptsache jedoch füren beide zu einem ganz entgegengesetzten Resultat, das für den Stil des Meisters fast Unvereinbares aussagt, zumal da keine längere Periode der Tätigkeit vorliegt, zwischen deren Anfang und Ende ein so starker Wandel gesucht werden dürfte, und da ausserdem die Belege für einen fortgeschrittenen Stil früher anzusetzen wären, als die für eine sehr schwache Gestaltungskraft.

Starnina ist 1387 bei der Malergenossenschaft zu Florenz immatrikuliert worden und soll 1408 gestorben sein. Wäre nun die Nachricht Vasaris, dafs Masolino da Panicale sein Schüler gewesen, über allen Zweifel erhaben, dann liefse sich aus den bezeichneten Fresken in Castiglione d' Olona, und zwar aus den Deckenbildern

[1]) Ueber Antonio Vite und Gherardo Starnina vgl. meine Abhandlung über die Cappella dell' Assunta im Dom zu Prato, Repertorium für Kunstwifsenschaft 1893

von 1425 allein, ein Rückschluss auf den Lerer mit ziemlicher Warscheinlichkeit gewinnen. Denn Masolino war 1383 geboren, kann also Starninas Schüler nur in dessen letzter Zeit gewesen sein, wo der Meister sich bereits im Vollbesitz seiner künstlerischen Errungenschaften befand. Wir hätten aus jenen Arbeiten Masolinos natürlich die sichtlich neuerworbenen Bestandteile zu eliminieren, wie z. B. die nach Brunelleschis Vorschrift perspektivisch aufgerissene Architektur und dergleichen Versuche im Sinne des Realismus, die sich mit den Figuren onehin noch nicht zu einer Einheit verschmolzen haben. Eben diese Gestaltung der heiligen Personen erscheint für 1425 merkwürdig zurückgeblieben, und eben sie wäre das ererbte Besitztum. Die Gestrecktheit der Proportionen und die Gebrechlichkeit der Glieder befremdet auch beim Rückblick auf die Vorgänger in Florenz. Es sind überschlanke silphidenhafte Geschöpfe, die weder fest auf ihren Füfsen stehen, noch auf ihren Bänken sitzen können. Nur bei Joseph und seinen Genossen meldet sich ein gedrungener Wuchs mit kräftigerem Kopfe; sonst überwiegt überall eine weibliche Zartheit, fliefsende stofflose Gewänder, matte energielose Bewegung, die sich vielleicht am ehesten in Rankenornamentik spätgotischer Dekoration einordnen möchte oder sie als Folie verlangt. Genug, eine derartige Bildung findet sich nirgend in Florenz bei den bekannteren Freskomalern der Zeit. Es sei denn, dass wir Parri Spinellis überladene Gewandfiguren ihrer abgetreppten Draperie nach der ersten Manier des Niccolò d' Arezzo entkleideten und in einfacher fliefsender Hülle vorstellten. Sonst dürfte am ehesten auf den Genossen des Paolo Uccello im Klosterhof von S. M. Novella hingewiesen werden, der neben der ersten Lünette dieses Meisters die Vertreibung aus den Paradiese und die Familie Adam bei der Arbeit gemalt hat, aber auch in diesem Probestück in Chiaroscuro von Dello Delli ist mehr plastisches Gefül im Sinne Ghibertis enthalten und verrät sich unverkennbar die Schulung im Relief nach Art der Terracottabildner vor Luca della Robbia. Sollte man dagegen aus den Deckenbildern im Chor der Collegiata zu Castiglione d' Olona allein auf die ursprüngliche Schulung Masolinos zurückschliefsen, so käme man — wie an seiner Stelle schon ausgesprochen wurde — viel eher auf einen Miniaturisten oder Dekorateur von flüchtigster Grazie.

Indefs diese Eigenschaften verbinden sich doch mit andern, hauptsächlich technischer Art, mit dem rosigen Hauch der Karnation, deren Schatten allerdings grünlich angelegt sind, mit der lichten Klarheit einer flotten und in ihrem leichten Bestande haltbaren Freskomalerei, die auf Starnina zurückgefürt werden durfte, weil sie schon bei Antonio Veneziano vorkommt, der als sein Lerer gilt.

Damit mündet dieser erste Weg an der Stelle gemeinsamen Bodens in den zweiten, der versucht werden kann, nämlich die Ableitung Starninas aus seinem Vorgänger Antonio Veneziano. Sie ergiebt einen ganz andern Charakter: kräftige, robuste Gestaltung vor allen Dingen, die auf plastische Modellierung durch starke Kontraste der Schatten und Lichter ausgeht; dabei Neigung zu realistischen Genrefiguren, die sich gern im Vordergrunde breit machen, ja zu häſslichen Gesellen neben würdevollen groſszügigen Hauptpersonen. Das würde zu der Schilderung Vasaris stimmen, die von Starninas Bildern aus dem Leben des hl. Hieronymus neben der Intensität des Ausdrucks, der gespannten Aufmerksamkeit seiner Schreiber beim Diktat des Testamentes, auch die burleske Scene hervorhebt, wie als Kontrast zu dem Muſterknaben Girolamo ein andres Büblein Tunichtgut vom Schulmeiſter coram publico a posteriori gezüchtigt wird, — d. h. ein derbes Motiv, das noch Benozzo Gozzoli offenbar von hier übernommen und ins Leben Augustins nach S. Gimignano übertragen hat.

Von dem Wege, den wir einschlagen Starnina wiederzufinden, hängt auch die Zuweisung zweier Werke ab, eines arg beschädigten Freskencyklus und eines gegenwärtig verschollenen, nur in gewissenhafter Abbildung vorliegenden Tafelbildes, vielleicht noch eines zweiten, dessen wir soeben wieder habhaft werden. Geht die Forschung von Antonio Veneziano aus, so kommt sie mit Crowe und Cavalcaselle auf Grund des Zeugnisses bei Vasari dazu, die wiederaufgedeckten Fresken der Cappella Castellani in Sa. Croce mit Geschichten des hl. Nikolaus und Antonius Abbas dem Gherardo Starnina zuzuweisen. Als Mittelglied dazu bietet sich neuerdings noch der rechte Flügel einer Himmelfart Christi an, der allein von dem dreiteiligen Altar augenblicklich noch nachweisbar ist, und zwar in der Galerie zu Altenburg, wo ich das Werk wegen der engen Verwandtschaft des einen Apostelkopfes mit dem hl. Rayner auf den Fresken im Camposanto zu Pisa auf Antonio Veneziano getauft habe[1]), — one darüber unklar zu sein, daſs es unter gewissen Bedingungen auch schon für Starnina in Frage käme, und mit dem ausdrücklichen Hinweis, daſs die Geschichten des hl. Nikolaus in Sa. Croce die nächste Uebereinstimmung mit den beglaubigten Werken des Antonio Veneziano besitzen, so daſs sie vorerst mit seinem Namen

[1]) Vgl. Festschrift zu Ehren des kunsthistorischen Instituts in Florenz, Leipzig, A. G. Liebeskind 1897. Die altitalienischen Gemälde in Altenburg, mit Abbildung des Stückes, und den neuen Katalog der Sammlung 1898

in Verbindung zu bringen wären, solange wir über Starnina nicht urteilen können. Geht dagegen die Forschung von Masolino aus rückwärts, so erhält eine andre traditionelle Zuschreibung Warscheinlichkeit, die ein Tafelbild in der ehemaligen Sammlung Artaud de Montor in Paris mit Starninas Namen belegte. Es ist die Darstellung des Sposalizio in einem niedrigen Breitformat, nicht unänlich denen der Hochzeitstruhen.

Hier sind solche schlanken, fast sentimental sich neigenden Figuren vorhanden und zwar durchweg, wie bei Masolino noch in dem Sposalizio von 1425, mit dem die Komposition auch soweit übereinstimmt, wie die andersartigen Bedingungen des schmalen Hochformats der Gewölbekappe gestatten. Mit Sicherheit darf ausgesprochen werden: wenn der traditionelle Namen Starnina für dies (augenblicklich nur aus den wertvollen Tafeln des Katalogs von 1843 in Steindruck bekannte) Bild nicht richtig wäre, so könnte nur Masolino selbst an die Stelle gesetzt werden [1]).

Damit stehen wir vor einem Dilemma, das nur dann noch einer befriedigenden Lösung näher gebracht werden könnte, wenn uns beglaubigte Leistungen des älteren Schülers, Antonio Vite da Pistoja erhalten wären, den Starnina als seinen Ersatzmann 1403 nach Pisa schickte, um den Kapitelsal von S. Niccolò mit der Passion Christi zu schmücken. Diese Malereien waren mit vollem Namen »Antonius Vite de Pistorio pinxit« bezeichnet, wie noch Manni gelesen und (Noten zu Baldinucci IV. 537) berichtet hat. Sie selbst aber sind untergegangen, also ist das zuverlässige Zeugnis zu verwerten unmöglich. Sonst werden, auch von Crowe und Cavalcaselle, die unteren Fresken einer Nebenkapelle des Chores im Dom zu Prato mit diesem Schüler Starninas in Zusammenhang gebracht. Drei von diesen Wandbildern sollen ihm gehören, die Steinigung des Stephanus und die Bestattung des Märtyrers mit der Leiche eines neben ihm gefundenen Leidensgefärten, an der linken Wand, wo der oberste Abschnitt mit der Disputation des Stephanus von einer späteren Hand neu gemalt worden, die auch die andern, und zwar noch in der ersten Hälfte des Quattrocento, restauriert hat. Auf der rechten Wand zuunterst das Sposalizio, das ebenfalls übergangen und von dem selben Maler, Domenico Veneziano, mit seinem architektonischen Schauplatz geschmückt ward, der die beiden obern Bilder Geburt und Tempelgang Marias ganz neu mit samt der Deckenmalerei hinzufügen mufste.

Diese drei Fresken der Cappella dell' Assunta der Pieve zu

[1]) Vgl. meinen Aufsatz in der Gazette des Beaux-Arts 1898.

Prato gehören jedenfalls einem späten Abkömmling der Trecentomalerei, der durch zalreiche Züge im Einzelnen bereits verrät, daſs er zu den Zeitgenossen des Masolino und Paolo Uccello gehört, so sehr auch der Grundstock seines Kunstvermögens mit der altgewordenen Tradition zusammen zu hängen scheint[1]). Am altertümlichsten erscheint die Bestattung im Langhaus einer Säulenbasilika, deren Stützen unter dem graden Gebälk nicht vollzälig gegeben werden, weil sich Figuren herandrängen. Aber das aufgeregte farige Wesen des Malers fült sich offenbar überhaupt unbehaglich bei einer so feierlichen Ceremonie. Er versetzt sie in seine eigene Zeit, schmückt die Geistlichen mit Kardinalshüten und Mitren von damals, und die weltlichen Herrn sonst mit Capuccio und Reisehut, bis zu den Porträtfiguren der Stifter am Rande, deren einer einen Falken auf der Hand trägt. Die Grundlagen seiner Körperkenntnis sind sehr unsicher, die Haltung schon der Hände oft ganz verdreht; aber er liebt die Bewegung und Hast, und stellt sie auch mit völlig unzulänglichen Mitteln dar. Dem knieenden Diakonen vorn am Sarkophage, dem gebeugten Bischof zu Füſsen entsprechen oben die wild durcheinanderfarenden Gestalten der Steiniger. Nur hinter dem knieenden Opfer des Fanatismus stehen drei ruhige Figuren, seltsam vereinigt: der Paulus, schmächtig und schwank in biblischer Tracht, und ein Bürger von Prato in Kapuze, breitspurig und voll Behagen; dazwischen der Kopf eines langbärtigen Bramarbas, der schon an Uccello erinnert, wie die seltsam gequetschte Kopfbildung mit breiter Schädelbasis und spitz zusammenfliehendem Kinnbacken auch sonst. Das Sposalizio, wo der Priester und Joseph wie manche Frauenköpfe wieder an Uccello streifen, artet links in einen Tumult aus, wo nicht nur Joseph geschlagen wird, sondern ein herzulaufender Knabe sogar den Leib der Braut mit der Faust bedroht, wärend sie den Ring empfängt. Das sind allerdings Motive nach jener Art Starninas, wie sie auch bei der Taufe Christi von Masolino noch 1435 in Castiglione vorkommen. Aber das Wissen und Können, das hier vorliegt, würde dem Lerer nicht viel Ehre machen. Ist dies Antonio Vite von Pistoja, der Schüler Starninas, und zwar in einem vorgerückten Stadium seiner Meisterschaft, so hat sein Lerer, den er bereits 1403 in Pisa vertreten durfte, schwerlich selbst in frühern Jaren die Cappella Castellani in Sta Croce gemalt.

Auf jeden Fall glaube ich dem selben Meister, der die Steinigung des Stephanus, seine Bestattung und das Sposalizio in Prato ursprünglich gemalt hat, auch noch zwei andre Werke zuteilen zu

[1]) Vgl. unsere Abbildungen zu diesem Heft.

dürfen, die seine Charakteristik auch als Tafelmaler vervollständigen. Dabei mufs zunächst ein starker Mifsgriff bei Crowe und Cavalcaselle verbessert werden. Diese schreiben nämlich fünf predellenartige Tafeln in der Galerie der Uffizien mit der Befreiung Petri aus dem Kerker und der Kreuzigung des Apostels nebst je vier Einzelfiguren von Aposteln auf den Seiten, der Ausübung des Schlüsselamtes durch Petrus in cathedra als Hauptstück in der Mitte, dem Jacopo da Casentino zu, den sie als Meister des Spinello Aretino ansehen und neben Bernardo Daddi vorfüren [1]). Diese Zuschreibung ist schon aus chronologischen Gründen ganz unmöglich, da Jacopo da Casentino, ein Zögling des Taddeo Gaddi, im Jare 1350 bei der Begründung der Malergenossenschaft in Florenz sich neben Bernardo Daddi bemüht, und als Zeitgenosse dieses Meisters dasteht. Unsere Bilderreihe zur Verherrlichung des Petrus gehört aber in die Tage Masaccios, ja frühestens in dessen Todesjar 1428; denn sie setzt die Anschauung seiner Kompositionen voraus und bestrebt sich ebenso unverkennbar wie unzulänglich um die malerische Breite und charaktervolle Wucht seiner Gestalten. Die Erscheinung des Engels im Kerker und die Befreiung auf einem Bilde erinnern durch die Anordnung der Baulichkeiten mit der Gartenmauer rechts, über die eine Palme herüberschaut, an die Behandlung auf Masaccios letztem unvollendetem Fresko. Und noch Luca della Robbia schliefst sich in seinem Relief für den Dom (im Bargello) der nämlichen Disposition an, dafs man fast ein gemeinsames Erbteil vermuten möchte. Die Kreuzigung ist in schräger Ansicht genommen, überbietet noch die Arbeit der Henkersknechte durch ein zweites oben an den Füfsen beschäftigtes Paar und einen dritten, der den Leib des Apostels hält: oben schweben Engel mit der Palme, und die Soldaten mit ihrem Hauptmann sind nach links geschoben, hinter die Meta, die deutlich von der Pyramide abweicht. Dennoch scheint dies Stück wieder nicht one Reminiscenz an Masaccios Predella in Pisa entstanden zu sein, oder es walten sonst gemeinsame Beziehungen, die durch die Aenlichkeit der Petrusfigur zu stark werden, um sich allein durch den Hinweis auf eine gemeinsame Quelle erklären zu lassen. Das entscheidende Beweisstück ist jedoch vor Allem die Darstellung in der Mitte, wie Petrus in Cathedra kirchliche Würden verteilt. Ganz wie in Prato sind hier der Papst und die übrigen Kirchenfürsten geschildert. Zwei Kardinäle halten das Pluviale des Petrus, der selbst die dreifache Krone trägt, über beiden Armen zurück, wärend ihre Diener dabei von rückwärts die Hüte empor-

[1]) Ital. Ausg. II, 428 f. Uffizien Nr. 1292. Vgl. unsere Abbildungen.

heben, zwei andre sitzen bedeckten Hauptes auf den Ecken des Podiums. Links steht der Klerus mit dem Vortragskreuz an der Spitze, rechts Vertreter des weltlichen Standes, deren vorderster einen Knaben bei sich hat, ganz änlich wie in Prato und wol ebenfalls Stifterporträts. So schliefst sich die Komposition schon halbkreisförmig zusammen oder nähert sich vollends der Ellipse durch die beiden vorn knieenden Gestalten eines Bischofs und eines Diakons, die durch Heiligenscheine ausgezeichnet sind wie der Apostel selbst. Nimmt man dazu die pyramidale Gipfelung und den hinter den Stul Petri befestigten Teppich an der Wand, so ist die Benutzung des Vorbilds in der Brancaccikapelle so deutlich, dafs kein Zweifel mehr bestehen kann. Die perspektivisch dargestellten Architekturkoulissen verraten sogar änliche Anleihen. Und endlich die zweimal vier Apostel, die durch Unterschriften in römischen Majuskeln erst recht bestätigen, dafs das Bild ins Quattrocento gehört, zugleich aber durch Verdrehung und Feler erkennen lassen, dafs der Maler sich die neue Schrift erst angeeignet hat und noch nicht geläufig handhabt, S · THOMAS · S · IACOB — LVHAS · S · IAHOBV · M; S · ANDREAS · S · IOHES — S · MATHE · S · PHILIPPS, sie haben mancherlei Verwandtschaft mit den Apostelköpfen, die Masaccio in der Cappella Brancacci und auf dem Pisaner Altarwerke gegeben hatte. Grade in solchen stehenden Figuren fällt aber die Schwäche dieses Nachamers ins Auge, das Aufstofsen der Gewänder nach Trecentistenart, und die Unsicherheit des Auftretens, wo die Füfse gezeigt werden. Die untern Extremitäten geraten ihm immer zu klein und schwinden zusammen, wie die Vorderarme, die regelmäfsig zu kurz sind, wärend die Finger länglich, bald eckig geknickt bald rundlich gebogen, freilich die Bewegungsfucht des Malers ausftralen, aber seiner Kenntnis der Gliedmafsen ein schlechtes Zeugnis ausstellen.

Dem selben unsichern Quattrocentisten wie diese, von Crowe und Cavalcaselle so viel zu früh datierten und dem Jacopo da Casentino beigemessenen Stücke in den Uffizien zu Florenz, gehören auch drei Predellenteile von niedrigem Breitformat in der Galerie alter Meister des Museums zu Brüssel (Nr. 148—150). Die Stigmatisation des heiligen Franciscus beweist, dafs dieser flotte Temperamaler, mit seinen dünn hingestrichenen Farben auf Goldgrund, als Abkömmling des Spinello Aretino anzusehen ist, nicht aber als dessen Lerer. Die Gestalt des Franciscus stammt noch völlig aus diesem Vorrat, wärend der vom Rücken gesehene Klosterbruder schon malerische Breite, aber auch burlesken Beigeschmack gewinnt, indem wir ihm auf die Glatze schauen. Die Anbetung der Könige giebt uns Joseph links, in Gelb und Blau, mit Zügen, als wäre der Apostel Petrus gemeint, ganz änlich wie bei der Befreiung aus dem Kerker in Florenz, und Maria zeigt in ihrem Profil den Typus des Engels daselbst. Der älteste König verrichtet seine Andacht mit der leidenschaftlichen Hast und fast schnaubenden Inbrunst, die dem Meister eigen ist. Der jüngste erscheint dagegen als Geck, mit weitem rundem Ueberfall über dem Aermel, dessen pelzbesetzte Innenseite wir sehen, wie bei dem Angreifer des Joseph im Sposalizio zu Prato; nur ist der Rock hier kurz geschnitten. Der Reitknecht, in gelbrotem Kittel mit blauem Kragen und schwarzen, oben weit und schlaff hängenden Stiefelschäften hat nackte Beine und erinnert an den Torwächter in Masaccios Geschichte vom Zollgroschen. Ueberall keren die grofsen abstehenden Oren wieder, wie beim Schlüfselamt des Petrus und schon in Prato. Das letzte Stück wird auf Antonius Eremita gedeutet, der sich zum Ausdruck des Entsetzens vor einem Goldklumpen, der hinter seiner Zelle aus dem Felsen wächst, fast in tanzendem Sprunge bewegt, als sei er von der Tarantel gestochen.

Diese zusammengehörige Gruppe von Werken eines Uebergangsmeisters, der zwischen Spinello Aretino und Masaccio den stärksten Einfluss von Starnina empfangen zu haben scheint, wird selbstverständlich noch weitere Tafelwerke mit der selben Sicherheit bestimmen lassen. Der Abschnitt bei Crowe und Cavalcaselle über Jacopo da Casentino weist schon den Weg, wo sie zu suchen sind. Uns aber genügt dieser Einblick in das Schaffen und die Sinnesart eines energischen aber oberflächlichen Zeitgenossen des Masolino, dem die Erfindungsgabe Spinellos den festen Untergrund entzogen und den Drang nach lebhafter Bewegung eingeimpft hatte, wärend Starnina's Beispiel vielleicht die Vorliebe für gewagte Kontraste zwischen aufgeregter Ergriffenheit und frivoler Laune bestärkte [1]).

So erst erscheint auch die spätere Entwicklung des Masolino, die wir im Baptisterium von Castiglione d'Olona beobachten, so auch die Arbeit des Paolo Uccello in den Wandbildern der Kirche daselbst im richtigen Lichte. Um aber bei Masolino den persönlichen Zusammenhang zwischen den sentimentalen Deckenbildern und den Anläufen zu bewegten Genrefiguren wie zu nachamungsfüchtiger Wirklichkeitsfreude in den Geschichten des Täufers ganz zu be-

[1]) Es läge chronologisch also kein Hindernis vor, mit P. della Valle den Antonio Vite da Pistoja mit einem Antonio di Filippo da Pistoja zu identifizieren, der noch 1438 in der Malergilde zu Siena vorkommt. Vite wäre dann Beiname.

greifen, felt uns noch ein Bindeglied, das einen wichtigen Faktor der florentinischen Malerei ausmacht und deshalb nicht vergessen werden darf: die fromme Kunst der Mönche.

In die Tage des Angelo Gaddi und des Spinello Aretino zurück fürt uns die Wirksamkeit des Don Lorenzo Monaco (c. 1370—1424) der die nächste Verwandtschaft mit diesen beiden aufweist und doch ein Drittes und ganz anders geartetes Neues hinzubringt. Er ist Sienese von Herkunft und Charakter; er ist von Miniaturmalerei des Klosters ausgegangen und Mönch geblieben in der reinsten Bedeutung des Wortes, weltfremd und fromm. Er ist der letzte ganz ideale Vertreter des gotischen Stiles in der Malerei und vergleicht sich als solcher am ehesten mit Lorenzo Ghiberti als Bildner an der ersten Tür des Baptisteriums[1]). Unzweifelhaft hat er dies Erbteil schon aus seiner Heimat Siena mitgebracht. Wenn Spinello Aretino wie ein Fortsetzer der Lorenzetti erscheint, so ist Lorenzo Monaco der Fortsetzer des Simone Martini. Seine Gestalten von schlankem, lang gestrecktem Wuchs sind in noch längere weite Gewänder gehüllt, deren Falten, bald weich und geschmeidig, bald scharfkantig und abgestuft, auf den Boden wallen, so dafs vom Scheitel des Kopfes bis an den Zipfel der Schleppe sich eine durchgehende Kurve beschreibt. Es ist der rhythmische Schwung der Bewegung wie bei Simones reinsten und zugleich lebensvollsten Gebilden, die schwebenden Ganges dahinziehen. Aber als Mönch streift Lorenzo ihnen die buntfarbigen Stoffe der weltlichen Zeittracht ab und kleidet sie stattdefsen in gleichartige, stofflose aber faltenreichere Draperie, die den Hauptzug, statt mit Reizen materieller Art, nur mit formalen Variationen begleitet. So sind diese Wesen von aller Verlockung des Irdischen geläutert und wirken neben dem Antlitz mit seinem ganz abstrakten Ausdruck fast nur durch die reine, emailartig saubere Farbe dieser Gewänder auf goldenem Grunde, die nach dem Verfaren dekorativer Polychromie gewifs mehr als durch irgend welche Rücksicht auf Wirkliches bestimmt wird.

Unläugbar aber gewinnen diese Figuren, nach haltloseren Gewonheiten der Miniaturmalerei, wie sie in der kleinen Anbetung der

---

[1]) Vgl. auch die Statue Johannes des Täufers an Orsanmichele.

Könige in den Uffizien noch vorwalten [1]) allmählich festere, plastische Körperlichkeit; freilich nicht in stereometrischem Sinne, sondern fast durchaus nach Art der getriebenen Goldschmiedsarbeit in feinem Metallblech, d. h. als Relief im stetigen Zusammenhang mit der Fläche. So kräftigt sich fortschreitend seine Anschauung in den Tafelbildern gröfsern Mafsftabs Das ist der Charakter seines Gebets auf dem Oelberg in den Uffizien, das man für Giotto nicht zu gering geachtet, wärend doch die Sockelbildchen darunter die engste Verwandtschaft mit den Kompositionen Ghibertis bezeugen. Allmählich aber schmeidigt sich diese metallische Härte wieder zu malerischem Flufs, und als herrlichste Frucht gedeiht die grofse Krönung Marias von 1413, wo der Einheit des Ganzen zuliebe auch die Zwischenpfosten des Ramengehäuses gefallen sind. Da gelingt ihm, mit dem Reliefzuge seiner Gestalten auch eine Raumweite zu erzeugen, die sich den feierlichen Majestätsbildern der Lorenzetti an die Seite stellt. Das ist schon so völlig im Zuschnitt der Wandmalerei gedacht, dafs wir nicht mehr erstaunen, wenn er auch da tatsächlich Bedeutendes leistet. In der Kapelle von Sta. Trinità, wo wir sonst allein seine Altartafel mit der Verkündigung bewunderten, sind neuerdings aber Wandgemälde von seiner Hand zum Vorschein gekommen, die durch den grofsartigen Zug räumlicher Entfaltung doch überraschen. Der Schwerpunkt ist in beiden einander gegenüberstehenden Hauptbildern nach aufsen verlegt, für den ankommenden Beschauer. Bei der Begegnung Joachims mit Anna am Tor der Stadt liegt er rechts, wärend zur Linken die Ferne sich öffnet mit steilen Burgen am Felsgestade eines Sees. Beim Sposalizio liegt er ganz links vor der Brautpforte, deren Vorhalle sich gegen einen Arkadenhof öffnet, und in langem Zuge bewegen sich die Gäste von rechts durch diese Gänge schreitend mit Saitenspiel für den Brautlauf heran, bis auf den betrübten Freier, der seinen Stab zerbricht, ganz hinten in der Ecke. Bei aller keuschen Idealität, die sich von jeder Anwandlung burlesker Motive frei hält, haben diese Wandgemälde eine Sicherheit des Wurfes, eine Kraft durch Baulichkeiten Rückhalt und Weite zugleich zu schaffen, und vor allen Dingen einen feierlich wogenden Rhythmus des Vortrags, dafs wir die künstlerische Macht begreifen, die dieser Mönch im Kloster degli Angeli auf alle frommen Seelen auch der Arnostadt ausgeübt hat. An formaler Geschlossenheit des Stiles ist er allen unruhigen

[1]) Als frühes Werk dieses Meisters erscheint mir auch ein namenloses kleines Triptychon in der Galerie von Siena, mit der Madonna auf Wolkenstreifen sitzend in der Mitte, S. Joh. Bapt. und S. Nikolaus auf den Flügeln. In dem Giebel ein Bischof (Augustin?) links und rechts die Verkündigung in Halbfiguren. Phot. Lombardi Nr. 891.

Zerstörern der strengen Tradition mit ihrer unzulänglichen Eroberung der wirklichen Welt weitaus überlegen. Und wenn es sich um den gotischen Stil handelt, ist Don Lorenzo Monaco der letzte grofse Vertreter seiner mimisch-rhythmischen Kunst, nicht Fra Angelico da Fiesole, der freilich mehr vom Geiste mittelalterlicher Frömmigkeit erfüllt, eine noch seelischere Innigkeit des Gefüls zum Ausdruck bringt, aber ebenso wie Ghiberti auch den Umschwung des ganzen Kunstlebens mit erlebt und den Wandel der Darstellungsweise, so weit es irgend in seinen Kräften stand, mit vollzogen hat.

Es giebt eine kleine Tafel von Lorenzo Monaco, ein Stück der Predella eines gröfseren Altarwerkes, das sich so vereinzelt in Privatbesitz nach England verirrt hat [1], die Einkleidung eines jungen Mönches im Kloster. Ein vorgeschobener Felsgrat schliefst die Scene schräg gegen ein Nachbarbild unter freiem Himmel ab, das zur Rechten folgte. Alle diese geistlichen Brüder, in ihren weifsen Gewändern, sind erfüllt von der Bedeutung des Augenblicks für das Schicksal des glaubenseifrigen Jünglings, der ein Heiliger unter ihnen werden soll. Das niedrige Gemach quillt über von dem Seelenhauch, der aus Haltung und Miene dieser gleichartigen Gewandfiguren uns entgegen strömt. Da begegnet sich Spinello Aretino und Masaccio, Lorenzo Monaco und Fra Angelico, als hätte es sich um ein Zeugnis für das gemeinsame Anliegen gehandelt, und als hätte es keinen Unterschied ihrer Naturen gegeben, der ihre Wege weit von einander entfernte. Es ist auf der Schwelle zweier Zeitalter entstanden.

Bedenken wir nun aber, dafs die Werke eines Don Lorenzo Monaco in den ersten Jarzenten des Quattrocento neben den Leistungen eines Gherardo Starnina ihre Stelle behaupteten, so erscheint zwischen ihm als Vertreter des Mittelalters und den echten Abkömmlingen des florentinischen Monumentalstils allein schon in der Gestaltung ein entscheidender Gegensatz. Vergleichen wir nur seine Kapelle in Sta Trinità mit der Cappella Castellani in S^a.^ Croce, so mufs schon die durchgreifende Verschiedenheit des Wollens und der weite Abstand zwischen dem Endziel hier und da in die Augen springen. Auf der einen Seite noch das mittelalterliche Prinzip, das die menschliche Figur nur um ihrer mimischen Bedeutung willen ansicht, im Zuge der Körperbewegung allein die Hauptsache zu erfassen denkt, nämlich den Ausdruck des Innenlebens, auf den es

[1] Es war in der New-Gallery Exhibition zu London 1894 als Masaccio ausgestellt und ist dort photographiert. Crowe und Cavalcaselle erwänen es (bei Stirling in Gleutyan, Schottland) ital. Ausg. II. p. 346.

ihm ankommt. Auf der andern Seite schon jede Gestalt als tektonische Masse in breiter Leiblichkeit, die Grundlage der Existenz vor allen Dingen gesichert, und auf dieser erst der Ausdruck sozusagen aufgetragen. Einer Krönung Marias von Don Lorenzo gegenüber liegt in einer Tafel, wie das Fragment der Himmelfart Christi in Altenburg, oder in der Geschichte des hl. Nikolaus in Sa. Croce, mögen sie von Gherardo Starnina oder Antonio Veneziano herrüren, schon das Bekenntnis der Renaissance ausgesprochen.

Dem Princip des Gotikers aber huldigt noch Masolino in seinen Deckenbildern von 1425, wenn auch lange nicht mit dem Ernst des Camaldulenser Mönches, sondern nur gefülsmäfsig, und daneben für die Regungen des Neuen um so leichter empfänglich, als sich kein ausgeprägter Charakter bei ihm selbst entgegenstellt! Aber auch bei Masaccio erkennen wir den Uebergang ganz deutlich. Nicht nur in seinen jugendlichen Meisterwerken, dem Altärchen für Papst Martin und dem Tabernakel in Bremen von 1423, sondern auch in den Anfängen seiner Tätigkeit für die Brancaccikapelle. Wie fülbar geht die Gestaltung noch am Lager Tabithas von der mimischen Ausdrucksbewegung des körperlichen Apparates aus; nur die Haltung, die Gebärde ist es, worauf es ankommt: über diesem Gerüst des Mannequin nur ein Gehänge zur Flächenfüllung zwischen den hervorragenden Gränzpunkten dieser Konfiguration. Aber daneben in der Ausfürung wird es schon anders; wir mufsten direkt auf diese Nikolausfresken verweisen. Dann der Umschwung ins plastische Gegenteil, zunächst auf Kosten des Seelenlebens im Sündenfall, also 1425. Dann noch Schwankungen, wie in der ergreifenden Vertreibung aus dem Paradiese, wo Leibliches und Seelisches im innigen Zusammenhang erfasst sind, aber die Mimik doch noch die Plastik überwältigt. Immer klarer jedoch wird die anschauliche Ruhe, die Hingebung an die sinnlich-sichtbare Erscheinung der Körperwelt, immer bewufster das eigenste Anliegen des bildenden Künstlers zum Prinzip der Gestaltung.

Eben damit aber weisen wir auf den Unterschied des innersten Wesens, der doch zwischen Don Lorenzo Monaco und Fra Angelico besteht. Der Erstere gehört doch enger zu Spinello, der Letztere zu Masaccio und Masolino. Die frühesten Deckenmalereien von Masolino, die wir besitzen, haben in ihren schlanken Gestalten viel Aenlichkeit mit denen Lorenzos, aber die weiche Sentimentalität ihres Gefülsausdruckes, die Empfindsamkeit ihrer rosigen Jugend nähert sie noch viel mehr den Erstlingsgebilden des Giovanni da Fiesole. Ist das eine Walverwandtschaft ihrer persönlichen Sinnesart? Die späteren Leistungen des Masolino machen durch ihren ganz verschiedenen Charakter das kaum sehr glaubhaft. Und eine Anwandlung dieser Zartheit des Gemütslebens fanden wir sogar in den ersten Meisterstücken des jungen Masaccio in Rom, in der Assunta und dem Schneewunder, wie in der Madonna zu Bremen. Es mufs also wol eine Geschmacksrichtung gewesen sein, die eine Zeit lang in Florenz zur tonangebenden geworden war.

Es ist die Einmündung des umbrischen Wesens in Florenz, das sich, durch den Verker mit Sienesen schon vorbereitet und durch verwandte Kräfte aus dem Nachbargebiet von Arezzo nicht mehr ganz fremd, doch in neuer Bestimmtheit erst durch die Person des Gentile da Fabriano vollzogen hat, den Martin V. nach Florenz berief und damit in kirchlichen Kreisen als mustergiltig empfal.

Gentile da Fabriano kam aber aus Oberitalien und dürfte, nach längerer Tätigkeit zwischen Venedig und Brescia, nicht allein als Träger seiner heimatlichen Begabung aus Umbrien her, sondern auch als Träger des oberitalienischen Fortschritts betrachtet werden, der sich seit den Tagen des Altichiero besonders in Padua und Verona entwickelt hatte, wenn Florenz ihm nur ein einziges Mal Gelegenheit geboten hätte, sich auch als Freskomaler zu zeigen, wie in Venedig. Da diese Vorausfetzung jedoch nicht zutrifft, so kommt sein Einfluss zunächst nur durch die kostbaren Altarwerke, die er für Palla Strozzi und Quaratesi gearbeitet hat, in Rechnung, bleibt also für die Wandmalerei mitten in Florenz, wo ringsum eine so gewaltige Denkmälerreihe als Zeugnisse des eigensten Wesens vor Augen standen, wenigstens unmittelbar one Belang. In den Jaren 1421—25 felte es jedoch nicht mehr an aufkeimenden Kräften, die sich angelegen sein liefsen, mit offenen Augen die Vorzüge zu erspähen, die der Fremdling etwa mitbringen mochte, und in die Auffassung einzugehen, die ihm den Beifall des neuen Hauptes der Christenheit und damit gewifs auch andrer Gönner gewonnen. Masolino und Masaccio wären dazu angetan gewesen und vielleicht auch Giovanni da Fiesole, soweit sie damals in Florenz gegenwärtig blieben. Grade die Auffassung Gentiles wird man eher umbrisch als oberitalienisch zu nennen haben. Das zeigt sich, sowie er seine Madonna mit dem Kinde malt, wie das früheste Beispiel seiner Hand in Toskana, jetzt im Museo civico von Pisa beweist. Die Verwandtschaft mit Siena ist nicht zu verkennen, und nemen wir sogleich das Uebrige hinzu, was heute noch von seinen Arbeiten in Florenz steht, so dürfen wir hinzufügen: auch er ist nicht unempfänglich in Assisi an den Schöpfungen des Simone Martini vorübergegangen, sondern hat sie in sich aufgenommen wie nur irgend Einer, wärend die Kunst Giottos ihm ihr wertvollstes Geheimnis versagte. Er hat die Grazie der Bewegung in der Martinskapelle gewifs lange Zeit zum Ideal seines eigenen Dichtens und Trachtens gemacht, bevor der Uebergang nach Venedig auch die andre Seite dieser Anregung, die Lust an kostbaren Stoffen und prunkvollem Zeitkostüm, zu vollem Austrag und Bewufstsein brachte. Aber Eins war ihm fremd, als er aus engerer Heimat vor dieses Bild in Assisi kam: der Mafsstab der Gestalten und ihr Verhältnis zur Räumlichkeit. So erhielt die Wirkung des Ideals doch einen andern Charakter, indem sie bei der Vorliebe für das Kleine, die Gentile mit seinen umbrischen Zeitgenossen, wie Jacopo und Lorenzo da Sanseverino oder Ottaviano Nelli von Gubbio[1]) teilt, auch die Anmut der Bewegungen ins Niedliche und den Schmuck der Kleidung ins Preziöse zog. Die Intensität des Ausdrucks aber, die er im Blick der grofsen Augen wol aufleuchten, aber auch unter schweren Lidern sich züchtig verbergen sah, sie ward gar bald nach seinem eigenen Sinn zu minniglicher Süfsigkeit und weicher Empfindsamkeit, die alle diese Umbrer mit ihm gemein haben. Das brachte er nach Florenz und niemand anders zu einer Zeit, wo die Stimmung frommer Seelen ihm offenbar entgegenkam.

In dem ersten umfassenderen Bilde, das er 1423 dort vollendet, der Anbetung der Könige für Palla Strozzi, hat Gentile da Fabriano auch den Beweis geliefert, dass er eine sichere Raumanschauung für die Erfordernisse monumentaler Wandmalerei nicht besass. Welch ein Abstand zwischen der zehn Jare früher vollendeten Krönung Marias von Don Lorenzo Monaco und diesem, unter gleichen Bedingungen des Ramens die Höhe statt der Tiefe ausbeutenden, Bilde Gentiles mit all seinem Farbenreiz und seiner kostbaren Kleinarbeit. Die Predellen darunter zeigen es deutlich, dafs sein Reichtum an Architekturkoulissen aus der Schule Altichieros stammt und

[1]) Das Datum der berümten Madonna von Ottaviano Nelli in Gubbio kann allerdings nicht 1403 sein, wie ein alter Lesefeler es ergeben hat, sondern mindestens 10 vielleicht 20 Jare später, d. h. 1423. Die überlieferte Jareszal 1416 für die Fresken aus der Johanneslegende in S. Gio. Battista zu Urbino von Lorenzo und Jac. da Sanseverino erscheint ebenfalls nicht durchaus gesichert.

nicht darüber hinauswuchs, wärend seine Scenen unter freiem Himmel, wie die Flucht nach Aegypten, am ehesten ein Aufgehen des Malerischen im Sinne eines Ganzen verheifsen, nachdem er sich sonst fast immer mit engen Detailausschnitten voll bunter Dinge begnügt. Seine persönliche Stärke ist doch vor Allem die weitgetriebene Nachamung des Stofflichen und die liebevolle Aufname der Einzelheiten aus der Natur, der Gräser und Blumen am Boden, der Vögel in der Luft und gar mancherlei Getiers in der Nachbarschaft des Menschen, — lauter Einzelheiten für sich, die er nur noch zum Stillleben zu häufen weifs, one sich um den Zusammenhang des Ganzen im Bilde zu bekümmern.

Da seine Fresken in Oberitalien verloren sind, so können wir durch den Vergleich des Altarwerks für die Quaratesi und das vereinzelte Wandgemälde in Orvieto nur zu dem Schlufs kommen, dafs er eben damals in Florenz zu der entscheidenden Wendung vom Mimischen zum Plastischen gelangt sei. Immerhin beginnt sichtlich auch bei ihm die Darstellung der ruhigen leibhaftigen Existenz um ihrer selbst willen, im Sinne der Renaissance.

So stand es in Florenz, als im selben Jare mit Gentile da Fabriano auch M a s a c c i o in die Malerzunft zu Florenz eintrat und den Wettstreit mit dem Fremden aufnam.

Erst an dieser Stelle kann das Bruchstück eines seiner frühen Altarwerke Erwänung finden, das soeben im südlichen Frankreich wieder entdeckt worden. Es ist ein Predellenbild, das durch den Maler J. A. D. Ingres in Florenz erworben und in das Museum seiner Vaterstadt Montauban gekommen, dort als (Nr 116) Florentinische Schule des 14. Jahrhunderts bezeichnet wird. In Tempera auf Holz gemalt (37×19 cm.), stellt es die Legende des heiligen Julian dar, wie er, vom bösen Dämon verfürt, seinen Vater im Schlaf ermordet. Ein Drittel der Bildbreite ist rechts für die erste Scene unter freiem Himmel ausgesondert, wärend das Uebrige links das Innere des Schlafgemaches eröffnet. Vor dem Hause stehen, gegen eine flüchtig angedeutete graue Hügelreihe unter dem blauen Himmel sich abhebend, der Heilige (rechts) und der Versucher (links) in leise nur angedeuteter Zwiesprach einander gegenüber. Der Böse ist ein bartloser Jüngling, blondharig und rosenwangig, in hellrotem Wams, hellgrün gefüttertem Mantel, der leicht über die Schultern gehängt, die schöne Gestalt in enganliegender Tracht völlig frei läfst; nur die schwarzen Beine gehen unten in Krallenfüfse über und verraten so das dämonische Wesen, dem der junge Ritter vertraut. Julian trägt den mit grauem Pelz gefütterten roten Fürstenmantel über dem langen violettgrauen Rock mit purpur- und goldgeschmücktem Schwertgehänge und hellcarminrote Fufsbekleidung, — um das kurzbärtige Haupt den goldenen Heiligenschein. Er hat sich des Mantels entledigt, wie er drinnen in der Stube mit gezogenem Schwert an das Ehebett des Vaters tritt und den grauharigen Alten neben seiner Mutter am Schopfe packt, um ihm den Kopf abzuschlagen. Sonst ist das Elternpaar auf sauberm Linnen sorgfältig bis an die Schultern mit der feuerroten Bettdecke zugedeckt, wie es friedlich schlummerte. Die Bettstatt selbst ist aus braunem Holz und steht allein in der neutral grauen Stube, mit dem Kopfende gegen die linke Seitenwand gestellt, die schräg gegen die Hinterwand verlaufend sich breiter entfaltet als ihr Gegenüber, das zugleich von Aufsen sichtbar in stärkster Verkürzung erscheint. Die perspektivische Darstellung des Innenraumes entspricht also, obgleich breiter und niedriger in den Verhältnissen doch der Oekonomie des Disputationsfales in der Katharinenlegende zu Rom; aber sie erscheint fast noch primitiver, da die Decke felt, fast nur die drei kalen Wände gegeben sind, und, wärend links noch ein leerer Streifen jenseits der Mauerdicke in Dunkel übrig bleibt, die scharf eingeritzten Konstruktionslinien der Perspektive über die Architektur hinaus auf den Fluchtpunkt weisen. Die Puppenstube, von aufsen und von innen gesehen, ist noch eine Leistung für sich. Dazu kommt die Energie der Handlung, beim Zuhauen selber; aber sie kontrastiert ebenso mit den zarten Gestalten, ihren lieblichen Gesichtern und mit der heiteren freundlichen Färbung des Ganzen. So schliefst sich dies koloristisch hübsche und ziemlich wolerhaltene Predellenstück auf der einen Seite ganz eng an die Gründung von S. M. della Neve (vom Altar Martins V. für S. M. Maggiore) und an die Madonna in Bremen von 1423, wie an die Katharinenlegende in S. Clemente zu Rom an; auf der andern Seite wird die Verwandtschaft mit der Nikolauspredella im Vatikan wie mit den Sockelbildern des Pisaner Altars in Berlin, besonders auch in der Stellung der Füfse auf dem Boden und dem künverkürzten Kopf der Mutter im Bett schon ganz deutlich. Wir müfsen das Fragment also in die Frühzeit des Meisters rechnen; es wird zum zwingenden Bindeglied zwischen diesen Erstlingen, die noch Masolino änlich sehen, und den anerkannten Hauptwerken Masaccios. Darin liegt der besondre Wert dieser neuen Entdeckung [1].

[1] Vgl. unsre Abbildung. Ich verdanke den Hinweis auf dies versprengte Bildchen Masaccios in Montauban meinem früheren Assistenten Dr. Felix Witting. Als ich die erste Nachricht davon erhielt, reiste ich selbst grade in dem Gebiete Südfrankreichs, konnte also den Findling selber prüfen und die schöne Entdeckung vollauf bestätigen.

9*

Die Disposition der Erzälung aus dem Leben S. Julians, die von rechts nach links abgelesen sein will, ergiebt nun, daſs dies Stück links von der Mitte eines gröſsern Ganzen gesessen hat, in dem auf der rechten Seite ein umgekert disponiertes Stück aus dem Leben eines andern Heiligen entsprechend von links nach rechts erzälte, und der mittlere Teil dieser ganzen Predella sich ebenso auf das Mittelstück des Altarwerks bezog, wie diese seitlichen Abschnitte auf dessen Flügel. Wir fordern demnach für den linken Flügel des zugehörigen Altarwerkes die Einzelgestalt des heiligen Julian und zwar nach rechts gewendet gegen das Mittelbild. Mit Hülfe dieser Bemerkungen läſst sich ein Ganzes rekonstruieren, das bei Vasari als Werk Masaccios beschrieben, seither verschollen war.

Vasari erwänt, wie übrigens auch Francesco Albertini unter den Tafelbildern Masaccios in Florenz ein Altarwerk in S. Maria Maggiore „accanto alla porta del fianco per andare a San Giovanni", mit der Madonna nebst S. Julian und S. Caterina. In der Predella, „con figurine piccole, istorie di Santa Caterina e di San Giuliano", wärend in der Mitte die Geburt Christi mit jener Einfalt dargestellt war, die Masaccio eignete.

Das heiſst, das wiedergefundene Stück in Montauban gehörte zu diesem beglaubigten Sockelstreifen in S. M. Maggiore zu Florenz und ermöglicht so vielleicht, die weiteren Bestandteile des Ganzen zu erkennen. Jedenfalls ist damit auch die Zeit der Entstehung dieses Tafelwerks fest bestimmbar geworden, und an ein unfertig hinterlassenes Beispiel aus der letzten Periode des Meisters, das wir wegen der Weiterfurung des Kapellenschmuckes durch Paolo Uccello vermuten mochten, ist nicht mehr zu denken.

Kein Wunder, daſs er sich neben solchen frühen Tafelbildern bald genug der ernsten Tradition der florentinischen Wandmalerei wieder zuwandte, und daſs bei der nächsten Gelegenheit die Fresken der Cappella S. Niccolò in S^{a}. Croce und die Werke eines Antonio Veneziano, eines Giottino, ja des alten Giotto selbst im Kern ihres Wesens mehr Macht über seine Denkart gewannen als die Jagd nach dem Kleinen. Muſste er sich doch berufen fülen, die Entwicklung weiterzufüren bis zum Vollbesitz der Darstellung des dreidimensionalen Raumes, und auf diese Grundlage des Realismus seinen Stil der monumentalen Raumkunst zu gründen, die kaum eines der ererbten Ideale preiszugeben gesonnen war, soweit sie irgend im Bereich des allgemein Menschlichen berechtigt und verständlich schienen. Auch er hat sich schnell von der Darstellung ausdrucksvoller Körperbewegung zur Wiedergabe der vollen Leibhaftigkeit als wertvollstem Kern des Daseins durchgerungen.

Nachdem sein kurzer Lebenslauf voll reichgesegneter Arbeit schon 1428 vollendet war, beginnt sogleich, wie wir gesehen haben, die eifrige Nachamung des Erreichten; aber nur langsam will das Verständnis der Hauptsache gedeihen, auch bei den Malern, die ihm auf dem Fuſse zu folgen wagten: Masolino, Fra Angelico, Paolo Uccello und Fra Filippo.

Masolino[1]) ist, noch bei Lebzeiten des gröſseren Genossen, 1427 scheint es, aus Ungarn heimgekert und hat one Zweifel bei seinem Gönner Kardinal Branda Castiglione in Rom die nächste Anknüpfung versucht. Dort hat er sich aufs Emsigste dem Studium der Kapelle Masaccios in San Clemente ergeben und daraus angeeignet was er zu fassen vermochte. Seine spätern Malereien in Castiglione d' Olona, deren Anfangsdatum 1435 am Gewölbe des Baptisteriums zu lesen steht, beweisen dies ganz überzeugend. Die Verwandtschaft mit Masaccios Fresken in San Clemente ist gröſser als mit denen der Brancaccikapelle, deren perspektivische Grundlagen Masolino nicht recht zu bewältigen wuſste. Vor diesem zweiten Auftrag des Kardinals Branda scheint aber auch erneute Berürung mit Fra Angelico da Fiesole zu liegen, dessen genauer nachgeprüfte Entwicklung darüber Aufschluss geben sollte, wie weit er bereits der gebende und nicht vielmehr der empfangende Teil sein konnte.

Eine Anbetung der Könige in der Pinakothek zu München, die dort nicht dem Fra Angelico selber, sondern nur seiner Schule beigemessen wird, gab uns wenigstens Veranlassung[2]) eine späte Datierung zu beanstanden und die nahe Verwandtschaft mit Masolino zu betonen, die nach der einen Seite mit den Deckenbildern von 1425, nach der andern mit dem Cyklus im Baptisterium von 1435, ihm seine Stelle zwischen beiden anzuweisen vermöchte. Die Figuren der heiligen Familie, die von Fra Angelico am meisten abweichen, stimmen sehr wol mit den Typen des Masolino überein, wie wir sie z. B. an dem Gewölbe und in den ersten Geschichten des Baptisteriums sich wiederholen sehen. Die Pagen mit dem abstehenden kurzen Haar entsprechen den Engeln um Gottvater, wärend der jugendliche König sich sowol dem Gabriel drauſsen wie den Rittern und Hofdamen beim Mal des Herodes nähert. Der nächste Begleiter dieses Königs mag auf Anregung Gentiles beruhen, giebt aber den Typus slavischer Völker in einer Weise wie-

---

[1]) Das Buch III p. 72 erwänte, bei S. M. Novella von der Mauer abgenommene Fresko mit der kauernden Madonna ist seither in Florenz verschollen, wir haben also keine Abbildung beizubringen vermocht.

[2]) Vgl. Buch IV. S. 76 und unsre Abbildung Heft V.

der, wie wir sie dem weitgereisten Beobachter Masolino viel eher zutrauen dürfen als dem Klosterbruder in S. Domenico. Und dahin gehört doch auch wol die Tracht des ältesten Königs, der hier so auffallender Weise nicht der Knieende ist, sondern rechts noch zuwartend steht und seine Krone in der Hand hält: es ist die Tracht der ungarischen Fürsten, in der uns Masolino seinen Gottvater und seinen Gast am Tische des Herodes zeigen könnte; sie kert bei dem langbärtigen Begleiter im Gefolge, der diesem Typus ganz entspricht, noch einmal wieder, neben einem Höfling, der uns auch nicht toskanisch anmuten will. Nicht unbedeutsam ist auch die Komposition, die sich den ersten Geschichten des Täufers in Castiglione wol anschliefst, wie den Deckenbildern und vor allen Dingen der Taufe, besonders durch die unsichere Behandlung des schrägen Bodens und die lockere Verteilung der Figuren. Zu einer Zeit, wo Fra Angelico Schule bildete, dürfen wir solche Schwächen der Raumdarstellung kaum mehr voraussetzen.

Doch genug, ein vollständiger Beweis läfst sich für unsre ausgesprochene Meinung nicht mehr füren, da uns aller Anhalt an sonstigen Tafelbildern Masolinos felt. Es kann also nur ein Vorschlag bleiben, die Lücke zwischen den beiden Freskencyklen von (1425 und von 1435) in Castiglione auszufüllen.

Der Unterschied der Raumdarstellung kann nicht eindringlicher dargetan werden als durch einen Vergleich dieses Bildes in der Münchener Pinakothek mit zwei kleinen Tafeln der Sammlung v. Lindenau in Altenburg [1]), die wir für Masaccio in Anspruch nemen. Es sind offenbar versprengte Reste eines gröfsern Altarwerkes, wie das für Pisa, oder eines gleichzeitigen, wie die Fragmente der Collection Artaud de Montor. Die Kasteiung des hl. Hieronymus unten, bei der ihm ein Engel die Martyrpalme bringt, wie das Gebet Jesu in Gethsemane oben, wo der Engel den Kelch darreicht, sind genau für dieses Format, das untere rechtwinklig, das obere zum Giebel zugespitzt, komponiert. Mit voller Entschiedenheit wird unten, besonders durch den schräg gestellten Altar, die Perspektive in den kapellenartigen Ausfchnitt im Felsgestein unter freiem Himmel entwickelt, wärend oben die Körper mit gleicher Sicherheit zwischen die tektonischen Blöcke der Felsen verteilt sind, und zwar rechts die Gruppe der schlafenden Jünger in breiter Pyramidalgruppe unten vor dem weiter hinaufreichenden Gestein, links Christus soweit

[1]) Vgl. Abbildung Heft V, genaue Angaben im Katalog der Gemäldesammlung des Herzogl. Museums in Altenburg 1868. In dem untern Bilde ist der Kontrast zwischen dem Rot und Weifs besonders stark wirksam, ebenso die Schatten und Lichter schroff gegen einander gesetzt; das obere milder

von niedrigen Felswänden umgeben, dafs nur sein Haupt in Profil und die gefalteten Hände sich darüber vom goldenen Grunde abheben, gleich wie der Engel in rotem Gewande, der in stürmischer Hast herabfarend mit verhüllten Händen herunter reicht, als gälte es die Kommunion eines Sterbenden. Trotz mancherlei Schwächen, besonders in den untern Extremitäten, lassen doch beide Bilder den Zusammenhang mit den sichern Werken Masaccios deutlich erkennen, und zwar in der Gestaltenbildung, den Typen, wie in der Malerei, die schon ursprünglich flüchtig und heute in traurigem Zustand doch die eigenhändige Bravour noch fülbar werden läfst. Wie die Komposition selbst mit ihrer räumlichen und körperlichen Auseinandersetzung, so spricht vor allen Dingen die koloristische Wirkung beider Stücke, die mit den Fresken in S. Clemente, wie noch dem Sterbezimmer des Ambrosius, und andrerseits mit den Predellen in Berlin schlagend übereinstimmt. Müfsten wir uns um dieses Charakters willen nicht für Masaccio erklären, so käme der farbigen Gesamterscheinung und der strengen Gesinnung nach nur Fra Angelico in Frage, wärend der Vergleich mit Masolinos Geschichten Johannes des Täufers in Castiglione sogar den Abstand noch ebenso beweist wie die Anbetung der Könige in München.

Masaccios Fresken in Rom, deren Studium jedenfalls für Masolino dazwischen liegt, haben zur selben Zeit auch einem andern Künstler gar fördersame Anregung gegeben: das ist Vittore Pisanello. In unläugbarem Zusammenhang mit der Lokalkunst von Verona, also auch als Erbe der reichen Entwicklung unter Altichiero und Avanzo — sollte man meinen — aufgewachsen, hat Vettor Pisano seine letzte Schulung one Zweifel dem Gentile da Fabriano zu verdanken. So ward auch ihm eine Weile der rhythmische Schwung der Figuren übermittelt, der uns in seiner oberitalienischen Umgebung so seltsam anmutet, bis wir ihn als vorübergehende Erscheinung und als letzten Nachklang des umbrosienesischen Schönheitsideales erkennen, das Gentile von den Fresken Simone Martinis mit hinaufgenommen haben mufs an den Fufs der Alpen und in die Lagunenstadt der Adria. Die Verkündigung am Grabmal Brenzoni in S. Fermo Maggiore ist das stärkste Beispiel solches mimischen Schwunges bei Vittore Pisano, eines gotischen Zuges, der sich sonst mit der Art dieses ruhigen Beobachters wenig verträgt.

Sein Weg aber fürt ihn am Ende des Pontifikats Martins V. 1431 nach Rom, zu dem Auftrag, als Fortsetzer Gentiles und vielleicht auch Masaccios in S. Giovanni a Laterano zu malen; und an der Strafse vom Kolosseum zum Lateran liegt ja die Basilika S. Clemente. Da sind ihm bei aller Verschiedenheit seiner Anlage und seines bisherigen Bemühens doch die Augen aufgegangen vor den Rossen und Reitern Masaccios in der Kreuzigung, und diese Schöpfungen des Florentiners haben ihm keine Ruhe gelassen, wenn auch nur als Einzelheiten sie seinerseits, zumal als Bildner, der Natur abzugewinnen, die einheitliche Erscheinung des Menschen auf seinem Tier. Sollte es Zufall sein, wenn auf seinem Bilde für Lionello d' Este (in London) die Vision der Madonna, die den Heiligen Georg und Antonius Abbas zu Teil wird, in einer runden Glorie am Himmel steht, wie die Masaccios im Schneewunder für S. Maria Maggiore zu Rom? In dem abgesperrten Hintergrund, im Aufkleben der Gestalten auf das Buschwerk, das ihnen als Folie dient, beweist derselbe Maler ja nur, wie völlig fremd ihm die florentinische Behandlung der Raumtiefe geblieben war, so dafs er wie im Jagdabenteuer des hl. Hubertus auch im Auszug zum Drachenkampf des hl. Georg nicht weiter darin gedeiht als sein Lerer gekommen war. Seine Gestalten freilich haben den Zug mimischer Bewegung bereits aufgegeben und stehen ruhig um ihrer selbst willen da, als berechtigte Zeugen wertvollen Daseins, in lebensfähiger Körperlichkeit und widerstandsfähiger Frische, wie schon die statuarischen Erzengel am Grabe Brenzoni zu Verona.

Doch war es kein Zeichen eines überlegenen Verständnisses, wenn Martin V. den Gentile und Eugen IV. den Vittor Pisano mit Wandgemälden in der Basilika des Laterans betrauten. Der Kardinal Branda Castiglione hatte Recht gehabt, wenn er Masaccio dafür empfolen, als Gentile gestorben war. Erst nach Masaccios Tode entschloss er selbst sich, zu Masolino zurückzugreifen. Aber auch in Florenz felten ja die Kräfte, die das unvollendete Werk Masaccios fortzusetzen befähigt schienen. Die Florentiner haben weder Masolino noch Paolo Uccello, weder Fra Angelico noch Fra Filippo damit betraut. Es war das Bewufstsein lebendig geworden, welches Kapital einer grofsen machtvollen Kunst an den Wänden der Brancaccikapelle vor Augen stand.

Lieferung V

Verzeichnis der Abbildungen

	Tafel
Florenz, Carmine	
Gesch. v. Zollgroschen	
a) Christus	XVI
b) Apostel Thomas (Masaccio) u. Bartholomäus	
Erweckung des Fürstensons Theophilus und seine Räte	XVII b
München, Pinakothek:	
Masaccio? Porträt eines Mannes in Capuccio	XVII a
Masolino? Anbetung der Könige . .	XVIII b
Paris, ehemals Coll. Montor	
Starnina (oder Masolino?) Sposalizio .	XVIII a

	Tafel
Masolino? Porträtkopf eines Jünglings	VIII a
Prato, Pieve: Antonio Vite da Pistoja? (c. 1425) Fresken	
a) Steinigung des Stephanus	XIX
b) Bestattung der Körper	
c) Sposalizio della Madonna	
Florenz, Uffizien: Antonio Vite da Pistoja? (c. 1430). Predella	
a) Petri Schlüsselamt	
b) „ Befreiung aus dem Kerker. Vier Apostel	XX
c) Petri Kreuzigung. Vier Apostel	

Druckfeler und Verbesserungen

Buch I. S. 95 Z. 10 v. u. auch das, lies: kaum das
S. „ Z. 7 v. u. nur dass, lies: ebensowenig wie von Paolo Uccello, auch wenn
S. „ Z. 6 v. u. den Namen Paolo di Stefano lies: den überlieferten Namen eines Malers Paulus one nähere Bezeichnung
S. 95 Anmerkung Das Tabernakel in Lippi a Rifredi ist wie das Fresko von Paolo di Stefano mit dem Datum 1426 in S. Miniato al Monte bei Florenz von der Kunsthistorischen Gesellschaft für photographische Publikationen (1895), allerdings in nicht völlig gelungenen Aufnamen, herausgegeben.
S. 107. Fresken aus der Legende S. Stephans u. S. Lorenz:
Pesellino, Francesco, die erwänte Predella mit Geschichten des hl. Nikolaus in Casa Buonarroti zu Florenz halte ich seit einigen Jaren schon nicht mehr für Arbeiten dieses Meisters, sondern eines späteren umbroflorentinisch gebildeten Unbekannten, dem auch ein Truhenbild mit der Geburt Christi und Anbetung der Könige in Montpellier gehört. Vgl. hierzu die lesenswerte Monographie von F. Witting, Piero dei Franceschi 1898, S. 158 ff. und neuerdings auch Mackowski, Ztschr. f. bild. Kst. 1899 Januarheft.
Buch II. S. 43 Z. 12 v. u. dieser lies: diesen Heroenkultus
S. 45 Z. 8 v. u. knieenden Petrus lies: Paulus und der Hand des Petrus.
S. 57 Z. 19 v. o. August 1424 lies: 1427.
S. 77 Z. 10 v. u. in der Mitte, lies: in die Mitte
S. 81 Z. 9 v. u. felt ein Fragezeichen bei dem Namen Jacopo da Casentino, den Crowe und Cavalcaselle irrtümlich für den Autor halten. Vgl. Buch V. p. 121.
S. 85 Anmerk. 1 Das Mittelstück des Quaratesi-Altars von Gentile da Fabriano ist von Ad. Venturi in der neu begonnenen illustrierten Vasari-Ausgabe mit Kommentar als in Amerika befindlich nachgewiesen und abgebildet.
S. 89 Z. 5 v. u. gleichwie der, lies: das
S. 91 Z. 5 v. o. zeigt sich, lies: zeigen sich
Buch III. S. 53 Z. 3 v. u. Den Paulus im Museo Civico zu Pisa photographieren zu lassen, haben wir uns leider vergebens bemüht.
S. 54 Z. 12 v. u. Die Sammlung des Artaud de Montor, Membre de l'Institut, deren Katalog 1843 herausgegeben wurde, ist nach einer Mitteilung von Eugen Müntz seither zerstreut, der Verbleib der bespr. Fragmente also nicht mehr nachweisbar. Vgl. über diesen Katalog, dessen gute Abbildungen einige Verbesserung der darin erteilten Namen gestatten, meinen Aufsatz in der Gazette des Beaux-Arts 1898.

Buch IV. S. 90 Z. 16 v. u. enthaltenen, lies: erhaltenen Wandgemälden
Buch V. S. 5 Z. 5 v. o. nicht als, lies: nicht nur als
S. 6 Z. 12 v. o. indem es, lies: er
S. 17 Z. 17 v. o. Quaretesi, lies: Quaratesi
S. 22 Z. 6 v. o. Heiligtum, lies: Heiligtums
S. 27 Z. 25 v. o. oder, lies: bald
S. 62 Z. 8 v. u. Gränzpfeiler, lies: -pfeilern
S. 64 Z. 6 v. u. Mittelalter, lies: Mittelalter hindurch
S. 78 Z. 18 v. o. dürfen, lies: darf
S. 87 Z. 6 v. u. die Apostel, lies: den
S. 88 Z. 6 v. o. Individium, lies: Individuum
S. 98 Z. 11 v. u. zusammenschliefsen, lies: -schiefsen
S. 98 Vgl. A. Gosche, Simone Martini, Leipzig 1899
S. 100 Z. 5 v. u. ungegorener, lies: angegorener
S. 113 Vgl. P. Schubring, Altichiero und seine Schule, Leipzig 1898
S. 119 Die Abbildung des Sposalizio von Starnina aus der Coll. Artaud de Montor in Lieferung V, sowie auch ein jugendlicher Porträtkopf von Masolino (?).
S. 128 Z. 7 v. o. das, lies: die
S. 134 Z. 20 v. o. von (1425, lies: (von 1425

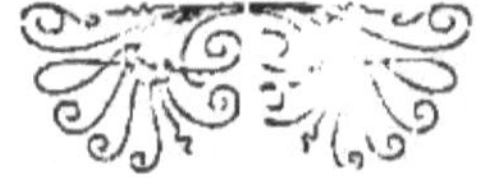

MASACCIO

DER BEGRÜNDER DES

KLASSISCHEN STILS

DER

ITALIENISCHEN MALEREI

FÜNF BÜCHER KRITISCHER STUDIEN

VON

AUGUST H. SCHMARSOW

KASSEL
TH. G. FISHER & CO.
MDCCCC

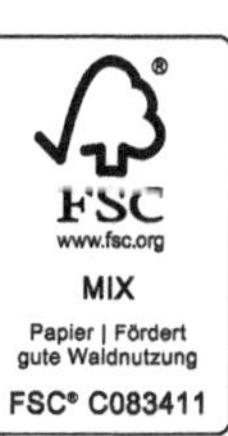

Zeitfracht Medien GmbH
Ferdinand-Jühlke-Straße 7
99095 Erfurt, Deutschland
produktsicherheit@kolibri360.de